Ruth Ebach
Das Fremde und das Eigene

Beihefte zur Zeitschrift für die alttestamentliche Wissenschaft

Herausgegeben von
John Barton, Ronald Hendel,
Reinhard G. Kratz und Markus Witte

Band 471

Ruth Ebach

Das Fremde und das Eigene

Die Fremdendarstellungen des Deuteronomiums im Kontext israelitischer Identitätskonstruktionen

DE GRUYTER

ISBN 978-3-11-036173-5
e-ISBN 978-3-11-036232-9
ISSN 0934-2575

Library of Congress Cataloging-in-Publication Data
A CIP catalog record for this book has been applied for at the Library of Congress.

Bibliografische Information der Deutschen Nationalbibliothek
Die Deutsche Nationalbibliothek verzeichnet diese Publikation in der Deutschen
Nationalbibliografie; detaillierte bibliografische Daten sind im Internet
über http://dnb.dnb.de abrufbar.

© 2014 Walter de Gruyter GmbH, Berlin/Boston
Druck und Bindung: CPI books GmbH, Leck
♾ Gedruckt auf säurefreiem Papier
Printed in Germany

www.degruyter.com

MIX
Papier aus verantwor-
tungsvollen Quellen
FSC
www.fsc.org   FSC® C003147

Meinen Eltern
Ulrike und Jürgen Ebach

Vorwort

Die vorliegende Monographie ist die leicht überarbeitete Version meiner an der Westfälischen Wilhelms-Universität in Münster eingereichten Dissertation.

Den Weg bis zur Fertigstellung dieses Buches haben viele Menschen begleitet, denen ich hier meinen tiefen Dank aussprechen möchte. An erster Stelle steht mein Doktorvater Prof. Dr. Rainer Albertz. Er hat meine Promotionsphase stets mit offenem Ohr und gutem Rat begleitet und mir dabei Raum für eigene Gedanken und Anleitung, wo diese Entwicklungshilfe benötigten, gegeben. Bereits früh im Studium wurde er zu meinem prägenden theologischen und exegetischen Lehrer.

Herrn Prof Dr. Reinhard Achenbach danke ich für die Übernahme des Zweitgutachtens und die Unterstützung, die kritischen aber stets wohlwollenden Rückfragen und den gedanklichen Austausch in den Promotionsjahren.

Bei den Herausgebern der BZAW Prof. Dr. John Barton, Prof. Dr. Reinhard G. Kratz, Prof. Dr. Ronald Hendel und Prof. Dr. Markus Witte bedanke ich mich für die Aufnahme der Studie in die Reihe sowie bei den Mitarbeiterinnen Sophie Wagenhofer und Sabina Dabrowski des Verlags de Gruyter für die stets freundliche, zügige und kompetente verlegerische Betreuung.

Im Rahmen der Alttestamentlichen Sozietät in Münster wurde ich durch die Promotionsphase begleitet. Hier danke ich besonders dem Freund und Lehrer Prof. Dr. Jakob Wöhrle für die stetige und vielfältige Förderung und Unterstützung. Prof. Dr. Martin Leuenberger danke ich für die Gespräche in und außerhalb der Sozietät und die anschließende Zeit als seine Assistentin in Tübingen. Auch den theologischen Kolleginnen und Freunden, die in den letzten Jahren Teil meines Lebens waren und die Mühe des Korrekturlesens auf sich genommen haben, gilt mein Dank.

Das vorliegende Buch wäre sicher ein anderes gewesen, wenn es nicht im Rahmen des Exzellenzclusters „Religion und Politik in den Kulturen der Vormoderne und der Moderne" entstanden wäre. Durch die Anleitung durch meinen Betreuer Prof. Dr. Rüdiger Schmitt, die vielen neuen Perspektiven, die ich in den interdisziplinären Seminaren entdecken durfte, und die Kollegen und Freundinnen in der Graduiertenschule wurden es für mich drei wissenschaftlich und menschlich prägende Jahre.

Doch nicht nur für die Begleitung in Studium und Promotionsphase, sondern bereits für die Zeit davor möchte ich meinen Dank aussprechen: So unterstützten mich meine Eltern Ulrike Ebach und Prof. Dr. Jürgen H. Ebach in all den Jahren und gaben mir die Freiheit, meinen (Studien-)Weg zu gehen. Ihnen sei dieses Buch deshalb in tiefer Dankbarkeit gewidmet.

Tübingen, im Juli 2014   Ruth Ebach

Inhalt

1 Einleitung

Liebt auch ihr den Fremdling, denn Fremdlinge ward ihr im Land Ägypten.

In Dtn 10,19 wird Israel aufgefordert, den Fremdling, den גר, zu lieben. Geknüpft wird dieser Auftrag an die Erfahrung der eigenen Fremdlingschaft im fremden Land Ägypten. Die Thematik des und der Fremden – wie sie in diesem Vers gleich in zweifacher Dimension vorkommt – prägt das ganze Buch Deuteronomium. So durchziehen es Gesetze zum Umgang mit den Fremdlingen (etwa in Dtn 24,14 – 22) und mit Menschen aus dem nichtisraelitischen Ausland, die sich in Israel befinden, (Dtn 14,21; 15,3; 23,4 – 9 u.v.m.) ebenso wie Berichte über den direkten Kontakt mit jenen Fremden (besonders in Dtn 1 – 3) und die Erinnerung an die Episoden der gemeinsamen Geschichte des Volkes Israel, die sich außerhalb des eigenen Landes abgespielt haben. Dabei kann, wie in Dtn 10,12 – 22, die liebende Zuwendung zu den Fremden gefordert werden oder aber auch die unbedingte Auslöschung der Nichtisraeliten, wie sie in Dtn 7 für die kanaanäischen Völker geboten wird.

In der vorliegenden Studie „Das Fremde und das Eigene. Die Fremdendarstellungen des Deuteronomiums im Kontext israelitischer Identitätskonstruktionen" werden die so unterschiedlichen Texte zu den und dem Fremden im Deuteronomium näher betrachtet. Auf der Suche nach Gründen für diese auffälligen Differenzen in der Darstellung der Fremden werden die einzelnen Texte historisch verortet und zugleich wird nach der (rhetorischen) Funktion der Passagen gefragt.

So werden die Darstellungen der Israel gegenüberstehenden Menschen und Völker nicht einfach als Beschreibungen der verschiedenen Fremden begriffen. Basierend auf der durch soziologische Untersuchungen zur Identität gewonnenen Erkenntnis, dass die Konstruktion von Identitäten eng mit einer Relationierung zum Fremden verknüpft ist, wird nach den sozialen, politischen und religiösen Grundmustern gefragt, die durch die Kontrastierung zum Fremden für Israel selbst entwickelt werden. Im Mittelpunkt steht also der Beitrag der Fremdendarstellungen für die facettenreichen kollektiven Identitätskonstruktionen Israels durch die deuteronomischen und deuteronomistischen Verfasser. So ist etwa zu entwickeln, auf Grund welcher sozialen und politischen Situationen in Israel oder für die israelitischen Verfassergruppen im Exil die Integration der Fremden oder gerade umgekehrt die Distinktion von ihnen gefordert wird.

Indem die Darstellungen des Fremden als hermeneutischer Schlüssel zur kollektiven Identitätskonstruktion Israels wahrgenommen werden, wird an die bisherige Forschung zum Fremden im Alten Testament angeknüpft, jedoch zugleich ein neues Licht auf diejenigen Texte des Deuteronomiums geworfen, die von nichtisraelitischen Menschen, fremden Ländern, fremden Göttern und fremden kultischen Praktiken berichten, wie der folgende Forschungsüberblick (Kapitel 1.1) deutlich macht. In einem zweiten Schritt der Einleitung (Kapitel 1.2) werden sodann die für die Arbeit an den Texten notwendigen soziologischen Grundlagen der Mechanismen kollektiver Identitätskonstruktion dargestellt. In einem dritten Schritt (Kapitel 1.3) wird die methodische Vorgehensweise offen gelegt, die sich aus der Verknüpfung der thematisch orientierten Fragestellung und des diachron orientierten Zugangs zu den einzelnen Texten ergibt. Diese Überlegungen münden abschließend in die Darstellung des Aufbaus der vorgelegten Studie.

1.1 Forschungsüberblick: Studien zu den Fremden

Der Umgang mit Fremden oder die Selbstwahrnehmung Israels als Fremde in der Ferne und im eigenen Land durchzieht das Alte Testament wie ein roter Faden. Die Beschäftigung mit dieser Thematik ist dementsprechend auch in der exegetischen Literatur breit vertreten. Die im Folgenden gebotene Übersicht hebt Forschungsbeiträge hervor, die für den hier gewählten Fokus auf das Deuteronomium oder das Verhältnis von Fremdwahrnehmung und Selbstdarstellung bedeutend sind.

Besonders fünf große Studien zu den Fremden im Alten Testament sind für die Forschung prägend geworden, die jeweils neue Perspektiven und Deutungsdimensionen auf die Texte eröffneten. Allen Arbeiten ist dabei gemein, dass sie sich mit den Fremden in den großen Gesetzescorpora des Pentateuchs (Bundesbuch, deuteronomisches Gesetz, Heiligkeitsgesetz) oder sogar im Querschnitt des ganzen Alten Testaments beschäftigen. Das Deuteronomium spielt jedoch auf Grund der in ihm gebotenen Fülle an Aussagen zu den verschiedenen Fremden in allen Studien eine wichtige Rolle.[1] Im Folgenden werden diese grundlegenden Arbeiten mit Seitenblicken auf weitere maßgebliche Publikationen skizziert, um vor ihrem Hintergrund die veränderte Schwerpunktsetzung der hier vorgelegten Studie aufzeigen zu können.

Alfred Bertholet untersuchte 1896 in seiner Zürcher Dissertation die Frage nach der „Stellung der Israeliten und der Juden zu den Fremden" und seine Studie bildet seither den Ausgangspunkt der weiteren Beschäftigung mit den Fremden im Alten Testament. Bertholet zeichnet in insgesamt acht Schritten das Verhältnis zwischen Israel sowie dem daraus entstehenden Judentum und den es jeweils

---

1 Fokussiert mit dem Verhältnis zwischen Israel und den Fremden nach den Darstellungen des Deuteronomiums beschäftigt sich Dion, Israël. Er sucht dabei die Tendenzen der Abgrenzung von Fremden – besonders von kanaanäischen Einflüssen –, Erwählung und Universalisierung im Deuteronomium in synchroner wie diachroner Perspektive zu verbinden.

umgebenden Fremden nach. Dabei umfasst Bertholets Studie einen Zeitraum von etwa 1000 Jahren. So beginnt er seine Untersuchung mit der frühen Königszeit und endet mit der Beschreibung der Auseinandersetzungen mit dem entstehenden Christentum. Im Zuge der Darstellung verweist Bertholet zum einen auf die *Bedeutung des gesellschaftlichen und politischen Wandels* für das Verhältnis zu den Fremden[2] und zum anderen auf *Entwicklungen in der Begrifflichkeit* selbst. Dies wird besonders an der Entwicklung des גר-Begriffs vom Fremden zum Proselyten und an der Verschiebung von der politischen zur religiösen Konnotation der גוים deutlich.[3] Mit Blick auf das deuteronomische Gesetz in der Zeit der josianischen Reform unterstreicht Bertholet besonders die Distanz, die durch die im Deuteronomium gegebene „Verfassung" zwischen dem erwählten Volk und den Nichtisraeliten erzeugt wird.[4] Anders stellt sich das Deuteronomium jedoch zum גר selbst, indem er zunehmend religiös durch das Gesetz integriert wird, wodurch er sich grundlegend vom נכרי unterscheidet, der stets im Gegenüber zum israelitischen Volk steht.[5]

---

2 Die Nachzeichnung der Veränderung des Umgangs mit den Fremden in verschiedenen Situationen der israelitischen Geschichte bis zur Zeit der Hasmonäer betont auch Kaiser, Von Ortsfremden. Dabei sieht er gerade durch die beiden Erfahrungen der Eroberung durch die fremden Großkönige ausgelöst (722 und 586 v.Chr.) eine Tendenz der wachsenden Distanzierung zu den Fremden, die sich auch in der Forderung nach Endogamie niederschlägt (vgl. a.a.O., 48 – 55). Einen ebenso weiten Blickwinkel über die Fremdengesetze des Alten Testaments nimmt auch Lang, Fremden, ein. Dabei betont er jedoch besonders die Mechanismen der Distanzierung und der Milderung dieser Distanz zu den Fremden. Lang blickt sowohl auf die Stellung Israels zu konkreten anderen Fremdvölkern – wie den großen Mächten der Assyrer, Ägypter, Babylonier und Perser und den unmittelbaren Nachbarn wie den Moabitern – als auch auf den Umgang mit den konkreten einzelnen Fremden in Israel. Besonderes Augenmerk legt er sodann (a.a.O., 26 – 32) auf die so unterschiedlichen Darstellungen und Wertungen jüdischen Lebens in der Fremde der Diaspora, wie sie in der Josefsgeschichte und dem Estherbuch begegnen.
3 Vgl. besonders Bertholet, Stellung, 176 – 178. Für eine kritische Auseinandersetzung mit Bertholet vgl. auch Haarmann, JHWH-Verehrer, 43 – 48. Albertz, Aliens, verortet die inhomogene Gesetzgebung zum גר in den deuteronomistischen und priesterlichen Konzepten stärker in ihren historischen Kontext und stellt die von Bertholet angestoßene und vielfach aufgenommene Theorie einer Entwicklung des גר-Begriffs vom Fremdling zum Proselyten für den Pentateuch neu in Frage. So betont er, dass in Texten wie Ex 12,28; Num 15 und Dtn 31,12 ein Konzept des Hinzukommens des גר zur israelitischen Gemeinschaft zwar vorbereitet werde, der גר jedoch noch nicht zum Proselyten geworden sei.
4 Vgl. Bertholet, Stellung, 86 – 90.
5 Dabei zeichnet Bertholet, Stellung, 100 – 104, nach, dass im Deuteronomium selbst der גר noch nicht wirklich als Proselyt bezeichnet werden kann, der Begriff sich jedoch auch hier langsam in diese Richtung entwickelt. Die Trennung zwischen der Rolle des גר und des נכרי ist zu unterstreichen. Vgl. dazu besonders das Kapitel 2.2 (38 – 69) dieser Arbeit.

Der bleibende Verdienst Bertholets liegt gerade in der Darstellung der Entwicklung des Verhältnisses zwischen Israel und den jeweiligen Fremden und der daraus abgeleiteten Nachzeichnung der gesellschaftlichen und politischen Prozesse sowie der Veränderungen in der Konnotation der Begrifflichkeit selbst. Die großen Veränderungen und Fortschritte bei der Rekonstruktion des literarischen Wachstums des Alten Testaments im letzten Jahrhundert haben jedoch vielen Ergebnissen Bertholets den redaktionsgeschichtlichen Boden entzogen, sodass neuere Rekonstruktionen der Geschichte der Fremden nötig wurden.

Die nächsten beiden größeren Entwürfe zu den Fremden im Alten Testament – beides wiederum Dissertationsschriften – entstanden etwa zeitgleich knapp hundert Jahre nach Bertholets wegweisender Untersuchung.

Christiana van Houten beleuchtete 1991 „The Alien in Israelite Law". Die Studie betont die Notwendigkeit der Untersuchung der Fremdengesetzgebung in ihrem altorientalischen Kontext. Mit Blick auf das Alte Testament wird die israelitische Gesetzgebung zum גר, den sie als Nichtisraeliten kennzeichnet, in den Etappen der vordeuteronomischen, deuteronomischen und priesterlichen Gesetze nachgezeichnet. Van Houten nimmt nicht nur die veränderten politischen Situationen bei der Abfassung der Gesetze in den Blick, sondern zudem deren Form – so etwa ihre apodiktischen oder kasuistischen Formulierungen –, ihr Genre und ihre unterschiedliche theologische Grundstruktur, die sich etwa in den veränderten Gründen zeigt, die den Gesetzen zum Schutz der Fremdlinge beigefügt sind.[6] Dabei lenkt sie den Blick auf die *Intentionen der unterschiedlichen Gesetzgeber*, die in den Gesetzen die Ansichten ihrer eigenen Gruppe niederschreiben, wie ein גר zu behandeln sei.[7] Gerade in Bezug auf die deuteronomische Fremdengesetzgebung unterstreicht sie, dass der aktuell bedürftige גר mit der Erinnerung an das eigene גר-Sein der nun landbesitzenden Israeliten verknüpft ist. So werden die Israeliten darauf verwiesen, wie groß Jhwhs Tat an ihnen war, die letztlich zu ihrer wirtschaftlich abgesicherten Stellung geführt hat.[8]

---

6 Vgl. zu diesen Motivationssätzen van Houten, Alien, 166–172.

7 Die Unterschiede in den verschiedenen Gesetzescorpora, die van Houten aufzeigt, betont auch die im Folgenden genauer dargestellte Studie von Bultmann, Fremde. Darüber hinaus spielt die Kontrastierung der verschiedenen Konzeptionen zum Fremden, die sich gerade im Vergleich der priesterlichen und deuteronomisch-deuteronomistischen Gesetzestexten zeigen, eine grundlegende Rolle in den Darstellungen Albertz, Alien, und Achenbach, gēr. Letzterer gibt einen diachron orientierten Überblick über die Fremdengesetze und auch die verschiedenen verwendeten Begrifflichkeiten גר, נכרי, תושב und זר in den Gesetzescorpora des Pentateuchs. Vgl. zum Umgang mit den Fremden im Alten Testament auch insgesamt den zugehörigen von Achenbach u. a. herausgegebenen Sammelband „The Foreigner and the Law".

8 Vgl. dazu van Houten, Alien, 77–99.

Im Zuge ihrer Auslegungen macht van Houten auf das Problem aufmerksam, dass der fehlende Konsens bei den Entstehungshypothesen des Pentateuchs das Nachzeichnen einer Entwicklung in der גר-Gesetzgebung stark erschwert.[9] Diese Problemanzeige ist zu unterstreichen, jedoch sind die von ihr favorisierten Datierungen – etwa die Verortung des Bundesbuches und der darin enthaltenden Bestimmungen zum גר in die vorstaatliche Zeit – kritisch zu hinterfragen.[10] Die Schichtung des Deuteronomiums setzt van Houten nicht voraus, um dann daraus eine Entwicklung der Fremdlingsthematik nachzeichnen zu können, sondern zieht auf der Basis der Fremdenbilder Rückschlüsse auf die Redaktionsgeschichte.[11]

In Göttingen legte Christoph Bultmann (veröffentlicht 1992) eine detaillierte Studie unter dem Titel „Der Fremde im antiken Juda" vor, die den Typus des גר in den Mittelpunkt rückt. Daneben wird aber auch der Typus des נכרי beleuchtet.[12] Die Basis seiner Untersuchung bilden die alttestamentlichen Gesetzescorpora, die auch er in der Reihenfolge ihres Entstehens untersucht (deuteronomisches Gesetz – spätere Deuteronomistik – Heiligkeitsgesetz und das Sakralrecht). Hierbei nimmt die Betrachtung des deuteronomischen Gesetzes als grundlegendes Werk zum Umgang mit dem גר und die daraus folgende Haltung in der Deuteronomistik eine zentrale Stellung ein.[13] Die Trennung zwischen dem deuteronomischen Gesetz und seinen deuteronomistischen Ergänzungen verweist bereits darauf, dass sich auch innerhalb des Deuteronomiums Veränderungen im geforderten Umgang mit den Fremden niedergeschlagen haben. Zudem beleuchtet auch Bultmann die Entwicklung des Begriffs גר. Besonderen Wert legt er dabei auf dessen soziale Dimension, die den Bereich der ethnischen Fremdheit überlagert. Schon in der Einleitung macht er deutlich, dass das zentrale Anliegen des Buches in dem Nachweis dieses *sozialen Verständnisses des* גר-*Begriffs* liegt.[14] So begreift er ihn hauptsächlich als „soziale[n] Typenbegriff".[15] Bultmann unterstreicht in seiner Textanalyse, dass es keinen Beleg gebe, der den Schluss zuließe, beim גר handele

---

9 Vgl. van Houten, Alien, 21 f.

10 So van Houten, Alien, 43–52.66 f.

11 Vgl. etwa van Houten, Alien, 77: „In order not to make unwarranted assumptions about the composition history of the law book, I will not adopt any one position in advance, but will see what pattern emerge from the texts pertaining to the alien, and whether it is possible to distinguish levels of redaction on that basis."

12 Vgl. für das Deuteronomium Bultmann, Fremde, 93–102.

13 Mit den Fremdentexten des Deuteronomiums beschäftigt er sich in genauen Analysen vgl. Bultmann, Fremde, 34–157.

14 Vgl. Bultmann, Fremde, bes. 9.

15 Bultmann, Fremde, 94 u. ö.

es sich in der Zeit der judäischen Monarchie um einen Nichtisraeliten.[16] Der גר ist fremd an seinem konkreten Aufenthaltsort, anders als der נכרי – der Ausländer – kann er jedoch israelitischer Herkunft sein. Das deuteronomische Gesetz zeichnet ihn eher in der sozialen Position der Besitzlosigkeit im Gegenüber zu den örtlichen Grundbesitzern als in der Kategorie der Fremdheit. An dieser sozialen Konnotation änderte sich nach der Darstellung Bultmanns auch in exilischer Zeit wenig, erst im 5. Jh. wandelte sie sich hin zu einer religiösen.[17] Der גר stand nun außerhalb der religiösen Gemeinschaft, konnte aber durch die Beschneidung in sie integriert werden.

Die starke Betonung des sozialen Status des גר durch Bultmann ist positiv hervorzuheben und wurde in der auf ihn folgenden Forschung breit aufgenommen. Die Hauptthese, dass es sich beim גר zumindest in vorexilischer und exilischer Zeit immer um einen Israeliten handelt, ist jedoch in der Auseinandersetzung mit der deuteronomischen Sozialgesetzgebung noch einmal zu hinterfragen.[18]

Eine vierte, in Hamburg eingereichte Dissertation nahm 1999 die Thematik des Fremden wieder auf. José E. Ramírez Kidd fragt unter dem Titel „Alterity and Identity in Israel" erneut nach dem גר im Alten Testament, macht jedoch eine etwas veränderte Perspektive stark. So rückt er die verschiedenen Personen und Gruppen noch stärker in das Blickfeld, die als גר bezeichnet werden, bzw. sich selbst als גר bezeichnen. So werden ursprünglich Fremde und damit einzelne Individuen als גר tituliert und ihre Behandlung in den Gesetzescorpora geregelt (*figura iuridica*). Später entwickelt sich der Begriff jedoch zudem zu einer Selbstbezeichnung Israels (*figura theologica*). So erinnern die Israeliten an ihre eigene Fremdlingschaft in Ägypten (Dtn 10,19; 23,8) und bezeichnen sich selbst als Fremdlinge vor Jhwh (Ps 39,13). Dabei beschreibt er die Theologisierung des Fremdling-Begriffs als wachsende Tendenz in der Geschichte des Alten Testaments.[19] Ramírez Kidd legt so das Augenmerk auf die Differenzen in den Konzeptionen, je nachdem, ob der Begriff als *Fremd- oder als Selbstbeschreibung* benutzt wird.[20] Zudem verknüpft er beide Beschreibungen durch ihren Beitrag bei

---

16 Diese Zuschreibung durchzieht die Studie, vgl. nur Bultmann, Fremde, 213–216.

17 Vgl. Bultmann, Fremde, 216.

18 Vgl. dazu das Kapitel 2.2.1 dieser Studie zum Fremdling (גר) und dabei besonders die Seiten 47–52.

19 Vgl. dazu Ramírez Kidd, Alterity, bes. 117–129.

20 Der schon aus dem Jahre 1945 stammende Aufsatz von Schmidt, Israels Stellung, sei in diesem Zusammenhang trotz der forschungsgeschichtlichen Distanz hervorgehoben, da hier prägnant auf das Verhältnis zwischen dem Umgang Israels mit den Fremden und der Selbstsicht als Fremde im Land und als Fremde auf dieser Erde eingegangen wird. Diese Darstellung ist für

der Identitätskonstruktion Israels. Dabei unterstreicht er, dass er folglich in erster Linie nicht danach fragt, welche historisch zu fassenden Fremden wie in Israel behandelt wurden, sondern *literarisch* nach der Verwendung des *Begriffs* גר im Alten Testament.[21] Gerade die Dimension der Verknüpfung der Kategorie der Fremdheit mit der der eigenen Identitätskonstruktion verbindet die Studie von Ramírez Kidd mit der nun hier vorgelegten.

Die jüngste Studie legte Markus Zehnder 2005 als Habilitationsschrift in Basel vor. Darin wählt er einen *vergleichenden Ansatz*, um der Anthropologie des Fremden nach antiken Zeugnissen näher zu kommen,[22] und fragt nach dem „Umgang mit Fremden in Israel und Assyrien".[23] Bei der Untersuchung der biblischen Belege nimmt er weder eine Zuspitzung auf einen bestimmten Typus des Fremden – wie den גר – noch auf einen Ausschnitt des Alten Testaments vor. So ergibt sich eine breite Darstellung der Gesetze zu den Fremden im Pentateuch und des geschilderten Umgangs mit den Fremden in den geschichtlichen wie auch den prophetischen Büchern des Alten Testaments. In Bezug auf das deuteronomische Gesetz unterstreicht Zehnder besonders die Differenzen im geforderten Umgang mit dem גר und dem נכרי.[24] Zudem hebt er das für das Deuteronomium so zentrale Motiv der Distanzierung von den Kultpraktiken der Kanaanäer hervor.[25] Dabei verweist er auf die Bindung der Texte der radikalen Abgrenzung von diesen Fremden (etwa in Dtn 7) an bestimmte historische Situationen und setzt ihnen gerade die Humanität der israelitischen Kriegsgesetzgebung (in Dtn 20 und 21,10 – 14) entgegen.[26]

Der Materialreichtum der Studie im Blick auf die assyrischen aber auch die breit dargestellten biblischen Zeugnisse ist hervorzuheben. Detailliertere Analysen der einzelnen biblischen Passagen und damit die Aufzeichnung einer Entwicklung innerhalb der einzelnen Konzeptionen treten auf Grund dieser Anlage etwas in den Hintergrund.

---

den Zusammenhang von Fremdwahrnehmung und Konstruktion des Selbst aufschlussreich. Den Zusammenhang von erfahrener Fremdlingschaft und Zuwendung zu dem Fremden, sowie die Erfahrung und die Rede von der Fremdheit und Nähe Gottes führt Spieckermann, Stimme, zusammen.

21 Vgl. Ramírez Kidd, Alterity, 10.

22 Besonders deutlich wird der komparatistische Ansatz in der Zusammenfassung Zehnder, Umgang, 542–554.

23 Auch Rüterswörden, Bild, weitet die Untersuchung der Darstellung des Fremden über Israel hinaus auch auf den Alten Orient aus, wobei er besonders auf Herodot, die Erzählung des Sinuhe und die Lehre des Merikare zurückgreift.

24 Vgl. dazu Zehnder, Umgang, 356–380.

25 Vgl. Zehnder, Umgang, 388–401.

26 Zur Kriegsgesetzgebung vgl. Zehnder, Umgang, 385–388.

Die hier vorgelegte Studie nimmt die skizzierten Perspektiven und Ergebnisse auf, die Untersuchung des Fremden folgt jedoch drei grundlegenden Modifikationen:

1) Die bisher vorgelegten größeren Studien richten ihren Blick auf das ganze Alte Testament oder zumindest die umfangreiche Gesetzgebung des Pentateuchs. Zu Gunsten einer genaueren Untersuchung der einzelnen Passagen und zudem der Entwicklung in den Verfasserkreisen *einer* grundlegenden Strömung beschränkt sich die vorliegende Arbeit auf das Deuteronomium. Dabei wird das Problem des fehlenden Konsenses bezüglich der Redaktionsgeschichte des Deuteronomiums methodisch dadurch aufgegriffen, dass eine literarkritische und redaktionsgeschichtliche Analyse der Texte implizit oder explizit der thematischen Auslegung voraus geht. Gerade im dritten Hauptteil der Studie (Kapitel 4), der sich mit den nachexilischen Ergänzungen des entstehenden Deuteronomiums befasst, wird diesen Überlegungen auf Grund des so disparaten Forschungsbildes ein breiterer Raum gegeben.

2) Die Einschränkung des Textbereichs ermöglicht es, den Umfang der behandelten Gruppen von Fremden auszudehnen. Neben dem גר und dem נכרי wird auch der Umgang mit den konkret genannten einzelnen anderen Völkern genauer beleuchtet. Das Gesamtbild des Fremden wird dadurch abgerundet, dass auch *das* Fremde neben *den* Fremden in die Analyse integriert wird. Hierunter sind sowohl das fremde Land Ägypten als auch fremde Götter und kultische Praktiken, die Israel fremd sind oder sein sollen, zu verstehen. Auch der Umgang mit fremden literarischen Stoffen, wie die mögliche Übernahme altorientalischer Vertragsliteratur im deuteronomischen Gesetz, wird unter dem Fokus der Auseinandersetzung mit dem Fremden hinzugenommen.

3) Die dritte Modifikation hat die weitreichendsten Konsequenzen für die Anlage der Studie. So wird die Erkenntnis, dass der Umgang mit den Fremden von den jeweiligen Vorstellungen der Verfasserkreise abhängt, stark aufgegriffen. Auf Grund dieses Zugangs werden die Fremdendarstellungen nicht zur Rekonstruktion des realen Umgangs mit Fremden benutzt, es wird vielmehr nach dem Beitrag dieser Fremdendarstellung zu den kollektiven Identitätskonstruktionen Israels gefragt. Der Zusammenhang zwischen Fremddarstellung und Selbstwahrnehmung, der besonders in soziologischen Studien betont wird, dient dabei als Schlüssel und ist deshalb im Folgenden grundlegender dargestellt.

1.2 Identität und Fremdheit als soziologische Schlüsselkategorien

Eine vorausgehende Skizze der im Verlauf der Untersuchung hauptsächlich herangezogenen soziologischen Konzeptionen und Begriffe bietet die Basis der nachfolgenden Analysen der Konstruktionen kollektiver Identitäten im Deuteronomium. Die Darstellung der grundlegenden Forschungsprämissen und -ergebnisse beansprucht dabei keine Vollständigkeit und nimmt die meist aus der Soziologie entstammenden und komplexen Theorien nur so weit in den Blick, wie sie für das Verständnis der hier angestellten Analyse des Deuteronomiums nötig und hilfreich sind.[27] Dabei gilt es zu beachten, dass die Theorien zumeist für die Beschreibung kultureller Phänomene der Moderne entwickelt wurden. Gerade ein Begriff wie „Identitäts*konstruktion*" verrät, dass der auf die Texte geworfene Blick im 20./21. Jh. verwurzelt ist.[28] Neben einer Einführung in die Begriffswelt ist deshalb zu reflektieren, inwieweit die moderne Kategorisierung von Identitäts- und Fremdheitskonstruktion auch für die Analyse antiker Schriften im Allgemeinen und alttestamentlicher Texte im Besonderen fernab von reinem Anachronismus zugunsten eines heuristischen Gewinns verwendet werden und somit zu einer fruchtbaren Exegese führen kann.

Die hier im Mittelpunkt stehenden beiden Bezugspunkte sind zum einen die Frage nach der Bildung und der Veränderung kollektiver Identitäten und zum anderen die Soziologie des Fremden, wie sie besonders von Georg Simmel angestoßen wurde.

1.2.1 Konstruktion(en) kollektiver Identität(en)

Unter dem vom (spät)lateinischen *identitas* „Einheit" abgeleiteten Begriff Identität versteht man grundsätzlich die Übereinstimmung einer Person oder Sache mit sich selbst (Selbigkeit). Auf Menschen bezogen steht dabei ein inneres kontinuierliches Sich-Selbst-Gleichsein im Mittelpunkt.[29]

Die wichtigste Spezifizierung des in dieser Studie verwendeten Identitätsbegriffs besteht darin, dass er sich auf *kollektive* und nicht auf individuelle Identi-

---

27 Für einen breiteren Überblick zu Theoriebildungen in Bezug auf ‚Identität' aus religionswissenschaftlicher und -soziologischer Sicht sei auf Estel, Art. Identität, verwiesen.

28 Dies gilt auch schon für den Begriff der Identität. Vgl. zur Entstehung und Entwicklung der Kategorie Identität als Reaktion auf Entwicklungen in der Moderne Dubiel, Art. Identität.

29 Vgl. Hörnig / Klima, Art. Identität, 286.

täten bezieht.[30] Dies ist durch das Deuteronomium als der Untersuchung zu Grunde liegendem Quellentext bedingt. Aussagen über den Einzelnen können allenfalls indirekt erschlossen werden. Zu diesem Zweck wäre man vermehrt auf archäologische Funde aus den familiären Kontexten und außerbiblische Vertrags- und Urkundentexte angewiesen. Einzelne Personen werden im Deuteronomium zwar namentlich genannt – hier sind neben Mose und Aaron z. B. die beiden Könige Sihon und Og zu nennen –, doch handelt es sich bei diesen Menschen schon aus dem Blickwinkel der ersten Rezipierenden des Deuteronomiums um Gestalten längst vergangener Zeiten bzw. literarische Fiktionen. Sie dienen eher als Repräsentations- oder Identifikationsfiguren von und für Gruppen.

Das Deuteronomium ist – strukturell betrachtet – ein Text, in dem eine bestimmte Gruppe Grundlagen einer idealen Gesellschaft so formuliert, als würden sie damit die Gesellschaft als ganze abdecken. In der uns vorliegenden Textgestalt wird diese Ausrichtung auf das Ganze des Volkes schon daran erkennbar, dass sich der Begriff „ganz Israel" (כל ישראל) im ersten wie im letzten Vers des Buches findet.[31]

Die in den Gesetzen des Deuteronomiums angesprochenen oder dargestellten Personen sind großteilig im Singular genannt. So geht es um *den* Fremden, der in das Land kommt, oder das ‚Du' als Adressat der Gesetze. Hierbei gilt jedoch, dass trotz der singularischen Formulierung nicht von Identitätsfigurationen, die auf das Individuum zielen, gesprochen werden kann. Indem jeder Israelit als ‚Du' angesprochen wird und jeder Fremdling *der* Fremdling ist, entfällt jegliche individualisierende Differenzierung zwischen den Vertreterinnen und Vertretern dieser Gruppen. Es handelt sich vielmehr um ein Konzept der „*corporate personality*"[32] oder „*corporate identity*".

In der Regel wird durch das Konzept der *corporate personality* beschrieben, inwieweit in (vormodernen) Gesellschaften der Einzelne hinter dem Kollektiv zurücktritt, das durch Führungsfiguren repräsentiert wird.[33] Für die Beschreibung des literarischen Gesellschaftsbildes des Deuteronomiums und den darin liegenden Implikationen einer kollektiven Identität ist jedoch die Umsetzung in

---

30 Einen Versuch, moderne soziologische und psychologische Theorien zur individuellen Identität auch auf die Konstruktion von Identität im Alten Testament anzuwenden, unternimmt etwa Di Vito, Testament.

31 Dies zeugt zudem von einer Perspektive, die dem Deuteronomistischen Geschichtswerk entspricht, wie Perlitt, BK V, 9, herausstellt. Nach seiner redaktionsgeschichtlichen Rekonstruktion finden sich 11 der 14 Belege im Deuteronomium in den dtr Redeteilen.

32 Das Konzept wurde besonders von H. Wheeler Robinson in seiner Studie „Corporate Personality in Ancient Israel" betont.

33 Vgl. dazu Robinson, Psychology, bes. 375–378.

Literaturform zu beachten. So schließt sich beispielsweise H.H. Rowley in der Beschreibung der Funktion des ‚Ich' in den Psalmen an die Konzeption der *corporate personality* an. „The Psalms expressed the worship of all, but they also expressed the worship of each, just as individuals and congregations to-day make these ancient psalms the vehicle of their individual and corporate approach to God."[34] Die Ausführungen zum ‚Du' im deuteronomischen Gesetz werden dies näher entfalten.[35]

Soziologische Betrachtungen und Definitionen von Identität schwanken, wie im Folgenden ersichtlich wird, zwischen der Betonung von Kontinuität auf der einen Seite und der Dynamik auf der anderen. So gehören zur Identität eines Einzelnen oder einer Gruppe Elemente, die durch die Zeit relativ stabil bleiben und die dazu führen, dass ein Mensch oder eine Gruppe als er oder sie selbst erkannt werden kann. Diesen statischen, *gleich* bleibenden Elementen verdankt der Identitätsbegriff seine Bezeichnung. In dieser Linie stützt der Entwicklungspsychologe und Pädagoge Erik H. Erikson in seiner klassisch gewordenen Beschreibung von Identität das bewusste Gefühl, eine persönliche Identität zu haben, auf zwei Beobachtungen, nämlich „der unmittelbaren Wahrnehmung der eigenen Gleichheit und Kontinuität in der Zeit, und der damit verbundenen Wahrnehmung, daß auch andere diese Gleichheit und Kontinuität erkennen".[36] Doch ist auch bei Erikson die Beschreibung einer lebenslangen Krise jedes Individuums konstituierend, welche die fortwährende Veränderung der Identität anzeigt. Nicht nur bei der Bildung der Identität (z. B. in der Adoleszenz), sondern im gesamten Leben des Einzelnen und der Gruppe kommt es immer wieder bei bleibenden Konstanten zu Veränderungen in der eigenen Identitätskonstruktion, u. a., da sich die äußeren Bedingungen ändern.

Die Vorstellung einer Identitäts*konstruktion* des Einzelnen ist ein Spezifikum der Moderne.[37] Douglas Kellner beginnt seinen Aufsatz über die Konstruktion von Identitäten mit der Beschreibung des vormodernen Gegenbildes: „Nach Ansicht der Anthropologie war die Identität des Menschen in traditionalen Gesellschaften fest, starr und stabil. Sie hing ab von im voraus festgelegten sozialen Rollen und

---

34 Rowley, Worship, 249.
35 Siehe unten Kapitel 2.5.1.2 (131–135).
36 Erikson, Identität, 18. Hörnig / Klima, Art. Identität, 286, betonen besonders das Moment des Gleichbleibenden und der Kontinuität. Hingegen hebt Haußer, Art. Identität, 218, auch die Diskontinuitäten hervor, wie sie auf der Ebene des Einzelnen besonders beim Übergang vom Jugendalter zum Erwachsensein erkennbar sind.
37 So z. B. Keupp, Identitätskonstruktionen, 70–72, der Identitätskonstruktion auf den Verlust von Kohärenzerfahrungen zurückführt, die für die Moderne typisch sind. Die Debatte um eine Unterscheidung gerade der Identitätskonstruktionen in der Moderne und Postmoderne kann hier unbeachtet bleiben.

einem System überlieferter Mythen, die Orientierung und religiöse Sanktionen hinsichtlich des eigenen Ortes in der Welt boten und zugleich das Denken wie auch das Verhalten streng reglementierten. [...] In vormodernen Gesellschaften war Identität etwas unproblematisches, über das man weder nachdachte noch diskutierte. Die Individuen machten keine Identitätskrise durch, und sie erlebten auch keinen realen Identitätswandel".[38] Dem setzt er kontrastierend die Moderne entgegen: „In der Moderne ist Identität veränderlicher, vielfältiger, persönlicher, in höherem Maße reflexiv und Gegenstand von Wandel wie auch von Innovation."[39] Die Beschreibung der starren vormodernen Identitäten mag auf die Antike bezogen zwar mit der griechisch-römischen Literatur kompatibel sein. Sie ist jedoch sicher nicht unmittelbar mit dem Bild vereinbar, das die alttestamentlichen Texte zeichnen. In der klassischen griechisch-römischen Antike werden literarische Protagonisten als gleich bleibend und unveränderlich geschildert, was sich z. B. in der homerischen Literatur in den mit ihnen stets verbundenen unverwechselbaren Attributen und Adjektiven zeigt (wie der tapfere Achill und die schöne Helena).[40] Die Tragik in griechischen Dramen liegt gerade in dieser Konstanz. Der Charakter von Personen ist ebenso unveränderlich wie das Schicksal, dem diese Personen zu entfliehen suchen. Hierfür sei exemplarisch an das Ödipusdrama erinnert. Im Gegensatz dazu ändern sich biblische Personen auffallend oft. Motive wie Umkehr und Reue bestimmen die alttestamentlichen Erzählungen. Ebenso wie das Geschick der Menschen durch die Veränderbarkeit Gottes geändert werden kann (vgl. exemplarisch hierfür das Jonabuch),[41] so können sich auch die Menschen selbst ändern.[42]

---

38 Kellner, Kultur, 214.

39 Kellner, Kultur, 214. In der Moderne ist Stabilität besonders in und durch bestimmte(n) Rollen (Rollen-Identität) gegeben.

40 Erich Auerbach führt im eröffnenden Kapitel „Die Narbe des Odysseus" seines Werks Mimesis, 5–27, einen Vergleich der Erzähltechnik und des Menschenbildes bei Homer und im Alten Testament durch, wobei er sich besonders auf die Fußwaschung Odysseus bei seiner Rückkehr durch seine Amme Eurykleia, die ihn an einer alten Narbe erkennt, und die Geschichte um Isaaks Bindung in Gen 22 bezieht. Dabei zeigt er auf, dass die biblischen Protagonisten im Gegensatz zu den homerischen hintergründiger und vielschichtiger sind (vgl. bes. 14 f.). Abraham, aber auch David, verändern sich durch ihre Erfahrungen und Geschichten, wohingegen der homerische Odysseus trotz aller überstandenen Abenteuer im Grunde derselbe ist wie in seiner Jugend (bes. 20 f.).

41 Für diesen Zusammenhang sei auf den „Essay mit Verknüpfungen" Ebach, Kassandra, verwiesen.

42 Da es sich in allen Fällen um Literatur handelt, soll es nicht darum gehen, Psychogramme von Abraham und Odysseus zu erstellen. Doch sagt die Darstellungsweise etwas über das Menschenbild der Verfasser aus. Werden die Protagonisten als sich ändernde dargestellt, so bedeutet dies zugleich, dass auch die realen Menschen lebenslangen Wandlungsprozessen

Die Untersuchungen, die in dieser Studie vorgelegt werden, sollen darüber hinaus zeigen, dass es sich lohnt, Identitätskonstruktion als *deskriptive* Kategorie mit Blick auf Gruppen auch in vormodernen Gesellschaften zu verwenden.[43] Das Deuteronomium weist zahlreiche und durchaus auch untereinander konkurrierende Überlegungen zu der Fragestellung auf, was das Volk sei, seit wann es Jhwhs auserwähltes Volk sei, wer zu Israel dazugehöre und wo die Grenzen der Gesellschaft liegen. Dies wird zwar nicht auf einer Metaebene reflektiert, doch lassen sich die Aushandlungsprozesse deutlich nachzeichnen.[44]

Die deuteronomischen Verfasserkreise leisten keine empirische Beschreibung Israels, sondern entwerfen die Grundpfeiler einer idealen Gesellschaft. Im Fokus steht also die *kollektive* Identitäts*konstruktion*. Der in dieser Studie im Rahmen der Deuteronomiumsforschung gesuchte Blickwinkel fokussiert nicht auf die Selbstwahrnehmung der eigenen individuellen Identitäten. Er besteht vielmehr darin unterschiedliche und sich verändernde Konstruktionen eines Idealkollektivs herauszuarbeiten.

Auch in Bezug auf das Verhältnis zur eigenen Vergangenheit ist die Beschreibungskategorie der Konstruktion von kollektiven Identitäten erhellend. So

---

unterworfen sind. Deshalb spielen diese Identifikationsfiguren für die Beschreibung antiker Identitätsprozesse eine entscheidende Rolle.

43 Auch auf der Ebene der kollektiven Identität ist noch einmal zu trennen zwischen dem Einfinden des Einzelnen in eine gemeinsame Identität mit anderen, also der Bindung des Einzelnen an eine Gruppe, und der Bildung von Gruppenidentität. Diese Unterscheidung kann bei Jan Assmann nachvollzogen werden. So unterscheidet er die Ebene der kollektiven Identität auf der Stufe des Einzelnen (im Kontrast und Verquickung zur personalen und individuellen Identität) von den Strukturen der Ethnogenese. Bei Zweiterem handelt es sich um die bewusste Erschaffung von Gemeinschaft auf der Basis gemeinsamer Kultur, wie sie hier im Blick ist. Vgl. insgesamt Assmann, Gedächtnis, 130 – 160.

44 Dass sich die Kategorien der Soziologie des Fremden und der Identitätskonstruktion durchaus überzeugend mit vormodernen Gesellschaften verbinden lassen, hat der Freiburger geisteswissenschaftliche SFB 541 (1997–2003) auf breiter Ebene sichtbar machen können. Unter der Überschrift „Identitäten und Alteritäten. Die Funktion von Alterität für die Konstitution und Konstruktion von Identität" arbeiteten dort Wissenschaftlerinnen und Wissenschaftler zu antiken bis modernen Epochen, wobei auch sie sich hauptsächlich mit der Ebene der kollektiven Identitäten beschäftigten. Aus dieser Arbeit ergab sich die Publikationsreihe „Identitäten *und* Alteritäten" im Würzburger Ergon-Verlag. Auch wenn die Theologien in diesem Forschungsverbund nicht beteiligt waren, sind die methodischen Parallelen zwischen den Althistorikern, Altphilologen und Alttestamentlern so eng, dass dieses gelungene Projekt zusätzlich zu einer Übertragung in den theologischen Bereich motiviert. Für die auch in dieser Arbeit verwendeten Kategorien sei insbesondere auf den in dieser Reihe erschienenen, von Wolfgang Eßbach herausgegebenen Sammelband „wir / ihr / sie. Identität und Alterität in Theorie und Methode" verwiesen und für konkrete Beispiele auf den Band „Studien zu antiken Identitäten", der von Stefan Faller herausgegeben wurde.

kann beispielsweise beobachtet werden, dass sich Gruppen im Zuge ihrer ‚Identitätsarbeit' durch die sogenannte *invention of tradition* eine gemeinsame Vergangenheit erst selbst erschaffen. Dabei werden besonders einzelne Traditionen, die in bestimmten Teilen der Gruppe eine Rolle spielen, verallgemeinert und zur gemeinsamen Vergangenheit erklärt. So als historische Schicksalsgemeinschaft verbunden werden reale Divergenzen innerhalb der eigenen Gruppe überbrückt.[45] Die Berufung auf das gemeinsame Ursprungserlebnis des Exodus aus Ägypten ist für Israel das bekannteste und folgenreichste Beispiel. War dies wohl zunächst der Gründungsmythos führender Nordreichsgruppen, wird der Exodus schließlich zur ganz Israel vereinenden Ursprungserzählung. Hinzu kommen weitere Volkwerdungserzählungen, wie die Gesetzesgabe am Horeb und verschiedene Erwählungstraditionen.[46] Deutlich wird hierbei, dass die kollektive Identität einer Gruppe in großen Teilen gesteuerten Formationsprozessen geschuldet ist. Das Fazit, das Alois Hahn aus seinen Überlegungen zur Identität zieht, kann auch hier als Quintessenz dienen: „Identität also [...] ist niemals Substanz, sondern stets Relation, nicht Totalität, sondern Selektion, weder Fatum noch Datum, sondern soziale Konstruktion, nicht Resultat der Realität des Geschehens, sondern jeweils neues Ereignis von Konsens und Konflikt, Erinnern und Vergessen, Behaupten und Bestreiten, Beschwören und Verdrängen, Reden und Schweigen."[47]

Die Kontinuität in der Identität besteht auf der kollektiven Ebene generationenübergreifend. Die Grundlagen der gewählten Identität müssen in vorgelebter und erzählter Form an die nächste Generation weitergegeben werden, damit es zu einer Stabilität kommen kann.[48] Die Forderung in Dtn 6,20–25, auf die Fragen der Kinder zu antworten und ihnen von der Geschichte der eigenen Gruppe zu erzählen, oder die Vergegenwärtigung der eigenen Vergangenheit im sogenannten kleinen geschichtlichen Credo in Dtn 26,1–11 sollen für generationenübergreifende Kontinuität sorgen. Dieser Fortsetzungsvorgang ist jedoch immer von Veränderungen bestimmt, mit denen jede neue Generation ihre Umwelt reflektiert.[49]

---

45 Hahn, Identitäten, 133, führt diesen Zusammenhang aus: „Die dabei in Anspruch genommene Tradition ist im wesentlichen als Vergegenwärtigung wirksam, und das heißt vor allem: als Fiktion. Der Preis für diese Identitätsstiftung (oder sollte man Anstiftung sagen?) ist allerdings hoch. Nationale Identität läßt sich nicht herstellen ohne ihr korrespondierende Definitionen von Fremden."
46 Vgl. dazu Kapitel 5.2 (299–310) zur Volkwerdung als Geschehen in der Fremde.
47 Hahn, Eigenes, 87.
48 Vgl. Hillmann, Art. Kollektive Identität, 432.
49 Die möglichen Veränderungsprozesse auch in der kollektiven Identität kommen bei Hillmann, Art. Kollektive Identität, 433, zumindest in einer Forderung zum Tragen: „Wenn heutige Gesellschaften nicht erstarren und ihre Problemlösungskraft verlieren sollen, dann muss auch k[ollektive] I[dentität] wandlungs- und innovationsfähig sein." Dass dies keine neue Forderung

Um dies richtig einordnen zu können, muss der Blick über die Texte zur gesellschaftlichen und politischen Situation gehen. Die Arbeit wird aufzeigen, inwiefern Veränderungen auf dieser Ebene die Strukturen der Identitätskonstruktion beeinflussen.

Wie sich Formationsprozesse spezifisch auf der Ebene der kollektiven Identitätskonstruktionen vollziehen, wurde von den Soziologen Shmuel Noah Eisenstadt und Bernhard Giesen in dem Aufsatz „The construction of collective identity"[50] überzeugend dargelegt. Diese Studie soll im Folgenden etwas genauer dargestellt werden, nicht zuletzt deshalb, weil die dort aufgestellten Grundsätze und Ergebnisse auch der hier vorgelegten Identitätsstudie als Gerüst dienen. Die beiden Autoren führen in Entsprechung zu dem bisher Dargestellten aus, dass (auch) die kollektive Identität einer Gruppe Konstruktionsprozessen geschuldet und nicht natürlich gegeben und unbeeinflussbar ist.[51] Dabei werden vier Grundthesen aufgestellt und begründet:[52]

1. „Collective identity is not naturally generated but socially constructed"[53]
    Dabei spielen sowohl nicht-intentionale als auch intentionale Kommunikationsprozesse eine Rolle. Die Mitglieder des Kollektivs zeichnen sich durch eine sozial konstruierte Gleichheit aus, die sie von anderen unterscheidet.

---

an moderne Gesellschaften ist, sondern ein sich durch die Geschichte ziehendes Phänomen jeglicher Gesellschaften, sollte aus altertumswissenschaftlicher Sicht hinzugefügt werden.

50 Eisenstadt und Giesen führen ihre Überlegungen an zwei Fallstudien zu Deutschland und Japan aus. Für den hiesigen Zusammenhang ist jedoch der theoretische Teil (a.a.O., 72–84) weiterführend.

51 Im Blick auf die persische Zeit Israels hat schon Jon Berquist auf die verschiedenen Wege hingewiesen, mit denen neuzeitliche Wissenschaftlerinnen und Wissenschaftler die vormodernen Identitätsprozesse beschreiben (können). „A theory of identity that accurately reflects the biblical interests will emphasize that identity is problematic, unobvious, and highly contested." (Berquist, Constructions, 56). Er unterscheidet dabei fünf Wege, Identität zu fassen: Identity as Ethnicity, as Nationality, as Religion, as Role und der postmoderne (postkoloniale) Weg der Identitätskonstruktion. „This approach transforms the previous questions about ethnicity, nationality, and religion as defining identity. No longer are such identities seen as fixed and static categories, but as continuing processes. We must speak not of identity but of identity formation." (63). Diese Formationsprozesse wird die hier vorgelegte Studien für das Deuteronomium nachzuzeichnen versuchen.

52 Die von den Autoren benutzte Unterscheidung von Gesellschaften in die drei Typen primordial, social und cultural, lässt sich nur schwer auf das antike Israel übertragen und ist deshalb hier ausgelassen.

53 Eisenstadt / Giesen, Construction, 74.

2. „Collective identity is produced by the social construction of boundaries"[54]
Deshalb lohnt es sich, Exklusions- und Inklusionsvorgänge genauer in den
Blick zu nehmen, wobei auch Grenzüberschreitungen zu analysieren sind.

3. „Constructing boundaries and demarcating realms presuppose symbolic
codes of distinction"[55]
Diese Codes müssen aufgelöst werden, um die Identitätskonzeption verständlich zu machen. Dabei steht die Unterscheidung zwischen dem „Wir"
und den „Anderen" im Zentrum jeder Identitätsbildung. Weiterführend auch
für die Betrachtung des Deuteronomiums sind die gezogenen Unterscheidungen, die sich auf räumlicher (*spatial*), zeitlicher (*temporality*) und refle-
xiver (*reflexive*) Ebene abspielen, wobei die Autoren auch das Zentrum der
dichotomen Unterscheidungen betonen *„This mediation and separating realm
is the phenomenal focus of identity: the center, the present, the subject."*[56] Dies
lässt sich im Deuteronomium am prägnanten Konzept der Mitte deutlich
machen. Die Mitte ist der Dreh- und Angelpunkt der Identitätsbildung und
ihrer Wahrung in vorexilischer Zeit.[57]

4. „The construction of boundaries and solidarity is not, however, a purely
‚symbolic' affair, unrelated to the divisions of labor, to the control over re-
sources and to social differentiation."[58]
Eisenstadt und Giesen betonen dabei die Konstruktionsarbeit, die von Ein-
zelgruppen für das Ganze geleistet wird. Diese Arbeit einzelner Gruppen an
der Identitätskonstruktion der als Einheit vorgestellten Gemeinschaft ist in der
Entstehungsgeschichte des Deuteronomiums greifbar. Verschiedene Kreise
deuteronomischer und deuteronomistischer Reformer entwerfen ein Gesamtbild für das Volk Israel, das sich in drei Jahrhunderten sehr differenziert
darstellt. Diese konkrete Arbeit an der Identität auf Grundlage der Auslegung
und Situierung von Gesetzestexten kann besonders im Blick auf die exilischen
Bearbeitungen und Erweiterungen des deuteronomischen Gesetzes aufgezeigt
werden, wie es in Kapitel 3 geschieht. Dass die deuteronomische Stimme nur
eine Gruppe unter vielen Reformkonzepten ist, erkennt man an den z.T.
zeitgleichen priesterlichen Konzeptionen, die ein sehr anderes System der
Codierung verwenden.

---

54 Eisenstadt / Giesen, Construction, 74.
55 Eisenstadt / Giesen, Construction, 74.
56 Eisenstadt / Giesen, Construction, 75.
57 Vgl. dazu besonders das Kapitel 2.5.1.4 (141-144) zur Mitte im deuteronomischen Gesetz.
58 Eisenstadt / Giesen, Construction, 76.

Bei der Identitätskonstruktion spielt das Aufstellen von Stereotypen eine besondere Rolle. Dies gilt für die Gleichheit im eigenen Volk wie für die anderen, von denen man sich abhebt. Dies kann im Deuteronomium sowohl positiv als auch negativ konnotiert erfolgen. So ist der Fremdling (גר) als Stereotyp der zu unterstützende Fremde, der die Hilfe Israels braucht. Das negative Gegenbild ist in Bezug auf die Amalekiter (Dtn 25,17–19)[59] greifbar, die als Stereotype für das aus Israel Auszugrenzende stehen. Schon hier wird deutlich, dass die literarische Auseinandersetzung mit Fremden ein wichtiges Merkmal für die konstruierte Identität des eigenen Volkes ist.[60] Dies kann durch einen Blick auf die Grundlagen der Soziologie des Fremden untermauert werden.

1.2.2 Zur Soziologie des Fremden

Beschreibungen der Mechanismen von Exklusion und Inklusion sowie die Beschäftigung mit Fremden sind ohne weiteres auch für vormoderne Gesellschaften anwendbar.[61] Grundlegend für die Soziologie des Fremden im 20. Jh. wurden die Überlegungen Georg Simmels, die er in einem kurzen Exkurs über den Fremden in seiner Soziologie entfaltete. Dabei betont er die Verbindung des Fremden zu seiner Gastgesellschaft, in dem er den Fokus auf die *Funktion* des Fremden legt. Simmels Definition des Fremden ist so für die Soziologie des Fremden klassisch geworden: „Es ist hier also der Fremde nicht in dem bisher vielfach berührten Sinn gemeint, als der Wandernde, der heute kommt und morgen geht, sondern als der, der heute

---

59 Die Konstruktion von Identitäten schlägt sich, wie im Amalekitergesetz, besonders deutlich in Gesetzen und Normen wieder. Peter Lau hat eine Studie zum Thema Identität im Buch Ruth vorgelegt, in dessen systematischen Teilen einige interessante Hinweise zur individuellen und kollektiven Identität mit Blick auf das ganze Alte Testament vorkommen. Dabei betont auch er die Rolle von Normen für eine „social identity". „Hence, norms can also be understood as ‚identity descriptors'." (a.a.O., 27, in terminologischem Anschluss an Philip Esler). Im Blick auf das Deuteronomium formuliert er weiterhin: „From a social identity perspective, the law contained therein circumscribes appropriate attitudes and behaviours for the nation, marking out their privileged status and unique identity."
60 Die Auseinandersetzung mit dem Fremden auf der Ebene der kollektiven Identität eines Volkes korrespondiert mit dem Verhältnis zwischen dem Einzelnen und dem von ihm unterschiedenen Anderen, wie es gerade George H. Meads bei der Betonung des „generalized other" zu Grunde legt. Vgl. dazu Dubiel, Art. Identität, 149.
61 So analysiert Stichweh, Inklusion/Exklusion, 54: „Die Soziologie des Fremden ist eine Sprache der vormodernen Welt, die im Verhältnis zu korporativ aufgefassten und sozial relativ geschlossenen Sozialsystemen Andere als kompakte soziale Objekte externalisiert. Als eine solche findet sie in der Moderne ihren deutlichsten Halt in der auf Mitgliedschaftskonstruktionen beruhenden Realität des Nationalstaats".

kommt und morgen bleibt – sozusagen der potenziell Wandernde, der, obgleich er nicht weitergezogen ist, die Gelöstheit des Kommens und Gehens nicht ganz überwunden hat."[62] Die Definition des Fremden setzt die Beziehung zur Gastgesellschaft bereits voraus.[63] Dabei setzt Simmel den Fremden paradigmatisch mit dem Händler gleich.[64] Zudem fragt er nicht nach den einzelnen Individuen, die als Fremde in eine andere Gesellschaft kommen, sondern nach dem Typus des Fremden.[65] Dass dies auch der Sichtweise der deuteronomischen Verfasser entspricht, wird die Auslegung des deuteronomischen Gesetzes zeigen. Schon die Parallelen zum Fremdling (גר) im Deuteronomium, die diese Herangehensweise aufweist, werden im folgenden Zitat unmittelbar sichtbar: „Der Fremde ist eben seiner Natur nach kein Bodenbesitzer, wobei Boden nicht nur in dem physischen Sinne verstanden wird, sondern auch in dem übertragenen einer Lebenssubstanz, die, wenn nicht an einer räumlichen, so an einer ideellen Stelle des gesellschaftlichen Umkreises fixiert ist."[66] Der Fremde ist somit der, der genuin weder materiell noch ideell Anteil am gemeinschaftsstiftenden Gut im weitesten Sinne hat. So teilt er weder den Boden noch die identitätsstiftende Geschichte mit den als Israel definierten Menschen. Die Mechanismen der Integration in die Gemeinschaft werden die genaueren Textuntersuchungen zeigen.

Rudolf Stichweh hat darüber hinaus auf die *Konnotation* des Fremden aufmerksam gemacht. Wurde zuvor meist auf den Konflikt mit Fremden hingewiesen, die durch ihre ‚Andersheit' – als Alterität oder Alienität – als potentielle Bedrohung wahrgenommen wurden, so betont er neben der (gewaltsamen) Abgrenzung die Elemente der Gastfreundschaft und Fürsorge für den Fremden.[67] Dabei zeigt er auf, dass die Soziologie bisher zu sehr an Konflikten orientiert war und diese zum analytischen Schlüssel der Begegnung mit Fremden gemacht hat. Im Gegensatz dazu betont er: „Die Theorie des Fremden ist zwar immer Differenztheorie, aber sie ist nicht immer Konflikttheorie."[68] Stichweh hebt die Funktion des Fremden für die Identitätsbildung der mit diesen in Kontakt stehenden Gruppen hervor. Dies ge-

---

62 Simmel, Exkurs, 509. Zur Rezeption und Weiterentwicklung der bei Simmel angelegten Soziologie des Fremden vgl. Stichweh, Fremde.
63 So fährt Simmel, Exkurs, 509, fort: „Der Fremde ist ein Element der Gruppe selbst, nicht anders als die Armen und die mannigfachen ‚inneren Feinde' – ein Element, dessen immanente und Gliedstellung zugleich ein Außerhalb und Gegenüber einschließt."
64 Hier besteht ein Unterschied zu Weber, der diesen wirtschaftlichen Aspekt eher als Folgeerscheinung charakterisiert. Vgl. Stichweh, Fremde, 298.
65 Vgl. Simmel, Exkurs, 512.
66 Simmel, Exkurs, 510.
67 Vgl. auch Stichweh, Fremde, 300. Zum Zusammenhang von Fremdbildern und Feindbildern vgl. auch Schrage, Von Ketzern, bes. 221–226.
68 Stichweh, Fremde, 301.

schehe sowohl durch die Integration von Fremden als auch durch deren Exklusion. Durch diesen Vorgang werden die Grenzen und Merkmale der eigenen kollektiven Identität festgelegt.[69] „Die *historische Semantik des Fremden* ist offensichtlich eine Spezialsemantik der Inklusion und Exklusion, die *Mitgliedschaftsbedingungen* und Kriterien der Zugehörigkeit für *relativ geschlossene Sozialsysteme* thematisiert und diese normativ ausdeutet und festigt."[70]

Die Darstellung von Fremden und die Auseinandersetzung mit ihnen werden in der hier vorgelegten Studie unter einem spezifischen Blickwinkel betrachtet. Wegweisend ist die Frage, was aus der Darstellung der Fremden für die Grundlinien der eigenen Identitätskonstruktion abgelesen werden kann, wie sie die deuteronomischen und deuteronomistischen Kreise für Israel aufzeichnen.[71] Das Fremde und das Eigene werden also nicht losgelöst voneinander behandelt, sondern das Verhältnis von beiden Seiten und die gegenseitige Beeinflussungen werden betrachtet. Saul Olyan spricht von einem „binary contrast" oder „polarity" zwischen dem Israeliten und dem Fremden, das mehrere Oppositionspaare beinhaltet, wie beschnitten / unbeschnitten, Einheimischer / Außenstehender (*resident outsider*[72]), Exilsgemeinde / Landbewohner. Durch die Auffindung von Oppositionen kann eine Gruppe ihre eigene Identität schärfen und verändern: „The other is, therefore, an essential component of any group's project of self-definition."[73] Dabei ist das, was als fremd wahrgenommen wird, ebenfalls eine soziale Konstruktion.[74]

---

69 Vgl. Stichweh, Inklusionen, 156.

70 Stichweh, Inklusion/Exklusion, 49.

71 Reuter, Ordnungen, 14, führt dementsprechend aus, „daß die Beschäftigung mit dem Fremden immer nur eine Beschäftigung mit einer spezifischen Konstruktion des Fremden ist. Es erscheint dann aber auch notwendig, diese Konstruktion des Fremden mit ihren je hervorgehobenen Attributen von Alterität daraufhin zu untersuchen, welche Informationen sie über ihren *Konstrukteur* preisgibt."

72 Dabei kann nach der Definition bei Olyan, Rites, 68, der *resident outsider* sowohl Israelit als auch Nichtisraelit sein. Vgl. dazu die Diskussion zur Nationalität des גר unten Seite 47–52.

73 Olyan, Rites, 63. Welz, Identität, 91, bemerkt in der Zusammenfassung von Positionen prägnant und treffend: „Ohne Alter kein Ego". Mu-chou Poo hat eine vergleichende altertumswissenschaftliche Studie über die Haltung zu den Fremden in Mesopotamien, Ägypten und China vorgelegt, wobei auch er einen soziologischen Zugriff zur Thematik gewählt hat. Auch er kommt dabei zu dem Ergebnis, dass schon in der Antike die Schärfung von Feindbildern die eigene Gruppenidentität förderte. Dabei benennt er als wichtigen Punkt für die griechische Identitätsbildung den Krieg gegen die Perser. Erst nach dem Krieg sei eine gemeinsame griechische Identität entstanden: „By defining the others – the barbarians, as the argument goes – ‚the Greeks' became a recognizable cultural entity." (Poo, Enemies, 8, mit weiterführender Literatur in Anm. 27). Und auch für Mesopotamien sieht er die gleiche Intention in der Negativdarstellung des Feindes: „The enemies, real or imagined, therefore, were needed by the

Besonders Alois Hahn hat sich damit auseinandergesetzt, wie aus dem, was eine Gruppe oder Gesellschaft als fremd ansieht, auf die eigenen Wünsche an das Selbstbild geschlossen werden kann. Ein Kernsatz seiner Arbeit könnte dabei als Untertitel auch dieser Arbeit benutzt werden, da hier der Zusammenhang in unmittelbarer Schärfe auf den Punkt gebracht ist:

„Sage mir, wen oder was du für fremd hältst, und ich sage dir, wer du sein willst."[75]

Drei Grundannahmen, von denen die erste bereits betont wurde, werden hier zusammengefasst, die auch für das Vorgehen der vorliegenden Studie wichtig sind:

1. Die Frage nach Identität zielt nicht auf einen objektiv zu ermittelnden Zustand, sondern auf mehr oder weniger reflektierte eigene Vorstellungen und Wünsche. Insofern beschreiben die deuteronomischen Verfasser eher, wie sie wollen, dass ein ideales Israel wäre, als dass sie eine neutrale Analyse ihrer Gegenwart geben.
2. Es gibt eine enge Verknüpfung zwischen der Kategorisierung und Darstellung des vermeintlich Fremden und den eigenen Idealen.
3. Es reicht nicht, nur nach konkreten fremden *Personen* zu fragen, auch *das* Fremde ist entscheidend. In diesen Bereich gehören im Rahmen der Deuteronomiumsstudie politische, religiöse und sprachliche Überschneidungen und Abgrenzungen. Solche Überlegungen sind in der Deuteronomiumsexegese besonders hinsichtlich des Verhältnisses zu möglichen altorientalischen Vorlagen für die deuteronomischen Gesetze ausschlaggebend.

Mesopotamians in order to construct a cultural identity. Most importantly, when the Mesopotamians tried to characterize the foreigners, they focused mostly on the latter's different cultural traits." (a.a.O., 147).

74 Der Philosoph Bernhard Waldenfels, Grundmotive, 117, betont die Abhängigkeit der Fremdheitskonstruktion vom erwünschten Bild des Eigenen: „Nicht nur das Attribut ‚fremd', sondern auch das Attribut ‚eigen' hat einen relationalen Charakter. Wer wäre ich und was wäre mir zu eigen, wenn sich meine Eigenheit nicht von anderen absetzen würde?" In ähnlicher Weise auch Reuter, Ordnungen, 13 f.: „Denn der Fremde ist ein Konstrukt jener Gruppe, die ihn als fremd wahrnimmt und bezeichnet, und gewinnt erst in dieser Identifikation als Gegen-Bild, Fremd-Bild, als Ab-Norm oder Symbol des Wider-Sinns seine Bedeutung. Nicht schon die bloße Differenz, sondern erst die *als relevant wahrgenommene* Differenz konstituiert das, was für gewöhnlich als fremd beschrieben wird. [...] Der Fremde ist damit *als das Andere der Ordnung dennoch ein Teil der Ordnung* und demzufolge nicht vom Eigenen zu trennen. So erscheinen *die Ordnungen des Anderen als Konstruktion des Eigenen.*"

Olyan, Rites, 63. So auch Ders., Associations, 18 Anm. 2: „The ‚alien' or that which is constructed as ‚foreign' is never simply a given, but always shifting, a product of social and historical processes."

75 Hahn, Identitäten, 115.

Fremdheit ist kein objektiver Zustand, sondern eine Beschreibung von Beziehungssystemen. Indem man abgrenzt, was man nicht ist oder nicht sein möchte, kann festgelegt werden, wer man ist oder sein möchte.[76] Dabei führt die Betonung von Andersheit und Unterschieden dazu, dass Differenzen besonders wahrgenommen werden.[77] Erfahrungen mit anderen kulturellen Traditionen können zum Kulturtransfer führen. Zu stärkeren Abgrenzungstendenzen kommt es immer dann, wenn der eigene Gruppenzusammenhalt gefährdet scheint. Wenn Prozesse der Veränderung als Verlust der eigenen Kultur wahrgenommen werden und damit die Abgrenzbarkeit der eigenen Gruppe von der Umwelt aufzulockern droht, werden geschichtsübergreifend die Rufe nach einer stärkeren Trennung zwischen dem vermeintlich Eigenen und dem vermeintlich Fremden laut. Mit Blick auf das Deuteronomium lässt sich ein solcher Prozess gut an Entwicklungen ab der exilischen Zeit deutlich machen.[78]

Die Abgrenzungsversuche gegenüber anderen und damit die Grundlinien der eigenen Identitätskonstruktion verändern sich im Laufe der Geschichte einer Gruppe.[79] Dies wird anhand der Analyse des Deuteronomiums an verschiedenen Stellen sichtbar werden. Grundlegend ist dabei, dass sich auch die Art der Begründungen ändert, wegen derer Menschen exkludiert werden bzw. aus denen man sich von anderen abgrenzt. Sind für die staatliche Zeit Israels im Deuteronomium vor allem gemeinschaftsschädigende Taten Grund für den Ausschluss und steht Israel hier als Königtum anderen Völkern und ihren Vertretern gegen-

---

76 Vgl. Hahn, Konstruktion, 140 – 142.

77 Vgl. Hahn, Konstruktion, 141.

78 Gerade in dem Moment des Verlustes der Heimat wird das Pochen auf etwas die Gruppe Verbindendes stärker. Dabei kann die Betonung des Eigenen die verlorene Heimat ein Stück weit wiederherstellen. In dieser Linie auch Reuter, Ordnungen, 10: „Das Eigene stiftet Heimat, Zugehörigkeit, Identität und Kontinuität – Fremdes löst Unruhe aus, bedroht die Identität und durchbricht die Tradition."

79 Dabei gibt es zwei Möglichkeiten: Zum einen kann es durch Kontakte mit neuen Gruppen zu einer Veränderung der Selbst- und Fremdsicht kommen. Zum anderen kann es jedoch auch geschehen, dass aufgrund veränderter Umstände die Menschen als Fremde wahrgenommen werden, die zuvor in die eigene Gruppe inkludiert waren. Darauf verweist Hahn, Eigenes, 78: „Häufig leben Minoritäten anderer Religionszugehörigkeit schon seit Generationen in einem Sozialverband zusammen, ohne daß aus dieser Differenz eine in irgendeinem Sinne emphatische Demarkationslinie zwischen ‚Einheimischen' und ‚Fremden' abgeleitet würde. Aber unter bestimmten Umständen ändert sich das. Was gestern noch ein beliebiger bloß tatsächlicher Unterschied war, wie es ihrer immer Tausende zwischen zusammenlebenden Personen gibt, ohne daß ihnen sozial allzu große Aufmerksamkeit geschenkt würde oder sie zum Anlaß für Feindschaft würden, wird heute zur tödlichen Trennungslinie zwischen ‚uns' und den ‚Fremden', von deren ‚Fremdheit' noch vor kurzem überhaupt nicht die Rede war und die sich selbst vielleicht auch nicht als solche fühlten."

über, so werden in der Zeit der Rückkehr aus dem Exil Grenzziehungen zwischen den Rückkehrern und den Daheimgebliebenen entscheidend. Indem das Deuteronomium die Rückkehrer zum eigentlichen Israel erklärt, werden Menschen aus der kollektiven Identität exkludiert, die nach ihrer Abstammung und ihrem Wohnort eigentlich selbst Israeliten sind.[80]

Die Fremden werden nicht nur als Prototypen, sondern, wie bereits angeklungen, auch als Funktionsträger wahrgenommen. Hahn betont dabei ihre Funktionalisierung als Händler, Geldverleiher usw.[81] Diese Reduktion eines Menschen auf seine Funktion, die in modernen Systemen in gewisser Hinsicht auf jeden Menschen zutrifft, findet sich in vormodernen Gesellschaften nur in begrenzter Form und auf die nicht zum Familienverband gehörigen Menschen bezogen.[82] „Der Fremde in vormodernen Gesellschaften ist als Fremder das, was heute alle sind, nämlich zunächst einmal bloßer Funktionsträger."[83] Für das Deuteronomium gilt das im Besonderen für die ausländischen Menschen (נכרי), denen durchaus eine positive Funktion für die israelitische Gesellschaft zukommt. Von ihnen bekommt man Zinsen und mit ihnen ist Handel möglich. Dabei stehen sie dem israelitischen Volk gegenüber und werden somit exkludiert, jedoch nicht als Gefahr für die Gesellschaft angesehen. Ihre Fremdheit bleibt dabei sogar positiv konnotiert, da sie so aus den moralischen und religiösen Vorschriften herausfallen, die mit Blick auf den Handel mitunter negative Auswirkungen innerhalb des eigenen Volkes haben.[84]

Die in dieser theoretischen Übersicht nur als kurze Verweise eingeflochtenen Positionen, die sich im Deuteronomium bezüglich der und des Fremden abzeichnen, weisen eine große Bandbreite auf. Gemäß den hier dargestellten Grundannahmen lässt dies auf Differenzen in den Identitätskonstruktionen der Verfasser des Deuteronomiums für das eigene Volk schließen. Um diese Differenzen genauer erklären zu können, werden in der Analyse die systematischen Überlegungen zur Identitätskonstruktion auf der Basis der Darstellung von Fremdem mit einer redaktionsgeschichtlich orientierten Textdarstellung kombi-

---

80 Vgl. dazu die Ausführungen in Kapitel 4.3 (213–224.232–239).
81 Vgl. dazu auch Hillmann, Art. Fremder, 246, der dies auf moderne Gastarbeiter bezogen darstellt.
82 Vgl. Hahn, Konstruktion, 156–162.
83 Hahn, Konstruktion, 162. Vgl. dazu auch Hahn, Überlegungen, 57 f., der ausführt, dass die Inklusion von Fremden auf Basis ihrer Funktion für die Gastgesellschaft dazu führt, dass die Personen vollends hinter ihrer Funktion zurücktreten. Werden diese Menschen dann jedoch nicht mehr gebraucht, so werden sie wieder exkludiert.
84 Vgl. dazu das Kapitel 2.2.2 (62–69) zur Rolle des נכרי im Deuteronomium.

niert. So werden die Entwicklungslinien der Identitätskonstruktion vor dem Hintergrund gesellschaftlicher Veränderungen nachgezeichnet.

1.3 Das Fremde und das Eigene im Rahmen der Redaktionsgeschichte des Deuteronomiums

Eine grundsätzliche methodische Entscheidung ist in den bisherigen Ausführungen bereits angeklungen: Die Bilder, die im Deuteronomium von den Fremden gezeichnet werden, werden in dieser Studie in einer *diachronen* Perspektive betrachtet, sodass die daraus resultierenden Rückschlüsse auf die Identitätskonstruktion Israels an realhistorische Begebenheiten rückgebunden werden können. Dass das Deuteronomium ein entstehungsgeschichtlich vielschichtiger Text ist, kann bei allen Differenzen im Einzelnen als Konsens in der Forschung angesehen werden.[85]

1.3.1 Soziologische Fragestellung und literarhistorische Analyse

Soziologische Fragestellungen und Begrifflichkeiten können auf drei verschiedenen Ebenen Teil von historisch orientierten Darstellungen werden. Die erste Ebene betrifft die Beschreibung der Verfassersituationen selbst. Denn historische Analysen integrieren stets soziologisch orientierte Elemente, wenn sie sich der Sozialgeschichte zuwenden. Und so sind auch die Differenzen, die es zwischen verschiedenen Texten des Deuteronomiums gibt, grundlegend mit politischen und sozialen Veränderungen verbunden, die Israel in der Zeit der Entstehung des Deuteronomiums betroffen haben. So hat sich die israelitische Gemeinschaft zwischen dem 7. und 4. Jh., und damit in der Entstehungszeit der Texte, grundlegend verändert. Eine Arbeit, die versucht, einen stärker soziologischen Blick in die Analyse des Deuteronomiums zu integrieren, gewinnt deshalb durch die Berücksichtigung dieser Veränderungen an Schärfe. Als zu überprüfende – und näher zu spezifizierende – Arbeitshypothese legt sich die Vermutung nahe, dass eine monarchisch organisierte Gemeinschaft – eine klassische Mehrheitsge-

---

[85] Auch wenn in den letzten Jahren vermehrt synchron bzw. a-chron ausgerichtete Arbeiten zum Deuteronomium erschienen sind, wird in diesen und durch diese zumeist nicht bestritten, dass es sich bei dem nun im Alten Testament vorfindlichen Buch Deuteronomium um ein Produkt generationenübergreifender Fortschreibungen handelt. Nur die Nachzeichnung dieser Entstehungsprozesse wird in diesen Studien unterlassen (und zum Teil die Möglichkeit einer solchen exakten Nachzeichnung bestritten).

meinschaft – anders von Fremden und auch von ihrer eigenen Identität spricht als eine Minderheiten-Gruppe im Exil oder als Rückkehrer in das vormals eigene Land.

Die zweite Ebene der Verbindung soziologischer Theorie und (literar-)historischer Analyse besteht in der Übernahme von Modellen und Erklärungsgrundlagen, die zwar für die Moderne entwickelt wurden, jedoch auch vormoderne Prozesse verstehbarer machen. Zu diesem Bereich gehört die aus der Soziologie stammende spezifische Verknüpfung von Fremdendarstellung und Identitätskonstruktion, die im Kontext der literarhistorischen Analyse zweifach aufgenommen wird. So werden im Rahmen des diachronen Zugriffs sowohl die Aussagen über die Fremden als auch die Bilder der eigenen Identität, die von den deuteronomischen Verfassern für Israel entworfen werden, historisiert. Beide Darstellungen wandeln sich im Laufe der Zeit. Es ist auffällig, dass bei Studien, die sich entweder um die Fremden oder um die Identität Israels kümmern, jeweils die andere Größe, also entweder das eigene Volk und die eigene Identität oder aber die Fremden, als weitgehend konstant angesehen wird. So stimmt beispielsweise Markus Zehnder in seiner Untersuchung über den Umgang mit Fremden in Israel und Assyrien Ernst Axel Knaufs Differenzierung in „diverse Israels"[86] zwar grundsätzlich zu, um aber hinzuzufügen: „Das ändert aber nichts daran, dass jedenfalls für die untersuchten Texte ‚Israel' in seinem Kern eine konstante Größe darstellt: eine aus verschiedenen Stämmen sich zusammensetzende ethnische Einheit mit relativ scharfen äusseren Abgrenzungen und zugleich – zwar oft nicht der Wirklichkeit, aber wenigstens dem Ideal nach – eine durch den JHWH-Kult gekennzeichnete religiöse Gemeinschaft."[87] Wie im vorausgegangenen theoretischen Grundlagenkapitel aufgezeigt wurde, sind beide Größen – Israel und die Fremden – jedoch nicht voneinander zu trennen, vielmehr sind beide in ihrer Konstruktionslogik voneinander abhängig. Und so ist auch die Entwicklung beider Darstellungen in ihrer Dynamik zu betrachten.

---

86 Vgl. Knauf, Umwelt, 188 f. Knauf unterscheidet hier fünf verschiedene Typen „Israel". Stärker als bei Knauf geht es in dieser Studie aber um Konstrukte von Israel, die sich weniger in der realen Geschichte als vielmehr in den Texten als literarische Größenbeschreibung niedergeschlagen haben.

87 Zehnder, Umgang, 288. Dennoch geht er (a.a.O., 296–301) von einem Wechselverhältnis der beiden Pole aus und stellt auch viele Aspekte der eigenen Identität dar, die er jedoch sehr vereinheitlicht. Dies wird besonders in einer Zusammenstellung von sechs Aspekten der Sonderstellung Israels deutlich, die zwar angibt, aus welchen Büchern die Vorstellungen stammen, sie jedoch zu einem einheitlichen Gesamtbild zusammenstellt. Entsprechendes gilt für die vergleichende Zusammenfassung, die Assyrien und Israel einander gegenüber stellt und so innerisraelitische Differenzierungen stark vernachlässigt (vgl. a.a.O., 542–554).

Wie bereits oben in der Darstellung der soziologischen Grundlagen kurz angemerkt, mag diese Verknüpfung auf den ersten Blick die Gefahr bergen, soziologische Theorien der Moderne auf antike Texte anzuwenden und somit den Verfassern eine Modernität zuzuschreiben, die einer historischen und damit an der Entstehungssituation interessierten Analyse entgegensteht. Hier gilt die zentrale Forderung, dass sich an den Texten und den rekonstruierten historischen Situationen selbst erweisen muss, ob die aus anderen Kontexten übernommenen Theorien anwendbar sind.[88] Doch dient die moderne Fragestellung und die verwendeten Begrifflichkeiten – wie Identitätskonstruktion – auch der *Beschreibung* vormoderner Phänomene. Wenn in Israel über die Ursprünge des Volkes Geschichten erzählt werden, so stellt dies stets die Antwort auf die für Identitätskonstruktionen grundlegende Frage nach dem Woher der eigenen Gemeinschaft dar. Wenn wie im deuteronomischen Prophetengesetz (Dtn 18) Praktiken, die in Israel gängig waren, als fremd und damit als zu unterlassen dargestellt werden, so werden durch den Exklusionsvorgang, der mit der Zuschreibung als „fremd" einhergeht, Grundlinien der eigenen Identität aktiv geschaffen. Die Untersuchung der Texte im Detail wird zeigen, welche Mechanismen der kollektiven Identitätskonstruktion auch in Texten des vormodernen Israels greifbar sind.

Die dritte Ebene der Übernahme (soziologischer) Theorien zur Beschreibung der israelitischen Geschichte ist die heikelste und muss folglich mit größter methodischer Vorsicht unternommen werden. Hier wird – gezielt anachronistisch – ein Vergleich der vormodernen Gesellschaft mit modernen Phänomenen unternommen, um so auf Strukturen hinzuweisen. Dies darf keinesfalls als epochenübergreifende Gleichmachung politischer Systeme, die auf sehr verschiedenen Grundkonstanten beruhen, verstanden werden. Im Laufe dieser Untersuchung wird dies etwa in Bezug auf den Vergleich der exilischen Gemeinschaft der Israelitinnen und Israeliten mit den Strukturen des Konzepts des Verfassungspatriotismus geschehen.[89]

Methodisch deutlich zu trennen sind allgemeine Theorien zur Identitätskonstruktion von der spezifischen literarhistorischen Untersuchung der Texte. So wird die zeitliche Verortung der zu behandelnden Texte, die sich mit *dem* und *den* Fremden auseinandersetzen, im Folgenden nicht auf den verschiedenen Fremdendarstellungen selbst basieren. Eine zu enge Verknüpfung würde die Gefahr eines Zirkelschlusses bergen. Die Nachzeichnung der Veränderungen in den Fremdheitskonstruktionen wird erst als Ergebnis diese Studie abschließen, die

---

88 Dass sich zuweilen solch übernommene Theorien mit der Zeit als nicht situationsgerecht für die Beschreibung israelitischer Verhältnisse erweisen können, lässt sich am Beispiel der Amphiktyoniethese zur Erklärung der Landnahme Israels leicht nachvollziehen.
89 Vgl. dazu Kapitel 3.1.1 (151–156).

redaktionsgeschichtlichen Entscheidungen selbst fußen nicht auf ihnen, sondern auf der klassischen literarkritischen, redaktionsgeschichtlichen und auf den Historischen Ort bezogenen Methodik.

Die redaktionsgeschichtlich orientierte Untersuchung des Deuteronomiums steht derzeit auf Grund der diesbezüglichen gravierenden Uneinigkeit in der Forschungsdiskussion vor einem Problem. Kein bestehendes Modell der Entstehung des Deuteronomiums wird im Folgenden in Gänze übernommen. Zur besseren Orientierung seien jedoch die vier für diese Analyse wichtigsten Modelle samt ihrer Spezifika in Kürze skizziert.[90] Kritik an den zur Diskussion stehenden Modellen wird dabei jeweils nur kurz notiert. Die kontinuierliche Auseinandersetzung mit ihnen erfolgt direkt an den in dieser Studie behandelten Einzeltexten.

Eduard Nielsen,[91] dessen Kommentar zum Deuteronomium zwischen 1954 und 1993 entstanden ist, betont besonders den durch Leviten übertragenen Einfluss nordisraelitischer Theologie im Deuteronomium, den er an Parallelen zu Amos und besonders Hosea festzumachen sucht.[92] Hiermit verknüpft er die Warnung vor kanaanäischen Bräuchen. Dieses und anderes vor- und frühdeuteronomische Gedankengut wurde im Jerusalem des 7. Jh. im Rahmen der Josianischen Reform zu einem deuteronomischen Gesetz zusammengefasst und ausgebaut, das nicht erst – wie zumeist angenommen – in Dtn 6,4–9 eingeleitet wurde, sondern bereits eine paränetische Einbettung in Dtn 1–3* hatte. Diese Annahme stützt er auf den Gedanken, dass die Erzählungen Dtn 1–3* nicht den Verlust des Landes widerspiegeln, sondern vielmehr die Zusage der Bewahrung Israels in dem den Väter gegebenen Land.[93] In exilischer Zeit wurde das entstehende Deuteronomium Teil des Deuteronomistischen Geschichtswerks – hier schließt sich Nielsen Martin Noth an – und zudem um weitere deuteronomistische Ergänzungen bereichert (so z. B. in den Kapiteln 4; 5; 9 f.; 29 f.). Diese Redaktionstätigkeit verortet Nielsen in Juda, was er durch die Perspektive der Texte, die starke Bindung an das Land und die Kenntnis von Material, das in Jerusalem aufbewahrt wurde,

---

90 Einen Überblick über die älteren Modelle zur Redaktionsgeschichte des Deuteronomiums bis 1982 bietet Preuß, Deuteronomium (EdF), 26–45. Besonders verwiesen sei auf den aktuellen, sehr ausführlichen Forschungsüberblick über die letzten drei Jahrhunderte der Deuteronomiumsexegese, den Otto, HThKAT, 62–230, bietet, sowie auf Veijola, Deuteronomiumsforschung, der einen Überblick über die Forschung besonders der 1990er Jahre gibt. Vgl. aber auch die Überblicke zur Entstehungsgeschichte bei Römer, Approches, und Finsterbusch, Deuteronomium, 17–38.
91 Vgl. für einen Überblick besonders, Nielsen, HAT 1,6, 4–9.
92 Zur Kritik an dieser These vgl. besonders Veijola, Deuteronomiumsforschung, 287 f.
93 Der Abschnitt 3.2 (161–178) wird deutlich machen, wieso sich eine exilische Verortung von Dtn 1–3 näher legt. So führt gerade die Erfahrung des Verlusts des Landes dazu, dass ein kommender bleibender Besitz betont und an die Einhaltung der Gebote Jhwhs geknüpft wird.

begründet.[94] Als letzte Redaktion in nachexilischer Zeit erkennt Nielsen an Sprache, Stil und Inhalt priesterschriftliche Ergänzungen (Dtn 1,3; 2,39aβ; 10,6 f.; 32,48 – 52; 34,1.7 – 9), durch die das Deuteronomium Teil des Pentateuchs wurde.[95]

Martin Rose[96] zeichnet die Geschichte der Entstehung des Deuteronomiums in einem etwa 200 Jahre umgreifenden vierstufigen Redaktionsprozess nach, wobei auch zwischen diesen vier Hauptverfassern und -redaktoren einzelne Ergänzungen eingefügt wurden. Diese Schichten isoliert er in Dtn 12, das er in vier „Kurzpredigten" aufteilt. Am Beginn (Schicht I, erkennbar in Dtn 12,13 – 19) steht die Zusammenstellung älterer Gesetze in der Zeit des Königs Hiskia, die Rose „Deuteronomische Sammlung" nennt und historisch durch den Bericht über die Kultreform Hiskias in 2 Kön 18 verankert. Daran anknüpfend hat die „Deuteronomische Schule" (Schicht II, erkennbar in Dtn 12,20 – 27) zur Zeit des Königs Josia das Gesetz in Dtn 6 mit einer Einleitung versehen und das Material der Deuteronomischen Sammlung ausgebaut und systematisiert. Dabei kam der im Gesetz geforderten Kultzentralisation eine Schlüsselrolle zu. Auch die Reflexionen der unter Josia stattfindenden Gebietserweiterung wie in Dtn 12,20 verbindet Rose mit der zweiten Entwicklungsstufe des Gesetzes. Die historische Verortung dieser Schicht wird über den Auffindungsbericht des Gesetzes in 2 Kön 22 f. erreicht. Den nächsten Entwicklungsschritt (Schicht III, Dtn 12,8 – 12.28) verbindet Rose mit der Einbindung des Gesetzes besonders durch die historisierende Einleitung in Dtn 1 – 3 in das Deuteronomistische Geschichtswerk, die er auf die in exilischer Zeit anzusetzende „ältere deuteronomistische Schicht" zurückführt. Für die Thematik dieser Arbeit spielt die von Rose „jüngere deuteronomistische Schicht" (Schicht IV; Dtn 12,2 – 7.29 – 31) genannte Redaktion eine besondere Rolle. Denn diese nach Rose jüngste Schicht nimmt in besonderem Maße auch die anderen Völker in den Blick. Diese in spätexilischer und frühnachexilischer Zeit arbeitende Redaktion ist dabei besonders an der Bildung einer spezifischen judäischen / jüdischen Identität interessiert und betont darum die Abgrenzung von den Völkern und ihrer religiösen Vorstellungswelt. Gerade diese Tendenz der Distinktion, die Rose für die jüngsten Texte des Deuteronomiums für typisch hält, ist genauer zu untersuchen, wie es im Kapitel 4 der hier vorgelegten Studie geschieht, die sich auf die nachexilischen Ergänzungen des Deuteronomiums bezieht.

---

94 Gerade die Perspektive der exilischen und nachexilischen Texte weist jedoch eher auf das babylonische Exil als Ort der Entstehung bzw. die daher Zurückkehrenden als Träger der Bewegung hin, wie die Ausführungen zur Identitätskonstruktion ab der exilischen Zeit in den Kapiteln 3 und 4 zeigen werden.

95 Die Annahme einer priesterlichen Redaktion im Deuteronomium wurde besonders von Perlitt, Priesterschrift, widerlegt, und wird heute in der Regel nicht mehr vertreten.

96 Vgl. zum Überblick besonders Rose, ZBK 5,1, 19 – 26.

Timo Veijola[97] folgt – mit einigen Modifikationen – dem Göttinger Stufenmodell zur Entstehung des Deuteronomistischen Geschichtswerks, wie es von Rudolf Smend grundgelegt wurde. Dabei zeichnet er einen etwa 300 Jahre dauernden Entstehungsprozess des Deuteronomiums nach, der im Rahmen der Josianischen Kultreform Ende des 7. Jh. seinen Anfang nahm. Zentrale Anliegen dieses Urdeuteronomiums waren dabei die Aktualisierung des Bundesbuches und die Zentralisierung des Opferkultes auf Jerusalem. Eingeleitet in Dtn 6,4–9 bestand es aus Gesetzen, die die Kultzentralisation regelten (Dtn 12*), der Zehntgesetzgebung (14,22–29*), der Schulden-, Sklaven- und Erstlingsgesetzgebung (15,1–11*.12–18*.19–23*) und den Regelungen zu den Wallfahrten (16,1–17*). Insgesamt vier deuteronomistische Bearbeitungen ließen das Deuteronomium ausgehend von diesem alten Gesetz sukzessive wachsen. Kurz nach der Rehabilitierung Jojachins im Jahre 560 v. Chr. wurde das Gesetz durch den Deuteronomistischen Historiker (DtrH), verbunden mit Dtn 1–3, zum Eröffnungstext des Deuteronomistischen Geschichtswerks. Von Beginn der deuteronomistischen Bearbeitungen an war das Deuteronomium also mit den folgenden Büchern Josua – 2 Könige verbunden. In exilischer Zeit wurde das entstehende Deuteronomium durch den prophetischen Deuteronomisten (DtrP), der vor allem den Dekalog in Dtn 5,6–21* integrierte, und den nomistischen Deuteronomisten (DtrN) erweitert, der Mose zum Toralehrer stilisierte. In den jüngsten deuteronomistischen Schichten erkennt Veijola, im Anschluss an die Beobachtungen von Christoph Levin, in weiten Partien die Arbeit der bundestheologischen Redaktion (DtrB), die in frühnachexilischer Zeit wirkte und besonders enge Verknüpfungen zu altorientalischen Staatsverträgen und Loyalitätseiden zeigt. Neben diesen großen Redaktionsschichten weist Veijola eine Vielzahl von kleineren Erweiterungen auf, die sich besonders in spät- und nachdeuteronomistischer Zeit mehren. Viele der für die Darstellung von Fremdem relevanten Passagen des Deuteronomiums weist Veijola der jüngsten deuteronomistischen Schicht DtrB zu. Dies gilt etwa für große Teile der sehr unterschiedlichen Texte in Dtn 4 und 13. Im Rahmen der Auslegung dieser Passagen wird die Annahme eines einheitlichen (bundestheologischen) Redaktors zu untersuchen sein.

Nach Eckart Otto[98] begann die mehr als 300 Jahre dauernde Entwicklung des Deuteronomiums im Zusammenhang der Josianischen Reform. Hierbei definiert er das deuteronomische Gesetz als Revision des älteren Bundesbuches, die an der Kultzentralisation ausgerichtet ist. Die hierfür verantwortliche deuteronomisch-vordeuteronomistische Redaktion der späten Königszeit integrierte verschiedene

---

97 Vgl. im Überblick Veijola, ATD 8,1, 2–6.
98 Vgl. im Überblick Otto, HThKAT, 231–257.

Vorstufen in das von ihr gestaltete Gesetz. Als prominentestes Beispiel sind hier die Aufnahmen der nach Otto stark mit den Vasallenverträgen Asarhaddons zusammenhängenden Texte Dtn 13* und 28* zu nennen. In exilischer Zeit wurde das deuteronomische Gesetz in zwei Schritten gerahmt. So legte zuerst die Horebredaktion in 4,45–28,68* einen Rahmen um das Gesetz, der die Bindung an Mose und den Bundesschluss am Horeb betont. Erst durch die nächste (theologische) Generation im Exil wurde das Deuteronomium mit Dtn 1–3* und 29 f.* ein zweites Mal gerahmt. Das hier beschriebene Verhältnis aus misslingender und gelingender Landnahme wird von dieser Moabredaktion im Land Moab situiert.[99] In nachexilischer Zeit (Mitte des 5. Jh.) wurde sodann durch einen Hexateuchredaktor aus der Priesterschrift, dem deuteronomistischen Deuteronomium und dem deuteronomistischen Josuabuch ein Hexateuch komponiert. Die sich im 4. Jh. anschließende ebenfalls postdeuteronomistische Pentateuchredaktion, die etwa für Dtn 4 verantwortlich war, trennte schließlich das Buch Josua vom Pentateuch ab und bildete den Abschluss der Tora im Deuteronomium.

In den soeben konturierten sowie den meisten weiteren vertretenen redaktionsgeschichtlich orientierten Modellen zum Deuteronomium findet sich die Unterteilung zwischen deuteronomischen und deuteronomistischen Redaktionsschichten. Dabei lassen sich die deuteronomistischen Schichten als Bearbeitungen zu den deuteronomischen Vorläufern klassifizieren.[100] Auf ihr Konto gehen nicht nur kleinere Bearbeitungen, sondern große Teile des Deuteronomiums, einschließlich der gesamten mosaischen Reden.

Der Begriff ,deuteronomistisch' wird generell nicht nur für Bearbeitungen im Deuteronomium selbst verwendet, sondern für alle redaktionellen Bearbeitungen des Alten Testaments, die sich mit den deuteronomischen Grundlinien auseinandersetzen. Deuteronomistische Bearbeitungen finden sich sowohl in den erzählenden Büchern (besonders im sogenannten Deuteronomistischen Geschichtswerk) als auch in den Prophetenbüchern des Alten Testaments. Die Kategorisierung eines Textes als deuteronomistisch bedeutet dabei nicht, dass er zwangsläufig den gleichen Verfassern zugeschrieben wird wie andere deuteronomistische Texte. Folglich ist ,deuteronomistisch' ein in sich sehr inhomogener Sammelbegriff. Die deuteronomistischen Bearbeiter des Zwölfprophetenbuches unterscheiden sich etwa in wichtigen Punkten – wie der Betonung sozialer

---

99 Vgl. zu diesen exilischen Rahmungen besonders die Kapitel 3.1.2 (156–160) und 3.2 (161–178).
100 Zum Teil gehen den dtn Schichten noch vordtn voraus, wie es z. B. in der Rekonstruktion von Nielsen der Fall ist. Diese gehören jedoch zumeist zu den überlieferungsgeschichtlichen Vorstufen des Deuteronomiums. Im Rahmen der hier vorgestellten Analyse werden sie nicht von der dtn-vorexilischen Redaktionsstufe getrennt, deren Verfasser auch für ihre Integration in das entstehende Deuteronomium verantwortlich waren.

Missstände oder des Königtums – von den deuteronomistischen Bearbeitern der Königebücher, gerade weil sie jeweils von ihren Vorlagen, die sie bearbeiten, abhängig sind.[101]

Zusätzlich werden in der Forschung die jüngsten Redaktionsschichten im Deuteronomium von den deuteronomistischen Schichten noch einmal abgetrennt und post- oder nachdeuteronomistischen Verfasserkreisen zugeschrieben.[102] Als Trennungslinie wird hierbei etwa die Einfügung von priester(schrift)lichen Redaktionen in den entstehenden Pentateuch gewählt. Passagen, die diese Texte bereits voraussetzen, gelten dann als postdeuteronomistisch.

Im Folgenden wird die Rede von deuteronomischen, deuteronomistischen und postdeuteronomistischen Schichten zwar in Auseinandersetzung mit der Forschungsliteratur bedingt beibehalten, die Unterteilung der Arbeit folgt jedoch einem modifizierten System, da sich der üblichere Sprachgebrauch aus folgenden Gründen als schwierig herausgestellt hat:

So ist die Grenze zwischen deuteronomistischen und postdeuteronomistischen Texten, die sich an der Voraussetzung priester(schrift)licher Texte oder gefundenen Parallelen in den übrigen Büchern des Penta- bzw. Hexateuchs orientiert, ein Kriterium, das sich nicht aus dem Deuteronomium selbst entwickeln lässt und somit stärker in einer pentateuchischen bis enneateuchischen Untersuchung seine Bedeutung entfaltet.[103] Definiert man zudem deuteronomistisch als vom Deuteronomium her beeinflusst,[104] so trifft dieses Label beim Deuteronomium auf jegliche Erweiterungen zu, da jede Erweiterung ihren Kontext und ihre vorliegende Grundschrift miteinbezieht, auch wenn sie Perspektiven einträgt, die

---

101 Auf die Unterschiede zwischen den verschiedenen deuteronomistischen Bearbeitungsschichten im Alten Testament hat Albertz, Deuteronomistic History, hingewiesen. Dabei untersucht er besonders die konzeptionellen Differenzen zwischen den Bearbeitern des Deuteronomistischen Geschichtswerks, des Vierprophetenbuches (Hos, Am, Mi, Zef), des Jeremiabuches und von Hag-Sach. Die Argumentation führt zur Betonung der Notwendigkeit einer Differenzierung und Aufspaltung des Deuteronomismusbegriffs (a.a.O., 361–365). Albertz kommt zu dem Schluss „We have ,Deuteronomism' only in a plurality of partly different shapes because all the Deuteronomists were editors." (362).
102 So zum Beispiel in den Arbeiten von Nielsen, Otto und Achenbach.
103 Ähnliches gilt für die Zuschreibung von Texten zu Redaktionen, die den Pentateuch oder Hexateuch umfassen und damit genuin den Bereich des Deuteronomiums übersteigen. Die pentateuchische oder hexateuchische Perspektive eines Textabschnitts des Deuteronomiums wird folglich nur an ausgewählten Stellen herangezogen.
104 Auch wenn das Label deuteronomistisch verwendet wird, um auf den Zusammenhang mit dem Deuteronomistischen Geschichtswerk hinzuweisen, ist es doch letztlich eine am Deuteronomium geprägte Sprache, die zum Merkmal gemacht wird.

aus anderen Textbereichen stammen.[105] Eine letzte Überlegung ergibt sich direkt aus der Anlage dieser Arbeit. So hat die Analyse der Texte gezeigt, dass die entscheidenden positionellen Unterschiede beim Umgang mit den Fremden mit dem Wechsel von der exilischen zur nachexilischen Zeit geschehen. Die Grenze zwischen den deuteronomistischen und nachdeuteronomistischen Schichten verläuft hingegen während der nachexilischen Zeit.

1.3.2 Der Aufbau der Studie

Das im vorherigen Kapitel Entwickelte hat unmittelbare Folgen für den Aufbau der Untersuchung. So legt es sich nahe, nicht die Unterscheidung von deuteronomischen, deuteronomistischen und postdeuteronomistischen Texten zur Grundlage der Darstellung der impliziten Identitätskonstruktionen zu machen, sondern die Darstellungen des Fremden in vorexilischer, exilischer und nachexilischer Zeit getrennt zu untersuchen. Für die üblicherweise und auch in dieser Studie als deuteronomisch bezeichneten Teile führt dies zu keinen Verschiebungen, da die Trennlinie zwischen deuteronomischen und deuteronomistischen Schichten mit der Trennlinie, die durch den Beginn der Exilszeit gezogen ist, korreliert. Deutlicher setzt sich die hier gewählte Unterteilung dort ab, wo zwischen exilischen und nachexilischen Texten unterschieden wird. So bezieht sich die gängige Klassifizierung als ‚deuteronomistisch‘ auf beide Epochen und der Übergang zwischen ‚deuteronomistischen‘ und ‚postdeuteronomistischen‘ Bearbeitungen wird in der nachexilischen Zeit angesetzt.[106] Doch ist bei einer Arbeit, die wie die hier vorgelegte auf soziologische Aspekte hinweist, die Veränderung der Gesellschaftsstruktur, von der vorexilischen Mehrheitsgesellschaft über die exilische Minderheitsgesellschaft hin zum nachexilischen Kampf um die ‚*Leitkultur*‘ entscheidend.

---

105 Zum Einfluss der Deuteronomisten bei der Entstehung des Pentateuchs auch nach P hält Perlitt, Priesterschrift, 76, sehr bildlich und überzeugend fest: „Die Deuteronomisten gaben ihr Erbe nicht gänzlich aus der Hand, als der Pentateuch entstand; und er entstand schwerlich ohne ihr Zutun, denn sie schlossen ihre Schule weder vor noch wegen P."
106 Allerdings dürfte diese Unterteilung auch im Sinne Ottos sein, in dessen Rekonstruktion die dtn Phase spätvorexilisch endet. In Bezug auf die dtr und postdtr Phase schreibt er, Deuteronomiumstudien II, 214: „Mit der Bezeichnung ‚postdeuteronomistisch‘ werden zunächst diese Fortschreibungen als nachexilisch von der dtr Literaturgeschichte des Deuteronomiums aus der Exilszeit abgegrenzt." Dabei räumt er selbst, HThKAT, 255, ein, dass eine genaue Unterscheidung seiner nachexilischen Schichten der Pentateuch- und Hexateuchredaktion nicht für das gesamte Deuteronomium zu erreichen ist.

Diese Dreiteilung zeigt zudem eine vorgenommene Zuspitzung an. So werden innerhalb der drei Zeitstufen die Phasen der Textgenese nicht vollständig ausdifferenziert, um die großen Phasen der Veränderung deutlicher wahrnehmbar zu machen. Somit erfolgt auch die zeitliche Verortung epochenweise, auf konkretere Datierung wird weitgehend verzichtet. Diese Herangehensweise legt sich zudem durch die Kombination einer redaktionsgeschichtlichen Rekonstruktion und einer thematischen Auswahl der behandelten Textpassagen nahe. Eine noch genauere Binnendifferenzierung würde bei der starken Fokussierung auf die Texte, die die Fremdenthematik berühren, die Gefahr von Zirkelschlüssen bergen. Denn obwohl die Thematik des Fremden nicht zur Grundlage literarkritischer und redaktionsgeschichtlicher Entscheidungen gemacht wird, bestimmt sie die Auswahl der Texte, die in dieser thematisch orientierten Arbeit genauer betrachtet werden. Durch diese Fokussierung geht es bei den redaktionsgeschichtlichen Überlegungen nicht um eine vollständige Ermittlung und Auflistung der einzelnen Redaktionsstufen des Deuteronomiums, sondern um die Verfasser(kreise) und Redaktoren, die in Bezug auf die Fremdenbilder und die sich verschiebenden Grundpfeiler israelitischer Identität deutliche Wendepunkte eingeleitet haben. Nach ihrer zeitlichen und damit sozialen Verortung wird gefragt werden. Besonders im ersten Hauptkapitel (Kapitel 2), das sich mit dem vorexilischen Deuteronomium auseinandersetzt, wird dieser innerhalb der Epochen synchron erfolgende Blick deutlich. Zwar ist auch in dieser Zeit bereits mit mehreren Redaktionsstufen und zudem der Einarbeitung von älterem, den Verfassern vorliegenden Material zu rechnen, doch wird hier nach dem Gesamtbild der israelitischen Identitätskonstruktion in der staatlichen Zeit gefragt. Die Rekonstruktionen, die die exilische und nachexilische Zeit betreffen (Kapitel 3 und 4), differenzieren noch einmal zwischen verschiedenen Redaktionsschichten, um auf Entwicklungen hinweisen zu können, doch wird auch hier auf absolute Datierungen einzelner Fortschreibungen weitgehend verzichtet.

Im Überblick ergibt sich folgender Aufbau der Arbeit:

Nach dieser methodisch orientierten Einleitung folgen die drei nach Epochen unterteilten Hauptteile.

Der erste Hauptteil (Kapitel 2: Exklusion und Inklusion – Das vorexilische Deuteronomium) bezieht sich auf das vorexilische deuteronomische Deuteronomium und untersucht die Grundlagen der israelitischen Gemeinschaft, die sich in den Gesetzen zum Umgang mit den Fremden zeigen.

Der zweite Hauptteil (Kapitel 3: Rettung der Gottesbeziehung – Das exilische Deuteronomium), der sich mit den exilischen Erweiterungen auseinandersetzt, ist stärker kursorisch angelegt und fragt nach den Strategien des Umgangs mit der

Erfahrung des Landverlusts und der Exilierung und den nun neu betonten Grundpfeilern einer israelitischen Gemeinschaft ohne Land.

Der dritte Hauptteil (Kapitel 4: Abgrenzung und Weltoffenheit – Das nachexilische Deuteronomium) beschäftigt sich mit den nachexilisch verfassten und damit jüngsten Teilen des Deuteronomiums. Die harten Linien der Abgrenzung, die sich hier zeigen, werden besonders fokussiert. Dabei steht die Frage im Mittelpunkt, wer aus der Gemeinschaftskonstruktion „Israel" ausgeschlossen ist und wer dementsprechend zum wahren Israel gehört. Zugleich werden die weltoffenen Züge in den Blick genommen, die das nachexilische Israel als Teil der Völkerwelt zeichnen.

Die Zuordnung der einzelnen ausgewählten Texte zu diesen drei Zeitstufen wird jeweils an Ort und Stelle begründet. Innerhalb der beiden Hauptteile, die sich mit den vorexilisch und nachexilisch zu datierenden Texten beschäftigen, erfolgt eine thematisch orientierte Sortierung. Alle Hauptteile werden jeweils durch einen die an den Einzeltexten gemachten Beobachtungen zusammenführenden Abschnitt abgeschlossen, der thematische Schwerpunkte ebenso wie Entwicklungslinien aufzeigt. Quer zu der chronologischen Dreiteilung steht das sich anschließende übergreifende thematische Kapitel 5 „Israel als Jhwhs Volk – Ein Geschehen in der Fremde", das nach den Funktionen der Rede von der Erwählung Israels und den verschiedenen Ursprungslegenden Israels fragt, die alle mit einer Volkwerdung Israels außerhalb des Landes und damit in der Fremde verbunden sind.

Die im Laufe der Arbeit gesammelten Erkenntnisse werden in Kapitel 6 gebündelt. Hierbei werden die Darstellungen des Fremden im Deuteronomium in einer dreifachen Differenzierung schematisiert. So werden die Differenzen in der Skizzierung unterschiedlicher Gruppen von Fremden aufgezeigt, die Entwicklung der Fremdendarstellungen in chronologischer Fokussierung nachgezeichnet und so letztlich in einer textpragmatischen Perspektive die verschiedenen Funktionen der Beschreibung des Fremden für die Identitätskonstruktion Israels festgehalten.

2 Exklusion und Inklusion – Das vorexilische Deuteronomium

In diesem ersten Hauptkapitel der Studie richtet sich der Blick auf die Darstellung des Fremden im vorexilischen deuteronomischen Teil des Deuteronomiums. Im Hintergrund der Literaturentwicklung steht somit die letzte staatlich organisierte Zeit Israels vor der Eroberung Jerusalems und dem Untergang Judas. Diese Zeit ist geprägt durch den Einfluss der großen politischen Mächte – besonders Assyrien, Babylonien und Ägypten – auf Juda,[107] sodass zeitweise auch Jerusalem eine „florierende interkulturelle Stadt"[108] wurde. Wie für die letzte Phase dieser Zeit auch im Jeremiabuch erkennbar (vgl. nur Jer 28 f. und die Konflikte zwischen den national ausgerichteten und probabylonischen Parteiungen), treten in der späten Königszeit interne Konflikte auf, die sich an der unterschiedlichen Haltung zu den einflussreichen Fremdmächten festmachen. Der Kontakt mit den Fremden und die Auseinandersetzung um den richtigen Umgang mit ihren Herrschaftsansprüchen spiegeln sich mehrfach in den Texten des vorexilischen Deuteronomium, wie sich bei der Auslegung des Gemeindegesetzes (Dtn 23,2–9)[109] und gerade der Frage nach altorientalischen Vorbildern für Dtn 13[110] zeigen wird.

Zugleich ist das 7. Jh. in Juda, eingeschränkt durch Vasallenverhältnisse, die letzte Phase israelitischer sozialer und innenpolitischer Eigenständigkeit. So gilt es – stärker als in exilischer Zeit – die idealen Grundlinien der eigenen Gemeinschaft zu definieren. In dieser Ausgangslage entsteht die deuteronomische Sozialgesetzgebung, die sich sowohl mit einem gerechten, verantwortungsvollen und gemeinschaftsbewussten Verhältnis der Judäer untereinander – Stellung zum Bruder (אח) – als auch zu den Fremden (גר und נכרי) auseinandersetzt.

Bereits in vorexilischer Zeit durchlief das entstehende Deuteronomium vielgestaltige Entwicklungsprozesse. Ein Schwerpunkt dieser literarischen Arbeit lag dabei in der Zeit unter dem judäischen König Josia (639–609 v.Chr.). Die von Wilhelm Martin Leberecht de Wette in seiner *Dissertatio critico exegetica* (1805) und seinen ein Jahr später folgenden *Beiträge[n] zur Einleitung* stark gemachte,

---

107 So fasst auch Frevel, Grundriss, 789, die Zeitspanne der späten Königszeit (unter Josia) unter dem Titel „Juda im Kräftespiel zwischen Assur, Babylon und Ägypten" zusammen. Zum außenpolitischen Einfluss der verschiedenen Großmächte auf Israel in der späten Königszeit vgl. auch Pietsch, Reformbericht, 57 f.
108 Berlejung, Geschichte, 137. Vgl. dazu auch Dies., Theologie, 343–346, und Pietsch, Kultreform, 476–480.
109 Vgl. dazu Kapitel 2.3.2.2 (99–104).
110 Siehe dazu Kapitel 2.4.2.1 (116–119).

schon seit Hieronymus und den Kirchenvätern angedachte Grundthese der Verknüpfung des Deuteronomiums mit der Josianischen Reform, wie sie in 2 Kön 22f. beschrieben wird, unter Bestreitung einer mosaischen Verfasserschaft des Buches hat bei allen Einschränkungen und Modifikationen, die die weitere Forschung erbracht hat, in ihren Grundzügen Stand gehalten.[111] Dabei wurde 2 Kön 22f. unzweifelhaft deuteronomistisch überarbeitet, um die Verknüpfung zum Deuteronomium zu verstärken.[112] So sind größere Teile eine späte literarische Fiktion und nicht gleichzusetzen mit einer historischen Berichterstattung.[113] Doch bleibt als Kern, dass in der letzten stabilen Phase Judas, unterstützt oder ausgelöst durch verschiedene einflussreiche Kreise (vor allem dem עם הארץ), Reformen zu vermuten sind, die in der Fokussierung auf Jerusalem (Kulteinheit) und Jhwh (Kult-

---

111 Vgl. zu de Wette die Darstellung bei Otto, HThKAT, 69–72. So kann Gertz, Deuteronomium, 250f., mit Blick auf die Forschung trotz der literarischen Schwierigkeiten bei der Rekonstruktion von 2 Kön 22f. für eine Verbindung der Reform mit dem Deuteronomium plädieren. Eine starke Verbindung zwischen Josianischer Reform und dem Deuteronomium sehen Finkelstein / Silbermann, Posaunen, 301f. Vgl. auch Donner, Geschichte, 382–387, zur Identifikation des Deuteronomiums als dem bei Josia gefundenen und bereits früher verfassten Buch. Dabei betont er die Qualifizierung des Dtn als „heiliges Buch" (374.386). Anders Pietsch, Kultreform, 480–482, der den Zusammenhang kritisch sieht und festhält, „dass die gemeinsamen Stichworte, die der Reformkatalog und das dtn Gesetzeskorpus miteinander teilen, keine literarische (oder überlieferungsgeschichtliche) Abhängigkeit zu begründen vermögen" (481). Die Verbindungen weist er späteren Zusätzen zu (21). Zudem weist er auf Unterschiede, etwa in dem Passabericht im Rahmen der Josianischen Reform und den Anweisungen im dtn Passagesetz (Dtn 16,1–8), hin (443–449.473).
112 In der neuesten Monographie zur Josianischen Reform plädiert Pietsch, Kultreform, 472 (und im Detail zu den einzelnen Passagen, nach denen die Studie gegliedert ist), für eine große Einheitlichkeit des Textes, der unter Aufnahme älterer, nicht mehr exakt zu rekonstruierender Vorstufen ein deuteronomistisches Produkt ist, das er vorexilisch in die späte Königszeit verortet. Als sekundär sieht er, mit breiten Teilen der Forschung, vor allem das Huldaorakel an.
113 Literarische Fiktion ist besonders die immense Gebietserweiterung, die Josia zugeschrieben wird. Archäologisch lässt sich eine solch signifikante Ausdehnung nicht nachweisen. Vgl. etwa Frevel, Grundriss, 791f. mit Diskussion der Argumente und der archäologischen Fundsituation. Sehr weitreichend in der Betrachtung von 2 Kön 22f. als historischen Bericht mit überraschender Einschränkung des Werts der archäologischen Funde und einer große Hoffnung, dass die ‚archäologischen Beweise' einfach noch nicht gefunden sind, argumentieren Finkelstein / Silbermann, Posaunen, 296–313, bes. 309f. Die Wertung der verschiedenen literarischen und archäologischen Quellen für die Josianische Reform wird immer wieder anders nuanciert unternommen. Pietsch, Kultreform, 20, hat zuletzt unterstrichen, dass man eine Zusammenschau von allen Quellen braucht, ohne die archäologischen Quellen „die gegenläufigen Informationen ... *a priori* zugunsten der archäologischen Quellen zu nivellieren", um ans Ziel zu kommen. So schreibt er der Verpflichtungszeremonie, der Neuordnung des Kults und dem Passafest historische Plausibilität zu, wobei Kulteinheit und -reinheit nicht voneinander zu trennen sind.

reinheit) mit dem Anliegen des älteren deuteronomischen Gesetzes konvergieren.[114] Auch die für das Deuteronomium zentrale soziale Ausrichtung kann über Jer 22 mit der Herrschaft Josias verbunden werden. Dabei ist die Erneuerung Judas nach innen das primäre Ziel des Reformprozesses.[115] Den deuteronomischen Theologen der Josiazeit lagen dabei ältere Quellen oder Sammlungen vor, die sie in die deuteronomische Komposition einarbeiteten. Diese Entstehungsprozesse, die zum Teil in den Bereich der Überlieferungsgeschichte fallen, sollen im Folgenden nicht näher untersucht werden.[116] Gefragt wird, wie in der Einleitung bereits dargestellt, nach der Komposition des vorexilischen Deuteronomiums als Ganzem.[117]

Der Umfang des vorexilischen Deuteronomiums sei zur Orientierung kurz und schemenhaft umrissen. Die Verortung der in dieser Arbeit behandelten Einzeltexte in Auseinandersetzung mit der bisherigen Forschung erfolgt jeweils dort, wo diese genauer behandelt werden. Das vorexilische deuteronomische Deuteronomium setzt sich vor allem aus der Sammlung der Gesetze in Dtn 12–26* und der zugehörigen Einleitung durch das *Sch^{e}ma Israel* in Dtn 6,4–9*[118] zusammen und wird

---

114 Dass die Darstellung des Fundes eines alten Buches der Legitimation gilt und zu einer bewussten „Verschleierung einer Modernisierung als Restauration" führt, zeigt Berlejung, Geschichte, 140.

115 Vgl. auch Donner, Geschichte, 347, der erklärt: „Wir würden diese Reform gründlich mißverstehen, wenn wir sie ausschließlich unter dem außen- und innenpolitischen Aspekt der Gegnerschaft gegenüber Assyrien betrachten wollten." So versteht auch Pietsch, Kultreform, 475 f., die Kultreinigung als interne Grenzziehung, die als Abgrenzung nach außen (gegen Assur) erst literarisch stilisiert wurde.

116 Die literarischen Abhängigkeiten vom Bundesbuch, das im deuteronomischen Gesetz aktualisiert und gedeutet wird, sowie die Verknüpfungen zu einzelnen altorientalischen Texten – wobei die Verbindung zum Loyalitätseid für die Vasallen Asarhaddons im Besonderen zu nennen ist – werden an zentralen Stellen in die Analyse integriert. Diese Aufnahme von fremden Sprachformen wird in den Ausführungen zu Dtn 13 (Kapitel 2.4.2; 116–119) und dann vor allem im Zuge der Untersuchung zu den exilischen Partien des Deuteronomiums im Exkurs 1 zur nationalen Abgrenzung und zum Kulturtransfer in den Blick kommen.

117 Dies entspricht im Rahmen der Chronologie in etwa der Stufe der deuteronomisch-vordeuteronomistischen Redaktion in der Rekonstruktion von Otto, der vor- und frühdeuteronomischen und deuteronomischen Ebene bei Nielsen (HAT), den deuteronomischen Teilen in der Textbeurteilung Veijolas oder den beiden ersten deuteronomischen Stufen im Modell von Rose (ZBK). Die in diesem Kapitel behandelten Texte werden dann jeweils an Ort und Stelle auf ihre literarische Kohärenz untersucht und der vermutliche deuteronomische Textbestand rekonstruiert. Am ausführlichsten geschieht dies in Bezug auf die in ihrer Wachstumsgeschichte und zeitlichen Verordnung stark umstrittenen Texte Dtn 23,2–9 und Dtn 13.

118 So etwa Veijola, ATD 8,1, 2.177–182. Im Überblick Preuß, Deuteronomium, 100 f. Zur Kritik an der Zuordnung von Dtn 6,4 f. zum vorexilischen Deuteronomium vgl. Otto, HThKAT, 784 f.

durch den Segen in Dtn 28,20 – 44*[119] abgeschlossen.[120] Das Gesetz selbst wird mit der Zentralisationsaufforderung in Dtn 12,13 – 27* eingeleitet.[121] Darauf folgt die eindringliche Warnung vor Apostasie in Dtn 13,2 – 12*, einem Text, der wie Dtn 28 in Verbindung zu den assyrischen Loyalitätseiden Assarhaddons steht.[122] Bereits in diesem Gesetz findet sich die so genannte בערת-Formel („Du sollst das Böse aus Deiner Mitte / der Mitte Israels wegschaffen"), die das vorexilische Deuteronomium durchzieht.[123] Besonders soziale Themen werden im Gesetz behandelt. Dies zeigt sich etwa in den Regelungen zum Zehnten (Dtn 14,22 – 29) und zum Schuldenerlass sowie dem Umgang mit Sklaven und dem Erstlingsopfer in Dtn 15. Hinzu kommen Regelungen, die sich aus der Kultzentralisation ergeben wie die Gesetze zu den Wallfahrtsfesten in Dtn 16,1 – 17*.[124] Aus dem großen bereits vorexilisch geprägten Block Dtn 19 – 25 sind besonders die Kriegsgesetze in Dtn 20* und 21,10 – 14[125] zu nennen, sowie die Ehegesetze in Dtn 22, das Gemeindegesetz in Dtn 23,2 – 4.7 – 9[126] und die Versorgung der Armen im Rahmen der Erntegesetzgebung in Dtn 24,14 – 22*.[127]

Die Beantwortung der Frage nach den Mechanismen und Grundlinien von kollektiver Identitätsbildung im vorexilischen Deuteronomium fußt, wie der Überblick über den Umfang deutlich macht, auf der Analyse eines Gesetzestextes – dem deuteronomischen Gesetz. Dieser Gesetzestext wird in dieser Studie nicht nur als juristisch positives Regelwerk, sondern in seiner kulturellen Verwobenheit wahrgenommen. Der Verfassungswissenschaftler Peter Häberle hat dies für die Analysen von Gesetzestexten und Verfassungen stark gemacht, indem er sie als „Ausdruck eines kulturellen Entwicklungszustandes, Mittel der kulturellen Selbstdarstellung des Volkes, Spiegel seines kulturellen Erbes und Fundament

---

119 Vgl. dazu vor allem die Untersuchung Steymans, Deuteronomium 28, im Überblick 377–380.

120 In der Sicht des dtn Gesetzes als Keimzelle des Deuteronomiums überschneiden sich die Entstehungsmodelle von Otto, Veijola, Nielsen und Rose. Vgl. dazu oben 26 – 29.

121 Vgl. dazu Otto, Deuteronomium 1999, 341–351 mit dem Forschungsüberblick 342 Anm. 577.

122 Vgl. dazu Kapitel 2.4.2.1 (116 – 119).

123 Vgl. dazu das Kapitel 2.5.1 (125 – 144).

124 Vgl. zu diesen Textkomplexen besonders Veijola, ATD 8,1, 302 – 342. Unterschiede bei der genauen Verortung einzelner Verse, die für diese Studie relevant sind, werden in den Einzeluntersuchungen besprochen. So etwa bei Dtn 15,3, einem Vers, den ich im Gegensatz zu Veijola zum vorexilischen Gesetz rechne. Vgl. dazu Seite 64 f.

125 Vgl. dazu Kapitel 2.4.1 (105 – 108).

126 Vgl. zur Literarkritik und Datierung Kapitel 2.3 (69 – 104).

127 Diese für den Umgang mit dem גר besonders wichtigen Gesetze werden in Kapitel 2.2.1 (41–52) besprochen.

seiner Hoffnungen"[128] wahrnimmt und als Stück juristisch geronnener Kultur beschreibt.[129] Diese Herangehensweise ermöglicht auch, die Gesetze des Alten Testaments als Schlüssel zur Selbstwahrnehmung und Identitätskonstruktion zu begreifen.

In vier Schritten wird im Folgenden die Fremden- und Selbstsicht im deuteronomischen Gesetz untersucht. Im ersten Schritt (Kapitel 2.2) steht die im Deuteronomium benutzte Begrifflichkeit im Mittelpunkt. In diesem Kontext wird die Definition und der Umgang mit den Fremdlingen (גר) und einzelnen ausländischen Menschen (נכרי) abgeleitet. Am Beispiel des im Gemeindegesetz (Dtn 23,2–9) diskutierten Umgangs mit Fremden aus spezifischen Ländern (Moab, Ammon, Edom, Ägypten) wird sodann im zweiten Schritt (Kapitel 2.3) untersucht, mit welchen Begründungsmustern der Umgang mit ausländischen Menschen konfiguriert wird und welche Grundeinsichten daraus im Blick auf die imaginierte eigene Idealgesellschaft abzulesen sind. Als dritter Schritt (Kapitel 2.4) erfolgt auf zwei Wegen die Untersuchung des Zusammenhangs zwischen dem Kontakt mit nichtisraelitischen Menschen und einer religiösen Gefahr des Abfalls von Jhwh. Als Texte stehen hier die Kriegsgesetzgebung (Dtn 20; 21,10–14) und die Aufforderung in Dtn 13, all jene zu töten, die sich von Jhwh abwenden, im Fokus. Im vierten Schritt (Kapitel 2.5) rücken die Mechanismen der Exklusion und Inklusion im deuteronomischen Gesetz in den Mittelpunkt, an denen die Verschränktheit der eigenen Gesellschaft mit dem Umgang mit fremden Menschen besonders deutlich wird. Die im Bereich des vorexilischen deuteronomischen Deuteronomiums gesammelten Erkenntnisse zur Fremden- und Selbstsicht sind im abschließenden Abschnitt (Kapitel 2.6) systematisiert und gebündelt.

2.2 Die Fremden im deuteronomischen Gesetz

Im deuteronomischen Gesetz gibt es zusätzlich zu konkreten Gentilicia (Edomiter, Moabiter, Ammoniter, Ägypter) zwei Begriffe, die für unterschiedliche Gruppen

---

128 Häberle, Verfassungslehre, 19. Unter dem prägnanten Titel „Verfassungslehre als Kulturwissenschaft" hält er ein überzeugendes Plädoyer für einen kulturwissenschaftlichen Zugang zu modernen Verfassungstexten, wobei er auf den Arbeiten von Hermann Heller aufbaut. Dabei bezieht er die tiefe Verwobenheit zwischen einem Gesetzescorpus und den gesellschaftlichen Umständen bei seiner Entstehung sowie den sich in ihm zeigenden Zukunftsprogrammen prägnant in die Analyse ein. Der Staats- und Kirchenrechtler Rudolf Smend – Sohn und Vater der gleichnamigen Alttestamentler – hat herausgearbeitet, dass Grundrechte als Ausdruck eines Kultur- und Wertsystems herangezogen werden können. Vgl. Smend, Verfassung, 264 f., und dazu Häberle, a.a.O., 51. Dies ist eine zeitübergreifende Konstante.

129 Vgl. Häberle, Verfassungslehre, 78.

von Fremden benutzt werden: Auf der einen Seite steht der גר und auf der anderen der נכרי. Neben einer semantischen Klärung dieser Begriffe wird im Folgenden durch eine Analyse der mit beiden Gruppen verbundenen Vorschriften für Israel die Konnotation der so bezeichneten Fremden erfasst.[130]

2.2.1 Der Fremdling (גר)

Die Stellung Israels zum גר, der von Israel geforderte Umgang mit ihm und auch die Bezeichnung גר selbst sind Gegenstand ausführlicher Untersuchungen. In erster Linie sind hier die Arbeiten von Bertholet, Bultmann, van Houten und Zehnder zu nennen.[131] Einige Grundeinsichten zum גר im Allgemeinen können festgehalten werden:

Das Substantiv גר, das zur Wurzel גור gehört, die ‚als Fremdling weilen' bedeutet, bezeichnet einen Menschen, der sich nicht an seinem Heimatort aufhält, sondern Schutz an einem anderen Ort sucht.[132] Der גר verlässt dabei nicht aus

---

130 Die begriffliche Untersuchung lässt sich auf die beiden Termini גר und נכרי einschränken, da im Deuteronomium und zudem im ganzen Bereich des sogenannten Deuteronomistischen Geschichtswerks der sonst ebenfalls gängige Begriff תושב (Beisasse oder Metöke) nicht vorkommt. Zum Überblick über die Verwendung der Begriffe in den verschiedenen Gesetzesteilen des Pentateuchs vgl. Achenbach, gêr. Ein schöner Überblick über das im Alten Testament beschriebene oder geforderte Verhalten gegenüber den ausländischen Menschen und Fremden findet sich im Sozialgeschichtlichen Wörterbuch: Schäfer-Lichtenberger / Schottroff, Art. Fremde / Flüchtlinge, 158 – 160. Auch der in den Büchern Ex-Num übliche Gegenbegriff אזרח (vgl. Ex 12,19.48 f.; Lev 16,29; 17,15; 18,26; 19,34; 23,42; 24,16.22; Num 9,14; 15,13.29 f.; Jos 8,33; Ez 47,22) für die Einheimischen hat keinen Beleg im Deuteronomium und mit Jos 8,33 auch nur einen im weiteren Bereich des Deuteronomistischen Geschichtswerks. Das Wortfeld זר findet sich nur an zwei Stellen im Deuteronomium: In Dtn 32,16 werden so die fremden Götter bezeichnet (vgl. dazu die Ausführungen zum Moselied in Kapitel 4.4.2; 253 – 258) und in Dtn 25,5 wird im Bereich des Familienrechts der Angehörige einer anderen Familie oder Sippe innerhalb der Israeliten mit dem Adjektiv זר belegt. Beide Texte sind für die Darstellung der Fremdensicht im Deuteronomium nicht grundlegend. Fremdvölkersprüche, wie sie sich im prophetischen Bereich finden (vgl. Jes 13 – 23; Jer 46 – 51; Ez 25 – 32; Am 1 f.; Zeph 2), gibt es im Deuteronomium nicht. Für den Zusammenhang zwischen Fremdendarstellung und israelitischer Identitätskonstruktion im Zwölfprophetenbuch sei auf Anselm Hagedorns Studie „Die Anderen im Spiegel. Israels Auseinandersetzung mit den Völkern in den Büchern Nahum, Zefanja, Obadja und Joel" verwiesen.
131 Vgl. zu Bertholet, Stellung, Bultmann, Fremde, van Houten, Alien und Zehnder, Umgang, den Forschungsüberblick in Kapitel 1.1 (2 – 7).
132 Die Wurzeln גור II ‚angreifen' und גור III ‚sich fürchten' sind Homonyme, vgl. die entsprechenden Einträge zu den Lemmata in KBL³, 177, und bei Martin-Achard, Art. גור, 409. Hier findet sich auch die Darstellung der Verteilung der Belege im Alten Testament. Eine breite Diskussion der Etymologie und der verwandten Begriffe im Ugaritischen, Moabitischen, Akkadischen,

freien Stücken seine Heimat, etwa um dort Handel zu treiben. Er ist dazu genötigt, da er in seinem eigenen Gebiet in Not geraten ist und somit woanders Schutz suchen muss. Krieg (2 Sam 4,3 u. ö.) und Hungersnot (Gen 12,10; 1 Kön 17,20; 2 Kön 8,1–3; Ruth 1,1 u. ö.) sind dabei die Hauptgründe, warum jemand als גר in der Fremde lebt.

Ein genauerer Blick macht jedoch deutlich, dass – wie in den oben genannten Studien herausgearbeitet – die einzelnen Bücher des Alten Testaments und zum Teil sogar die verschiedenen Verfasser und Redaktoren innerhalb einzelner Bücher durchaus verschiedene Aspekte des גר-Begriffs hervorheben.[133] Um nicht verschiedene Konnotationen des Begriffs vorschnell miteinander zu verbinden, steht im Folgenden – bei einigen Seitenblicken – der Sprachgebrauch des Deuteronomiums im Zentrum.

Aramäischen und Arabischen findet sich bei Kellermann, Art. גור, 980–983. So kann das akkadische Wortfeld ge/arum, das das Feindliche bezeichnet, evtl. als Etymon zum hebräischen גור angenommen werden (980). Ob diese negativen Bedeutungen des Fremden und damit Feindlichen, also die Angst vor dem Unbekannten, mitgehört werden, kann nicht abschließend geklärt werden.

133 Zur Verwendung des גר-Begriffs im Alten Testament im Allgemeinen vgl. Kellermann, Art. גור, und Ramírez Kidd, Alterity. Einen aufschlussreichen Forschungsüberblick zum גר im dtn Gesetz, der auch den angelsächsischen Forschungsraum berücksichtigt, bietet Bennett, Injustice, 38–44, vgl. aber auch Zehnder, Umgang, 279–282. Die differenzierte Wahrnehmung des Begriffs in einzelnen biblischen Büchern und einzelnen literarischen Schichten ist stärker zu machen als Zehnder es tut. Methodisch bedenklich ist zum Beispiel, dass dieser die stärker soziale Dimension des Fremdling-Begriffs im Deuteronomium mit Argumenten aus den Büchern Lev, Num, Jes und Chr zu widerlegen sucht; vgl. a.a.O., 286. Gerade in späteren priesterlichen Texten verändert sich die Konnotation des גר-Begriffs und bezeichnet den Status, der einem Proselyten nahe kommt. Im Deuteronomium ist diese Entwicklung nur angedeutet (siehe Kapitel 4.2; bes. 198). Dass es sich bei den unterschiedlichen Bedeutungen des גר, vom sozial schwachen, von außen kommenden Menschen hin zum religiösen Proselyten, um eine Entwicklung handelt, hat Bertholet in seiner Monographie „Die Stellung der Israeliten und Juden zu den Fremden" [1896] schon früh herausgearbeitet. In neuerer Zeit hat besonders Bultmann, Fremde, Abstand von dieser entwicklungstheoretischen These genommen und den beiden Schriftengruppen, dem Bundesbuch und der dtn Gesetzgebung auf der einen und der priesterlichen Gesetzgebung auf der anderen Seite, eine grundlegend unterschiedliche Begriffsdefinition zugeschrieben. Vgl. für eine kritische Sicht auf die Annahme einer solchen Entwicklung auch Albertz, Alien. Zudem ist in der Beurteilung des Bedeutungsrahmens von גר auch formgeschichtlich auf die Texte zu achten. So ist es ein grundlegender Unterschied, ob es sich um Gebetsliteratur, wie die Psalmen, handelt, in der sich der vorgestellte Beter als גר zu seinem Gott relationiert (Ps 39,13), oder ob es sich, wie im Deuteronomium, um einen Gesetzestext handelt. Auch in nachexilischer Zeit, in der das Konzept der eigenen Fremdlingschaft bereits entwickelt ist, bezieht es sich nicht auf die soziale גר-Gesetzgebung. Das im engeren Sinne religiöse und das soziale Feld sind hier sorgsam zu trennen.

Der Umgang mit den גרים gehört zu den Kernstücken des gesamten Deuteronomiums. Kein anderes biblisches Buch hat absolut wie auch prozentual gesehen ein so
gehäuftes Vorkommen des Begriffsfelds גור/גר wie das Deuteronomium.[134] So finden
sich schon für das Substantiv גר 22 Belege, die sich über das deuteronomische Gesetz
und die rahmenden Mosereden erstrecken: 1,16; 5,14; 10,18.19; 14,21.29; 16,11.14; 23,8;
24,14.17.19.20.21; 26,11.12.13; 27,19; 28,43; 29,10; 31,12. An diesen Stellen wird sowohl das
Verhalten der israelitischen Menschen gegenüber den גרים als auch das in der Vergangenheit liegende גר-Sein Israels thematisiert.[135]

2.2.1.1 Der גר als Gegenüber zum angesprochenen ‚Du'

Im deuteronomischen vorexilischen Deuteronomium wird der Umgang Israels mit
dem גר, der in Israel weilt, im Rahmen der Sozialgesetzgebung geregelt. Es handelt
sich folglich nicht um Bestimmungen zum Gastrecht, sondern grundsätzlich um
Regelungen zur sozialen Gerechtigkeit und damit zum Grundmuster der im Gesetz
skizzierten Gemeinschaft. Besonders die Vorschriften zum Zehnten legen die
Versorgung des גר fest. So heißt es in Dtn 14,29a:[136]

> [29]Und der Levit, *der ja keinen Anteil oder Erbbesitz mit dir hat,* und der Fremdling und die
> Witwe und die Waise, die in deinen Toren sind, sollen kommen und essen und satt werden.

Analog regelt auch Dtn 26,12f. die materielle Unterstützung des גר:[137]

> [12]Wenn du den gesamten Zehnten deines Ertrags im dritten Jahr, dem Jahr des Zehnten,
> vollständig entrichtet hast und ihn dem Leviten, dem Fremdling, der Waise und der Witwe
> gegeben hast, sodass sie in deinen Toren essen und satt werden, [13]dann sollst du vor Jhwh,

---

134 Eine besondere Häufung findet sich zudem im priester(schrift)lichen Bereich des Pentateuchs.
135 Für die in diesem Kapitel durchgeführte Betrachtung der Darstellungen des und der
Fremden im vorexilischen deuteronomischen Gesetz werden nun zunächst nur die Belege in den
Blick genommen, die vorexilisch zu datieren sind. Die Veränderungen des Bildes, die durch die
exilischen und nachexilischen Erweiterung des Deuteronomiums zu Stande kommen, werden in
Kapitel 4.2 (192–200) nachgezeichnet.
136 Es gibt keinen Hinweis darauf, dass V. 29a aus dem dtn Gesetz zu trennen wäre. Zur
Datierung in die vorexilische Zeit vgl. Rose, ZBK 5,1, 32–35, Veijola, ATD 8,1, 307f., Otto, Deuteronomium 1999, 316. Bei der Parenthese zur Begründung der Versorgung der Leviten handelt
es sich jedoch um einen Zusatz, der mit der Levitisierung der Priesterschaft im Zusammenhang
steht. Wie Dahmen, Leviten, zur Stelle 380–382, insgesamt für das Deuteronomium zeigen
konnte, ist dies eine späte deuteronomistische Entwicklung. Vgl. dazu auch weiterführend
Achenbach, Priester.
137 Vgl. zur vorexilischen Datierung Rose, ZBK 5,2, 349–356, der den Abschnitt großenteils
seiner in josianische Zeit zu datierenden Schicht II zuweist.

deinem Gott, sagen: Ich habe das Heilige aus dem Haus weggebracht und ich habe es auch dem Leviten, dem Fremdling, der Waise und der Witwe gegeben nach deinem ganzen Gebot, das du mir geboten hast, ich habe deine Gebote nicht übertreten und sie nicht vergessen.

Der Aspekt der Versorgung steht auch in der Sammlung einzelner Gesetze in Dtn 24,14 – 22* im Mittelpunkt:

[14]Du sollst den armen und bedürftigen Lohnarbeiter nicht unterdrücken, sei er von deinen Brüdern und von deinem Fremdling,[138] der in deinem Land in deinen Toren wohnt. [15]Du sollst ihm an seinem Tag seinen Lohn geben und die Sonne soll darüber nicht untergehen, denn er ist arm und seine Seele sehnt sich danach, damit er nicht gegen dich zu Jhwh schreit und an dir Sünde sei.

[17]Du sollst das Recht von Fremdling und Waise nicht beugen und das Kleid einer Witwe sollst du nicht pfänden.

[19]Wenn Du auf deinem Feld deine Ernte einbringst und eine Garbe auf deinem Feld vergisst, dann kehre nicht um, um sie zu nehmen, sie sei für den Fremdling, die Waise und die Witwe, damit Jhwh, dein Gott, dich bei allem Tun deiner Hände segnet.

[20]Wenn du deine Oliven abschlägst, dann sollst du sie (die Bäume) hinterher nicht durchsuchen, sie sind für den Fremdling, die Waise und die Witwe. [21]Wenn du in deinem Weinberg abschneidest, sollst du keine Nachlese halten, es ist für den Fremdling, die Waise und die Witwe.

Anhand dieser bisher genannten Textpassagen lassen sich wichtige Grundmuster der Bilder benennen, die vom גר gezeichnet werden:
1) Der hilfsbedürftige גר als Teil der *personae miserae*
    Der גר hat keinen eigenen Landbesitz und ist nicht in ein verwandtschaftliches Hilfesystem eingebunden, sodass er von der Versorgung durch die Israeliten abhängig ist.[139] In dieser Abhängigkeit ist der גר den Witwen und Waisen

---

138 Die hebräische Formulierung im Singular unterstützt die Annahme, dass es sich beim Begriff גר um eine Typen-Beschreibung handelt. Subsummiert unter dem kollektiven Typus גר kann es verschiedene einzelne Menschen geben. Darum ist auch in der Übersetzung der Singular beibehalten, auch wenn sich so ein im Deutschen etwas sperriger Satz ergibt.

139 Vgl. dazu auch Lang, Fremden, bes. 21 – 26. Der Schutzaspekt als entscheidender Faktor wird noch einmal deutlicher, wenn man eine in der bisherigen Forschung zum גר-Begriff noch zu wenig beachtete Informationsquelle heranzieht: die vorderorientalische Namensgebung. Verweise auf das epigraphische Material bietet vor allem Bultmann, Fremde, 26 – 28. In dem von Albertz / Schmitt, Family Religion, bes. 320 – 322.567 f., systematisierten Onomastikon finden sich verschiedene Namen, die aus dem Wort גר und einem theophoren Element gebildet werden. Für den israelitischen Raum sind dies je sechs Belege für die Namen גריהו und גרא. Das aramäische und vor allem das breitere phönizische Onomastikon, in dem auch zwei weibliche Namensträgerinnen גרתבעל und גרתא belegt sind, bietet weitere 29 Belege. Albertz betont den Schutz- und Zugehörigkeitsaspekt, den diese Namen ausdrücken, indem er sie der Kategorie

gleichgestellt. Alle *personae miserae* werden gemeinsam genannt.[140] Diese Gruppierung illustriert die soziale Stellung des גר. Er ist – wie die Witwen und Waisen – ökonomisch nicht durch eine Familie mit Grundbesitz versorgt und somit auf die Versorgung und den Schutz eines Grundbesitzers angewiesen. In dieser Schutzbedürftigkeit werden die Grenzen des Fremden und des Eigenen nivelliert, der Fremdling ist wie die eigenen Witwen und Waisen zu behandeln. Die Betonung der Sorge für Witwen und Waisen ist altorientalisches Gemeingut, wie es z. B. am Epilog des Kodex Hammurapi abzulesen ist.[141] Die so starke Betonung des Fremdlings hingegen scheint ein Spezifikum der israelitischen und dabei besonders deuteronomischen Sozialgesetze zu sein.[142]

„Belonging to god" zuschreibt. Die israelitischen Namen stammen aus dem 8./7. Jh. v. Chr. und sind damit gut mit dem deuteronomischen Gesetz vergleichbar. Die Anwendung der גר-Relation in Bezug auf das Verhältnis des Menschen zu seinem Gott stellt eine Idealisierung der Schutzrelation dar. Diese Idealisierung ist für die Verwendung in Namen typisch. Ähnliches lässt sich z. B. auch bei der Bezeichnung Gottes als Vater erkennen. Auch hier wird nur auf den positiv besetzten schützenden Aspekt angespielt und beispielsweise nicht auf die strafende Hand des Vaters. Häufig wird zur Erklärung der Namen auch eine Parallele zu Ps 39,13 gezogen, die einen eher spirituellen גר-Begriff unterstützt (hier nennt der Beter sich selbst גר und תושב Gottes). So z. B. bei Kraus, Psalmen, 455. Hossfeld (/ Zenger), Psalmen, 251, bezeichnet die Sprachfigur in Ps 39,13 als Aufnahme der „Pilgertheologie des priesterlichen Schrifttums". Der Hauptaspekt liegt in dieser Auslegung darin, Gott als Besitzer des Landes und den Menschen als Fremdling bei Gott darzustellen. Zur Verbindung und Deutung der Kategorie גר coram Deo vgl. Zehnder, Umgang, 302–304, der in Ps 39,13 den גר-Begriff als „auf die höhere Ebene existenzieller Grunderfahrungen transponiert" (302) charakterisiert. In vorexilischer Zeit und zudem auf der Ebene der Familienreligion ist diese Spiritualisierung des גר-Begriffs jedoch schwierig und viel eher die Schutzfunktion, die ein Gott für den ihm Befohlenen übernehmen soll, für die Benennung entscheidend. Dies deckt sich nach J. J. Stamm auch mit der akkadischen Namensgebung, in der mit dem parallel genutzten *Ubār-ᵈNN* ebenfalls der Schutzbefohlene bezeichnet wird, wobei der Bestandteil *ubārum* mit dem hebräischen גר zumindest weitgehend synonym ist. „*Ubār-ᵈNN* heißt dann ‚Schutzbefohlener des Gottes'", so bei Stamm, Namengebung, 264. Mit *gr* als „Schutzbefohlener" gebildete Namen finden sich auch schon in Ugarit. Zur Übersicht vgl. Gröndahl, Personennamen, 129. Diese Übersetzung kann auch mit der im KBL³, 193, gestützt werden, die den Namen גרא mit „Klient d. NN" wiedergibt. Das Lexikon verweist auf Noth, Personennamen, 148 f. zum Namen גרא, der jedoch selbst keine Übersetzung gibt. Doch betont auch er neben dem Fremdsein den „Anspruch auf Schutz und Hilfe", der durch die גר-Beziehung entsteht.

140 Im gesamten Deuteronomium: 10,18; 14,29; 16,11.14; 24,17.19.20.21; 26,12.13; 27,19. Vgl. zur Trias Fremdling – Witwe – Waise Ramírez Kidd, Alterity, 35–47.

141 Vgl. den Epilog R XXIV, 61 f.

142 Stamm, Fremde, 42 f., hält fest, dass es in den altorientalischen Rechtscorpora keine Bestimmung für die Fremdlinge, gerade die, die freiwillig im Ausland leben, gibt. Er führt dies auf ihre direkte Abhängigkeit vom König zurück, der für ihren Schutz sorgt, sodass keine Bestimmungen in den allgemeinen Sozialgesetzen vonnöten sind.

2) Der גר als Handlungsobjekt

Der גר wird nicht als aktiver Handlungsträger in den Blick genommen. Hingegen wird der Umgang Israels dem גר gegenüber geregelt. Der גר ist somit Handlungsobjekt und nicht -subjekt.

3) Der גר als Gegenüber des ‚Du‘

Der גר ist direkt unter den Schutz des ‚Du‘ gestellt. Dies ist insofern auffällig, als in der israelitischen Umwelt die Versorgung der hilfsbedürftigen Fremden Aufgabe des Königs ist.[143] Die deuteronomische Sozialgesetzgebung sieht aber dagegen auch in der späten vorexilischen Zeit, in der Israel einen König hatte, eine solche königliche Mittlerrolle nicht vor. An dem Ort, an dem der גר wohnt, steht er unter dem Schutz eines Landbesitzers. In der Gesetzgebung des Deuteronomiums zeigt sich dies an der wiederholten sprachlichen Verbindung des גר mit dem angesprochenen ‚Du‘ oder ‚Ihr‘, also den Israeliten. Diese Zuordnung ist für alle literarischen Schichten des Deuteronomiums zu beobachten. So wird der גר entweder als „dein Fremdling" bezeichnet und somit durch das Possessivsuffix dem ‚Du‘ zugeordnet[144] oder die entsprechende Näherbestimmung „in deinen Toren"[145] bzw. „in deiner Mitte"[146] wird der Nennung des גר nachgeschoben.[147] Hierbei überwiegen, anders als im älteren Bundesbuch, im deuteronomischen Gesetz die Appositionen „in deiner Mitte" und „in deinen Toren". Dies verweist darauf, dass der Fremdling nicht (nur) einem einzelnen Patron zugeordnet ist. Vielmehr wird seine Versorgung der gesamten israelitischen Gruppe aufgegeben, da die Nennung der Tore und der Mitte der Gemeinschaft ein gesamtgesellschaftliches Setting voraussetzt.[148] Das Verhältnis zwischen dem angesprochenen ‚Du‘ und dem גר ist dabei ein asymmetrisches. Der גר ist einlinig auf die Versorgung durch Israel angewiesen, eine ausgleichende Handlung seinerseits ist nicht im Blick. Damit unterscheidet sich das Verhältnis zwischen dem ‚Du‘ und dem גר grundlegend

---

143 Die Fixierung auf den König bei Fragen der Versorgung der Armen, aber auch genereller bei den Aspekten der ethnischen Identität ist bei den mesopotamischen Königreichen deutlich ausgeprägter als in Israel. Vgl. dazu Zehnder, Umgang, besonders übersichtlich in der zusammenfassenden Gegenüberstellungen Assyriens und Israels a.a.O., 542–554.

144 Im gesamten Deuteronomium: Dtn 1,16 (hier in der 3. Person); 5,14; 24,14; 29,10; 31,12.

145 Im gesamten Deuteronomium: Dtn 5,14; 14,21; 16,14; 24,14; 26,12; 31,12; dazu kommt noch der Fremde in deinem Lager in Dtn 29,10.

146 Im gesamten Deuteronomium: Dtn 16,11; 26,11; 28,43.

147 Hierin unterscheidet sich schon die sprachliche Einbindung des גר grundlegend von der des נכרי, der relationslos zum ‚Du‘ des Deuteronomiums steht. Vgl. dazu das folgende Unterkapitel 2.2.2 (62–69) zum נכרי.

148 Vgl. zur Verantwortung der ganzen Gesellschaft für die Taten und Menschen in ihrer Mitte die Überlegungen zur בערת-Gesetzgebung in Kapitel 2.5 (124–144).

von dem zwischen dem ‚Du‘ und seinem Bruder (אח), wie es in Dtn 24,14 erkennbar ist.[149] Beide Beziehungsgefüge gehören zu den Grundlagen der deuteronomischen Ethik. Das Verhältnis zum Bruder ist jedoch ein symmetrisches. Jedes angesprochene ‚Du‘ des Deuteronomiums ist zugleich in das System der brüderlichen Solidarität eingebunden.

Indem der גר, wie die Witwen und Waisen, dem ‚Du‘ als Pol der Gesellschaft gegenübersteht, sagt die Sozialgesetzgebung direkt etwas über die im Gesetz dargestellte Struktur der Gesamtgemeinschaft aus. Die Sorge für die in der Gemeinschaft am schlechtesten Gestellten ermöglicht eine stabile Gemeinschaft. Da sogar die Menschen des sozialen unteren Randes unterstützt und integriert sind, zeigt sich ein soziales Miteinander als Ideal der Gesamtgemeinschaft. Denn eine Gruppe, die den Schutz der sozial Schwachen so pointiert nennt, macht ein soziales Gefüge zum Merkmal der eigenen kollektiven Identität.

4)   Der גר hat Rechte.

Der גר hat durchaus Rechte, die es zu schützen gilt.[150] Ihm steht die Versorgung im Rahmen der Zehntgesetzgebung (Dtn 26,12f.) wie auch das Recht zur Nachlese auf dem Feld (24,19–21) zu. Er wird also dezidiert nicht dem willkürlichen Umgang oder reinen Gutwillen der Israeliten unterstellt.[151]

---

149 Vgl. dazu unten 51.

150 Dies ist bei aller Interpretation der Relation des גר zu dem, der den Schutz ausübt, zu beachten. Bei Weiser, Psalmen, 223, heißt es zu Ps 39,13: „Einen Anspruch auf Schutz und Rettung hat er nicht; wie ein Gast und Fremdling ist er auf das Wohlwollen und die Barmherzigkeit dessen angewiesen, dessen Schutz er sich anvertraut." Das Deuteronomium versucht, durch die Verankerung der Versorgung im Gesetz diese Angewiesenheit rechtlich zu sichern und so den Hilfsbedürftigen gerade nicht mehr vom reinen Wohlwollen abhängig zu machen. So ist es doch wohl auch in Ps 39 für den Beter ein entscheidendes Argument, um Gott zur Handlung zu bringen. Durch die Relationierung als גר Gott gegenüber kann er Gott zum Helfen anregen. Der Beter verringert hier also seine Stellung nicht, sondern verstärkt seinen Anspruch auf göttlichen Beistand.

151 Vgl. dazu auch Albertz, Fremdlinge, 67. Von משפט ist in Dtn 1,16; 10,18; 24,17f. und 27,19 die Rede. Im deuteronomistischen Rahmen wird in Dtn 1,16 die Forderung der rechtlichen Sicherheit des גר unterstrichen, der als eine Partei im gerichtlichen Konfliktfall auftritt. Er wird also im Streitfall weder von einem Patron vertreten noch obliegt einem solchen die Jurisdiktion. In Dtn 27,19 wird der Bruch der Schutzbestimmungen für die *personae miserae* mit dem Fluch belegt und diese Regelung durch das Amen des Volkes fixiert. Für eine genauere Darstellung der Rechte des גר vgl. Kellermann, Art. גר, 985f. Die Bewertung dieses Rechtsschutzes und die daraus zu ziehenden Rückschlüsse auf den sozialen Status des גר können verschieden nuanciert werden. Betont man die Notwendigkeit solcher Gesetze, so fällt der schützenswerte Zustand der גרים auf, betont man aber den durch die Gesetze gegebenen Schutz, so erscheint der rekonstruierte juristische Schutz des גר deutlich besser. Das Deuteronomium ist insgesamt als Dokument

Aus dem Gesagten wird deutlich, dass der Begriff גר einen bestimmten Typus des Fremden – nämlich den zu versorgenden Fremdling – beschreibt.[152] Eine detailliertere Differenzierung oder eine Beschreibung der so bezeichneten Personen erfolgt in der deuteronomischen Sozialgesetzgebung nicht. Dies kann in Bezug auf Geschlecht, Herkunft und kulturelle Prägung des גר gezeigt werden:

Auf der geschlechtlichen Ebene entfallen beim גר alle Differenzierungen. Im Deuteronomium selbst gibt es keinen Hinweis auf das Geschlecht des גר. Bei der Verwendung des Verbs גור außerhalb des Deuteronomiums herrscht zwar das Bild eines alleinstehenden Mannes vor,[153] doch lassen sich ebenso Frauen als Fremdlinge finden. In 2 Kön 8,1–3 wird für die Sunemiterin, die von Elisa wegen der Gefahr der Hungersnot weggeschickt wird und die schließlich bei den Philistern überleben kann, das Verb גור verwendet.[154] Dieses Beispiel kann auch einen Hinweis darauf geben, warum ein weiblicher גר so wenig in den Blick gerät. Eine Frau, die sich alleine oder zumindest ohne einen Mann von ihrem Heimatort entfernt, ist in der Regel eine Witwe und somit bei der üblichen deuteronomischen Trias für die *personae miserae* auch als Witwe im Blick. Ob Ruth als verwitwete Moabiterin in Israel die Nachlese auf dem Feld durchführen darf, weil sie Witwe ist oder weil sie ein Fremdling ist, kann nicht eindeutig beantwortet werden (vgl. Dtn 24,19 und Ruth 2,2f.).[155]

Eine weitere Auffälligkeit unterstreicht die Annahme, dass es sich beim גר sowohl um einen Mann als auch um eine Frau handeln kann. So wird bei der Nennung der zum Haus Gehörigen in Dtn 16,11.14 der גר neben den explizit doppelt genannten Sklaven und Sklavinnen genannt. Dass sich eine solche geschlecht-

---

wahrzunehmen, das die Schutzbedürftigkeit des גר und der weiteren sozial schlecht gestellten Menschen innerhalb der israelitischen Gesellschaft stark betont.

152 Simmel, Exkurs, 512, führt dies generell für die Fremden aus: „Darum werden die Fremden auch eigentlich nicht als Individuen, sondern als die Fremden eines bestimmten Typus überhaupt empfunden".

153 Vgl. exemplarisch KBL³, 193.

154 Zehnder, Umgang, 285, folgert aus dem Fehlen eines femininen Pendants zu גר, „dass Personen weiblichen Geschlechts, die bestimmte Merkmale aufweisen, die bei einer Person männlichen Geschlechts zur Klassifizierung als גר führen, mit anderen Termini bezeichnet werden, wobei wiederum am ehesten Femininbildungen von נכרי und זר in Frage kommen." Diese Annahme kann jedoch nicht erklären, warum das Verb גור bei Männern wie bei Frauen benutzt wird.

155 Lang, Fremden, 22, verweist hier auf die exemplarische Ortsfremde Ruth, wobei jedoch einschränkend anzumerken ist, dass das Substantiv גר im Ruthbuch nicht vorkommt und sie selbst als Ausländerin (נכריה mit dem entsprechenden Wortspiel in Ruth 2,2) bezeichnet wird. An der einzigen Stelle, an der das Verb גור im Buch Ruth belegt ist (1,1), bezieht es sich auf Ruths Schwiegervater Elimelech, der sich mit seiner Familie aus Israel in das Land Moab begibt, um dort als Fremdling zu überleben.

liche Aufspaltung beim גר nicht findet, deutet auf einen inklusiven Gebrauch des גר-Begriffs hin.[156]

Neben dem Geschlecht wird auch die Herkunft des גר nicht genauer beleuchtet.[157] An keiner Stelle im Deuteronomium wird die Nationalität eines גר genannt.[158] Dies ist insofern bemerkenswert, als in der deuteronomischen und deuteronomistischen Literatur ja durchaus Menschen aus verschiedenen Ländern

---

156 Vgl. dazu auch die parallelen Überlegungen zur geschlechtlichen Fixierung des ‚Du' im Deuteronomium in Kapitel 2.5.1.2 (131–135). Diese Unbestimmtheit des גר drückt sich analog im deutschen Wort „Fremdling" aus, denn durch das „-ling" entfällt eine geschlechtliche Differenzierung. Da zusätzlich der erste Wortbestandteil das Von-außen-Kommen, das Fremd-Sein gegenüber der angesprochenen Gemeinschaft ausdrückt, wird in dieser Studie der גר durchgehend mit dem deutschen Wort „Fremdling" bezeichnet. Möglich wäre auch die Wiedergabe von גר mit „Schutzbürger" oder „Schutzbefohlener". Die Übersetzung mit Schutz*bürger* betont stärker die Zugehörigkeit zur Gesellschaft. Allerdings ist das Konzept des Bürgertums, das zwar in der Antike für die griechische Polis benutzt werden kann, keine adäquate Beschreibung der israelitischen Gemeinschaftsstruktur. Dies gilt umso mehr für das staatenlose Israel der Diaspora in exilischer Zeit. Der Begriff Schutz*befohlener* betont dagegen gut die Aufgabe der Israeliten, sich um diese Menschen zu kümmern. Ihm fehlt jedoch die Konnotation des Fremden.
157 Die in der Sozialgesetzgebung eingenommene Perspektive auf den גר lässt auch andere mögliche kulturelle Differenzen zu Israel verschwinden. Darum ist es unwahrscheinlich, dass die Fremdheit des גר gerade durch diese Unterschiede zu der Gastgesellschaft begründet wird, wie es Bennett, Injustice, herauszuarbeiten versucht. So meint er den Fremdling als einen Mann oder eine Frau definieren zu können, die insofern in der Gastgesellschaft fremd sind, als dass sie andere *Grundüberzeugungen* haben: „He/she had customs, language, religion, and ideas about moral behavior that opposed understandings of these phenomena among the mainstream in the village, city, or tribe in Israel into which he/she immigrated." (a.a.O., 46). Im Blick auf das deuteronomische Gesetz fasst er zusammen: „Immigrating into a village or city in Israel was a minor social feature of the *gēr* in the DC; the major issue was that this person was not integrated into the society in a cultural sense." (ebd.). Hiergegen ist allerdings vorzubringen, dass es im deuteronomischen Gesetz viele Aussagen über den sozialen Status des גר gibt, aber keinerlei Aussagen über die kulturellen Bezüge, in denen er steht. Ganz im Gegenteil verschwinden alle spezifischen Zuschreibungen an eine einzelne Person mit seinen eigenen mitgebrachten Überzeugungen. Allein seine Hilfsbedürftigkeit ist für das deuteronomische Gesetz entscheidend. Über seine eigene Gefühlslage, Mentalität, politische oder religiöse Gesinnung wird an keiner Stelle des Deuteronomiums gesprochen.
158 Vgl. auch van Houten, Alien, 108. Kellermann, Art. גור, 984, unterstreicht die fehlende nationale Zuordnung zumindest für die vorstaatliche Zeit, in Anschluss an Galling, Gemeindegesetz, 180: „Bei der den *ger* betreffenden d e u t e r o n o m i s c h e n Gesetzgebung (Deut 14,29, 16,14) fehlt nicht zufälligerweise ein *gentilicium* (der *ger* ist ‚staatenlos')". Da diese zeitliche Verortung bei ihm an Gallings vorstaatliche Datierung des Gemeindegesetzes gebunden ist, sollte in Aufnahme der neueren Datierungsvorschläge für Texte wie das Gemeindegesetz, die in deutlich spätere Zeit verweisen, diese Zuschreibung nicht auf die vorstaatliche Zeit festgeschrieben werden. Vgl. auch van Houten, Alien, 101. Zur Datierung sei auf den Abschnitt zum Gemeindegesetz in Kapitel 2.3.2 (93–104) verwiesen.

unterschiedlich behandelt werden, wie es neben den Erzähltexten (vgl. bes. Dtn 1–3) vor allem die Handlungsrichtlinien des Gemeindegesetzes (Dtn 23,4–9)[159] deutlich zeigen. Der einzige גר, dessen Nationalität im gesamten Alten Testament spezifiziert wird, ist der Mann, der David die Nachricht über den Tod Sauls überbringt. Er bezeichnet sich selbst als Sohn eines amalekitischen גר (2 Sam 1,13).[160] Dass gerade ein Nachfahre der negativ konnotierten Amalekiter hinzufügt, dass sein Vater im geschützten Status des Fremdlings nach Israel kam, mag im Erzählzusammenhang dem Selbstschutz des Boten dienen. Es bleibt jedoch auffällig, dass bei allen weiteren Belegen für das Substantiv גר keine konkrete Nationalität genannt wird.[161]

---

159 Dazu unten Kapitel 2.3 (69–104).
160 Vgl. dazu auch Bultmann, Fremde, 20 f.
161 Eine weit verbreitete These zur Herkunft des גר ist jedoch zu nennen. So veranlasste das prominente Vorkommen des גר im dtn Gesetz im Gegensatz zum älteren Bundesbuch und zur altorientalischen Gesetzgebung zu einer Identifizierung des גר mit den israelitischen Flüchtlingen aus dem untergegangenen Nordreich. Vgl. etwa Kellermann, Art. גור, 685 f., oder auch Crüsemann, Bundesbuch, 34, und Cohen, Ger. Nach Schreiner, Nächste, 26, wurde sogar das Substantiv גר vom Verb גור abgeleitet, als man einen Begriff für die aus dem untergegangenen Nordreich kommenden Menschen in Jerusalem benötigte. Diese Nordreichtheorie konnte Bultmann, Fremde, bes. 44.213 f., jedoch grundsätzlich und überzeugend in Frage stellen, da ihr die literarischen und archäologischen Grundlagen fehlen. Im Jahre 2008 wurde zudem in Khirbet Qeiyafa ein Ostrakon ausgegraben (vgl. den Ausgrabungsbericht Garfinkel / Ganor, Khirbet Qeiyafa), das für das Verständnis und die Einordnung biblischer Anweisungen zum Schutz von Fremdling, Witwe und Waise beachtenswert ist. So handelt es sich bei diesem in der Nähe des Tores gefundenen Objekt aus dem 10./9. Jh. – und damit dem ältesten vermutlich in hebräischer Sprache beschriebenen Fundstück – wohl um eine Schreibübung. Der lückenhafte und schwer zu rekonstruierende Text fordert, nach der Rekonstruktion von Achenbach, den rechtlichen Schutz von Fremdling, Witwe und Waise und stellt sie unter den Schutz des Königs. Ist diese Rekonstruktion zutreffend, so wäre belegt, dass die Zuordnung des גר zu den anderen *personae miserae* keine Erfindung des Deuteronomiums gewesen ist, wie es von Sparks, Ethnicity, 242, und van Houten, Alien, 34–41, festgehalten wird, und auch nicht erst in Reaktion auf den Untergang des Nordreichs entstanden ist. Vgl. zur Gegenüberstellung der von verschiedenen Archäologen vorgeschlagenen Lesarten des Ostrakon, zur Interpretation und Verbindung zur alttestamentlichen Fremdengesetzgebung Achenbach, Protection. Dass durch die Flüchtlinge aus dem Nordreich das Problem der גרים in Juda drängender wurde, ist jedoch als Hypothese beizubehalten. So bleibt es zumindest auffällig, dass bei den so sozial ausgerichteten Propheten Proto-Jesaja, Hosea, Amos und Micha, die sich um die Belange der Ärmsten in der Gesellschaft so explizit kümmern, der Begriff גר nicht belegt ist. Vgl. Kellermann, Art. גור, 988. Eine gewisse Ausnahme bildet Jes 14,1, jedoch wird hier zum einen kein soziales Problem thematisiert und zum anderen handelt es sich in Jes 14,1 um einen nachexilischen Zusatz. Vgl. Beuken, Jesaja 13–27, 79 mit weiterführender Literatur und Kaiser, Prophet, 22 f. Die fehlende nationale Spezifizierung des גר und die Tatsache, dass er wie in Dtn 24,14 nicht zu den Brüdern gezählt wird, lassen jedoch darauf schließen, dass sich der Begriff zumindest schnell erweitert und verändert

Gerade im Hinblick auf die deuteronomische Gesetzgebung besteht trotz des eben illustrierten Schweigens über die Herkunft des גר ein weitreichender Forschungskonflikt, der sich gerade auf seine Nationalität bezieht. So ist umstritten, ob es sich beim גר immer um einen Israeliten (im engeren oder weiteren Sinne) handelt oder aber gerade um einen Nichtisraeliten. In neuerer Zeit ist diese Diskussion von Bultmann neu angefacht worden, der dafür plädiert, dass es sich beim גר im deuteronomischen Sprachgebrauch immer um einen israelitischen Menschen handele, der nur fremd und mittellos an seinem Aufenthaltsort sei.[162] Eine nationale Fremdheit könne dagegen nur für den נכרי festgestellt werden. Den Begriff גר selbst versteht Bultmann als einen „soziale[n] Typenbegriff".[163] Seine Fremdheit an einem Ort, wird durch das notwendige Umherwandern auf der Suche nach Arbeit und barmherziger Zuwendung durch die Grundbesitzer, die seine Besitzlosigkeit evoziert, hervorgerufen. Im Mittelpunkt steht jedoch stets sein minderer sozialer Rang in Israel und nicht seine nationale Fremdheit.

Als wichtiges Gegenargument verweisen mehrere Forscher auf Dtn 14,21a.[164] Dort heißt es:

> Ihr dürft kein Aas essen. Gib es dem Fremdling (לגר), der in deinen Toren ist, dass er es isst, oder verkaufe es einem Ausländer (לנכרי).

Christiana van Houten leitet aus dem in Dtn 14,21a erlaubten Aasgenuss ab, dass es sich zumindest bei dem hier genannten גר um einen Nichtisraeliten handeln muss, da er, wie der Ausländer, nicht an die Speisegebote gebunden zu sein scheint.[165]

---

hat. Der גר im Deuteronomium ist nicht der Fremde aus einer bestimmten Region, sondern der zu schützende Fremdling als Typus.

162 Vgl. Bultmann, Fremde. Zusammenfassend stellt er fest: „Der *ger* ist fremd an dem Ort seines Aufenthalts, und es läßt sich für keinen Beleg in dem genannten Quellenbestand nachweisen, daß die Fremdheit in dieser Relation von der Fremdheit in einer möglichen zweiten Relation überlagert würde, nach der der *ger* eine Gestalt nicht-israelitischer Herkunft wäre, d. h. aus den benachbarten oder sogar entfernteren Völkern im Umkreis der Monarchie Juda stammte." (a.a.O., 213).

163 Vgl. Bultmann, Fremde, 94 u. ö.

164 Ob Dtn 14,21a Bestandteil des vorexilischen deuteronomischen Gesetzes war oder erst im Zuge der Speisegesetze eingefügt wurde, ist nicht eindeutig zu bestimmen; vgl. dazu die Überlegungen zum נכרי im folgenden Kapitel 2.2.2 (62–69). Da die Forschungsdiskussion um die Nationalität des גר untrennbar mit diesem Gesetz verbunden ist, sei der Text hier trotz dieser Unsicherheit hinzugenommen.

165 Vgl. van Houten, Alien, 81. So fasst sie zusammen, dass „the laws in Deuteronomy consistently treat the alien as a non-Israelite" (a.a.O., 107 f.) und dass „the legislation is dealing only with foreign individuals who found their way into Israelite territory" (108), auch wenn sie

Dass jeder גר Aas essen darf, ist jedoch nicht explizit genannt. Es legt sich aber nahe, dass es zumindest nichtisraelitische גרים gegeben hat, die das Aas essen durften. Dass es sich bei einem גר *zwangsläufig* um einen Nichtisraeliten gehandelt hat, vermag dieser Beleg jedoch nicht ausreichend zu stützen.[166] Die Unterscheidung, die in Dtn 14,21 zwischen dem גר und dem נכרי gezogen wird, ist weder eine nationale noch eine religiöse, sondern vielmehr eine finanzielle. Das ‚Du' kann dem גר auf Grund dessen Bedürftigkeit das Aas nur schenken, das er an den wirtschaftlich eigenständigen נכרי verkaufen kann.[167]

Einen weiteren Hinweis darauf, dass es sich beim גר um einen Nichtisraeliten handelt, bietet Markus Zehnder mit Verweis auf parallele Texte aus Ugarit. So schreibt er: „Da sowohl in Ugarit als auch in Nuzi zu ‚in deinen Toren' analoge Formulierungen vorkommen und da in diesen Fällen jeweils auf ethnisch Fremde Bezug genommen wird, ist sehr wahrscheinlich, dass auch der ‚Fremdling' des Deuteronomiums einen ethnisch Fremden und nicht bloß den – israelitischen – Angehörigen einer sozial minderen Schicht bezeichnet."[168] Dabei verweist er auf Formulierungen wie *gr ḥmyt ugart* („der Fremde an den Mauern Ugarits")[169] bzw. *amēli ša bābišunu* („die Männer von/in ihren Toren")[170] oder *ša bābi* („die, von den Toren").[171] Doch sollten diese Belege m. E. als Stütze vorsichtig genutzt werden. Auch in den ugaritischen Texten gibt es also einen *gr* / גר in den Be-

---

sogleich einschränkt, dass reisende Israeliten außerhalb ihrer Heimatgegend auch als גרים behandelt wurden. So u. a. auch Dion, Israël, 222–226, der den גר als Immigranten beurteilt.

166 Die Argumentation bei Bultmann, Fremde, 88 f., nach der es sich beim גר auch an dieser Stelle, wie – so seine These – an jeder Stelle im Deuteronomium, um einen Israeliten handelt, der aber, da er keinen Vieh- und Landbesitz hat, aus der konkreten Anrede herausfällt, ist m. E. etwas schwach. Als Näherbestimmung des in Dtn 14,21a angesprochenen ‚Du' sieht er allein die Schicht gemeint, „die dadurch, daß sie den nationalreligiösen (Abgabe-)Pflichten nachkommen kann, eigentlich das ‚Jahwevolk' ausmachte" (88). Zu dieser Schicht gehört der גר jedoch nicht und ist so vom Verbot des Aasgenusses ausgenommen, da er „einen minderen Rang im Gottesvolk" innehat. Hier sei die Forderung der Barmherzigkeit dem Bedürftigen gegenüber über die Forderung gesetzt, dass alle Israeliten durch die Wahrung der Speisegebote, die kultische Reinheit zu bewahren haben. Wichtig sei, dass die wirtschaftlich starken Grundbesitzer für die gesamte Gemeinschaft jene Reinheit herstellen, indem sie sich an die Gebote halten und zugleich den hilfsbedürftigen גר mitversorgen. Das Religionsgesetz zielt damit weniger auf den גר als Handlungsträger.
167 Vgl. dazu unten Kapitel 2.2.2 (65–69).
168 Vgl. Zehnder, Art. Fremder.
169 RS 1.002 bzw. KTU 1.40, rekonstruiert und übersetzt bei Pardee, Structure, 1182–1187. In jeder Strophe dieses Opfertextes taucht die Phrase *gr ḥmyt ugart* auf (an den meisten Stellen jedoch nur rekonstruierbar bzw. zu vermuten).
170 Diese Formulierung findet sich viermal im ugaritischen Dokument RS 18.115 (Nougayrol, Palais, 158–160).
171 Vgl. Zehnder, Fremde, 356 f. Anm. 3.

grenzungen der Stadt, doch hilft dies nur wenig bei der genauen Spezifizierung des גר im Deuteronomium. Dass es sich um eine Personengruppe handelt, die innerhalb der Grenzen der Gemeinschaft erscheint und doch nicht ganz dazugehört, ist bei allen Spezifizierungen des גר unstrittig. Eine genaue Definition des Begriffs findet sich in den ugaritischen Texten nicht, doch sind die so Bezeichneten als Zusatzgruppe zu den Söhnen Ugarits genannt. Dies legt die Vermutung nahe, dass es sich um Menschen handelt, die sich in Ugarit aufhalten, jedoch nicht zur Stadtbevölkerung gehören. Der Vergleich zur deuteronomischen Gesetzgebung wird jedoch dadurch erschwert, dass Ugarit als Stadtstaat keine Unterscheidung zwischen der Bevölkerung der Stadt und Ugaritern machen kann. Für die Frage, ob es sich beim גר im Deuteronomium um einen Israeliten aus einer anderen Gegend oder einen Nichtisraeliten handelt, tragen die ugaritischen Parallelen folglich nicht all zu weit. Festgehalten werden kann aber, dass man ein Weilen im Ausland durch den Status des גר ausdrücken kann, wie es Israel selbst für sein Weilen in Ägypten tut.

Konnten diese Einwände die nichtisraelitische Identität des גר zwar nicht eindeutig beweisen, gibt es doch weitere Hinweise, die auf diese Herkunft hindeuten. So verweist etwa die eindeutige Gegenüberstellung zum Bruder (אח) in Dtn 24,14 ebenfalls auf die nichtisraelitische Herkunft des גר. Zudem wird er, im Gegensatz zu den anderen Festen, gerade beim Passafest nicht unter den Teilnehmern genannt (Dtn 16,1–8*). Dass gerade das grundlegende Fest für eine israelitische Identität nach dem Deuteronomium ohne den גר und nur unter den als ‚Du‘ angesprochenen Israelitinnen und Israeliten stattfindet, lässt ebenfalls darauf schließen, dass der גר eben nicht zu denen gehört, die sich auf das gemeinschaftsstiftenden Ereignis der Herausführung aus Ägypten stützen, und damit nicht zu Israel selbst.[172]

Die entscheidende Entschärfung des Konflikts um die Herkunft des גר liegt in der Betonung der Perspektive, aus der er betrachtet wird. So thematisiert das Deuteronomium, wie gesehen, seine Herkunft nicht. Das Fremd-Sein ist jedoch stets vorausgesetzt. Ob der גר dabei aus Israel, oder doch, wie es wahrscheinlicher ist, von außerhalb des Gottesvolkes kommt, bedarf anscheinend keiner Spezifizierung. Er ist der, der auf die Hilfe des angesprochenen ‚Du‘ angewiesen ist, allein dies steht im Fokus der deuteronomischen Gesetzgebung. Dies führt auch Saul Olyan dazu, den Begriff גר mit „resident outsider" zu übersetzen. Dies unter-

---

172 Die spätere Ergänzung in Dtn 1,16, die den גר unter denen nennt, die auf der Wüstenwanderung dabei waren, lässt den גר ebenfalls als jemanden erscheinen, der von den Israeliten zu unterscheiden ist, die aus Ägypten in das versprochene Land ziehen.

streicht, dass er zwar außerhalb der Gastgesellschaft steht, jedoch kann der גר sowohl ein anderer Israelit als auch ein Ausländer sein.[173]

Im Unterschied zu den Fremdlingen, die nach Israel kommen, besteht über die Nationalität der Israelitinnen und Israeliten, die ihre Heimat verlassen, um vorübergehend als גרים zu leben und so ihr Überleben zu sichern, kein Zweifel (so wie bei Abram und Saraj in Gen 12,10 – 20). Diese Diskrepanz lässt sich ebenfalls durch einen Hinweis auf die Perspektive der jeweiligen Gesetze und Erzählungen erklären. Für die israelitische Perspektive bleibt es wichtig, dass die Israeliten auch im Ausland Israeliten bleiben. Dies ist zu unterstreichen, da es den Fokus der alttestamentlichen Texte auf das Ausland zeigt. Im Mittelpunkt steht Israel und steht die israelitische Identität. Kommt ein Fremder nach Israel, so ist das Verhalten der Israeliten im Interesse der Texte. Fragen danach, wie Israel mit jenen Fremden umzugehen habe, sind virulent und es stehen damit die Grundlagen der israelitischen Gemeinschaft auf dem Spiel. Kommt jedoch ein Israelit ins Ausland, so ist auch in diesem Fall die Wahrung einer *israelitischen* Identität erstes Ziel. Die alttestamentlichen Texte zum Fremden im Allgemeinen und im Deuteronomium im Besonderen sprechen nicht über Fremd-Sein als losgelöste Kategorie, sie sind keine philosophischen Texte, sie sprechen stets über die Erfahrung des Fremdseins auf der Basis israelitischer Gemeinschaftsbildung.

Im Blick auf die eigene Geschichte ist auch das Land, in dem man als Fremdling war, von Belang, wie das deuteronomische Gemeindegesetz zeigt (Dtn 23,8 f.)[174]:

> [8]Du sollst den Edomiter nicht verabscheuen, denn er ist dein Bruder. Du sollst den Ägypter nicht verabscheuen, denn du warst ein Fremdling in seinem Land (כי־גר היית בארצו). [9]Kinder, die sie in dritter Generation zeugen, dürfen von ihnen in die Versammlung Jhwhs kommen.

Für Israel selbst ist die Erinnerung an den Aufenthalt in Ägypten zentral, sie ist Teil des kollektiven Gedächtnisses. In der Perspektivgebung ist dies jedoch nicht mit dem Blick auf den Fremdling im eigenen Land zu verwechseln.[175]

---

173 Diese Doppelheit im Begriff des גר betont Olyan, Rites, 74 – 81, vor allem für das deuteronomisch-deuteronomistische Material; in den priesterlichen Texten ist seines Erachtens eindeutiger der Landfremde gemeint.

174 Zu Dtn 23,2 – 9 siehe Kapitel 2.3 (69 – 104).

175 Methodische Vorsicht ist zudem bei der Hinzunahme von Belegstellen geboten, bei denen mit dem Verb גור formuliert wird. Vgl. z. B. Ri 17,7; 2 Sam 4,3; 2 Kön 8,1 f. u. ö. Eine ausführliche und kritische Auseinandersetzung mit der Frage der Abhängigkeit des Verbs גור und des Substantivs גר sowie den Übereinstimmungen und Differenzen in der Semantik findet sich bei Ramírez Kidd, Alterity, 12 – 33. Denn auch hier wird zumeist aus der Perspektive dessen berichtet, der an einem anderen Ort als Fremdling weilt. In der Sicht dieser Passagen ist die eigene

2.2.1.2 Die partielle Integration des גר

Der גר steht, wie bereits gezeigt, dem angesprochenen ‚Du' gegenüber. Doch finden sich im Schutz des גר zugleich Elemente der partiellen Integration. So wird der גר bei den israelitischen Wallfahrtsfesten explizit unter denjenigen genannt, die am gemeinsamen Essen teilnehmen sollen (vgl. Dtn 16,9 – 14*).

Dtn 16,14 formuliert mit Blick auf das Laubhüttenfest:[176]

> [14]Und bei deinem Fest sollst du dich freuen, du und dein Sohn und deine Tochter und dein Sklave und deine Magd und der Levit und der Fremdling und die Waise und die Witwe, die in deinen Toren sind.

Analog wird der גר auch bei den Vorschriften zum Wochenfest in Dtn 16,11 genannt:[177]

> [11]Und du sollst dich vor Jhwh, deinem Gott, freuen, du und dein Sohn und deine Tochter und dein Sklave und deine Magd und der Levit, der in deinen Toren ist, und der Fremdling und die Waise und die Witwe, die in deiner Mitte sind, an dem Ort, den Jhwh, dein Gott, erwählen wird, um seinen Namen dort wohnen zu lassen.

Es ist also die Pflicht der Israeliten, den bei ihnen lebenden גר – zusammen mit den ebenfalls mit in der Hausgemeinschaft lebenden Sklaven und Sklavinnen und den

---

Identität und damit die Identität des גר deutlich stärker im Fokus als bei der deuteronomischen Sozialgesetzgebung. Doch können uns diese Texte, die sich außerhalb des Deuteronomiums finden, einen Hinweis auf das Schutz*bedürfnis* eines Menschen geben, der an anderem Ort als גר wohnt. Denn hier zeigt sich die Ambivalenz von Angst vor Gefahr außerhalb des eigenen sozialen Umfelds und Hoffnung auf Schutz und Überleben. Nur in der Fremde ist es in dieser Situation möglich zu überleben, doch dort ist zugleich die eigene kulturelle Grundprägung in Gefahr. Die Erzählungen über die Gefährdungen der Ahnfrauen (Gen 12,10 – 20; 20; 26,1–11) zeigen diese Ambivalenz deutlich. Das Deuteronomium selbst zeigt direkt wenig von dieser Gefühlslage, da der גר – wie bereits gezeigt – durchgehend als Objekt und nicht als Subjekt ins Bild gesetzt wird. Im Bereich der גר-Gesetzgebung kann jedoch auf Ex 23,9 verwiesen werden, wo ein direkter emotionaler Bezug zur Gefühlslage (נפש הגר) gezogen wird: *Einen Fremdling sollst du nicht bedrücken, ihr kennt doch das Leben des Fremdlings, denn ihr wart Fremdlinge im Land Ägypten.*
176 Die Vorschrift zum Laubhüttenfest wird bei der Komposition des deuteronomischen Gesetzes aus dem Bundesbuch aufgenommen und erweitert. Vgl. zur vorexilischen Datierung Rose, ZBK 5,1, 57 f., und Veijola, ATD 8,1, 340 f.
177 Zur Zugehörigkeit zum ursprünglichen dtn Gesetz vgl. Veijola, ATD 8,1, 338 f. Rose, ZBK 5,2, 55.359, rechnet den Vers, auch auf Grund der Parallelen zu dem bei ihm ebenfalls der Schicht III zugehörigen Notiz in 26,11, seiner exilischen Schicht III zu, die sich aber hier im Sprachgebrauch an den vorexilischen Text 14,29 anlehnt.

Witwen und Waisen – in die Feiern der religiösen Feste zu integrieren. Diese Möglichkeit der Integration wird dadurch ermöglicht, dass der גר einem Patron zugeordnet ist, der ihn in seine Familie in kultureller und sozialer Dimension einbeziehen kann.[178]

Nur beim Passafest werden die Fremdlinge nicht an den Feierlichkeiten beteiligt (vgl. Dtn 16,1–8*).[179] Dies lässt sich damit erklären, dass die Erinnerung an das erste Passa und den Auszug aus Ägypten ein Spezifikum der israelitischen Geschichte ist, zu der der von außen kommende Fremdling keine Verbindung hat.[180] Im Gegensatz dazu beziehen sich die anderen Feste stärker auf den aktuellen Lebensvollzug – wie die jährliche Ernte – und somit auch auf die Lebenswirklichkeit der Fremdlinge im Land. Und doch ist die fehlende Inklusion beim Passafest erstaunlich, da die Motivation, die Sklaven und die Fremdlinge gut zu behandeln und bei den Festen zu integrieren, im Deuteronomium vermehrt über die Erinnerung an den Ägyptenaufenthalt erfolgt.[181] Selbst wenn diese Parallelisierung erst verstärkt auf deuteronomistische Autoren zurückzuführen ist, bleibt es verwunderlich, dass auch in den Bearbeitungsschichten der Passagesetzgebung der Bezug auf die eigenen Sklaven und Fremdlinge fehlt.[182] Das Passafest scheint als Fest der Erinnerung an den eigenen Gründungsmythos als exklusiver Akt der israelitischen Bevölkerung vorbehalten zu bleiben.[183] Im

---

178 Dies betont besonders Olyan, indem er unterstreicht, dass gerade die Unterordnung und Abhängigkeit von einem Patron zum Schlüssel der Integration des Fremdlings wird, da er so mit dem Haus zu kulturellen und sozialen Ereignissen mitgenommen wird. Dabei definiert Olyan, Rites, 68 f., den גר als einen Menschen, der von außen kommt und längere Zeit dort lebt, wobei er außerhalb der Erbbesitzverteilung steht und somit von einem Israeliten abhängig werden kann.
179 Zur vorexilischen deuteronomischen Datierung der Grundschicht, die bereits mit dem Motiv des Auszugs aus Ägypten verbunden war, vgl. überzeugend Veijola, ATD 8,1, 330–333.
180 Die Vorstellung, dass גרים schon beim Auszug mit bei der Gruppe der Israeliten und Israelitinnen war, findet sich nur in dem dtr Vers Dtn 1,16.
181 Siehe dazu im Folgenden 58–60.
182 Bultmann, Fremde, 57 f., deutet das Fehlen des גר und des ganzen Hauses bei der Passagesetzgebung auf einer sozialen Ebene. So sieht er in der grundlegenden Erinnerung an das Passageschehen gerade die politisch einflussreiche eigenständige Schicht angesprochen und nicht die Bedürftigen. Doch bleibt fraglich, warum der גר, wenn er doch selbst Israelit war, nicht an der Erinnerung an das gründende Ursprungserlebnis der Gemeinschaft teilhaben soll.
183 Dies ist ein Hinweis darauf, dass der גר, obwohl er in vielerlei Hinsicht in das israelitische Sozialsystem integriert ist und an den Freudenfesten teilnehmen kann und soll, letztendlich dem ‚Du' gegenübergestellt bleibt und kein volles Mitglied der israelitischen Gemeinschaft ist. Lang, Fremden, 23, spricht in dieser Hinsicht von einer „partiellen Integration, einer Verbindung von Integration und Segregation, von Einbeziehung und Trennung." Dem gegenüber steht das Modell der vollständigen Integration, der Gleichstellung des Fremden und des Einheimischen, wie es in Lev 19,33 f. (vgl. auch Lev 17) zu erkennen ist. Lang verweist jedoch auch auf die Folgen einer vollständigen Integration: „Dieses Modell der vollständigen Integration der Fremden will

deuteronomischen Gesetz könnte der גר nur als zu schützendes und zu versorgendes Objekt integriert werden. In dieser Linie ist es beachtenswert, dass die Beschreibung der Feste im Deuteronomium variiert. Besteht der Festcharakter von Wochenfest und Laubhüttenfest zu einem großen Teil in der gemeinsamen Freude (bei gutem Essen; vgl. Dtn 16,11.14 f.; 26,11), so fehlt bei der Beschreibung des Passafests der Aspekt der Freude. Dies wird auch bei der Art der Erinnerung an das eigene Sklavensein deutlich. Dient der Bezug auf dieses dunkle Kapitel der eigenen Vergangenheit dazu, die Freude über die eigene Freiheit und die Ernte bei den anderen Festen zu erhöhen und sicher auch mahnend in Erinnerung zu rufen, dass dieser Wohlstand nicht schon immer so war und damit auch nicht immer so bleiben muss, so ist Passa die Vergegenwärtigung der Sklaven- und Befreiungszeit aus der erst in weiteren Schritten die Freude über die Befreiung abgeleitet werden kann.[184]

Gerade im Zusammenhang der kultischen Feiern ist zudem auffällig, dass es im Kontext des גר an keiner Stelle zu einer Auseinandersetzung mit der Fremdgötterproblematik kommt. Dies könnte erklärbar sein, wenn der גר im Gegensatz zum נכרי immer ein Israelit wäre, der nicht in seinem eigenen Siedlungsgebiet ist, sondern sich innerhalb von Israel in anderen Städten aufhält, wie es in der Linie von Bultmann läge. Damit wären die גרים ebenfalls יהוה-Verehrer und würden kein religiöses Problem darstellen. Doch liegt der Grund wohl eher darin, dass der גר als גר niemals als Gefahrenquelle gesehen wird, da er selbst nicht als aktives Handlungssubjekt wahrgenommen wird. Der גר ist nur in seiner Abhängigkeit im Blick

---

den deuteronomischen Klassenunterschied von Bürgerschicht und Fremdenschicht abschaffen. Aber die Fremden müssen einen Preis dafür bezahlen: sie müssen Juden werden!" (a.a.O., 24). Die priesterliche Gesetzgebung im Exodusbuch regelt, dass ein גר am Passafest teilnehmen kann, wenn er zuvor beschnitten wird (Ex 12,48). Vgl. dazu den Aufsatz von Wöhrle „The Integrative Function of the Law of Circumcision". Doch finden wir hier eine veränderte Ausgangslage vor: Der angesprochene גר wird als Proselyt behandelt und so in die Gemeinde der Passa feiernden Israeliten aufgenommen. Zehnder, Umgang, 363 Anm. 4, vermutet hingegen, dass Dtn 16,1–16 in Kenntnis von Ex 12,43–51 geschrieben worden ist und sich deshalb nicht erneut mit der Frage der Zulassung zum Passa befasst. Als einzige Alternative hierzu wäre seines Erachtens der Schluss möglich, dass ein späterer (priesterlicher) Theologe eine vorher anderslautende dtn Regelung zur Zulassung getilgt habe. Statt anzunehmen, dass eine solche Regelung impliziert sei, sollte jedoch vielmehr ihr Fehlen wahrgenommen und gedeutet werden.

184 In Anschluss an Zehnder, Umgang, 364, kann zusätzlich die Auffälligkeit im Vergleich der Festdarstellungen einbezogen werden, dass nur beim Passa das Opfer thematisiert wird. Zehnder schließt daraus, dass der גר bei dieser höchst kultischen Feier als Nichtmitglied der Religionsgemeinschaft exkludiert ist.

und kann selbst nicht zu Taten anregen.[185] Parallelisiert mit den Witwen und Waisen ist nur entscheidend, dass der גר nicht versorgt und somit auf den Schutz der Gemeinschaft angewiesen ist, er also *sozial* außen steht. In der Situation der Bedürftigkeit entfallen die Grenzen des Fremden.

2.2.1.3 Der גר als Spiegel des ‚Du'

Neben der partiellen Integration findet auch eine direkte Relationierung zum גר statt, wenn Israel mit ihm verbunden wird. Dies geschieht in den das deuteronomische Gesetz abschließenden Flüchen und durch die Erinnerung an den eigenen Status als גר oder עבד in Ägypten. Dtn 28,43 f.:

> [43]Der Fremdling, der in deiner Mitte wohnt, wird über dich aufsteigen, höher und höher, und du wirst absteigen, tiefer und tiefer. [44]Er wird dir leihen, aber du kannst ihm nichts leihen, er wird zum Kopf, aber du wirst zum Schwanz.

In diesem Fluchabschnitt wird Israel also angekündigt, dass sich der Fremdling über es erheben wird. Doch was zeigt dieser Fluch bezüglich der Wahrnehmung des Fremdlings im vorexilischen Israel? Geht von ihm eine latente Bedrohung aus oder sogar die Gefahr der Machtübernahme? Rose sieht in dieser Linie in Dtn 28,43 f. ein Zeichen der Fremdenfeindlichkeit, die seiner jüngsten Schicht IV nicht nur hier, sondern auch in Dtn 23,4 ff.21 anhaftet.[186] Doch ist Dtn 28,43 f. wohl eher in einer anderen Dimension zu verstehen. In V. 44 weist der Fluch eine ökonomische Ausrichtung auf. Es geht folglich um die völlige Umkehrung der sozial-ökonomischen Verhältnisse in Israel, die hier als Schreckensbild gezeichnet wird. Wenn den Reichen einer Gesellschaft angekündigt wird, dass sie mit den Ärmsten den Platz tauschen werden, so drückt dies keine latente Angst und keinen schwelenden Hass der Reichen gegenüber den Armen aus, sondern eine Angst vor dem Verlust der eigenen Machtposition. Wenn der Arme dem Reichen leihen kann,

---

185 Albertz, Aliens, 55, hält als Erklärung für die Auffälligkeit, dass die Fremdlinge zu den Festen mitgenommen werden und nicht als Verführer zu Apostasie in den Blick kommen, für möglich, dass diese Feste von Priestern kontrolliert werden.
186 Vgl. Rose, ZBK 5,2, 541. Zu Dtn 23,4–9 vgl. unten den Abschnitt zum Gemeindegesetz (Kapitel 2.3; 69–104). Auch hier wird sich zeigen, dass Fremdenfeindlichkeit keine geeignete Kategorie zur Beschreibung des differenzierten Umgangs mit den verschiedenen Nachbarstaaten ist. Zudem handelt es sich m. E. im Grundbestand des Gemeindegesetzes Dtn 23,2–4.7–9 (s.u.) und bei Dtn 28,43 f. (vgl. die Ausführungen bei Steymans, Deuteronomium 28, bes. 377 f., der wahrscheinlich macht, dass in Dtn 28,20–44 der älteste Abschnitt des Kapitels zu finden ist) um vorexilische Texte.

dann steht die gewohnte Welt gefährlich auf dem Kopf, es wird – in der Sprache von V. 44 – der Kopf zum Schwanz. Der Fremdling dient hier also als Gegenbild zum angesprochenen ‚Du'.

Hans Ulrich Steymans arbeitet in seiner ausführlichen Analyse zu Dtn 28 und den assyrischen Vasallenverträgen bei der Thronfolge Asarhaddons eine bemerkenswerte Parallele zu jenen Vasalleneiden heraus. Im zu dieser Passage parallelen Paragraphen 56 spielen drei Dämonen eine wichtige Rolle, die zwar eigentlich zumindest auch eine apotropäische Funktion haben, im Fluch aber zur Gefahr im eigenen Lebensraum werden können. So heißt die Verwünschung in §56:

> šēdu-, utukku- und böser rābiṣu-Dämon mögen sich eure Häuser als Wohnstätte auswählen![187]

Steymans vergleicht dies mit der Rolle des Fremdlings in Dtn 28,43 f.: „Der Fremde erhebt sich mitten in Israel und macht die Israeliten zu Menschen zweiter Klasse. Dahinter steht beide Male die Vorstellung, daß den Menschen ihr allernächster Lebensraum ‚un-heimlich' wird. Die gemeinsame Aussage lautet: Lebensgenossen, gegen deren Nähe man sonst nichts hat, verwandeln sich in unangenehme Bedrücker. Der Bibeltext ergänzt dies durch wirtschaftliche Aspekte und die sprichwörtliche Antithese von Kopf und Schwanz".[188]

Die Flüche des Deuteronomiums malen die Verkehrung der bisherigen Weltordnung aus und benutzen dabei die Fremdlinge als die in der Gemeinschaft unten Stehenden zur Illustration des Abstiegs, der sich bei Nichteinhaltung der Gesetze einstellen wird. Die Fremdlinge sind nicht negativ konnotiert, doch ein Geraten des angesprochenen ‚Du' in ihre unterprivilegierte Stellung ist eine Unheilsvorstellung.

Die zweite Form der direkten Relationierung erfolgt über eine Parallelisierung des Zustands als רג mit der eigenen kollektiv erinnerten Geschichte.[189]

---

187 So in der Übersetzung von Steymans, Deuteronomium 28, 308.
188 Steymans, Deuteronomium 28, 309. Dies wird unterstützt bei Achenbach, gêr, 33. In der exilischen Ergänzung in Dtn 28,1–14 ändert sich die Perspektive auf den Fremden grundlegend, wie es in Kapitel 3.2.1.2 (168–170) herausgestellt wird. Hier wird das vorexilische Bild der gesellschaftlichen Beziehung zwischen dem israelitischen ‚Du' und dem Fremdling in der eigenen Mitte auf das Verhältnis zwischen Israel und den Völkern übertragen.
189 Peter Welten, Frage, 132, führt dies im Blick auf das sogenannte kleine geschichtliche Credo in Dtn 26,5 prägnant aus: „Man stelle sich das vor: Fremdlingschaft als erster Satz im Glaubensbekenntnis! Wie geht derjenige, der so viel Erfahrung mit Fremdlingschaft hat, mit Fremden um? Perspektivenwechsel ist zu erwarten."

Eine spezielle Ausformung der Gegenüberstellung des ‚Du' und des גר entwickelt sich während der Entstehung des Deuteronomiums erst langsam. So kann das ‚Du' unmittelbar mit dem Fremdling verbunden werden, wenn generationenübergreifend das eigene Verhalten ihm gegenüber durch die Erinnerung an den nicht respektierten Fremdlings- bzw. Sklavenstatus in Ägypten gefordert wird. Kurz soll darum die zurzeit umstrittene Entwicklungsgeschichte des גר-Motivs für das eigene Volk skizziert werden, in dem sich die Spiegelung zwischen dem גר und der eigenen Vergangenheit als גר explizit ausdrückt.

Zunächst ist ein negatives Ergebnis für das deuteronomische Gesetz festzuhalten: So wird das Verhalten gegenüber dem גר im Deuteronomium nur an einer Stelle direkt mit dem eigenen גר -Sein in Ägypten verbunden. In Dtn 10,19 heißt es in der expliziten Spiegelung:

> [19]Liebt auch ihr den Fremdling, denn Fremdlinge ward ihr im Land Ägypten.

Doch handelt es sich bei dieser Passage um eine der spätesten nachexilischen Ergänzungen zum deuteronomischen Gesetz.[190]

Auch die zweite Stelle, an der von Israels גר-Sein gesprochen wird, ist bei genauerer Betrachtung kein Beleg für eine direkte Spiegelung im deuteronomischen Gesetz. Die Erinnerung an Israels Aufenthalt als גר in Ägypten im Rahmen des deuteronomischen Gemeindegesetzes in Dtn 23,8f. ist zwar vorexilisch zu datieren, unterstreicht jedoch nicht den Umgang mit dem גר im Allgemeinen, sondern begründet die spezifische Verbindung, die zwischen Israel und Ägypten besteht.[191] So gibt es im vorexilischen deuteronomischen Deuteronomium keinen Beleg für die Verbindung des Schutzes des גר und der Erinnerung an die eigene Geschichte als machtloser גר in Ägypten.[192]

---

190 Vgl. dazu genauer den Abschnitt zu Dtn 10,12 – 22 (Kapitel 4.2.1; 192 – 196) und zum Bild der nachexilisch verfassten Passagen zum גר das Kapitel 4.2.3 (198 – 200).

191 Vgl. dazu Kapitel 2.3 (bes. 90 – 92.103). Zur Diskussion, ob und inwieweit hier ein positiver Bezug auf die Zeit in Ägypten vorliegt, vgl. auch die Überlegungen zum sogenannten kleinen geschichtlichen Credo in Dtn 26,5 – 10 auf Seite 301 – 303. Zehnder, Anstöße, 306, schreibt: „Die eigene Erfahrung der notvollen Fremdlingsexistenz in Ägypten führt zur Einschärfung der Hochachtung gegenüber den *gerīm*, den Schutzbürgern, im eigenen Land." Dieser Zusammenhang besteht stärker mit dem עבד-Ägypten-Motiv (vgl. dazu das Folgende) als mit der Nennung der Zeit als גרים in Ägypten im Gemeindegesetz.

192 Vgl. auch Veijola, Sklave, der die Begründung aus dem dtn Deuteronomium ausscheidet und gerade in einer nachexilischen, spätdeuteronomistischen Sabbatredaktion begründet sieht, die zur jüngsten Phase der dtn Literaturgeschichte gehöre. Dies gilt nach Veijola jedoch für alle Belege der Erinnerung an den eigenen Aufenthalt in Ägypten als Motivation für den Umgang mit Fremdlingen und Sklaven, also sowohl explizit für das Sabbatgebot in Dtn 5,12 – 15 als auch für

Das vorexilische Deuteronomium formuliert den Begründungssatz mit der Erinnerung an das eigene *Sklaven*dasein in Ägypten, wie in Dtn 15,15 (vgl. Dtn 16,12; 24,18.22):[193] Denke daran, dass du Sklave warst im Land Ägypten (וזכרת כי עבד היית בארץ מצרים). In Dtn 15,15[194] ist das עבד-Motiv deutlich mit der Sklavengesetzgebung verbunden und bezieht sich auf den verarmten hebräischen Bruder. Das Gesetz über die Freilassung des Sklaven und damit die Forderung, den Sklaven nicht mittellos zu lassen, sondern ihn mit dem Lebensnotwendigen für eine eigene Existenzgründung auszustatten, wird durch die Erinnerung an das eigene Sklavendasein motiviert. Durch diese Appellation an das kollektive Gedächtnis, werden der sich gerade im Zustand des Sklaven befindliche Mensch und das angesprochene ‚Du' in eine Verbindung gebracht. Hier dient der genannte Sklave als Folie der eigenen Vergangenheits- und Gegenwartsbewältigung.[195] Wenn Wohltätigkeit durch den Hinweis auf eine mögliche Selbstverarmung in der Zukunft oder eine Erinnerung an die eigene Armut der Vergangenheit motiviert wird, so wird dem eigentlich asymmetrischen Verhältnis eine Symmetrie gegeben. Durch

---

Dtn 15,15; 16,3.12; 24,18.22. Vgl. Veijola, ATD 8,1, 160–163. In der relativen Chronologie stimmt Veijola in Bezug auf Dtn 5,12–15 damit mit Otto, Deuteronomium 2000, 170 f., überein, der diese Bearbeitung dem Pentateuchredaktor zuweist, der hier das ältere dtn Motiv aufnehme, das sich in Dtn 15,15; 16,12 und 24,18.22 finde. Vgl. auch Otto, Pentateuchredaktion, 72, wobei Otto Dtn 15,15 hier noch als dtr einstuft.

Das Motiv der eigenen Fremdlingschaft in Ägypten findet sich jedoch im Bundesbuch in Ex 22,20; 23,9 mit einer expliziten Verbindung zum Umgang mit den in Israel lebenden גרים. Dabei hat es dieselbe negative Konnotation, die im Deuteronomium der עבד-Bezug hat. Die Diskussion, ob und in welcher Richtung es eine literarische Abhängigkeit zwischen dem Motiv im Bundesbuch und dem dtn Gebrauch des עבד- und גר-Motivs gibt, soll hier nicht genauer geführt werden. Vgl. dazu die stark differierenden Positionen von Lohfink, Bearbeitung, bes. 100–105, der die beiden Motiviken trennt und im Bundesbuch „prä- oder protodeuteronomische[] Ägypten-Motivationen" (105) erkennt, die dann im Deuteronomium zu einem ausgeklügelten System ausgebaut würden, und Otto, Pentateuchredaktion, 70–75, und Ders., Wandel, der überzeugend dafür plädiert, dass es sich in Ex 22,20b und 23,9b um nachdtr Ergänzungen handele, die deutliche Verknüpfungen mit dem Heiligkeitsgesetz aufwiesen. Nach Schwienhorst-Schönberger, Bundesbuch, 350, stehen die beiden גר-Stellen im Bundesbuch im dtr Kontext und entsprechen dtr Theologie. Für den sekundären deuteronomistischen Charakter von Ex 22,20b und 23,9b im Bundesbuch, der auch in dieser Studie zu einer relativen Chronologisierung der Bundesbuchpassagen nach dem Aufkommen im Dtn leitet, vgl. auch Martin-Achard, Art. גור, 412.

193 Vgl. zum Aufbau der Sozialgebote in Dtn 24 und der hierbei abschließenden Funktion der עבד-Ägypten-Formel Otto, Deuteronomium 1999, 291 f.

194 Nach Otto ist hierbei Dtn 15,15 der Ausgangspunkt der dtn Entwicklung des עבד-Motivs. Vgl. dazu Otto, Pentateuchredaktion, 70–75, und ähnlich Ders., Kritik, 171 f. Zum dtn Charakter von 16,12 vgl. Otto, Deuteronomium 1999, 335–337.

195 In dieser Linie auch Plöger, Untersuchungen, 113, der diesem Motiv der Erinnerung „nicht historische, sondern aktualisierte Gegenwartsbedeutung" zuspricht.

die „Temporalisierung der Perspektive"[196] wird eine asymmetrische Beziehung reziprok. Damit werden die sozialen Grenzen zwischen dem machtvollen angesprochenen ‚Du' als Grundbesitzer und den machtlosen Personen in seiner Gesellschaft, die ohne eigenen Grundbesitz von ihm abhängig sind, ein Stück weit aufgehoben. Das ‚Du' ist zwar selbst kein Sklave mehr und hat Besitz, doch ist er nur durch eine zeitliche Differenz vom eigenen Sklavensein getrennt. Dem angesprochenen ‚Du' wird es durch diese Form der Reziprozität, indem der asymmetrischen Beziehung zwischen Patron und גר ein Element der Symmetrie verliehen wird, leichter gemacht, zu seinen eigenen Ungunsten dem freizulassenden Sklaven Güter mitzugeben.

Der zweite Schritt der Übertragung und Ausweitung ist in Dtn 24,18f.22 erkennbar. Hier nun werden die Rechte von Fremdling, Witwe und Waise – und damit also von verarmten Einheimischen und Fremden – durch die Erinnerung an das Sklavendasein gestützt. Dabei findet implizit eine Übertragung und Ausweitung der Erinnerung an das eigene Sklavensein in Ägypten statt. Wenn diese Begründung allgemein zur Motivation der Sorge um die *personae miserae* verwendet werden kann, so ist die Machtlosigkeit und Bedürftigkeit im Allgemeinen im Blick. In Dtn 16,12 bezieht sich der Begründungssatz auf alle im Haus lebenden Abhängigen – also den Sklaven wie den גר. Das Sklavendasein steht hier für die Verachtung der Rechte des גר, wie es Israel selbst in sein kollektives Gedächtnis geschrieben ist. Die Verbindung des Schutzes der Sklaven und Fremdlinge mit der Erinnerung an die eigene Schutzbedürftigkeit in der Volksgeschichte ist eine deuteronomische Neukonzeption.

Dass aus der Erfahrung der eigenen Machtlosigkeit und der Ausnutzung derselben nicht zwangsläufig eine besondere Zuneigung zu ebenfalls Machtlosen erfolgt, ist an der wiederholten Einschärfung in der deuteronomischen Gesetzgebung abzulesen. Die wiederholte Erinnerung hat die Funktion, die Israeliten in diese Geisteshaltung einzuführen. An dieser Stelle kann von einer aktiven Erziehung durch die Gesetze und ihrer Verfasserkreise gesprochen werden.

Ein Gegenbeispiel zum Verhältnis der eigenen Erinnerung und der aktuellen sozialen Haltung verdeutlicht dies. Hekataios von Abdera argumentiert im 4. Jh. v. Chr., dass die Erfahrung der Austreibung aus Ägypten als Fremde bei den Juden zur Distanzierung vom Fremden und Anderen geführt hat:

τὰς δὲ θυσίας ἐξηλλαγμένας συνεστήσατο τῶν παρὰ τοῖς ἄλλοις ἔθνεσι, καὶ τὰς κατὰ τὸν βίον ἀγωγάς· διὰ γὰρ τὴν ἰδίαν ξενηλασίαν ἀπάνθρωπόν τινα καὶ *μισόξενον* βίον εἰσηγήσατο.[197]

---

196 Stichweh, Fremde, 302.
197 Zitiert nach Stern, Greek and Latin Authors I, 26, Hervorhebung R.E. Die zugehörige Übersetzung von Walton (a.a.O., 28) geht etwas zu weit vom griechischen Text ab und entschärft

Gegen einen Mechanismus dieser Art setzt das deuteronomische Konzept einen Umgang mit Erinnerung, der nicht die Wiederholung der Vergangenheit fordert, sondern einen radikalen Abbruch und eine Zuwendung zu den verarmten Fremden.

Blickt man nun abschließend direkt auf die Funktionen, die die Texte zum גר im deuteronomischen Gesetz erfüllen, so ist Folgendes erkennbar:

Der Schutz des גר als Typus des sozial am schlechtesten gestellten Teils der Gemeinschaft wird betont, um den sozialen Grundcharakter der deuteronomischen Gesetzgebung festzulegen. Die Versorgung des Fremdlings steht für die Stabilisierung der Gemeinschaft, die sich durch die Inklusion der Armen auszeichnet. Hierbei ist der Fremdling den Witwen und Waisen gleichgestellt. Der Schutz der Ränder der Gesellschaft sorgt für eine Wahrung der sozialen Grundstruktur in der gesamten Gemeinschaft.

Zugleich erinnert der גר als hilfsbedürftiger Fremdling an die eigene Ursprungserzählung Israels. Durch die kollektive Erinnerung an die Notzeit in Ägypten wird die nun gewonnene Autarkie in der Gegenwart als schützenswerter Zustand dargestellt. Der גר erinnert Israel daran, dass dieser Zustand der autarken Macht nicht immer Bestand hatte und es darum an Israel liegt, dass es so bleibt. Das Gesetz stabilisiert diese bezogen auf den Fremdling sozial inklusive Gemeinschaft.[198]

Dass diese Inklusion jedoch Grenzen hat, zeigt die Gesetzgebung zum נכרי, dem ausländischen Fremden in Israel.

---

gerade die Auseinandersetzung mit den Fremden: „The sacrifices that he established differ from those of other nations, as does their way of living, for as a result of their own expulsion from Egypt he introduced an unsocial and intolerant mode of life." Dem Griechischen näher kommt die Übersetzung von Bloch, Vorstellungen, 31: „Er [Moses] setzte Opfer und eine Lebensweise fest, die sich von denjenigen der andern Völker unterscheiden; aufgrund der am eigenen Leib erfahrenen Fremdenvertreibung führte er nämlich eine recht asoziale und fremdenfeindliche Lebensweise ein." Es geht in der Tat um die eigene Vertreibung als *Fremde* (ξενηλασία) und die daraus existierende *fremden*feindliche Haltung (μισόξενος). Vgl. zum ganzen „Judenexkurs des Hekataios von Abdera" Bloch, a.a.O., 29–41, der in der Zuschreibung einer allgemeinen judenfeindlichen Tendenz jedoch wohl zu weit geht, da Hekataios zugleich voller Wertschätzung von der jüdischen Gruppe spricht. Gegen eine antisemitische Ausrichtung von Hekataios richtet sich etwa Stern, Greek and Latin Authors I, 21.

198 In Bezug auf religiöse Belange ist diese Inklusion, wie in der Passagesetzgebung erkennbar, eine partielle.

2.2.2 Der ausländische Fremde (נכרי)

Neben dem als גר bezeichneten Fremden, gibt es mit dem Terminus נכרי im Deuteronomium eine weitere Begriffsgruppe zur Bezeichnung fremder Menschen (und Götter).[199] Die im Deuteronomium vorkommenden Belege können thematisch in vier Untergruppen eingeteilt werden:

1.) Der Umgang mit den einzelnen Fremden הנכרי (Dtn 14,21; 15,3; 23,20 f.)
2.) Die Fremden, die als Beurteiler von außen das israelitische Geschick kommentieren, aber nicht in direkten Kontakt mit den Israeliten treten (Dtn 29,21)[200]
3.) Das Verbot der Inthronisation eines ausländischen Mannes איש נכרי (Dtn 17,15)[201]
4.) Die Spezifizierung von Göttern als נכר (Dtn 31,16; 32,12)[202]

Das Adjektiv und das Substantiv נכרי sind von der Wurzel נכר abgeleitet, die in den meisten semitischen Sprachen das Fremde, Ausländische und zum Teil auch das Feindliche bezeichnet.[203] Die Bedeutung des Terminus hat sich innerhalb der Entstehungsgeschichte des Deuteronomiums nicht verändert, sodass für eine inhaltliche Füllung des Begriffs נכרי im Folgenden deuteronomische und deuteronomistische Texte gemeinsam herangezogen werden können.

Besonders deutlich wird die Bedeutung des Ausdrucks in zwei deuteronomistischen Texten.[204] Dtn 17,15 legt im Rahmen des Königsgesetzes fest, dass kein איש נכרי König über Israel werden soll, wobei der נכרי explizit als ein Mensch näher bestimmt ist, der nicht der Bruder ist (אשר לא־אחיך הוא). In der Solidargemeinschaft des Deuteronomiums ist dies gleichbedeutend mit der radikalen Trennung vom

---

199 Zum נכרי im Deuteronomium im Allgemeinen sei auch auf Zehnder, Umgang, 369 – 373, und Bultmann, Fremde, 93 – 102, verwiesen.

200 Dtn 29,21 wird im Rahmen der Analyse von Dtn 29,21 – 28 in Kapitel 4.4.3 (258 – 262) genauer besprochen. Entscheidend ist hier die Funktion der nicht zur israelitischen Gemeinschaft gehörenden Fremden als objektive Beurteiler, die ein typischer Zug in nachexilischer Zeit ist.

201 Genauere Ausführungen zum in nachexilischer Zeit verfassten Verbot eines ausländischen Königs erfolgen in Kapitel 4.3.3 (240 – 247) zum Königsgesetz.

202 Das Motiv der ausländischen Götter wird im Abschnitt 4.4.2 (253 – 258) zum Moselied genauer dargestellt.

203 Ob die Wortbedeutung ‚ansehen / erkennen' zur gleichen hebräischen Wurzel gehört, oder ob es sich um Homonyme handelt, ist umstritten. Vgl. hierzu und zur Verteilung der alttestamentlichen und außerbiblischen Belege der Wurzel נכר die einschlägigen theologischen Lexikonartikel Lang, Art. נכר, und Martin-Achard, Art. נכר.

204 Vgl. Lang, Art. נכר, 456 f.

eigenen Volk, da man innerhalb des Volkes Israel im idealisierten brüderlichen Verhältnis steht.

Noch deutlicher wird diese Verhältnisbestimmung durch einen Blick über das Deuteronomium hinaus in das Deuteronomistische Geschichtswerk. So sind die im Rahmen des Tempelweihgebets in 1 Kön 8,41 als נכרים Bezeichneten Menschen, die zum einen nicht aus dem Volk Israel stammen und zum anderen aus einem fremden und fernen Land kommen. Ein נכרי ist folglich nicht nur Nichtisraelit, er wohnt auch zumindest nicht dauerhaft in Israel. Auch in Dtn 29,21 wird der נכרי dadurch charakterisiert, dass er aus einem weit entfernten Land (מארץ רחוקה) kommt. Die in dieser Studie gewählte Übersetzung des Begriffs נכרי mit „Ausländer" bzw. „ausländisch" im Gegensatz zum גר als „Fremdling" betont besonders diese ethnische Fremdheit.

In der für eine Soziologie des Fremden klassisch gewordenen Definition des Fremden von Simmel findet sich die Unterscheidung zwischen zwei Fremdentypen: Dem, der von der eigenen Gesellschaft getrennt ist, und dem, dessen Verbindung zur Gastgesellschaft entscheidend ist. „Es ist hier also der Fremde nicht in dem bisher vielfach berührten Sinn gemeint, als der Wandernde, der heute kommt und morgen geht, sondern als der, der heute kommt und morgen bleibt – sozusagen der potenziell Wandernde, der, obgleich er nicht weitergezogen ist, die Gelöstheit des Kommens und Gehens nicht ganz überwunden hat."[205] Der נכרי ist der Fremde des ersten Typs. Er geht morgen[206] wirklich wieder, während der גר der ist, der bleibt.[207] In der englischen Nomenklatur wird dieser Aspekt deutlicher als in der deutschen. So setzt sich für den גר langsam der Begriff des *resident alien* durch. In Abgrenzung dazu wird der נכרי als *non-resident alien* bezeichnet.[208]

Im Gegensatz zum Fremdling (גר) gehört der Ausländer (נכרי) nicht zur israelitischen Gemeinschaft. Er ist der ganz andere, der zwar in ökonomischer Verbindung zu Israel steht, nicht aber in einem sozialen Abhängigkeitsverhältnis

---

205 Simmel, Exkurs, 509. Zur Rezeption und Weiterentwicklung der bei Simmel angelegten Soziologie des Fremden vgl. Stichweh, Fremde.

206 Dabei kann der mit „morgen" bezeichnete Zeitabschnitt auch länger dauern. Zumindest in Dtn 15,1–3 ist ein Aufenthalt über mehrere Jahre vorausgesetzt. Vgl. dazu auch Zehnder, Umgang, 373. Entscheidend ist, dass der נכרי immer als Mitglied eines bestimmten anderen Volkes wahrgenommen wird und auch in dessen Sozialgefüge eingebunden ist.

207 Vgl. auch Martin-Achard, Art. גור, 410, der den גר als „der niedergelassene Fremde [...], der sich für eine gewisse Zeit im Land etabliert hat" bezeichnet. Dagegen wird das Verb גור häufig für die Beschreibung kürzerer Aufenthalte in der Fremde benutzt.

208 Allerdings gibt es in der englischsprachigen wissenschaftlichen Literatur und den Bibelübersetzungen genau wie im Deutschen eine große Bandbreite für die Übersetzung beider Begriffe. Neben *(non-) resident alien* werden besonders *sojourner* und *foreigner* (für den גר wie für den נכרי) benutzt.

im engeren Sinne. So wird der נכרי auch niemals mit dem Ausdruck „in deiner / eurer Mitte" oder „in deinen / euren Toren" qualifiziert. Zudem erscheint der Begriff נכרי in auffälligem Unterschied zum גר niemals mit einem Possessivpronomen suffigiert. Ist der Fremdling selbst immer wieder „dein / euer Fremdling" und somit in enger Verbindung und Verantwortung zum angesprochenen ‚Du' des deuteronomischen Gesetzes gedacht, so ist der ausländische Mensch, der mit נכרי bezeichnet wird, relationslos zur israelitischen Gemeinschaft.[209] Der Begriff wird ausschließlich durch den Artikel (הנכרי) determiniert. Durch die nicht näher spezifizierte Bezeichnung als הנכרי treten das Herkunftsland des Fremden und zugleich eine mögliche Differenzierung des Umgangs mit ihm in den Hintergrund.[210] Als *der* Ausländer ist er Teil einer als homogen dargestellten und behandelten Gruppe.

Der zweite Unterschied, der den נכרי vom גר abhebt, besteht in seinem sozialen Rang. Er ist im Gegensatz zum גר nicht auf die finanzielle Unterstützung und soziale Eingliederung der israelitischen Familien angewiesen.[211] So ist er wirtschaftlich durchaus potent, wie die drei nun genauer zu betrachtenden Belege aus dem deuteronomischen Gesetz deutlich zeigen:[212]

---

209 Vgl. z.B. Zehnder, Umgang, 369 f.

210 Damit unterscheidet sich die Gesetzgebung zum נכרי von der des Gemeindegesetzes in Dtn 23,2–9, in der eine Binnendifferenzierung zwischen Menschen verschiedener Nationalitäten ausschlaggebend ist.

211 Die Unterscheidung von Lang, Art. נכר, 457, zwischen dem נכרי und dem גר in Blick auf Dtn 14,21 scheint mir zu sehr die religiöse und zu wenig die soziale Dimension zu betonen. Lang zeichnet nach, dass beide Gruppen hier getrennt werden, und führt dies darauf zurück, dass sich der גר der Jhwh-Religion öffnet, während der נכרי sich ihr verschließt. Die herangezogenen Belege Dtn 29,10 und 31,12, die ein Eintreten des גר in den Bund betonen, setzen jedoch ein verändertes Konzept voraus. Vgl. zu diesen beiden Texten unten Kapitel 3.2.2.2 (174–178) und 4.2.2 (196–200). Da aber auch dem גר hier das Essen des Aases freigestellt wird, scheint die religiöse Differenzierung nicht im Mittelpunkt zu stehen. Vielmehr wäre es dem גר aus finanziellen Mitteln nicht möglich, Fleisch zu kaufen, während man mit dem נכרי in Handelsbeziehungen treten kann. Weber, Wirtschaftsethik, 285, hebt die vorexilischen גרים deutlich vom landfremden נכרי ab und ihre Grundbesitzlosigkeit hervor. Im Gegensatz zum נכרי hat der גר jedoch politischen Schutz, der sich zudem auch auf den gesamten politischen Verband bezieht und nicht nur an einem einzelnen Herrn hängt („in deinen Toren"). Dabei stuft er den גר als stammesfremd ein, der aber selbst in Sozialverbänden organisiert sein kann. Seine Definition hat also eine starke Dimension der sozialen Schichtung (vgl. a.a.O., 277–313). Allerdings führt er für diese interne Organisation Gruppen an, die im Alten Testament gar nicht als גרים bezeichnet werden wie die Gibeoniter und die Korachiten.

212 Dtn 15,3 und 23,20 f. waren bereits Teil des vorexilischen Deuteronomiums, so schreiben Nielsen, HAT 1,6, 159.216–223, Achenbach, gêr, 43–45 mit der hilfreichen Überblickstabelle Figure III (43), und Otto, Deuteronomium 1999, 285–290.311–316, die Texte jeweils ihren vorexilischen dtn Redaktionen zu. Im Blick auf Dtn 23,21 stimmt dies zudem mit Rose, ZBK 5,1, 205,

1. Schuldenerlass (Dtn 15,3)

[3]Den Ausländer magst du bedrängen (את־הנכרי תגש), aber das, was dir gehört und bei deinem Bruder (את־אחיך) ist, soll deine Hand erlassen.

2. Zins (Dtn 23,20 f.)

[20]Du sollst von deinem Bruder (לאחיך) keinen Zins nehmen, weder Geldzins noch Essenszins noch Zins für irgendetwas, was man verzinst. [21]Dem Ausländer (לנכרי) sollst Du Zins auferlegen, aber deinem Bruder (ולאחיך) sollst du keinen Zins auferlegen, damit Jhwh, dein Gott, dich segnen wird bei allem Werk deiner Hände in dem Land, in das du kommst, um es in Besitz zu nehmen.

3. Speisegebote (Dtn 14,21a)[213]

[21a]Ihr dürft kein Aas essen. Gib es dem Fremdling (לגר), der in deinen Toren ist, dass er es isst, oder verkaufe es einem Ausländer (לנכרי).

In Auslegungen dieser Passagen wird immer wieder die äußerst negative Konnotation des נכרי im Deuteronomium hervorgehoben.[214] Bei der Gesetzgebung zum

---

überein, der den Vers seiner josianischen Schicht II zuordnet. Dieser, a.a.O., 222, ordnet Dtn 15,3 jedoch seiner jüngsten Schicht IV zu. Für eine exilische Herkunft von Dtn 15,3 als Ergänzung des *Sch^emitta*-Gesetzes spricht sich ebenfalls Veijola, ATD 8,1, 314f., aus. Bultmann, Fremde, 93 – 102, legt jedoch überzeugend dar, warum beide Stellen sowie 14,21a nicht als literarische Ergänzungen zu behandeln sind und in dtn Zeit in der zweiten Hälfte des 7. Jh. gut verortet werden können, wobei er sich besonders mit den redaktionsgeschichtlichen Überlegungen Steuernagels auseinandersetzt.

213 Die Verortung von 14,21a in vorexilische Zeit ist von größeren Unsicherheiten belastet. Dies liegt an der Datierung der Speisegebote in Dtn 14,3 – 20, die eine sekundäre Einfügung in das dtn Gesetz sind (vgl. z.B. Achenbach, Systematik, 161 – 173). Liest man Dtn 14,21a – Dtn 14,21b ist hierzu noch einmal ein sekundärer Zusatz, wie neben anderen Veijola, ATD 8,1, 301f., begründet – als Abschluss der Speisegebote, so legt sich eine Datierung in exilische oder sogar nachexilische Zeit nahe, wie sie etwa bei Veijola, ATD 8,1, 295f., erfolgt. Liest man, wie es auch in dieser Arbeit bevorzugt wird, Dtn 14,21a jedoch als unabhängige Vorschrift und als ursprünglichen Abschluss der Blutgenussbestimmungen in Dtn 12, wie es Bultmann, Fremde, 84 – 86.96, tut, so kann an einem höheren Alter festgehalten werden. Eine Zugehörigkeit der Vorschrift aus 14,21a zu einer älteren Sammlung der Zentralisationsgesetze hält Achenbach, Systematik, 171f., zumindest für möglich. Die Bezeichnung Israels als עם קדוש im zweiten Teil von V. 14a ist mit der Einfügung in V. 2 zu verbinden. Ausschlaggebend für die Behandlung von Dtn 14,21a im Zusammenhang mit dem vorexilischen dtn Gesetz ist, dass die Linien zur Bestimmung des Umgangs mit dem נכרי in Dtn 14,21a nicht neu gezogen werden, sondern das fortsetzen, was auch in den dtn Texten angelegt ist.

214 Vgl. Dion, Israël, 221: „Le Deutéronome, qui donne tant d'importance à la fraternité entre Israélites, prêche vis-à-vis du *nokrî* une attitude froide et méfiante." Lang, Art. נכר, 457, spricht

נכרי spricht schon Bertholet von einer ‚fremdenfeindlichen Tendenz': „Ihn aber betrachtet man entschieden als um eine Stufe tiefer stehend, gewissermassen als M e n s c h e n z w e i t e r K l a s s e , als gäbe es überhaupt zwei von einander verschiedene Massstäbe des sittlichen Verhaltens gegen die Menschen."[215] Im Zuge seiner Zusammenfassung wird er noch drastischer: „Was im Deuteronomium zur Geltung kommt, lässt sich etwa auf den Ausdruck bringen, dass die Israeliten im Gefühl, der Adel der Menschheit zu sein, mit Fremden nichts mehr zu tun haben wollen."[216]

Doch ist dies, wie die Veröffentlichungen von Bultmann und Zehnder ebenfalls herausarbeiten, zu korrigieren:[217] Der נכרי darf vom Schuldenerlass ausgenommen werden und so gedrängt werden, sein Darlehen zurückzuzahlen (Dtn 15,3), und von ihm darf man Zinsen nehmen (23,21). Eine aktive Bedrückung wird jedoch an keiner Stelle gefordert. Wichtig ist nur, dass er keinen Zugang zu den innerisraelitischen Vorteilen hat. Im Sinne des Soziologen Stichwehs ist hier in Bezug auf den Fremden eher in Kategorien der Differenztheorie als der Konflikttheorie zu denken.[218] Der נכרי ist der ganz andere, der sich vom ‚Du' unterscheidet. Seine Stellung unterliegt deshalb nicht den positiven Privilegien innerhalb der solidarischen Brüdergemeinschaft, sie ist aber auch nicht negativ konnotiert.

Für den ausländischen Handelspartner gelten die international gängigen Vorschriften. Dies ist bei der Zinsforderung vom Ausländer in Dtn 23,20 leicht erkennbar. So lautet der Nachsatz אשר ישׁך, also, das, was man verzinst. Das, was man üblicherweise verzinst, ist gemeint; darum ist auch keine genauere Angabe nötig, um welche Summe es sich handelt. Es wird keine fremdenfeindliche Bedrückung mit finanziellen Mitteln gefordert.[219]

Das Zusammenspiel zwischen Fremden und dem eigenen Volk ist hier besonders deutlich greifbar. Im Kern geht es nicht um die Bedrückung und Ausbeutung von Nichtisraeliten, sondern um die Besserstellung des israelitischen Bruders. Durch die betonte Stellung des את־נכרי am Anfang von Dtn 15,3 liegt auf

---

erst nur von einer Schlechterbehandlung, ergänzt dann jedoch: „Von allen Menschen, mit denen der Jude sozialen Kontakt hat, behandelt er den *nŏḵrî* am schlechtesten." Bei Achenbach, Königsgesetz, 228, heißt es, dass der נכרי „im Dtn ausgesprochen negativ konnotiert ist".

215 Bertholet, Stellung, 89.

216 Bertholet, Stellung, 89 f.

217 Bultmann, Fremde, 102, führt überzeugend aus, dass der נכרי zwar nicht in die israelitische Gemeinschaft integriert ist, dass er jedoch nicht als religiöse Gefahr gesehen wird und man ihm nicht feindlich gesonnen ist. Auch Otto, Deuteronomium 1999, 288 mit Anm. 392, betont im Anschluss an Fabry, Deuteronomium, 15, dass es hier in keiner Weise um Ausländerfeindlichkeit geht.

218 Vgl. Stichweh, Fremde, 300 f.

219 Vgl. auch Otto, Deuteronomium 1999, 288.

dieser Bezugsperson viel mehr Gewicht als auf dem geforderten Umgang. Ein genauer Blick auf die Forderungen zeigt, dass sowohl in Dtn 15,3 als auch in 23,20 f. neben dem Ausländer explizit der Bruder (אח) genannt ist. Und dieser ist, im Gegensatz zum Ausländer, grammatikalisch suffigiert und somit direkt mit dem angesprochenen ,Du' verbunden. Es geht um ,deinen Bruder' und damit um die Verantwortung füreinander. Hier wird eine Grenze der Solidarität gezogen. Die Verantwortung füreinander und damit die gegenseitige Unterstützung endet an den Grenzen der Brüdergemeinschaft.[220] Der נכרי steht in jedem Falle außerhalb dieses Raums. Olyan hebt die Funktion von Oppositionspaaren bei der kollektiven Identitätskonstruktion hervor. Indem ein Gegenüber zu der eigenen Gruppe beschrieben wird, schärft die Gemeinschaft ihren Zusammenhalt.[221]

Für die Israeliten, denen eine wichtige Einnahmequelle durch das Zinsverbot und den Schuldenerlass genommen wird, dienen die Bestimmungen in Dtn 15,3 und 23,20 f. zudem als Entlastung. Zumindest von den ausländischen Geschäftsleuten können weiterhin die im Handel üblichen Summen gefordert werden. Diese inhaltliche Überlegung stützt die zeitliche Verortung der Bestimmungen in die vorexilische staatliche Zeit. Die Regelungen zum נכרי haben dort ihre Bedeutung, wo die Sozialgesetzgebung für den Bruder erlassen werden soll. So handelt es sich um keine Reflexion über ausländische Handelspartner, sondern um ein literarisches Mittel, um in josianischer Zeit die sozialen Reformen des Schuldenerlasses und des Zinsverbots bei den Israeliten durchsetzen zu können.

Dtn 14,21 zeigt ebenfalls, dass der Umgang mit ausländischen Menschen an sich nicht verwerflich oder verunreinigend ist, diese aber zugleich nicht in das eigene Werte-System integriert sind. Man kann ihnen das Aas verkaufen, das man selbst nicht verzehren darf. Sie dürfen also Dinge, die Israel aus religiösen Gründen nicht darf, haben aber andererseits, wie eben dargestellt, auch nicht die Vorteile, die sich die Israeliten untereinander gewähren.

Dies lässt sich durch Heranziehung von Beobachtungen des Ethnologen Meyer Fortes deutlicher machen. In einer Gesellschaft in Nordghana, in der er über das Bild des Fremden gearbeitet hat, wird ihm eine Definition des Ausländers

---

220 Eine andere Deutung nimmt Kessler, Armer, 32, vor, indem er hier in erster Linie keine Differenzierung zwischen ausländischen und einheimischen Gläubigern sieht, sondern zwischen der Art der Kredite selbst. So deutet er die hier mit dem Zinsverbot verbundenen Kredite als Notdarlehen, während die reinen Handelskredite, die zumeist mit Ausländern abgeschlossen werden, die etwa Handelsexpeditionen unternehmen, vom Zinsverbot ausgeschlossen sind. Die direkte Gegenüberstellung der Personen, ,der Ausländer' und ,dein Bruder', machen jedoch eine Differenzierung auf der Ebene der Zugehörigkeit zu Gemeinschaften wahrscheinlicher.
221 Vgl. Olyan, Rites, 63: „The other is, therefore, an essential component of any group's project of self-definition."

gegeben, wie es auch für den נכרי passend erscheint: „I was given one revealing definition of the stranger who is not a guest: he is someone who pays rent for his dwelling by contrast with a native who has his dwelling ‚free'."[222] Der Ausländer ist also der, dessen Interaktion mit der Gemeinschaft auf kommerzieller Ebene angesiedelt ist. Im Gegensatz zu den Mitgliedern der eigenen Gesellschaft wird der Ausländer also als Funktionsträger wahrgenommen.[223] Dies gilt ebenso für den נכרי im deuteronomischen Gesetz. Damit entspricht er bereits den Mitgliedern der modernen Gesellschaft, die alle als funktionalisiert beschrieben werden können.[224] Dies beinhaltet jedoch keine Wertung, sorgt er doch durch den Aasabkauf, sowie mit der Rückzahlung des Geliehenen und dem Bezahlen der Zinsen mit für eine stabile israelitische Gesellschaft gerade in ökonomischer Hinsicht. Allenfalls im Bereich der Wirtschaftsethik, wie in der soziologischen Perspektive Max Webers,[225] könnte man von einer rigiden Außenethik und damit einem „Dualismus der Binnen- und Außen-Moral" sprechen. Doch ist stets zu beachten, dass es keinesfalls allgemein um die Einschränkung der Rechte der Fremden geht.[226]

---

222 Fortes, Strangers, 242.

223 Da alle Bezüge zum נכרי kommerzieller Art sind, ist der נכרי insofern der klassische Fremde, als er zumindest im Deuteronomium in seiner Funktion als Handel Treibender in den Blick kommt. Simmel selbst setzt den Fremden paradigmatisch mit dem Händler gleich. Vgl. dazu auch Stichweh, Fremde, 298. Hier besteht ein Unterschied zu Weber, der diesen wirtschaftlichen Aspekt eher als Folgeerscheinung charakterisiert.

224 Hahn, Konstruktion, 162: „Der Fremde in vormodernen Gesellschaften ist als Fremder das, was heute alle sind, nämlich zunächst einmal bloßer Funktionsträger."

225 Vgl. Weber, Wirtschaftsethik, 700 f. Die entscheidende Gegenüberstellung zwischen Bruder und Ausländer betont auch Weber. Die Rede von einer differenzierten Binnen- und Außenmoral wird problematisch, sobald sie – in der Rezeption Webers – aus einer wirtschaftsethischen Perspektive gerückt und für die Fremdensicht des Deuteronomiums pauschalisiert wird. Statt von Moral sollte besser von Solidarität gesprochen werden.

226 Van Houten, Alien, 82, weist auf das Problem hin, dass beim Deuteronomium im Gefolge Webers von einem strengen Nationalismus gesprochen wird, der eine klare Trennung zwischen der ‚in-group' und ‚out-group' voraussetzt, und zugleich das hohe humanitäre Programm des Deuteronomiums gelobt wird. Sie sieht diese Zweiteilung in Dtn 14,21 insofern abgeschwächt, als der humanitäre Zug auf den für sie ebenfalls ausländischen, bedürftigen גר bezogen wird, wohingegen der wirtschaftlich abgesicherte נכרי die Folgen des Nationalismus zu spüren bekommt. Diese Zuordnung berücksichtigt aber m. E. zu wenig, dass der נכרי auch von allen Pflichten der Israeliten entbunden ist. Schon Steuernagel zieht die humanitäre Tendenz als Mittel der Literarkritik heran. So bestimmt er, HK 1.3,1, 33, alle Belegstellen für נכרי im dtn Gesetz als spätere Zusätze, da sie der humanitären offenen Haltung des Deuteronomiums entgegenstehen. Eine solche abgrenzende Haltung, ein so „engherziger Geist" könne sich erst im Rahmen der Negativerfahrungen mit den Fremden im Exil ergeben haben. Eine literarkritisch begründete Auseinandersetzung mit diesem tendenzkritischen Argument Steuernagels findet sich bei Bultmann, Fremde, 96 – 98.

Zusammenfassend kann also für den נכרי festgehalten werden, dass er ein Nichtisraelit ist, der in Handelsbeziehungen zu den Mitgliedern des israelitischen Volkes steht, von ihrer speziellen religiösen und sozialen Gesetzgebung jedoch nicht tangiert wird.[227] In den Gesetzen, die den נכרי nennen, wird die Opposition zwischen dem Bruder und dem außerhalb stehenden Ausländer gezogen. Letztendlich geht es in all diesen Passagen um das eigene Volk. Im Fokus stehen das ‚Du' und seine Brüder. Ihnen sollen die Schulden erlassen werden, von ihnen darf man keine Zinsen nehmen und sie dürfen kein Aas essen. Der נכרי steht außerhalb der Grenzen der beschriebenen israelitischen Gemeinschaft, für die diese Regeln aufgestellt werden.

2.3 Dtn 23,2 – 9: Das Gemeindegesetz

Neben den bisher behandelten Vorschriften, die den Umgang mit bestimmten Typen von Fremden betreffen, findet sich im deuteronomischen Gesetz auch eine Regelung zum Umgang mit Angehörigen ganz konkret benannter Völker. Das sogenannte Gemeindegesetz[228] – das Gesetz über die Versammlung Jhwhs, den קהל יהוה in Dtn 23,2 – 9 – gibt Richtlinien für die Frage, welche einheimischen Personen aus dem קהל auszuschließen sind und welche ausländischen Menschen die Möglichkeit haben, aufgenommen zu werden. Im Ganzen sorgt es so für eine Grenzziehung um den (idealen) sozialen und religiösen Raum, der von Israel

---

227 Und doch gibt es auch im Deuteronomium religiöse und soziale Forderungen, die auch für Menschen anderer Völker gelten und die es zu beachten gilt. Diese Grenze des allgemeinsittlichen illustriert das dtr Deuteronomium am Beispiel der Amalekiter (vgl. die Ausführungen in Kapitel 3.3; 178 – 186).

228 In der vorgeschlagenen Übersetzung ist für den Ausdruck קהל יהוה die Übersetzung „Versammlung Jhwhs" gewählt, wie es der Grundbedeutung von קהל entspricht. Dennoch ist in der Interpretation die Dimension der Gemeinde (und damit die klassische Benennung des Gesetzes in der exegetischen Literatur) bis zu einem gewissen Grad miteinzubeziehen. So wird zugleich die Zugehörigkeit zu bestimmten gesellschaftstragenden Versammlungen geregelt (vgl. dazu die Verwendung von קהל יהוה in Mi 2,5) wie die prinzipielle Zugehörigkeit zu Israel als zu Jhwh gehöriger Gemeinde. Das deutsche Wort Gemeinde deckt beide Dimensionen, das statische und das dynamische Element, zugleich ab. Zudem können mit ihm sowohl gesellschaftlich-politische als auch religiöse Zusammenschlüsse bezeichnet werden, wie sie im קהל יהוה zusammenfallen. Dennoch ist die Parallelität der Ausdrücke begrenzt, weshalb hier z.T. und gerade in der Übersetzung auch der neutralere Begriff Versammlung benutzt wird. Gerade in einer theologischen Studie ist die Verwendung des Gemeindebegriffs in der Leserperspektive zu schnell verengend. Dies ist *ein* Element der Auslegungs- und Rezeptionsgeschichte von Dtn 23,2 – 9, doch ist dies nicht die einzige Dimension, wie die folgenden Darstellungen und Überlegungen zeigen werden.

gebildet wird. Die Regeln der Exklusion und Inklusion geben Aufschluss über zentrale Aspekte der Identitätskonstruktion Israels.[229] Das Gesetz lautet in Gänze (23,2–9):

> [2]Jemand, der durch Zermalmung zerquetscht ist oder dessen Glied durchschnitten ist, darf nicht in die Versammlung Jhwhs (בקהל יהוה) kommen. [3]Ein Mischling (ממזר)[230] darf nicht in die Versammlung Jhwhs kommen; auch die zehnte Generation nach ihm (לו)[231] darf nicht in die Versammlung Jhwhs kommen.[232]

> [4]Ein Ammoniter oder Moabiter darf nicht in die Versammlung Jhwhs kommen, auch die zehnte Generation nach ihnen darf für alle Zeit nicht in die Versammlung Jhwhs kommen.

> > [5]*Deshalb weil sie sich euch nicht genähert haben mit Brot und Wasser auf dem Weg eures Auszuges aus Ägypten (בדרך בצאתכם ממצרים)*

> > > *und weil er (ואשר שכר) Bileam, den Sohn Beors aus Petor in Aram-Naharajim gegen dich verpflichtet hat, um dich zu verfluchen. [6]Aber Jhwh, dein Gott, wollte nicht auf Bileam hören und Jhwh, dein Gott, verwandelte für dich den Fluch zu einem Segen, denn Jhwh, dein Gott, liebte dich.*

> [7]Ihren Frieden und ihr Wohlergehen (שלמם וטבתם) sollst du alle deine Tage, für alle Zeit nicht suchen!

---

229 Bei Nelson, OTL, 274, steht das Gemeindegesetz so auch unter der Überschrift „Exclusion and Inclusion", bzw. das ganze Kapitel 23 unter dem Titel „Ritual and Social Boundaries".

230 Zu der schwierigen und umstrittenen Frage, wer mit dem Begriff ממזר gemeint ist, siehe unten Seite 77 f.

231 Die Konstruktion ל+Suffix wird hier nicht, wie Gottlieb, Study, 15, in Anlehnung an Klgl 1,10 vorschlägt, als Qualifizierung des Verbs verstanden – also „zu ihm in die Gemeinde kommen" – da sich so der Numeruswechsel in den Versen 3, 4 und 9 nicht erklären ließe. Dieser wird verständlich, indem der Singular לו in V. 3 auf den ממזר bezogen wird und die Pluralform להם in V. 4 und 9 auf das jeweilige Paar (Moabiter und Ammoniter / Edomiter und Ägypter). Es geht also jeweils um die angegebene Generation in Relation zum vorher genannten Subjekt. Vgl. auch Jenni, Präposition Lamed, Rubrik 2119, 65 f.

232 Die LXX bietet in V. 3 nicht den Nachsatz der Nichtaufnahme bis in die zehnte Generation. Der MT ist als ursprünglich anzusehen. Er beinhaltet die Steigerung von V. 3 zu V. 4 (עד־עולם), die in der LXX wegen der Dopplung (bewusst oder versehentlich [Haplographie]) ausgelassen wurde. Innerhalb von V. 4 ist das Nebeneinander der Zeitangabe der zehnten Generation und der Nichtaufnahme für immer kein Widerspruch, wie ein Kulturvergleich zeigen kann. Kramer, Zeit, 14, beschreibt in seiner Darstellung der Genese genealogischen Zeitbewusstseins bei Gesellschaften ohne Staat, dass die Nuer, als segmentäre Gesellschaft ohne klassisches Geschichtsbewusstsein, Zeitdimensionen durch ihre Genealogien erschaffen. Diese umfassen durchschnittlich zehn Generationen und werden bei jeder neuen Generation nicht ergänzt sondern reformuliert. Vielleicht zeigt sich hier eine Verbindung aus zehn Generationen als Ende der genealogischen Verbindung. Insofern ist nach dem zehnten Glied der Zeitraum „für alle Zeit" analog.

[8]Du sollst den Edomiter nicht verabscheuen (לא־תתעב), denn er ist dein Bruder (אחיך). Du sollst den Ägypter nicht verabscheuen (לא־תתעב), denn du warst ein Fremdling in seinem Land (כי־גר היית בארצו). [9]Kinder, die sie in dritter Generation zeugen, dürfen von ihnen in die Versammlung Jhwhs kommen.

Das Gemeindegesetz ist durch die wiederholte Nennung des Stichworts קהל יהוה als Komplex eng zusammengebunden. Durch die Nennung von Personen mit versehrten Genitalien und des Mischlings knüpft das Gesetz an die vorhergehenden Sexual- und Familiengebote aus Dtn 22 an. Nach hinten ist es mit dem Gesetz über das Heerlager (Dtn 23,10 – 15) durch das Stichwort בוא verknüpft.[233]

Dtn 23,2 – 9 weist deutliche Spuren literarischen Wachstums auf.[234] Besonders zwei Auffälligkeiten im Text haben zu literarkritischen Eingriffen veranlasst.[235] Zum einen ist dies der Wechsel der Adressaten bzw. Subjekte des Gesetzes. So steht in den ersten Gesetzesvorschriften – wie auch in Dtn 23,1 – ein Subjekt in der 3. Person im Zentrum: In V. 2 sind dies die körperlich Versehrten, in V. 3 der ממזר und in den V. 4 – 6 die Moabiter und Ammoniter. Mit V. 7 ändert sich dies jedoch und das ‚Du' bzw. ‚Ihr' des Deuteronomiums tritt als Adressat des Gesetzes hervor. Ihm werden Regeln für den Umgang mit den aufzunehmenden oder abzulehnenden Vertretern der Nachbarländer gegeben. Daraus folgert neben anderen Rosario Merendino ein stufenweises Wachstum und diagnostiziert – unter Angabe vielfältiger weiterer Argumente – zwei ursprünglich selbstständige Einheiten 2 – 4* und 8 f.*, die sich in Sprache und

---

233 So spricht dies auch nach Rofé, Deuteronomy, 153 f., für eine überlegte Zusammenstellung der Gesetze.

234 Auch auf überlieferungsgeschichtlicher Ebene wurde immer wieder mit Vorstufen des Gemeindegesetzes gerechnet. Besonders in der älteren exegetischen Literatur zum Gemeindegesetz wird versucht, die vorgängige mündliche Überlieferung des Gesetzes zu rekonstruieren. Kellermann, Erwägungen, 35 – 38, vermutet einen ursprünglich mündlichen Vortrag (V. 2.3a.4a.8a.8b) als Ursprung, der sich direkt mit der kanaanäischen Urbevölkerung auseinandersetzte. Diesen verortet er, wie auch seine weiteren rekonstruierten Wachstumsstufen, am Zentralheiligtum in Gilgal. Auch auf der Ebene der räumlichen Situierung wurden in den älteren Forschungsbeiträgen vielfältige Vorschläge gemacht. Exemplarisch sei hier Galling genannt, der fünf verschiedene Orte für seine verschiedenen Redaktionsschichten vermutet: Heiligtum im Westjordanland; Heiligtum im Ostjordanland (Gegend von Peor oder auf dem Nebo); Gilgal; Mizpa und auf der letzten Stufe Beerseba. In neuerer Zeit schließt sich Mayes, NCC, 314 – 318, der Lokalisierung und Datierung der einzelnen Stufen des Gemeindegesetzes durch Galling an. Dies bezieht sich vor allem auf die kultischen Ausschlüsse in V. 2 – 4. Doch soll diese mögliche Vorgeschichte hier nicht weiter untersucht werden, da das Gemeindegesetz bei seiner Einfügung in das deuteronomische Gesetz im Fokus stehen soll.

235 Der Wechsel zwischen עד־עולם und לעולם in V. 5 und 7 ist eine sprachliche Variation und kein Merkmal verschiedener Stile und damit Verfasser. Beide Formulierungen kommen im weiteren Deuteronomium ohne erkennbaren Bedeutungsunterschied vor (vgl. Dtn 5,29 und 12,28).

Stil unterscheiden und die erst verbunden, dann durch 3 f.* ergänzt und schließlich in drei weiteren Schritten erweitert wurden.[236] Der Adressatenwechsel ist ohne literarkritischen Eingriff jedoch gut verständlich, wenn man die Argumentation des Gesetzes nachzeichnet. Durch die abgelehnte Aufnahme der ersten Gruppen zum קהל יהוה muss nichts Weiteres zum geforderten Umgang mit diesen Menschen gesagt werden. Erst wenn die Zulassung möglich wird, oder wie bei den Moabitern und Ammonitern die geforderte Distanzierung in jeglicher Hinsicht unterstrichen wird (V. 7), ist das Verhalten des ‚Du' wieder im Fokus. So kann in dieser Hinsicht an der literarischen Einheitlichkeit des Gesetzes festgehalten werden.

In V. 4 – 7 sind dagegen deutlichere Spannungen zu erkennen. So erfolgen in V. 5 f. zwei Begründungen für den Ausschluss der Moabiter und Ammoniter. Die erste Begründung in V. 5a nennt das nicht gastfreundliche Verhalten, das diese Völker Israel gegenüber während des Exodus gezeigt haben. Dieser Versabschnitt fällt in seiner pluralischen Formulierung deutlich aus dem Kontext heraus. Aber auch die ungewöhnlich langen geschichtlichen Ausführungen in V. 5b-6 als zweite Begründung sind auffällig. Sie passen nicht zu beiden genannten Völkern, da sie sich nur auf die Moabiter beziehen. Diese Begründung ist syntaktisch gebrochen an V. 5a angeschlossen, wie das ואשר in V. 5b und der bezugslose Wechsel von der 3. pl. zur 3. sg. und bei den Suffixen von der 2. pl. zur 2. sg. zeigen.[237] Der in V. 5b in der dritten Person namenlos eingeführte „er", bei dem es sich wohl um den Moabiterkönig Balak handeln muss, sprengt die Syntax des Satzes. Zudem lässt sich der Rekurs auf die Bileamgeschichte, wie sie aus Num 22 – 24 bekannt ist,[238] viel besser als spätere Einfügung in Reaktion auf das Numeribuch erklären, deren Redaktor in hexateuchischer Perspektive das deuteronomische Gemeindegesetz mit Num 20 ff.[239] und Jos 24 verbindet.[240]

---

236 Dabei fiel der letzte Arbeitsschritt (V. 5a.7) dem dtn Redaktor zu, der vermutlich zur Zeit Josias (zumindest nicht davor) die Arbeiten am Gemeindegesetz abschloss. Vgl. Merendino, Gesetz, 276 – 280.290 f. und zusammenfassend 294.

237 Der Wechsel in die Anredeperspektive der zweiten Person sg. zu V. 7 ist hingegen harmonisch, da es sich nun um ein konkretes Gebot handelt, das an das kollektive ‚Du' des Deuteronomiums gerichtet wird.

238 Anders Frankel, Portrayal, der in den Varianten des Numeribuches und des Deuteronomiums zwei verschiedene Traditionen des Segens und Fluchs Bileams vertreten sieht.

239 Das literarische Verhältnis zwischen Num 20 ff. und Dtn 2 ist dabei noch einmal gesondert zu beachten. Gerade im Edombild gibt es deutliche Differenzen. Achenbach, Vollendung, 338, versucht diese auszugleichen, indem er darauf verweist, dass die Durchzugsnotiz durch Edom in Dtn 2,1 – 8 gar nicht erfolgt und sie statt durch das Gebiet zu ziehen in Richtung Moab aufbrechen. So wäre Platz für die Weigerung der Edomiter, wie es in Num 20,14 – 21 erzählt wird. In seiner Rekonstruktion hat der Hexateuchredaktor so die ursprüngliche Erzählung von DtrL übermalt und einen Ausgleich zur Numerivariante möglich gemacht. Auch Ri 11 bietet eine

Die Verbindung von Dtn 23,5b-6 mit Jos 24,9 f. ist frappierend und bestätigt eine literarische Abhängigkeit:

Dtn 23,5b-6	Jos 24,9 – 10
ואשר שׂכר עליך **את־בלעם בן־בעור**	ויקם בלק בן־צפור מלך מואב וילחם
מפתור ארם נהרים **לקללך**	בישׂראל וישׁלח ויקרא **לבלעם בן־בעור**
	לקלל אתכם
ולא־אבה יהוה אלהיך **לשׁמע אל־בלעם**	ולא אביתי לשׁמע לבלעם ויברך ברוך
ויהפך יהוה אלהיך לך את־הקללה	אתכם ואצל אתכם מידו
לברכה כי אהבך יהוה אלהיך	

Die Forderung in V. 7, Frieden und Wohlergehen beider Völker nicht zu suchen, schließt wegen der Formulierung an Israel im Singular nicht an V. 5a und wegen der Bezugnahme auf beide Völkern auch nicht an V. 5b-6 an. Hier ist die alte Fortsetzung von V. 4 zu finden.

Das Gemeindegesetz entstand folglich in drei Stufen. Die Grundschicht ist in V. 2 – 4.7 – 9 zu finden. In V. 5 – 7 wurde der Text zweimal unabhängig voneinander erweitert, wie die Spannungen zwischen den Erweiterungen zeigen. Als erste Begründung wurde V. 5a eingefügt und im Rahmen einer hexateuchischen Komposition V. 5b-6.[241]

---

wieder neu nuancierende Parallelerzählung zu Num 20,14 – 21 und Dtn 2. Van Seters, Life, 386 – 393, sieht Num 20,14 – 21 in Abhängigkeit von Dtn 2 und Ri 11. Albertz, Buch Numeri I, 175 – 179, stimmt ihm bei Dtn 2 zu und geht davon aus, dass Num 20,14 – 21 und 21,21 – 31 Dtn 2f. voraussetzen und weist diese Abschnitte der Hexateuchredaktion zu (ca. 425 v. Chr.), sieht aber Ri 11 als spätesten Text an, der bereits beide Pentateuchvarianten kennt. Zum Verhältnis zum Gemeindegesetz vgl. auch Albertz, Buch Numeri II, 344 Anm. 28.

240 Zur Hexateuchperspektive in Jos 24 vgl. auch Römer, Ende, bes. 535 – 547. Für eine nachexilische Verortung des Einschubs spricht zudem das hier benutzte Motiv der Liebe Gottes, das in nachexilischer Zeit im Deuteronomium auftritt. Vgl. Dtn 4,37 f.; 7,13; 10,15 – 18; dazu auch Otto, Deuteronomiumstudien II, 215.

241 Die Reihenfolge dieser beiden Ergänzungen ist allein aus dem Gemeindegesetz heraus nicht zu erkennen. Für die Einfügung der Begründung in V. 5a liegt jedoch jene exilische dtr Redaktion als Urheber nahe, die in paralleler Formulierung das Amalekitergesetz Dtn 25,17 – 19 in das Gesetz integrierte. Vgl. dazu unten Kapitel 3.3.1 (178 – 182). Die hexateuchisch orientierte Überarbeitung des Deuteronomiums erfolgte erst in nachexilischer Zeit.

2.3.1 Der קהל יהוה

Datierung und Deutung des Gesetzes hängen eng miteinander zusammen. So gilt es zunächst die benutzten Termini zu beachten und dann, unter Zuhilfenahme bestehender Deutungsvorschläge, die Funktion des Gemeindegesetzes genauer zu bestimmen.

Dabei stellt sich zunächst die Frage, wer oder was mit der hier geregelten Institution und Gruppe des קהל יהוה gemeint ist.[242] In erster Näherung kann festgehalten werden, dass קהל יהוה ein feststehender Begriff ist, wie es die sechsmalige stereotype Wiederholung des Ausdrucks nahe legt (23,2.3[2-mal].4[2-mal].9). Insofern handelt es sich nicht einfach um eine Versammlung, sondern bezeichnet eine spezifische Größe. Darin unterscheidet sie sich von den Belegstellen im Deuteronomium, bei denen eine Versammlung mit dem Verb קהל gemeint ist (vgl. Dtn 4,10; 31,12.28). Die deutlichen Differenzen bei den Teilnehmenden an einer solchen Versammlung verweisen darauf, dass bei diesen Versammlungen der Anlass der Versammlung – und damit das verkündete Gesetz – im Mittelpunkt steht und nicht die fest geordnete Zugehörigkeit. Abgesehen von dem in Dtn 23,2–9 Geregelten gründet sich an anderen Stellen des Deuteronomiums jeder קהל auf die Tora. Entweder geht es um den Tag der Gesetzesübergabe am Horeb (Dtn 9,10; 10,4) oder um die Verlesung und Zustimmung zu den Gesetzen (Dtn 31,12). Ein Gesetzesbezug in dieser Art ist in Dtn 23,2–9 jedoch nicht zu erkennen, das Gesetz selbst wird noch formiert. Zudem ist der קהל יהוה eine Institution oder Gruppe, die auf Dauer über Generationen hinweg geregelt wird.[243] Sie ist insofern auch vom יום־הקהל (Dtn 9,10; 10,4; 18,16, vgl. auch 5,22) zu unterscheiden, der sich auf die einmalige Gesetzesoffenbarung am Horeb bezieht. Diese Differenz bleibt auch bestehen, wenn man die in Dtn 31,12 geforderte Lesung des Gesetzes als sich immer wieder erneuernde Gesetzesoffenbarung versteht.

Ein kurzer Blick auf Num 16,3 und 20,4 kann weiterführende Hinweise zum Verständnis des Begriffs קהל יהוה bieten.
Num 16,3:

> Und sie versammelten sich (ויקהלו) gegen Mose und Aaron und sprachen zu ihnen:
>
> „Ihr geht zu weit, denn die ganze Gemeinde (כל־העדה), sie alle sind heilig und Jhwh ist in ihrer Mitte. Warum erhebt ihr euch über die Versammlung Jhwhs (קהל יהוה)?"

---

242 Vgl. zu diesem Aspekt besonders Olyan, Gemeinde, der die verschiedenen Bedeutungsspielräume des Idiom „in die Gemeinde eintreten" in Dtn 23,4–9 und der innerbiblischen und frühjüdischen Interpretation aufzeichnet.
243 Auch Stiegler, JHWH-Gemeinde, 109 f., betont den festen institutionellen Charakter des קהל יהוה, der in den späteren Belegen für den Terminus weiter ausgeweitet wird.

Hier wird sowohl der Bezug zur Heiligkeit des ganzen Volkes Israel – und der Leviten im Besonderen – deutlich als auch die Parallelisierung zu עדה als kultischer Versammlung. In Num 16, der Episode um die Rotte Korach, wird diese Tendenz zur Demokratisierung der Heiligkeit deutlich kritisch beurteilt – die hier Fordernden werden von Gott selbst getötet –, doch ist dies auf die in diesem Punkt stark abweichenden theologischen Grundeinstellungen der priesterlichen und der deuteronomisch-deuteronomistischen Trägerkreise zurückzuführen.[244] Für die semantische Klärung von קהל יהוה bleibt Num 16 aussagekräftig.

Der vermutlich älteste alttestamentliche Beleg zum קהל יהוה-Begriff, der immer wieder zur Klärung herangezogen wird, findet sich in Mi 2,5:

> Darum wird bei dir keiner sein, der die Messschnur am Losanteil anlegt in der Versammlung Jhwhs (קהל יהוה)[245]

Dabei ist es zu einengend, die Aufgabe des קהל יהוה nur in der Verteilung des Landes zu sehen. Vorsichtiger kann festgehalten werden, dass im Rahmen des קהל יהוה *auch* die Landverteilung stattgefunden hat. Dies kann sich auf eine konkrete Institution beziehen. Doch ist es ebenfalls möglich, den Ausdruck קהל יהוה als Synonym für Israel als ganzes Volk zu lesen, wie es in Num 16,3 und 20,4 der Fall ist.

Dtn 23,2 – 9 definiert nicht, wer als Normaltypus zum קהל יהוה gehört. Es wird lediglich definiert, wer nicht dazu gehört oder wer unter gewissen Konditionen dazugehören kann.[246] Entweder ist das Gremium also so bekannt, dass sein Teilnehmerkreis nicht erklärt werden muss, oder es entspricht in der Grundzusammensetzung dem normalen Adressatenkreis des Deuteronomiums und damit dem ‚Du‘, dem Volk Israel, nur hier unter einem besonderen Gesichtspunkt. Im Folgenden wird die zweite Möglichkeit präferiert und davon ausgegangen, dass das Volk Israel und der קהל יהוה zunächst einmal als identische Größen angesehen werden können, wobei jedoch der קהל יהוה eine sich immer wieder neu konstituierende Größe ist, die dann auch besondere Aufgaben in der Selbstverwaltung ausführt. Damit sind die Mitglieder des Volkes Israel auch die sich potentiell im קהל יהוה Versammelnden.[247]

---

244 Crüsemann, Tora, 413 – 419, zeigt diese theologischen Differenzen bezogen auf Num 16 besonders deutlich auf.

245 Hinweise zu den sprachlichen Schwierigkeiten dieses Verses gibt Bultmann, Fremde, 107 Anm. 302.

246 So auch Hagedorn, Moses, 119f.

247 Hier ist die Parallele zum deutschen Gemeindebegriff besonders deutlich, da hier die Aspekte des stativen zur Gemeinde-Gehörens und der sich immer wieder neu zusammentretenden konkreten Gemeinde sichtbar werden. Zudem hat die Bezeichnung קהל יהוה eine genuin

2.3.1.1 Deutungen des קהל יהוה

Die bisherige Forschungsliteratur zur grundlegenden Intention von Dtn 23 kann, abgesehen von einzelnen Mischtypen, schematisierend in zwei Kategorien geteilt werden. Als Alternative gibt es stärker soziale Deutungen des קהל יהוה oder eher religiös-kultische.[248] Diese beiden Kategorien sind kurz vorzustellen, bevor eine Synthese beider Auslegungsdimensionen als adäquat plausibel gemacht werden kann:

Stärker soziale Deutungen
Es gibt untereinander sehr differente Deutungen des Gemeindegesetzes, denen jedoch die stärkere Unterstreichung der *sozialen* Bedeutung des קהל יהוה als der kultisch-religiösen gemein ist. Zwei Aspekte sind dabei zu unterstreichen:

Zum einen ist dies die Interpretation des קהל יהוה als die Versammlung waffentragender Männer, wie sie besonders in den älteren Veröffentlichungen zum Gemeindegesetz vertreten wird.[249] Dabei wird vermutet, das Gesetz lege fest, welche Menschen – zumeist welche Männer – zu der Verwaltungseinheit gehörten, die auch Israel im Kriegsfall verteidigt. Dies wäre mit den freien israelitischen Männern gleichzusetzen. Die Zuordnung zu Gott als Versammlung Jhwhs ist dabei durch die Vorstellung des sakralen Krieges geleitet. So bezieht etwa Rose das Gesetz ursprünglich auf den Kriegszustand, wo die „Gegenwart Jahwes besonders manifest"[250] war. Die Assoziation mit den waffentragenden Männern wird dabei jedoch vor allem über das sich anschließende Gesetz zum Heerlager (Dtn 23,10 – 15) angeregt. Im Gemeindegesetz selber gibt es keinerlei Bezüge auf Waffen oder militärische Auseinandersetzungen. Und auch innerhalb der doch vielstimmigen innerbiblischen Rezeptionen des Gesetzes findet sich keine Anwendung im militärischen Bereich. Auch in der deuteronomistischen Verwendung von קהל, bei der der Gesetzesbezug stark betont wird, fehlt der Kriegsbezug und keine der Kriegstexte verwenden den Terminus קהל. Denkt man bei den zum Kriegsdienst zugelassenen ausländischen Männern zudem an Söldner, so bleibt die Funktion

---

religiöse Dimension, da sie in ihrer Bezeichnung grundlegend als Jhwh zugehörig charakterisiert wird.

248 Nielsen, HAT 1,6, 221, sieht eine Entwicklung in der Bedeutung: „In der Zeit der dt Redaktion hat sicher der Ausdruck קְהַל־יְהֹוָה seinen konkreten Inhalt eingebüßt, und ist als die israelitisch-judäische Volksgemeinde aufgefaßt worden." Veränderungen in der Deutung des Gesetzes macht auch Klein, Aufnahme, 28, stark. Er geht jedoch in seiner Konstruktion des stufenweisen Wachstums von einer Geschichte des immer wieder auftretenden Fehlverständnisses oder der Umdeutung der jeweils älteren Version aus, wodurch auf jeder Redaktionsstufe ein völlig neuer Sinnzusammenhang entsteht.
249 Vgl. stellvertretend von Rad, ATD 8, 104.
250 Rose, ZBK 5,1, 323.

der Generationenangabe unklar, die doch auf eine bleibende Koexistenz ausgelegt ist.

Zum anderen wird die ausländische Herkunft der zur Aufnahme stehenden Menschen stark betont, sodass auch die in V. 2f. genannten körperlich Versehrten auf Fremde zurückgeführt werden. Dabei bieten sich die Kanaanäer und ihre vermeintlichen Fruchtbarkeitsrituale und z.T. auch die Philister besonders an.[251] Hiergegen ist jedoch anzuführen, dass zum einen die Qualifizierung der ersten Gruppe als Kanaanäer nur sehr indirekt erschlossen werden kann und zum anderen durch die Nennung der verletzten Körperteile der Aspekt der nationalen Zugehörigkeit in den Hintergrund rückt.

Eines der Hauptprobleme jeder Deutung des Gemeindegesetzes liegt zudem darin, dass die genannten Gruppen nicht eindeutig zu identifizieren sind. Besonders deutlich wird dies beim ממזר, der als Bastard, Kind einer illegitimen Ehe oder aber auch einer Mischehe verstanden wird. Doch gibt es im Alten Testament zu wenige Belege, um diese Deutung abzudecken und in israelitischen Inschriften ist der Begriff nicht belegt. Neben Dtn 23,3 findet er nur in Sach 9,6 Erwähnung. Hier geht es vermutlich um ein Mischvolk, doch muss die genaue Zuordnung auch in Sach 9 offen bleiben. Rose definiert den ממזר als Entfremdeten,[252] also als Mischling (mit nichtisraelitischem Vater).[253] Damit sieht er die Bestimmungen für die Moabiter, Ammoniter, Edomiter und Ägypter als Näherbestimmungen des kategorischen Mischehenverbots in V. 2.[254] Ida Fröhlich deutet den ממזר als jemanden, der aus einer verbotenen Verbindung entsteht, und zieht dann die Linie zur Mischehe aus.[255] Bultmann hingegen identifiziert den ממזר als Provinzsamarier, sodass mit ihm alle Nachbarn Israels abgedeckt wären, und zwar in Reihe

---

251 So beschreibt etwa McConville, AOTC 5, 348, den Aufbau durch die verschiedenen Gruppen von Ausländern im Gemeindegesetz so: „This allows a gradual progression from Canaanite worshippers through prohibited foreigners to foreigners who may in time join the assembly of Yahweh."

252 Dabei schlägt er eine Ableitung von der Wurzel זור „fremd sein" vor. Vgl. Ps 69,9, wo es in Parallelität zu נכרי steht.

253 Ein zugegebenermaßen etwas hypothetisches Gegenargument sei hier mit Vorsicht vorgebracht. Es gibt eine prominente Linie der Rezeption von Dtn 23,2 – 9 als Mischehenverbot, die in Neh 13 beginnt. Jedoch bezieht man sich hier allein auf den Ausschluss der Moabiter und Ammoniter und nimmt damit den Widerspruch in Kauf, dass nach Neh 13 alle Mischehen gelöst werden müssen. Würde es sich bei einem ממזר um ein Kind einer gemischten Ehe handeln, würde dieser Anknüpfungspunkt dann nicht viel näher liegen?

254 Vgl. Rose, ZBK 5,1, 324f.

255 Vgl. Fröhlich, Mamzēr. Im Gegensatz dazu deutet sie den Beleg in Sach 9,6 als Ausdruck für einen Ausländer.

des Uhrzeigersinns um Israel herum.[256] Trotz der problematischen Formulierung trifft hier noch immer Bertholet die Sache, wenn er alle Überlegungen zur genaueren Spezifizierung des ממזר zusammenfasste: „[d]ie Ableitung dieses Wortes ist so zweifelhaft, wie die Individuen, zu deren Bezeichnung es dient."[257]

Auch die Frage, wer mit den an den Genitalien versehrten Menschen in V. 2 gemeint ist, ist schwer zu beantworten. Immer wieder werden diese entweder mit den סריסים gleichgesetzt oder ihre Verletzung mit dem Hinweis auf kanaanäische Fruchtbarkeitsrituale erklärt.[258] Zehnder setzt dies voraus, indem er von der ausländischen Herkunft aller im Gemeindegesetz genannten Gruppen ausgeht.[259] So ginge es in seiner Sicht bei der ersten Gruppe um „die Frage der physischen Integrität des Fremden".[260] Aber wenn dem so wäre, bliebe die Frage, warum dann nur über die körperliche Versehrtheit gesprochen wird und das Fremder-Sein mit keinem expliziten Wort vorkommt.

In der nationalen Deutung wird Dtn 23,2–9 schon in der innerbiblischen Rezeption aber prominent auch darüber hinaus als Ehegesetz gelesen. Neh 13,1–3 zitiert Dtn 23,5f. explizit. Hier heißt es:

> An jenem Tag wurde aus dem Buch Moses vor den Ohren des Volkes vorgelesen, und man fand in ihm geschrieben, dass ein Ammoniter und Moabiter für alle Zeit nicht in die Versammlung Gottes kommen darf. ²Weil sie sich den Israeliten nicht mit Brot und Wasser genähert haben und er[261] den Bileam gegen sie[262] verpflichtet hat, um sie zu verfluchen, aber

---

256 Vgl. Bultmann, Fremde, 110 f. Jedoch ist er sich selbst nicht ganz sicher und der Verdacht legt sich nahe, dass diese Annahme auch dem Zwang eines Systems geschuldet ist, das er eigentlich aufgrund des Textes erst ermitteln möchte.

257 Bertholet, Stellung, 143. Klein, Aufnahme, 28, argumentiert gegen die Annahme, dass es sich in Dtn 23,2 um verstümmelte Israeliten handelt, mit dem Argument, dass diese „wenn sie selbst keine Familie gründen konnten, als Angehörige eines ‚Hauses' zur Gemeinde" gehörten. Doch greift dieses Argument nur, wenn man קהל יהוה als Begriff für das Gemeinwesen und nicht als kultischen Zusammenschluss begreift, denn nur zum ersten gehören die Häuser Israels als Gesamtheit.

258 Diese Zuschreibung wird im Rahmen der Auseinandersetzung mit der stärker kultischen Deutung des Gesetzes hinterfragt werden.

259 Vgl. Zehnder, Anstösse, 302.

260 Zehnder, Umgang, 377.

261 Der eigentümliche Wechsel vom Plural zum Singular, der entweder nur die Moabiter im Singular voraussetzt oder den Moabiterkönig als Einzelperson, übernimmt das Esrazitat, auch wenn es gerade bei den Satzanschlüssen Modifikationen vornimmt. Zudem wird der Exodusbezug gestrichen, wodurch eventuell die Aktualität der Verfehlung gestärkt wird, bzw. auch die Beziehung zu diesen Völkern nach der Wiedereinwanderung nach dem babylonischen Exil mit in den Blick kommt. Die dritte auffallende Variation liegt in der Bezeichnung קהל יהוה selbst, die hier mit קהל אלהים wiedergegeben wird. Ob dies auf eine Änderung des Gremiennamens zurückzuführen oder in der freieren Zitationsweise begründet ist, bleibt eine offene Frage.

unser Gott verwandelte den Fluch in Segen. ³Und als sie das Gesetz hörten, sonderten sie alles Mischvolk von Israel ab.

Das Gemeindegesetz wird zur Grundlage der geforderten Mischehenscheidung in der Zeit Nehemias, also dem 5. Jh., gemacht.²⁶³ Zudem findet eine Ausweitung der Moabiter- und Ammonitervorschrift auf alle Nichtisraeliten und vor allem Nichtisraelitinnen statt. Die bedingte Zulassung zum קהל יהוה, wie sie für die Edomiter und Ägypter in Dtn 23,8 f. erlaubt und gefordert wird, wird in Neh 13,1–3 bezeichnenderweise nicht zitiert.

Von der rabbinischen Zeit an wird die Deutung als Ehegesetzgebung zur Hauptinterpretationslinie.²⁶⁴ So legt sich bereits Ehrlich auf diese Linie fest: „בוא heisst hier und in den folg. zwei Versen in eine Gemeinde hineinheiraten".²⁶⁵ Zusätzlich gestützt wird diese Auslegungsdimension durch die Zuordnung nach den familienrechtlichen Bestimmungen aus Dtn 22.²⁶⁶

Haben sich manche Annahmen einer sozialen Interpretation des Gemeindegesetzes wie die Verengung auf die Gemeinschaft waffentragender Männer oder die Zuschreibung aller Genannter als Nichtisraeliten als schwierig herausgestellt, können doch einige Grundeinsichten unterstrichen werden. Das Gemeindegesetz ist auf eine Gemeinschaft ausgerichtet, deren Grenzen geregelt werden. Dabei können Israeliten aus der Gemeinschaft exkludiert werden und Nichtisraeliten aufgenommen oder auf ewig ausgeschlossen werden. Im Rahmen der Rezeption als Ehegesetze zeigt sich die soziale Dimension einer solchen Regelung.

Um die gesamte Bandbreite des Gemeindegesetzes verstehen zu können, müssen jedoch auch die Hinweise auf eine kultische Dimension des Gesetzes unterstrichen werden.

---

262 Der hebräische Singular bezieht sich auf den Plural der בני ישראל und ist hier für einen flüssigeren deutschen Text im Plural wiedergegeben.
263 Bieberstein, Grenzen, 66, bezeichnet die Mischehenpraktik in Esra/Neh und ihren Hintergrund in Dtn 23,4–7 zutreffend als „eine identitätsbildende Geschichte mit scharfen, ausschließenden Kanten".
264 Zur jüdischen Deutung als Ehegesetze im Targum Pseudo-Jonathan, bei Philo und Josephus vgl. Horbury, Extirpation, 25. Vgl. Philo, Spec. leg. i 324–45. Josephus und Philo bieten beide den Bezug zur Verweiblichung des Mannes durch die Kastration, die zu verhindern ist, da sie die Schöpfungsordnung zerstört. Josephus, Ant. iv 290 f., verbindet die Abkehr von den Verschnittenen damit, dass sie durch ihre Zeugungsunfähigkeit so zu behandeln seien, als hätten sie ungeborene Kinder getötet. Interessanterweise schließt er den Abschnitt mit dem Satz „μὴ ἐξεῖναι δὲ ποιεῖν ἐκτομίας μήτε ἀνθρώπους μήτε τῶν ἄλλων ζῴων" (291) und führt hier also die Parallelisierung zwischen Mensch und Tier an.
265 Ehrlich, Randglossen, 317.
266 So auch Krauter, Bürgerrecht, 186.

Stärker kultische Deutungen

Das Gemeindegesetz wird in verschiedener Hinsicht verstärkt unter religiös-kultischen Gesichtspunkten betrachtet. So wird es direkt mit dem Heiligtum verknüpft, wie die Verbindungen von קהל und מקדש in Klgl 1,10[267] und Num 19,20[268] nahe legen. Dies zeigt zwar die mögliche Interpretation des קהל יהוה als Heiligtum, aber doch zugleich auch, dass es sich beim קהל יהוה um einen mehrdimensionalen Begriff handelt, der durch seinen Kontext erst auf eine Ebene festgelegt werden muss. Deshalb muss in der innerbiblischen Rezeption מקדשי (wie Klgl 1,10; Jer 51,51) eingefügt werden, um den קהל יהוה sicher auf das Heiligtum zu beziehen. Diese mehrdimensionale Ausdeutungslinie zeigt sich auch im Qumrandokument 4QMMT B 39 – 49.[269] Hier wird sowohl das Element der falschen Heirat als auch das Betreten des Heiligtums auf Dtn 23,2 – 9 bezogen.[270]

Für eine kultische Deutung sprechen sich neben anderen Stiegler,[271] van Houten[272] und Mayes[273] aus. Wird in den Auslegungen der kultisch-religiöse Aspekt stärker betont, so ergeben sich immer wieder Deutungen, die für die V. 2f. die Abwendung von den kanaanäischen Fruchtbarkeitsriten[274] und / oder von der Tempelprostitution anführen. Doch sind beide Aspekte in der alttestamentlichen Forschung seit langer Zeit in Frage gestellt worden.[275] Die rein kultische Deutung des Gemeindegesetzes führt zu Problemen bei der in ihm genannten Ablehnung und Aufnahme der konkreten Nachbarvölker, da nicht zu erkennen ist, worin ihre

---

267 Zu Klgl 1,10 als Rezeptionstext des Gemeindegesetzes vgl. unten 97 f.

268 In dieser spätpriesterlichen Passage zeigt sich die zunehmende Sakralisierung des Volkes. Hier fallen der Heiligtumsaspekt und der Gemeinschaftsaspekt, den man verunreinigen kann, zusammen und mit der Wohnung Jhwhs (V. 13) ist ein topologisch ausgerichtetes Konzept erkennbar, das aber gesellschaftlich gemeint ist. Gerade der Zusammenhang der V. 13 und 20 ist dabei charakteristisch. Ähnliches ist auch für das Gemeindegesetz erkennbar.

269 Vgl. Krauter, Bürgerrecht, 170.

270 In 4QMidrEschat wird ebenfalls mit Bezug auf Dtn 23,2 – 9 das Betreten des Heiligtums beschränkt, in den rabbinischen Schriften z. B. Mischna Qid IV,1 – 4 hingegen wird das Element der Heirat mit einer Anspielung auf Dtn 23 begründet. Vgl. zur Thematik Krauter, Bürgerrecht, 171 f.

271 Vgl. Stiegler, JHWH-Gemeinde, 88.

272 Vgl. van Houten, Alien, 99 – 101.

273 Vgl. Mayes, NCC, 316.

274 Vgl. stellvertretend Klein, Aufnahme, 28, und Bächli, Israel, 87.

275 Vgl. stellvertretend Albertz, Religionsgeschichte, 134 f., der die Pauschalisierung der kanaanäischen Religion als Fruchtbarkeitsreligion großteilig als „Zerrbild protestantischer Prüderie" (135) qualifiziert, und auch die entsprechenden Aussagen in Kapitel 4.5 Anm. 970 im Zusammenhang mit dem Bett des Königs Og von Baschan. Zur Forschungsgeschichte bzgl. der ‚Kanaanäer', ihrer Religion und den historisch gesicherteren Aussagen, die man auf dem heutigen Forschungsstand tätigen kann, sei der Aufsatz Uehlinger, Canaanites, empfohlen.

kultische Abwehr begründet wäre. Erschwert wird eine Interpretation der Rolle der Moabiter und Ammoniter dadurch, dass beide Begründungen für ihre Nichtaufnahme in V. 5a und 5b-6 sekundär sind. Bultmann führt diese Leerstelle dazu anzunehmen, dass sich eine ursprüngliche Begründung auf die Abwehr der Nationalgötter Kamosch und Milkom bezogen habe, doch ist dies eher spekulativ und nicht durch den Text gestützt.[276]

Der kultische Aspekt wird jedoch durch das Verb unterstrichen, mit dem dem ‚Du' der richtige Umgang mit denen vorgeschrieben wird, die in den קהל יהוה aufgenommen werden dürfen. Sie sollen nicht verabscheut werden.[277] Das Verb תעב wird im vorexilischen deuteronomischen Gesetz verwendet,[278] wenn die moralische und kultische Untadeligkeit Israels auf dem Spiel steht: Dtn 17,1.4; 22,5; 23,19; 24,4 (und 25,16).[279] Mit Hilfe der Kategorisierung als תועבה wird festgelegt,

---

276 Vgl. Bultmann, Fremde, 111–113. Auch von Rad, ATD 8, 104 f., geht davon aus, dass es eigentlich kultische Gründe waren, die zum Ausschluss der Nichtisraeliten führten, die dann in Dtn 23,3–8 heilsgeschichtlich überformt wurden. Die ebenso problematische Füllung von Leerstellen mit religiösen Begründungen findet sich an anderer Stelle analog bei Zehnder, Umgang, 372, der in der Analyse des Königsgesetzes in Dtn 17,14–20 nach dem Grund für die Nichtzulassung eines Ausländers zum Königsamt sucht: „Eine Begründung für die Regelung wird nicht gegeben; aufgrund der zahlreichen Hinweise auf den Götzendienst nichtisraelitischer, insbesondere kanaanäischer Völker innerhalb des Dtn wird man aber annehmen dürfen, dass die Abwehr nicht-jahwistischer religiöser Elemente eine wichtige Rolle spielt."
277 Die Verwendung des Verbs תעב als Anweisung zum Umgang mit den Edomitern und Ägyptern sieht von Rad, ATD 8, 104 f., als Beleg für die kultische Ausrichtung und führt die parallele Verwendung in Dtn 7,26 an. Und auch bei Mowinckel, Deuteronomium, 97 f., wird betont, dass durch dieses Verb eine rituell-religiöse und moralische Dimension eröffnet wird. Der Stigmatisierungsprozess durch die Verwendung des Wortfelds תעב wird bei Olyan, Associations, 18 f., beschrieben.
278 Die späteren Ergänzungen gerade in nachexilischer Zeit verschieben den Fokus. Der für das Deuteronomium in seiner jetzigen Gestalt prägende Topos der anderen Völker als Gräuelvorbild, dem es sich zu entziehen gilt, findet sich nur in nachexilischen Textpassagen (Dtn 7,25 f.; 12,31; 13,15; 18,9.12; 20,18; vgl. dazu die Ausführungen in Kapitel 4.3; 200–239). Dtn 14,3, das Verbot Gräuel zu essen im Rahmen der Speisevorschriften, war ebenfalls kein Bestandteil des deuteronomischen Gesetzes. Bei den Speisegeboten in Dtn 14,2–20 handelt es sich um eine späte Einfügung in das dtn Gesetz. Zu Dtn 14,3 und der Entwicklung des תועבה-Begriffs im Deuteronomium kann auf Achenbach, Systematik, 175 f., verwiesen werden. Schon Humbert, Substantif, 236, spricht mit Blick auf seine Untersuchung zur Wurzel תעב im Alten Testament von einer großen Bandbreite der Bedeutung: „le mot to‛ēbā, d'allure si hiératique en apparence et si monotone, témoigne au contraire d'une grande variété d'applications, depuis les tabous et la magie jusqu'au domaine proprement moral, en passant par la polémique théologique et la défense de la pureté du yahvisme." Vgl. zum Deuteronomium auch a.a.O., 222–226.
279 Im Mittelpunkt stehen bei den vorexilischen dtn Texten die Verhaltensregeln der eigenen Gesellschaft und nicht die Abgrenzung von anderen Menschen. So ist auch hier wieder Vorsicht geboten, die תועבה-Gesetzgebung durch die Ablehnung realer kanaanäischer Praktiken zu er-

welche Grenzen dem Verhalten in Israel gesetzt sind (bes. Dtn 17,4).[280] Auffällig ist die Parallelisierung zu den Opfertieren, die sich ebenfalls als für Jhwh untauglich erweisen, sobald sie in die Kategorie des Gräuels fallen (Dtn 17,1). Das ‚Du' des Deuteronomiums wird in Dtn 23,8 aufgefordert, diese ausschließende Grenze nicht zu ziehen bzw. eine bestehende Grenze zu überwinden. Dabei ist auch die Art des Verbs entscheidend, das nicht nur das zu behandelnde Objekt als nicht verabscheuungswürdig charakterisiert, sondern zudem das angesprochene Subjekt in den Mittelpunkt rückt, von dem das Verhalten gewünscht wird. Denn der nach Jenni hier vorliegende ästimativ-deklarative Gebrauch[281] des Verbs תעב im Piel betont die emotionale Haltung des Subjekts. Am deutlichsten wird dies in der Übersetzung von Buber / Rosenzweig, die mit „Graule dich nicht" verdeutschen. Hier zeigt sich der konstruktivistische Charakter der Grenzziehung: Was als zu fremd oder eben als nah genug gilt, liegt im Auge des Betrachters.

---

klären, wie es bei Humbert, Substantif, 222–226, und in dem ausführlichen Abschnitt zu den תועבה-Texten bei Merendino, Gesetz, 326–336, geschieht. Dabei sieht dieser die antikanaanäische Ausrichtung im Gesetz direkt in 18,10–12a und indirekt in 16,21–17,1 gegeben (327) und kann sogar weitreichender formulieren: „Die deuteronomische Reihe ist mit Ausnahme von 25,13–14.16a kultisch-religiös orientiert mit einem pointierten antikanaanäischen Zug." (332). Die תועבה-Formulierung ist jedoch auch aus dem Proverbienbuch bekannt, wo es keinen Fremdkultbezug gibt wie in Prov 11,1; 15,8; 17,15; 20,10 u.a. Dabei ist aufschlussreich, dass es neben einigen kultischen Ratschlägen, in den Sprüchen, die das Stichwort תועבה enthalten, besonders intensiv um soziales Missverhalten geht, das es auszuschließen gilt. Was als תועבה bezeichnet ist, ist das, was ein anständiger Mensch nicht tut. Merendino hebt dieses Stadium der Tradition und die dtn Variante aus sachlichen (personaler Bezug) und sprachlichen Gründen voneinander ab (330–332), doch sind die Parallelen im Proverbienbuch nicht zu Gunsten einer Fremdvölkerzentrierung auszuschließen, die sich eigentlich erst in nachexilischer Zeit im תועבה-Gebrauch des Dtn durchsetzt. Nach Merendino nahm der dtn Redaktor die תועבה-Texte aus einer bestehenden Tradition auf, fügte sie an passenden Stellen in das Gesetz ein und benutzte sie so als redaktionelle Inhalts- und Struktursignale. Dabei sieht er die theologische Relevanz in den תועבה-Texten in der Unterscheidung Israels von den anderen Völkern, da es sich an die Forderungen hält. „Der deuteronomistische Redaktor wird in 12,29–31bα und in 20,15–18 dieses Motiv aufgreifen und damit die theologische Pointe der deuteronomischen Redaktion verschärfen" (335).

280 Um sich der Standpunktabhängigkeit der Aussagen, was als Gräuel zu bewerten ist, auf der Ebene der biblischen Texte bewusst zu werden, sei ein kurzer Blick auf die ersten beiden biblischen Bücher geworfen. In Gen und Ex gibt es nur drei Belege für das Substantiv תועבה (das ohnehin seltenere Verb תעב [piel] ist nicht belegt). An allen drei Stellen wird der Blick auf ein anderes Volk geworfen, deren Bräuche oder auch nur deren Anwesenheit beim Essen als Gräuel betrachtet werden. An allen drei Stellen – nämlich Gen 43,32; 46,34; Ex 8,22 – ist es der Blick der Ägypter auf Israel. Kanonisch gelesen sind es also am Beginn die israelitischen Bräuche, die die Bewertung als תועבה hervorrufen.

281 Vgl. Jenni, Piʿel, 270.

Der Gesetzgeber greift hier in die Anschauungs- und Empfindungswelt des Volkes ein und plädiert für eine offenere Grundhaltung den ihm nah genug stehenden Fremden gegenüber, mit denen man durch die Relation des Bruders und des Fremdlings verbunden war und ist.

Eine Positionierung gegen andere Gottheiten als Jhwh sowie die Abwendung von Fruchtbarkeitskulten konnten als Grundlage des Verständnisses für das Gemeindegesetz in Frage gestellt werden. Die Zuordnung der Gemeinschaft zu Jhwh als יהוה קהל und die Parallelisierung mit dem Heiligtum in der Rezeptionsgeschichte sowie das benutzte Verb תעב unterstreichen eine kultische Dimension des Gesetzes. Diese Punkte können, gemeinsam mit den Beobachtungen zur sozialen Dimension, zusammengeführt werden.

2.3.1.2 Synthese: Israel als reinzuhaltende Gemeinschaft

Die in den Abschnitten zur kultisch-religiösen und sozial-nationalen Dimension des Gemeindegesetzes gemachten Beobachtungen können zu einem Gesamtbild zusammengefügt werden, das von einem zugleich sozialen und kultischen Begriff Israels ausgeht, wie er sich auch mit den anderen Beobachtungen zum deuteronomischen Gesetz deckt.[282] So ist beim יהוה קהל keine einzelne Versammlung

---

282 Vgl. auch Mowinckel, Deuteronomium, 90: „Qehal Jahwä steht somit hier nicht in ausschließlich kultischer, sondern in weiterer sozialer Bedeutung; es handelt sich darum, wer ein vollberechtigtes Mitglied der bürgerlich-religiösen Gesellschaft werden kann."

Beide Dimensionen laufen auch an dem Punkt zusammen, an dem die Beschneidung zum Thema und Kriterium von Dtn 23,4 – 9 gemacht wird, wie es Olyan, Gemeinde, 177 f., vorschlägt. Die Beobachtung stützt sich auf die vorkommenden männlichen Mitglieder der Völker – Moabiter, Ammoniter, Edomiter und Ägypter – die alle genau wie Israel beschnitten sind. Vgl. auch Ders., Rites, 79. Jer 9,24 f. nennt als beschnittene Völker genau die hier vorkommenden Ägypter, Edomiter, Ammoniter und Moabiter sowie Juda selbst. Unbeschnittene Völker, wie die Philister, die Assyrer und die Babylonier, werden im Gemeindegesetz nicht thematisiert. Dieser Bezugsrahmen ließe sich evtl. auch auf die ersten Verse des Gesetzes ausdehnen, indem man hier Bezüge zu irregulären Beschneidungsvorgängen im weiteren Sinne sieht, doch würde dies eine problematische Verquickung von Beschneidung und Kastration verursachen. Dass der מחזר nicht recht in diese Linie zu passen scheint, ist als Argument nicht tragfähig, da die genaue Bestimmung, um wen es sich bei diesem Begriff handelt, unklar ist. Gegen diese Deutung kann jedoch angeführt werden, dass das Thema der Beschneidung der Völker explizit im Text von Dtn 23,2 – 9 nicht vorkommt, es nur implizit über die Völker erschlossen werden kann. Die Nennung eben dieser Völker kann jedoch auch durch ihre Nachbarschaft zu Israel erklärt werden, da es sich um die Herkunftsländer der meisten Nichtisraeliten in Israel handeln wird. Auch diese Linie wird bei Olyan stark gemacht. Einen assyrischen Menschen, der um Aufnahme in die Kultgemeinde bittet, wird es vermutlich sehr selten gegeben haben. Womöglich kann das Kriterium der Beschneidung als Grund genannt werden, warum die Aufnahme der Philister im Gesetz nicht diskutiert wird. So heißt es bei Mowinckel, Deuteronomium, 97: „daß ein Unbeschnittener nicht

gemeint, sondern das Volk Israel unter dem Gesichtspunkt seiner Heiligkeit und Zugehörigkeit zu Jhwh, wie der Vergleich mit Num 16,3 nahe legt.[283] Im Mittelpunkt steht hier das Reinheitsverständnis in Bezug auf das Volk. Israel ist damit, analog zu Opfertieren oder Priestern, unbeschadet und somit rein zu halten, um es als heiliges Volk bzw. Versammlung Gottes aufrecht erhalten zu können, wozu in erster Linie die Gesetze aus Dtn 23,2 f. dienen.[284] So bezieht beispielsweise Rose V. 2 auf die Fehlerlosigkeit des Mannes, wie es auch in den Opfergesetzen der Fall ist.[285] So sind die an den Genitalien versehrten Israeliten, die in V. 2 aus dem קהל יהוה ausgeschlossen werden, als solche zu verstehen, deren Makel sie kultisch unrein macht. Hierbei geht es nicht um den Weg, durch den sie ihre Versehrtheit davongetragen haben – und damit nicht um attestierte Teilnahmen an kanaanäischen Fruchtbarkeitsbräuchen o. ä. –, sondern um den Zustand der Verletzung selbst. Die explizite Nennunng der verstümmelten Genitalien lässt sich gut dadurch erklären, dass es sich um einen kultisch besonders prekären Bereich handelt, wie die sonstigen Vorschriften zur rituellen Unreinheit nahe legen. In dieser Dimension der Versehrtheit sind die Menschen analog zu Tieren zu verstehen, die ebenfalls als untauglich für Jhwh bestimmt werden können. So dürfen Tiere, die einen Makel an ihrem Körper haben, Gott nicht geopfert werden (vgl. Dtn 15,21; 17,1), nur unbeschadete Tiere sind im kultischen Kontext erlaubt.

Noch expliziter findet sich dieser Gedanke in der priesterlichen Vorschrift Lev 22,18 – 25, dabei sei vor allem auf V. 24 verwiesen:

> Etwas Zerquetschtes oder Zerdrücktes oder Zerrissenes oder Zerschnittenes (כרות) sollt ihr Jhwh nicht bringen. So sollt ihr in eurem Land nicht handeln.

Unterstreicht man nun die Analogie zu Israel als kultischem Objekt Jhwhs, so muss es vor Verunreinigung geschützt werden. So dürfen auch unreine oder verunreinigende Elemente kein Teil des קהל יהוה sein oder werden.[286] Durch den

---

in die Gemeinde Jahwäs hineinkommen durfte, war so selbstverständlich, daß darüber kein Gebot notwendig erschien."

283 Zur kultischen Deutung vgl. auch Scheiber, Lots Enkel, 108.

284 Mowinckel, Deuteronomium, 83: „[D]as Verbot V. 2 steht auf einer Linie mit dem Verbot gegen verschnittene und fehlerhafte Opfertiere Lev. 22, 24, vgl. Dtn. 17, 1." In Lev 22,24 besteht mit כרות auch eine terminologische Parallele zu Dtn 23,2. Vgl. auch Dtn 15,21. Die Anknüpfungspunkte der Identitätskonstruktion zu Konzeptionen der Reinheit konnten ja bereits an anderen Beispielen innerhalb des dtn Gesetzes deutlich gemacht werden.

285 Vgl. Rose, ZBK 5,1, 324.

286 Bultmann, Fremde, 105, sieht den „mindestens in 23,2 virulenten Gedanken der Reinheit der kollektiven Größe des *qᵉhal JHWH*". Leider spielt er den Gedanken nicht für das gesamte Gemeindegesetz durch.

Namen קהל יהוה wird der kultische Aspekt zudem betont, da die Versammlung über ihren spezifischen Gottesbezug konstituiert wird.[287]

Ein Blick auf einen Text des Deuteronomistischen Geschichtswerks, der von Olyan mit Hilfe des Gemeindegesetzes gedeutet wird, aber ansonsten nicht in der Diskussion um das richtige Verständnis des קהל יהוה angeführt wird, kann diese Deutungslinie noch verstärken. In 2 Sam 5,8b wird eine Ätiologie für ein israelitisches Sprichwort vorgebracht, welches lautet:

> Ein Blinder (עור) und ein Lahmer (פסח) soll nicht in das Haus kommen.

Olyan deutet das Sprichwort als ursprünglich auf den Tempel bezogen, der auch unter der einfachen Bezeichnung Haus (בית) läuft, und versteht es so, dass die Versehrtheit mir der kultischen Reinheit in Konflikt gerät, die für den Dienst vor Gott entscheidend ist. Und analog deutet er auch Dtn 23 als die Voraussetzungen für „entering the sanctuary sphere".[288] Auch wenn die Deutung von 2 Sam 5,8b unsicher bleibt, da das Sprichwort aus dem ätiologischen Kontext gelöst und im freien Raum interpretiert werden muss, mag dieser Hinweis doch die kultische Deutungslinie in dieser Hinsicht unterstützen. Denn die Analogie zu den deuteronomischen Opfergesetzen legt sich nahe. In Bezug auf Opfertiere wird in Dtn 15,21 der Ausschluss wegen Blindheit und Lahmheit gefordert:

> Und wenn an ihm ein Makel ist, es lahmt oder blind ist (פסח או עור), irgendein böser Makel (רע), dann sollst du es nicht Jhwh, deinem Gott, opfern.

Es werden also exakt die gleichen Makel genannt wie in 2 Sam 5,8 und der Aspekt der kultischen Reinheit ist deutlich im Text verankert. Zudem erscheint erneut die Kategorie רע für ein kultisch unreines Tier.

Der hier bereits angeklungene Reinheitsbegriff ist jedoch im Blick auf das Gemeindegesetz breiter zu fassen. Die Gemeinschaft ist nicht nur durch die Exklusion kultisch Unreiner zu schützen, sondern zudem durch die Aufrechterhaltung sozialer und moralischer Grundsätze. So fordert die für das deuteronomische Gesetz grundlegende בערת-Gesetzgebung analog die Eliminierung von Üblem (רע) aus Israel und bezeichnet damit sowohl Verbrechen gegen die sozialen Grund-

---

287 Von Rad, ATD 8, 105, belegt die kultische Dimension zusätzlich mit einem Verweis auf die Nichtzulassung versehrter aaronidischer Nachkommen zum Tempeldienst in Lev 21,16 ff., zu der es jedoch keine terminologische Übereinstimmungen gibt.
288 Vgl. Olyan, Anyone, 223.

regeln der Gemeinschaft als auch gegen die religiösen.[289] Israel wird im deuteronomischen Gesetz immer wieder aufgefordert, Verantwortung für seine Gemeinschaft und ihre Mitte zu übernehmen.

Nun werden im Gemeindegesetz die Regeln der Aufnahme an vier konkreten Nachbarvölkern Israels aufgezeigt. Im Folgenden ist somit zu klären, ob diese Regelungen mit der vorgeschlagenen Deutung des Gesetzes als Grundpfeiler einer reinen Gemeinschaft einhergehen. Welche sozialen Implikationen weisen die Bestimmungen zur Aufnahme und Ablehnung der israelitischen Nachbarn auf?

2.3.1.3 Israel als Bruder Edoms und Fremdling in Ägypten

Moabiter, Ammoniter, Edomiter und Ägypter stellen als Angehörige fremder Völker eine Gefahr für die Reinheit der Gemeinschaft dar, sodass ihnen der Zugang (zunächst) verwehrt wird. Für Ammon und Moab gilt dies auf immer, für Edom und Ägypten, aus verschiedenen Gründen, nur für drei Generationen. Bartlett bezeichnet diese Zeit zutreffend als „purging period of three generations".[290] Die Verunreinigung eines heiligen Raumes durch das Betreten von ausländischen Menschen ist in der Tempeltheologie deutlich verankert.[291] In dieser Linie liegt auch die Klage über das Eindringen Fremder in das Heiligtum in Klgl 1,10, wobei hier in erster Linie der Akzent auf der feindlichen Zerstörung liegt.

Anders als zu den Ammonitern und Moabitern, zu denen eine Distanz hergestellt wird, wird gerade die Verbindung zu Edom betont. Die Vorstellung Edoms als Israels Bruder (V. 8) stellt beide Völker in verantwortungsvolle Relation zueinander, so wie im Deuteronomium innenpolitisch die Verantwortung fürein-

---

289 Die Vorstellungen zur Verunreinigung Israels, wie sie hier entwickelt werden, sind analog zur Interpretation der Mechanismen der Inklusion und Exklusion der בערת-Gesetzgebung, wie es in Kapitel 2.5 (124–144) dargestellt ist. So wird die Mahnung, die Mary Douglas in ihrer sozialanthropologischen Studie „Reinheit und Gefährdung", 60, gibt, zumindest ein Stück weit befolgt: „Unreinheit ist nie etwas Isoliertes. Sie kann nur dort auftreten, wo Vorstellungen systematisch geordnet sind. Daher ist jede fragmentarische Interpretation von Verunreinigungen in den Vorschriften einer anderen Kultur zum Scheitern verurteilt. Die Vorstellung einer Verunreinigung ergibt nur einen Sinn im Zusammenhang mit einer umfassenden Denkstruktur, deren Hauptstützen, Grenzen, Randbereiche und inneren Unterteilungen durch Trennungsrituale aufeinander bezogen sind."
290 Bartlett, Edom, 184. Leider führt er diesen Gedanken nicht weiter und bezieht ihn nicht auf das Bild Israels, das sich daraus ergibt.
291 Auf der Basis von Dtn 23,2–9 entwickelt sich ein Zutrittsverbot für Fremde in das Heiligtum. Zur Geschichte dieser Entwicklung vgl. die detailreiche Studie von Krauter, Bürgerrecht und Kultteilnahme, die sich auch intensiv mit Dtn 23,2–9 und seinen innerbiblischen Rezeptionstexten (Neh 13,1–3; Klgl 1,10) auseinandersetzt.

ander durch das Brüderverhältnis ausgedrückt wird. Das Bruder-Sein im Deuteronomium hat vielerlei Aspekte und ist nicht nur eine rein genetische Aussage.[292] Die Bruderethik im Deuteronomium zeigt den entscheidenden Aspekt der Verantwortung zueinander. Eigentlich steht der Bruder im Kontrast zum ausländischen Menschen. So ist gerade das Königsamt keinem ausländischen Mann (איש נכרי) zu geben, der nicht der Bruder ist (Dtn 17,15). In Dtn 23,20 f. in der Zinsgesetzgebung ist das Gegenüber zwischen dem Bruder und dem Ausländer noch greifbarer. Dass also gerade einem anderen Volk in Gänze der Bruderaspekt zugesprochen wird, zeigt, dass man ihnen gegenüber Verantwortung hat, die sogar die sonstigen nationalen Grenzen ein Stück weit überbrücken.

Die Kombination des Bruderbegriffs in V. 8 mit der kontrastierenden Aufforderung in V. 7, den Frieden und das Wohlergehen der Moabiter und Ammoniter nicht zu suchen (לא־תדרש שלמם וטבתם), führt zu einer weiteren und entscheidenden Dimension des Gesetzes.[293] So kann der Ausdruck mit dem Bundesschlussverbot mit der Vorbevölkerung an anderen Stellen des Alten Testaments parallelisiert werden, vgl. z. B. Ex 23,31 f.; Ri 2,2. Zudem bildet die Kombination aus טוב und שלום eine auffällige Parallele zu akkadischen Texten, in denen der Ausdruck *ṭūbtu u sulummû* erscheint.[294]

---

292 Das genealogische Konzept wird z. B. bei Bultmann, Fremde, 113, betont. Wenn das Geschwistermotiv die Nähe aufzeigt, wird verständlich, warum bei Moab und Ammon nicht auf ihre in Gen 19 überlieferte Herkunft angespielt wird, da sie zwar in der Genesisvariante vermutlich diskreditierend ist, aber eine verwandtschaftliche Beziehung zu Israel herstellen würde, die die Zulassung zum קהל יהוה eher erleichtern würde. In Dtn 2,9.19 kommt diese Verbindung ins Spiel, da die Völker als Lotstämme eingeführt werden, wobei hier zwar die Herkunft von Lot, aber nicht die Verwandtschaft zu Israel genannt wird. Dies wird besonders dadurch deutlich, dass die Kinder Esaus in Dtn 2 explizit als Brüder der Israeliten bezeichnet werden. Scheiber geht im Anschluss an Labuschagne von einer impliziten Anspielung auf die Verwandtschaftsbeziehung Israels zu Moab und Ammon in Dtn 23,4 – 7 aus, da im vorangehenden Vers vom ממזר gesprochen wird und damit vom „Ausschluss des Bastards", doch fehlen für diese Deutung die eindeutige Definition eines ממזר, denn folgt man z. B. der Deutung als Kind einer Mischehe, entfällt jeder Bezug, und selbst wenn ein ממזר als Abkömmling einer diskreditierenden Verbindung verstanden werden kann, sind die Bezüge zu Gen 19,30 – 38 doch sehr unsicher. Vgl. Scheiber, Lots Enkel, 110. Auch Rofé, Deuteronomy, 63, deutet den ממזר mit Bezug auf tYev 1,10 und bYev 14a als Nachkommen einer inzestuösen Beziehung.

293 Eine parallele Formulierung findet sich auch in Esra 9,12. In diesem Vers steht lediglich עד־עולם an der Stelle, an der in Dtn 23,7 לעולם steht. Dies unterstreicht zusätzlich die Austauschbarkeit beider Ausdrücke (siehe oben Anm. 235). In Esra 9,12 wird der Kontaktabbruch mit den Völkern gefordert, die das Land verunreinigen könnten. Der Begriff שלום דרש wird zudem in Esra 9,12; Est 10,3; Jer 29,7; 38,4 dort aber eher in allgemeinem Sinne verwendet; דרש neben טוב Esra 9,12 nur in Am 5,14, wobei hier das Gute im Gegensatz zum Bösen gemeint ist.

294 Vgl. Wiseman, Peace, 313 f. Parallele Formulierungen finden sich ebenfalls auf der Sefîre Stele. Moran, Note, unterstreicht dabei die Verbindung zum akkadischen Ausdruck *ṭūbtu u*

Einige Beispiele von Asarhaddon, Nabopolassar und Nabonid können den Gebrauch der parallelen Wurzeln im Kontext der Friedensverträge zeigen.[295] Von Asarhaddon heißt es über die Elamiter und Gutäer: [296]

> Damit ich mich nicht an den Grenzen ihrer Länder vergehe, schickten sie mir ihre Boten für Freundschaft und Frieden *(ṭu-(u)bi u su-lum-me-e)*[297] zu mir nach Ninive.

Bei Nabopolassar[298] und insofern durchaus belegt im 7. Jh.:

> Der König von Akkad und Kyaxares[299] sahen einander bei der Stadt. Sie richteten Freundschaft und Frieden *(ṭub-tú u su-lum-mu-u)* miteinander auf.

Auf der Ḥarrān-Stele (3.1. 1 I 44, bzw. 2 II 2, 2. Hälfte 6. Jh.) wird über Nabonid gesagt, dass die feindlichen Könige kommen, um um „Friedensschluss und gute Beziehungen"[300] *(su-lum-mu-ú u ṭu-ub-ba-a-ti)* und damit Friedensverträge zu bitten.

Überträgt man diese sprachlichen Beobachtungen[301] auf das Gemeindegesetz, so lässt sich das Verbot der Suche nach dem Frieden und Wohl der Am-

---

sulummû. In Anschluss an Hillers, Note, kann diese Bedeutung auch auf Dtn 23,7 übertragen werden. In der Textausgabe von Fitzmyer wird der Ausdruck an den drei Stellen (I C 4, 19; II B 2) ebenfalls mit „good (treaty) relations" übersetzt. Vgl. Fitzmyer, Inscriptions, bes. 116 f. mit weiterer Literatur.

295 Der Gebrauch von *sulummû* mit Bezug zu Vertragsschlüssen ist auch durch das Chicago Assyrian Dictionary (15, 372) gestützt. Der erste Unterpunkt ist gleich die Abteilung „peace agreement between countries" mit vielen Belegstellen durch die Jahrhunderte und auch die erste Übersetzung zu ṭubtu lautet „friendly relationship" und betont das relational-bilaterale des Ausdrucks.

296 Akkadische Umschrift nach Borger, Inschriften, 58 f. (§ 27, Episode 19; Zeile 30 – 32).

297 Auch Leichty, Royal Inscriptions, 1 v 31, S. 22, übersetzt mit „friendship and peace"

298 Vgl. Wiseman, Nebuchadrezzar, 8. Akkadische Umschrift nach Wiseman, Chronicles, 58 (B.M. 21901, Zeile 29).

299 Zur Identifizierung vgl. Wiseman, Chronicles, 81.

300 Nach Schaudig, Inschriften, Text: 490, Übersetzung: 497 (3.1. 1 I 44, bzw. 2 II 2.).

301 Die Verwendung der Terminologie lässt sich auch noch breiter bezogen. So betonen etwa Fox, Covenant, und vor allem McCarthy, Ebla, dass die Wurzeln ṭb und šlm als Beschreibungen für ein gutes Verhältnis auch als Bestandteil der Bundesterminologie benutzt werden. McCarthy geht dabei von einem Brief aus Ebla aus (abgedruckt a.a.O., 247 f.), zeichnet jedoch die inner- und außerbiblische Linie der Verwendung der Wurzel ṭb als Ausdruck freundschaftlicher Beziehung in der Vertragsterminologie nach. Wiseman, Peace, 326, fasst das Verhältnis zwischen Beziehung und šālôm folgendermaßen als Ergebnis seiner Studie zusammen: „While it supports von Rad's dictum that šālôm ‚denotes primarily a relationship rather than a state', it may

moniter und Moabiter genauer fassen: Ihnen wird die Vertragsfähigkeit entzogen.[302]

Diese Beobachtungen lassen sich noch weiterführen. Wie Moran zeigen konnte, kommt das Motiv des gemeinsamen Friedens und der Freundschaft in akkadischen Texten, vermehrt in den Amarna-Briefen, gehäuft im Kontext des Motivs Bruderschaft vor.[303] In den Amarna-Briefen findet sich eine gemeinsame Nennung von *ṭâbu* / *ṭâbûtu* und dem Wortfeld *aḫḫûtu* in EA 4:15; 4:17; 17:51, 11 Rev. 22.[304]

Kadašman-Ḫarbe an Amenophis III:[305]

> Suchtest Du nicht Bruderschaft und Freundschaft *(aḫ-ḫu-ta-a ù ṭa-bu-ta)* als Du, damit man sich einander annähert, wegen einer Heirat schriebst?
>
> Und ich schrieb dir aus diesem Grund, um Brüderschaft und Freundschaft *(aḫ-ḫu-ti ù ṭa-bu-ti)* willen, damit man sich einander annähert, wegen einer Heirat.

Tušratta an Amenophis III:[306]

> Mein Bruder *(aḫi-ia)* möge Freundschaft *(ṭa-bu-ú-ta)* mit mir suchen und mein Bruder *(aḫi-ia)* möge seine Boten zu mir schicken, damit sie den Friedensgruß meines Bruders *(šul-ma-an-šu ša aḫi-ia)* mir bringen und ich höre

Burraburiaš an Amenophis IV:[307]

> Bei Königen ist Bruderschaft, Freundschaft, Frieden *(aḫ-ḫu-tum ṭa-bu-tum sa-li-mu)* und [gute] Verbindung

Berücksichtigt man die Verwendung des Brudermotivs im politischen Kontext auch bei der Interpretation des Gemeindegesetzes, so wird die Verbindung zwi-

---

underline the importance of the attitude of non-hostility necessary between persons or groups to enable them to come face to face in a developing relationship."

302 Die exilische Ergänzung des Vorwurfs in V. 5a, sie wären Israel in seiner Not nicht mit Wasser und Brot entgegen gekommen, bietet eine Begründung für diesen Entzug, indem sie deren unmoralisches Verhalten einführt. Vgl. auch Braulik, NEB 28, 170: „[V.] 7 zieht die Folgerung aus dem inhumanen Verhalten der beiden Völker. Das Anathem ist in Vertragsterminologie formuliert und lehnt jede gesellschaftlich-politische Beziehung ab."

303 Moran, Note, 174 f., mit weiterführender Literatur 175 Anm. 22.

304 Ergänzen könnte man noch EA 8:8–12 wo ebenfalls beide Stichworte fallen.

305 EA 4:15–18. Umschrift des Akkadischen nach Knudtzon, El-Amarna-Tafeln, 72.

306 EA 17:51–54. Umschrift des Akkadischen nach Knudtzon, El-Amarna-Tafeln, 134.

307 EA 11 Rev. 22. Akkadische Umschrift nach Knudtzon, El-Amarna-Tafeln, 98.

schen dem Bündnisverbot in V. 7 und dem Edom-Bruder-Motiv als Kontrast dazu in V. 8 noch deutlicher.[308] Damit meint der Begriff Bruder in Bezug auf Edom hier also neben einer gemeinsamen Verwandtschaft, besonders die politische Verbindung miteinander. Edom ist als Vertragspartner politischer Bündnisse im Blick.[309]

Das Konzept der politischen Verbindung als Grundlage für einen möglichen Zugang zum קהל יהוה lässt sich auch auf die Begründung des Zugangs der Ägypter anwenden. Die Nachfahren eines Ägypters dürfen in der dritten Generation in den קהל יהוה eintreten, da Israel selbst in ihrem Land גר war. Dieses Motiv unterscheidet sich von dem im Deuteronomium häufig auftauchenden Motiv der Knechtschaft in Ägypten, dem עבד-Ägypten-Motiv,[310] das als Begründung zur Bewahrung der eigenen Freiheit und der Fürsorge für den גר und die weiteren sozial Bedürftigen im eigenen Land herangezogen wird. Darum wird zumeist der Vorschlag gemacht, den Text in Anlehnung an Dtn 26,5 (גור als Verb) auf die erste Phase des Aufenthalts in Ägypten, also kurz nach der Einwanderung der Jakobsöhne, zu beziehen, in der das heranwachsende Volk noch ohne Bedrückung als Fremdling in Ägypten lebte[311] und somit Dankbarkeit seinem ehemaligen Schutzherrn gegenüber empfinden kann. Aufgrund dieser positiven Relation soll nun auch der Ägypter in Israel gut behandelt und in die Gemeinschaft aufgenommen werden.

Der Ägypter, dessen Aufnahme verhandelt wird, befindet sich aber nicht im Status des גר in Israel. Und auch die positive Ägyptendeutung ist fraglich. Es wäre

---

308 Die Verbindung zwischen der Friedensvertragsterminologie in Dtn 23,7 und der Anrede Edoms als Bruder in Dtn 23,8 als Gegenstück hierzu, wurde dabei bisher noch zu wenig beachtet, legt sich aber aufgrund der häufigen gemeinsamen Verwendung in anderen Texten nahe. Auch Olyan, Gemeinde, 175 mit Anm. 5, hält es für denkbar, den Bruderbegriff auf ein Bundesverhältnis zu übertragen. Mit Bezug auf den bereits genannten Brief aus Ebla fällt McCarthy, Ebla, 248, ebenfalls auf, dass der angesprochene Vertragspartner als Bruder charakterisiert wird, um so die Basis für die Freundschaftsverträge zu untermauern. Fishbane, Treaty, verbindet die Nennung des *Bruders* Edom in Amos 1,11 mit der Vertragsterminologie und setzt sich mit einigen altorientalischen Parallelen auseinander. Kritisch mit Blick auf eine Übertragung dieser Überlegungen auf das Gemeindegesetz ist Mayes, NCC, 317.

309 Auch Mayes, NCC, 317, deutet den Brüderbegriff politisch, bindet ihn jedoch an Verträge zwischen Edom und Israel zur Zeit Davids, wie sie in 2 Sam 8,13 f. erkennbar sind.

310 Die Verwendung des Motivs wird im Rahmen der Erörterungen zum גר in Kapitel 2.2.1 (58 – 60) besprochen.

311 So macht etwa Krapf, Traditionsgeschichtliches, eine Zweiteilung der Argumentation des גר bzw. עבד-Seins in Ägypten auf der Grundlage einer zweiphasigen Ägyptenerfahrung (erst Fremde mit guten Erfahrungen, wie es sich in Dtn 10,19 und 23,9 spiegelt) und dann die Sklavereiphase, die sich in der עבד-Formulierung zeigt, stark. Beide Phasen ließen sich in seiner Darstellung aus dem Geschichtsrückblick in Dtn 26 ableiten. Als Belege für positive Erfahrungen in Ägypten können die in der Genesis beschriebenen zeitweiligen Aufenthalte bei Hungersnot als גר in Ägypten genannt werden, wie bei Abraham in Gen 12,10 – 20. So z. B. bei Rose, ZBK 5,1, 327 f.

die einzige Stelle im Deuteronomium, in der der Ägyptenbezug in dieser Weise einlinig positiv wäre.[312] Nun zeigen sich im gesamten Alten Testament und auch im Deuteronomium verschiedene Ägyptenbilder, wie Rainer Kessler in seiner diesbezüglichen Studie zeigen konnte.[313] Doch wäre diese positive Darstellung ohne kontextuelle Erklärung im deuteronomischen Gesetz sehr ungewöhnlich. Die strenge Aufteilung in zwei Phasen des Weilens in Ägypten kann zwar mit den verschiedenen Darstellungen in den Büchern Genesis und Exodus identifiziert werden, doch wäre es im Gesamtaufbau des deuteronomischen Gesetzes doch kontraintuitiv, dass das sonst so negativ besetzte Bild des Weilens in Ägypten hier als Begründung für eine positive Wertung aller Ägypter herangezogen werden sollte. Auch wenn die verschiedenen Ägyptenbezüge auf unterschiedliche Zeiten und Autorenintentionen zurückzuführen sein sollten, bleibt doch erklärungsbedürftig, dass es keinerlei Einfügung in der Begründung für die Aufnahme gegeben hat, die einen Ausgleich zu den Ägypten-kritischen Passagen geschaffen hätte. Sie blieb offenbar verständlich auch in Zeiten, in denen das Motiv der Befreiung aus dem ägyptischen Sklavendienst zu einem Zentralmotiv des Deuteronomiums geworden war. Die in Dtn 23,8 gegebene Begründung beinhaltet in erster Linie, dass Israel im Land Ägypten war und durch den גר-Status in eine Beziehung getreten ist.[314] Genau wie bei Edom das Bruderverhältnis nicht automatisch dazu führt, dass man die Verantwortung füreinander auch wahrnimmt,[315] so beinhaltet das גר-

---

312 Zu Dtn 10,19 und der Erinnerung an den גר-Status in Ägypten im Rahmen der Aufforderung, den גר zu lieben vgl. unten Kapitel 4.2.1 (192–196).

313 Für die verschiedenen Ägyptenbilder im Deuteronomium vgl. besonders Kessler, Ägyptenbilder, 102–105.125f. Kessler, a.a.O., 125, bezieht das Gemeindegesetz auf den Umgang mit konkreten ägyptischen Zeitgenossen und hebt dabei hervor, dass für diesen Zweck nicht auf den kollektiv erinnerten Aufenthalt als Sklaven in Ägypten angespielt wird, sondern im Gegensatz dazu auf den Status als Fremdlinge in Ägypten verwiesen wird.

314 In der Übersetzung von Buber / Rosenzweig wird der Terminus גר mit „Gastsasse" oder wie hier in Dtn 23,8 mit „Gast" wiedergegeben. Der oben genannte Aspekt der Verhaltensableitung aus dem Beziehungsverhältnis wird bei dieser Verdeutschung besonders deutlich. Ist jemand bei jemandem zu Gast, so liegt in der Bezeichnung an beide Parteien die Aufforderung des besonders rücksichtsvollen Verhaltens, die die Verbindung auf Zeit auslöst.

315 Damit wird auch der Bruch, der häufig in der Entwicklung des Verhältnisses zwischen Edom und Israel geschildert wird, abgemildert. Das Bruderverhältnis ist ein Anspruch! Wird es als Argument gegenüber Edom verwendet, so wird diesem der Bruch der Fürsorge vorgeworfen. Ein kriegerischer Angriff gerade der Brüder ist schlimmer als ein Angriff von Staaten, mit denen man sich weniger verbunden fühlt. Dies ist ein Deutungsmuster für die scharfe Edomkritik bei den Propheten (etwa in Am 1,11; vgl. dazu auch Seite 97 Anm. 341). Andersherum wird, sicher in exilisch-nachexilischer Zeit, von Israel mit Blick auf Edom als Bruder das friedliche Verhalten den Söhnen Esaus gegenüber gefordert (Dtn 2,4ff.). Hier ist der Anspruch also an Israel formuliert.

Sein im Land Ägypten nicht, dass man dort nur unterstützt worden wäre. Jedoch wird durch die Nennung des Aufenthalts Israels in Ägypten an eine gemeinsame Vergangenheit erinnert und so eine Form der Gemeinsamkeit generiert.

Im Gegensatz zur gleichberechtigten politischen Verbindung, die sich im Status der Brüderschaft ausdrückt, weist die Verbindung des גר zu seinem Schutzherrn ein Gefälle auf, in dessen Rahmen die Macht auf Seiten des Schutzherrn liegt. Auf diesen Unterschied ist im Rahmen der Datierung des Gesetzes noch einmal einzugehen.

Die Fremden werden also im Gemeindegesetz nicht pauschal von der Zugehörigkeit zum eigenen Volk ausgeschlossen. Sie gehören nicht dazu, doch so wie Israeliten aus dem קהל יהוה ausgeschlossen werden können, wenn sie durch Verletzungen der Genitalien ihre kultische Reinheit verlieren, können Angehörige von Völkern, mit denen man eine Beziehung hat, aufgenommen werden. Dies geschieht jedoch nicht sofort, sondern erst nach einer Akklimatisationszeit von drei Generationen.[316] Dabei ist bemerkenswert, dass Dtn 23 nicht explizit von Kindern spricht, die mit Israeliten gezeugt werden. Liest man nicht, was sich als zu einlinig herausgestellt hat, das gesamte Gesetz als eine Anordnung bezüglich Mischehen, so muss davon ausgegangen werden, dass das Wohnen im Land bzw. die Stabilität der gemeinsamen Beziehung ausreichend ist, um nach drei Generationen in den קהל יהוה aufgenommen zu werden. Ebenso wenig macht es das Gemeindegesetz zur Bedingung, dass die Aufnahmeaspiranten sich zu Jhwh als Gott bekennen, wie es Zehnder als unerwähnte Voraussetzung gegeben ansieht.[317] Die Frage nach der religiösen Verortung der einzelnen Aufnahmekandidaten steht nicht im Interesse des Textes. Viel grundsätzlicher klärt das Gemeindegesetz die Frage, welche Menschengruppen mit einer kultisch reinen und stabilen israelitischen Gemeinschaft vereinbar sind. Die Grundpfeiler der eigenen Gemeinschaft, die soziale Fürsorge füreinander, die Unterstützung des גר und die Partnerschaft mit dem Bruder werden im Spiegel der Fremden aufgezeigt.

---

316 Selbst die Schuld der Väter endet nach drei oder vier Generationen: vgl. Ex 20,5; 34,7; Num 14,8; Dtn 5,9.

317 Vgl. Zehnder, Anstösse, 307. Dies unterstützt die vorexilische Datierung des Gesetzes. In den späteren Schichten des Deuteronomiums und des Deuteronomistischen Geschichtswerks ist die Verführung zum Fremdkult durch ausländische Menschen, meist Frauen, eines der zentralen Probleme. So heißt es bei Spieckermann, Stimme, 53: „Der Schritt von den fremden Frauen zu den fremden Göttern gilt als klein und unvermeidlich."

2.3.2 Datierung: Das Gemeindegesetz als Reflexion internationaler Konstellationen

Die Mechanismen der Identitätskonstruktion durch die Integration und Distinktion von Fremden, wie sie sich im Gemeindegesetz zeigen, werden erst konkret greifbar, wenn der Text im Setting seiner Entstehungssituation gelesen wird. Das breite Spektrum der vorgeschlagenen Datierungen des Gesetzes spiegelt sich analog in den stark divergierenden Interpretationsvorschlägen. Darum soll hier der Frage nach der Datierung des Gesetzes ein breiterer Raum gegeben werden.

2.3.2.1 Forschungsüberblick[318]

In den Extrempositionen werden bzw. wurden Datierungen von der vorstaatlichen Zeit bis ins 2. Jh. v.Chr. vorgeschlagen. So spricht sich Kellermann für eine Verortung des ursprünglich mündlichen Gesetzes in die „Zeit zwischen Landnahme und Staatenbildung"[319] aus, wobei er das „sog. Gemeindegesetz Dt 23,2–9 [als] Ergebnis eines längeren, schwer durchschaubaren und in der Datierung umstrittenen Traditionprozesses"[320] beschreibt. Hingegen datiert Bertholet V. 2–7 in die Zeit von Nehemia und erwägt für V. 8f. sogar eine Datierung in die Zeit von Jonathan oder Johannes Hyrkan.[321] Und auch gegenwärtig werden, wie im Folgenden aufgeführt, sowohl vorexilische als auch nachexilische Datierungen des Gesetzes vertreten. Als Konsens kann allein festgehalten werden, dass das Gemeindegesetz sich etwa im קהל-Begriff von der deuteronomistischen Sprache und Theologie unterscheidet, sodass eine exilische Datierung zurzeit eher nicht vertreten wird.

Nachexilische Verortungen
In neuerer Zeit[322] haben sich besonders Eckart Otto[323] und Reinhard Achenbach[324] für eine nachexilische Datierung des Gemeindegesetzes im Rahmen der nach-

---

318 Zum Forschungsüberblick zur Datierung sei zusätzlich auf Zehnder, Umgang, 373 f. Anm. 4, und Ders., Anstösse, 303 Anm. 5, verwiesen.
319 Kellermann, Erwägungen, 37.
320 Kellermann, Erwägungen, 33.
321 Vgl. Bertholet, Stellung, 145. Schon Mowinckel wendet mit Recht gegen diese Datierung ein, dass Dtn 23,8f. auch Teil des samaritanischen Pentateuchs ist. Eine Einfügung nach dem samaritanischen Schisma ist also höchst unwahrscheinlich.
322 Auch Hölscher, Komposition, 212 mit Anm. 5, datiert Dtn 23,2–9 in die nachexilische Zeit, da er den Text als einen Zusatz zu seinem exilischen Urdtn identifiziert. Eine Zusammenstellung, welche Texte Hölscher zum Urdeuteronomium zählt, findet sich bei ihm, Komposition, 225.

deuteronomistischen Erweiterungen des Deuteronomiums ausgesprochen.[325] Im ersten Schritt betonen beide, dass das Gemeindegesetz keine typische deuteronomistische Sprache und Position hat. Otto verweist bei der Betrachtung der Auseinandersetzung mit den Ammonitern und Moabitern auf die Bezüge zur Bileamperikope in Num 22–24 und zu Dtn 2, die in seinem Modell zur Entstehung des Pentateuchs beide der postdeuteronomistischen Hexateuchredaktion zugeschrieben werden. Durch die Aufnahme in Dtn 23,2–9 lege es sich also nahe, das Gesetz der auf die Hexateuchredaktion folgenden Pentateuchredaktion zuzuschreiben und die Abfassung des Gesetzes somit gegen Ende des 5. Jh. oder Anfang des 4. Jh. zu situieren.[326]

Als weiteres Argument für eine nachexilische Datierung des Gesetzes verweist Otto darauf, dass sich die im Gemeindegesetz gespiegelte Situation gut mit der in der Nehemiadenkschrift geschilderten zusammenbringen lasse. In Neh 13,4–9.28 fänden sich mit Tobija und Sanballat ein Ammoniter und ein Moabiter, die am politischen Geschehen teilnehmen würden.[327] Der nach Otto nachchronistische Zusatz in Neh 13,1–3 aus dem 4. Jh.[328] nimmt dann wiederum Bezug auf Dtn 23,2–9.

Zu dieser Verschränkung sind jedoch einige Bedenken vorzubringen. So ist Sanballat Horoniter und wird in Neh nur als solcher und nicht als Moabiter bezeichnet. Zudem ist es schwierig, das Gentilicium החרני auf einen genauen Ort zu

---

323 In früheren Schriften sortierte Otto selbst das Gemeindegesetz seiner ersten exilischen dtr Redaktion (DtrH bzw. DtrL) zu, die an der Abgrenzung zu den anderen Völkern interessiert war (vgl. Dtn 7,6.13–15). Im Mittelpunkt stehen die Reinheit nach innen und die Abgrenzung Israels als heiliges Volk von den Völkern und den fremden Göttern. Vgl. Otto, Programmschrift, 100. Doch spielen alle diese Aspekte im Gemeindegesetz keine entscheidende Rolle. Es handelt sich weder um eine strikte Abgrenzung gegen die anderen Völker, noch werden fremde Götter thematisiert.
324 Achenbach, Gêr, 35, ordnet das Gemeindegesetz einer postdeuteronomistischen Redaktion zu.
325 Knauf, Supplementa, 70, datiert 23,8 ebenfalls perserzeitlich und fragt nach dem Grund des Bruderbildes: „Hinter Dt. 23,8 mögen außerdem ökonomische Interessen begüterter Mitglieder der perserzeitlichen Bürger-Tempel-Gemeinde im benachbarten Idumäa stehen." Ebenfalls für eine nachexilische Datierung plädieren Kaiser, Von Ortsfremden, 53, und Oswald, Staatstheorie, 132.
326 Vgl. auch Otto, HThKAT, 428f.
327 Otto, Deuteronomium 2000, 203–207. So auch Rüterswörden, Bild, 329, und in der Zuordnung auch Römer, Deuteronomistic History, 171.
328 In diese Zeit verortet Otto, Deuteronomium 2000, 204f., zur strittigen Frage nach der Integration von Ausländern neben Neh 13,1–3 auch Jes 56,1–8; 66,18–24 und das Buch Ruth, das sich ebenfalls mit dem Gemeindegesetz auseinandersetzt.

beziehen.[329] Tobija hingegen ist Ammoniter, doch wird dies interessanterweise in Neh 13 gar nicht erwähnt. Er wird hier ausschließlich als Verwandter Eljaschibs bezeichnet. Offen bleibt bei dieser Verortung zusätzlich, auf welcher realhistorischen Grundlage die relative Öffnung gerade für Edomiter und Ägypter geschehen sein soll.

Deutlich sind die in Dtn 23,5b-6 belegten Bezüge zur Bileamperikope in Num 22 – 24. Einer Datierung dieser Verse nach oder zumindest zugleich mit der Abfassung von Num 22 – 24* bzw. mit der Integration des Abschnitts in das entstehende Numeribuch ist somit zuzustimmen. Doch haben sich im Rahmen der Literarkritik gerade diese Verse als sekundär erwiesen und konnten einer hexateuchischen Redaktion zugeordnet werden, die auch für Jos 24,9 f. verantwortlich ist. Damit bildet diese Redaktionsschicht folglich nicht wie bei Otto den *terminus post quem* sondern den *terminus ante quem*.

Die genauere Betrachtung des Begriffs קהל im Deuteronomium ist zudem aufschlussreich. Eine postdeuteronomistische Verortung würde die Rede vom Tag der Versammlung und damit Israel als קהל (Dtn 9,10; 10,4) in den exilisch ergänzten rahmenden Mosereden bereits voraussetzen. Doch unterscheiden sich die קהל-Begriffe, da es sich im deuteronomistischen Deuteronomium beim קהל um eine Versammlung auf Grundlage des Gesetzes – bzw. bei Toragabe am Horeb fast bildlich um das Gesetz – handelt. Dieser Aspekt ist im Gemeindegesetz nicht vorhanden. In Dtn 23,2 – 9 heißt es zudem קהל יהוה, schon sprachlich gibt es also eine Abweichung zu den anderen Versammlungen im Deuteronomium. Als Otto noch davon ausging, dass das Gemeindegesetz zu DtrH gehörte, konnte er festhalten: „In der Entwicklung eines Verfassungsentwurfs für das Neue Israel nimmt DtrD in Dtn 5,22; 9,10; 10,4; 18,16 die ihm in Dtn 23,2 – 9 vorgegebene Motivik Israels als ‚Versammlung' (*qahal*) auf und formt sie entscheidend um von der einer Gemeinde ritueller Reinheit zu einer solchen, die das Gottesgesetz empfängt und in Gestalt des Dekalogs in der Lade stets bei sich hat."[330] Diese Verschiebung in der Konnotation des קהל-Begriffs ist weiterhin stark zu machen.

---

329 So ist sowohl die Ortschaft בית חרון in Ephraim (vgl. Jos 18,14; 1 Sam 13,18) als Bezug möglich, sodass Sanballat evtl. Samarier war, als auch die Orte חורן im Ostjordanland (Ez 47,16 – 18), חרן in Obermesopotamien (Gen 12,4) und חרנים in Moab (Jes 15,5; Jer 48,3.5.34). Vgl. zur genaueren Darstellung und zu weiterführender Literatur Schunck, Nehemia, 9 f.46 f. Schunck spricht sich im zurzeit neuesten Kommentar zu Nehemia nach Abwägung der Argumente für בית חרון als Bezugsort aus und schließt die moabitische Herkunft Sanballats unter anderem mit der Überlegung aus, dass in diesem Falle analog zu Tobija dem Ammoniter eine Bezeichnung als Moabiter wahrscheinlicher wäre. Entschieden für eine Herkunft aus בית חרון in Samaria spricht sich z.B. Knoppers, Nehemia, 325 f. mit Anm. 57, aus. Zu Sanballat als Samaritaner und der Diskussion der außerbiblischen Nennungen Sanballats vgl. auch Grätz, Adversaries, 80 f.
330 Otto, Programmschrift, 102.

Vorexilische Verortungen

Leitend bei Datierungen des Gesetzes oder seiner Grundstufe in die vorexilische Zeit ist neben der Gebundenheit an grundsätzliche Modelle zur Entstehung des Deuteronomiums zumeist die Frage, welche realpolitische Situation sich in Dtn 23,2–9 spiegelt. Neben Rose, der das Gesetz auf die Situation nach 722 v. Chr., also nach dem Zusammenbruch des Nordreiches bezieht, wobei die Erklärungen für die Judäer hinzugefügt worden seien, die die direkten Konflikte ihrer Nordreichbrüder nicht erlebt hätten, verweisen die meisten neueren Exegeten bei der vorexilischen Datierung auf die späte Königszeit im Allgemeinen und die Regierung Josias im Besonderen. Bereits Mowinckel sah das Gesetz als Teil des Urdeuteronomiums, das unter Josia hervorgetreten, aber evtl. schon unter Manasse verfasst worden sei.[331] Bultmann datiert den Text in die Zeit Josias, wobei in seiner Sicht die lange Erklärung für die Nichtaufnahme der Moabiter und Ammoniter (V. 5–7) ein sekundärer Zusatz ist.[332] Nach Nielsen zeigt sich die josianische Zeit in dem nach seiner Ansicht sekundären Zusatz von V. 7–9, den er der deuteronomischen Redaktion zuschreibt. Die freundliche Haltung, die hier gegenüber den Ägyptern und den Edomitern vorherrscht, verweise auf eine Situation vor den Ereignissen von 609 v. Chr. und dem Tod Josias durch den ägyptischen König Necho.[333] Da die Redaktion den Rest des Gesetzes bereits vorgefunden habe, müsse auch dieser aus vorexilischer Zeit stammen. Auch Haarmann,[334] Olyan[335] und Krauter[336] sprechen sich für eine Datierung ins ausgehende 7. Jh. aus. Die Positivbewertung insbesondere der Edomiter als entscheidendes Argument für eine vorexilische Datierung, machen auch Kellermann[337] und in Anschluss an ihn nun ebenfalls Zehnder[338] stark.[339] Die von beiden vertretenen extremen Frühdatierungen in die späte vorstaatliche Zeit unter Saul, sind auf überlieferungsgeschichtlicher Ebene zu

---

331 Vgl. zusammenfassend Mowinckel, Deuteronomium, 104.

332 Vgl. Bultmann, Fremde, 105.

333 Vgl. Nielsen, HAT 1,6, 222.

334 Vgl. Haarmann, JHWH-Verehrer, 220 Anm. 965. Dabei verweist er jedoch auf die Unsicherheit bei der konkreten Verortung des Gesetzes, hält aber gerade wegen der Rezeption des Gesetzes in Klgl 1,10 und Neh 12,1 f., eine spätvorexilische Datierung für plausibel.

335 Vgl. Olyan, Gemeinde.

336 Vgl. Krauter, Bürgerrecht, 185 f.

337 Vgl. Kellermann, Erwägungen, 41.

338 Dabei verortet Zehnder, Anstösse, 302, in Anschluss an Überlegungen von Rads die Ursprünge des Gemeindegesetzes in die Zeit Sauls und damit die späte vorkönigszeitliche Epoche. Diese vorstaatliche Datierung macht sich an der Verortung des Gesetzes als Sakralrecht fest, wie sie von Rad, ATD 8, 104, betont.

339 So auch die Argumentation bei Steuernagel, HK 1.3,1, 135, der V. 5 f. jedoch als Zusatz wertet.

bedenken, als Teil des entstehenden Deuteronomiums sind sie literarhistorisch jedoch auszuklammern.[340] Grundlegend ist der Gedanke, dass die Beteiligung der Edomiter an der Eroberung Jerusalems das gute Verhältnis zwischen den Bruderstaaten zerstörte, wie an der nachexilischen Edomkritik zu erkennen ist.[341] Ob die Edomiter wirklich an der Eroberung Jerusalems beteiligt waren oder sich nur an dieser erfreut und durch Gebietszuwächse davon profitiert haben, wie es in Ez 35 f. und Klgl 4,21 dargestellt wird, ist in der Forschung umstritten.[342] Festgehalten werden kann jedoch ein mit den Ereignissen um den Beginn des Babylonischen Exils zusammenfallendes Aufkommen einer antiedomitischen Grundstimmung.[343]

Um der Datierung des Gemeindegesetzes näher zu kommen, hilft die Bestimmung eines *terminus ante quem* und damit ein Blick auf einen Rezeptionstext von Dtn 23,2 – 9. Der bereits im Rahmen der kultischen Interpretation des Gemeindegesetzes erwähnte Vers Klgl 1,10 spielt für die Datierung eine entscheidendere Rolle. Im Rahmen der Klage über den Untergang Jerusalems heißt es:

[10]Seine Hand hat der Bedränger nach all ihren Kostbarkeiten ausgestreckt. Ja, sie sah Völker in ihr Heiligtum kommen, wobei du geboten hast, dass sie nicht in deine Versammlung[344] kommen dürfen (אשר צויתה לא־יבאו בקהל לך).

---

340 Aus diesem Grund ist auch die Datierung von Cogan, Egypt, in Zweifel zu ziehen, der Dtn 23,8 als Reflex auf die Zeit Salomos und dessen ägyptische Frau erklärt.

341 So z. B. bei Mowinckel, Deuteronomium, 87: „Was nun Edom betrifft, so ist [...] in Wirklichkeit die Stimmung in V. 8 in der ganzen exilischen und nachexilischen Zeit undenkbar." Er, a.a.O., 88, sieht ein ebenso positives Edombild in Am 2,1– 3. Nach Wöhrles Rekonstruktion der Redaktionsgeschichte des Zwölfprophetenbuches gehört Am 2,1– 3 zur kultkritischen Überarbeitung, die vermutlich kurz vor dem Untergang des Südreiches stattgefunden hat (vgl. zusammenfassend Wöhrle, Sammlungen, 129 – 131). Frevel, Grundriss, 797, spricht in Bezug auf Edom plakativ von der „ausgesprochen ‚schlechte[n] Presse' in Teilen des AT". Die Bezeichnung Edoms als Bruder, wie sie z. B. in der Edomstrophe in Am 1,11 vorkommt, ist von der Wertung Edoms noch einmal zu trennen. Sie ist auch in deutlich nachexilischer Zeit belegt und wird, wie an der Amosstelle, als Kritik an Edom gebraucht. Außerhalb der Genesis finden sich die Bezeichnungen Edoms (bzw. Esaus) als Bruder Israels sonst noch in Num 20,14; Dtn 2,1– 8; 23,8; Am 1,11; Ob 1; Mal 1,2– 4. Alle Stellen außerhalb des Deuteronomiums sind exilisch oder eher nachexilisch zu datieren (vgl. auch Dicou, Edom, zusammenfassend 180 f.).

342 Vgl. Wöhrle, Abschluss, 212 f.

343 So beschreibt es z. B. Knauf, Supplementa, 73.

344 Die grammatische Abhängigkeit des לך ist unklar. In der hier vorgebrachten Interpretation wird das לך als maskulinisch suffigiert (Pausaform) gelesen und nicht auf das Verb בוא, also „zu dir kommen", bezogen (wie Gottlieb, Study, 15, und im Anschluss an ihn Berges, Klagelieder, 89, annehmen), sondern auf den Begriff קהל. So auch Jenni, Präposition Lamed, 77, der jedoch die Nennung der „Gemeinde" auslässt und die Stelle in der Kategorie „Feind" verortet.

Jhwh selbst hat demzufolge zu einem früheren Zeitpunkt ein Verbot für die Angehörigen von (bestimmten) Völkern ausgesprochen, seine Versammlung zu betreten. Diese Versammlung ist direkt Jhwh zugeordnet und so kann das קהל לך in
der direkten Anrede mit dem קהל יהוה in der dritten Person des Gemeindegesetzes
gleichgesetzt werden. Der Ausdruck קהל ist in Klgl 1 nicht verankert. Eine Aufnahme aus einem autoritativen Text wie Dtn 23,2–9* legt sich nahe. Verbunden
mit dem Verb בוא für den Eintritt in den קהל sind die Parallelen zwischen Klgl 1,10
und Dtn 23,2–9 so eng, dass von einer literarischen Abhängigkeit auszugehen
ist.[345] Im Gemeindegesetz als autoritativem Text finden wir das Verbot, auf das in
Klgl 1,10 nun später Bezug genommen wird. Im Gegensatz zu Klgl 2 ist Klgl 1 an
vielen Stellen auf das Deuteronomium bzw. deuteronomische Theologie bezogen,
wie Ulrich Berges herausgearbeitet hat. Wenn also die Verknüpfung auch an anderen Stellen des Kapitels gegeben ist, verstärkt sich auch die Wahrscheinlichkeit,
dass es sich in Klgl 1,10 um einen direkten Bezug auf Dtn 23 handelt.

Klgl 1 wird in der Regel als jüngerer Vorbau zu Klgl 2 verstanden und in die
Exilszeit datiert. Berges grenzt die Entstehungszeit auf den Zeitraum zwischen der
Zerstörung Jerusalems (587 v. Chr.) und dem Aufkommen verstärkter Hoffnungs-
perspektiven durch den auftretenden Kyros (550 v. Chr.) ein.[346] Wer eine nachexilische Datierung für das Gemeindegesetz annimmt, muss entweder Klgl 1,10
später als üblich datieren oder den literarischen Bezug zum Gemeindegesetz
ablehnen.[347] Somit bildet die Aufnahme in Klgl 1 einen entscheidenden *terminus
ante quem* für die Abfassung des Gemeindegesetzes und einen deutlichen Hinweis
auf seine vorexilische Abfassung.[348]

---

345 Vgl. zur Aufnahme in Klgl 1,10 und damit der Kenntnis des Gemeindegesetzes als älteren
Traditionsbestandes gegen Ende des 6. Jh. Bultmann, Fremde, 104. So auch Olyan, Gemeinde,
173 Anm. 1, und 178 f. Frevel, Zier, 133 f., der Klgl 1 exilisch datiert, sieht hier ein deutliches Zitat
aus Dtn 23,2–9. Sparks, Ethnicity, 255 f., plädiert ebenfalls dafür Klgl 1,10 als direkte Aufnahme
des Gemeindegesetzes zu verstehen, bezweifelt jedoch die früh-exilische Datierung von Klgl 1
und widerspricht somit der Ableitung einer vorexilischen Datierung des Gemeindegesetzes aus
der Aufnahme in den Klageliedern. Zur Diskussion, ob es sich bei Klgl 1,10 um einen Reflex auf
das Gemeindegesetz handelt, vgl. auch McConville, AOTC 5, 353.
346 Vgl. Berges, Klagelieder, 94 f.
347 Otto, Deuteronomium 2000, äußert sich, soweit ich sehe, bei seiner Datierung des Gemeindegesetzes in das 5. Jh. (Pentateuchredaktion) nicht zu Klgl 1,10.
348 Neben diesen beiden Texten wird gelegentlich noch auf Jes 56,3–5 und Jer 51,51 als Re-
zeptionstexte von Dtn 23,2–9 verwiesen. In Jes 56,3–5 geht es, wie in Dtn 23,2f., um an den
Geschlechtsteilen versehrte Menschen und ihren Anteil am Tempel Jhwhs. Wird dieser Text zur
Deutung des Gemeindegesetzes herangezogen, so wird er als Aufhebung des kultischen Gesetzes
in Dtn 23,2f. gedeutet. Doch scheint dies eher eine lose Beziehung zu sein, zumal das in Jes
56,3f. benutzte Stichwort des סריס im Gemeindegesetz nicht gebraucht wird. So auch Haarmann,
JHWH-Verehrer, 224. Die Gleichsetzung mit den in 23,2 beschriebenen Versehrten sollte als

2.3.2.2 Die Regierungszeit Jojakims

Es hat sich gezeigt, dass bei den Argumenten für eine vorexilische Datierung des Gemeindegesetzes das positive Edom- und Ägyptenbild eine entscheidende Rolle spielt, da in nachexilischer Zeit ein derart positiver Bezug auf Edom nicht zu dem in der alttestamentlichen Literatur sonst vorherrschenden kritischen Ton dem Brüdervolk gegenüber passt.[349] So stellt sich die Frage nach einer politischen Situation, in der eine positive Edom- und Ägyptensicht und zugleich eine negative Moab- und Ammonsicht wahrscheinlich zu machen ist. Die Inklusion und Exklusion dieser Menschengruppen ist dabei noch einmal genauer zu betrachten. So gilt die Feststellung von Mowinckel: „[E]s ist eine bekannte Sache, daß die Begründung sich nicht immer mit den tatsächlichen Motiven deckt; diese sind meistens nicht in irgendwelchen hübschen Gefühlen, sondern in realen, sozialen und politischen Zeitverhältnissen zu suchen."[350]

Beachtenswert ist, dass das Gemeindegesetz nicht reflektiert, wie mit Angehörigen fremder Völker generell umzugehen ist, sondern sich detailliert mit vier konkreten Nachbarvölkern auseinandersetzt. In welcher Zeit sind nun ein positives Verhältnis zu Edom und Ägypten und ein negatives zu Ammon und Moab zu vermuten?[351] Gerade, dass es Unterschiede zwischen der Bewertung Ammons und

---

weiterführende Interpretation kenntlich gemacht werden. In Jer 51,51 werden, wie in Klgl 1,10, die in das Heiligtum eingedrungenen Fremden genannt. Eine direkte Aufnahme des Gemeindegesetzes findet sich hier nicht, jedoch vermutlich ein indirekter Bezug über die Aufnahme in Klgl 1,10.

349 Ganz anders urteilt Bartlett, Corpus. Er betont den positiven Edombezug in Dtn 2,1 – 8 und auch in Dtn 23,8 und datiert Dtn 2 in die späte exilische Zeit, in der Edom keine Gefahr mehr ist. „Possibly the author writes from a late, postexilic situation when Edomites are no longer any threat. This later deuteronomistic theologian may be aware that Yahweh's roots were in Edom and the neighbouring regions of the south." (a.a.O., 18). Die wirklich negative Zeit sieht er also in der monarchischen Zeit Israels gegeben. Dies widerspricht der normalen Frühdatierung von Dtn 23 gerade aufgrund des positiven Edombildes. „The attitude of the account in Deut 2:1 – 8 and Deut 23:8, however, belongs to the postmonarchic situation or to a totally different theological appreciation of the relationship between Edom and Judah, or to both." (a.a.O., 20 f.). Doch vgl. zu Edom Wöhrle, Abschluss, 212 – 218.

350 Mowinckel, Deuteronomium, 86.

351 Im Gegensatz zu dieser politischen Deutung wird immer wieder die Herabsetzung der Moabiter und Ammoniter durch Gen 19 und die dortige Inzestgeschichte begründet. Gerstenberger, Israel, 332 f., sieht in Dtn 23,2 – 9 eine Aufnahme der diskreditierenden Moab/Ammon-Tradition aus Gen 19. Das positive Edom- und Ägyptenbild erschließt er sich ebenfalls aus Bezügen zur Genesis (für Edom die genealogische Verwandtschaft in Gen 25,21 – 28; 27; 33 und für Ägypten die Jakob gewährten Gastrechte in Gen 46 – 50). Die nachexilische Abfassung des Gemeindegesetzes sieht er durch diese Schriftauslegung belegt. So fasst er zusammen: „Die Wirklichkeit der Gemeinde wird also am Beispiel von scharfen Zulassungsbeschränkungen aus der Schrift konstruiert, nicht aus dem Alltagsleben." (333). Eine ähnliche Abwehr der Rekon-

Moabs auf der einen Seite und Edoms auf der anderen Seite gibt, ist erstaunlich, da die drei Nachbarstaaten im Alten Testament gemeinhin als Trias behandelt werden. Und auch die Einschätzung Bertholets, dass sich Moab und Ammon als nächste Nachbarn „eines besonderen Hasses erfreuten",[352] ließe sich mit gleicher Plausibilität für Edom vermuten.

Sucht man nach alttestamentlichen Texten, die ein negatives Bild von Ammon und Moab zeichnen, ohne dass Edom zugleich kritisiert wird, kommt man zu folgenden Passagen:[353]

Moabiter und Ammoniter ohne Edomiter	
Dtn 23,4	Gemeindegesetz
Ri 10,6; 1 Kön 11,1.7.33; 2 Kön 23,13	Auseinandersetzung mit fremden Göttern (kein politischer Fokus)
2 Kön 24,2	**kriegerische Bedrohung zur Zeit Jojakims; Koalition aus Aramäern, Babyloniern, Ammonitern und Moabitern**
2 Chr 24,26	Verschwörung zur Joaschzeit; in der Parallele in 2 Kön 12,22 gehören diese zu den Knechten und haben keine Nationalität
Esra 9,1	Mischehenthematik in der Esrazeit, negative Perspektive auch auf Ägypten
Neh 13,1.23	Zitat von Dtn 23 fokussiert auf Mischehenproblematik
Zeph 2,8 f.	**Hohn Moabs und Ammons gegen Juda**

Wie die Übersicht zeigt, so bleiben nur 2 Kön 24,2 und Zeph 2,8 f. als Texte übrig, die eine geeignete Situation beschreiben.[354] Bei dieser Betrachtung geht es nicht

---

struktion einer politischen Situation findet sich bei Bultmann, Fremde, 112, der die Abwehr der Verehrung der Nationalgötter Milkom und Kemosch in den Mittelpunkt rückt: „Ein Erklärungsgrund für die Vorschrift Dtn 23,4 ist also nicht auf der Ebene der politischen Ereignisgeschichte zu suchen, sondern im Yahweh-alone-Konzept der dtn Bewegung."

352 Mowinckel, Deuteronomium, 95.

353 Hierbei bleibt methodisch das Problem, dass eine Rekonstruktion der geschichtlichen Verhältnisse auf Grundlage der biblischen Texte immer lückenhaft und tendenziös gefärbt ist. So kann es politische Verschränkungen gegeben haben, die keine sichtbaren Spuren im Alten Testament hinterlassen haben. Doch bleibt an dieser Stelle nichts anders übrig, als die Texte heranzuziehen, die uns zur Beurteilung des Verhältnisses zwischen Israel und seinen Nachbarn zur Verfügung stehen.

354 In Zeph 2,8 f. findet sich ebenfalls ein Reflex auf Moab und Ammon ohne die Nennung Edoms: (*[8]Ich habe die Schmähung Moabs und das Lästern der Ammoniter gehört, mit dem sie mein Volk geschmäht haben und großgetan haben gegen sein Gebiet.*) Jedoch ist der Text eindeutig

um literarische Abhängigkeiten des Gemeindegesetzes, sondern um die Suche nach einer politischen Situation, in die es gesprochen sein kann. Moab und Ammon haben sich nach 2 Kön 24,2 gemeinsam mit den Babyloniern und Aramäern an einem Überfall auf Juda beteiligt. Von Edom fehlt jede Spur – es wird ab 2 Kön 14 nicht mehr genannt. Über Ägypten wird in diesem Kontext in 2 Kön 24,7 nur notiert, dass es keine kriegerischen Streifzüge mehr außerhalb des eigenen Landes unternehme.

2 Kön 24,1 f. beschreibt den Konflikt zwischen Nebukadnezar und Jojakim kurz vor dem Untergang Jerusalems:

[1]In seinen (Jojakims) Tagen zog Nebukadnezar, der König von Babel, herauf und Jojakim diente ihm drei Jahre. Dann wandte er sich ab und wurde ihm gegenüber rebellisch. [2]Und Jhwh sandte gegen ihn (Jojakim) Streifscharen der Chaldäer (כשׂדים) und Streifscharen Arams (ארם)[355] und Streifscharen Moabs (מואב) und Streifscharen der Ammoniter (בני־עמון) und er

---

parallel zu 2 Kön 24,2. Williams, Date, 84, und Nogalski, Precursors, 180, benutzen die Verbindung zwischen Zeph 2,8 f. und 2 Kön 24,2, um den historischen Zephanja in diese Zeit zu verorten. Dabei werden die in 2 Kön 24,2 geschilderten Ereignisse zwischen 602 und 598 v. Chr. datiert. Wöhrle, Sammlungen, 223 f.267 mit Anm. 97, argumentiert dagegen überzeugend für eine literarische Abhängigkeit und rechnet die Verse nicht dem Grundbestand des Zephanjabuches, sondern einer dtr Redaktion zu. Aus der literarischen Abhängigkeit folgt, dass Zeph 2,8 f. selbst nicht als eigenständiger Zeuge für die Situation unter Jojakim gelten kann.

355 Es besteht jedoch ein Problem bei der biblischen Darstellung dieser Ereignisse in 2 Kön 24,2. Diese Lesart entspricht MT, LXX und V. Der Text wird jedoch immer wieder geändert, indem statt „Aram" „Edom" gelesen wird, wobei auf die Wiedergabe der Peshitta verwiesen wird. Dabei bietet die Peshitta genauer dargestellt statt Aram Moab und statt Moab Edom, es liegt also eine doppelte Änderung / Verdrehung vor. Edom ist an dieser Stelle im Syrischen plene geschrieben, wodurch eine deutliche Unterscheidung zu Aram möglich ist. Der Befund in der Peshitta ist also eindeutig und es werden auch keine Varianten angegeben. Deshalb beziehen sowohl Weippert, Edom, 342 – 344, als auch Donner, Geschichte, 405 Anm. 23, der sich Weipperts Untersuchung anschließt, die in 2 Kön 24,2 beschriebenen Geschehnissen auf die Edomiter an der Seite der Ammoniter und Moabiter. Auch Würthwein, Bücher, 468 f., ändert „Aram" in „Edom" mit Bezug auf den Apparat der BH Kittel, der auf אדום als Lesart aufgrund der Peshitta verweist, und auf Malamat, Kings, 143. Dieser begründet jedoch auch nicht selbst, sondern verweist auf Aharoni, Arad, 17 f. Aharoni verbindet ein in Arad gefundenes Ostrakon, das von einer feindlichen Attacke durch Edom berichtet, mit Hilfe des geänderten Textes in 2 Kön 24,2 und Jer 35,11 (wo jedoch ebenfalls Aram im MT steht und die Peshitta אדם bietet, in der LXX steht an dieser Stelle Ἀσσυρίων), ohne den textkritischen Eingriff zu begründen. Diese hier dargestellte Verweiskette zeigt, dass die Änderung auf instabilen Füßen steht. Denn der vermeintliche archäologische Beweis wird nur in Abhängigkeit der Änderung in 2 Kön 24,2 gedeutet und die dortige Änderung basiert ausschließlich auf der Peshitta. Doch ist dieser Befund viel besser als Angleichung an die normale Trias Ammon, Moab, Edom zu verstehen, die die Peshitta vornimmt. Zudem ist zu fragen, ob nicht die syrischen Übersetzer ein Interesse daran hatten, gerade die Aramäer aus dem Text zu streichen. Gegen eine Änderung argumentiert Wöhrle, Abschluss, 213 Anm. 67. Auch

sandte sie gegen Juda, um es zu vernichten, gemäß dem Wort Jhwhs, das er durch seine Diener, die Propheten, gesprochen hat.

Nachdem Nebukadnezar vermutlich 601 v.Chr. gegen Ägypten gezogen ist und dort vorerst nicht siegen konnte, verändern sich die Kräfteverhältnisse kurzfristig in Jerusalem.[356] In dieser Zwischenzeit des wiedererstarkenden ägyptischen Einflusses ist die Revolte Jojakims (2 Kön 24,1) zu verorten. Lipschits rekonstruiert für diese Zeit „a break in the continuity of Babylonian rule over Palestine and a period when the area was subject to Egyptian influence, perhaps even actual Egyptian rule."[357] Die vorübergehende Änderung des Verhältnisses zu Ägypten kann mit der geforderten Verhaltensänderung in Dtn 23,8 parallelisiert werden. Nicht Abscheu ist den Ägyptern entgegen zu bringen, sie sind nicht (mehr) als Gräuel zu betrachten und nach drei Generationen – wenn die politische Lage hält? – könnten sie sogar in den יהוה קהל aufgenommen werden. Dass gerade in einer Situation, in der auch der politische Einfluss Ägyptens auf Juda steigt, auf die Abhängigkeit im Status des גר (nicht des עבד!) verwiesen wird, passt zudem ins Bild. Als in den folgenden Jahren, den letzten vor dem Untergang Jerusalems, Nebukadnezar seinen Einfluss in Juda wieder herstellt, wird er dabei von militärischen Hilfs-

---

Bartlett, Edom, 149, spricht sich gegen die Textänderung von MT in 2 Kön 24,2 und die Verbindung mit dem Ostrakon 24 in Arad aus: „there is no pressing need to emend the text of 2 Kgs 24.2, and no clear evidence of Edomite aggression in 599/8 BCE, though it might not be surprising to find Edom taking advantage of Judah's difficulties." Und er rekonstruiert im Rahmen seiner Darstellung des Verhältnisses zwischen Ammon und Israel durch die Jahrhunderte der Nachbarschaft besonders gegen Ende des 7. Jh. eine zunehmend aggressive Haltung der Ammoniter Juda gegenüber (vgl. Bartlett, Art. Ammon, 460). Zudem verstärkt Wiseman, Nebuchadrezzar, 30f., die Plausibilität für die Lesung „Aram" durch Überlegungen zu den Routen Nebukadnezars und durch den Hinweis auf eine babylonische Tributliste, in der Aramu neben Kaldu und Hattu genannt wird. Und auch Lipschits, Fall, 53 Anm. 57, hält die Lesart Aram aus textkritischen und historischen Überlegungen (auch durch den stützenden Beleg in Jer 35,11 und im Anschluss an die Darstellungen der assyrischen Texte bei Montgomery und Cogan / Tadmor) für die wahrscheinlichere. „Aramean tribes lived close to Babylon, and it is not surprising that Aramean forces fought together with the Babylonian army." Vgl. Cogan / Tadmor, 2 Kings, 306. Diese verweisen auch darauf, dass nach Jer 27 zu dieser Zeit Edom selbst gegen die Babylonier rebellierte. Doch sind in Jer 27, das auf die Ereignisse am Beginn von Zedekias Herrschaft verweist, Moab und Ammon in gleicher Weise wie Edom angesprochen, sodass bei einer zu starken Gewichtung dieses Vergleichs die Nennung von Moab und Ammon in 2 Kön 24,2 ebenfalls in Frage gestellt werden würde.

356 Die Schilderung der außenpolitischen Situation zwischen 601 und 597 v.Chr. findet sich bei Lipschits, Fall, 49–55. Als weiteren biblischen Beleg, der die Verhältnisse um 600 veranschaulicht, lässt sich noch die Prophezeiung in Jer 35,11 heranziehen.

357 Lipschits, Fall, 51. Auch Donner, Geschichte, 404, hält „Einflüsterungen von seiten der Ägypter" für einen möglichen Mitauslöser des Abfalls Jojakims von den Babyloniern.

gruppen der Aramäer, Moabiter und Ammoniter unterstützt,[358] die die Kapitulation Judas vorbereiten sollen.

Die hier beschriebene Situation korreliert treffend mit den Beschreibungen im Gemeindegesetz: Die Gefahr durch die Babylonier droht, Moab und Ammon haben sich als Feinde erwiesen und scheiden somit als Bündnispartner endgültig aus, in Richtung Ägypten herrscht Frieden. Gegen die Babylonier bleiben also als mögliche Verbündete Edom und Ägypten übrig.[359] So zeigt sich implizit im Gemeindegesetz die Werbung für ein Bündnis mit Edom und Ägypten. Dass sich diese Hoffnung nicht erfüllt hat, wird im durchgängig negativen Bild Edoms als Bruder ab der exilischen Zeit sichtbar.

Zu dieser politischen Situation passen auch die Beschreibungen des Verhältnisses zwischen Edom und Israel als Brüder auf der einen und die Erinnerung an Israels Fremdling-Sein in Ägypten auf der anderen Seite. Als Bruder weist Edom den gleichen Rang auf wie Israel. Zwischen beiden können gleichberechtigte Verträge geschlossen werden. In Bezug auf Ägypten wird jedoch auf den Schutzstatus des גר verwiesen, den Israel eingenommen hat. Damit liegt die Rolle der Macht und der politischen Entscheidung auf Seiten der Ägypter. Sie tragen die Verantwortung für Israel.

Das Gemeindegesetz reagiert, wie gezeigt werden konnte, auf die außenpolitischen Verhältnisse und benutzt dabei eine vertragsrechtliche Sprache. Dabei fungiert es jedoch nicht als internationales Vertragsdokument, sondern ist für Israel selbst geschrieben. Es dient zugleich als Spiegel für eine gelingende israelitische Gesellschaft.[360] Hier werden die Grundlinien festgelegt, die auch für das eigene Volk gelten. Edom und Ägypten, also die Völker, für die ein Eintritt in die israelitische Gemeinschaft möglich ist, werden in Verbindung mit den beiden Termini bezeichnet, die im ganzen deuteronomischen Gesetz für die innerisraelitische Solidarität untereinander stehen und die für eine stabile Gesellschaft zu schützen sind: Edom als אח und Israel in Ägypten als גר. Aufgenommen werden also diejenigen, die mit dem eigenen Gesellschaftsideal korrespondieren. In etwas

---

358 Vgl. Donner, Geschichte, 404 f., und Würthwein, Königskommentar, 468. Für eine etwas abweichende Chronologie plädiert Na'aman, Nebuchadrezzar.
359 In dieser Hinsicht ist die gängige fast mythische Rede von Ägypten als Sklavenhaus vom konkreten Ägypter zu trennen, mit dem man in Kontakt tritt, wie Kessler, Ägyptenbilder, 125 f., es ausführt. In dieser Linie auch Mayes, NCC, 318.
360 Kessler, Ägyptenbilder, 122 – 128.157 – 160, hat auf die Rolle Ägyptens als Projektionsfläche und Spiegel für israelitische Probleme hingewiesen. Dies kann auch auf die anderen im Deuteronomium behandelten Völker übertragen werden, wie es an dieser Stelle mit Bezug auf das Gemeindegesetz schon deutlich wird, aber auch in Bezug auf Dtn 1 – 3 der Fall ist (vgl. Kapitel 3.2.2.1; 170 – 174). Kessler legt dabei den Fokus auf den Monotheismus, doch gilt dies für jeden kulturellen Bereich.

modifizierter Aufnahme eines Diktums des Soziologen Alois Hahn kann also zusammengefasst werden: Sage mir, wen Du als nicht zu fremd betrachtest, und Du zeigst mir, wer Du sein willst.[361]

Die inner- und außerbiblische Rezeptionsgeschichte des Gemeindegesetzes – gerade in Form einer Ehegesetzgebung – führt dann vor Augen, wie ein ursprünglich in eine konkrete außenpolitische Situation hineingeschriebenes Gesetz, diesen Kontext vollständig verlieren und zur Grundlage völlig neuer Aushandlungsprozesse um die Grenzen der eigenen kollektiven Identität werden kann.

2.4 Religiöse Gefahr durch Fremde?

Die im vorherigen Kapitel aufgezeichneten Überlegungen zum Gemeindegesetz sowie zum Fremdling (גר) konnten zeigen, dass es im vorexilischen Deuteronomium Formen der partiellen Integration gibt, so im Falle der Fremdlinge, die zur Gemeinschaft hinzugenommen und an den religiösen Feiern beteiligt werden, und im Falle der Edomiter und Ägypter, die nach einiger Zeit in die Gemeinschaft aufgenommen werden können. Zugleich gibt es deutliche Grenzziehungen zu Fremden, wie der geforderte Umgang mit den Ausländern (נכרי) und in anderer Konnotation mit den Ammonitern und Moabitern erkennen lässt.

Im nächsten Schritt ist nun zu untersuchen, wie die im deuteronomischen Gesetz geforderte Kultreinheit mit dem Umgang mit ausländischen Menschen verknüpft ist. Ist die rigide Abgrenzung nach außen unmittelbar mit der Abwehr der anderen Götter und ihrer Einflüsse auf den Kult zu verbinden, wie es ein synchron ausgerichteter Blick auf die Jetztgestalt des Deuteronomiums nahe legt? Ein Blick auf das vorexilische deuteronomische Gesetz stellt diese Verknüpfung in Frage. So wird auffälliger Weise im Kontext der גר-Gesetzgebung die Gefahr der Verführung zum Fremdkult an keiner Stelle thematisiert. Im Gegenteil: Der גר wird sogar nach der Darstellung in Dtn 16 zu den eigenen Hauptfesten (mit Ausnahme des Passafests) mitgenommen und in die Feierlichkeiten integriert.[362]

---

361 Vgl. Hahn, Identitäten, 115. Hier lautet der auch für diese Arbeit so entscheidende Ausspruch: „Sage mir, wen oder was du für fremd hältst, und ich sage dir, wer du sein willst." Dieser Zusammenhang ist in Kapitel 1.2.2 (bes. 20f.) zu den Grundlagen einer Soziologie des Fremden genauer dargestellt.

362 Vgl. dazu oben die Ausführungen zur partiellen Integration des גר 53–56. Auch in der Auslegung des Gemeindegesetzes konnte gezeigt werden, dass nicht die Abwehr der fremden Kulte und der ausländischen Nationalgötter im Mittelpunkt steht, sondern die gemeinsame Geschichte dieser Völker mit Israel. In der oben begründeten Auslegung, die das Ringen um

Bei diesen Beobachtungen stellt sich die Frage, ob das deuteronomische Gesetz die Fremden überhaupt als religiöse Bedrohung wahrnimmt, wie es durch die deuteronomistischen Erweiterungen und Rahmenreden nahe gelegt wird.[363] Diese Frage wird im Folgenden über zwei Zugangswege beantwortet, die sich gegenseitig ergänzen. So wird in einem ersten kürzeren Schritt der Kontakt mit nichtisraelitischen Menschen im Rahmen der Kriegsgesetzgebung (Dtn 20; 21,10 – 14) daraufhin untersucht, inwiefern der Kontakt mit den Feinden auch eine religiöse Gefahr darstellt. In einem zweiten ausführlichen Schritt wird Dtn 13 als Kerntext der religiösen Abgrenzung in den Blick genommen und danach gefragt, inwiefern die hier beschriebene religiöse Gefahr der Apostasie mit den Fremden verbunden wird.

2.4.1 Kriegskontakt mit Fremden: Dtn 20 und 21,10 – 14

Neben dem Gesetz zum Heerlager (Dtn 23,10 – 15) und der kurzen Bemerkung im Rahmen der Ehegesetze, dass ein Frischvermählter vom Kriegsdienst befreit ist (Dtn 24,5), erfolgen im deuteronomischen Gesetz zwei ausführlichere Bestimmungen, die sich auf kriegerische Handlungen beziehen. Zum einen ist dies das Kriegsgesetz in Dtn 20, das Regelungen zur Zurückstellung vom Kriegsdienst sowie Vorschriften bei der Übernahme feindlicher Städte enthält. Das zweite Gesetz, in Dtn 21,10 – 14, betrifft die Annahme einer im Krieg erbeuteten Frau. Beide Gesetze legen Grundlinien eines rechtmäßigen Handelns fest. Wie alle Texte des deuteronomischen Gesetzes sind auch die Regelungen zum Krieg keine bi- oder multilateralen Verträge mit anderen Staaten oder Völkern, sondern haben die Israeliten selbst als Adressaten.[364] Sie sind also keine Kompromisse internationaler

---

vertrauenswürdige Partner im ausgehenden 7. Jh. zum Schlüssel des Verständnisses macht, spielen politische Motive eine weit höhere Rolle als religiöse.

363 Belege wie Dtn 12,2–7 (Vernichtung der Kultstätten) und 12,29–31 (Ausrottung der Völker im Land), die eine solche Perspektive aufweisen, gehören zu den nachexilischen dtr Erweiterungen des Gesetzes und haben einen deutlichen Bezug zum literarischen Rahmen des dtn Gesetzes. Diese Thematik ist genauer in Kapitel 4.3.2 (224–236) zu den sogenannten historisierenden Gebotseinleitungen dargestellt. Das gleiche gilt für den Bezug zur Vorbevölkerung und den Molochkult im Prophetengesetz (Dtn 18,9–22), in dem ebenfalls der Landnahme- und Mosebezug vorgegeben ist.

364 Es ist jedoch nicht verwunderlich, dass gerade im Gemeindegesetz in Dtn 23,2–9, in dem es um den Umgang mit Menschen aus den Völkern geht, eine Terminologie verwendet wird, die der altorientalischen Vertragsliteratur nahe kommt. Vgl. dazu die Ausführungen zum Gemeindegesetz in Kapitel 2.3 (69–104). Doch auch dieser Text ist für Israel geschrieben und ringt letztlich um die Stabilität der israelitischen Gemeinschaft.

Aushandlungsprozesse, in denen sich verschiedene Interessen widerspiegelten, sondern bilden ein Ideal ab, das sich Israel für eine gerechte Kriegsführung imaginiert.

Im Kriegsgesetz sind die Gegner als Feinde (אֹיֵב; Dtn 20,1.3 f.14) bezeichnet. Eine Spezifizierung, ob es sich dabei um Fremde oder um Bewohner anderer Städte Israels handelt, wird nicht getroffen. Da jedoch das Gesetz das israelitische ‚Du' anspricht, ist davon auszugehen, dass es sich hier eher um internationale Konflikte handelt. Die Kategorie der Fremdheit ist jedoch im Gesetz nicht explizit berührt. Nur in Dtn 20,15–18, das sich als nachexilische Erweiterung erweisen lässt,[365] werden die Gegner im eigenen Land genauer bestimmt und von den anderen abgehoben. Im Rahmen dieser Einfügung werden die zuvor genannten Regelungen auf die weit entfernt liegenden Städte, jene außerhalb des Landes beschränkt. Durch diese Perspektivverschiebung werden die vergleichsweise milden Richtlinien bei der Einnahme einer Stadt also gerade auf die wirklich fremden, die weit entfernt liegenden Städte bezogen.

Ergibt sich eine Stadt friedlich, so werden ihre Einwohner in den Dienst genommen, die Stadt wird tributpflichtig (V. 10 f.). Weigert sie sich, so werden die männlichen Bewohner getötet, Frauen und Kinder können als Beute genommen werden (V. 12–14). Das materielle Beutegut ist zudem zum Verzehr freigegeben. Der Kontakt mit den Bewohnern oder ihrem Gut birgt folglich keinerlei religiöse Gefahr der Verunreinigung. Dies ist insofern bemerkenswert, als der nachexilische Zusatz in V. 15–18 grundlegend von einer dergestaltigen Gefahr ausgeht. In der Perspektive der vorexilischen Zeit scheint ein solcher Kontakt aber kein Gefahrenpotential zu bergen.

Noch deutlicher zu erkennen ist dies im zweiten Gesetz, das sich speziell mit dem Umgang mit kriegsgefangenen Frauen auseinandersetzt (Dtn 21,10–14):

[10]Wenn du zum Krieg gegen deine Feinde auszieht und Jhwh, dein Gott, sie in deine Hand gibt und du ihre Gefangenen wegführst [11]und du bei den Gefangenen eine Frau mit schöner Gestalt siehst und an ihr hängen bleibst und sie dir zur Frau nimmst, [12]dann bringe sie in dein Haus und sie soll ihren Kopf scheren und ihre Fingernägel machen [13]und die Kleider ihrer Gefangenschaft von sich ablegen und in deinem Haus wohnen und ihren Vater und ihre Mutter einen Monat lang beweinen. Und danach kannst du zu ihr kommen und sie heiraten und sie wird deine Frau sein. [14]Wenn Du aber kein Gefallen mehr an ihr hast, dann sollst du

---

365 Diese kurze Passage hebt sich terminologisch vom Vorherigen ab und kommt im Erzählablauf zu spät. Zudem ist sie eng mit jenen nachexilisch zu datierenden Texten verbunden, die die Völker im eigenen Land in den Blick rücken und zur religiösen Gefahr stilisieren. Vgl. dazu die Ausführungen zu Dtn 20,15–18 in Kapitel 4.3.2.2 (236–239). Ebenfalls aus dem Grundbestand des Kriegsgesetzes zu lösen ist die pluralisch formulierte Passage V. 2–4, die die Priester einführt. Vgl. Seitz, Studien, 155–159, und im Überblick Nielsen, HAT 1,6, 198 f.

sie nach ihrem Wunsch entlassen, aber du darfst sie auf keinen Fall für Silber verkaufen und sollst mit ihr keinen Handel treiben, weil du sie gedemütigt hast.

Dtn 21,10 – 14 bespricht einen Sonderfall bei der Behandlung gefangen genommener Kriegsgegner. Findet ein Israelit Gefallen an einer gefangen genommenen Frau, so kann er sie heiraten und darf sie später zwar wieder entlassen, jedoch nicht mehr verkaufen. Die gefangene Frau muss vor der Eheschließung einen Trennungs-Ritus vollziehen,[366] mit dem sie den Status als Gefangene verliert, dabei aber zugleich – ausgedrückt im Bild des Beweinens der Eltern – eine Distanz zu ihrem bisherigen Leben aufbaut.[367]

Auch hier ist wiederum ein negativer Befund auffällig. So wird weder festgelegt, dass eine solche Ehe nur mit israelitischen Frauen geschlossen werden darf, noch dass zur Aufnahme in die israelitische Gesellschaft eine etwaige Trennung von eigenen verehrten Gottheiten nötig wäre.[368]

Mit Blick auf beide Gesetze, die einen Kontakt mit Fremden im kriegerischen Kontext beschreiben, kann folglich festgehalten werden, dass keine unmittelbare religiöse Gefahr von diesen Fremden ausgeht. Auch das in späteren deuteronomistischen Stufen des Deuteronomiums gesehene religiöse Gefahrenpotential bei Mischehen, wie es vor allem in Dtn 7 beschrieben wird, scheint in vorexilischer Zeit kein drängendes Problem gewesen zu sein.[369]

---

366 Vgl. zu den hier beschriebenen Mechanismen der Aufnahme in die Gemeinschaft Olyan, Rites, 97f. Rose, ZBK 5,1, 233, stellt heraus, dass es sich hier nicht um ein religiöses Reinigungsritual handelt, sondern um einen Trauerritus. So betont auch er, dass der Text „nicht die geringste Spur von religiösen Vorbehalten gegenüber einer solchen fremden (‚unreinen') Frau erkennen" lässt.

367 Vgl. dazu auch Rose, ZBK 5,1, 234.

368 Otto, Deuteronomiumstudien II, 192f., der Dtn 21,10 – 14 für ein Produkt der dtr Moabredaktion hält, gleicht die Spannung zwischen dem nach seiner Theorie ebenfalls von dieser Redaktion stammenden Konnubiumsverbot in Dtn 7,3 und Dtn 21 durch die Verknüpfung mit der dtr Einfügung ins Kriegsgesetz (Dtn 20,15 – 18) aus. Liest man alle Texte zusammen, so gelte das Mischehenverbot für die Landbevölkerung, die nahen Völker, während die Heiratsregelungen sich auf die fernen Völker bezögen. Diese Kombination ist möglich, jedoch erscheint in Dtn 21,10 – 14 kein Hinweis darauf, aus welchem Gebiet die erbeuteten Frauen stammen dürfen. Leichter erklärbar ist die Differenz, wenn Dtn 21,10 – 14 für eine ältere Gesetzgebung gehalten wird, so wie es hier bei der Zuordnung zum dtn Teil des Gesetzes geschieht.

369 Achenbach, Israel, 239, kann so feststellen: „Das DT. kennt das Mischehenverbot noch nicht, weder in Dtn. 13 noch in Dtn. 20, und es sieht sich auch nicht genötigt, das Gesetz über die Ehelichung kriegsgefangener Frauen entsprechend zu kommentieren. So bleibt das Mischehenverbot zunächst auf den (fiktiven) Bereich der Landnahme-Gebote beschränkt. Es ist sicher jünger als der Kern des DT."

Dieses Ergebnis ist nun auch aus der entgegengesetzten Fragerichtung zu beleuchten. Hat sich bisher herausgestellt, dass im Rahmen des Kontakts mit Kriegsgegnern kein religiöses Gefahrenpotential für Israel gesehen wird, so ist nun im zweiten Schritt zu untersuchen, ob die Texte, die diese Gefahren beleuchten, eine Verknüpfung zu Fremden herstellen.

2.4.2 Dtn 13: Die Gefahr der Verehrung anderer Götter

Die Verehrung anderer Götter wird in Dtn 13 in großer Schärfe behandelt. Dieses Thema wird zu einem der leitenden Aspekte, welche die verschiedenen deuteronomischen und deuteronomistischen Verfassergruppen verbindet. Doch wo kommen diese anderen Götter her und sind sie in vorexilischer Zeit der Kategorie des Fremden zuzuschlagen?

Das Kapitel Dtn 13 setzt sich aus drei verschiedenen Fällen der Verführung zu anderen Göttern zusammen, die sich in der jeweiligen sozialen Situierung unterscheiden. Im ersten Fall (V. 2–6) tritt ein Prophet in der Mitte Israels („in deiner Mitte") auf, im zweiten Fall (V. 7–12) wird die Verführung des angesprochenen ‚Du' durch einen Familienangehörigen[370] gesetzlich geregelt und im dritten Fall (V. 13–18) steht der Abfall einer ganzen Stadt von Jhwh im Mittelpunkt. Das Kapitel wird in seiner jetzigen Gestalt durch einen sekundär angefügten Rahmen (V. 1.19) zusammengehalten, wobei V. 1 eine enge Verknüpfung zu Kapitel 12 herstellt.[371] Neben dieser Rahmung ist auch der ganze dritte Fall als nachträgliche Ergänzung erkennbar. So sind schon seit langem intertextuelle Bezüge aufgefallen, die sich nur in V. 13–18 finden. Zu nennen ist die Mehrungsverheißung mit dem Bezug auf die Erzeltern[372] sowie die vielen Bezüge zu Jos 6–8[373] und der deuteronomisti-

---

370 Der Bruderbegriff wird durch „den Sohn deiner Mutter" spezifiziert, da es sich im Deuteronomium sonst immer wieder um den Bruder als Teil des israelitischen Volkes handelt, wie es auch Rose, ZBK 5,1, 301, interpretiert, und ist eher nicht als Steigerung von Bruder zu Vollbruder zu beurteilen, wie es Nielsen, HAT 1,6, 143f., vorschlägt.

371 Es besteht ein breiter Konsens darin, dass Dtn 13,1 sekundär vor das Gesetz geschaltet ist, vgl. etwa Rose, ZBK 5,1, 19, Veijola, ATD 8,1, 284. Dtn 13,19 wird zum Teil wie bei Veijola zum dritten Fall hinzugezogen, da sich der Vers bruchlos an V. 18 anfügt. Als Begründungssatz schließt der Vers tatsächlich direkt an V. 18 an, liefert aber eine neue Konditionierung für das Erbarmen Gottes. Insofern ist es wohl eher eine theologische Neubegründung, die zu den allgemeinen rahmenden Strukturen gehört und von dem ebenfalls als Ergänzung anzusehenden dritten Fall (Dtn 13,13–18) noch einmal abzusetzen ist.

372 Die Betonung des Schwurs und der Mehrung machen eine Deutung der Väter als Erzväter wahrscheinlich, wie es die Mehrzahl der Exegeten annimmt. Gegen diese Deutung spricht sich Römer, Israels Väter, 167–171, für eine Verbindung der Väter mit der Exodusgeneration aus.

schen Bannthematik im Allgemeinen, wie sie etwa auch im nachexilischen Text Dtn 7,25 f.[374] begegnen.[375]

---

373 Die Bezüge zu Jos 6–8 liegen auf der Hand. So kommen etwa in Jos 6,21 die gleichen Stichworte פי־חרב und חרם wie in Dtn 13,16 vor, wie auch in der deuteronomistischen Ergänzung im Kriegsgesetz in Dtn 20,15–18. Der markante Ausdruck „ewiger Schutthaufen" (תל עולם) findet sich sonst nur in Jos 8,28 nach dem Bann an Ai. Hier werden zwar die Tiere und die Beute verschont, worin ein Unterschied zu Dtn 13 liegt, doch findet sich dieses rigidere Motiv in Jos 6,21. Neben dem Beuteverbot kommt auch das Wutschnauben Jhwhs (אפו חרון) im Kontext der Achangeschichte und seines Diebstahls vor. Dieser wird wegen der Nichteinhaltung des Banns getötet, indem das Volk ihn steinigt und dadurch den Zorn Gottes abwendet (Jos 7,25 f.). Die Begriffskombination kommt im ganzen Deuteronomium und in Jos sonst nicht vor. So kann der ganze Abschnitt zum Abfall einer Stadt als eine Art Exegese von Jos 6–8 gelesen werden, durch die die dort verteilt auftretenden Stichworte aufgenommen und zusammengebunden werden. Vgl. die Übersicht bei Koch, Vertrag, 127, und schon die aufgezeigten Bezüge bei Merendino, Gesetz, 69–71. Er selbst rekonstruiert einen Grundtext aus V. 13–19, der stark fragmentarischen Charakter hat, da er nur noch aus V. 14ab.16ab besteht (70 f.). Das Thema des Bannes sieht auch Veijola, ATD 8,1, 292 f., als Ergänzung, die an die Achangeschichte in Jos 6 und an Dtn 7,25 f. erinnert. Darum scheidet er 16b.17aα*βb.18a als sekundär aus, doch trennt er damit das Motiv des Schwertes von dem des Bannes, obwohl beides in den Josuaparallelen vorkommt. Besser ist der ganze Abschnitt als deuteronomistische Anfügung zum älteren Gesetz zu beurteilen. Dabei zeigen sich im Bannbegriff sowie vor allem im תועבה-Konzept deutliche konzeptionelle und terminologische Verbindungen zu den nachexilisch zu datierenden Texten Dtn 7,4 f.16aβb.25 f.; 12,2–7; 12,29–31; 18,9–22 und 20,15–18. Die genaueren Ausführungen zu diesen Textpartien finden sich in Kapitel 4.3 (200–247). Auch Otto, Deuteronomium 1999, 45–50, erkennt Dtn 13,13–18 als sekundär und zieht die Verbindung zu Dtn 12,2–4.29–31 und dem dtr Kriegsgesetz. „Verfällt eine Stadt der Apostasie, so wird sie wie die Feinde Israels (Dtn 20,18) vernichtet werden." (50). Er weist diese Texte (in seinem älteren Modell) der exilischen Redaktion DtrD zu. Römer beurteilt Dtn 13,12–19 analog als spätere Zufügung an, die z.B. das Bannthema aufnimmt. Seines Erachtens gehört dies zur selben Schicht wie die Einfügung des Kriegsgesetzes in Dtn 20 und des Königs- und Prophetengesetzes in 17 f. Vgl. den ganzen Abschnitt bei Römer, Deuteronomistic History, 74–78, auch zur Textrekonstruktion (76). Auch er geht von einer Beeinflussung des Deuteronomiums von assyrischen Verträgen aus, weitet dies aber über Dtn 13 und 28 auf weitere Teile, z.B. 6,4–7, aus.
374 Der Gebrauch der Stichworte תועבה und חרם verknüpft beide Texte. Zu Dtn 7,25 f. im Speziellen sei auf die Seiten 215 f. verwiesen.
375 Ebenfalls auf eine Beurteilung als Zusatz weist das in V. 13–18 benutzte Konzept der „Mitte", das sich von dem im deuteronomischen Gesetz üblichen unterscheidet. Im deuteronomischen Deuteronomium geschieht Unrecht zumeist *in* d(ein)er Mitte (בקרבך), wie es auch im älteren Teil von Dtn 13 in V. 2 formuliert ist. In einem zweiten Schritt erfolgt dann die Aufforderung, es *aus* d(ein)er Mitte zu entfernen (מקרבך). Hier in V. 14 treten die Anstifter jedoch aus der Mitte heraus. Das aus-der-Mitte-Hervorgehen gibt es auch in Jer 30,21 (dort auch mit יצא formuliert). Für das deuteronomische Gesetz ist es analog mit den Formulierungen im Königs- (17,15) und Prophetengesetz (18,15), die sich ebenfalls als sekundäre Zusätze erweisen lassen, wobei es sich an beiden Stellen um das Aussuchen eines Menschen aus einer Gruppe handelt.

Um die literargeschichtliche Einordnung von Dtn 13,2–12 werden in der Forschung engagierte Debatten geführt. Deutliche Gegenpole bilden die Entstehungstheorien von Eckart Otto und Timo Veijola. Betrachtet ersterer Dtn 13* zusammen mit Dtn 28* als Keimzelle des Deuteronomiums,[376] so sieht letzterer in Dtn 13 in erster Linie die junge bundestheologische Redaktion am Werk (DtrB), die er in die frühe nachexilische Zeit datiert.[377] Neben einer unterschiedlichen Einschätzung einzelner Textabschnitte, steht hinter dieser Kontroverse die Frage nach der Abhängigkeit zwischen Dtn 13 und verschiedenen altorientalischen Vertragstexten, und dabei besonders den Vasallenverträgen Asarhaddons.[378] Es besteht jedoch die Gefahr, dass durch die Brille dieser Verträge literarkritische Entscheidungen gefällt werden.[379] Um dies zu vermeiden, sei zunächst Dtn 13,2–12 isoliert auf literarische Spannungen untersucht:[380]

> [2]Wenn in deiner Mitte (בקרבך) ein Prophet oder jemand, der Träume träumt, aufsteht und dir ein Zeichen oder Wunder gibt, [3]und das Zeichen oder Wunder trifft ein, über das er zu dir

---

Vgl. dazu die Kapitel 4.3.2.1 (232–236) zum Prophetengesetz und besonders Kapitel 4.3.3 (240–247) zum Königsgesetz.

376 Vgl. Otto, Deuteronomium 1999, 15–90.

377 Vgl. Veijola, ATD 8,1, 279–293.

378 Neben diesem Text stehen Dtn 13 vor allem die Sefire-Texte nahe. Zu Parallelen zu hetitischen und aramäischen Vasallenverträgen vgl. Koch, Vertrag, 164 f. Vgl. auch Dion, Deuteronomy 13, 198–204.

379 So ist Vorsicht geboten bei der Verbindung literarkritischer Beobachtungen in Dtn 13 mit Entstehungstheorien, die bereits den Vergleich mit den VTE zur Grundlage der Literarkritik machen. Zu V. 13–18 gibt es kein enges Pendant in den VTE. Pakkala, Ort, 130, wirft Otto (implizit) vor, aus diesem Grund Dtn 13,13–18 für sekundär zu halten und betont, dass es keine literarkritischen Gründe für eine Ausscheidung gebe. Und auch Veijola, Deuteronomiumsforschung I, 295, wirft im Anschluss an Köckert Otto eine Zirkularität in der Argumentation vor, da er bereits die Literarkritik von Dtn 13 mit Blick auf die VTE durchführen würde. Die oben in Anm. 373 geführte Argumentation zeigt jedoch, dass auch ohne Rekurs auf die Parallelen zu den Vasalleneiden gut zu begründen ist, dass der dritte Fall eine sekundäre Ergänzung darstellt. Besonders kritisch dazu äußert sich Koch, Vertrag, 124–126.

380 Der recte gedruckte Grundtext gibt die Textstufe an, die sich im deuteronomischen Gesetz befand. Bei Otto, Deuteronomium 1999, bes. 38–45, ist dies bereits die zweite Stufe, die mit der Einbindung des Gesetzes durch den dtn-vordtr Redaktor vollzogen wird. Eine Mehrstufigkeit dieser Ereignisse soll hier nicht in Zweifel gezogen werden, doch orientiert sich diese Studie an einer Dreiteilung in ein vorexilisches, exilisches und nachexilisches Stadium. Zudem werden die Texte als Teil des entstehenden Deuteronomiums analysiert und nicht nach ihren Vorstufen gefragt. Die Kursiva zeigen die im folgenden Abschnitt begründeten literarkritischen Optionen an. Eine detaillierte Diskussion der textkritischen Probleme bietet Dion, Deuteronomy 13, 149–156, der abgesehen von V. 10a MT als den ursprünglichen Text wahrscheinlich macht. Zu V. 10 und dem Festhalten am MT auch hier siehe Anm. 383.

gesagt hat: Lasst uns anderen Göttern (אלהים אחרים) hinterherlaufen, *die ihr nicht kanntet (אשר לא־ידעתם), und ihnen dienen!*, [4]*so sollst du nicht auf die Worte dieses Propheten oder dessen, der die Träume träumt, hören, denn Jhwh, euer Gott, prüft euch, um zu erkennen, ob ihr Jhwh, euren Gott, mit eurem ganzen Herzen und eurer ganzen Seele liebt.* [5]*Jhwh, eurem Gott, sollt ihr nachfolgen und ihn fürchten und seine Gebote bewahren und auf seine Stimme hören und ihm dienen und an ihm kleben.* [6]Der Prophet oder der, der Träume träumt, soll sterben, weil er Falsches (דבר־סרה)[381] geredet hat gegen Jhwh, *euren Gott, der euch aus dem Land Ägypten herausgeführt und dich aus dem Haus der Sklaven erlöst hat, um dich von dem Weg abzubringen, den Jhwh, dein Gott, dir zu gehen befohlen hat.* Du sollst das Böse aus deiner Mitte wegschaffen (ובערת הרע מקרבך).

[7]Wenn dich dein Bruder, ein Sohn deiner Mutter oder dein Sohn oder deine Tochter, eine Frau deines Schoßes oder dein Nächster, der wie deine eigene Seele ist,[382] heimlich zum Abfall verführt, indem er sagt: Lasst uns gehen und anderen Göttern (אלהים אחרים) dienen, *die du und deine Väter nicht kannten (אשר לא ידעת אתה ואבתיך),* [8]*von den Göttern der Völker, die euch umgeben, in deiner Nähe oder die, die weit entfernt von dir sind, vom einen Ende der Erde bis zum anderen Ende der Erde,* [9]Dann gib ihm nicht nach und höre nicht auf ihn und hab keine Nachsicht mit ihm, hab kein Mitleid mit ihm und decke ihn nicht, [10]sondern du musst ihn töten,[383] deine Hand sei als erste an ihm, um ihn zu töten, und die Hand des ganzen Volkes danach. [11]Du sollst ihn steinigen, sodass er stirbt, *denn er hat versucht, dich von Jhwh, deinem Gott, der dich aus dem Land Ägypten, dem Haus der Sklaven, herausgeführt hat, abzubringen.*

---

381 So mit Jenni, sarā, der den Ausdruck דבר סרה als *verbum dicendi* einstuft und mit „Falsches reden" übersetzt. So auch Veijola, ATD 8,1, 280 mit Anm. 920. Als Grundbedeutung ist für סרה (II) Falschheit anzunehmen, vgl. KBL[3], 726, so auch für den zweiten Beleg im Deuteronomium in Dtn 19,16. In der Frage, worin die Falschaussage in Dtn 13,6 bestünde, schließt sich Jenni Ehrlich, Randglossen, 288, an: „Die Verleumdung JHVHs besteht in dem hier angenommen[en] Falle in der Voraussetzung des falschen Propheten, dass andere Götter für ihre Verehrer mehr tun können als JHVH, der Israel aus der ägyptischen Knechtschaft befreit hat, für die seinen". Die akkadische Parallele des falschen und zudem aufrührerischen Redens findet sich auch in den VTE §57 (*dabāb surrāti u lā kīnāti*). Auch für die akkadischen Parallelen ist für sarāmu auch auf die Grundbedeutungen des Wortfeldes falsch/lügnerisch zu verweisen. Vgl. Jenni, a.a.O., 209. Die Zuschreibung, dass diese Falsche Rede auch einen Abfall von Jhwh bedeutet, kann als verbindend für die VTE und Dtn 13 angesehen werden.
382 Zum textkritischen Problem der Nennung der Personengruppen in Dtn 13,7a vgl. Levinson, Chorale, 112–144. Sein Endergebnis: „In its orientation, the MT fits perfectly within the intellectual frame of reference of the preexilic period and, with focus on legal sanctions against incitement, conforms to the literary model provided by the Neo-Assyrian state treaties of the eighth and seventh centuries B.C.E. In contrast, the textual plus – which lacks all preexilic attestation – belongs to the reception history of the biblical text." (144).
383 Es geht, wie es MT im Gegensatz zu LXX bietet, um das Töten und nicht um das Anzeigen. Die Linie der LXX hält etwa Rose, ZBK 5,1, 302, für den ursprünglichen Bestand. Vgl. dazu kritisch mit weiterer Literatur Otto, Deuteronomium 1999, 41–43. Ein überzeugendes, durch textkritische Überlegungen und Beobachtungen zu neuassyrischen Vergleichstexten gestütztes Plädoyer für den im MT repräsentierten Text findet sich bei Levinson, „But You Shall Surely Kill Him!".

¹²Und ganz Israel soll es hören und sich fürchten und nicht fortfahren gemäß diesem bösen Wort / dieser bösen Sache in deiner Mitte (בְּקִרְבֶּךָ) zu handeln.

Im ersten Fall sind vier Passagen genauer zu betrachten: So wird immer wieder V. 2b-3a, sowie V. 4b-5, V. 6b und der kleine Einschub in V. 3b אֲשֶׁר לֹא־יְדַעְתֶּם für sekundär gehalten.

Die Verse 2b-3a und 4b-5 sind aufeinander bezogen und beschäftigen sich mit dem Eintreten einer Zeichenvorhersage, die nicht durch Jhwh befohlen ist.[384] Dabei handelt es sich in V. 4b-5 um eine theologische Reflexion dieses Problems, die mit dem Motiv des Prüfens (נסה) durch Jhwh argumentiert. Dion konnte gerade durch sprachstatistische Überlegungen die deuteronomistische Herkunft von V. 4b-5 wahrscheinlich machen.[385] Für eine spätere Einfügung der V. 4b-5 spricht zudem, dass ein Wechsel in den Plural stattfindet.[386] Der Wechsel zwischen Singular und Plural ist als literarkritisches Merkmal zwar mit Vorsicht zu betrachten,[387] als zusätzliches Indiz jedoch hilfreich. Die Ausscheidung von V. 4b-5 ist gut begründet, die Notwendigkeit des literarkritischen Eingreifens für die V. 2b-3a ist trotz der detailreichen Argumentation bei Dion weit weniger sicher.[388] V. 4b-5 lässt sich leicht als theologische Reflexion über den Grund des Eintretens einer Vorhersage eines nicht von Jhwh legitimierten Propheten lesen, die durch V. 2b-3a bereits vorgebildet war.

Die Fallschilderung wird in V. 6a durch die בערת-Formel abgeschlossen. Sie findet sich in vorexilischen deuteronomischen Gesetzen als Abschluss bei Kapitalverbrechen, die eine gesellschaftsschädigende Wirkung haben.[389] Die Fortset-

---

384 Vgl. zur Einschätzung der Verse als Nachtrag Otto, Deuteronomium 1999, 38–40, und Dion, Deuteronomy 13, 167–172.

385 Vgl. Dion, Deuteronomy 13, 177–192. Besonders deutlich wird dies in der von ihm angelegten Tabelle auf den Seiten 187 f. Vgl. auch Horst, Privilegrecht, 43 f. Anders bei Pakkala, Ort, 127 f. Er zählt V. 5 zum Grundtext und trennt diesen von der Einfügung in 4b, da er 3b und 5 im Chiasmus stehen sieht. Für eine Ausscheidung von V. 5 spricht sich Merendino, Gesetz, 61, aus.

386 So schon von Rad, ATD 8, 69. Dazu auch Otto, Deuteronomium 1999, 39, und in einer Neuanwendung des von Otto vorgeschlagenen Prinzips der Wiederaufnahme Koch, Vertrag, 116–120.

387 So entfällt dieses Argument bei einer Spätansetzung der Datierung, wie sie bei Veijolas Zuordnung zu DtrB geschieht, da in den späten Ergänzungen der ehemals auf ein literarisches Wachstum hinweisende Wechsel zwischen ,Du' und ,Ihr' in einer Schicht nachgeahmt wurde.

388 So auch Koch, Vertrag, 114 f. Auch Dion, Deuteronomy 13, 188, selbst bemerkt, dass die Ausscheidung von V. 2b-3a auf unsicheren Füßen steht und sich z. B. in dem sprachstatistischen Vergleich nicht auszeichnet.

389 Genaueres ist dem Kapitel 2.5 (124–144) zu entnehmen. Diese Formel gibt einen weiteren Hinweis darauf, dass es sich in Dtn 13,13–18 um eine jüngere Hinzufügung handelt. So ist etwa gegen die Vermutung von Horst, Privilegrecht, 35–61, bes. 47–50.56 f., dass V. 13–18 der vor-

zung in V. 6b, die auf den Auszug aus Ägypten verweist und wiederum eine pluralische Anrede wählt, ist gemeinsam mit der Parallele in V. 11 eine sekundäre Ergänzung.[390]

Für die Frage nach dem Umgang mit Fremden und Fremdem ist eine Auffälligkeit in V. 3 zentral. So lautet die Aufforderung der zum Abfall auffordernden Propheten in V. 3b:

> Lasst uns anderen Göttern (אלהים אחרים) hinterherlaufen, *die ihr nicht kanntet (אשר לא־ידעתם),* und ihnen dienen!

Das Nicht-Kennen anderer Götter,[391] denen man sich nun zuneigt, ist ein deuteronomistischer Topos. Doch ist er bereits Bestandteil des älteren Kerns von Dtn 13? Zwei Beobachtungen sprechen für eine literarkritische Ausscheidung. Das eine Argument ist ein sachlich-logisches. So ist das Nicht-Kennen im Alten Orient ein konsequent negatives Kriterium; prominent finden wir das z. B. in Dtn 32,17.[392] Je länger die Tradition einer Erscheinung ist, desto größer ist im Allgemeinen ihr Wert. Den hier sprechenden Propheten würde diese Information also in keiner Weise als Stärkung ihrer Position dienen.[393] Zum anderen ist ein Personenwechsel in dieser kurzen Phrase zu bemerken, der in doppelter Hinsicht erklärungsbedürftig ist: Der kurze Passus wechselt von der ersten Person Plural zur zweiten,

---

exilische Kern ist und die beiden ersten Fällen zwei aufeinander folgenden exilisch-nachexilischen Bearbeitungen zuzuschreiben sind, einzuwenden, dass die typisch deuteronomische בערת-Formel in V. 6 als Abschluss des ersten Gesetzes steht. Sie kann zwar für die beiden weiteren Gesetze mitgelesen werden, würde aber bei der deuteronomischen Komposition fehlen, wenn nur der dritte Fall vorexilisch zu datieren wäre. Der Abschluss des zweiten Gesetzes passt ebenfalls in die בערת-Systematik, denn hier wird die gleiche Formulierung gebraucht wie bei dem בערת-Gesetz in 19,20 und es endet wieder mit der „Mitte".

390 Vgl. dazu ausführlich Kreuzer, Exodustradition, 87–89, aber auch Otto, Deuteronomium 1999, 40, und Rose, ZBK 5,1, 299f.303.

391 Die Bedeutung der anderen Götter wird im Abschnitt 2.4.2.2 (120–124) untersucht.

392 Ehrlich, Randglossen, 287, legt eine Deutung vor, bei der die Neuheit der Götter zur Kernaussage des Propheten gehört: „Mit אשר לא ידעתם will der Verführer nicht an den Reiz der Neuheit erinnern, denn die Gottesverehrung geschah niemals zur Unterhaltung, die der Abwechslung bedarf. Die Verehrung eines Gottes war für die Alten ein Geschäft, das sie seines Profits halber betrieben, und solange sich ein Kult als profitabel erwies, hatten sie keinen Grund, den Gegenstand ihrer göttlichen Verehrung zu wechseln [...] Unsere Ermahnung setzt aber den Fall voraus, dass sich die Verehrung JHVHs zur Zeit der Verführung als Geschäft nicht besonders einträglich erwies; daher der Vorschlag des Verführers, sich nach andern Göttern, die man noch nicht kennt, umzusehen, vielleicht dass ihr Kultus profitabler sein wird als JHVHs". Diese Profitorientierung ist jedoch im Text selbst nicht belegt und entstammt eher der Stereotypie antisemitischer Vorurteile, sodass die hier gegebene Auslegung zurückzuweisen ist.

393 Vgl. Rose, ZBK 5,1, 299.

wobei das Satzende wiederum in der ersten Person Plural formuliert ist. Dies ließe sich notdürftig dadurch erklären, dass der Prophet selbst die anderen Götter ja bereits kennt, doch ist dieser Wechsel ein zusätzlicher Hinweis auf die Uneinheitlichkeit. Vergleicht man den Vers mit den entsprechenden Formulierungen in Dtn 13,7.14, so wird deutlich, dass hier ein Sprecher das Wort übernimmt und das Nicht-Kennen der Götter gerade als Nachweis für die Verwerflichkeit des Abirrens von Jhwh ins Feld führt. Dieser Sprecher spricht Israel als ‚Ihr' im Plural an und nicht, wie der ursprüngliche Bestand von Dtn 13 im Singular. Da die Formulierung in der zweiten Person Plural auch bei den übrigen deuteronomistischen Belegstellen üblich ist, sprechen die Überlegungen für eine schematische Eintragung der Formel in V. 3 und dann auch in V. 7.[394]

Im zweiten geschilderten Fall wird die Anregung zur Verehrung anderer Götter durch ein Mitglied der eigenen Familie gegeben. Neben dem bereits besprochenen Einschub אשר לא ידעת אתה ואבתיך in V. 7, der die Langform der Ergänzung in V. 3 darstellt,[395] stellt sich V. 8 als spätere Hinzufügung heraus. Diese Beurteilung kann als weitgehender Forschungskonsens betrachtet werden.[396] Die das ‚Du' umgebenden Völker werden zum Topos in deuteronomistischer Theologie, wie es sich in der Einfügung ins Kriegsgesetz in Dtn 20,15 – 18 sowie in Dtn 6,14 zeigt. Das Motiv der Ausdehnung vom einen Ende der Erde bis zum anderen findet sich so ähnlich in Dtn 28,64 und damit in einer deuteronomistischen Erweiterung von Dtn 28*. Auch an dieser Stelle kommen der Wechsel in den Plural und das Fehlen von Parallelen in den sonst so ähnlich strukturierten anderen beiden geschilderten Fällen als verstärkende Indizien dafür, dass die Verse sekundär zum Kontext sind, hinzu.

Der zweite Fall endet in V. 12 mit einem Blick auf Israel als Gruppe. Es soll durch die Steinigung dazu ermahnt werden, fortan ein solches Abweichen von Jhwh nicht mehr zu praktizieren oder zuzulassen. Die beiden ersten Fälle werden dabei miteinander verknüpft. So findet sich die in V. 12 gegebene Anweisung an

---

394 Vgl. u.a. Finsterbusch, Deuteronomium, 150 – 152. Anders votiert Koch, Vertrag, 115f. In Konsequenz davon hält er das im jetzigen Text deplatzierte ונעבדם für einen Nachtrag, der den Text an V. 7 angleichen soll. Dion, Deuteronomy 13, 189f., betont den dtr Charakter für den ganzen Ausdruck הלך אחרי אלהים אחרים אשר לא־ידעתם aufgrund des sprachlichen Vergleichs, doch handelt es sich bei den anderen Göttern um die dtn Version, die später, in spezifischer Umdeutung, zum dtr Topos wird.
395 Mit den hier erwähnten Vätern sind nicht die Patriarchen gemeint, sondern die Vorfahren im allgemeineren Sinne. So wird die Neuheit dieser Götter und damit ihre geschichtliche Unverbundenheit mit Israel weiter unterstrichen. Vgl. dazu Römer, Israels Väter, 89 – 92.
396 Vgl. auch Otto, Deuteronomium 1999, 41. Nielsen, HAT 1,6, 144f., scheidet neben V. 8 die V. 1.4b-5.6aβ aus dem ersten Fall aus und hält den Rest für dtn. Und auch Veijola, ATD 8,1, 289, Koch, Vertrag, 121, und Dion, Deuteronomy 13, 173f., sehen in V. 8 eine spätere Ergänzung.

Israel als direkte Fortsetzung der בערת-Formel, die in Dtn 13 den ersten Fall in V. 12 abschließt, in Dtn 19,19 f. Zudem wird das Stichwort der Mitte, wie es in der בערת-Formel verankert ist und bereits in Dtn 13,2 und 6 vorkam, erneut aufgenommen. Diese Verflechtung in die Systematik der בערת-Gesetze, die für das deuteronomische Deuteronomium typisch ist, macht eine Zuordnung der Grundschicht von Dtn 13 in die vorexilische Zeit wahrscheinlich.[337]

---

397 Einen ausführlicheren Forschungsüberblick zur Datierung gibt Koch, Vertrag, 108 – 111. Rose, ZBK 5,1, 295 – 308, geht von einer vorexilischen Grundstufe von Dtn 13 aus, die er seiner Schicht II zuweist, womit eine Datierung in die Zeit Josias verbunden ist. Hierzu rechnet er die Verse 2.3*.6*.7*.9*10*11a.12.14*.15.16*. Diese Grundstufe wurde in der älteren dtr Schicht III um 4a.5abα.6aαb.8*.11b(im pl).13.16*.17*18*.19 ergänzt und ist in der späten dtr Schicht IV mit den noch fehlenden Versen abgeschlossen worden. Mehrere Exegeten sprechen sich explizit gegen eine dtn Zuordnung von Dtn 13 aus. Dion, Deuteronomy 13, bes. die Untersuchung einer Vielzahl einzelner Ausdrücke in Dtn 13 auf den Seiten 167 – 192, wendet sich aus sprachlichen Gründen gegen die Annahme einer dtn Herkunft. Allerdings schließt er viele dtn Parallelen aus, da er sie für dtr Nachträge hält. Er folgert: „Deuteronomy 13 is the work of a deuteronomistic writer, who placed it after 12.29 – 31. This chapter was expanded in a theological direction (vv. 2b-3a, 4b-5, 6a*) by a later dtr redactor with a widened horizon (v. 8), who also tried to build a special unit covering 12.28 – 13.19. This redactor may have written 17.2 – 7 also, but for our purposes this question may rest." (a.a.O., 192, zu den Verknüpfungen in den Rahmenteilen um Dtn 12f. in 11,31f.; 12,1.28 f.; 13,1.19 vgl. das Schaubild 157). In Bezug auf die Datierung Dions ist entscheidend, dass er durch seine dtr Verortung den nun in die exilische Zeit datierenden Exegeten wie Pakkala den Weg bahnt. Dion selbst geht jedoch davon aus, dass diese Überarbeitungsschicht zur Zeit Josias entstand (bes. a.a.O., 196). So unterstützen seine Überlegungen im Rahmen der relativen Chronologie die Datierungen ab der exilischen Zeit, während seine Überlegungen zur absoluten Chronologie diejenigen unterstützt, die in Dtn 13 einen vorexilischen (und damit meist dtn genannten) Kern ausmachen. In neuerer Zeit sprechen sich besonders Veijola, Pakkala und Koch für eine dtr Herkunft von Dtn 13 aus. Pakkala, Ort, macht eine exilische Entstehung von Dtn 13* stark, indem er betont, dass Dtn 13 wie ein Fremdkörper zwischen 12 und 14 – 16 wirke, da hier der Ort, den Jhwh erwählen wird, keine Rolle spielt: „Die Frage, vor der die Exegese steht, ist deshalb nicht, ob Dtn 13 eine spätere Ergänzung ist, sondern, wann das Kapitel ergänzt wurde." (a.a.O., 126). Koch, Vertrag, zusammenfassend 166 – 168, verortet die Grundschicht wegen der monolatrischen und nicht monotheistischen Ausrichtung in die Exilszeit. Unter anderem betont er dabei, dass Dtn 13* schon in der Grundschicht vom ersten Gebot abhängig sei, womit sich eine vorexilische Datierung verböte. Diese Abhängigkeiten, die sich vor allem an der Aufforderung festmachen, keinen anderen Göttern zu folgen, sind jedoch m. E. weit weniger zwingend, als Koch es annimmt. Das Motiv der anderen Götter muss seinen Ursprung nicht im Dekalog haben. Veijola, ATD 8,1, 279 – 293, weist bereits die Grundschicht dem in nachexilischer Zeit formulierenden bundestheologischen Redaktor zu. Steymans, DtrB, setzt sich genereller mit der These einer bundestheologischen Redaktion auseinander, die auf Levin zurückgeht und von Veijola ausgebaut wurde. Dabei kritisiert er überzeugend, dass alle Texte, die Anklänge an altorientalische Rechtstexte haben, dieser frühnachexilischen Redaktion zugeschrieben werden, und plädiert für eine genauere Unterscheidung und literargeschichtliche Aufteilung der verschiedenen Texte. Vgl. zur Kritik an einer einheitlichen Redaktion DtrB auch Otto, HThKAT, 184 f.

2.4.2.1 Dtn 13,2 – 12* im Kontext altorientalischer Vertragsliteratur

Die vorexilische Datierung des Grundbestands wird umso wahrscheinlicher, je stärker die bereits kurz angesprochene Verbindung zu den Vasallenverträgen Asarhaddons (VTE) betont wird.[398] Durch die 1972 von Moshe Weinfeld angeregten und besonders durch die Arbeiten zu Dtn 28 von Ulrich Steymans systematisch durchgeführten Vergleiche mit den Vasalleneiden, entwickelte sich die Theorie der literarischen Abhängigkeit von Dtn 13 und 28 von den Vasalleneiden Asarhaddons.[399]

Die engste Verknüpfung sieht Otto, der sogar von einer *Übersetzung* der VTE in Dtn 13* spricht.[400] Er hält Dtn 13,2 – 10* zusammen mit 28,20 – 44* für die Keimzelle des Deuteronomiums, wobei er deutliche Parallelen zu den VTE, besonders zu §10 (mit Einspielungen aus 12; 18; [29] und 57), aufzeigt.[401] Die im Vergleich mit Dtn 13 prägnanteste Passage von §10 lautet:

> [108]Wenn ihr ein übles, schlechtes, [109]unpassendes Wort, das für Assurbanipal, den Kronprinzen des Nachfolgehauses, [110]den Sohn Asarhaddons, des Königs von Assyrien, euren Herrn, nicht angemessen, nicht gut ist, [115]sei es aus dem Mund eurer Brüder, [116]eurer Söhne, eurer Töchter, oder aus dem Mund eines Propheten, [117]eines Ekstatikers, eines Befragers des Gotteswortes ... [119]hört und verheimlicht ...[402]

---

398 So bemerkt Rüterswörden, NSK.AT 4, 15, zu Recht in Bezug auf Veijolas nachexilische Datierung: „Bei einer derartigen Spätansetzung stellt sich die Frage, wozu ein assyrisches Vorbild, das in nachexilischer Zeit nicht mehr aktuell war, in Dtn 13 aufgegriffen worden sein soll." Pakkala, Ort, 129 – 134, geht einen anderen Weg und weist im Rahmen seiner exilischen Datierung eine enge Verbindung zu den VTE zurück. Dennoch geht er von einer Quelle als Vorlage aus, wie er am Begriff חלום חולם aufzeigt, die aber ein unbekanntes politisches Dokument sei, dessen Herkunft und Datierung wir nicht kennen. Dabei gibt Pakkala zu bedenken, dass es ein zu großer Zufall wäre, wenn gerade das am besten erhaltene literarische Fundstück die Quelle für Dtn 13 wäre: „Gegen all das spricht aber, dass zufällige archäologische Funde unser Urteil nicht verzerren dürfen." (133). Dieser Vorbehalt steht vor allem historischen Arbeiten und es lohnt, ihn sich immer wieder in Erinnerung zu rufen. Doch sind diese „zufälligen archäologischen Funde" die einzige Basis, auf die eine Thesenbildung möglich ist. Dion, Deuteronomy 13, 204 f., hält trotz der langen altorientalischen Vertragskultur fest: „Nonetheless, the closer to 672 BC one places the composition of Deuteronomy 13, the easier to understand are its precise contacts with the vassal treaties of Esarhaddon."
399 Vgl. Weinfeld, Deuteronomy, 91 – 100, und in Gänze Steymans, Deuteronomium 28. Zum Forschungsüberblick vgl. auch Veijola, Deuteronomiumsforschung I, 289 – 298.
400 Vgl. z. B. Otto, Deuteronomium 1999, 68 f., und zur Kritik auch Schmid, Literaturgeschichte, 106.
401 Vgl. Otto, Deuteronomium 1999, 57 – 88. Für einen Überblick über die Parallelen zwischen VTE und Dtn vgl. auch die Übersicht bei Braulik, Buch, 180.
402 So in der Übersetzung von Otto, Deuteronomium 1999, 58.

Die Frage, ob es sich bei Parallelen zwischen zwei Texten auch um bewusste Bezugnahmen aufeinander handelt, wurde im Rahmen der Forschungen zur Intertextualität besonders für innerbiblische Bezüge behandelt. Richard B. Hays hat dabei aus neutestamentlicher Sicht einen Katalog zusammengestellt, der ein methodisch abgesichertes Reden über literarische Bezüge (echos) ermöglicht. Sein Sohn Christopher B. Hays hat diesen Kriterienkatalog aufgenommen und auch für die Untersuchung von Textabhängigkeiten zwischen alttestamentlichen Texten und denen der altorientalischen Umwelt fruchtbar gemacht.[403] Die ersten fünf Punkte dieses durch ihn kommentierten Katalogs können noch einmal ein klareres Licht auf das Verhältnis zwischen Dtn 13 und 28 und den VTE werfen:[404]

Das erste aufgestellte Kriterium ist gerade für das hier diskutierte Abhängigkeitsverhältnis bedeutend. So muss die *Verfügbarkeit* (availability) der Vorlagen wahrscheinlich gemacht werden können. Dass uns heute beide Texte vorliegen, muss nicht bedeuten, dass der jeweils ältere Text bei der Abfassung des jüngeren den Verfassern vorlag. Doch das bei Grabungen 2009 in einer Tempelhalle in Tell Ta'yinat – im heutigen Gebiet der südöstlichen Türkei gelegen – gefundene Exemplar des Vasalleneids zur Thronfolge Asarhaddons zeigt, dass sich die Vertragstexte auch bei den westlichen Vasallen Assyriens befanden. Dies erhöht die Wahrscheinlichkeit, dass auch in Jerusalem ein Exemplar vorhanden und nach den mitgegebenen Vorschriften wohl auch sichtbar in Gebrauch war.[405]

Das zweite Kriterium betrifft die *Lautstärke* des literarischen Echos (volume). Hierbei wird nach der Deutlichkeit der Anspielung gefragt. So ist etwa die Parallelität der Personengruppen in Dtn 13 und den Vasallenverträgen ein deutlicher Hinweis auf die Kenntnis der Verträge durch die deuteronomischen Verfasser.

Das dritte Kriterium bezieht sich auf die *Häufigkeit* der Bezüge (recurrence or clustering). Kommen in einem Text mehrere Motive oder Worte vor, die ihn mit der zu untersuchenden möglichen Vorlage verbinden, so steigt die Wahrscheinlichkeit der Abhängigkeit. Auch dieses Kriterium kann in Bezug auf Dtn 13 (und 28) als gegeben angesehen werden.

---

403 Vgl. R. Hays, Who, 34–45, und die Adaptionen bei C. Hays, Echoes, 35–42.

404 Die letzten beiden Punkte erscheinen mir weniger auf die Frage ausgerichtet zu sein, ob die Verfasser der antiken Texte die Vorlagen benutzten. So führt Hays, Who, 43 f., als 6. Kriterium die *Interpretationsgeschichte* (history of interpretation) an und fragt, ob die Verbindung zwischen den Texten in der (kirchlichen) Tradition schon vorher gesehen wurde. Da die altorientalischen Paralleltexte jedoch erst seit kürzerer Zeit vorliegen, entfällt dieses Argument. Und so ist auch C. Hays, Echoes, 40 f., hier bei einer Übernahme zögerlich. Das siebte Kriterium ist ein sehr subjektives. Hier geht es Hays, Who, 44 f., um die *Befriedigung* (satisfaction) die sich durch die Auffindung des Paralleltextes einstellt.

405 Vgl. dazu Steymans, DtrB, 180–183.

Das vierte Kriterium ist wiederum für die Abhängigkeit zwischen Dtn 13 und den VTE von besonderer Relevanz. So fragt Hays nach der *thematischen Übereinstimmung* (literary coherence) zwischen den Texten. Die Erweiterung, die C. Hays in seiner Adaption der These vornimmt, ist weiterführend. So spricht er – gerade mit Blick auf die altorientalische Vertragsliteratur und ihre Aufnahme im Deuteronomium – von einer invertierten thematischen Kohärenz, die ebenso eine Abhängigkeit wahrscheinlich macht.[406] Zwar handelt es sich in Dtn 13 nicht um einen Vasallenvertrag, doch wird in der Sprache der Vasallenvereinbarung das Verhältnis Israels zu seinem Gott ausgedrückt.

Das fünfte Kriterium betrifft die *historische Plausibilität* (historical plausibility). Dabei fragt Hays, ob die Verfasser eine solche Anspielung tatsächlich beabsichtigt haben konnten und ob sie für ihre Zeitgenossen verständlich war. Beide Fragen sind in Blick auf Dtn 13 und die VTE wieder zu bejahen. Die Übernahme der Sprachstruktur zur Illustration des eigenen Gottesverhältnisses als eines der absoluten Abhängigkeit ist historisch plausibel. Geht man zudem von einer Kenntnis des Vasallentextes zumindest durch die judäischen Eliten aus, so ist es auch wahrscheinlich, dass die Anspielung verstanden wurde.[407]

Dass die Vasallenverträge den Verfassern von Dtn 13 bekannt waren und als sprachliche und gedankliche Vorlagen dienten, ist wegen der auffälligen Parallelen als wahrscheinlich anzunehmen. Von einer direkten Übersetzung zu sprechen, wie es Otto tut, ist wegen der ebenso auffälligen Differenzen jedoch wohl zu einengend.[408]

Für das Thema der Identitätskonstruktion in Auseinandersetzung mit dem Fremden ist die Verbindung zu den VTE auch abgesehen von Datierungsfragen aufschlussreich. So wird ein fremder Stoff, eine sprachliche Vorlage in das eigene gemeinschaftsprägende Grunddokument aufgenommen. Otto hat sich intensiv mit dieser Übernahme auseinandergesetzt und sieht hierin eine antiassyrische Tendenz. Indem in Dtn 13 Jhwh an die Stelle gesetzt wird, an der in der Vorlage der assyrische Großkönig stand, wird diesem seine Autorität entzogen. „Das Deuteronomium als Mitte von Theologie und Literaturgeschichte des Alten Testaments entsteht mit assyrischer Geburtshilfe, um sich mit dem ersten Atemzug gegen

---

406 Vgl. Hays, Echoes, 38 f.

407 Letztendlich ist es zudem nicht von entscheidender Bedeutung, ob die altorientalische Vorlage von allen Judäern erkannt wurde, ging es den Verfassern doch eher um die Möglichkeit, die von ihnen angestrebte Gottesbeziehung zu illustrieren. Dieses Anliegen sahen sie durch die Sprachform der Vasallenverträge ermöglicht.

408 Zu den Unterschieden besonders in der genauen Nennung der Anstifter zum Abfall vgl. Pakkala, Ort, 130 – 133.

diesen Geburtshelfer zu wenden."[409] Otto geht dabei davon aus, dass sich gerade die Bundestheologie als Gegenentwurf zur assyrischen Hegemonialmacht bildet, die sich zur Zeit Josias bereits abschwächt.[410] Im Laufe der von ihm rekonstruierten Entstehungsgeschichte des Deuteronomiums erkennt Otto sodann in exilischer Zeit eine antibabylonische Ausrichtung der Texte und in nachexilischer Zeit antipersische Züge. Diese These der bewussten Wendung gegen die Vorlagen wird im Rahmen der Erörterungen zum exilischen Deuteronomium noch einmal gebündelt aufgenommen und hinterfragt werden.[411] Für das vorexilische Deuteronomium kann vorerst nur festgehalten werden, dass es modifizierte Aufnahmen des sprachlichen und argumentativen Duktus der Vasalleneide gegeben hat. Die Verfasser des Deuteronomiums leihen sich aus ihrer Umwelt Formulare und Wendungen, um ihre eigenen Ansichten ausdrücken zu können. Das macht das Deuteronomium jedoch noch nicht zu einem *Gegen*entwurf zu den assyrischen Vorlagen.[412] Es kümmert sich nur um das eigene Volk und seine eigenen Probleme und nicht um Kultur oder Religion der anderen Völker. Die Überschneidungen können also durch das Modell des Kulturtransfers erklärt werden. Dies liegt in der Deutungslinie von Steymans, der mit Blick auf die VTE davon ausgeht, dass „dieser verehrungswürdige Text den Eifer der judäischen Schreiber geweckt [hat], es ihm stilistisch gleichzutun".[413] Hier wird also sogar von einer Wertschätzung der Vorlagen ausgegangen.[414]

---

409 Otto, Deuteronomium 1999, 74. Zu dieser Anti-Assur-Ausrichtung vgl. insgesamt Otto, a.a.O., 72–75. Kritisch dazu Finsterbusch, Deuteronomium, 156 f.

410 Vgl. Otto, Deuteronomium 1999, 88. „Das spezifisch judäische der JHWH-Religion dieser Zeit ist nicht die Bundestheologie als solche, sondern die Revolte gegen die assyrische Herrschafts- und Königsideologie mittels der Bundestheologie." (a.a.O., 86).

411 Vgl. dazu ausführlicher den Exkurs 1 (164–166).

412 Zum altorientalischen Einfluss ohne Annahme einer direkten Gegenbewegung vgl. Dion, Deuteronomy 13, 198–205. „The military decline of Assyria gave Judean nationalism its long awaited opportunity; but, at the level of expression, the imitation of long-familiar Assyrian models remained as natural an option as under the empire, and fiercely YHWH-istic imperatives could be laid down in forms inspired of Mesopotamian statecraft." (199). Zudem gilt es zu beachten, auf welcher Ebene die absolute Bindung formuliert wird. So konnte etwa von Berlejung, Geschichte, 139, gezeigt werden, dass der assyrische Einfluss auf die israelitische Kultur zwar immens war, die geforderte Unterwerfung jedoch nur in Bezug auf die assyrische Königsideologie und nicht die Götterwelt galt. Somit blieb eineArt Freiraum für die religiöse Bindung.

413 Steymans, DtrB, 182.

414 Bei Braulik, NEB 15, 11, heißt es ähnlich positiv über die Funktion der Übernahme der assyrischen Vertragstheorie: „Indem die dtn Theologen Israels eigene Traditionen in solche Formen gossen, nahmen sie ihnen das Altmodische und Überholte, das ihnen in den Augen der Judäer anhaftete, und machten sie neu akzeptabel, ja überhaupt wieder verständlich."

2.4.2.2 Dtn 13,2 – 12* als Kampf gegen das Fremde?

Im Rahmen der Gesetzgebung von Dtn 13,2 – 12* wird die Verführung zu anderen Göttern thematisiert. Für die Thematik der Identitätskonstruktion in Auseinandersetzung mit den Fremden ist die Beantwortung zweier Fragen maßgeblich:

1.) Sind die Verführer Fremde?
2.) Sind die anderen Götter fremd?

Betrachtet man Dtn 13,2 – 12* genau, so fällt auf, dass die Agitatoren, die zum Abfall von Jhwh aufrufen, nicht von außen in die israelitische Gesellschaft eindringen.[415] Für den zweiten geschilderten Fall ist dies offensichtlich. Die Verführer kommen aus der eigenen Familie, sie sind sogar Blutsverwandte. Aber auch in der ersten Fallschilderung ist auffällig, dass der Prophet in deiner Mitte (בקרבך), also der Mitte Israels, aufsteht (קום). Er kommt also nicht von außerhalb nach Israel, er befindet sich bereits inmitten der Gemeinschaft. So ist, auf Grundlage dieses aufschlussreichen negativen Ergebnisses, Crüsemann zuzustimmen, wenn er zusammenfasst: „Die Verführungen, von denen in Kapitel 13 so ausführlich gehandelt wird, gehen von Angehörigen des eigenen Volkes aus, nicht von Fremden, nicht von den kanaanäischen Völkern oder ihren Resten. Deren religiöse Haltung und Praxis ist zwar verführerisch und damit bedrohlich, sie selbst sind beides nicht."[416] Es findet in Dtn 13 also keine Abgrenzung nach außen statt, sondern es wird hier einem Abweichen von Jhwh, das innerhalb der Gemeinschaft angeregt wird, ein Riegel vorgeschoben.[417]

Wenn die Verführer keine Fremden sind, sind es dann ihre Verführungen? Dies legt zumindest Dion nahe, wenn er seinen Aufsatz zu Dtn 13 mit „alien religious propaganda" untertitelt. Die in Dtn 13 auftretenden Menschen reden von anderen Göttern (אלהים אחרים), und genau so wird es in den meisten Übersetzungen auch wiedergegeben. In der zugehörigen Diskussion der Literatur wird jedoch häufig vom *Fremd*götterproblem geredet. Veijola z. B. bezieht die Götter, im Anschluss an 12,2ff. auf „die religiöse Gefahr der ehemaligen Bewohner des Landes", übertragen in eine Situation „wo diese zwar vernichtet sind, aber die Versuchung, ihre

---

415 So auch Veijola, ATD 8,1, 285 Anm. 948.

416 Crüsemann, Gewaltimagination, 355. In dieser Linie bemerkt auch Geiger, Gottesräume, 313, in ihren Überlegungen zu den topologischen Konzepten des Deuteronomiums treffend: „Die einzige Bedrohung im Land findet sich weder außerhalb der Häuser noch außerhalb der Tore, sondern vielmehr ‚in deiner Mitte' (בקרבך)."

417 Dies ist auch kritisch gegen Pakkalas Deutung einer Abgrenzung nach außen vorzubringen, auf die er seine Verortung des Textes ins babylonische Exil und seine Deutung als Vision für die Zukunft stützt. „Dass man nach außen strenge Grenzen aufrichtet, ist in einer Situation wie dem Exil verständlich, in der die Identität (der Gesellschaft oder Religion) bedroht ist. In einer stabilen Situation ist das Bedürfnis nach Abgrenzung weniger groß." (Pakkala, Ort, 137).

kultischen Praktiken nachzuahmen, weiterhin besteht".[418] Doch ist dies ein Produkt des implizit vorausgesetzten Monotheismus oder zumindest der Monolatrie. Wenn es nur den einen Gott für Israel gibt, dann sind die anderen Götter zwangsläufig die *fremden* Götter. In diese Richtung beschränkt der oben als deuteronomistische Ergänzung erwiesene Relativsatz „die ihr nicht kanntet" die Auslegung auf das zunehmend monotheistische bzw. monolatrische Religionsbild. Und so bezieht sich die klassische deuteronomistische Formel der אלהים אחרים dann auch auf die fremden Götter.[419]

Doch ist die religiöse Situation bei der Entstehung des deuteronomischen Deuteronomiums im ausgehenden 7. und beginnenden 6. Jahrhundert – gerade auf der Ebene der privaten Frömmigkeit, zu der die deuteronomischen Texte wiederholt Verschränkungen aufweisen – weit davon entfernt, nur Jhwh als *eigenen* Gott zu betrachten. Vielerlei Hinweise auf gelebte Kultpraktiken für eine Vielzahl anderer Götter, die die archäologische Forschung vorgebracht hat, können dies bestätigen.[420] Und auch alttestamentliche Texte wie Jer 7 und 44, in denen auf die Verehrung anderer Gottheiten – wie in diesem Fall der Himmelskönigin – hingewiesen wird, zeugen von dieser Vielfalt im verehrten Götterspektrum. Wenn man diesen Göttern im eigenen Haus opfert, ja sogar seine Kinder vertrauensvoll nach ihnen benennt, so sind dies keine *fremden* Götter. So zeigt das hebräische Onomastikon neben vielen Namen, die das theophore Element El beinhalten, Namen wie בעלשמע („Baal hat erhört"),[421] בעלנתן („Baal hat gegeben")[422] oder auch קדבש („Bes hat gebildet").[423] Im 8.–7. Jh. betrug der Anteil der Jhwh-haltigen Namen unter denen mit theophorem Element zwar bereits etwa 60 %, doch kamen dazu etwa 13 % El-haltige Namen und nochmals 10 % der Namen mit theophorem Element beziehen sich auf 15 weitere Gottheiten.[424] Auf der offiziellen Ebene ist Jhwh zwar der Dynastie- und Staatsgott, die Durchsetzung der Alleinverehrung auf der privaten Ebene steht jedoch noch aus (vgl. dazu Jer 2,27 f.).

---

418 Veijola, ATD 8,1, 284.

419 Ein Überblick über die dtn/dtr Verwendung des Ausdrucks אלהים אחרים in Verbindung mit verschiedenen Verben bietet Römer, Israels Väter, 85–88.

420 Vgl. zur religiösen Situation im Bereich der Familienreligion die Studie Albertz / Schmitt, Family Religion. Das israelitische Onomastikon weist eine Vielzahl an theophoren Elementen auf, die auf andere Götter als Jhwh verweisen. Diese können nicht nur ausländischen Menschen in Israel zugeschrieben werden, da sie gemeinsam mit Menschen eine Familie bilden, deren Namen auf Jhwh verweisen. Vgl. dazu im Überblick die Tabelle 5.7., a.a.O., 508.

421 HAE Gem(7).3:4; vgl. Albertz / Schmitt, Family Religion, 535.

422 HAE 16.19; vgl. Albertz / Schmitt, Family Religion, 593.

423 HAE Sam(8).1.1:5; vgl. Albertz / Schmitt, Family Religion, 589.

424 Vgl. Albertz / Schmitt, Family Religion, 340.508.

Die deuteronomistische Qualifizierung der anderen Götter als fremde Götter hat eine stark disqualifizierende Wirkung für die anderen in Israel verehrten Gottheiten bzw. praktizierten Kulte. Diese waren in vorexilischer Zeit natürlicher Bestandteil des gesellschaftlichen Lebens. Mit der durch die Deuteronomisten vorangetriebenen Hinwendung zu Jhwh als einzigem Gott werden diese aber buchstäblich als Fremdkörper aus der Gesellschaft verbannt. Auch an dieser Stelle ist also die Zuschreibung eines Traditionsbestandes in den Bereich der Fremdheit zu betrachten. „The ‚alien' or that which is constructed as ‚foreign' is never simply a given, but always shifting, a product of social and historical processes."[425]

Dtn 13 kämpft also in seiner radikalen Forderung, sich nur zu Jhwh zu bekennen, für eine flächendeckende alleinige Bindung Israels an Jhwh auf allen Ebenen des religionsinternen Pluralismus. Wenn in Israel selbst die Aufforderung der Verehrung anderer Götter ausgesprochen wird, so ist hiergegen unbedingt die alleinige Ausrichtung auf Jhwh zu setzen. Ganz Israel soll nach Dtn 13 Jhwh als einzigen Gott verehren und jeder Anfechtung auch aus dem nächsten Umfeld widerstehen. Hier zeigt sich die Tendenz des Deuteronomiums und auch der Deuteronomisten, nicht nur die offizielle Theologie in den Blick zu nehmen, sondern gerade die Umsetzung theologischer Grundlinien auch im Bereich der privaten Frömmigkeit und auf lokaler Ebene zu fordern. Eine stabile israelitische Gemeinschaft lebt durch die Zuwendung jedes Einzelnen zu diesem einen Gott.[426]

Die enge Bindung Jhwhs an Israel und Israels an Jhwh wird durch die vielen Einschübe, die sich als spätere Zusätze erwiesen haben, sukzessiv unterstrichen, indem den anderen Göttern zunehmend die Dimension des Fremden zugeschrieben wird.[427] So kannte weder das ‚Du' noch seine Vorfahren diese Götter.

---

425 Olyan, Associations, 18 Anm. 2.

426 Die starke Betonung des Einzelnen und damit die Auseinandersetzung mit der gelebten Frömmigkeit in Israel zeigt sich ebenso in den nachexilischen Zusätzen des Deuteronomiums. Vgl. dazu die Ausführungen zu Dtn 7 unten in Kapitel 4.3.1 besonders Seite 221.

427 Die Trennung zwischen dem Fremden und dem Eigenen hat sich im nachexilischen Text Dtn 31,16 dann endgültig vollzogen, indem es hier neben dem eigenen Gott die ausländischen Götter oder die Götter des Auslands (אלהי נכר־הארץ) gibt. Vgl. dazu Lang, Art. נכר, 461. Und auch im Moselied taucht der Begriff אל נכר auf (Dtn 32,12). In diesem Kontext wird das Motiv des Nicht-Kennens und der Fremdheit deutlich verstärkt (32,17). Im Alten Testament gibt es nur wenige ähnliche Ausdrücke: אל נכר im Moselied Dtn 32,12; Ps 81,10 und Mal 2,11 und אלהי נכר in Dtn 31,16 Jos 24,20; Jer 5,19; und sechsmal als אלהי הנכר in Gen 35,2.4; Jos 24,23; Ri 10,16; 1 Sam 7,3; 2 Chr 33,15. In Bezug auf Mal 2,11 besteht Unsicherheit, um wen es sich bei der hier erwähnten בת־אל נכר handelt. Zur Diskussion steht, ob damit Nichtisraelitinnen gemeint sind und damit in Mal 2,10 – 16 die Mischehenthematik behandelt wird, oder ob die Verehrung einer fremden Göttin thematisiert ist. Vgl. dazu, mit der Diskussion der Forschung und einer Favorisierung der ersten Deutung, Wöhrle, Abschluss, 233 f. mit Anm. 51.

Zudem wird Jhwh selbst durch den Rückblick auf die gemeinsame Geschichte des Exodus aus Ägypten mit Israel verknüpft. Nur dieser Gott hat eine Geschichte mit Israel und so kann letztlich auch nur dieser Gott die Alleinverehrung beanspruchen. Die spätere offizielle Theologie wird lauten: Nur Jhwh hat seine Geschichte mit Israel, er hat Israel aus Ägypten geführt, die anderen Götter können von außen hereindringen, was es zu verhindern gilt, wie es neben den Ergänzungen in Dtn 13 auch in Dtn 11,28; 28,64; 29,35 und 32,17 (in abweichender Formulierung) grundlegend ist.[428]

Beide eingangs gestellten Fragen, ob die Verführer oder die anderen Götter dem Bereich des Fremden zuzuschreiben sind, konnten also verneint werden. Zur Zeit des deuteronomischen Deuteronomiums handelt es sich bei der Verehrung anderer Götter als Jhwh in Dtn 13,2–12* um ein innerisraelitisches Problem und damit um keines, das von außen in die Gemeinschaft hereingetragen wird. Die Verehrung anderer Götter als Jhwh ist das grundlegendste Verbot im Deuteronomium. Sein Bruch gehört zu den größten Kapitalverbrechen, die ein Israelit begehen kann. Ein Kontakt mit Fremden wird jedoch nicht als Gefahr für die alleinige Jhwh-Verehrung stilisiert. Die anderen Götter sind in vorexilischer Zeit noch keine fremden Götter. Erst durch die sukzessiv gesteigerte Betonung Jhwhs als einzig zu verehrenden Gott werden andere Götter als fremd konstruiert.

Hatte die Beschäftigung mit den im deuteronomischen Deuteronomium behandelten Fremden gezeigt, dass im Deuteronomium das Fremde nicht mit dem Feindlichen gleichzusetzen ist und im Kontakt mit Fremden keine grundlegende Gefahr für Israel gesehen wurde, konnte dieses Kapitel nun auch die Gegenprobe erbringen. Die im vorexilischen Deuteronomium aufgezeigten Gefahren für Israel, waren genuin nicht mit dem Fremden verbunden. So wurde weder in den Kriegsgesetzen in Dtn 20* und 21,10–14 die Kategorie des Fremden unterstrichen, noch wurde die Gefahr der Verehrung anderer Götter als Jhwh im vorexilischen Grundbestand des Apostasiekapitels Dtn 13 mit den Fremden verbunden. Diese Gefahr wird in Israels eigenen Reihen ausgelöst. Schon die Ergänzungen in Dtn 13

---

428 Außerhalb des Deuteronomiums kommt die Formulierung noch in Jer 7,9; 19,4; 44,3 vor. Die Verbotsreihe in Dtn 7,9 weicht an diesem Punkt vom Dekalog ab. Die Tempelrede in Jer 7 ist dtr ausgeformt (vgl. Schmidt, Jeremia, 176 f.) und auch in Jer 19,4 ist eine jeremianische dtr Redaktion am Werk (a.a.O., 328 f.). Diese kann sich sowohl auf das dtn Gesetz als auch auf die dtr Rahmenpartien beziehen. Im Deuteronomium wird das Motiv des Nicht-Kennens Israels und seiner Väter noch in einem anderen Kontext benutzt. So heißt es in Dtn 8,3.16, dass weder das ‚Du' noch die Exodusgeneration das Manna kannten. Evtl. ist dieser völlig andere Bezug sogar die älteste Formulierung im Deuteronomium.

geben jedoch einen Hinweis darauf, dass sich dieses Bild ab der exilischen Zeit deutlich ändert.[429]

Bevor sich der Blick jedoch auf die exilischen und nachexilischen Veränderungen richten kann, ist ein letzter Schritt zur Darstellung der israelitischen Gemeinschaft in vorexilischer Zeit nötig.

2.5 Mechanismen der Identitätsbildung: Exklusion, Inklusion und die Mitte des Volkes

Die bisherigen Überlegungen zu den Fremden im deuteronomischen Gesetz ließen bereits mehrfach Rückschlüsse auf die Idealform der eigenen israelitischen Gemeinschaft zu. Diese können nun zu einem Gesamtbild zusammengesetzt werden, das in Verknüpfung zu den Fremdendarstellungen zu betrachten ist. So sind jene Grundpfeiler Israels aufzuzeigen, die sich auch im integrativen und distinktiven Umgang mit den Fremden spiegeln.

Die im deuteronomischen Gesetz dargestellte und dabei zugleich als Ideal imaginierte Gesellschaft lässt sich am deutlichsten erkennen, wenn nach ihren Grenzziehungen gefragt wird. Wie schon die Betrachtungen zum deuteronomischen Gemeindegesetz in Dtn 23,2–9 gezeigt haben, lassen sich aus den Prinzipien der Exklusion und bedingten Inklusion Grundwerte des eigenen Volkes ablesen. Und wie es das Nebeneinander von ausländischen Menschen und körperlich Versehrten im Gemeindegesetz vermuten lässt, beziehen sich diese Prinzipien auf ein Gesamtmodell des eigenen Volkes. Dieses Modell soll im Folgenden mit Hilfe der sich im deuteronomischen Gesetz wiederholenden בערת-Formel nachgezeichnet werden, mit der die Exklusion gesellschaftsschädigender Personen oder / und zugleich Phänomenen ausgedrückt wird.[430] Entscheidend ist hierbei das Konzept der Mitte im Deuteronomium, die von Verunreinigungen kultischer und sozialer Art rein zu halten ist, für die jeder Israelit mitverantwortlich ist, in der sich die von der Gesellschaft aufzunehmenden schützenswerten Personen befinden und in der auch Jhwh ist. Die Mitte ist dabei der Dreh- und Angelpunkt der Identitätsbildung und das Zentrum der Inklusion und Exklusion.

---

429 Vgl. dazu die Überlegungen zum Umgang mit dem vermeintlich Fremden in Kapitel 4.3 (200–247).

430 Dabei betont die בערת-Formel wie es Merendino, Gesetz, 338, prägnant zusammenfasst „was zur eigentlichen Grundlage der Volks- und Kultgemeinde gehört, und was man auf keinen Fall ‚in Israel tut' und tun darf".

2.5.1 Du sollst das Böse aus deiner Mitte wegschaffen: Die בערת-Gesetzgebung

2.5.1.1 Die בערת-Formel

ובערת הרע מקרבך – Du sollst das Böse aus deiner Mitte wegschaffen.[431]

Die בערת-Gesetzgebung gehört zu den Charakteristika des deuteronomischen Gesetzes in seiner vorexilischen Form. So kommt sie weder in den Rahmungen des Deuteronomiums noch in den exilischen und nachexilischen Zusätzen innerhalb des deuteronomischen Gesetzes vor. Otto kann dies in seiner Rekonstruktion des deuteronomischen vorexilischen Deuteronomiums plausibel machen und kommt zu dem Schluss: „Die biʿartā-Formel steht im Deuteronomium nur in dtn-vordtr Kontext."[432] Dabei gehören die Konzeption der בערת-Formel und das Element der Mitte zusammen. Diese deuteronomisch-vordeuteronomistische Redaktion,[433] die eine um die Reinheit des Volkes und des Landes bemühte Gesamtkonzeption in das entstehende Deuteronomium einbringt, benutzt die בערת-Gesetze als Strukturierungsmittel.[434]

Insgesamt sieben verschiedene deuteronomische Gesetze werden mit der Aufforderung, das Böse aus der eigenen Mitte wegzuschaffen, abgeschlossen. Behandelt werden die Verführung zu anderen Göttern (Dtn 13,6 und 17,7), falsches Zeugnis (19,19), Ungehorsam des Sohnes (21,21), fehlende Jungfräulichkeit bei Eheantritt (22,21), Ehebruch einer verlobten Frau (22,24) und die Versklavung eines israelitischen Menschen (24,7). Hinzu kommen Ungehorsam bei Gericht (17,12) und

---

431 Das verwendete Verb בער unterstreicht den separativen Aspekt in der Ausführung, da בער II den Aspekt der räumlichen Verschiebung schon in sich birgt. Bei der Vielzahl der Verben der Vernichtung im Deuteronomium sind solche Feinheiten besonders stark zu machen, weshalb hier die Übersetzung „wegschaffen" gewählt wurde. Die Relevanz des Aspekts der Räumlichkeit wird im Folgenden weiter ausgeführt. Dass das בערת-Konzept und die Elemente von drinnen und draußen schon in früher Rezeption untrennbar zusammengehören, wird bereits in der Aufnahme in 1 Kor 5,11–13 deutlich. An dieser Stelle wird nach den deutlich räumlichen aber hier auf die soziale Ebene bezogenen Stichwörtern ἔσω und ἔξω das Wegschaffen aus der eigenen Mitte in wörtlicher Aufnahme der gängigen LXX-Übersetzung der בערת-Formel gefordert (Abweichung nur in Dtn 13,6, wo בער mit ἀφανίζω übersetzt wird. Die Deutlichkeit des Zitats zeigt sich auch darin, dass ἐξαίρω ein *hapax legomenon* des NT ist.). Dazu auch Merklein, Brief, 46 f., und besonders Rosner, Paul, 61–81, der einen genauen Vergleich der Motivik im Deuteronomium und 1 Kor 5 anstellt und drei verbindende Elemente stark macht: „the covenant motif", „the corporate responsibility motif" und „the holiness motif". Vgl. auch Ders., Deuteronomy, 121–123.
432 Otto, Deuteronomium 1999, 40.
433 Eine genauere Darstellung der dtn-vordtr Ordnung des Gesetzes nach Otto – ohne genauere Betrachtung der בערת-Gesetze – bietet dieser in dem Aufsatz „Vom Bundesbuch zum Deuteronomium. Die deuteronomische Redaktion in Dtn 12–26*".
434 Zu dieser Strukturierungsfunktion vgl. auch Seitz, Studien, 132.

Ehebruch mit einer verheirateten Frau (22,22), bei denen die Formel statt auf „aus deiner Mitte" auf „aus Israel" endet.[435]

Zur besseren Illustration des Aufbaus sei das kürzeste der בערת-Gesetze in Gänze zitiert (Dtn 24,7):

> Wenn ein Mann gefunden wird, der einen[436] seiner Brüder, von den Kindern Israels, raubt und ihn versklavt und verkauft, dann soll dieser Dieb sterben. Du sollst das Böse aus deiner Mitte wegschaffen.

Der typische Aufbau eines בערת-Gesetzes ist in diesem Vers auf engstem Raum erkennbar: Nach der Schilderung des Delikts folgt der Tötungsbefehl. Abgeschlossen wird die Vorschrift dann mit der Aufforderung, das Böse aus der eigenen Mitte zu entfernen. Dabei ist die Aufforderung keine Ergänzung zum Tötungsauftrag, sondern rechtfertigt, erklärt und generalisiert diesen.[437] Durch die Hinrichtung des Übeltäters wird das Böse aus der Mitte Israels entfernt.

---

435 Zu der Frage, warum in Dtn 17,12 und 22,22 vom Wegschaffen „aus Israel" und nicht, wie an den anderen Stellen, „aus deiner Mitte" die Rede ist, wurden noch keine zufriedenstellenden Lösungsvorschläge gefunden. So geht Seitz, Studien, 131 f., davon aus, dass die Formulierung „aus Israel" die ältere Form darstellt. Dies begründet er mit dem Hinweis auf das Zusammenwachsen der Stämme, wie es sich aus Ri 10,13 herleiten lässt, das er als Vorbild für die בערת-Gesetzgebung sieht. Genau entgegengesetzt urteilt Merendino, Gesetz, 342, der der בערת-Gesetzgebung ein noch höheres Alter zuspricht und damit die Formulierung „aus deiner Mitte" für ursprünglich hält, die dann in Zeiten der von ihm angenommenen Amphiktyonie angepasst wurde und in „aus Israel" abgewandelt wurde. Vor einer Trennung beider Formulierungsvarianten ist jedoch zu warnen. Denn beide Gesetze folgen auf ein בערת-Gesetz, das mit „aus deiner Mitte" formuliert ist. In Dtn 22,22 steht der entsprechende Satz sogar direkt im vorhergehenden Vers, sodass gerade die Differenz die Parallelität der Ausdrücke unterstreicht. Zudem ist beachtenswert, dass bei den קרב-Formulierungen gehäuft das Stichwort Israel im Kontext steht.
Zudem wurde diskutiert, ob es vor der Einarbeitung in das dtn Gesetz eine eigenständige Sammlung von בערת-Gesetzen gab (parallel zu den תועבה-Texten; vgl. dazu Merendino, Gesetz, 326 – 336). Diese Vermutung lässt sich jedoch nicht hinreichend stützen, sodass sie zunehmend an Relevanz verliert. Im Fokus dieser Studie steht zudem stärker die im Deuteronomium gezeichnete Gesellschaftsstruktur als die Frage nach der Vorgeschichte der benutzten Materialien. Im Bereich der Überlieferungsgeschichte sind auch die Überlegungen von Merendino, Gesetz, 336 – 345.398 f., zur Geschichte der בערת-Formel zu verorten. In Bezug auf die Traditionsgeschichte der Formel sei auf Rüterswörden, Böse, verwiesen, wobei angemerkt sei, dass die von ihm, a.a.O., 231, angeführte Analogie des nordsyrischen Königs Azitwadda zwar auch das Ausrotten des Bösen kennt, jedoch als Verb תרק benutzt.
436 Die Übersetzung mit ‚einen' gibt den hebräischen Begriff נפש wieder. Die Nennung einer Person oder Personenzahl durch נפש findet sich analog in Gen 46,15 ff. Im Deutschen findet sich noch eine ähnliche Verwendung in Ausdrücken wie 100-Seelen-Gemeinde.
437 Somit hat das waw (וכרת) eine explikative Dimension.

Die בערת-Formulierung findet sich *ausschließlich* im deuteronomischen Gesetz. Dadurch besteht ein Gegensatz zu den mit כרת formulierten priesterlichen
Gesetzen im übrigen Tetrateuch (Lev 7,20 f. formuliert: ונכרתה הנפש ההוא מעמיה; vgl.
Gen 17,14; Ex 30,38; Lev 20,18 u. ö.),[438] die wiederum keinen Niederschlag im
Deuteronomium gefunden haben. Bei diesen ist unklar, ob es sich um eine Todes-
oder Verbannungsstrafe zur Reinhaltung des Landes handelt. Die בערת-Angabe
folgt jedoch auf die konkrete Tötungsaufforderung – meist sogar mit der Angabe
der Tötungsart –, sodass hier von Verbannung nicht die Rede sein kann.

Es stellt sich die Frage, warum gerade die oben geschilderten sieben Fälle mit
der בערת-Formel abgeschlossen werden. Der prominenteste Antwortvorschlag
lautet in der Formulierung von Veijola so: „Die abschließende Formel ‚Du sollst
den Bösen[439] aus deiner Mitte ausrotten' (V.6b) findet im Dtn immer dann Gebrauch, wenn es um die Vollstreckung der Todessanktion bei der Übertretung
eines, hier des Ersten, Gebots des Dekalogs geht".[440] Deutliche Überschneidungen
zwischen den Gesetzen des Dekalogs und den mit der בערת-Formel verbundenen
Gesetzen gibt es in der Tat.[441] Einzuwenden ist jedoch, dass sich zwar alle Fälle mit
den Gesetzen des Dekalogs mehr oder minder leicht in Verbindung bringen lassen,
sie aber nicht „l'esprit et la lettre du Décalogue",[442] wie es bei L'Hour heißt, atmen.
So gibt es sowohl einige deutliche terminologische Unterschiede als auch Differenzen in den abgedeckten Themenfeldern.[443] Näher liegend ist die einfachere
Vermutung, dass es sich bei Dekalog und deuteronomischem Gesetz um zwei

---

438 Eine Aufstellung der mit כרת formulierten Gesetze findet sich bei Hobson, Expulsion, 15
Anm. 1.

439 Der Frage, ob es sich um *das* Böse oder *den* Bösen handelt, das / der auszuschließen ist,
wird unten Seite 138 genauer beleuchtet.

440 Veijola, ATD 8,1, 288. Dabei bezieht sich Veijola auf Dtn 13.

441 Diese Annahme lässt sich mit der bei Otto, Verantwortung, diskutierten Hypothese verbinden, dass das dtn Gesetz nach dem Vorbild des Dekalogs angeordnet wurde.

442 L'Hour, Législation, 26. Zudem zeichnet er die Entwicklung vom apodiktischen Imperativ
zum kasuistischen Recht nach. Die Deuteronomisten hätten diese alten Gesetzestexte gefunden
und wegen ihrer demokratischen Strukturen, die auf Einheit ausgerichtet sind, in ihr Werk
integriert. Deutlich kritisch gegenüber L'Hours These und der Annahme einer einheitlichen
Herkunft der Gesetzgebung ist Dion, Mal, bes. 322–331.

443 Dtn 19,16 z. B. benutzt einen anderen Ausdruck für das falsche Zeugnis (עד־חמס und in Dtn
5,20 heißt es עד שוא, Ex 20,16 bietet עד שקר als dritte Variante, die jedoch der Fortsetzung in Dtn
19,18 entspricht). In den letzten Jahren gab es mehrere sehr differente Vorschläge zur Strukturierung des dtn Gesetzes nach den Dekaloggeboten. Vgl. für einen Überblick Otto, Deuteronomium 2000, 112–115, und die Übersichten bei Finsterbusch, Dekalog-Ausrichtung, 124–129.
Finsterbusch selbst legt eine neue Strukturierung der Gebote nach dem Dekalog vor und sieht
die Gebote zu sieben Blöcken zusammengefasst, wobei das zweite vor dem ersten in Dtn 12 zum
Tragen komme, da die Kultzentralisation das zentrale Thema sei.

verschiedene Textkomplexe bzw. Redaktionsschichten handelt, die jedoch inhaltlich große Überschneidungen aufweisen und somit gut in einem Gesamtzusammenhang – hier dem entstehenden Deuteronomium – stehen können.[444]

Ein Vergleich aller Gesetze, die die בערת-Formel beinhalten, zeigt, dass in ihnen stets *Kapitalverbrechen* verhandelt werden, die eine *gemeinschaftsschädigende* Gefahr bergen.[445] Dass bei den hier behandelten Fällen die Grundstruktur der Gesellschaft auf dem Spiel steht, liegt auf der Hand und kann als weitgehender Forschungskonsens betrachtet werden. Merendino fasst die Ausrichtung zusammen: „Es sind lauter Vergehen gegen die Grundstruktur menschlicher Existenz in Familie, Gemeinschaft und Eigentum."[446] Zur Verbindung der bösen Tat und der Gesellschaft fügt er hinzu: „Der Hörer wird belehrt, daß der Täter des Verbrechens der Gemeinschaft gegenüber das Böse ist, das ihr Leben und ihre Ordnung bedroht, daß also das betreffende Verbrechen keine private Angelegenheit ist, die nur wenige Menschen betrifft, sondern auf die ganze Gemeinschaft als solche zerstörend wirkt."[447]

Die Zuweisung aller verhandelten Fälle zu den Kapitalverbrechen ist hingegen umstritten und soll somit etwas ausführlicher begründet werden. Jan Christian

---

444 Otto, Deuteronomium 1999, 40 f. Anm. 150, setzt sich kritisch mit der von Veijola vertretenen These auseinander. Dabei zeigt er auf, dass es dtn Gesetze gibt, die eine dekalogische Thematik zeigen und nicht mit der בערת-Formel abgeschlossen werden. Zudem ist Dtn 17,12 schwer mit dieser These zu verbinden.
445 Etwas schwieriger ist die Beurteilung des Falles des widerspenstigen Sohnes, der öffentlich zu steinigen ist (Dtn 21,18 – 21). Liegt seine Straftat im Verstoß gegen das Gebot der Elternehre (bzw. seine Vorläufer)? Dagegen spricht, dass es im Elterngebot des Dekalogs um die Versorgung alter Eltern durch die erwachsenen Kinder geht, während in Dtn 21,18 – 21 eher die Erziehung eines Jugendlichen im Blick ist. Vgl. Albertz, Hintergrund, bes. 365 f. Karin Finsterbusch, Dekalog-Ausrichtung, 136 f., weist darauf hin, dass in den anderen dtn בערת-Gesetzen auf nachweislich begangene Kapitalverbrechen zurückgeblickt wird. Insofern liege es auch hier nahe, an die konkrete Gefährdung zu denken, die von dem betrunkenen ungezähmten Menschen für die Gesellschaft ausgeht. Finsterbusch treibt diesen Gedanken noch etwas weiter und verbindet ihn mit dem Anfang des Kapitels Dtn 21 von unbekannter Hand Erschlagenen. So würde hier vorsorglich der Trinker eliminiert, der eventuell einen solchen Mord in Trunkenheit begehen könnte. Er ist also als potentieller oder vielleicht sogar faktischer Übeltäter aus der Gesellschaft auszuschließen. Vgl. auch Dies., Deuteronomium, 133 f. Entscheidender ist jedoch die Strafe für den Sohn und ihr Vollzug. So liegt es, wenn die Prasserei anhält, nicht mehr in der elterlichen Gewalt, den Sohn zu bestrafen, und eine Strafaktion wird auch nicht mehr im privaten Bereich vollzogen. Der Sohn wird zu den Ältesten zum Tor gebracht und dann öffentlich und von der ganzen Gemeinschaft gesteinigt. Dies zeigt, dass es sich in Dtn 21,18 – 21 nicht um einen privaten Erziehungskonflikt handelt, sondern die Stabilität der ganzen Gemeinschaft in Gefahr ist. Und so ist es auch hier die ganze Gemeinschaft in der Verantwortung, ihre Mitte reinzuhalten.
446 Merendino, Gesetz, 337.
447 Merendino, Gesetz, 338 f.

Gertz[448] scheidet in Dtn 19,16 – 21* die בערת-Formel aus, da hier in seiner Interpretation kein Kapitalverbrechen geschildert wird. Dtn 19,16 – 21 lautet:

[16]Wenn ein Gewaltzeuge gegen jemanden aufsteht, um ihn der Falschheit (סרה) zu beschuldigen, [17]dann sollen sich die beiden Männer, die den Streit haben, vor Jhwh stellen, vor die Priester und die Richter, die es in ihren Tagen gibt, [18]und die Richter sollen genau nachforschen, und siehe, wenn der Lügenzeuge ein Lügenzeugnis gegen seinen Bruder abgelegt hat, [19]dann soll man an ihm verfahren, wie er es an seinem Bruder zu tun plante. Du sollst das Böse aus deiner Mitte wegschaffen. [20]Und die anderen sollen es hören und sich fürchten und nicht weiter fortfahren, gemäß dieser bösen Sache in deiner Mitte zu handeln. [21]Und dein Auge soll kein Mitleid zeigen: Leben um Leben, Auge um Auge, Zahn um Zahn, Hand um Hand, Fuß um Fuß!

Der Einwand beruht darauf, dass sich die Strafe jeweils nach dem richtet, was bei einer rechtmäßigen Anschuldigung den Straftäter erwartet hätte. Damit ist nach Gertz also nicht unbedingt die Todesstrafe im Blick. Verstärkt durch die vermutlich sekundäre Talionsformulierung wäre hier also das Strafprinzip der Angemessenheit beschrieben und kein Verfahren bei einer konkreten Straftat.[449] Betont man die Variabilität in der Strafforderung, so betont man zudem das Spektrum in der Deutung von סרה und damit dem Vorwurf des Anklägers. סרה kann einfach als Wiedergabe der Falschaussage verstanden werden, wobei eine Konkretisierung der Straftat fehlen würde. Jedoch kommt das Substantiv סרה (als Bezeichnung des Vergehens) im Deuteronomium sonst nur in 13,6 vor. Dieses weitere בערת-Gesetz und Dtn 17,2 – 7 sind mit Dtn 19,16 – 21 verknüpft.[450] Hier bezeichnet es das falsche Reden gegen Jhwh. Zudem lässt die Verwendung des Ausdrucks דבר סרה in Dtn 13,6 eine Gleichsetzung mit den entsprechenden Ausdrücken der neuassyrischen Königsinschriften plausibel erscheinen. Deutlich ist die Parallele zu VTE §57: 502 (*dabāb surrāti (u) lā kīnāti*).[451] Falschaussage und Abfall von Jhwh werden so verbunden. Damit handelt es sich in Dtn 13 und damit auch in Dtn 19 mit einiger Plausibilität um das Vergehen des Hochverrats (in religiöser Dimension), das hier im Hintergrund steht, ein in Israel genuin todeswürdiges Vergehen, sodass es sich implizit doch um ein Kapitalverbrechen handelt. Die Funktion der Talionsformel kann, im Anschluss an Otto, in der Unterstreichung der Tötungsaufforderung und ihrer Angemessenheit gesehen werden, wie es sich in נפש בנפש ausdrückt. Die

---

448 Gertz, Gerichtsorganisation, 107.

449 In dieser Richtung auch Rüterswörden, NSK AT 4, 127 f.

450 Vgl. dazu auch Otto, Geschichte, 121 – 124.

451 Vgl. Otto, Deuteronomium 1999, 51 f., aber auch Veijola, ATD 8,1, 288 Anm. 962. Zu סרה mit der Übersetzung „etwas Falsches, Verbrechen" und der Verknüpfung mit dem Element des Aufruhrs gegen Jhwh siehe auch Seite 111 Anm. 381 zu Dtn 13.

Talionsformel ist dabei die Auslegung von V. 19a.[452] Die Überlegungen haben gezeigt, dass die einzige Stelle, die gegen die Annahme ins Feld geführt wird, dass alle בערת-Gesetze Kapitalverbrechen verhandeln, als zu unsicher in der Deutung zu betrachten ist, um als schlagkräftiges Gegenargument zu dienen.

Doch ist die These nur haltbar, wenn auch die Gegenprobe stimmt, sodass nach den Gesetzen zu fragen ist, die die Todesstrafe fordern, die בערת-Formel aber nicht enthalten. Schaut man sich diese Fälle jedoch an, so lassen sich alle Stellen bei genauerem Hinsehen mit einem בערת-Gesetz in der Umgebung in Beziehung setzen. So ist beispielweise in Dtn 13,2–12 durch die Aufnahme desselben Grundes, als wörtliches Zitat dessen, der zum Abfall verführt („Auf, lasst uns anderen Göttern nachfolgen"), für die Todeswürdigkeit des Vergehens eine Zusammengehörigkeit hergestellt, die die Wiederholung der בערת-Formel am Ende der zweiten Fallschilderung überflüssig macht.[453] Die einzige wirkliche Ausnahme bildet das Prophetengesetz in Dtn 18,9–22. Hier wird – formal wie in Dtn 24,7 – notiert, dass der falsche Prophet sterben wird. Wer dies jedoch auszuführen hat, wird nicht erwähnt. Ein Prophet bekommt den Auftrag von Gott und seine Bestrafung fällt damit nicht in die Verantwortung des Volkes.[454] Für die Gesellschaft selbst ist der Hinweis bestimmt, dass man sich vor ihm nicht fürchten muss (Dtn 18,22), und dadurch wird seine gesellschaftszersetzende Kraft entschärft. Das für die בערת-Gesetze wichtige Stichwort רע taucht im ganzen Kapitel nicht auf. Insofern spielt das Prophetengesetz bereits inhaltlich und formal eine Sonderrolle in der deuteronomischen Behandlung von Kapitalverbrechen. Zudem war es kein Bestandteil des vorexilischen deuteronomischen Gesetzes, sondern gehört zu seinen nachexilischen Überarbeitungen.[455]

Nach diesen Überlegungen zur בערת-Gesetzgebung als ganzer wird nun den einzelnen Worten der Formel entlanggegangen und diese mit weiteren Texten des deuteronomischen Gesetzes in Verbindung gebracht. Eine wichtige Rolle spielen dabei für die Frage nach der Identitätskonstruktion das angesprochene ‚Du',

---

452 Vgl. Otto, Bundesbuch, 272 f.

453 Das gleiche lässt sich auch für Dtn 22,25 nachzeichnen.

454 Und so stirbt auch der (Falsch-)Prophet Hananja nach seiner Auseinandersetzung mit Jeremia, die deutliche Parallelen zum Prophetengesetz aufweist, nach Jer 28,17 als falscher Prophet, ohne dass er vom Volk hingerichtet werden würde. Die umstrittene Richtung der Abhängigkeit der beiden Texte ist bei dieser Deutung nicht ausschlaggebend.

455 Das Prophetengesetz gehört zu jener Redaktion, die in nachexilischer Zeit eine harte Abgrenzung gegen die im Land lebenden „kanaanäischen" Völker vertritt, und somit mit dem Konflikt zwischen Rückkehrern aus dem Exil und Daheimgebliebenen, die nun als kanaanäisch stilisiert werden, verbunden werden kann. Vgl. dazu die Erläuterungen zum Prophetengesetz in Kapitel 4.3.2.1 (232–236).

dessen Identität zu beleuchten ist, das auszuschließende Böse – und damit die Grenzen der Gesellschaft – und die Mitte als Integrationspunkt.

2.5.1.2 Wer ist das ‚Du'?

Die erste Frage, die sich stellt, ist die nach dem Adressatenkreis der verschiedenen Gesetze und damit nach dem angesprochenen ‚Du'.[456] Dies gilt nicht nur für die בערת-Gesetzgebung, sondern für das gesamte deuteronomische Gesetz und sogar das gesamte Deuteronomium.

Die Ansprache mit ‚Du' setzt formal entweder eine Einzelperson voraus oder eine Form der *corporate identity / personality*.[457] Die pluralische Ausrichtung des ‚Du' ist z. B. darin erkennbar, dass es eine Mitte haben kann. Wenn es Bedürftige „in *deiner* Mitte" gibt (vgl. Dtn 26,11), so können nicht nur Einzelpersonen im Blick sein. Dies hat Auswirkungen für die Frage nach der Identitätsbildung im Deuteronomium. Werden alle mit ‚Du' angesprochen, so entfällt die innere Differenzierung, und die Identitätskonstruktion ist auf der kollektiven Ebene angesiedelt. Anselm Hagedorn betont jedoch die Rolle einzelner Individuen und gesellschaftlicher Untergruppen. Für ihn steht das ‚Du' nicht stellvertretend für ganz Israel, sondern für einen Teil davon, der für die politischen Entscheidungen verantwortlich ist.[458] Dieser Gedanke wird im Folgenden aufgenommen, wenn hier das ‚Du' als *potentielles* Handlungssubjekt definiert wird.

Der Aspekt der *corporate identity / personality* wird in der alttestamentlichen Wissenschaft stärker für die Beschreibung soziologischer Strukturen der realen israelitischen Gesellschaft benutzt als für die Bilder, die sich aus den literarischen Texten ergeben. So benutzt u. a. Carol Meyers den Terminus der *corporate identity* zur Beschreibung der israelitischen Familienstrukturen besonders in der Frühzeit.[459] Und Robinson hat in seinem Aufsatz zur „Hebrew Psychology" das Konzept

---

456 Schon Philo von Alexandrien beschäftigt sich in seiner Schrift De Decalogo, 36–43, ausführlich mit dem ‚Du' im Dekalog und seiner Beziehung zum Gesamtvolk. Dabei sieht er drei Dimensionen des ‚Du'. Zum einen ist es eine Betonung der Relevanz des Einzelnen. Zum zweiten kann sich so kein Mensch der Anrede entziehen und die Einhaltung der Gebote wird von jedem Einzelnen gefordert. Auf diese Weise kann sich keiner in der Gruppe des ‚Ihr' verstecken. In einer dritten Dimension, die Philo aufzeigt, fördert es die Gleichberechtigung zwischen den Menschen, seien es Könige oder Witwen, wodurch sich die Machthaber in einer Art *imitatio dei* wiederum achtungsvoller um die Schwachen der Gesellschaft kümmern werden.
457 Vgl. dazu die kurze grundlegende Studie von Robinson, Corporate Personality.
458 Vgl. zusammenfassend Hagedorn, Moses, 280 f. Hagedorn betont dabei die demokratischen Züge, die in diesem administrativen Konzept liegen. Dies unterstreicht er durch einen Vergleich mit griechischer Literatur.
459 Vgl. Meyers, Family, bes. 21 f.

der „corporate personality"[460] für die Beschreibung der im Alten Testament gespiegelten gesellschaftlichen Verhältnisse stark gemacht. Dabei sieht er es im
antiken Israel auf der Ebene der Familie, der Stadt und der ganzen Nation Israel
gegeben. Die *corporate personality* beinhaltet sowohl die Verantwortung der
ganzen Gruppe für die Taten eines ihrer Vertreter als auch die enge Verbindung
zwischen dem Einzelnen und der Gruppe, die den Einzelnen fast verschwinden
lässt. „Corporate personality means for us in this place the treatment of the family,
the clan, or the nation, as the unit in place of the individual."[461]

Für die Betrachtung des Deuteronomiums ist die literarische Umsetzung des
Konzepts der *corporate identity* ausschlaggebend.[462] Hierbei sei auf H.H. Rowleys
Untersuchung zum ‚Ich' in den Psalmen verwiesen, der sich Robinson im Konzept
der *corporate personality* anschließt: „The Psalms expressed the worship of all, but
they also expressed the worship of each, just as individuals and congregations to-
day make these ancient psalms the vehicle of their individual and corporate approach to God."[463] So wie das betende ‚Ich' Züge einer kollektiven Identität zeigt,
so auch das angesprochene ‚Du' im Deuteronomium.[464]

Im Deuteronomium gibt es einen engen Zusammenhang zwischen dem ‚Du'
und Israel, das zum Teil selbst als ‚Du' angesprochen wird.[465] Der genaue
Adressatenkreis ändert sich in den verschiedenen Schichten, doch lassen sich drei
grundlegende Dimensionen des ‚Du' festhalten, die sich in deuteronomischen wie
deuteronomistischen, also in vorexilischen, exilischen und nachexilischen Texten

---

460 Robinson, Psychology, bes. 375–378.

461 Robinson, Psychology, 376. Die extremste und damit die Problematik des Ansatzes erkennbar machende Form der *corporate personality* findet sich bei Adam als „corporate repres-
entative of the race". So a.a.O., 378. Zudem wird die eigentlich beschreibende Kategorie zu einem
unzulässigen Bewertungsinstrument, wenn die „corporate personality" den primitiven Völkern
(*primitive mentality*) als defizitäre Entwicklungsstufe zugeschrieben wird.

462 Kaminsky, Responsibility, 116–138, setzt sich mit dem Konzept der corporate responsibilty
auseinander, das er auf der Basis anderer Textbereiche stark macht. Im Deuteronomium selbst
sieht er die Strukturen der gemeinsamen Verantwortung weiter gegeben, entdeckt aber zugleich
die Entwicklung einer stärker individualistischen Perspektive, wobei er dies wertfrei betrachtet
und nicht als positiven Fortschritt wertet. Für das dtr Schrifttum ist dabei besonders das
Konzept der Gemeinschaft, in der das Individuum als Teil der Gruppe wahrgenommen wird,
entscheidend.

463 Rowley, Worship, 249.

464 Diese Züge einer kollektiven Identität sind beim ‚Du' des Deuteronomiums noch weiter
ausgeprägt als beim ‚Ich' der Psalmen. So ist das ‚Ich' zwar ein Repräsentant der ganzen Gruppe,
bleibt jedoch letztlich eine Einzelperson. Das ‚Du' hingegen bildet einen kollektiven Raum, der
sogar eine Mitte aufweisen kann.

465 Vgl. auch die Überlegungen zum ‚Du' im Deuteronomium als Element der politischen
Rhetorik bei Markl, Gottes Volk, 47–49.

zeigen und konstant bleiben, sodass hier, im Gegensatz zur sonstigen Vorgehensweise in dieser Arbeit, auf textlicher Basis des gesamten Deuteronomiums argumentiert werden kann:

Die erste Dimension bezieht sich auf den Adressaten oder besser Adressatenkreis des ‚Du'. So ist es eine singularische Anrede und bezeichnet zugleich viel stärker als das ‚Ihr' das gesamte Kollektiv, das sich im Einzelnen zeigt.[466] Wird jeder Israelit als Du angesprochen, so entfällt jegliche Binnendifferenzierung. In den ‚Ihr'-Teilen kommt der Einzelne sogar mehr zum Vorschein, da er nicht mehr im Kollektiv-‚Du' aufgeht.[467]

Die zweite Dimension des ‚Du' bezieht sich auf die Qualifizierung dessen, der so bezeichnet wird. So ist das ‚Du' immer der, der aktuell die Handlungs*möglichkeiten* hat. Dies gilt auch, wenn er an eigene Ohnmachtsituationen erinnert wird, wie es sich im עבד-Ägypten-Motiv zeigt. Die Perspektive der Verarmung oder Hilfsbedürftigkeit wird immer *relational* zum ‚Du' gesehen. Ein Hebräer, der sich verkaufen muss, wird nicht angesprochen, sondern dem ‚Du' wird der Umgang mit diesem aus der Anrede herausfallenden Menschen vorgeschrieben. Der Israelit selbst kann nicht verkauft und damit zum Objekt gemacht werden, dafür sorgt das בערת-Gesetz in Dtn 24,7. An der Parallelstelle in Ex 21,16 geht es auffälligerweise nur um einen איש an sich und die Zuspitzung מבני ישראל fehlt. Desgleichen wird auch nicht verhandelt, was ein Mensch macht, der die geforderten Opfer wirtschaftlich nicht aufbringen kann. Auch in dieser Hinsicht wird also nur der potentiell Handlungsfähige angesprochen.[468]

Die dritte Dimension des ‚Du' bezieht sich auf seine Person. So ist zu unterstreichen, dass das ‚Du' an vielen Stellen keine geschlechtliche Festlegung hat, wodurch das Zurücktreten der Einzelperson hinter einen stärker funktionalen Aspekt noch deutlicher wird. Dies ist zum Beispiel an Gesetzen wie dem Tötungsverbot greifbar. Denn Frauen ist das Töten eines anderen Menschen ebenso verboten wie den Männern, an die das Gesetz grammatikalisch scheinbar gerichtet ist. Im Gegensatz zu den anderen Personen im Deuteronomium, die fast durchgängig explizit in den männlichen und weiblichen Varianten angesprochen werden (Sklave – Sklavin; Sohn – Tochter), ist das ‚Du' zwar grammatikalisch maskulin und auch viele Einzelgesetze zeigen eine männliche Perspektive. Doch nimmt das ‚Du' z. B. niemals seine Frau mit, wenn es zur Aufforderung der Mit-

---

466 Diesen Zusammenhang und damit die Untrennbarkeit zwischen einem kollektiven und einem individuellen ‚Du', also dem Empfänger des Gesetzes im Allgemeinen und dem im Fall behandelten konkreten ‚Du' des Rechtsfalls, unterstreicht Gertz, Gerichtsorganisation, 50 Anm. 97, besonders für kasuistische Rechtssätze.
467 Vgl. Schreiner, Volk, 252.
468 Allerdings gibt es eine Form der Besitzrelativierung in Dtn 16,17.

einbeziehung der Hausgemeinschaft etwa bei Festen kommt, wie es Karin Finsterbusch[469] stark macht.[470]

	Du/Ihr	Frau	Sohn / Tochter	Sklave/in	Fremd- ling	Witwe	Waise	Levit	Tiere	Haus
5,14	+		+	+	+				+	
12,12	+		+	+	+			+		
12,18	+		+	+				+		
14,26	+									+
14,29					+			+		
15,20	+									+
16,11	+		+	+	+	+	+	+		
16,14	+		+	+	+	+	+	+		
26,11	+				+			+		+

Geht man nicht davon aus, dass die Frauen bei den Wallfahrtsfesten zu Hause
bleiben, so müssen sie im ‚Du‘ integriert sein. Das Zurücklassen der Frau wäre
nicht parallel zur Mitnahme der Tochter und der Sklavin. Zudem lässt sich die
Anwesenheit der Frauen dort erkennen, wo nicht ein ‚Du‘ oder ‚Ihr‘ direkt angesprochen wird, sondern eine Auflistung von anwesenden Personen erfolgt. Denn
wird das Volk versammelt oder sonst als Satz*objekt* behandelt – wie in Dtn 17,2
oder 31,12 –, so werden explizit die Männer und Frauen genannt.

Begreift man das ‚Du‘ als *corporate personality* und damit Kollektivbegriff, so
ist die männliche grammatikalische Festlegung die Folge. So wie eine Gruppe aus
Männern und Frauen im Hebräischen einen maskulinen Plural bekommt, so auch
die auf ein einzelnes ‚Du‘ reduzierte Gruppe. Dabei ist nicht davon auszugehen,

---

469 Vgl. zu dieser Thematik Finsterbusch, Deuteronomium, 108 f., und genauer Dies., Frauen,
bes. 391–396. Hier findet sich auch die genauere Diskussion der entscheidenden Belegstellen.
470 Der Gedanke findet sich bereits als kurzer Hinweis bei Braulik, Freude, 162: „Sie wird [...]
deshalb nicht erwähnt, weil sich das ‚Du‘ zu Beginn der Liste in gleicher Weise auf den Mann
wie auf die Frau als Adressaten der Weisung bezieht. Das Deuteronomium wünscht die selbe
Wertschätzung beider Geschlechter und erläßt auch eine Reihe von Einzelbestimmungen zugunsten einer ‚Frauenemanzipation‘“. Dazu kritisch Rüterswörden, Gemeinschaft, 147 Anm. 2:
„Genau so gut ist denkbar, daß nur der Mann als Adressat in dem Blick genommen ist.“ Explizit
für eine inklusive Deutung des ‚Du‘ spricht sich Crüsemann, Tora, 291–294 bes. 293 aus. Zum
Thema der Stellung der Frau in den Listen derer, die am Kult teilnehmen, sei auch auf die
Überlegungen bei Reuter, Kultzentralisation, 147–151, verwiesen.

dass die Frauen immer mit im Blick sind, sondern dass das ‚Du' selbst erst einmal keine geschlechtliche Fokussierung hat.

Daraus ergibt sich, dass das ‚Du' im Deuteronomium das *potentielle Handlungssubjekt* ist, und damit zugleich ganz Israel als Gesellschaft korrespondiert. Prägnant formuliert ist also der Tenor: „Du bist Israel". Dies verschiebt die Frage, wer konkret zur Gemeinde und damit zum ‚Du' gehört. Denn als relationaler Begriff zeigt die jeweilige Situation und Aufgabe an das ‚Du' und Israel an, wer in den Blick genommen wird.[471]

Aus der Handlungs*fähigkeit* des ‚Du' leitet sich direkt seine Verantwortung für die Gemeinschaft ab.[472] Aus seiner Position der Stärke erwächst die Notwendigkeit des sozialen Engagements. Dies zeigt sich in der Aufforderung zur Vernichtung des Bösen sowie in der geforderten Fürsorge für die Schwachen, wie an Hand der גר-Gesetzgebung bereits dargestellt wurde.[473] Im Gegensatz zu dem angesprochenen ‚Du' ist in den entsprechenden Gesetzen der Straftäter in der dritten Person genannt. Auch dadurch ist er bereits aus der Gesellschaft exkludiert.[474]

2.5.1.3 Was ist das Böse, das weggeschafft werden soll?

Das wegzuschaffende Böse gilt es nun genauer zu bestimmen. Das Verb בער kommt in verschiedenen Kontexten und Formen im Deuteronomium vor, wie die folgende Aufstellung zeigt:

---

471 Dies wird an den durchweg inkongruenten Aufzählungen von Menschengruppen deutlich, wenn im Deuteronomium oder Deuteronomistischen Geschichtswerk eine Versammlung einberufen wird. So werden in Dtn 4,10 und 31,12 das Volk (העם) versammelt, in 31,12 das Volk, die Männer und Frauen, Kinder, und der Fremdling (גר), in 31,28 die Ältesten der Stämme und die Aufseher, und 31,30 spricht wie 1 Kön 8 von der ganzen Versammlung Israel(s) (כל־קהל ישראל). Hinzu kommt die Versammlung der Häupter der Stämme, Ältesten, Aufseher, Männer Israels, Kinder, Frauen und Fremden in Dtn 29,9 f., wobei hier nicht explizit das Stichwort קהל fällt. Die Reihe lässt sich im Deuteronomistischen Geschichtswerk weiter fortsetzen, wobei zumeist verbal mit קהל formuliert wird. Diese Gemeindekonzeption, der קהל ישראל, wie er explizit in Dtn 31,30 heißt, ist jedoch von der Konzeption des קהל יהוה im Gemeindegesetz in Dtn 23,2–9 zu trennen. So auch Braulik, NEB 28, 170.
472 Vgl. dazu auch Merendino, Gesetz, 339.
473 Vgl. dazu oben das Kapitel 2.2.1 (39–61) zum גר im deuteronomischen Gesetz.
474 Vgl. Merendino, Gesetz, 340.

Die Wurzel בער II (wegschaffen) im Deuteronomium[475]

בער im Piel (AK 2.sg.m.)	19,13	Das unschuldige Blut
	Das Böse aus deiner Mitte ובערת הרע מקרבך	
	13,6	Prophet / Träumer, der zum Abfall verführt
	17,7 (vgl. Ex 22,19)	Bundesübertretung durch Fremdgötteranbetung
	19,19 (vgl. Ex 23,1)	Falsches Zeugnis
	21,21 (vgl. Ex 21,15.17)	Ungehorsamer Sohn
	22,21	Keine Jungfräulichkeit bei Eheantritt
	22,24	Ehebruch (verlobte Frau)
	24,7 (vgl. Ex 21,16)	Menschendiebstahl (Israelit)
	Das Böse aus Israel ובערת הרע מישׂראל	
	17,12	Verhalten vor Gericht
	22,22	Ehebruch (verheiratete Frau)
בער weitere Pielformen	21,9 (PK 2.sg.m)	Das unschuldige Blut
	26,13.14 (1.sg. im Rechenschaftsbericht)	Das Geheiligte

Wie oben gezeigt wird im Deuteronomium בער im Piel für das Entfernen von gesellschaftsschädigenden Elementen benutzt. Gefordert wird die Eliminierung des Üblen (רע) aus der Mitte. Auffälligerweise sind die meisten Rechtsfälle, die im Deuteronomium mit der בערת-Formel abgeschlossen werden, zwar, wie die obige Tabelle zeigt, aus dem Bundesbuch bekannt, die Qualifizierung als רע findet sich dort jedoch nicht.[476] So ist hier eine sprachliche und damit auch inhaltliche Besonderheit zu erkennen, die die Verbindung zu den anderen רע-Stellen im Deu-

---

475 Die dreimalige Formulierung וההר בער באשׁ („und der Berg brannte im Feuer"; Dtn 4,11; 5,23; 9,15) kann hier außer Acht gelassen werden, da die Wurzel בער II (wegschaffen / vernichten / abweiden) hier im Mittelpunkt stehen soll und nicht בער I (brennen). Vgl. zu dieser Formulierung unten 264f. Anm. 881.

476 Eine gewisse Ausnahme bildet Ex 23,2.

teronomium stärkt und die Deutungsdimension verschiebt.[477] Aufschlussreich ist also, was im deuteronomischen Gesetz mit der Qualifizierung רע belegt wird:

Neben der Aufforderung zum Wegschaffen des Bösen nach den behandelten konkreten Rechtsfällen, wird auch in stärker kultischer Dimension die Entfernung des Bösen gefordert. So sind auch das unschuldige Blut (Dtn 21,9) und das Geheiligte am falschen Ort (26,13 f.) zu entfernen (בער). Ziel dieser Entfernung des רע ist die Wahrung bzw. Wiederherstellung der Reinheit der Gemeinschaft. Den Reinheitsaspekt als verbindendes Glied der בערת-Gesetze betont auch Otto.[478] Durch die Hinzunahme der anderen Passagen, die sich um ein als רע bezeichnetes Objekt oder Phänomen in der Gemeinschaft handeln, wird über die בערת-Gesetzgebung hinaus deutlich, dass nicht nur moralische Übel in den Blick genommen werden. So werden auch körperliche Phänomene, die mit Reinheit und Unreinheit verbunden sind, mit dem Stichwort רע belegt. Dtn 15,21 und 17,1 nennen kranke Stellen an Tieren und Dtn 23,10 – 15 beschäftigt sich mit Kot und Unreinheit bei Menschen. In Dtn 21,23 wird ganz explizit die Gefahr durch den toten Körper für die *Reinheit* des Landes thematisiert. Allen Belegen gemein ist folglich die Thematisierung der Gefahr durch Phänomene und Verhaltensweisen, die die moralische und physische Reinheit der Gemeinschaft bedrohen. Israel als Volk und Gebiet müssen hiergegen geschützt werden.

Den Zusammenhang zwischen dem Bösen, dem Wegschaffen und der Reinheit der Gemeinschaft zeigt noch greifbarer 1 Kön 14,9 f., im Prophetenwort Ahias von Silo gegen Jerobeam. Nach der Aufzählung aller Übel (Stichworte רעע und רעה), die Jerobeam getan hat, folgt in 14,10b:[479]

und ich will das Haus Jerobeams wegschaffen, so wie man Kot wegschafft, bis er vollständig weg ist (ובערתי אחרי בית־ירבעם כאשר יבער הגלל עד־תמו).

Das Haus Jerobeams und damit das Übel für und in Israel ist vollständig wegzuräumen, so wie ein Raum vom Unrat zu befreien ist. Der moralische und soziale Raum, der vom רע in jeglicher Dimension zu reinigen ist, ist nach dem Deuteronomium die israelitische Gemeinschaft selbst. Wenn diese Gemeinschaft reingehalten ist, so kann Jhwh selbst mit ihr verbunden werden. Dass dieser Raum durch die Menschen selbst gebildet wird, die dann auch wieder für die Reinhaltung verantwortlich sind, sorgt in exilischer Zeit dafür, dass das deuteronomische

---

477 Rüterswörden, Böse, 231– 233, zeichnet die Parallelen bei Hosea, Micha und Amos auf, doch scheint es mir noch ratsamer, die Stellen im dtn Gesetz selbst heranzuziehen.
478 Otto, Verantwortung, bes. 137.
479 Nach Rüterswörden, Böse, 136 f., liegt hier eine deuteronomistische Rezeption der בערת-Gesetze vor.

Gemeinschaftskonzept auch in einer Zeit ohne eigenes Territorium weiterhin lebbar bleibt.[480]

Ein Aspekt ist für ein besseres Verständnis des Ausdrucks רע noch zu beleuchten. So ist es nicht eindeutig – und im Hebräischen formal nicht unterscheidbar –, ob in der בערת-Formel רע ein Neutrum oder Maskulinum ist[481] und es somit um die Vernichtung von einem Bösen oder etwas Bösem geht.[482] Die LXX (καὶ ἀφανιεῖς **τὸν πονηρὸν** ἐξ ὑμῶν αὐτῶν) und nun auch Veijola (leider ohne Diskussion)[483] lesen es personifiziert als die Aufforderung, *den* Bösen (also den Straftäter) zu entfernen.[484] Alle gängigen deutschen Bibelübersetzungen und fast alle Kommentare wählen das Neutrum „das Böse". Und auch in dieser Studie wird die Übersetzung „das Böse / Übel" bevorzugt. Versteht man רע als Angabe der Person, so ginge es nur um die Ausführung der Todesstrafe am Einzelnen und nicht die „Reinigung" der Gemeinschaft. Dies würde jedoch der Raum- und Vernetzungsstruktur Israels im Deuteronomium widersprechen. Auch zu den anderen Vorkommen von רע im Deuteronomium passt die Wiedergabe als „das Böse" besser, wie es z. B. bei der immer wiederkehrenden Formulierung des Tuns des Bösen in den Augen Jhwhs (vgl. nur Dtn 17,2) deutlich wird.[485] Dabei ist „das Böse" im Deuteronomium kein Abstraktum, sondern mit konkreten Taten verbunden. Jede zu eindeutige Übersetzung unterbricht das Zusammenspiel von Übel und Übeltäter, das im Hebräischen in der Doppeldeutigkeit zusammenfällt.

Fragt man nun nach dem Grund der Entfernung des Bösen, so geben die deuteronomischen Texte zwei Antworten auf zwei Ebenen, die aber beide zu-

---

480 Vgl. dazu die Überlegungen zum Grundkonzept des exilischen Deuteronomiums in Kapitel 3.4 (186–189).

481 Das gleiche gilt für die Wiedergabe in der Vulgata: *auferes malum de medio tui.*

482 Die Tragweite der Festlegung auf ein Geschlecht von „böse" wird deutlich, wenn man einen Blick auf die parallele Auslegungsgeschichte des Vater Unsers wirft. Das Objekt der Bitte ῥῦσαι ἡμᾶς ἀπὸ τοῦ πονηροῦ („Erlöse uns von dem Bösen") ist im Genitivausdruck des Griechischen und Dativausdruck des Deutschen sowohl als Neutrum (das Böse) als auch als Maskulinum (der Böse) deutbar. Doch ist die Interpretation in den verschiedenen Traditionen und Konfessionen unterschiedlich. Während Augustin, die lateinischen Kirchenväter und die lutherische Tradition es eher auf „das Böse" beziehen, findet sich in der Tradition der griechischen Kirchenväter und den reformierten Auslegungen eher die Interpretation als personifiziertes Böses. Der Böse wird hierbei mit dem Teufel gleichgesetzt. Luther selbst fasst beide Deutungen in der Erklärung des Vater Unsers im Großen Katechismus zusammen (BSLK 689).

483 Eine explizite Befürwortung der personifizierten Übersetzung mit „der Böse" bietet Ehrlich, Randglossen, 288.

484 Rosner, Person, 27, sieht hierin die Ersetzung einer Fluchformel durch eine Todesstrafe.

485 Es gibt den Begriff רע an einigen wenigen Stellen des Alten Testaments als Bezeichnung für *einen* Bösen, vgl. Jer 6,29.

sammengehören. Zum einen darf es nichts Übles in deiner Mitte geben, da Gott in der Mitte ist. In Dtn 23,10.15 heißt es:

[10]Wenn Du ins / als Lager ausziehst gegen deine Feinde, dann hüte dich vor allen üblen Dingen (דבר רע).

[15]Denn Jhwh, dein Gott, geht mit dir inmitten des Lagers, um dich zu retten und deine Feinde vor dich zu geben. Dein Lager ist heilig und er soll bei dir nichts Anstößiges sehen, sodass er sich von dir abwendet.

Hier geht es also um eine Art von kultischer Reinheit des Raumes, den das Lager bildet, um die Anwesenheit Jhwhs in ihm zu ermöglichen. Dieser Aspekt kann auch auf ganz Israel übertragen werden, was durch die Beobachtung gestützt wird, dass auch das unschuldig vergossene Blut (Dtn 19,13; 21,9) und das Geheiligte (26,13 f.) weggeschafft werden sollen. Nicht nur das Heerlager, ganz Israel ist rein zu halten. In den deuteronomistischen Rahmungen wird dieser Punkt noch deutlicher aufgegriffen und verstärkt.

Der räumliche Aspekt Israels im Deuteronomium, wie er oben bereits angeklungen ist, zeigt sich auch bei der Verschränkung der Konzeptionen, wenn die gleichen Bilder für das Lager in Israel und ganz Israel benutzt werden. Dabei wirkt unterstützend, dass מחנה selbst schon den doppelten Aspekt des Ortes und der Personengruppe hat. Der zweite Aspekt wird besonders an den Stellen deutlich, an denen mit קרב formuliert wird (Dtn 2,14 f.; 23,15; 29,10). Die Unklarheit im Hebräischen, ob es sich in Dtn 23,10 um das Ausziehen als Heerlager oder das Hinziehen in ein Heerlager handelt, ist hier in der Übersetzung offen gehalten.[486] Auch Ges[17] bietet unter dem Lexem יצא beide Übersetzungsmöglichkeiten für Dtn 23,10. Eindeutig als Bezeichnung der Personen*gruppe* wird das Wort מחנה beispielsweise in Jos 10,5; Ri 4,15 f. verwendet.

Neben diesem Reinheitsaspekt geht es um die Gemeinschaft selbst, die durch das böse Tun zu ebensolchen Taten angeregt wird, sodass ein abschreckendes Beispiel gesetzt werden muss. Rüterswörden spricht im Blick auf Dtn 13 vom „Kontaminationsmodell des Bösen",[487] wobei sich das Böse wie eine „Infektionskrankheit"[488] verhält und man es wie beim Seuchenschutz nur durch Absonderung bekämpfen kann. Rattray und Milgrom qualifizieren das Wegschaffen

---

486 In den gängigen Übersetzungen ist die Wiedergabe als „ins Heerlager" stärker vertreten. Doch übersetzt z. B. die Neue Zürcher Bibel mit „im Heerlager". In der Fortsetzung in Dtn 23,11–15 ist der lokale Aspekt des Lagers der deutlichere.
487 Rüterswörden, NSK.AT 4, 86.
488 Rüterswörden, NSK.AT 4, 87.

des Bösen als eine „Art Operation an der Gemeinschaft".[489] Dabei ist immer entscheidend, dass es in der Bestrafung des Einzeltäters um die Bannung der Gefahr durch das Übel für die Gesamtgesellschaft geht. Gefordert ist eine gemeinschaftliche Distanzierung vom Bösen. Für eine intakte Gesellschaft, wie es sich die Verfasser der deuteronomischen Gesetze imaginieren, muss das Böse verschwinden – und nicht nur, weil aus Gerechtigkeitsüberlegungen eine Straftat eine Strafe fordert. Eben deshalb finden alle Hinrichtungen öffentlich statt (v. a. Dtn 13,10), und zumeist folgt als Begründung, dass alle es sehen sollen, damit so etwas nicht mehr vorkommt. Durch diese beiden Blickrichtungen fallen auch die beiden Bedeutungen „das" und „der" Böse / Üble zusammen. Entfernt man den Übeltäter und sorgt man dafür, dass es alle gemeinsam tun, so wird das Problem mit dem Problemverursacher ausgeräumt. In Bezug auf das Diebstahlgebot deutet Merendino die Funktion der בערת-Gesetzgebung wie folgt: „Der Hörer wird daran erinnert, daß er für das Bestehen seiner Gemeinschaft, zu deren Grundlage das Verbot ‚du sollst nicht stehlen' gehört, verantwortlich ist. Indem er aufgefordert wird, Stellung zu nehmen, wird er über den sozialen Sinn des Verbotes, das er, wenn wir so sagen wollen, im privaten Familienunterricht gelernt hatte, belehrt und dementsprechend auf die eigene Verantwortung als Glied einer Gemeinschaft aufmerksam gemacht."[490]

Auch die Todesart selbst hat Bedeutung, da eine Steinigung immer die Mitwirkung einer Gruppe von Menschen voraussetzt und somit die unmittelbare Beteiligung des ganzen Volkes.[491] Das wird z. B. in Dtn 13,10 und 17,7 deutlich, wo die Ausdehnung auf alle Volksmitglieder explizit genannt und zugleich betont wird, dass zuerst die direkt von der Tat Betroffenen alleine handeln sollen und dann das ganze Volk (כל־העם).[492]

---

489 Rattray / Milgrom, Art. קרב, 164.
490 Merendino, Gesetz, 340.
491 Allerdings fehlen auch die Alternativen. Es gibt das Töten mit dem Schwert – wie in Dtn 13,16 – und meistens die Aufforderung zum Töten ohne Angabe der Methode. Doch ist Steinigung die normale Hinrichtungsart. Dennoch wird hier die Gemeinschaft besonders betont.
492 Horst, Privilegrecht, 45, verbindet den Gedanken der Gefahr für die Gesellschaft und der Behebung dieser durch das Volk: „Die gewöhnliche Todesstrafe, zumal wenn sie zur Sicherung des Gemeinwesens vor gefährlicher Infektion vollzogen wurde, war jedenfalls die Steinigung. Denn an ihrem Vollzug wirkte die Gemeinschaft als solche mit."

2.5.1.4 Was ist die Mitte?

Die genauere Betrachtung des letzten Satzbausteins der בקרב-Formulierung steht noch aus und damit die Beantwortung der grundlegenden Frage, was mit der Mitte im Deuteronomium gemeint ist.

Dass sich die Konstruktion kollektiver Identitäten nicht nur in einer dichotomen Unterscheidung zwischen zwei Polen abspielt, sondern dass auch das Zentrum entscheidend ist, wird in der modernen Soziologie z. B. von Shmuel Noah Eisenstadt und Bernhard Giesen vertreten, die die Prinzipien der Konstruktion kollektiver Identitäten beschreiben.[493] Bei der Nachzeichnung von Grenzziehungen auf der räumlichen (*spatial*), zeitlichen (*temporality*) und reflexiven (*reflexive*) Ebene betonen sie die Relevanz des Zentrums: „This mediation and separating realm is the phenomenal focus of identity: the center, the present, the subject."[494]

Auch im Rahmen der deuteronomischen Identitätsbildung leistet das Konzept der Mitte einen entscheidenden Beitrag. Auch wenn der Aussagegehalt rein statistischer Angaben nicht überschätzt werden sollte, so ist es doch bemerkenswert, dass das Wortfeld קרב in keinem alttestamentlichen Buch so gehäuft vorkommt wie im Deuteronomium.[495]

Dabei gilt es zunächst, die semantisch ähnlichen Worte תוך und קרב in ihrer Verwendung im gesamten Deuteronomium voneinander abzugrenzen.[496] Die folgenden Belegstellen zeigen, dass im Deuteronomium mit תוך in der Regel *rein räumliche* Angaben gemacht werden:[497]

Mitte (תוך) von	Dtn
Fluss	3,16
Feuer	4,12.15.33.36; 5,4.22.24.26; 9,10; 10,4
Finsternis	5,23
Land, Ort	11,3; 13,17; 19,2
Haus als Gebäude	21,12; 22,2
Lager als Ort	23,11 f.

---

493 Siehe dazu die Ausführungen in Kapitel 1.2.1 (15 f.).
494 Eisenstadt / Giesen, Construction, 75.
495 Im Deuteronomium sind dies 41 Belege. Hinzu kommen weitere 35 im Deuteronomistischen Geschichtswerk.
496 Wie die Überlegungen zum Du im Dtn beziehen sich auch die sprachlichen Analysen zur Mitte auf das gesamte Deuteronomium, da es sich herausgestellt hat, dass keine semantische Entwicklung erkennbar ist.
497 Die Zuordnung von Dtn 32,51, der Schilderung, dass Aaron und Mose für ihr Verhalten unter den Israeliten (בתוך בני ישראל) bestraft werden, ist nicht eindeutig.

Die Relationen, die durch קרב ausgedrückt werden, zeichnen sich neben der lokalen Angabe durch eine stärkere *soziale* Dimension aus, welche die Verbindung des in der Mitte Seienden zu der Relation, die die Mitte bildet, anzeigt. Zu den lokalen Angaben kommen also verstärkt Aspekte sozialer Zusammengehörigkeit.

Mitte (קרב) von	Dtn
Lager (als Sozialgefüge)	2,14f.; 23,15; 29,10
Land	4,5; 15,11; 19,10
Völker (allgemein und Israel)	2,16; 4,34; 11,6; 17,20; 21,8; 29,15; 31,16
Brüder	17,15; 18,2.15.18
Du / Ihr	1,42; 4,3; 6,15; 7,21;[498] 13,2.6.12.14f.; 16,11; 17,2.7; 19,19f.; 21,9.21; 22,21.24; 23,17; 24,7; 26,11; 28,43; 31,17

Damit bildet bei den Formulierungen mit קרב die Bezugsgröße also nicht nur den Raum, sondern ist mit dem, was in ihrer Mitte ist, verbunden; die Mitte ist sogar integraler Bestandteil des Ganzen. Das zeigt sich auch bei קרב als Bezeichnung der Eingeweide, wie es gehäuft in den Opfervorschriften im Buch Leviticus vorkommt (Lev 1,13 u. ö.),[499] oder der Bemerkung in Gen 18,12, wo es heißt, dass Sarah in sich hinein lachte (ותצחק שרה בקרבה).

Rattray und Milgrom schreiben zu קרב allgemein: „Wenn man eine Gruppe von Menschen oder Gegenständen metaphorisch so versteht, als nehme sie einen Raum ein, dann kann *qaeraeb* das ‚Innere‘ einer solchen Gruppe meinen."[500] Und eben diese Vorstellung ist für den Gemeinschaftsgedanken im Deuteronomium konstitutiv.[501]

Im deuteronomischen Gesetz hat das, was in der Mitte ist, immer Einfluss auf das Ganze. Dabei ist ganz gleich, ob es sich um Gott in der Mitte oder Übles in der

---

498 Im Deuteronomium wird das Mit-Sein Gottes mit seinem Volk auch mit בקרב ausgedrückt. In Ex 29,46 wird das Wohnen Gottes inmitten seines Volkes mit תוך ausgedrückt, eine Formulierung, die nach dem oben Gesagten für die dtn Sprache ungewöhnlich wäre.

499 Zu überlegen ist, ob hier nicht auch das Verb קרב als „sich nähern", „nahe kommen" hinzugezogen werden kann, das die soziale Komponente verstärkt. Es sind die Dinge, die jemandem nahe stehen, in Analogie zum doppelten Bedeutungszusammenhang im Deutschen. Jedoch trennen es Rattray / Milgrom, Art. קרב, 161, und KBL³, 1059f., als Primärnomen deutlich davon ab.

500 Rattray / Milgrom, Art. קרב, 163.

501 Im Allgemeinen kann das Genannte, das in der Mitte liegt, sowohl lediglich im Raum der Gruppe sein als auch zu ihr gehören. Israel kann in der Mitte von Völkern leben (Ri 1,32f.; 3,5) bzw. diese in seiner Mitte (Jos 16,10; Ri 1,29f.), ohne dass eine Zugehörigkeit besteht. Die Gefahr der gegenseitigen Beeinflussung besteht jedoch und sie soll gemieden werden.

Mitte oder die Fremden, Witwen und Waisen in der Mitte handelt.[502] In Bezug auf das Üble und die Straftaten in der eigenen Mitte lässt sich die Beobachtung von Gertz gut einfügen, dass in Dtn 17,2 und 7 קרב gerade als Verbindungsglied zwischen dem Tatort und dem Ort der Vernichtung im Text steht.[503] In der Mitte (בקרבך) wird jemand gefunden, der von Jhwh abgewichen ist (V. 2) und so soll auch das Böse aus der Mitte (מקרבך) weggeschafft werden (V. 7).

Genau das gleiche Phänomen findet sich darüber hinaus auch in 13,2 und 6, also auch hier im ersten und letzten Satz des Gesetzesabschnitts.[504]

> [2]Wenn in deiner Mitte (בקרבך) ein Prophet oder jemand, der Träume träumt, aufsteht und dir ein Zeichen oder Wunder gibt, [3]und das Zeichen oder Wunder trifft ein, über das er zu dir gesagt hat: Lasst uns anderen Göttern hinterherlaufen [...] und ihnen dienen!, [4]so sollst du nicht auf die Worte dieses Propheten oder dessen, der die Träume träumt, hören [...] [6]Der Prophet oder der, der Träume träumt, soll sterben, weil er Falsches geredet hat gegen Jhwh [...]. Du sollst das Böse aus deiner Mitte wegschaffen (מקרבך).

---

502 Vgl. zur Funktion und Bild der Mitte im Deuteronomium Geiger, Gottesräume, 185–189, die zudem auch breite Linien der Motive ‚Jhwh in der Mitte des Volkes' und ‚Israel in der Mitte der Völker' durch den Pentateuch aufzeichnet.

503 Vgl. Gertz, Gerichtsorganisation, 52.

504 Allerdings sei hinzugefügt, dass sich beide Gesetze in Aufbau und Inhalt ähneln und nicht als zwei völlig getrennte Belege gerechnet werden können. Zwar ist die Intention beider Gesetze unterschiedlich, da es in Dtn 17 um das Strafverfahren als solches geht und das Apostasieproblem der besprochene Paradefall ist. Dass beide Gesetze aber in einem entstehungsgeschichtlichen Abhängigkeitsverhältnis stehen, ist allgemein anerkannt. Vgl. u. a. bereits König, KAT 3, 29, und Hölscher, Komposition, 198. Die enge Verknüpfung beider Gesetze wird in ihrer Rezeption deutlich. So verbindet die Tempelrolle aus Qumran beide Gesetze zu einem. Für Rose ist Dtn 17,2–5.7* beispielsweise ein älterer Vorläufer von Dtn 13* aus der Hiskiazeit, wohingegen Koch, Vertrag, 123 f., die literarische Priorität von Dtn 13* betont und Dtn 17,2–7 als Zusammenfassung der in Dtn 13 geschilderten Fälle deutet. Bei Otto, Deuteronomium 1999, 90, wird Dtn 17,2–7* von der deuteronomisch-vordeuteronomistischen Redaktion nach Dtn 13,2–10* gestaltet, als beides in einer Gesetzessammlung zusammengebunden wurde. Zur literarkritischen Schichtung innerhalb von Dtn 17,2–7 vgl. Otto, Gerichtsordnung, 149. Und auch bei Veijola ist der für Dtn 13* verantwortliche DtrB ebenfalls der Urheber der Einfügung von Dtn 17,2–7*. Dabei weist Veijola, ATD 8,1, 283, eine literarische Vorrangstellung von Dtn 17,2–7, so wie es Rose u. a. beurteilen, zurück. Vgl. auch Dion, Deuteronomy 13, 159–162. Geht man von einer vorexilischen Datierung von Dtn 13* aus, wie es in der hier vorgelegten Studie der Fall ist, so ist dies mit gleicher Plausibilität für das weitere בערת-Gesetz Dtn 17,2–7 auch zu vermuten. Ob es innerhalb der vorexilischen Entstehungsgeschichte des Deuteronomiums Phasen gab, in denen nur das eine Gesetz Bestandteil der Sammlung gewesen ist, mag dahin gestellt bleiben. In der deuteronomisch-vorexilischen Gesamtkomposition, die hier im Blick ist, sind beide Gesetze als Bestandteile zu werten. So sind auch alle Diskussionen um eine mögliche Umordnung der Gesetze auszuklammern. Dies betrifft vor allem die Überlegung, dass Dtn 13 einmal direkt auf Dtn 17,2–7 gefolgt haben könnte. Vgl. dazu Dion, a.a.O., 159–162.

Der Ort des Geschehens, der Ort der Gefährdung und der Ort der Vernichtung fallen in eins, Dreh- und Angelpunkt ist die Mitte Israels. Das Zusammenspiel aus מקרב und בקרב tritt auch in Dtn 19,19 f. und 21,8 f. auf. An diesen Stellen ist eine kompositionelle Funktion jedoch weniger deutlich.

In der Zusammenschau aller vorhergegangenen Beobachtungen zeigt sich im Deuteronomium ein Raumkonzept, das zwar auf einem geographischen Konzept fußt – bei der Nennung der Tore, in denen sich die Fremden und Schutzbedürftigen aufhalten oder das Unrecht geschieht, wird dies besonders deutlich –, aber die Möglichkeit der Aus- und Weiterdeutung in Richtung eines menschlichen Raumes bietet. Selbst ohne Land konnte so das Gemeindekonzept des deuteronomischen Gesetzes Bestand haben und fortgeschrieben werden, denn das Konzept der Mitte ist vom Landbesitz ablösbar und kann auf die Gemeinschaft der sich auf Grundlage der Tora Versammelnden übertragen werden. Die genuin kultische Fürsorge für die Reinheit ist im Deuteronomium verhältnismäßig schwach ausgebildet. Die Hauptaufgabe bei der Pflege der Mitte und damit der Gesellschaft liegt im sozialen Bereich, was sich zugleich in distinktiven wie integrativen Dimensionen niederschlägt.

2.6 Fremden- und Selbstsicht in vorexilischer Zeit: Exklusion und Inklusion

Am Ende der Betrachtung der vorexilischen Texte zur Fremden- und Selbstsicht im Deuteronomium kann ein erstes Zwischenfazit gezogen werden. Bei den Beobachtungen sind psoitive Befunde genauso relevant wie einige negative.

Die Fremden im deuteronomischen Gesetz kommen als schützenswerte Personen vor, wenn sie im Schutzstatus des גר sind, wobei ihr Fremdsein und ihre Nationalität in den Hintergrund rücken. Relevant ist nur noch ihre Bedürftigkeit, die sie mit den Witwen und Waisen des eigenen Volkes teilen. Einzelne, wirtschaftlich und rechtlich potente ausländische Menschen (נכרי) sind zwar von den besonderen Erleichterungen ausgeschlossen, die sich das israelitische Volk in der brüderlichen Solidargemeinschaft untereinander gewährt (Zinsverbot, Schuldenerlass), werden jedoch nicht aktiv schlecht behandelt.

An beiden Figuren, dem גר und dem נכרי, können zugleich Grundlinien des gewünschten eigenen Gemeinschaftssystems abgelesen werden. So steht der גר zusammen mit den ebenso hilfsbedürftigen Witwen und Waisen für den sozial gesehen unteren Rand der Gesellschaft. Die Stabilität einer Gemeinschaft beruht nicht zuletzt auf der Integration und dem Schutz derer, die durch ihre wirtschaftlich prekäre Lage das größte Risiko des Ausschlusses tragen. Ein verankerter Schutz der Schwachen ist ein Zeichen für ein stabiles System.

Der נכרי hingegen ist auf einen solchen Schutz nicht angewiesen. Die Grundregeln zum Umgang mit ihm bilden die Linien der Abgrenzung zwischen dem Eigenen und dem Fremden. Indem dem נכרי die untereinander gewährten Versorgungsprinzipien nicht gewährt werden, wird ein stärkerer innerer Zusammenhalt erzeugt. Zudem dient die Erwähnung des Ausländers, dem weder Schulden zu erlassen sind noch demgegenüber die Zinsnahme verboten wäre, der Beruhigung jener, die als Stärkste der Gemeinschaft die Geberparteien in der Sozialgemeinschaft sind. Zwar sollen sie ihre Brüder entlasten, im internationalen Geschäft können sie weiterhin auf die Prinzipien des Handels setzen.

Neben diesen sozialen und wirtschaftlichen Dimensionen werden im vorexilischen deuteronomischen Gesetz auch politisch-militärische Prinzipien festgehalten. Regelungen zu Konfliktfällen finden sich im Kriegsgesetz in Dtn 20*. Die Behandlung der Kriegsgegner weist dabei humane Züge auf. Eine kultische Gefahr durch den Kontakt mit diesen Fremden wird nicht thematisiert.[505] Und auch bei der Erlaubnis, erbeutete Frauen zu heiraten, wie sie in Dtn 21,10 – 14 erfolgt, wird nicht eingeschränkt, dass es sich um israelitische Frauen handeln müsse oder eine Ablösung von anderen Göttern Voraussetzung sei. Das in nachexilischer Zeit diskutierte Problem der Mischehe und ihres religiösen Gefahrenpotentials (vgl. für das Deuteronomium nur Dtn 7), wird im vorexilischen Deuteronomium nicht thematisiert. Die religiöse Dimension der Nichtisraeliten und damit eine Gefahr für die israelitische Gottesbeziehung, kommt nicht zur Sprache. Ein ebensolches negatives Ergebnis ist in Bezug auf das Gemeindegesetz (Dtn 23,2 – 9) festzuhalten.

Auch die Beschäftigung mit Dtn 13 hat gezeigt, dass die Gefahr der Verehrung anderer Götter ein innerisraelitisches Problem ist. Die Zuschreibung der *anderen* Götter als *fremde* Götter ist ein Motiv, das sich im vorexilischen Deuteronomium noch nicht entwickelt hat. Deshalb ist Vorsicht geboten, in Bezug auf das vorexilische Deuteronomium von einem Fremdgötterverbot zu sprechen. Im Gegensatz dazu geht es um die monolatrische Bindung an Jhwh, die innerhalb des eigenen Volkes durchgesetzt werden soll. Alle Personen, die zu einem Abfall von Jhwh aufrufen können, kommen nach der Schilderung in Dtn 13 aus der eigenen Mitte, ja der eigenen Familie. Die Abgrenzung vom Fremden auf religiöser Ebene ist im ursprünglichen Bestand von Dtn 13 nicht zu erkennen.

Das Identitätskonzept des eigenen Volkes basiert auf der Vorstellung der Mitte als gemeinschaftsstiftendem Punkt, wie durch die nähere Betrachtung der בערת-Formel und ihrer strukturierenden Funktion im deuteronomischen Gesetz gezeigt

---

[505] Zudem konnte gezeigt werden, dass die radikale Forderung der Abgrenzung und des Bannvollzugs von den besiegten Fremden der Städte im eigenen Land als nachexilische Ergänzung anzusehen ist.

wurde. Für die Beantwortung der Frage nach der eigenen Identität im Zusammenhang mit dem Umgang mit dem und den Fremden ist wichtig, dass durch das Mittekonzept und die Regelungen zum Zugang und Ausschluss die Gemeinschaft nicht hermetisch abgeriegelt ist, wie die Ausführungen zum Gemeindegesetz in Dtn 23,2–9 zeigen konnten.[506] Es können sowohl nichtisraelitische Menschen zur Gemeinschaft hinzukommen als auch israelitische Menschen durch Fehlverhalten (wie in der בערת-Gesetzgebung, die die Tötung fordert) oder durch kultische Unreinheit (wie in Dtn 23,2f.) aus der Gemeinschaft exkludiert werden.[507] Diese Ausrichtung des vorexilischen deuteronomischen Gesetzes, die weder als fremdenfreundlich noch als fremdenfeindlich bezeichnet werden kann, wird, was hier schon einmal angedeutet sei, durch deuteronomistische Eintragungen in das deuteronomische Gesetz und die doppelte Rahmung deutlich verschoben. Erst durch die eindeutig im Kontext der Landnahmefiktion stehenden Passagen werden die nichtisraelitischen Menschen – bzw. wie in Kapitel 4.3 mit Blick auf die Fremden im Land gezeigt werden wird, die als nichtisraelitisch Konstruierten – zum Gefahrenherd der israelitischen Apostasie stilisiert.

Die Grundidee der Exklusion aus der Gesellschaft sei also zugespitzt so beschrieben: Der Raum, den Israel bildet, muss rein gehalten werden. Darum wird das Üble und werden die Übeltäter aus der Mitte entfernt – ein Konzept, das durch die zum Teil explizite Ausgestaltung der räumlichen Attribute gezeichnet wird.

Der Aspekt der kultischen und moralischen Reinheit der eigenen Gemeinschaft wird auch im deuteronomischen Gemeindegesetz (Dtn 23,2–9) greifbar. In Analogie zu Tieren, die wegen ihrer Versehrtheit als Opfer für Jhwh ausgeschlossen werden, werden auch an den Genitalien geschädigte Männer aus dem קהל יהוה ausgeschlossen, um so die im engeren Sinne kultische Reinheit der Gemeinschaft zu bewahren. Doch wird diese Reinheit zudem um eine moralisch-politische Dimension erweitert. Die Grundpfeiler der Verantwortung füreinander – auf der symmetrischen Ebene der Brüderschaft, wie sie in Bezug auf Edom betont wird, und der asymmetrischen der Fremdlingschaft, wie das Weilen in Ägypten bezeichnet wird, – werden gestärkt.

---

506 Anders bezeichnet Kaiser, Von Ortsfremden, 53, das von ihm nachexilisch datierte Gemeindegesetz als „deutlichsten Ausdruck [für] die dtr Isolationsforderung", während Oswald, Staatstheorie, 132, der das Gemeindegesetz ebenfalls nachexilisch datiert, in Dtn 23,2–9 die flexible Möglichkeit beim Umgang mit Nichtisraeliten abgebildet sieht, da ihnen in Form der Edomiter und Ägypter die „Möglichkeit des willentlichen Beitritts zur Versammlung (*qahal*) eingeräumt" wird.
507 Die im Gemeindegesetz nicht aufgenommenen Menschen werden nicht getötet. In diesem Punkt unterscheidet sich die aktive Exklusion deutlich von einer Nichtaufnahme.

Die (positive) Kehrseite der „gemeinschaftsreinigenden" Praktik der Exklusion oder auch Nichtaufnahme besteht in der Forderung der Verantwortung für die Gemeinschaft. Dem Wegbringen aus d(ein)er Mitte (מקרבך) steht das Integrieren der sozial Schwachen in deiner Mitte (בקרבך) gegenüber. Dem ‚Du' wird die Aufgabe des Schutzes und der Versorgung der Fremden, Witwen und Waisen aufgetragen, die „in deiner Mitte / deinen Toren leben" (Dtn 14,21.29; 16,11; 26,11) oder explizit mit dem Possessivpronomen ‚dein' belegt werden. Alle drei Varianten der Formulierung kommen in Dtn 16,11 zusammen.[508]

Das ‚Du' als potentes Handlungssubjekt korrespondiert im deuteronomischen Gesetz dem „Fremdling" als passivem Handlungsobjekt.[509] Die Motivation, Witwen, Waisen und den Fremdling zu versorgen, gründet zum Teil in der Erinnerung an die eigene machtlose Situation in Ägypten (עבד-Ägypten-Motiv, Dtn 24,17–22). Doch dass das Argument des eigenen Fremdling- oder Sklaven-Seins in Ägypten für alle drei Gruppen zugleich gilt, zeigt zum einen, dass das verbindende Element der Armut die Gruppengrenzen einschmelzen lässt. Hinzu kommt, dass das Begründungskonzept ein Weilen im Ausland und damit außerhalb der eigenen Gesellschaft voraussetzt. Das Verbindende ist damit nicht nur die Armut, sondern zugleich das Außerhalb der Gesellschaft-Stehen. Genau diese Menschen, die außen stehen und damit nicht wirtschaftlich abgesichert sind, sollen durch die regulative Kraft der Gesetzgebung geschützt und bewusst als in der Mitte lebend wahrgenommen werden. Bei den Festen sind sie einzubeziehen und werden dadurch zumindest in Maßen integrierte Teile der Gesellschaft.

Das Zusammenspiel von Integration und Exklusion, das hier über das Konzept der Mitte aufgezeigt wurde, ist ebenfalls beim Umgang mit den Fremden selbst erkennbar, die zwar partiell integriert werden, indem sie den Schutz der israelitischen Gemeinschaft erfahren, ihr jedoch dabei immer gegenübergestellt bleiben. Bei Lang heißt es: „Will man die Haltung des Deuteronomiums zu den im Land lebenden Fremden charakterisieren, dann kann man vielleicht von einer ‚partiellen Integration' sprechen, einer Verbindung von Integration und Segregation, von Einbeziehung und Trennung."[510] Dieses Modell hebt sich sowohl von einer vollständigen Integration wie in Lev 19,33f. als auch einer vollkommenen Ab-

---

508 [11]*Und du sollst dich vor Jhwh, deinem Gott, freuen, du und dein Sohn und deine Tochter und dein Sklave und deine Magd und der Levit, der in deinen Toren (בשעריך) ist, und der Fremdling und die Waise und die Witwe, die in deiner Mitte (בקרבך) sind, an dem Ort, den Jhwh, dein Gott, erwählen wird, um seinen Namen dort wohnen zu lassen.*

509 Vgl. auch Zehnder, Umgang, 380: „Der גר taucht primär, ja fast ausschliesslich, als Objekt der sozialen Gesetzgebung, konkret als Begünstiger verschiedener wirtschaftlicher bzw. sozialer Förderungs- und rechtlicher Schutzmassnahmen, auf."

510 Lang, Fremden, 23.

grenzung ab. Dabei hat das Außerhalb des Volkes-Stehen vorrangig keine ethnische, sondern eine soziale Ausrichtung. Die Argumentation zur Integration wird allein über die Schutzbedürftigkeit derer motiviert, die keine Möglichkeit zur Selbstversorgung haben und somit nicht Teil des angesprochenen ‚Du' sind. Dass die Ausländer (נכרי) in der Konzeption der Mitte nicht vorkommen – es gibt keine Stelle im Deuteronomium, wo es den נכרי „in deiner Mitte" gäbe –, kann auf ihre fehlende soziale Bedürftigkeit zurückgeführt werden. Sie stehen nicht außerhalb aller Gesellschaft, sondern gehören selbst als potente Handlungssubjekte zu einer anderen Gesellschaft. Angehörige bestimmter Nationen haben nach dem Gemeindegesetz Dtn 23,2–9 zudem die Möglichkeit des Eintritts in die Gemeinschaft. In sozialer Hinsicht fallen diese abgesicherten Fremden aus den Integrationsmechanismen für die in der Mitte lebenden Schwachen heraus.

Zusammenfassend lässt sich also festhalten, dass mit Hilfe der vernetzenden Einführung der בערת-Formulierung, die festlegt, wer nicht mehr zur Gemeinde gehört, im deuteronomischen Gesetz durch die Stichworte בער und vor allem קרב das Bild der Gemeinschaft als Raum gestärkt wird. Aus ihrer Mitte ist alles Schlechte und Unreine wegzuschaffen, um Reinheit zu bewahren und sie bietet zugleich integrative Verfahren für alles, was sich in ihrer Mitte aufhält. Darin zeigt sich ein sozial konnotierter Gemeinschaftsbegriff, der zudem auf einer stärker gesellschaftlichen denn territorialen Raumkonzeption aufbaut. Die Gemeinde und zugleich das einzelne ‚Du' lebt aus der Mitte und ist für sie verantwortlich, integrierend und exkludierend. Nur durch die Reinhaltung der Gemeinschaft in sozialer und religiöser Dimension ist die Anwesenheit Jhwhs möglich. Wer sich von Jhwh abwendet, ist aus der Gemeinschaft zu exkludieren, damit diese als Ganze rein bleibt.

3 Rettung der Gottesbeziehung – Das exilische Deuteronomium

3.1 Einleitung und Textabgrenzung

3.1.1 Einleitung

Mit dem Beginn der exilischen Zeit ändert sich die äußere Situation der Verfassergruppen dramatisch. Und so lesen sich auch die nun entstehenden deuteronomistischen Texte deutlich anders als die vorexilisch verfassten deuteronomischen Partien. Denn was fortan geschrieben wird, setzt sich bereits (kommentierend) mit den deuteronomischen Grundlinien auseinander und modifiziert das durch sie entworfene Bild in der veränderten gesellschaftlichen Situation. Die Erfahrungen der Zerstörung Jerusalems und des Endes der eigenen monarchisch organisierten Strukturen werden von den exilischen deuteronomistischen Verfassern spürbar aufgenommen und verarbeitet. Die Suche nach neuen identitätsstiftenden Paradigmen ist in den erzählenden Rahmenteilen deutlich spürbar und wird im Folgenden in den Grundlinien nachgezeichnet.

Die mit dem Beginn der Exilszeit einsetzenden Veränderungen im sozialen Bereich hat Rainer Albertz prägnant in fünf Hauptpunkten zusammengefasst:[511]

1. Ende der Staatlichkeit
2. Beginn der Diasporaexistenz
3. Erstarken der Familie
4. Religiöse Gruppenbildung
5. Öffnung der Nationalreligion

Besonders die letzten beiden Aspekte sind für die Frage nach der Identitätsbildung ausschlaggebend. In vorexilischer Zeit ist von kollektiven Identitäts*krisen* wenig zu spüren.[512] Die Grenzen Israels waren durch das Königreich territorial und personal festgelegt. Der Glaube an Jhwh kam zwar auf der offiziellen staatlichen Ebene als ein Merkmal der Zugehörigkeit dazu, gehörte jedoch zumindest auf der Ebene der persönlichen Frömmigkeit nicht zu den zwingenden Zugehörigkeitsmerkmalen eines Israeliten oder einer Israelitin.

---

511 Diese Zusammenstellung folgt der Gliederung des Aufsatzes von Albertz „Die sozial- und religionsgeschichtlichen Folgen der Exilszeit".
512 So auch Albertz, Folgen, 130.

Das Leben der in mehreren Wellen deportierten[513] Judäer in Babylonien ist nicht als versklavte Existenz vorzustellen. Zwar war man unter Zwang weit von der eigenen Heimat entfernt angesiedelt worden, doch waren die Israeliten wirtschaftlich gut gestellt und hatten die Möglichkeit zur relativ freien Religionsausübung.[514] Für das kulturelle Leben war die Ansiedelung fern der Heimat in zwei gegenläufigen Bewegungen erkennbar einschneidend, die sich auch zum Teil überlagerten. Denn im Exil lebten die Israelitinnen und Israeliten nun als ethnische Minderheit in einer kulturell anders gestalteten Mehrheitsgesellschaft.[515] In der Fremde lebend veränderten sich die Haltungen zu den Fremden. So kam es zum einen zur Übernahme religiöser Motive und Vorstellungen aus der nun so nahen Umwelt und zur partiellen Integration in die babylonische Gesellschaft. Konträr dazu formierten sich jedoch zugleich stärkere Abgrenzungstendenzen,[516] die der Wahrung der eigenen Identität als Israeliten in der Fremde dienten, wie z. B. in Bezug auf die Praxis und Begründung der Beschneidung oder des Wochensabbats[517] und auch für die stärkere Entwicklung einer monotheistischen Theologie[518] gezeigt wurde.[519] Im Rahmen dieses Prozesses wurde die Gruppenidentität vermehrt über den religiösen Zusammenhalt konstruiert.[520]

---

513 Vgl. Berlejung, Geschichte, 151 f.
514 Vgl. die Auswertung auch der babylonischen Quellen bei Berlejung, Geschichte, 152.165 f., und Frevel, Grundriss, 799 f., sowie Donner, Geschichte, 416–418, auf Basis der Auswertung der alttestamentlichen Quellen. Vgl. zudem Gerstenberger, Israel, 102–105, der der Spur der Israelitinnen und Israeliten in Babylonien auch in persischer Zeit weiter nachspürt.
515 Vgl. Albertz, Exilszeit, 115 f.
516 Vgl. auch Berlejung, Geschichte, 166 f.
517 Vgl. Albertz, Exilszeit, 92–95.
518 Vgl. nur Berlejung, Geschichte, 167.
519 Letztendlich sorgte der ,mangelnde Integrationswillen' für das Überleben der israelitischen Kultur und damit für die Entstehung von Judentum und Christentum. Interessanterweise wird dies in der modernen Rückschau positiv bewertet, wohingegen eher eine kritische Grundhaltung gegen die Tendenzen zur Bewahrung der eigenen Kultur moderner Migrantinnen und Migranten besteht.
520 Vgl. auch Albertz, Folgen, 130. Auch Finsterbusch unterstreicht die identitätsstiftende Funktion des Deuteronomiums für die im Exil lebenden Israeliten. Vgl. zusammenfassend Finsterbusch, Deuteronomium, 210–214. Dabei geht sie jedoch davon aus, dass nicht nur die beiden Rahmungen in exilischer Zeit entstanden seien, sondern vielmehr das ganze Deuteronomium (mit Ausnahme einiger Nachträge), wobei sie sich bei der Ablehnung eines vorexilischen Deuteronomiums, das etwa unter Josia entstanden wäre, Kratz, Komposition, 136–138, anschließt, der, indem er die politischen und religionsgeschichtlichen Grundlagen für eine vorexilische Datierung problematisiert und die Kultzentralisation zum Schlüssel macht, selbst eine frühexilische Abfassung schon des Ur-Deuteronomiums ins Auge fasst. Dabei sieht er in den traumatischen Erfahrungen der Judäer beim Untergang Jerusalems den Schlüssel für die so

Brennende Fragen waren in der so radikal neuen Situation zu beantworten: So galt es zu erkennen und zu betonen, worin man sich von den Anderen unterschied, in deren unmittelbarem Kontext man nun lebte. Zugleich war die neue Situation in einer theologischen Dimension zu reflektieren. So war zu erklären, warum der eigene Gott Jhwh zugelassen hatte, dass sein Land erobert wurde, und ob es überhaupt eine Hoffnung auf Rückkehr gab. Alle einzelnen Anfragen und alle Zweifel fielen letztlich in der Frage zusammen: Wie kann Israel, das durch den Bruch der göttlichen Gesetze von seinem Gott (anscheinend) verlassen wurde, seine Gottesbeziehung retten?

Dieses komplexe Spannungsfeld aus Identitätsbildung und Theologie ist in Blick auf die einzelnen Texte des Deuteronomiums, die in exilischer Zeit entstanden sind, zu analysieren.

3.1.1.1 Identität und Arbeit am Gesetz

Mit der Mitnahme und Fortschreibung der deuteronomischen Texte nahm man die untergegangene Heimat mit. Heinrich Heine hat in diesem Zusammenhang den immer noch prägnanten Begriff des „portativen Vaterlandes"[521] geprägt.

Um die Funktion des Gesetzes als verändertes identitätsstiftendes Regulativ in exilischer Zeit zu erklären, hilft ein vielleicht im ersten Moment überraschender, systematisch-vergleichender und bewusst anachronistischer Blick auf das Modell und die Begrifflichkeit des *Verfassungspatriotismus*. Dieses Konzept bezieht sich zwar konkret auf die Moderne – und Deutschland im Speziellen –, das Verständnis seiner *Struktur* ist jedoch trotz aller Differenzen hilfreich für die Darstellung der Funktion des Gesetzes nach dem Fall Jerusalems.[522]

---

tiefgreifenden Reformen, die das Deuteronomium schon in seinem Kern fordert. Da die hier vorgelegte Studie jedoch weiterhin eine Verbindung zwischen Josianischer Reform und deuteronomischem Gesetz mit Kultzentralisation und -reinigung für historisch höchst plausibel hält, werden erst die deuteronomistischen Texte exilisch datiert.

521 Heine, Geständnisse, 483. Heine selbst bezieht den Begriff auf die ganze Heilige Schrift. In der Rezeption wurde er jedoch oft auf das Deuteronomium verengt. Vgl. dazu auch Crüsemann, Vaterland. Zur Bildung von Identität durch den Bezug auf eine gemeinsame Schrift, die sich im Deuteronomium entwickelt, vgl. auch Assmann, Gedächtnis, 212–214.

522 Zum dtr Deuteronomium als Verfassungsentwurf für das Leben im Land vgl. auch Schmid, Literaturgeschichte, 138 f. Der moderne Begriff der Verfassung lässt sich, bei aller Differenz zwischen modernen Staaten und antiken Gemeinschaftsformen, gewinnbringend auf Konzeptionen des Deuteronomiums anwenden. So wurde in Bezug auf das deuteronomische Gesetz im Ganzen und einzelne Gesetze wie die Ämtergesetze (Dtn 16,18–18,22) im Speziellen immer wieder von einer „Verfassung" gesprochen. Vgl. für eine Zusammenstellung der wichtigsten Aufsätze und Monographien, die dieses Schlagwort benutzen, Schmidt, Prophetengesetz, 56

Die Basis des Verfassungspatriotismus besteht darin, dass eine Gemeinschaft ihre nationale Einheit auf eine Verfassung gründet. Somit wird dem räumlich-territorialen Konzept des Staates ein Konzept entgegengestellt, das die Grenzen der Gemeinschaft durch die im Gesetzestext grundgelegten Überzeugungen und Ziele konturiert sieht. Dolf Sternberger brachte den Begriff des *Verfassungspatriotismus* mit Blick auf das geteilte Deutschland und damit in einer sehr spezifischen Situation auf. Es fußt auf der Erfahrung, dass Deutschland nach Ende des 2. Weltkriegs und der Aufteilung durch die Alliierten kein gemeinsames Territorium mehr war, sondern letztlich in zwei Länder gespalten wurde.[523] Nicht bei der Abfassung des Grundgesetzes entstand das Konzept, das später von Jürgen Habermas aufgenommen und ausgebaut wurde, sondern im Rückblick der 1970er Jahre. Die Frage nach einem neuen Patriotismus in einem gespaltenen Land wurde mit ihm aufgeworfen. Dabei ist das Konzept zugleich der Versuch einer verfassungswissenschaftlichen Beschreibung der Situation als auch ein normativ aufgeladener und idealer Entwurf für eine gelingende Gesellschaft. So ist in der Beschreibung zugleich das Wünschenswerte enthalten. Das Konzept des Verfassungspatriotismus schwankt in der Vergangenheits- und Gegenwartsbewältigung zwischen Darstellung und Utopie, ein Zug, der in dieser Doppelgesichtigkeit auch dem entstehenden Deuteronomium inhärent ist.[524]

Anm. 3. In dieser Linie steht auch Markl, Gottes Volk, zentral 300 f. In den exilischen Erweiterungen werden die Analogien zu einer Verfassung noch deutlicher. Durch die paränetischen rahmenden Mosereden, die enthaltene Rechtsunterweisung und die Kinderbelehrungen wird der Gesetzestext durch eine Art Präambel erweitert. Hinzu kommt die durch die Fiktion der Moserede evozierte Dimension der Vollständigkeit des Gesetzes. Nun handelt es sich nicht mehr um einzelne Gesetze, die es zu beachten gilt, sondern um das Ganze einer Gesellschaftsordnung, ja einer Verfassung, die die Stabilität der Gesellschaft festigen soll. Dass es sich hier um eine religiöse Gesetzgebung und einen religiösen Volksbegriff als Grundlage der Gesetzgebung handelt, ist ein bleibender Unterschied zur modernen Form des Verfassungspatriotismus, der besonders die persönliche Freiheit betont und dabei auch die religiöse Freiheit derer, die sich auf die politische gemeinsame Verfassung einlassen.

523 Vgl. dazu und zum Folgenden die sehr erhellende Monographie Müller, Verfassungspatriotismus.

524 In Gesetzestexte laufen lange Jahre der kollektiven Erfahrung ein und Idealvorstellungen für die Zukunft werden imaginiert. Häberle, Verfassungslehre, 72, führt dazu aus: „Regelmäßige Bauelemente von Präambeln sind Ausformungen der *Zeitdimension*: einmal in der Abkehr von einer bestimmten *Vergangenheit* oder in der Wiederanknüpfung oder ‚Erinnerung' [...] an bestimmte Überlieferungen und Perioden [...]; sie wollen die Vergangenheit negativ (polemisch) oder positiv beschwören. Präambeln können sich ferner auf die *Gegenwart* beziehen, gelegentlich in Wunschorientierung [...] Sie können schließlich *Gegenwart und Zukunft* als solche in den Blick nehmen oder gerade die *Zukunft* ‚gewinnen' wollen. Präambeln sind folglich der Versuch, die Verfassung ‚in der Zeit' zu halten: zwischen kulturellem Erbe und kultureller

Der Verlust von Teilen des Landes führte zur Betonung des Ganzen des Volkes durch die Hervorhebung der Ganzheit und Vollständigkeit des identitätsstiftenden und -bewahrenden Gesetzes. Im Blick auf dieses Raumkonzept führt Sternberger aus: „Das Nationalgefühl bleibt verwundet, wir leben nicht im ganzen Deutschland. Aber wir leben in einer ganzen Verfassung, in einem ganzen Verfassungsstaat, und das ist selbst eine Art von Vaterland."[525] Dieser Vaterlandsbegriff hat, bezogen auf das Deuteronomium und seine Rezeption, frappierende Ähnlichkeiten mit Heines *portativem Vaterland* und der Hochachtung des deuteronomischen Gesetzes in einer Zeit, in der das Land nicht nur zweigeteilt war, sondern seine ehemaligen Besitzer in Gruppen verstreut und als Fremde im eigenen Land lebten.[526] Der hegemoniale Anspruch, der darin liegt, dass die westdeutsche Verfassungskonzeption die Ostdeutschen ideell integrierte, ohne ihre eigenen identitätsbildenden Strukturen dabei wahrzunehmen, findet sich analog in der

---

Zukunft, zwischen Tradition und Fortschritt etc. Dieser ‚großen' Dimension entspricht eine ‚große' Sprache! Der Verfassunggeber ordnet sich dadurch in größere zeitliche Zusammenhänge ein und begreift sich insofern nicht als ‚autonom'. [...] Präambeln sind also auch *eine Essenz des Kontextes* der Verfassung." Das deuteronomische Gesetz, das in exilischer Zeit durch die Einleitungsreden zu einem zukünftigen Programm für Israel stilisiert wird, lebt von der Verbindung aus Vergangenheitserzählung und Zukunftsdimension. Im Stichwort „heute" fallen alle Zeitdimensionen zusammen (vgl. Dtn 5,3; 29,1–14 u.ö.). Zur zentralen Funktion des „heute" im Deuteronomium vgl. Markl, Gottes Volk, 70–79. Das grundlegende Gesetz eines Volkes ist immer in einen langen Prozess der kollektiven Identitätsbildung eingesenkt. Häberle zeigt auf, dass jede neue verfassungsgebende Instanz auf alte Stoffe und Anstöße angewiesen ist, um Zukunft zu gestalten. Überlieferung und Erbe gehen hierbei Hand in Hand mit Gestaltungsprozessen für die Zukunft. Alte Stoffe erscheinen durch eine neue Situation im veränderten Licht (vgl. Häberle, a.a.O., 29). Aber auch nach der Abfassung der Gesetze setzt sich die lange Arbeit fort. Gesetze werden zum Teil verändert, aber mehr noch, mit den Gesetzen wird langsam die Wirklichkeit verändert. Diese wechselseitige Beeinflussung zwischen den geronnenen Gesetzestexten und der gelebten Kultur, die wiederum die Verfassungsinterpretation verändert, wie Häberle, a.a.O., 28, betont, sollte bei der Beurteilung des deuteronomischen Gesetzes als reale Verfassung oder Utopie beachtet werden. Ein Stück weit sind in grundlegenden Gesetzestexten die Grenzen zwischen abgebildeter Realität und erwünschter Idealvorstellung aufgehoben.

525 Sternberger, Verfassungspatriotismus, 13.

526 Dem Konzept des Verfassungspatriotismus wurde immer wieder der Vorwurf gemacht, blutleer und mehr eine Schreibtischidee von Professoren zu sein als ein real gelebtes Denkmuster. Ernst-Wolfgang Böckenförde bezeichnete Verfassungspatriotismus sogar pejorativ als „blassen Seminargedanken". Vgl. Müller, Verfassungspatriotismus, 14. Macht man jedoch die Parallelen zur Situation der Israeliten im Exil stark, so zeigt sich, dass es sich zumindest dort um reale Vergangenheits- und Alltagsbewältigung und um gelebte Hoffnung handelt.

Konzeption der im Exil lebenden Deuteronomisten. Sie formulieren für ganz Israel und dehnen damit ihre kleine Gruppe zur Ganzheit aus.[527]

Die Konzeption des Verfassungspatriotismus bezieht sich nicht ausschließlich auf die geschriebene Verfassung, sondern, so Sternberger, auf die „lebende[...] Verfassung, in der wir alle uns als Bürger dieses Landes befinden, an der wir täglich teilnehmen und weiterbilden".[528] Der Verfassungspatriotismus betont dabei die Beteiligung nicht nur der Generation der Verfasser, sondern zudem die aktive Weiterarbeit und Tradierung durch die sich anschließenden Generationen. Diese Dimension als *generationenübergreifendes* Projekt, wie Habermas sie kategorisiert, hat dabei gleich auf zwei Ebenen Analogien zum Deuteronomium. Zum einen sind hier neben der im Text selbst beschriebenen Generationenabfolge, die gerade für die Konzeption von Dtn 1–3 entscheidend ist, die Aufforderungen zur Belehrung der Kinder durch Erzählung zu nennen (Dtn 6,7.20). Auf anderer Ebene ist in diesem Zusammenhang auch auf die Generationenabfolge zwischen den Verfassern des deuteronomischen Gesetzes und den Deuteronomisten hinzuweisen, die in Prozessen der Formation und Modifikation die Arbeit am Gesetz fortsetzen.[529]

Integration spielt für den Verfassungspatriotismus eine wichtige Rolle. Nationale Differenz wird als nicht mehr trennend wahrgenommen, solange sich die hinzukommenden Menschen auf die Verfassung selbst einlassen. Die Anerkennung der rechtlichen Grundsätze wird zum Integrationsmechanismus, wobei nach dem Politologen Jan-Werner Müller in Bezug auf staatliche Grenzen gilt: „Verfassungspatriotismus wirkt eher integrierend als abschließend."[530] Zugleich werden durch die gesetzliche Grundlage auch die Grenzen der Integration markiert. Wer sich auf die Verfassung nicht einlässt, kann (zumindest partiell) aus der

---

527 Historisch ist diese ausschließliche Fokussierung auf die Israeliten im babylonischen Exil nicht haltbar. Neben der Gruppe in Ägypten ist in den letzten Jahren zunehmend darauf aufmerksam gemacht worden, dass auch Jerusalem und das alte Kernland selnst längst nicht verödet, sondern weiter bewohnt wird. Zudem waren diese Bewohner durchaus finanziell potente Mitglieder einer Oberschicht. Vgl. nur Berlejung, Geschichte, 150–153, anders noch Donner, Geschichte, 414, auch wenn er sich, a.a.O., 420–422, gegen eine Marginalisierung der Bedeutung Judas in der Exilszeit wendet.
528 Sternberger, Begriff, 50.
529 Das Weiterarbeiten an den grundlegenden Gesetzestexten und zwar nicht nur an ihrem Wortlaut, sondern vor allem ihrer Kontextuierung und ihrer gelebten Auslegung, zeigt den dynamischen Prozess eines Verfassungspatriotismus an und „die Tatsache, dass sie immer wieder an dem Projekt der bestmöglichen Verwirklichung dieser Prinzipien arbeiten, bedeutet auch, dass die Generationen der Gegenwart nicht einfach dem Willen ihrer Verfassungsväter und -mütter unterworfen sind." (Müller, Verfassungspatriotismus, 75).
530 Müller, Verfassungspatriotismus, 65.

Gesellschaft ausgeschlossen werden bzw. keinen Zugang zu ihr erhalten, eine politische Exklusion ist möglich.[531] Ähnliche Prinzipien finden sich in den hinteren Rahmenkapiteln des deuteronomischen Gesetzes, wie es in Bezug auf Dtn 29,1–14 – und dann vor allem im nachexilisch zu datierenden Vers Dtn 31,12 –[532] zu zeigen ist. So wird die Zugehörigkeit zur Gemeinschaft neben der Geburt zunehmend durch den Eintritt in die Geltungssphäre des grundlegenden Gesetzes geregelt. Dass es auf Grund von moralischem und politischem Fehlverhalten zu einer Exklusion aus der Gemeinschaft kommen kann, zeigt bereits die ältere deuteronomische בערת-Gesetzgebung.[533]

Der gemeinsame Bezug auf die Verfassung führt zu einer Solidarität untereinander und dem Gefühl der ethischen Verantwortlichkeit füreinander nach den Prinzipien der Verfassung.[534] Die deuteronomische Brüdergemeinschaft bietet für das Prinzip der ethischen Verantwortlichkeit füreinander einen geeigneten Anknüpfungspunkt, indem die Aufforderung zur Vertreibung des Bösen aus der eigenen Mitte an alle erfolgt. Je mehr eine Gesetzlichkeit im Mittelpunkt steht, desto wahrscheinlicher werden jedoch auch Überwachungstendenzen.[535] Dtn 13 und die dort geforderte Denunziation im eigenen Familienkreis zeigen dies deutlich.[536]

Aus den hier angeführten Überlegungen zum Konzept des Verfassungspatriotismus ergeben sich einige Grundlinien, die in der Übertragung für das Verständnis der deuteronomistischen Formationsprozesse in exilischer Zeit erhellend

---

531 Vgl. Müller, Verfassungspatriotismus, 83.

532 Vgl. zu diesem Text das Kapitel 4.2.2 (196 – 198), in dem die Dimension der Aufnahme des גו in den Bund zwischen Israel und Jhwh genauer beleuchtet wird.

533 Vgl. dazu die Ausführungen in Kapitel 2.5 (124 – 144).

534 Die Ebene des Gefühls, die sich hier explizit zeigt, ist implizit im gesamten Konzept des Verfassungspatriotismus enthalten. Der Begriff „Patriotismus" bezeichnet eigentlich eine emotionale positive Haltung zum eigenen Land. Insofern ist es schwer von einer Verordnung des Verfassungspatriotismus auszugehen, da Gefühle schwerlich verordnet werden können. Gelöst wird dieses Problem jedoch dadurch, dass das gemeinsame Arbeiten an der Verfassung zu einer emotionalen Ergriffenheit der Bürger führt. Nicht durch das Haben einer Verfassung entsteht Verfassungspatriotismus, sondern durch das gemeinsame Kultivieren der Verfassung. Vgl. Müller, Verfassungspatriotismus, 91.

535 So versucht Müller, Verfassungspatriotismus, 81 f., zwar das Konzept des Verfassungspatriotismus gegen den Vorwurf, in eine Überwachung à la McCarthy zu münden, zu schützen, doch ist die Gefahr, wie er selbst erkennt, strukturell durchaus gegeben.

536 Lang, Orwell, 35, hebt diesen Zug der gemeinsamen Überwachung besonders deutlich hervor. Er fasst die ambivalente Wirkung des Deuteronomiums pointiert zusammen: „Das Abendland verdankt dem Deuteronomium neben Monotheismus, Woche (mit Ruhetag) und religiöser Unterweisung vor allem das strenge, keine Abweichung duldende und sich mit Brautexamen, Beichte, Bücherzensur und Kirchenvisitation bis zu Inquisition und Ketzerbekämpfung steigernde, auch auf Bestrafung und sogar Tötung nicht verzichtende religiöse Kontrollsystem."

sind. So beinhaltet der Begriff zum einen die konstruktive Umorientierung auf ein identitätsstiftendes Grundprinzip nach dem Verlust der bisherigen Grenzziehungen. In beiden Fällen ist hier der Verlust des Landes zu nennen, dem mit der Stärkung des Gesetzes als (portativem) Vaterland entgegengewirkt wird. Damit wird nicht die Hoffnung auf ein neues bzw. ganzes Heimatland aufgegeben – das Szenario der Einwanderung in das Land und damit implizit der Rückkehr in das verlorene Land ist prägend für die Konzeption der deuteronomistischen Rahmungen –, aber es wird ein Orientierungspunkt für die Übergangszeit geschaffen. Zudem verändern sich die Mechanismen der Exklusion und Inklusion, die nun nicht territorial bestimmt sind, sondern die Grundlinien des Gesetzes zur Grenze der Gesellschaft konstituieren. Daraus folgt weiterhin, dass das Gesetz als Raum der Heimat in der Gemeinschaft belebt werden muss, sodass es zu einer generationenübergreifenden Arbeit am Gesetz kommt. Die Transformation von Gesetzen zu einem identitätsstiftenden Ganzen im Deuteronomium geschieht mit der Kontextualisierung durch die rahmenden Mosereden. Erst durch diesen Vorgang, und damit erst in exilischer Zeit, ist das deuteronomische Gesetz nicht mehr die Zusammenstellung einzelner Vorschriften, sondern ein wohlkomponiertes Ganzes, das Stabilität geben kann. Durch die Stilisierung als Moserede vor der Landnahme und damit durch die Umgebung der Gesetze mit einem paränetischen Rahmen wird das deuteronomische Gesetz zu einer Art Verfassungsentwurf.

3.1.2 Textabgrenzung und Aufbau

In exilischer Zeit wurde das deuteronomische Gesetz fortgeschrieben und als Mosereden stilisiert, wie es bereits angeklungen ist. Im Bereich vor dem Gesetz selbst (Dtn 1–11), sind dabei zwei Textkomplexe voneinander zu trennen. Der im Ablauf erste Komplex findet sich in Dtn 1–3*.[537] Der zweite Redekomplex besteht in Dtn 5–11* (mit 4,45 als Einleitung).[538] Diese grobe Unterteilung in Dtn 1–11 wird in der Forschung, bei deutlichen Abweichungen im Detail, weitgehend getragen,

---

[537] Die vielen Ergänzungen, die auch innerhalb von Dtn 1–3 nachgetragen wurden, werden im Proömium Dtn 1,1–5 deutlich, das ganz unterschiedliche Stimmen aufweist. Es hat den Anschein, dass jede spätere Redaktion ‚von Beginn an‘ mitschreiben wollte. Und so urteilt auch Perlitt, Priesterschrift, 68: „Das so entstandene literarische Gebilde hat mehr Verfasser als Verse.“

[538] Dtn 4,1–40 ist dabei nicht Teil dieser Rahmungen, sondern ein einheitlicher Nachtrag aus nachexilischer Zeit. Die Gründe für diese Annahme und die sich in Dtn 4 zeigende Sicht auf die Fremden werden in Kapitel 4.4.4 (263–268) besprochen.

da die rhetorische Gliederung des Deuteronomiums in zwei Reden hiermit einhergeht (Redeeinleitungen in Dtn 1,1 und 4,(44.)45).[539]

Die beiden großen Redekomplexe haben einen unterschiedlichen Fokus, der sich auch in den voneinander abweichenden Stellungnahmen zu den Fremden nachzeichnen lässt. Während sich Dtn 5–11* hauptsächlich mit der Thematik des Bundesbruchs und der Verehrung anderer Götter als Jhwh auseinandersetzt, steht Dtn 1–3* unter dem Thema der Landnahme. Vor allem die Ausrichtung auf die Landnahmethematik führte schon lange dazu, dass Dtn 1–3 als Eröffnung des Deuteronomistischen Geschichtswerks und nicht des Deuteronomiums angesehen und bisweilen sogar vom letzteren getrennt wurde.[540] So ist die einflussreiche Schlussfolgerung Martin Noths, „daß wir es in Dtn. 1–3 (4) nicht mit einer Einleitungsrede zum deuteronomischen Gesetz, sondern mit dem Eingang des deuteronomistischen Geschichtswerkes zu tun haben, daß dieses letztere also mit Dtn. 1,1 beginnt."[541]

Diese Annahme ist in neuerer Zeit wieder stärker in Zweifel gezogen worden, vor allem da zum einen deutliche deuteronomistisch gefärbte redaktionelle Eingriffe auch in anderen Bereichen des Tetrateuch aufgezeigt wurden und zum anderen die These einer durchgängigen Einzelkomposition des Deuteronomistischen Geschichtswerks an Überzeugungskraft verlor. Übrig blieb vor allem die Beobachtung, dass es eine enge Verknüpfung zwischen Dtn 1–3 und den Landnahmeerzählungen des Josuabuches gibt.[542] Mit der Redeeinleitung in Dtn 1–3 wurde das Deuteronomium in einen größeren Kontext gestellt.[543]

---

539 Die Differenzierung der beiden Einleitungsreden voneinander wird auch dort mitgetragen, wo wie in der Göttinger Schule stärker nach einzelnen Schichten und Erzählfäden untergliedert wird, wie die Kommentierung von Veijola zeigt. So ist etwa DtrH hauptsächlich für den Erzählfaden von Dtn 1–3 verantwortlich. Vgl. dazu auch Anm. 547. In den auf das Deuteronomistische Geschichtswerk ausgerichteten Entstehungsmodellen wird dann jedoch stärker die Fortführung der Redaktionen in den sich anschließenden Büchern betont als die Ringkomposition im Deuteronomium selbst.
540 Vgl. die Darstellung der Forschungsgeschichte bei Perlitt, BK V, 26–34, Otto, Deuteronomiumsstudien I, 87–104, und Otto, Deuteronomium 2000, 12–17.
541 Noth, Studien, 14.
542 Perlitt, BK V, 29: „Welche höchst verschiedenen Traditionen auch immer hinter Dtn 1–3 einerseits und Jos 1–11 andererseits stehen – im kompositorischen Zugriff der dtr Historiker entsprechen sie einander so, daß Dtn 1–3 ohne Jos 1–11 unvollständig und Jos 1–11 ohne Dtn 1–3 unverständlich bliebe." Vgl. zu der Fragestellung, ob Dtn 1–3 auf Jos oder auf das restliche Deuteronomium hin geschrieben wurde bes. Perlitt, BK V, 33f. Auch Lohfink, Kerygmata, 92–100, sieht zumindest ursprünglich das Ziel von Dtn 1–3 im Josuabuch, allerdings weist er auch Dtn 5; 9f. diesem Werk zu.
543 Bei der Annahme einer ursprünglichen Unabhängigkeit von Dtn 1–3 vom dtn Gesetz selbst, wie etwa Veijola, Observations, es früher annahm (vgl. dazu auch unten Seite 158f. Anm. 547),

Aus dem Bereich hinter dem deuteronomischen Gesetz werden immer wieder Passagen den vorderen Passagen zugeordnet, sodass klassisch von einer inneren und einer äußeren Rahmung gesprochen wird. Die genaue Zuordnung der Texte in den hinteren Kapiteln zu den vorne eingeleiteten Reden ist in der derzeitigen Forschung jedoch stark umstritten. Hier sind derzeit kaum breitere Konsenslinien erkennbar.[544] Dies liegt unter anderem daran, dass sich in den Kapiteln 27–34 vielfältige Redeeinleitungen Moses finden (hier sind neben Dtn 28,68 und 33,1 etwa 27,1.9.11; 29,1; 31,1 zu nennen).[545]

Otto entwickelte in Bezug auf die exilischen Rahmungen des deuteronomischen Gesetzes ein überzeugendes Modell, dem die hier vorgelegte Studie weitgehend folgt.[546] In einer ersten Rahmung,[547] die auf den Gottesberg Horeb und den

---

ist diese Aussage zu modifizieren, doch eröffnet Dtn 1–3 auch in diesem Modell einen größeren Zusammenhang. Umstritten ist auch die Verbindung zwischen Dtn 1–3 und dem Numeribuch, gibt es doch viele erzählerische Parallelen. Gertz, Funktion, entwickelt die These, dass Dtn 1–3 nicht als Einleitung für das DtrG geschrieben wurde, sondern beschreibt es „als eine *relecture* der vorangehenden Erzählungen von der Wüstenwanderung [...], deren Aufgabe von Anfang an darin bestand, das Dtn fest in einen zumindest von Exodus bis Josua reichenden, nichtpriesterschriftlichen Erzählablauf zu integrieren." (a.a.O., 104 f.). Für einen detaillierten Forschungsüberblick zur Verknüpfung von Dtn 1–3 nach vorne zum Tetrateuch und nach hinten zum DtrG vgl. Otto, HThKAT, 285–297.

544 Diese Studie behandelt die exilischen Erweiterungen des Deuteronomiums nur insofern sie für die hier gewählte Thematik der Fremddendarstellung entscheidend sind. Eine genaue Abgrenzung der hinteren Rahmungen im Detail kann somit offen bleiben. Wie im Folgenden dargestellt, folge ich für die exilische Zeit in weiten Teilen der Textabgrenzung Ottos.

545 Vgl. dazu Rüterswörden, NSK.AT 4, 12.

546 Vgl. dazu zusammenfassend Otto, HThKAT, 238–248.

547 Die Reihenfolge der beiden Rahmungen ist umstritten. So wird im Göttinger Modell, wie bei Veijola, DtrH und damit Dtn 1–3* älter datiert als Dtn 4–11*. Im Modell von Otto findet die Horebredaktion (Dtn 4–11*) hingegen vor der Moabredaktion (Dtn 1–3*) statt. Auch Kratz, Ort, 111 f., spricht sich dafür aus, in der Paränese in Dtn 5–11 das zu Dtn 1–3 ältere Stück zu sehen. Wichtig ist jedoch bei allen literarkritischen und redaktionsgeschichtlichen Unterschieden, dass die Kapitel 1–3 und (4)5–11 voneinander abgehoben werden können und nur wenige Verknüpfungen zwischen beiden Teilen bestehen. Selbst bei Forschern wie Veijola, die die Grundschicht von Dtn 1–3 an sich für älter halten, ist sie ohne Bezug zum Gesetz geschrieben worden, sodass Dtn 5–11* von Dtn 1–3 unabhängig ist. Nach Veijola ist es erst DtrN, der das Deuteronomium und das Deuteronomistische Geschichtswerk, zu dem Dtn 1–3 gehört, zusammenbindet. Vgl. Veijola, Observations, bes. 253–255. So kommt er im Blick auf das DtrG zu dem Schluss, „that in his work the law and the history were still two separate units which were literally combined first by his pupil." (255). In seinem neueren Kommentar geht er jedoch von einer Anbindung zumindest des josianischen Ur-Deuteronomiums an das DtrG und damit einer Kenntnis des Deuteronomiums aus (vgl. Veijola, ATD 8,1, 3 f.). An der Einleitungsfunktion von Dtn 1–3 für das DtrG hält Veijola jedoch auch in dieser Veröffentlichung fest (vgl. 7 f. mit weiterer

dort verorteten Bundesschluss fixiert ist, entstanden demnach Dtn 4,45; 5,1–31*; 9,9–10,5*; 26*;[548] 28,1–14 und dann die paränetische Erweiterung in 5,32–6,9.20–25*; 11,18–31*. In der älteren Nomenklatur nach Otto ist dies DtrD, in der neuen die Horebredaktion. Im Mittelpunkt dieser Erzählung stehen Bundesschluss am Horeb, Bundesbruch und Bundeserneuerung am Beispiel des Fremdgötterverbots, wie es an der Geschichte um das Goldene Kalb illustriert wird.[549]

In einem weiteren Schritt wurde eine neue Perspektive in das entstehende Deuteronomium eingetragen. Mit den Erzählungen, die in Moab situiert werden, bekommt das Deuteronomium die Dimension der Generationenabfolge. Die Haupttexte dieser durch Otto wegen des zentralen Bundes in Moab Moabredaktion[550] genannten Schicht finden sich besonders in 1–3*;[551] 7,1–3a.17–24;[552] 11,31f.; 29*.[553] Gerade in den Landnahmeerzählungen zeigt sich der Unterschied zwischen der frevelhaften ersten Generation, die das Land wegen ihres Ungehorsams nicht besitzen konnte, und der zweiten Generation, die mit Gottesgehorsam das Land erobern kann. Damit ist es auf der Ebene der Verfasser und Adressaten der zweiten Generation im Exil möglich, sich von dem Scheitern der eigenen Väter zu distanzieren und ihre eigene Rückkehrhoffnung zu stärken, die schon in naher Zukunft steht.[554] Der erneute Eroberungswille und der nun in

---

Literatur in Anm. 3). Nur Lohfink, Kerygmata, 92f., geht von einer einheitlichen Grundschicht DtrL aus, die Dtn 1–3 aber auch 5 und 9f. umfasst hat.

548 Damit ist der in Dtn 26,16–19 geschilderte Bundesschluss der Horebbund.

549 Vgl. Otto, Deuteronomium 2000, 118.

550 In der älteren Nomenklatur nach Otto ist dies DtrL, wobei sich das Kürzel „L" mit dem Stichwort Landnahme verbindet. Die Moabredaktion schließt Jos 1–11; 23 mit ein, sodass den Beobachtungen zu den Überschneidungen zwischen Dtn 1–3* und Jos 1–11* Rechnung getragen wurde. Vgl. Otto, Deuteronomiumsstudien I, 112.

551 Auf die genauere Zuschreibung der dieser Redaktion zuzurechnenden Passagen wird im folgenden Kapitel nur in dem Maße eingegangen, in dem die Fremdenthematik unmittelbar betroffen ist. Von einer stärkeren Einheitlichkeit innerhalb von Dtn 1–3 geht z. B. Heckl, Moses Vermächtnis, aus, der zur Grundschicht 1,1.5–20.22–30.32.34f.37–46; 2,1–6.8–9.13–19.24–30a.31–36; 3,1–8.12f.18–29 rechnet. Dies bedeutet, dass vor allem die antiquarischen Notizen ausgenommen sind. Vgl. zur Bedeutung der antiquarischen Notizen im Rahmen der hier vorgelegten Studie Kapitel 4.5 (282–289).

552 Diese Passagen werden in dieser Studie abweichend von Otto nachexilischen Redaktoren zugeschrieben und von der exilischen Moabredaktion abgesetzt. Vgl. zur Begründung Kapitel 4.3.1 (201–224).

553 Vgl. Otto, Deuteronomium 2000, 147. In der genauen Zuordnung der Texte gibt es bei Otto im Laufe der Zeit einige Verschiebungen, wie sie ein Vergleich der Zuordnungen in Otto, Deuteronomium 2000, 136–138, und seinen neueren Deuteronomiumsstudien I deutlich macht.

554 Vgl. Otto, Deuteronomiumsstudien I, 218f. „Die Erzählung der Moabredaktion in Dtn 1–3 reagiert auf die Klage der Zweiten Generation in der exilischen Diaspora, sie sei nicht verantwortlich für das Versagen der Väter, das zur Katastrophe geführt habe (Jer 31,29; Ez 18,2). So

Zukunft als gelingend und unbefristet erwünschte Landbesitz treibt die zweite exilische Generation an. Ein solcher Neuanfang und Aufbruchswille lässt sich in später exilischer Zeit evtl. sogar schon nach 539 v.Chr. und damit dem Erstarken von Kyros, in der die Rückkehr ins verlorene Land wieder möglich erscheint, plausibel machen.

Diese vorausgehenden Ausführungen legen es nahe, die für das Bild der Fremden zentralen Texte in drei Blöcken zu untersuchen.[555] Im ersten Schritt steht die ältere innere Rahmung des Deuteronomiums im Mittelpunkt, die in Anschluss an Otto der Horebredaktion zugeordnet wird. Neben einem kursorischen Überblick über die Einleitungsrede in Dtn 5 – 11* wird Dtn 28,1 – 14 als Beispiel für einen produktiven Umgang mit der vorexilischen Fremdensicht, wie sie im alten deuteronomischen Kern von Dtn 28 deutlich wurde, in den Blick genommen. In einem zweiten Schritt liegt der Fokus auf den Konzeptionen der äußeren Rahmung und damit der Moabredaktion. Neben dem Überblick über Dtn 1– 3* wird aus der hinteren Rahmung Dtn 29,1 – 14 näher beleuchtet. In diesem Text wird der גר beim Bundesschluss zwischen Jhwh und Israel mitgenannt. Auch im Bereich des Gesetzes selbst wurden in exilischer Zeit Ergänzungen vorgenommen. Und so wird als dritter Schritt stellvertretend das Amalekitergesetz in Dtn 25,17– 19 besonders betrachtet. In diesem Gesetz werden Grundlinien des menschlichen Verhaltens am abschreckenden Beispiel ihrer Missachtung durch Fremde dargestellt. Die Verknüpfung zwischen Fremddarstellung und Selbstwahrnehmung wird somit greifbar.

---

muss die Vätergeneration im Narrativ von Dtn 1– 3 sterben, während der Bundesschluss ihnen, den Angehörigen der Zweiten Generation, in Gestalt des Moabbundes gelten soll." So beschreibt er (218) aus einer psychologischen Perspektive die Intention der Moabredaktion. Vgl. dazu auch Ders., Deuteronomium 2000, 102f., wobei in Folge des Nomenklaturwechsels für „DtrD" „Horebredaktion" und für „DtrL" „Moabredaktion" zu lesen ist. In dieser Richtung auch a.a.O., 107: „Die kommende Generation, die jetzt noch nicht zwischen gut und böse unterscheiden kann (Dtn 1,39ab), die also keinen Anteil an den Vergehen der Väter hat, werde das Land wieder in Besitz nehmen können."

555 In diesem Kapitel, das sich auf die Exilszeit bezieht, werden die Linien in den skizzierten Rahmungen nachgezogen. Die gewählten Texte stehen nicht für alle in der Exilszeit hinzugefügten Abschnitte im Deuteronomium, sondern sind die für die Identitätsbildung und Fremdenabgrenzung profiliertesten. Die vielen nachexilischen Ergänzungen in den behandelten Bereichen werden im auf dieses Kapitel folgenden Abschnitt (Kapitel 4) genauer untersucht. Das Kapitel ist stärker kursorisch angelegt als die Kapitel zur vorexilischen und nachexilischen Zeit, und bildet eine Brücke zwischen diesen beiden Untersuchungen. So hat es in erster Linie die Funktion, die Entwicklungslinien aufzuzeigen, die für die Texte der nachexilischen Zeit, die für den Zusammenhang zwischen Fremdendarstellung und Identitätskonstruktion entscheidend sind, grundlegend werden.

3.2 Exilische Rahmungen

3.2.1 Die innere Rahmung (Dtn 5 – 11*; 28,1 – 14)

3.2.1.1 Dtn 5 – 11*: Keine anderen Götter!

In Dtn 5 – 11*, mit 4,45 als Einleitung,[556] spielen die Fremden keine zentrale Rolle.[557] Vielmehr ruht alle Konzentration auf Israel selbst. Eine bewusste kollektive Identitätskonstruktion wird direkt am Volk Israel konturiert, indem Jhwhs Bund mit Israel in den Mittelpunkt gerückt wird. Der Bund und die mit ihm verknüpften Gesetze werden zur Grundlage der Gemeinschaft konfiguriert. Diese Perspektive wird gleich zu Beginn durch die Gabe des Dekalogs als Einleitung des Komplexes sichtbar.

Die Gesetzesgabe als Grundpfeiler der Identitätskonstruktion zeigt sich schon in der Terminologie, die für die israelitische Gemeinschaft gebraucht wird. So wird in Dtn 5 – 11* das Stichwort Versammlung (קהל) als Beschreibung Israels benutzt bzw. das Horebereignis als ein am „Tag der Versammlung" stattfindendes chronologisch eingeordnet (Dtn 5,22; 9,10; 10,4).[558] Israel versammelt sich am Horeb, um von Jhwh die Tafeln des Gesetzes zu bekommen. Damit wird dem Volk keine staatliche Struktur zur Grundlage gemacht, sondern eine gemeinschaftliche

---

556 Zum Forschungsüberblick vgl. Otto, Deuteronomiumstudien II, 66 – 82, und Ders., HThKAT, 625 – 639. Bei Veijola, ATD 8,1, ist Dtn 5 – 11 redaktionsgeschichtlich betrachtet sehr zersplittert und gehört zu DtrN, DtrP und DtrB; von diesen hatte jedoch nur DtrN auch Anteil an Dtn 1 – 3, da dieser, in Veijolas Sicht, erst das Gesetz mit dem DtrG verbunden hat. Die zahlreichen Ergänzungen von DtrB in diesem Kapitelbereich datieren in die nachexilische Zeit und werden im entsprechenden Hauptteil dieser Arbeit genauer besprochen. Dies gilt besonders für die Fortschreibungen in den Kapiteln 7; 9 und 11.
557 In Dtn 6,14 werden nach dem Dekalog das erste Mal die anderen Völker genannt: [14]*Laufe keinen anderen Göttern hinterher, von den Göttern der Völker, die euch umgeben.* Hier stehen die Götter der anderen Völker wirklich in Kontrast zu Jhwh. Doch ist dies ein nachexilischer Einschub. Bei Otto, Deuteronomiumstudien II, 185 – 187, ist der ganze Abschnitt Dtn 6,10 – 18 postdtr und auch bei Veijola, ATD 8,1, 176 f., ist 6,14 – 19 als Produkt von DtrB nachexilisch zu datieren. Rose, ZBK 5,2, 445 f., scheidet die V. 14.19 aus dem Kontext aus und weist sie seiner jüngsten Schicht IV zu. Dies begründet er unter anderem durch den Personenwechsel und die andere inhaltliche Ausrichtung. Ähnliches gilt für den Nachtrag Dtn 8,19 f., der an Dtn 7 erinnert. Hier wird ebenfalls der Abfall Israels von Jhwh betont (Motiv der anderen Götter, auch wenn sie nicht als Götter der Völker bezeichnet werden) und das Motiv der umgebrachten Völker als Vergleichspunkt der Androhung an Israel benutzt. In den vorausgehenden Passagen von Dtn 8 spielen die anderen Völker keine Rolle. Auch die masoretische Abschnittsabteilung definiert V. 19 f. als eigenen Abschnitt. Veijola, ATD 8,1, 215 – 218, schreibt V. 18b-20 wieder DtrB zu und datiert ihn damit in die nachexilische Zeit. Otto, Deuteronomiumstudien II, 202 – 210, hält den ganzen Abschnitt Dtn 8,1 – 20 für eine einheitliche postdtr Fortschreibung.
558 Vgl. auch den Bezug auf den Tag der Versammlung (יום הקהל) in Dtn 18,16.

Versammlung und ein gemeinschaftliches Gesetz. So ist hier Otto zuzustimmen, der ausführt: „In der Konzeption von DtrD wird Israel als קהל (Dtn 5,22) nicht durch Herrschaftsinstanzen eines königlichen Staates, sondern durch einen JHWH-Bund konstituiert. Nicht eine staatliche Hierarchie, sondern die gemeinsame Erfüllung des Gotteswillens in Gestalt des Dekalogs integriert die Gemeinschaft des Volkes."[559] War es im Bezug auf die Verwendung dieses Begriffs im vorexilischen Gemeindegesetz noch unsicher, ob mit קהל ganz Israel oder nur ein spezielles Gremium gemeint ist,[560] ist hier eindeutig der ersten Alternative der Vorzug zu geben. Diese Konstitution der Gemeinschaft durch das gemeinsame Gesetz ist analog zu den Mechanismen des ebenfalls idealisierten Konzepts des Verfassungspatriotismus, wie sie im dieses Kapitel einleitenden Abschnitt skizziert wurde.

Dieser grundlegenden Bindung an Jhwh auf Basis des Gesetzes wird pointiert das zu vermeidende Gegenbild beigefügt. Die Zuwendung zu anderen Göttern würde die Verbindung zwischen Jhwh und Israel zerstören, die Israels Gemeinschaft ausmacht. Der Dekalog verknüpft die Bindung an Jhwh, der Israel aus Ägypten befreit hat, direkt mit dem Verbot einer Zuwendung zu anderen Göttern (Dtn 5,6 f.):

> [6]Ich bin Jhwh, dein Gott, der dich aus dem Land Ägypten aus dem Haus der Sklaven hinausgeführt hat. [7]Du sollst keine anderen Götter neben mir haben.

Diese Gefahr wird sodann erzählerisch ausgestaltet. So wird neben dem Motiv der Gesetzesgabe (Dtn 5) das des Bundesbruchs an der Episode um das Goldene Kalb (Dtn 9 f.) breit ausgeführt. Dabei ist der Abfall von Jhwh keine nur theoretisch erörterte Möglichkeit. Gleich nach der Gesetzesgabe am Horeb und noch in der Zeit der Wüstenwanderung hat sich das Volk durch die Verehrung des Kalbes von seinem Gott Jhwh abgewandt. Doch bleibt die Erzählung in Dtn 9 f. nicht mit der Schilderung des Abfalls stehen. Nach der Apostasie und damit dem Bruch des Dekalogs fand mit neuen Gebotstafeln ein Bundesschluss mit Jhwh statt. Erst jetzt wurde ein dauerhafter Bund geschlossen.

Die sich im babylonischen Exil befindende Gruppe reflektiert in dieser Darstellung ihre eigene Situation. Das Israel am Horeb und das Israel im Exil werden hierbei gleichgesetzt. Diese Verknüpfung wird in Dtn 5,2 f. greifbar:

---

559 Otto, Deuteronomium 2000, 124.
560 Vgl. zu dieser Frage die Erörterungen im Rahmen der Auslegung des Gemeindegesetzes (Dtn 23,2–9) in Kapitel 2.3.1 (bes. 74 f.). Hier wird dafür plädiert, diese beiden Möglichkeiten nicht als einander ausschließende zu begreifen, sondern zu kombinieren, indem ganz Israel im Blick ist, das sich jedoch im konkreten Fall als Gremium konstituieren kann.

²Jhwh, unser Gott, hat am Horeb den Bund mit uns geschlossen. ³Nicht mit unseren Vätern hat Jhwh diesen Bund geschlossen, ja mit uns, genau wir, die wir hier und heute alle leben.

Die betonte Nennung des hier (פה) und heute (היום) in V. 3 lässt eine direkte Identifizierung zu. Dabei situiert sie sich zwischen der Episode um das Goldene Kalb und dem Bundesschluss. Durch ihre Zuwendung zu anderen Göttern hatten sie Jhwhs Zorn verschuldet und ihre Vertreibung aus dem Land selbst ausgelöst. Doch genau wie nach der Episode um das Goldene Kalb Israel den Bundesschluss mit Jhwh durch die neuen Gebotstafeln vollziehen konnte (Dtn 9 f.), so kann auch das angesprochene ‚Du/Ihr' der Reden auf einen Bundesschluss mit Jhwh hoffen. Das alleinige Vertrauen auf den einzigen Gott Israels wird hier zum Schlüssel für eine heilvolle gemeinsame Zukunft gemacht. Die sich im Exil befindenden Israeliten können trotz des Bruchs darauf hoffen, dass Jhwh sich ihnen erneut zuwendet.[561]

Durch die Vorschaltung des Dekalogs vor das deuteronomische Gesetz wird neben der Verbindung zum Tag der Versammlung am Horeb auch eine Handhabbarmachung des älteren deuteronomischen Gesetzes selbst erzeugt. So ist der Dekalog, der von Jhwh direkt offenbart wird, überall zu befolgen. Die Einordnung der alten deuteronomischen Gesetze als Vorschriften, die es zum Teil erst im Land zu halten gilt, ermöglicht eine Gesetzesobservanz im Ausland.[562] Durch diese Umgestaltung wird – in Aufnahme der durch Heine geprägten Terminologie – das Vaterland also portativ gemacht.

Die zentrale Orientierung am ersten Gebot und die damit verbundene strikte Warnung vor Apostasie in Dtn 5 – 11* wird an Israels Verhalten selbst geknüpft. Die Gefahr der Zuwendung zu anderen Göttern als Jhwh wird weiterhin, wie auch schon im vorexilischen Gesetz, als innerisraelitisches Problem behandelt. Fremde im Land oder andere Völker spielen dabei keine aktive Rolle.[563]

Der Fremdling wird etwa ausschließlich im Rahmen des Sabbatgebots des Dekalogs (Dtn 5,12 – 15) explizit genannt:[564]

¹²Bewahre den Sabbattag, um ihn zu heiligen, so wie Jhwh, dein Gott, es dir geboten hat. ¹³Sechs Tage sollst du arbeiten und alle deine Arbeiten verrichten. ¹⁴Aber am siebten Tag ist Sabbat für Jhwh, deinen Gott, dann sollst du keine Arbeit verrichten, weder du noch dein Sohn und deine Tochter, dein Sklave oder deine Magd, dein Rind oder dein Esel und all dein

---

561 Vgl. Otto, Deuteronomiumstudien II, 143 f.168 f.
562 Vgl. Otto, Deuteronomiumstudien II, 143 f.
563 Eine negative Auseinandersetzung mit den Fremden findet sich im inneren Rahmen nur in den nachexilischen Nachträgen, um die es im nächsten Teil dieser Studie (Kapitel 4) gehen wird.
564 Die Aufforderung, den גר zu lieben, in Dtn 10,18 f. ist eine nachexilische Ergänzung. Vgl. dazu die Ausführungen in Kapitel 4.2.1 (192 – 196).

Vieh und dein Fremdling (גר), der in deinen Toren ist, damit dein Sklave und deine Magd ruhen wie du. [15]Denke daran, dass du Sklave im Land Ägypten warst, und Jhwh, dein Gott, dich von dort mit starker Hand und ausgestrecktem Arm herausgeführt hat. Darum hat Jhwh, dein Gott, dir geboten, den Sabbattag so auszuführen.

Der גר ist hier, wie es schon für die vorexilische Zeit gezeigt werden konnte, eine zu schützende Person, die in der Obhut einer Familie steht, von der er abhängig ist. Diese enge Anbindung wird dadurch deutlich, dass der Fremdling sowohl als „dein Fremdling" bezeichnet wird, als auch dadurch, dass die Aufenthaltsbestimmung „in deinen Toren" hinzugesetzt ist. Die Verknüpfung der Ruhe für den Fremden und die anderen Schwachen im eigenen Haus wird hier wiederum eng mit der Erinnerung an die eigene Schwachheit in Ägypten verbunden. Teil der kollektiven Erinnerung ist die Missachtung der eigenen Schwachheit und des eigenen Schutzbedürfnisses.[565]

Im Zentrum der israelitischen Identitätskonstruktion nach der Horebredaktion stehen das Gesetz und der Bundesschluss, der Israel und seinen Gott Jhwh aneinander bindet. Wie dies mit den Fremden verbunden wird, zeigt das im Folgenden hinzuzunehmende Kapitel Dtn 28,1–14.

Exkurs 1: Nationale Abgrenzung und Kulturtransfer

Die politische Sprache des Deuteronomiums ist eng mit der der altorientalischen Umwelt verbunden. Dabei übernehmen die Deuteronomiker und Deuteronomisten verschiedene Elemente gerade der assyrischen, babylonischen und persischen Gemeinschaftsordnung und Theologie und verbinden sie zu einem Konzept Jhwhs als alleinigem Bezugspunkt Israels. Diese Übernahme fremder „Stoffe" zur Konstruktion der eigenen kollektiven Identität verdient Beachtung.

Wie bereits im Rahmen der Auslegung von Dtn 13 bemerkt,[566] betont Otto für das vorexilische Deuteronomium, dass es sich bewusst gegen die assyrische Großmacht richtet, indem es Elemente des Vasalleneids übernimmt, sie aber selbst auf Jhwh überträgt. An der Stelle des Großkönigs steht im Deuteronomium Jhwh selbst, was die implizite Entmachtung des Einflussbereichs des Vasallenherrn bedeute. Das gleiche Prinzip weist Otto auch der Horebredaktion zu, indem sie an die Stelle göttlich verschrifteter Königsideologie, wie sie in der mesopotamischen Vorstellung der Schicksalstafeln vorkommt, direkt verschriftlichte Gottesgebote in Form des Dekalogs setzt. Auf diese Weise werde dem (babylonischen) König die Funktion als Gesetzesgeber entzogen. Israel gründe sich auf ein göttliches Gesetz und bedürfe einer königlichen Vermittlung nicht. „DtrD hat das Deuteronomium ohne Zweifel auch als Programm gegen die babylonische Hegemonialmacht

---

565 Vgl. dazu die Überlegungen zum גר im vorexilischen Deuteronomium in Kapitel 2.2.1 (39–61) und zur Veränderung des Bildes in den exilischen und nachexilischen Partien in Kapitel 4.2 (192–200). Vgl. zum Fremdlingsschutz im Dekalog auch Achenbach, gêr, 33.
566 Siehe dazu oben 118f.

konzipiert und knüpft damit an das subversiv sich gegen das neuassyrische Großreich wendende dtn Deuteronomium der spätvorexilischen Zeit an."[567]

Auf die Relevanz des Gesetzes als identitätsstiftende Grundlage für Israel wurde bereits mehrfach hingewiesen, doch handelt es sich dabei auch um einen antibabylonischen Akt? Nimmt man nun im dritten Schritt die von Otto als postdeuteronomistisch eingestuften Erweiterungen hinzu, so wird der gleiche Mechanismus auch in persischer Zeit diagnostiziert. Indem Jhwh in Dtn 1–3 verschiedenen Völkern ihr jeweiliges Land zuteile, setze sich, nach Otto, diese postdeuteronomistische Redaktion bewusst kritisch mit der persischen Reichsideologie und der Vorstellung auseinander, der Reichsgott Ahuramazda habe allen Völkern ihre Länder zugeteilt. Somit erkennt Otto hier einen antipersischen Zug.[568]

In dieser Argumentationsfigur scheint mir ein strukturelles Problem zu liegen, indem etwas zu schnell bei einer Übernahme von fremden Mustern, Gattungen und Motiven auf eine bewusste Abkehr von den Vorbildern geschlossen wird. Die kulturwissenschaftliche Theorie des Kulturtransfers[569] hilft in diesem Zusammenhang zu verstehen, wie kulturelle Elemente zwischen Gruppen übernommen werden können. Dabei betont das Modell des Kulturtransfers „den dynamischen Wandel, Vermischungs- und Hybridisierungsvorgänge"[570] zwischen Gruppen im Allgemeinen (und Völkern im Besonderen), die miteinander in Kontakt stehen. Nicht zwei starre Systeme interagieren miteinander, sondern durch Kulturtransfers verändern sich kulturelle Umgebungen fortwährend. Durch den Austausch konstituiert sich Kultur erst. Dabei setzt sich die empfangende Gruppe durch die Adaption an die eigene Kultur stets transformierend mit der übernommenen Motivik auseinander.[571] Die rezipierende Gruppe transferiert das Muster und eignet sich somit Inhalt oder Form an. Es findet also eine kulturelle Übersetzung statt. Dies kann bestehende Hierarchien legitimieren, wie es sich im Kolonialismus ereignete, aber sie auch unterhöhlen. Insofern kann die modifizierte Rezeption eine kritische Absetzung bedeuten, doch ist dies jedoch nicht allein aus dem Moment der Übernahme und Adaption zu schließen. Rechnet man hinzu, dass es keine explizite Auseinandersetzung mit den jeweiligen Großmächten in den

---

567 Otto, Deuteronomium 2000, 125.

568 Vgl. dazu auch Seite 171 mit Anm. 587. Vgl. dazu besonders Otto, HThKAT, 434–437.

569 Diese junge kulturwissenschaftliche Theorie wurde in den 1980er Jahren am Beispiel der Kontakte zwischen Frankreich und Deutschland im 19./20. Jh. entwickelt und geht hauptsächlich auf Michel Espagne und Michael Werner zurück. Vgl. den Sammelband Espagne / Werner, Transferts, bes. 11–34. Als Analyseinstrument ist sie jedoch nicht auf dieses konkrete historische Setting begrenzt.

570 Werner, Rahmen, 15. Durch diese Übernahmeprozesse verändert sich auch das Objekt des Transfers. Marian Füssel, der sich mit den Chancen der Verwendung der Begriffe Lernen, Transfer und Aneignung im Bereich der Militärgeschichte auseinandersetzt, fasst im Bezug auf diese Hybridisierungsprozesse zusammen: „Ergebnisse der Aneignungen und Lernprozesse waren selten eine Eins-zu-eins-Übernahme des gegnerischen Modells, als vielmehr Mischformen, die weder das Eigene noch das Andere blieben." (Füssel, Lernen, 49).

571 In der Entwicklung der Kulturtransferforschung wird das Beeinflussungsgeflecht wichtig, sodass Prozesse der Beeinflussung zunehmend weniger als einlinig beschrieben werden. So gewinnt das Konzept der *histoire croisée* stärker an Bedeutung. Vgl. Werner / Zimmermann, Vergleich. In Bezug auf die hier gestellte Frage sorgt das stark hierarchische Gefälle zwischen den Großmächten und Israel auf der Ebene der Gruppen jedoch dafür, dass der Kulturtransfer stärker in Richtung Israel verläuft.

verschiedenen Phasen der Entstehung des Deuteronomiums gibt und dass die Perser vor allem durch die Ermöglichung der Rückkehr Israels in sein Land und die freiere Religionspolitik sogar im Alten Testament positiv konnotiert sind,[572] sollte zwischen der Beschreibung der Übernahme kultureller Motive im weitesten Sinne und einer bewussten Gegenausrichtung und Gegengesetzgebung unterschieden werden.[573]

3.2.1.2 Dtn 28,1–14: Alle Völker werden es sehen

Dtn 28,1–14 ist ebenfalls ein Produkt der exilischen Horebredaktion, wie im Anschluss an Otto festzuhalten ist. In einer langen und ausführlichen Segenszusage wird Israel in Dtn 28,1–14 ausgemalt, wie positiv es sich auswirken wird, wenn sich das Volk an die zuvor gegebenen Gesetze hält. Neben der Zusage von Fruchtbarkeit in allen Bereichen der landwirtschaftlich geprägten Gemeinschaft (besonders V. 3–8), spielt auch das Verhältnis zu den anderen Völkern eine auffällige Rolle. Dabei setzt sich der Text in vielerlei Hinsicht mit dem Verhältnis zwischen Israel und den Fremden auseinander, greift dabei auf deuteronomische Traditionen zurück und wandelt sie ab.[574] Besonders hervorzuheben sind dabei die Betonung der Außenperspektive, die die Fremden einnehmen, und die angekündigte Su-

---

572 Zur positiven Konnotation der Perser vgl. Römer, Models, 33 f.

573 Vgl. zum Kulturimport, der Rezeption und der Verweigerung der Rezeption zwischen verschiedenen Verfassungen von Ländern, die im kulturellen Austausch stehen, die verfassungswissenschaftlichen Überlegungen von Häberle. Dabei setzt er, Verfassungslehre, 34, sich sowohl mit Parallelitäten in Gesetzestexten auseinander als auch mit deren Gegenteil. „Auch das Gegenteil, das Verweigern von Rezeptionen, die Differenz läßt sich oft *kulturell* erklären, weil die Unterschiede zwischen den Rechtssystemen und ihrer kulturellen Ambiance zu verschieden sind und ‚Importe‘ nur bedingt empfohlen werden können." Seine Interpretation der Verfassungen der Schweiz, Österreichs und der BRD als „kulturbedingte Variationen des Grundtypus demokratischer Verfassungsstaat westlicher Prägung" (a.a.O., 35) lässt sich mühelos auf die Grundstrukturen altorientalischer Gesetzestexte übertragen. Der Schlüssel für das Verständnis liegt also in der Betonung der Kulturabhängigkeit der Gesetze, wodurch sich die Übereinstimmungen und Differenzen erklären lassen.

574 Vgl. Otto, Deuteronomium 2000, 119 Anm. 54, Ders., HThKAT, 241. Koch, Vertrag, 182–184, unterscheidet ein zweiphasiges Wachstum in Dtn 28,1–14. Dabei geht er von einem älteren Segensteil in V. 1–6* aus, der dann kompilatorisch durch 7–13* erweitert wurde. Die hier im Mittelpunkt stehenden Passagen sind dabei im jüngeren Abschnitt zu finden, sodass Kochs Rekonstruktion mit der hier vorgelegten Deutung und exilischen Verortung kompatibel ist. Steymans, Deuteronomium 28, 366 f., argumentiert für die literarische Einheitlichkeit von V. 7–13, die wiederum sekundär zum vorexilischen Abschnitt V. 20–44* sind. Allerdings hält er V. 7–13, anders als es hier angenommen wird, für eine noch in vorexilischer Zeit anzusetzende Ergänzung. Dabei ist jedoch zu beachten, dass Steymanns, anders als es in dieser Studie geschieht, von einer vorexilischen Rahmung der Gesetze durch mosaische Reden (DtrL) ausgeht, in deren Kontext er auch V. 7–13 verortet.

periorität Israels über die anderen Völker, die etwa gleich im ersten Vers angekündigt wird.[575]

Besonders die Verse 9 – 13 stellen die geforderte Gesetzesobservanz und die Stellung Israels zu den anderen Völkern in Abhängigkeit voneinander dar:

> [9]Jhwh wird dich zu einem heiligen Volk aufrichten, wie er es dir zugeschworen hat, wenn du die Gebote Jhwhs, deines Gottes, bewahrst und auf seinen Wegen gehst. [10]Und alle Völker der Erde werden sehen, dass über dir der Name Jhwhs ausgerufen ist, und werden sich vor dir fürchten. [11]Und Jhwh wird dir an Gutem Überfluss geben, an der Frucht deines Leibes und der Frucht deines Viehs und der Frucht deines Erdbodens, in dem Land, das Jhwh deinen Vätern zugeschworen hat, dir zu geben. [12]Jhwh wird dir seinen guten Schatz, den Himmel, auftun, um deinem Land Regen zu seiner Zeit zu geben, und um alles Werk deiner Hand zu segnen. Du wirst vielen Völkern ausleihen, aber du wirst dir nichts leihen. [13]Und Jhwh wird dich als Kopf einsetzen und nicht als Schwanz, es wird mit dir nur aufwärts gehen und nicht abwärts, wenn du auf die Gebote Jhwhs, deines Gottes, hörst, die ich dir heute gebiete, dass du sie beachtest und ausführst.

Israel wird also nach V. 9 nur dann zum heiligen Volk, also zu einem von den anderen Völkern ausgesonderten besonderen Volk, wenn es die Gebote bewahrt. Es hat folglich die Ausprägung dieser besonderen Rolle selbst in der Hand. Das Wohlergehen Israels hängt an seiner eigenen Bereitschaft zum Befolgen der göttlichen Gebote. Ist Israel seinem Gott treu, so wird es als abgesondertes heiliges Volk den anderen gegenüberstehen. Mehr noch, die Identität der im Exil lebenden Israelitinnen und Israeliten, die sich als ganzes Volk Israel stilisieren, hängt an der Vergegenwärtigung der Gruppenkonstitution durch das Gesetz. Indem man sich immer wieder vor Augen führt, dass Israel auf diesen Geboten, diesem Gesetz fußt, und die, die es halten, damit Israel als auserwähltes Volk sind, wirkt man dem drohenden Identitätsverlust als Splittergruppe eines vormals Ganzen im Exil entgegen. Die Weiterarbeit am Gesetz ist direkte Identitätskonstruktion. Durch die Bindung des Volk-Seins an den Gesetzesgehorsam unterscheidet sich die Perspektive von den sich hieraus entwickelnden nachexilischen Reflexionen zu Israel als heiligem Volk, wie sie in Dtn 7,8 und 9,5 zu finden sind.[576] Denn dort wird gerade die unkonditionierte Liebe oder sogar das bewusste Zuwenden Gottes zu Israel trotz dessen Ungehorsam betont, wenn Israel als heiliges Volk bezeichnet wird.

---

575 Das gleiche Motiv findet sich auch in Dtn 26,19: *Und dass er dich als höchstes über alle Völker stellt, die er gemacht hat, zum Ruhm, zum Namen und zur Schönheit, und dass du ein heiliges Volk für Jhwh, deinen Gott, wirst, wie er gesagt hat.*
576 Vgl. auch Steymans, Deuteronomium 28, 163 mit Anm. 4. Für die Analyse der nachexilischen Texte Dtn 7,8 und 9,5 sei auf die entsprechenden Kapitel 4.3.1 (201 – 224, bes. 223) und 4.4.1 (248 – 253) dieser Studie verwiesen.

Die Rolle Israels als besonderes Volk wird sodann mit den anderen Völkern in Beziehung gesetzt. So führt die kurze Passage die *Außenperspektive* der Völker ein, die das Geschehen in Israel betrachten. In Dtn 28,10 steht die Folge dieses Blicks im Fokus: Die Völker sehen, dass Jhwh mit Israel ist, und geraten in Furcht.[577] Die Reaktion der Anderen bildet eine messbare Bestätigung der Rolle Israels. Ihre Nennung in der Segenszusage dient dazu, vor der Folie ihrer Reaktion die enge Verbindung Jhwhs mit seinem auserwählten Volk Israel darzustellen.

Die Verbindung zu den anderen Völkern wird in den V. 12f. noch genauer ausgeführt. Hier ist besonders der Wechsel zwischen einer deuteronomisch-vor-exilischen und einer deuteronomistisch-exilischen Perspektive zu unterstrei-chen.[578] So sind in den beiden Versen deutliche Anklänge an den vorexilischen Text Dtn 28,43f. zu erkennen.

> [43]Der Fremdling, der in deiner Mitte wohnt, wird über dich aufsteigen, höher und höher, und du wirst absteigen, tiefer und tiefer. [44]Er wird dir leihen, aber du kannst ihm nichts leihen, er wird zum Kopf, aber du wirst zum Schwanz.

Dtn 28,12f. formuliert:

> [12]Jhwh wird dir seinen guten Schatz, den Himmel, auftun, um deinem Land Regen zu seiner Zeit zu geben, und um alles Werk deiner Hand zu segnen. Du wirst vielen Völkern ausleihen, aber du wirst dir nichts leihen. [13]Und Jhwh wird dich als Kopf einsetzen und nicht als Schwanz, es wird mit dir nur aufwärts gehen und nicht abwärts, wenn du auf die Gebote Jhwhs, deines Gottes, hörst, die ich dir heute gebiete, dass du sie beachtest und ausführst.

---

577 Das in Dtn 28,10 entwickelte Motiv der Außenperspektive gewinnt in nachexilischer Zeit für das Verhältnis Israels zu den Fremden entscheidenden Einfluss, wie es in Dtn 4,6–8 und 29,21–28 deutlich wird. Anders als in Dtn 28,10 wird dieser Blick jedoch nicht mehr mit der Furcht der Völker verbunden. Vgl. dazu besonders die Ausführungen im Rahmen der Auslegung von Dtn 4 in Kapitel 4.4.4.2 (258–262) und zu Dtn 29,21–28 Kapitel 4.4.3 (268–274).

578 Rose, ZBK 5,2, 529–548, weist hingegen das ganze Kapitel 28 seinen beiden jüngsten Redaktionsstufen III und IV zu, die in exilischer Zeit (Schicht IV evtl. in früher nachexilischer Zeit) am Werk waren. Dabei geht er jedoch davon aus, dass Dtn 28,13f. und V. 43f. beide zur jüngeren Redaktionsschicht gehören (a.a.O., 536f.541). Die in V. 43f. repräsentierte Haltung gegenüber dem Fremdling setzt er radikal von der vorexilischen Fremdenfreundlichkeit ab und bezeichnet sie als fremdenfeindlich. Diese Fremdenfeindlichkeit ist s. E. ein Kennzeichen für die jüngste Schicht IV. Doch ist in der ausgemalten Umkehr der gesellschaftlichen Verhältnisse keine Fremdenfeindlichkeit zu erkennen. Zudem ist, wie im Folgenden begründet, die Abhängigkeit von V. 12f. vom älteren Material in V. 43f. wahrscheinlicher. Vgl. zur Interpretation auch den Abschnitt zu Dtn 28,43f. im Rahmen der Ausführungen zum גר im vorexilischen Deuteronomium in Kapitel 2.2.1.3 (56f.).

Neben der Dimension des Leihens wird auch das konkrete Bild des Kopfes und Schwanzes aus V. 43 f. in Dtn 28,12 f. aufgenommen. Das aus dem Privatrecht stammende Verb לוה wird hier auf das Leihen zwischen Völkern übertragen.[579] Aus der Fluchandrohung wird nun durch die Inversion eine Segenszusage. Dabei ist jedoch das jeweilige Gegenüber besonders aufschlussreich. Während im vorexilischen Text Dtn 28,43 f. der Fremdling das Gegenüber zum ‚Du' darstellt und die Fluchandrohung somit eine soziale Dimension hat, die sich auf das Innere von Israel bezieht, sind nun die fremden Völker das Gegenüber. In exilischer Zeit ersetzt das Verhältnis zu den anderen Völkern auf außenpolitischer Ebene die vorherigen Grundsätze, die sich innerhalb des von Israel gebildeten Raumes abspielten.[580] Damit wird ein neues Innen geschaffen, das als homogen dargestellt wird, auch wenn gerade diese Aushandlungsprozesse im Inneren die eigentlich zu verarbeitende Situation darstellen.

Noth weist darauf hin, dass das soziale Verhältnis zwischen Vollbürger und Fremdling deshalb auf die Ebene der Völker übertragen wurde, da nur so das aus dem älteren V. 43 f. übernommene Motiv der gesellschaftlichen Verkehrung sinnvoll eingebaut werden könne.[581] Darüber hinaus ist jedoch auch der Perspektivwechsel von der Ebene des konkreten einzelnen Fremden (vor allem in wirtschaftlicher Perspektive) – wie in der vorexilischen Zeit typisch – hin zur Auseinandersetzung auf der Völkerebene – wie ab der exilischen Zeit üblich – zu beachten. Beiden Texten bleibt jedoch gemein, dass die jeweils Fremden in erster Linie als Gegenspieler dienen, ja als Skala für Israels eigenen Gottesgehorsam. Weder auf der innerisraelitischen Ebene noch auf der Ebene der Völker sind bei diesen Segen-Fluch-Konstellationen konkrete Auseinandersetzungen im Blick. Das Ziel der Argumentation ist in jeder Hinsicht die Souveränität und Stabilität Israels.

Es lässt sich also erkennen, dass Dtn 28,1–14 im Allgemeinen und die Verse 10–13 im Besonderen den Segen an Israel, der ihm bei der Bewahrung der Gesetze zuteilwerden wird, mit der Darstellung der Fremden verknüpfen. Die anderen Völker erscheinen in Dtn 28,1–14 zwar als Kriegsgegner und Israels Sieg über sie wird im Bild des Fliehens auf sieben Wegen glorreich dargestellt (V. 7), der Schwerpunkt des Textes liegt jedoch, wie schon an Dtn 5–11* dargestellt, bei der Gesetzesobservanz Israels, als notwendiges (aber auch hinreichendes) Kriterium aller Überlegenheit. Wenn Israel die Gebote bewahrt, so werden die anderen

---

579 Vgl. Koch, Vertrag, 183 f. Dieser Wechsel der Perspektiven ist zu unterstreichen. Mit Lang, Fremden, 20, formuliert: „Es ist eine Sache, von fremden Völkern zu reden, und eine andere Sache, von einzelnen Fremden zu reden, die mitten unter den Israeliten wohnen."
580 Vgl. dazu auch Nielsen, HAT 1,6, 255 f.
581 Vgl. Noth, Gesetzes Werken, 159 f.

Völker die Superiorität Israels erkennen und mit Furcht reagieren. Israels dann bestehender Reichtum wird sich ebenfalls vor der Folie der anderen Völker zeigen. Sie werden Israel wirtschaftlich unterlegen sein und sich bittend an Israel wenden müssen, um sich dort das Nötige zu leihen. Stellte das vorexilische Israel das wirtschaftlich potente ‚Du' in Relation zum armen גר in der eigenen Gemeinschaft, positioniert das exilische Deuteronomium das Volk stärker auf einer internationalen Ebene. Die Erwählung Israels zeigt sich in der verschobenen Relationierung zur übrigen Völkerwelt.

3.2.2 Die äußere Rahmung (Dtn 1–3*; 29,1–14)

3.2.2.1 Dtn 1–3*: Die Völker als Folie für Israels Gottesbeziehung

In Dtn 1–3* stehen die Ereignisse um die israelitische Landnahme im Mittelpunkt.[582] Dabei geht es weniger um eine historische Beschreibung als um eine Lehrerzählung, die auf das Thema des Gottesgehorsams fokussiert. Schon Noth stellte zur Absicht des Deuteronomisten fest: „Dtr hat sein Werk nicht zur Unterhaltung in müßigen Stunden oder zur Befriedigung des Interesses an der nationalen Geschichte verfaßt".[583] Entscheidend ist die Erkenntnis des Handelns Gottes in der Geschichte und an seinem erwählten Volk.

Im ersten Teil (Dtn 1) wird der Ungehorsam der ersten Generation beschrieben, die sich nicht an Gottes Befehle hielt und deren Landnahme deswegen misslang. Ihr Verhalten wird in den Kundschafter- und Murrgeschichten dargestellt. Im Gegensatz zu Num 13 berichten in Dtn 1,25 die Kundschafter ausschließlich positive Dinge:

> [25]Und sie nahmen in ihre Hände von den Früchten des Landes und stiegen zu uns hinab und brachten uns Nachricht und sprachen: Das Land ist gut, das Jhwh, unser Gott, uns gegeben hat.

Trotz dieser Einschätzung durch die Kundschafter beginnt das Volk zu murren. Diese Reaktion ist unverständlich und Israel erscheint widerspenstig.[584]

Dtn 1 erzählt vom Kontakt Israels mit den Amoritern. Das Volk selbst sieht in diesem Kontakt eine ungerechte und geplante Aktion Jhwhs, der sein Volk Israel einem anderen Volk preisgibt. So heißt es in Dtn 1,27:

---

582 Einen detaillierten Forschungsüberblick zu Dtn 1–3 bietet Otto, HThKAT, 285–297.
583 Noth, Studien, 100.
584 Vgl. auch Rüterswörden, NSK.AT 4, 32.

²⁷Und ihr murrtet in euren Zelten und spracht: Weil Jhwh uns hasst, hat er uns aus dem Land Ägypten herausgeführt, um uns in die Hand der Amoriter zu geben und uns auszurotten (שמד).[585]

Norbert Lohfink bezeichnet diese Aussage der Israeliten plakativ als ‚Anti-Glaubensbekenntnis' des Volkes.[586] Israel traut seinem Gott nicht und pervertiert in dieser Aussage das entscheidende Rettungshandeln Jhwhs, das sich im Exodus konstituiert hat.

Auch die weitere Schilderung des Kontakts mit den Amoritern ist auf den Gehorsam Israels Jhwh gegenüber fokussiert. Hatte Israel sich in V. 19 – 28 geweigert, gegen die Amoriter zu ziehen, als Jhwh es forderte, verbietet nun Jhwh in V. 41 – 45 die Eroberung des Berges der Amoriter. Und wiederum widersetzen sich die Israeliten und ziehen nun in den Krieg. Das Ergebnis ist die kriegerische Überlegenheit der Amoriter, die die Israeliten verfolgen.

Die Amoriter werden in Dtn 1 also als Gegner in den Blick genommen. Doch geht es der hier erzählenden Moabredaktion nicht um eine Auseinandersetzung mit den Amoritern. Sie schildern vielmehr mit den Amoritern als Statisten die Verwerflichkeit der Vätergeneration. Die Fremden dienen also als Folie für das Verhalten Israels.

Demgegenüber wird in Dtn 2f. anhand der Begegnungen mit Sihon und Og beschrieben, wie eine gelingende Landnahme stattfinden kann, sobald und so lange sich Israel an Gottes Wort hält. Nicht an Israels eigener Stärke liegt es, welches Gebiet es erobern kann, sondern daran, ob Jhwh ihnen das Land geben will.[587] Gibt Jhwh hingegen die Völker in die Hand Israels, wie er es mit Sihon und

---

585 Im Erzählablauf des Deuteronomiums ist dies der erste Beleg für das in der weiteren Erzählung so oft benutzte Verb שמד. Somit kommt – kanonisch gelesen – die Vernichtung Israels vor der Vernichtung der Völker in den Blick.

586 Vgl. Lohfink, Darstellungskunst, 115.

587 In nachexilischer Zeit wird dieser Gedanke noch weiter verstärkt. Hier wird betont, dass Jhwh die Länder der gesamten Gegend verteilen kann. So wird Israel Edom, Moab und Ammon nicht erobern können (Dtn 2,5.9.19), weil Jhwh diesen Völkern ihr Gebiet gegeben hat. Die Besitzrechte der Nachbarn Israels werden somit explizit anerkannt. Vgl. zu dieser völkerrechtlichen Perspektive Otto, HThKAT, 470 f. Er, Deuteronomiumsstudien I, 187 – 190, sieht diese völkerrechtlichen Tendenzen zwar schon in der Moabredaktion angelegt, jedoch trennt er hiervon die Eroberungs- und Nichteroberungsaufträge und weist sie der post-dtr Erweiterung zu. Nach Otto, a.a.O., 173 – 175, betont dann die postdtr Redaktion in Dtn 1 – 3, dass auch die anderen „transjordanischen Hebräervölker" ihr Land von Jhwh bekommen haben (Edom, Moab, Ammon). Otto sieht hierin erneut die kritische Absetzung von der Israel bestimmenden Macht. In persischer Zeit setzten sich so die postdtr Redaktoren von der persischen Reichsideologie ab, nach der der Reichsgott Ahuramazda den Völkern der Erde ihr Gebiet zugeteilt hat. Für kritische Bemerkungen zu dieser von Otto diagnostizierten antipersischen Tendenz vgl. den Exkurs 1.

Og, den Königen von Heschbon und Baschan, tut, so gelingt die Eroberung (Dtn 2,31; 3,2). So sagt Jhwh in Dtn 3,2 mit Blick auf den König Og und in Anknüpfung an die Begegnung mit Sihon Israel die Landeroberung zu:

> Da sprach Jhwh zu mir: Fürchte dich nicht vor ihm, denn ich habe ihn in deine Hand gegeben, ihn und sein ganzes Volk und sein Land, und tu an ihm, so wie du es an Sihon, dem König der Amoriter, der in Heschbon wohnt, getan hast.

Das Volk folgt diesem Befehl und übernimmt das Land und seine Besitztümer. Nicht die Stärke der Gegner entscheidet über den israelitischen Eroberungserfolg, sondern Jhwhs geschichtsmächtiges Handeln und die Gehorsamkeit Israels den Geboten ihres Gottes gegenüber. Im Rahmen dieser gelingenden Eroberung der von Jhwh freigegebenen Gebiete wird der Sieg über die anderen Völker durchaus gewaltsam geschildert. Israel vollzieht an den Besiegten den Bann, wie in 2,34 f. und 3,4 – 6 geschildert wird. In dieser expliziten göttlichen Aufforderung zur Gewalt wird zum einen Jhwhs Stärke ausgedrückt, die er seinem Volk Israel verleiht, und zum anderen der verlockende Lohn für Israels Gehorsam. Im Gegensatz zu anderen Bannkonzeptionen darf Israel nach den Vorschriften in Dtn 2 f. Beute nehmen[588] und profitiert somit handfest materiell von seinem Gehorsam.[589]

Aus dem Gesagten ergibt sich, dass die in Dtn 1 – 3* genannten fremden Völker zu einer stilisierten Folie werden, auf der sich Israels Gehorsam und Ungehorsam darstellen lässt. Jhwh entscheidet, welches Volk von Israel eingenommen werden kann. So stellt Franz Hesse im Blick auf die Verstockung durch Jhwh fest: „Die anderen Völker und Mächte sind letzten Endes nur Statisten, wenn es um die göttliche Heilsgeschichte mit Israel geht [...] das Wichtige ist, daß die Geschichte Jahwes mit seinem Volke vorwärts geht und zu ihrem Ziele kommt."[590] Dtn 1 – 3* liest sich demnach weniger als Auseinandersetzung mit den Fremden, sondern vielmehr als Auseinandersetzung Israels mit seiner Gottesbeziehung.[591] Es geht

---

588 Dies ist ein entscheidender Unterschied zur Bannkonzeption in Dtn 7. Nach den dort gegebenen Vorschriften dürfen die Israeliten explizit keine Beute und auch keine anderen Kultgegenstände übernehmen, da diese die eigene Reinheit gefährden würden. In dieser Weise ist der Bann stärker auf Jhwh ausgerichtet.

589 Im Gegensatz dazu führt der Ungehorsam direkt zu negativen Konsequenzen. In Dtn 2,15 tilgt Jhwh selbst sein eigenes Volk bzw. die böse Generation aus. Veijola, ATD 8,1, 49, spricht von einer Umkehr des Jahwekrieges, der eigentlich gegen die anderen Völker ausgerichtet ist. Dasselbe Phänomen der Umdrehung einer Taktik nach außen in Richtung des eigenen Volkes findet sich auch beim Bann, der in Dtn 13,13 – 18 gegen das eigene abtrünnige Volk gerichtet wird. Beide Texte gehören vermutlich auch redaktionsgeschichtlich auf die gleiche Stufe.

590 Hesse, Verstockungsproblem, 54. Vgl. dazu auch Perlitt, BK V, 217.

591 Perlitt, BK V, 89, zu 1,19 – 46 über das Volk: „So scheitert es nach dtr Geschichtstheologie nur äußerlich an den Amoritern, in Wahrheit an sich selber".

folglich eher um Gottesfurcht und um Rückkehrhoffnungen als um Abgrenzung von Fremden als Mittel der Identitätsbildung.[592] Aus diesem Grund eignen sich für die Darstellung gerade die Völker, die es in der Erzählzeit gar nicht mehr gibt. So führt man keine aktualpolitischen Konflikte herbei, die gar nicht nötig sind, da es zentral um das eigene Volk geht.[593] Lohfink spricht im Bezug auf Sihon und Og folgerichtig davon, dass diese Völker „geschichtstheologisch vogelfrei"[594] sind. An ihnen kann sich also die Macht Gottes literarisch erweisen.

Auch im Blick auf eine religiöse Auseinandersetzung mit den Völkern (der Vorzeit) ist ein negatives Ergebnis auffällig. In der gesamten ersten Einleitungsrede werden kulturelle Bezüge und Praktiken der anderen Völker nicht erwähnt. Eine Gefahr der Apostasie Israels von ihrem Gott und damit eine Zuwendung zu fremden Göttern, die sie bei diesen Völkern kennenlernen könnten, wird nicht thematisiert. Wenn das Volk abfällt, dann nur von seinem eigenen Gott, ohne sich einer anderen Gottheit zuzuwenden. Es murrt gegen Jhwh (Dtn 1,27).[595]

Die Blickrichtung dieser Rahmenreden geht über die Vergangenheit in die Zukunft.[596] Nur, wenn Israel sich auf den Gehorsam besinnt, so wie es die vor-

---

592 Dtn 2,24aβb-25 gestaltet sich ganz anders als der Rest und sieht Israel als Schreckensgrund für alle Völker der Erde. Also nicht mehr Jhwh ist es, der den Schrecken auslöst, sondern das Volk Israel. Dies wird von Müller, Art. פחד, 558, als deutliche Entwicklung in exilisch-nachexilischer Zeit identifiziert. Solche Machtphantasien sind Dtn 1–3 sonst fremd. Vgl. auch Dtn 11,25. Auch Otto, Deuteronomiumsstudien I, 222, ordnet die Verse seinen post-dtr Redaktionen zu. Parallelen zu Ex 15,14.16 sind erkennbar.

593 Zu den Amoritern vgl. Van Seters, Terms, der davon ausgeht, dass die alttestamentlichen Schreiber den Begriff Amoriter erst in Mesopotamien lernten und dann für die vorisraelitischen Bewohner Palästinas benutzten. Er unterstreicht die rhetorische und ideologische Dimension des Begriffs Amoriter (parallel zu den Hetitern), der nicht unmittelbar als historische Beschreibung zu verstehen ist.

594 Lohfink, Darstellungskunst, 131.

595 Dtn 3,24 zeigt auf, dass Jhwh anderen Göttern überlegen ist und diese somit keine Gefahr für Israel darstellen, doch handelt es sich hier um einen nachexilischen Einschub, der mit Dtn 4 verbunden werden kann (vgl. z.B. die sprachliche Parallele zu Dtn 4,7f., wobei hier מי־גוי statt מי־אל vorkommt. Der Begriff אל ist zudem in Dtn 1–3 an dieser Stelle singulär). In der Rekonstruktion von Otto, Deuteronomiumsstudien I, 203–205, ist der ganze Absatz postdtr, und auch Veijola, ATD 8,1, 91f., datiert den entsprechenden Halbvers in 3,24b in die nachexilische Zeit.

596 Auch die dargestellten Territoriumsangaben, die durch die weiteren Ergänzungen noch einmal deutlich vergrößert werden, sollten weniger als historiographischer Bericht gelesen werden denn als erhofftes Idealbild. Die Funktion der Eroberungsgeschichte liegt in der Zusicherung einer besseren Zukunft bei einer trostlosen Gegenwart. Perlitt, BK V, 25, schreibt im Blick auf die Einleitung der Moserede in 1,1–5: „Sie haben eine große Vergangenheit und eine eher klägliche Gegenwart im Blick, aber Israels zukünftiges Leben zum Ziel." Auf Dtn 1–3 bezogen fährt er fort: „So wird in Dtn 1–3 nicht berichtet, was einmal war, sondern vor Augen gerückt, was die Vergangenheit Israels für die Gegenwart Israels paradigmatisch bedeutet."

gestellte zweite Generation bei der kriegerischen Auseinandersetzung mit den Königen Sihon und Og tat, ist wieder eine Rückeroberung des eigenen Landes möglich.[597]

Diese Bindung der zweiten Generation an die Gebote Jhwhs wird in dem ebenfalls der exilischen Moabredaktion zuzuschreibenden Text Dtn 29,1–14 durch die Erzählung des Bundesschlusses im Land Moab enggeführt.

3.2.2.2 Dtn 29,1–14: Der Fremdling als Teilnehmer beim Bundesschluss

In Dtn 29,1–14 wird der Vollzug des Bundesschlusses zwischen Jhwh und Israel beschrieben. Dabei spielt die Verpflichtung auf das gegebene Gesetz die entscheidende Rolle. Für die Frage nach der Rolle der Fremden im exilischen Deuteronomium ist aufschlussreich, dass auch die Anwesenheit des Fremdlings bei diesem Bundesschluss gefordert wird.

[1]Und Mose rief ganz Israel und sagte zu ihnen: Ihr habt alles gesehen, was Jhwh vor euren Augen im Land Ägypten dem Pharao und allen seinen Dienern und seinem ganzen Land angetan hat: [2]Die großen Prüfungen, die deine Augen gesehen haben, jene großen Zeichen und Wunder. [3]Aber Jhwh hat euch weder ein Herz zu verstehen, noch Augen zu sehen, noch Ohren zu hören gegeben, bis zum heutigen Tag. [4]Und ich führte euch vierzig Jahre in der Wüste, eure Kleider sind nicht an euch zerrissen und dein Schuh an deinem Fuß ist nicht zerrissen. [5]Ihr habt kein Brot gegessen und Wein und starkes Getränk habt ihr nicht getrunken, damit ihr erkanntet, dass ich Jhwh, euer Gott, bin. [6]Und ihr kamt an diesen Ort und Sihon, der König von Heschbon, und Og, der König von Baschan zogen aus, um uns zum Krieg zu treffen, und wir schlugen sie. [7]Und ihr Land nahmen wir ein und gaben es zum Erbbesitz den Rubeniten und den Gaditen und dem halben Stamm Manasse. [8]Ihr sollt die Worte dieses Bundes bewahren und sie ausführen, damit ihr Erfolg habt, bei allem was ihr tut. [9]Ihr steht heute alle vor Jhwh, eurem Gott, eure Stammeshäupter,[598] eure Ältesten und eure Aufseher, jeder Mensch Israels, [10]eure Kinder, eure Frauen und dein Fremdling, der inmitten deines Lagers ist, von deinem Holzhacker bis zu deinem Wasserschöpfer, [11]damit du in den Bund

---

(a.a.O., 31). Zur exilischen Perspektive der Verfasser, die die eigene Landlosigkeit mit Hilfe paradigmatischer Landnahmegeschichten in den Kategorien Gehorsam und Ungehorsam deuten wollen, vgl. auch Perlitt, BK V, 135. In Bezug auf die exorbitanten Territoriumsangaben, die wohl nie historische Realität waren, schreibt Perlitt, Motive, 53: „Dieses Phänomen ist nur unter dem schmerzlichen Gesichtspunkt zu deuten: je geringer die staatliche Identität, desto größer die territoriale Idealität."

597 Perlitt, BK V, 133: „Dtn 1,19–46 ist gerade mit seinen Nachträgen der Beweis für den lebendigen Gebrauch solcher Texte, an denen Israel mehr von seiner Gegenwart als von seiner Vergangenheit begriff."

598 So ist hier mit LXX und Peshitta und in Parallele zu Dtn 5,23 wohl ursprünglich der Ausdruck שבטכם ראשי zu lesen, wobei sich die Veränderung zu ראשיכם שבטכם durch Dittographie erklären lässt.

Jhwhs, deines Gottes, eintrittst und in seine eidlichen Verpflichtungen, die Jhwh, dein Gott, heute mit dir schließt, ¹²um dich heute für sich zum Volk zu erheben, sodass er dein Gott ist, wie er es dir gesagt hat, *wie er es deinen Vätern Abraham, Isaak und Jakob zugeschworen hat.* ¹³Aber nicht allein mit euch schließe ich diesen Bund und diese Verpflichtungen, ¹⁴sondern auch mit dem, der heute hier mit uns vor Jhwh, unserem Gott, steht, und mit dem, der heute (noch) nicht mit uns hier ist.

Dtn 29,1–14 zeigt deutliche Anknüpfungen an Dtn 1–3*, wie es besonders in der Darstellung des Kontakts mit Sihon und Og deutlich ist. Dabei ist der in Dtn 29,1–14 geschlossene Moabbund der Zielpunkt der in Moab angesiedelten Erzählkomposition, die mit Otto nach der Horebredaktion anzusetzen ist.[599] Diese Beschreibung des Moabbundes, mit der Bundesformel in V. 12a, auf die der Text zuläuft, setzt sich mit dem älteren Konzept des Horebbundes bereits kritisch auseinander. So wird hier auf den Bund in Dtn 26,17–19 Bezug genommen, doch durch die Betonung des sechsmaligen „heute" und der Teilnahme der kommenden Generationen wird der Bund aktualisiert. Denn indem die, die noch nicht beim Bundesschluss mit dabei waren, in V. 13 explizit genannt und in den Bund integriert werden, entsteht eine generationenübergreifende Verpflichtung, an der die jeweils folgenden Generationen schon beim Bundesschluss prospektiv beteiligt sind. Nun ist die Konzeption der zweiten Generation, wie sie für die Texte der Moabredaktion typisch ist, zu ihrem Ziel gekommen.

Aus dem literarisch nahezu einheitlichen Text[600] ist nur der Bezug zu den Erzvätern in V. 12b als sekundär auszuscheiden. Durch die Doppelung der Zusage

---

[599] Vgl. zur Komposition der Moabredaktion die obige Darstellung in Kapitel 3.1.2 (156–160) und vor allem Otto, Deuteronomium 2000, 138–155.

[600] Für die Einheitlichkeit des Textes sprechen sich auch Otto, Deuteronomium 2000, 142, Braulik, NEB 28, 211, und Knapp, Deuteronomium 4, 141–146, aus. Letzterer erklärt den in Dtn 29,1–14 zu beobachtenden Numeruswechsel über die Aufnahme geprägter Formeln, die hier (spät-dtr) zusammengebunden wurden. So kann der Wechsel in den Singular in V. 10aβ-12 sowohl über die Nennung des גר erklärt werden, der nie als „euer גר" bezeichnet wird, und über die auch sonst zumeist im Singular verwendete Bundesformel. Neben der Inhomogenität im Numerus ist auch eine ebenso zu erklärende Uneinheitlichkeit in der Sprecherzuordnung zu erkennen. So ist Dtn 29,1–14 ein Gemisch aus Gottes- und Moserede. Anders urteilt Achenbach, Eintritt, 246–255, indem er besonders wegen des dargestellten Wechsels dafür plädiert, V. 10aβ-12 für einen sekundären Einschub zu halten, der den im Dtn fremden, aber in Ex 12,38; Num 10,29ff. und Num 11,4 belegten Gedanken einfügt, dass schon auf der Wanderung Fremde dabei waren. Durch diese Verknüpfung sieht er eine hexateuchische Perspektive dieser nach ihm postdtr Einfügung gegeben. Doch ist m. E. wegen des auch in Dtn 29,1–8 belegten Sprecher- und Numeruswechsels kein literkritischer Eingriff nötig. Zudem ist zwar der Ausdruck, der Fremdling sei bei den Israeliten im Lager (הנחנ, und nicht in den Toren oder der Mitte) im dtn Gesetz nicht belegt, doch ist diese Änderung durch die Situierung als Rede vor der Landnahme zu erklären. Sprachlich wird hierbei auf die Konzeption des Heerlagergesetzes (Dtn 23,10–15) zurückge-

an das ‚Du' einerseits und des Schwurs an die Erzväter andererseits wirkt der Vers überlastet. Die Begründung der Zusage richtet sich in der Argumentationsstruktur von Dtn 29,1–14 zudem ursprünglich an die Generation des Exodus, die hier in der Anrede als ‚Du' erscheint, und den ihnen zugesagten Bund in Dtn 26. Durch die Hinzufügung der namentlich aufgezählten Erzväter wird die Perspektive sekundär verschoben.[601]

In Dtn 29,1–14 wird der Bund zwischen Jhwh und seinem Volk geschlossen. Dabei ist für das Verständnis der Rolle von Fremden bei der Identitätskonstruktion Israels entscheidend, wer die Bündnispartner sind. So ist bewusst von Anfang an von ganz Israel (V. 1) die Rede. Und die Betonung in V. 9, dass es sich bei den Anwesenden um כלכם und dabei um כל איש ישראל handelt, zeigt, dass auf die Vollständigkeit des Volkes großen Wert gelegt wird.[602] Auch der Fremdling ist beim Bundesschluss explizit anwesend und wird zusammen mit den Frauen und Kindern genannt (V. 10). Besagt dies, dass er als Teil Israels oder jüdischer Proselyt[603] wahrgenommen wird, oder zeigt dies, dass es sich beim גר eben doch um einen Israeliten handelt? So sah schon Bertholet in der Integration des גר beim Bundesschluss einen Hinweis darauf, „dass er geradezu der Proselyt ist".[604] Hingegen argumentiert van Houten auf der Grundlage von Dtn 29,10 in Verbindung mit Jos 9,[605] dass an dieser Stelle nicht der normale einzelne Fremdling gemeint sei,

---

griffen, in der sich Jhwh inmitten des Lagers aufhält. Durch die Fiktion der Wanderung, die in exilischer Zeit durch die Rahmungen erfolgte, wird es nötig, dass der Fremdling nicht mehr durch „in euren Toren" spezifiziert wird. Auch auf der Wanderung war der Fremdling schon im Raum der israelitischen Gemeinschaft.

601 Vgl. dazu die ausführliche Begründung bei Römer, Israels Väter, 153–160.

602 Vgl. zur Betonung der Vollständigkeit, die auch den גר einschließt, auch Knapp, Deuteronomium 4, 144.

603 Die Verwendung des Terminus Proselyt ist insofern schwierig, als die Septuaginta neben dem nur zweimal verwendeten Begriff πάροικος (Dtn 14,21; 23,8) im Deuteronomium durchgehend den Begriff προσήλυτος (Dtn 1,16; 5,14; 10,18 f.; 12,18; 14,29; 16,11.14; 24,17.19–21; 26,11–13; 27,19; 28,43; 29,10; 31,12) als Übersetzung für גר verwendet. Vgl. zur Übersetzung des Terminus גר in der Septuaginta ausführlicher van Houten, Alien, 179–183. Wenn im Folgenden von Proselyten gesprochen wird, so ist die spezifische Bedeutung als in die jüdische Gemeinschaft Eintretender (also in der religiösen und nicht der lokalen Dimension des Hinzukommens) gemeint. Dass auch diese Definition etwas ungenau bleiben muss, ist darauf zurückzuführen, dass im Alten Testament ein systematisches Konversionskonzept noch nicht entwickelt ist. Eine generelle Problemanzeige zur Benutzung des Terminus „Proselyt" in alttestamentlicher Zeit gibt Haarmann, JHWH-Verehrer, 47 f.

604 Bertholet, KHC 5, 89. Etwas vorsichtiger formulierte er vorher, Stellung, 103: „Der Ger des Deuteronomiums ist noch nicht der Proselyt, aber er ist daran, sich demselben zu nähern."

605 In der Verbindung zu den Gibeonitern in Jos 9 ist eine der für die Moabredaktion typischen Verknüpfungen zur Landnahmeerzählung im Josuabuch zu erkennen.

sondern die Gibeoniter als Gruppe, die als Zweite-Klasse-Bürger in Verbindung zur israelitischen Gesellschaft stünden.[606]

Dtn 29,1–14 führt keine Argumentation, die die Anwesenheit des גר beim Bundesschluss begründet. Ausschlaggebend ist die Darstellung des Ganzen des israelitischen Volkes mit allen, die sich in seinem Schutzraum befinden.[607] Und dabei werden sowohl temporal als auch sozial weite Grenzen gezogen. Sowohl die kommenden Generationen werden in den Bund einbezogen als auch die niederen Arbeiter (Holzhauer und Wasserträger) und Schutzbefohlenen, indem sie mit vor Jhwh stehen.[608]

Die Anwesenheit des גר beim Bundesschluss wird in dem nachexilischen Text Dtn 31,12 erneut aufgenommen und dort deutlich verstärkt.[609] Doch zeigt sich schon in Dtn 29,10 die integrative Funktion einer auf einem Gesetz fußenden Gemeinschaft. Bundesschluss und wiederholende Erinnerung an ihn sind in der Lage, durch das Gesetz verschiedene Generationen und soziale Schichten zusammenzuführen. Dtn 29,1–14 verstärkt die integrative Funktion des Bundes und des Gesetzes mit Blick auf die Generationen. Dieses Thema ist, wie bereits dargestellt, für die Moabredaktion maßgebend. Die Generationen, die noch nicht beim ursprünglichen Bundesschluss anwesend sind, werden in das Bundesgeschehen aufgenommen. Indem sie die Gesetze ausführen sind sie Teil des Gottesvolkes, das an jenem Tag aus Israel wurde.

In der Funktion des Hinzukommens und der Wahl der Annahme oder Ablehnung des Gesetzes sah Bertholet schon 1896 ein Zeichen dafür, dass die Religion selbst „Verfassung geworden ist".[610] Damit ist die Wahl gegeben, sie anzunehmen oder abzulehnen. Wer (weiterhin) zur Gemeinschaft gehören will, muss die Verfassung annehmen und wer sie annimmt, kann so zur Gemeinschaft hin-

---

606 Vgl. van Houten, Alien, 102–106. Dieses Verständnis dehnt sie sodann auch auf Dtn 31,12 aus (105 f.). Braulik, Völkervernichtung, 27 f., zieht aus der Nennung der Holzarbeiter und Wasserträger, die mit Jos 9 mit den Gibeonitern gleichgesetzt werden können und dort ihrerseits als Hiwiter genannt werden, den weitreichenden Schluss, dass mit ihrer Aufnahme „das Gebot der Vernichtungsweihe (Dtn 7,2bα bzw. 20,17) und das Vertragsverbot mit nichtisraelitischen Bevölkerungsgruppen (7,2bβ)" (28) exemplarisch aufgehoben wäre. Braulik selbst wählt in seiner hermeneutischen Studie einen synchronen Zugang, doch ist, macht man die hier aufgedeckte Stichwortkette stark, der Aussage aus diachroner Perspektive hinzuzufügen, dass die Anweisungen zur Vernichtung der kanaanäischen Bevölkerung des Landes wohl erst nach dem hier belegten Gebot in das Deuteronomium eingetragen wurden. Vgl. dazu die Ausführungen zu Dtn 7 in Kapitel 4.3.1 (201–224).
607 So betont es vor allem Bultmann, Fremde, 138–140.
608 Vgl. dazu auch Nelson, OTL, 341.
609 Vgl. dazu Kapitel 4.2.2 (196–198).
610 Bertholet, Stellung, 104.

zukommen. Die Integrationskraft einer Gemeinschaft, die auf einer Verfassung fußt, wie es im Bezug auf den Verfassungspatriotismus dargestellt wurde, ist hier entfaltet.

3.3 Erweiterung im Gesetzesteil: Dtn 25,17 – 19 – Das Amalekitergesetz

Einen entscheidenden Grundpfeiler der deuteronomistischen Fremdheits- und Selbstkonstruktion bildet das Amalekitergesetz in Dtn 25,17–19. Darum sei dieser Abschnitt als exilische Erweiterung des deuteronomischen Gesetzes in den Blick genommen.

> [17]Denke (זכור) an das, was Amalek dir auf dem Weg eures Auszugs aus Ägypten (בדרך בצאתכם ממצרים) getan hat. [18]Wie es sich dir auf dem Weg näherte, und bei dir alle Nachzügler[611] hinter dir schlug und du erschöpft und müde warst und es Gott nicht fürchtete (ולא ירא אלהים).[612] [19]Wenn Jhwh, dein Gott, dir Ruhe (והיה בהניח יהוה אלהיך לך) vor all deinen Feinden verschafft hat, die dich ringsumher umgeben in dem Land, das Jhwh, dein Gott, dir zum Erbbesitz gibt, damit du es in Besitz nimmst, dann sollst du das Gedenken Amaleks unter dem Himmel austilgen. Vergiss es nicht!

3.3.1 Zur Datierung und literarischen Kontextuierung

Eine direkte Datierung des dreiversigen Abschnitts ist aus Mangel an konkreten realgeschichtlichen Bezügen schwer möglich, kann jedoch über die Analyse textlicher Verknüpfungen in Annäherung gelingen. Innerhalb des deuteronomischen Gesetzes[613] sind dabei zwei Verbindungen besonders wichtig: Zum einen ist der Abschnitt im näheren Kontext sprachlich mit zwei parallelen Formulierungen des Auszugsmotiv in Dtn 23,4 – 7 und 24,8 f. verknüpft und zum anderen über das Ruhemotiv mit dem Beginn des deuteronomischen Gesetzes in Dtn 12,8 – 12.

---

611 Vgl. zur umstrittenen Ableitung und Übersetzung des *hapax legomenon* הנחשלים die Ausführungen bei Novick, Amaleq's Victims.
612 Zur Frage, ob Amalek oder Israel (also das ‚Du') nicht gottesfürchtig war, siehe im Folgenden.
613 Zu den Bezügen kann neben dem unten in Anm. 620 genauer besprochenen Text Ex 17, noch die Beschreibung des Kampfes Sauls gegen Amalek in 1 Sam 15,22f. und Num 14,39 – 45, gerechnet werden.

Im deuteronomischen Gesetz gibt es drei Vorschriften, in denen an „den Weg eures Auszugs aus Ägypten" erinnert wird.[614] Neben dem hier im Mittelpunkt stehenden Amalekitergesetz sind dies die Moab- / Ammonpassage im Gemeindegesetz (Dtn 23,4 f.) und die Erinnerung an den Aussatz Mirjams in Dtn 24,8 f.

> [8]Hüte dich bei Aussatzmarken, dass du genau darauf achtest, gemäß allem zu handeln, was die levitischen Priester dich gelehrt haben. Ihr sollt darauf achten es zu tun, wie ich es ihnen befohlen habe. [9]Denke (זכור) an das, was Jhwh, dein Gott, an Mirjam getan hat auf dem Weg eures Auszugs aus Ägypten (בדרך בצאתכם ממצרים).

Und Dtn 23,4 – 5a:

> [4]Ein Ammoniter oder Moabiter darf nicht in die Versammlung Jhwhs kommen, auch die zehnte Generation nach ihnen darf für alle Zeit nicht in die Versammlung Jhwhs kommen. [5a]Deshalb weil sie sich euch nicht genähert haben mit Brot und Wasser auf dem Weg eures Auszuges aus Ägypten (בדרך בצאתכם ממצרים).

Der ganze Abschnitt Dtn 23 – 25 ist in seiner vorliegenden Form eine Mischung aus Vorschriften zur Reinheit und humanitärem Verhalten, wie Merendino es treffend herausstellt, wobei beide Themen teils zusammen und teils alternierend vorkommen.[615] Dabei erscheint das Auszugsmotiv im jetzigen Aufbau am Anfang (23,5), in der Mitte (24,9) und am Ende (25,17), was auf eine bewusst gestaltete Komposition hinweist.[616]

Dtn 23,5a hat sich in der Analyse des Gemeindegesetzes als sekundärer Einschub in Dtn 23,2 – 4.7 – 9 erwiesen. Da Dtn 23,5a und 25,17 – 19 wegen der auf-

---

614 Dass es sich um eine bewusst gesetzte gleiche Formulierung handelt, liegt, neben der Exklusivität des Ausdrucks an diesen drei Stellen, auch dadurch nahe, dass in Dtn 25,17 – 19 der pluralische Ausdruck (בצאתכם) in sonst singularischem Kontext benutzt wird, was für eine bereits geprägte Phrase spricht. Rose, ZBK 5,1, 254, ergänzt die Stellen noch um Jos 2,10 und Hag 2,5. Der zweite Teil des Ausdrucks בצאתכם ממצרים kommt an diesen beiden Stellen ebenfalls vor, doch die Verbindung mit dem Stichwort דרך beschränkt sich allein auf die drei genannten Stellen im dtn Gesetz. Als letzte weitere Parallele kann auf Jos 5,5 verwiesen werden, doch handelt es sich hierbei vermutlich um eine abhängige dtr Aufnahme.
615 Vgl. Merendino, Gesetz, 308 – 314. Er selbst rechnet die Texte und die dadurch entstehende Strukturierung des Gesetzesabschnitts seinem dtn Redaktor zu. Tanner, Amalek, 87, verweist hingegen darauf, dass Dtn 25,17 – 19 oft als Zusatz betrachtet wird, da die Verse nicht zum Kontext passten, in dem ganz verschiedenartige Bestimmungen stehen, die „aber v. a. sozialer und humanitärer Art sind". Doch zeigt gerade dies die Verbindung zum Kontext, da es im Amalekitergesetz um die Festlegung humanitärer Grundsätze geht.
616 Dieselbe Klammerfunktion schreiben auch MacDonald, Bread, 94, Mayes, NCC, 313, und Nelson, OTL, 302, den entsprechenden Formulierungen im Gemeindegesetz und der Amalekiterpassage zu.

fälligen Parallelen der gleichen Redaktion zugeschrieben werden können,[617] bildet die Abfassung des Gemeindegesetzes zur Zeit Jojakims den *terminus post quem*.[618] Der Bezug zu den Leviten in Dtn 24,8 f. – der in diesem Abschnitt mittlere Beleg des Motivs – und die Verknüpfung mit Dtn 17,8 f. legt eine spätdeuteronomistisch-nachexilische Datierung des Mirjam-Abschnitts nahe,[619] der vermutlich seinerseits eine Aufnahme der Struktur des Amalekitergesetzes darstellt. Die Verortung von Dtn 23,5a und 24,8 f. kann folglich nur einen groben Rahmen für die zeitliche Ansetzung der Einfügung von Dtn 25,17–19 liefern.[620]

---

617 Vgl. auch Bultmann, Fremde, 106.

618 Vgl. dazu die Ausführungen zur Datierung des Gemeindegesetzes in Kapitel 2.3.2 (93–104).

619 Vgl. Dahmen, Leviten, 335–344, und Nielsen, HAT 1,6, 226. Auf eine Abhängigkeit von priesterlicher Sprache weist hin, dass der spezifische Ausdruck נגע הצרעת nur in Lev 13 f. vorkommt. Vgl. dazu Gertz, Gerichtsorganisation, 60. Hier findet sich eine längere Erörterung zu נגע bes. in Dtn 17,8; 21,5 und 24,8.

620 Alle drei Belegstellen setzen zudem eine Geschichte des Exodus voraus, die sich von der unterscheidet, die in den Rahmenkapiteln des Dtn oder anderen Teilen des Pentateuchs geschildert ist. Dies wird an den Differenzen zwischen der Moabiter- und Ammoniterepisode in Dtn 1–3 und ihrer Darstellung in Dtn 23,4–7 deutlich. Auch das Mirjambild ist nicht kongruent zu dem aus Num 12, da die Thematik der selbstverschuldeten Sünde im Kontext von Dtn 24 keine Rolle spielt. Ex 17,8–16 erzählt wie Dtn 25,17–19 von einem kämpferischen Handeln Amaleks Israel gegenüber. So liegt es nahe, beide Passagen auch in ihrer Entstehung miteinander zu verknüpfen. Vgl. etwa Bertholet, KHC 5, 79, und in neuer Zeit Tanner, Amalek, 87–103, der nach v. a. sprachstatistischen Überlegungen zu dem Schluss kommt: „Der Autor von Dtn 25,17–19 nimmt (v. a. mit V.17.19) deutlich Bezug auf Ex 17,8–16 und ergänzt (in V.18) aus der Vorlage, was dort unberücksichtigt geblieben ist." (90 f.). Dabei beurteilt er Dtn 25,18 als Interpretation der Auseinandersetzung in Ex 17 (93). Doch sprechen deutliche Differenzen zwischen beiden Texten und den dahinterstehenden Konzeptionen gegen eine zu vorschnelle Festlegung von Ex 17,8–16 für Dtn 25,17–19 als *terminus ante quem non*. So handelt es sich in Ex 17 um einen Kampf zwischen beiden Völkern, während Dtn 25,17–19 von einem heimtückischen Angriff Amaleks spricht. Das Hungern und Angegriffen-Werden in asymmetrischer Situation wird in Ex 17 nicht erzählt, dafür gibt es nach Dtn 25 überhaupt keinen Krieg geschweige denn Sieg gegen die Amalekiter. Wie in Dtn 23,2–9 ist allein das Verhalten der anderen geschildert und nicht das Israels. Schon Noth, Überlieferungsgeschichte, 132 Anm. 343, geht von einer weiteren Geschichte über eine Amalekiterschlacht aus: „in Dtn. 25, 18 wird auf eine der überlieferten Pentateucherzählung nicht bekannte Amalekiterkampferzählung angespielt". So auch Blum, Studien, 153 Anm. 223. Eine direkte Verknüpfung der Texte findet sich nur in Ex 17,14, ein Vers, der jedoch zumeist als sekundär ausgeschieden wird, da er im Erzählablauf von Ex 17,8–16 überraschend wirkt. Dabei ist – evtl. mit V. 16 – die Zuweisung zu einer deuteronomistischen Bearbeitung gängig. So bei Albertz, Exodus, 279–284, der Ex 17,8–16 mit Ausnahme der Nennung des Stabes in 9bβ und V. 14 zu K[EX] zuordnet. V. 14 weist er der sich in der Mitte des 5. Jh. vollziehenden spätdeuteronomistischen Bearbeitung zu. Hier wird Mose angewiesen, die Erinnerung an Amalek in ein Buch zu schreiben (בספר). Unwillkürlich stellt sich die Frage, welches Schriftstück an dieser Stelle mit ספר gemeint ist. Die Determinierung von ספר kann darauf zurückgeführt werden, dass

Hat der Vergleich mit den parallelen Texten Dtn 23,5a und 24,8 f. nur eine grobe Richtung der Datierung liefern können, die auf die Entstehung des Amalekitergesetzes nach der vorexilischen Zeit hinweist, kann ein Blick auf Dtn 12,8 – 12 eine konkretere Verortung in die exilische Zeit plausibel machen. So wurde schon oft auf die Parallelität zwischen dem Ruhemotiv in Dtn 25,19 und Dtn 12,9 hingewiesen.[621] Dtn 12,8 – 10 lautet:

> [8]Handelt nicht gemäß allem, wie wir es heute tun, jeder, nach allem was in seinen Augen recht ist. [9]Denn bis jetzt seid ihr noch nicht zur Ruhe und zum Erbbesitz gekommen, den Jhwh, dein Gott, dir gibt. [10]Ihr überquert den Jordan und wohnt in dem Land, das Jhwh, euer Gott, euch zum Erbbesitz geben wird, und er wird euch vor allen euren Feinden ringsum Ruhe geben und ihr werdet sicher wohnen.

Durch die Nennung des Motivs am Anfang und Ende des deuteronomischen Gesetzes wird ein ‚ruhetheologischer Rahmen'[622] um das deuteronomische Gesetz

---

auf ein bestimmtes Buch angespielt ist, kann jedoch ebenso gut kataphorische Funktion haben. Damit ist es eben das Buch, in das geschrieben wird, der Beschreibungsvorgang selbst bestimmt das Buch. Vgl. auch Num 5,23 und generell Ges-K[28], §126 s. Nun gibt es ein Schriftstück, das als ספר (תורה) bezeichnet wird, das die Erinnerung an die Amalekiter enthält und das im Zusammenhang mit der Übergabe der Führung der Israeliten an Josua eine Rolle spielt, wie die Lehre an Josua auch in Ex 17,14 gefordert wird. In Dtn 31,9.24 schreibt Mose selbst ein Buch, das Gesetzesbuch, das mit Dtn 25,17 – 19 das Amalekitergesetz enthält. Das in Ex 17,14 in Auftrag gegebene Buch ist somit mit dem deuteronomischen Gesetz identisch. Der deutliche inhaltliche Bezug auf das Amalekitergesetz macht es wahrscheinlich, dass Ex 17,14 als verbindendes Element zu Dtn 25 nachgetragen wurde. Vgl. Schmitt, Geschichte, 338 mit weiterer Literatur in Anm. 14. Die zu Dtn 25,17 – 19 im Einzelnen bestehenden Unterschiede sprechen dafür, dass nicht der Verfasser von Dtn 25,17 – 19 selbst in Ex 17 eingegriffen hat. Denn in Ex 17 ist die Auslöschung der Erinnerung Amaleks eine Selbstzusage Jhwhs an Israel, in Dtn 25,17 – 19 ist es ein Befehl an Israel, sobald in und für Israel Ruhe eingekehrt sein werden wird.
 Der Kontrast zwischen Ex 17,8 – 16 in seiner Endgestalt und Dtn 25,17 – 19 bei gleichzeitiger Bezugnahme aufeinander wird auch in Ex 17,16 deutlich. So steht die dort niedergeschriebene unendliche Fortsetzung des Krieges von Geschlecht zu Geschlecht in Kontrast zu der in Dtn 25 geforderten Beendigung der Erinnerung, sobald Israel Ruhe gefunden haben wird. Diese Überlegungen führen zu einer Zurückweisung von Ex 17 als direkten Quell- oder Rezeptionstext von Dtn 25,17 – 19. Beide Texte gehen auf eine Tradition der Feindschaft mit Amalek schon während der Exoduszeit zurück, deren Ausformungen jedoch deutlich variieren. Erst durch Ex 17,14 wurde eine Verbindung hergestellt.

621 Vgl. schon Seitz, Studien, 155 f., der jedoch Dtn 25,17 – 19 als späten Nachtrag identifiziert, der sich dann sekundär auf Dtn 12,9 bezöge.

622 Diese Ruhetheologie wurde besonders von Braulik breit ausgearbeitet, der die beiden hier angeführten rahmenden Abschnitte geradezu als „Programmtext" der deuteronomistischen Ruhetheologie identifiziert. Vgl. Braulik, Konzeption, 31. In dieser Linie urteilt auch Rose, ZBK 5,1, 253 f. Das Motiv der Völker, die Israel ringsumher (סביב) umgeben, findet sich in Dtn 6,14;

gelegt, der darauf hinweist, dass das Wohnen im Land in der Zukunft liegt und die Umsetzung dieser Gesetze ebenfalls auf die Zukunft ausgerichtet ist, wodurch sich eine exilische Verortung nahe legt.[623]

3.3.2 Humanitäre Grundregeln: Das auf ewig Fremde

Die oben geführte Argumentation zur Datierung des Amalekitergesetz konnte, bei aller gebotenen Vorsicht, eine exilische Abfassungszeit des Gesetzes wahrscheinlich machen. Die Erinnerungsaufforderung an Israel, die das frevelhafte Verhalten Amaleks festhalten soll, bezieht sich auf keinen aktuellen Konflikt mit Feinden, sondern ist vielmehr die Feststellung von Verhalten, das durch Israel nicht toleriert werden kann. Wer sich so verhält, wie es den Amalekitern zugeschrieben wird, dessen Andenken soll radikal vernichtet werden. Damit wird Amalek hier als Darstellung von etwas genutzt, was einer gelingenden Gemeinschaft im doppelten Wortsinn *fremd sein* soll.

Die Amalekiter überfallen das geschwächte Israel. Damit verhält sich Amalek noch deutlich feindlicher als es Ammon und Moab im auch sprachlich parallelen Gemeindegesetz vorgeworfen wird (Dtn 23,4 f.). Der dort erfolgende Einschub in V.

12,10; 13,8; 17,14 und 25,19, doch unterscheiden sich die hier im Fokus stehenden Texte 12,8 – 10 und 25,17 – 19 von den anderen durch die Kombination der Motive der Ruhe und der Israel umgebenden Völker. Die stereotype Verbindung dieser beiden Motive findet sich nur in dtr Texten (Jos 21,44; 23,1; 2 Sam 7,1; 1 Kön 5,4; 5,18) und in den Chronikbüchern (1 Chr 22,9; 22,18; 2 Chr 14,6; 15,15; 20,30), die diesen Gebrauch vermutlich übernahmen. Veijola, ATD 8,1, 271 f., unterstreicht die Funktion des Ruhemotivs und rechnet Dtn 12,8 – 12 DtrH zu. Dieser Text dient als Eröffnung der mehrstufigen Ruhetheologie, die letztlich in salomonischer Zeit (1 Kön 5,1 f.) zum Ziel kommt und in den Tempelbau mündet. Otto, Deuteronomium 1999, 229 – 233, beschreibt den vom Redaktor DtrH gespannten Bogen, der durch das Ruhemotiv um das dtn Gesetz von Dtn 12,8 – 10 bis Dtn 25,17 – 19 gespannt wird. Zu dieser Redaktion rechnete Otto zu dieser Zeit u. a. auch noch Dtn 20,1 – 20*; 21,10 – 14; 23,10 – 15 und 24,5, die wie Dtn 25,17 – 19 einen kriegsgesetzlichen Horizont haben. Dies entspricht der späteren Bezeichnung dieser Texte als zugehörig zu DtrL (vgl. Otto, Deuteronomium 2000, 257) und damit letztlich dem Textzusammenhang der Moabredaktion, die besonders in Dtn 1 – 3 und 29,1 – 14 zu erkennen ist. Die Texte werden durch den Fokus auf die Völkerebene verbunden. In neuester Zeit ordnet Otto, Perspektiven, 337, das Amalekitergesetz jedoch den postdtr Bearbeitungen zu. Diese Abweichungen sind ein Anzeichen für die schwierige exakte Datierung des Gesetzes, auf die oben bereits hingewiesen wurde.

623 Vgl. auch Finsterbusch, Deuteronomium, 144 f., und Nielsen, HAT 1,6, 226.231 f. So auch Otto, Deuteronomium 2000, 257, der die durch 12,8 – 12 und 25,17 – 19 entstehende Rahmung DtrL zuschreibt. Rose, ZBK 5,1, 252 – 255, rechnet Dtn 25,17 – 19 seinen beiden jüngeren Schichten III und IV zu.

5a weist als Schuld Moabs und Ammons aus, dass diese sich Israel nicht mit Wasser und Brot genährt haben, als die ihre Gastfreundschaft brauchten. Das gemeinschaftsschädigende Verhalten, das sie so gezeigt haben, sorgt für ihre kategorische Exklusion aus dem קהל יהוה. Durch den Bruch der Gastfreundschaft in der Situation der Bedürftigkeit sorgen sie für eine Kluft zwischen Israel und sich selbst, die jede mögliche Verbindung aufhebt. Wer nicht einmal Wasser und Brot als Grundelemente der Gastfreundschaft bereitstellt, dessen Wohlergehen kann nicht gesucht werden, und der kann in keinem Fall Mitglied der eigenen Gemeinschaft werden.[624] So wie gemeinschaftsschädigende Verhaltensweisen von Israeliten nach der בערת-Gesetzgebung den Ausschluss der Übeltäter nötig machen, so kann ein solches Verhalten dazu führen, die Berechtigung einer Aufnahme auf immer zu verlieren.

Der Vorwurf an Amalek ist noch radikaler: In der Notsituation hat Amalek nicht nur nicht geholfen, es hat diese Not ausgenutzt und angegriffen.[625] Amalek will mit Israel keinen Krieg führen, sondern es im Zustand der Schwäche ausrotten, indem es die schwächsten Glieder, die Nachhut, angreift. Damit zeigt Amalek ein so eklatantes Fehlverhalten, dass unabhängig von jeder einzelnen Gesellschaftsordnung und religiösen Ausrichtung im pauschalen Sinn nicht mehr von Gottesfurcht gesprochen werden kann. Sie fürchten Gott nicht (ולא ירא אלהים).[626] Hier geht es nicht um Jhwh-Furcht, sondern viel grundlegender um

---

624 Dieses Element der Gastfreundschaft als Dreh- und Angelpunkt der israelitischen Identität in Dtn 23,1 – 8 und dem ganzen Abschnitt Dtn 23 – 25 betont auch Nathan MacDonald in seiner Studie über die Funktion von Nahrung (Bread, 88 – 96).

625 Auch wenn Israel selbst an anderer Stelle und aus israelitischer Perspektive diese Taktik als positive Raffinesse in der Kriegsführung und Ausführung des göttlichen Willens werten kann. So lässt Josua in Jos 10,19 ebenfalls erfolgreich die Nachhut angreifen (das Verb זנב steht nur an diesen beiden Stellen im Alten Testament). Allerdings handelt es sich hier nicht um die Nachhut eines ganzen Volkes und damit die schwächsten Glieder, sondern um die Nachhut einer bewaffneten feindlichen Armee.

626 Etwas Unsicherheit besteht jedoch in der Zuschreibung, wer nicht gottesfürchtig ist, und damit der korrekten Übersetzung von V. 18. Tanner, Amalek, 99 – 102, der in dieser Einschätzung auf Teile der jüdischen Auslegung und Origenes verweisen kann, bezieht die fehlende Gottesfurcht (ולא ירא אלהים) auf Israel und nicht auf Amalek. Durch die Formgleichheit der AK-Form und des Partizips im Qal ist grammatikalisch beides möglich, da der vorherige partizipial konstruierte Satzteil sich tatsächlich auf das ‚Du' und damit Israel selbst bezieht. Tanner unterstreicht dabei, dass es ungewöhnlich wäre, wenn man gerade vom Erzfeind Amalek Gottesfurcht erwarten würde (99). Ähnliche Überlegungen zur Schuld Israels finden sich bei Krochmalnik, Amalek, 128 f., mit den Verweisen auf Midrasch und Raschi. Zudem verweist er dabei auf die Darstellung in Ex 17, nach der Israel an seinem Gott zweifelte. Den Zustand von „Müdigkeit, Mattigkeit und fehlende[r] Gottesfurcht" hält Tanner, Amalek, 101 f., für eine adäquate Beschreibung der exilischen oder nachexilischen Gemeinde, die er als Adressatin des Amalekit-

Gottesfurcht, ja fast – bewusst anachronistisch formuliert – um ein allgemeines Sittengesetz![627] Zwischen den Versen 18 und 19 ist ein deutlicher Wechsel in der Terminologie erkennbar: Nach der Nennung des Stichworts אלהים in V. 18 erfolgt in V. 19 gleich doppelt die Bezeichnung יהוה אלהיך. Für Israel selbst ist Jhwh der persönliche Gott, der sich um sein Volk kümmert, von Amalek kann allgemeiner ein mit Gottesfurcht verbundenes moralisches Verhalten gefordert werden.

Neben der allgemeinen Kategorie der Gottesfurcht ist zusätzlich auch die Dimension des Konflikts universal. Es geht nicht um Verhalten, das man nur in Israel nicht tolerieren kann, denn das Austilgen der Erinnerung „unter dem Himmel" hat einen weltweiten Fokus und damit auch die Identifikation des Fehlverhaltens eine allgemein anthropologische Dimension.[628]

Geht es im Gemeindegesetz in Dtn 23,4–9 um den geforderten Umgang mit einzelnen Völkern, die die Grundregeln des menschlichen Zusammenlebens ge-

---

ergesetz vermutet. Dies würde jedoch voraussetzen, dass es sich um eine aktuelle Gefahrensituation für Israel handelt, in der „Amalek" (in welcher realpolitischen Form auch immer) droht. Die Eintragung von Geschehnissen und Intentionen aus Ex 17 in den so anders argumentierenden Text Dtn 25,17–19 verbindet nun allerdings zwei Texte, die, wie oben gezeigt, in ihrem entstehungsgeschichtlichen Horizont getrennt voneinander zu behandeln sind. Nach der Darstellung des Amalekitergesetz im Deuteronomium fußt die Feindschaft erst auf dem moralischen Fehlverhalten Amaleks. Zudem wird – weitet man den Blick auf das ganze Alte Testament aus – *gerade* bei Nichtisraeliten von Gottesfurcht gesprochen. Vgl. die Fehlannahme Abrahams in Gen 20,11; die vermutlich ägyptischen Hebammen in Ex 1,17 und, je nach Deutung der Herkunftsangabe Hiobs, Hi 1,1. Es wäre nicht überraschend, wenn das zu verachtende Amalek gottesfürchtig handeln würde, sondern Amalek ist der Erzfeind, gerade *weil* dort keine Gottesfurcht herrscht. Durch ihr Fehlverhalten haben sie sich auf ewig für eine Gemeinschaft mit Israel disqualifiziert. Tanner, Amalek, 100f., setzt sich kritisch mit der These Zengers auseinander, Amalek ebenfalls als Jhwh-verehrendes Volk zu sehen. Vgl. Zenger, Israel, 86–89, der dies aus der Verwandtschaft der Völker ableitet, wie sie der Edomiterstammbaum in Gen 36,12 aufführt, und mit der realgeschichtlichen Situation der gegenseitigen Angriffe in der Frühzeit verbindet. Die Gottesfurcht sollte in Dtn 25,18 jedoch nicht auf eine Jhwh-Furcht verengt werden, sondern in ihrer universalen Bedeutung wahrgenommen werden.

627 Hier werden schon erste Züge der völkerrechtlichen Ausprägung nachexilischer postdtr Schichten im Deuteronomium deutlich. Zehnder, Umgang, 388, weist den Amalekitern einen Verstoß „gegen grundlegende Verhaltensregeln der Humanität und Moralität" zu. Zenger, Israel, 87, deutet auch Ex 17 in entsprechenden Kategorien: „Amaleks Aggression ist brutal und gemein. Ein Verstoß gegen die Menschlichkeit." Und auch Dietzfelbinger, Wort, 56, kommt zu diesem Schluss, denn nach der Tatbeschreibung in V. 18b „ließen die Amalekiter durch ihr Verhalten erkennen, daß es ihnen an einer elementaren Voraussetzung menschlicher Kultur, einer Religiosität, die den Umgang der Völker und Individuen untereinander reguliert, fehlt." Und er fährt fort, dass die Amalekiter nach der Darstellung in Dtn 25,17–19 „alle Regeln der Kultur mit Füßen" (a.a.O., 58) traten.

628 So verweist Rose, ZBK 5,1, 255, hier sogar in einer Klammerbemerkung auf die Funktion der UNO.

brochen haben, und mit denen Israel konkret zusammenlebt, so geht es im Amalekitergesetz nicht um einen auf Dauer zu regelnden Umgang miteinander. Hier wird eine absolute Grenzziehung vorgenommen. Damit dienen sie als Negativfolie für Israel. Es geht nicht um aktuelle Auseinandersetzungen mit den Amalekitern,[629] sie stehen hier schon als Chiffre / Paradebeispiel für das unmenschliche Verhalten, dem selbst im Konfliktfall Grenzen gesetzt sind.[630]

Amalek wird zwar in Dtn 25,17–19 zusammen mit den Völkern genannt, die Israel umgeben, doch sind beide Gruppen voneinander zu trennen. In Bezug auf die Israel umgebenden Völker wird ein idealer Zustand der Ruhe und Konfliktfreiheit erhofft und angesagt. Dieses Motiv durchzieht die Bücher Dtn–1 Kön (Dtn 12,8–10; 25,17–19; Jos 21,44; 23,1; 2 Sam 7,1; 1 Kön 5,4; 5,18), bis die Ruhe besonders in der Zeit Salomos und des Tempelbaus als erreicht dargestellt wird. Im Gegensatz dazu ist das für Amalek erhoffte Endergebnis keine friedliche Koexistenz, sondern die vollkommene Auslöschung des feindlichen Gegenübers.[631] Gerade diese absolute Grenzziehung soll Israel nicht vergessen.

Die Mahnung, einer Begebenheit zu gedenken, wird im Deuteronomium immer wieder eingeschärft. Eine besondere Häufung zeigt sich beim Bezug auf das eigene Sklavensein in Ägypten (Dtn 5,15; 15,15; 16,12; 24,18.22)[632] und in der Erinnerung an Episoden während der Auszugszeit, wie in Dtn 25,17–19 und auch in der

---

629 Überlegungen zu einem möglichen geschichtlichen Hintergrund der Erzfeindschaft mit Amalek bietet Rose, ZBK 5,1, 253. Vgl. aber auch Zehnder, Umgang, 387 Anm. 4, mit weiterführender Literatur. Wirkliche Amalekiter als Gegengruppe gibt es zu allen dtn Zeiten nicht mehr, auch wenn die Tradition der Feindschaft sich fortsetzt, wie man im Estherbuch sieht, wo Hamann, als der exemplarisch Böse, Agagiter ist und damit aus der Amalekiterlinie stammt, wie gerade in der jüdischen Auslegung betont wird (Est 3,1.10; 9,24). Die Verbindungslinie läuft dabei über 1 Sam 15 und Agag, den König von Amalek. Hinweise zur außerbiblischen zwischentestamentlichen Rezeption des Amalekitermotivs finden sich bei Rose, ZBK 5,1, 255.

630 In der Wirkungsgeschichte des Motivs wurde Amalek immer wieder für die größten Feinde benutzt, bis hin zu Adolf Hitler bzw. ganz Nazideutschland oder auch Saddam Hussein. Vgl. auch Krochmalnik, Amalek, 122, der verschiedene Projektionen der Amalekfigur im Verlauf der jüdischen Geschichte aufzeigt. Dietzfelbinger, Wort, 59, fasst zusammen: „Nichts ist leichter, als eine einmal vorgenommene totale Feindschaftserklärung einer neuen historischen Situation anzupassen; nur die Objekte müssen jeweils ausgetauscht werden." Allerdings verweist er selbst nicht auf die weitere Rezeptionsgeschichte des Amalekmotivs.

631 In 1 Sam 15 wird es Saul zum Verhängnis, dass er sich nicht an diesen vollständigen Vernichtungsbefehl hält, dem Amalek durch sein Verhalten bei Israels Auszug unterliegt (1 Sam 15,2). Die Notiz in 1 Sam 30,10 f., dass David einen Knecht der Amalekiter, den er geschwächt auffindet, mit Wasser und Brot versorgt, nimmt die gleiche Motivik auf und unterstreicht so das überlegene Verhalten Davids.

632 Zum עבד-Ägypten-Motiv siehe Kapitel 2.2.1.3 (58–60).

Erinnerung an Mirjams Aussatz in Dtn 24,9.[633] Die hier eingeschärfte kollektive Erinnerung, die Episoden der vorhergehenden realen oder imaginierten Vorfahren in den Kanon der eigenen Erinnerungen aufnehmen lässt, sorgt für ein gottgefälliges Leben in der Gegenwart. Damit muss ein Grundmuster, wie es sich in Amalek personifiziert darstellen lässt, vernichtet werden. Zugleich ist die Erinnerung daran jedoch als mahnendes Exempel zu bewahren. Dieser doppelte Befehl in V. 19 – zu erinnern und zu vergessen – erscheint auf den ersten Blick als Paradoxon, das jedoch wohl so verstanden sein will, dass Amalek selbst vergessen, ja vergessen gemacht werden soll. Die Erinnerung soll jedoch bleiben und Israel selbst Grundlagen eines humanen Verhaltens vor Augen führen.[634] Die deuteronomistischen Redaktoren haben Israel die Erinnerung an die eigenen Demütigungen ins Stammbuch geschrieben, um sie so zu überwinden.

Ein Verhalten wie das Amaleks soll Israel auf ewig fremd bleiben!

3.4 Fremden- und Selbstsicht in exilischer Zeit: Die Rettung der Gottesbeziehung

Mit dem Untergang der Eigenstaatlichkeit verändert sich die in den deuteronomischen Texten erkennbare Sicht auf die Fremden. Waren in vorexilischer Zeit die Fremden besonders in ihrer sozialen und wirtschaftlichen Situation im Fokus – wobei zwischen den hilfsbedürftigen Fremdlingen (גר) und den mit den Israeliten in wirtschaftlichem Austausch stehenden Ausländern (נכרי) unterschieden wurde – so verlagert sich die Bezugnahme auf Nichtisraeliten in der exilischen Zeit auf die Ebene der Völker. Zwar wird die Betonung der Hilfsbedürftigkeit der Fremdlinge, die im Schutzraum des israelitischen Volkes stehen, weiter fortgeführt, wie es sich in der Verordnung der Sabbatruhe auch für die in der Hausgemeinschaft lebenden Fremdlinge zeigt (Dtn 5,14). Der einzelne Fremdling rückt sogar noch etwas näher an das israelitische Volk heran, indem von der exilischen Moabredaktion sogar seine Anwesenheit beim Bundesschluss gefordert wird (Dtn 29,10). Doch erzählen die rahmenden Mosereden weniger von diesen einzelnen Fremden, sondern vielmehr von Kontakten, die zwischen dem Volk Israel und anderen Völkern stattgefunden haben (bes. in Dtn 1–3*).

In den Einzelgesetzen konnte eine ähnliche Entwicklung am Beispiel der Rezeption des vorexilischen Verses Dtn 28,43 f. in Dtn 28,12 f. beobachtet werden.

---

633 Vgl. auch Dtn 7,18; 8,2; 9,7 und 16,3.

634 Vgl. zum Erinnern und Vergessen insbesondere in Verbindung mit dem Amalekmotiv in Ex 17 Ebach, Schrift, bes. 107–112.

Stand vorher das deuteronomische ‚Du' in einer sozialen Hierarchie dem גר gegenüber, so ist das neue Oppositionspaar Israel und die Völker, zwischen denen eine wirtschaftliche Verschiebung befürchtet wird. Diese Entwicklung in Bezug auf die Fremden verläuft analog in der Darstellung des Eigenen.

Ging es zuvor in den Gesetzen um Verhaltensregeln, wie sie jeder und jede Einzelne als Repräsentant Israels zu befolgen hat, so vermitteln die Rahmenteile das Bild des gesamten Volkes, das sich als Gruppe mit seiner Umwelt und seinem Gott auseinandersetzt (vgl. etwa Dtn 28,9). Hier geht es auf der Basis eines Gesetzes deutlich um kollektive Identitätsbildung und Gemeinschaftssinn. Dass man jedoch die Auseinandersetzung mit den Fremden so wiederholt und pointiert beschreibt, ist ein Ausdruck der prekären Identität Israels selbst. In der Erzählung, wie sich ganz Israel diesen Fremden gegenüber verhält, kann die im Exil lebende Splittergruppe sich selbst zu ganz Israel machen und so ihre Identität konstituieren und wahren.

Zugleich gibt der Vorgang der Rahmung selbst und damit der Kontextuierung des Gesetzes Aufschluss über die Prinzipien der Identitätsbildung. Die Wahrung der alten Ordnungen in neuer Form ließ sich gut auf dem vorexilischen deuteronomischen Gesetz aufbauen. Zum einen wurden die im Gesetz geschilderten Grundlinien einer gerechten Gesellschaft als Verfassungsentwurf in die Zeit *vor* der Landnahme durch die von Mose geleiteten Israeliten verortet und damit zugleich zu einem Programm gemacht, das *nach* einer kommenden Rück-Eroberung des Landes zu gelten habe. Diese narrative Einbettung, die in zwei großen Etappen durch die beiden rahmenden Reden des Mose geschah, ermöglichte das Festhalten an den deuteronomischen Texten. Dieser Vorgang wäre prinzipiell mit jedem Gesetzestext möglich gewesen, doch war dem deuteronomischen Gesetz mit seinem Identitäts- und Gemeinschaftskonzept der Mitte eine Struktur inhärent, die sich nun als ‚Geheimnis des Erfolges' herausstellte. Denn obwohl die Gebote des Gesetzes das konkrete Leben in einem eigenen Land bzw. mit eigenem Grundbesitz voraussetzen, ist die im Gesetzesteil illustrierte Grundstruktur auch außerhalb des Landes lebbar. Die Mitte des Volkes und damit der Grundpfeiler der deuteronomischen Raumkonzeption wurde in jeder auch im Exil lebenden Einzelgruppe manifest und zugleich im Ganzen des, zu jener Zeit nur ideell bestehenden, israelitischen Volkes.[635] Die im Gesetz beschriebene Gesellschaft, die auf der brüderlichen Solidargemeinschaft fußt, ließ sich im Kleinen überall auf der Welt leben. So ermöglichte das Festhalten an den deuteronomischen Geboten, die eigene Gemeinschaft im Ausland aufrecht zu erhalten und gab zugleich Hoffnung auf eine kommende staatliche Phase im eigenen Land.

---

635 Vgl. zum dtn Konzept der Mitte den Abschnitt 2.5.1.4 (141–144).

Die Horebredaktion in Dtn 5–11* legt den Fokus auf den Gebotsgehorsam Israels. Das Israel im Exil wird mit dem Israel am Horeb parallelisiert. Dabei betont die Erzählung, dass ein Bundesschluss Jhwhs mit Israel schon einmal nach dem Abfall des Volkes stattgefunden hat. Obwohl Israel sich dem Goldenen Kalb zugewendet hatte, konnte es, nachdem es die eigene Schuld erkannte, mit den neuen Gebotstafeln einen Bund mit Jhwh schließen. Hält Israel sich an das Gebot, so wird es von Jhwh gesegnet werden. Dieser Segen wird, wie in Dtn 28,1–14 dargestellt, vor dem Forum des Fremden sichtbar.

Die exilischen Erweiterungen des Deuteronomiums richten sich nicht gegen spezifische Fremde und ihre Kultur, auch wenn einzelne Völker genannt sind. Die fremden Völker werden in der Regel nicht kritisiert, ihre Götter nicht genannt, die Völker werden nicht in ihrer Besonderheit dargestellt. In jeder Kontaktsituation mit Nichtisraeliten steht stattdessen Israel selbst im Mittelpunkt. Hält sich Israel an die göttlichen Gebote und hört es auf die Befehle ihres Gottes? Dies sind die Kriterien, nach denen die Geschichtserzählungen verlaufen. Die anderen Völker nehmen dabei die Rolle von Statisten in der Geschichtserzählung Jhwhs mit seinem Volk Israel ein. Die Moabredaktion in Dtn 1–3* zeigt dies in einem Zweischritt. Widersetzte sich die widerspenstige erste Generation noch Jhwhs Geboten (Dtn 1), so hält sich die neue zweite Generation an seine Anweisungen bezüglich der anderen Völker und kann so das Land in Besitz nehmen (Dtn 2 f.). Die zweite Generation im Exil kann so hoffnungsvoll auf einen Neuanfang blicken. Ob dieser gelingt, ist jedoch nicht von den Fremden abhängig, sondern allein von Israels Gebotsgehorsam. Israels Gottesbeziehung, als Teil und Schlüssel der eigenen Identität, wird reflektiert im Spiegel des Fremden.

Eine Sonderstellung kommt dem Amalekitergesetz in Dtn 25,17–19 zu, wird hier doch scheinbar das konkrete Verhalten eines Volkes im Kontakt mit Israel auf deren Auszug aus Ägypten beleuchtet. Doch handelt es sich bei Amalek gerade nicht um ein konkretes Fremdvolk, mit dem Israel in Kontakt kommt. Anhand des „Metafeindes"[636] Amalek wird dargestellt, welches Verhalten Israel auf ewig fremd bleiben soll. Durch Amalek wird die äußerste Grenze zum Fremden gezogen. Für den Umgang mit den anderen Völkern, die Israel umgeben, ist hingegen ein Zustand der Ruhe erhofft (vgl. Dtn 12,8–10).

Im Zentrum der rahmenden Mosereden wie im Zentrum der israelitischen Selbstkonstruktion steht das Gesetz. Die Hoffnung auf die Rückkehr in das Land verknüpft das Deuteronomium mit der Reflexion über den Verlust desselben und beantwortet dabei die Frage, wie sich Jhwh seinem Volk wieder zuwenden kann und wie die Gottesbeziehung Israels noch zu retten ist. Die beiden Antworten, die

---

636 So in der treffenden Formulierung von Tanner, Amalek, 102.

die Mosereden geben, betonen auf der einen Seite, dass sich Jhwh schon einmal nach dem Abfall des Volkes ihm in einem Bundesschluss wieder zugewandt hat und erst der nach dem Bruch geschlossene Bund Bestand haben wird (Dtn 9 f.), und zum anderen, dass Jhwh mit einer neuen Generation neu anfangen kann (Dtn 1– 3*). Diese Generation wird das Gesetz erfüllen, das Jhwh ihnen gegeben hat, die erneute Landnahme wird so langfristig von Erfolg gekrönt sein.

4 Abgrenzung und Weltoffenheit – Das nachexilische Deuteronomium

4.1 Einleitung und Aufbau

Die Hoffnungen auf eine Rückkehr in das vormals eigene Land, die die Perspektive der exilischen Erweiterungen des Deuteronomiums prägen, erfüllten sich. Nach der Machtübernahme durch die Perser im östlichen Mittelmeerraum bot sich für die Exilierten in Babylonien die Möglichkeit, wieder in die nun persische Provinz Jehud zurückzukehren.[637] Längst nicht alle Judäer in Babylonien ergriffen diese Gelegenheit, da sie sich mittlerweile im Exil eine neue Existenz aufgebaut hatten. Sie lebten in Babylonien im Allgemeinen wirtschaftlich gut gestellt sowie politisch integriert und in verhältnismäßig freier Religionsausübung.[638] Die Situation, wie sie in den alttestamentlichen Büchern – gerade bei Esra und Nehemia – dargestellt wird, sieht jedoch anders aus. So wie das Land, in das man zurückkehrt, als leer dargestellt wird, werden auch die verschiedenen Rückkehrwellen groß ausgestaltet.[639]

Für das Deuteronomium ist die Perspektive der nachexilischen Verfasser nur zu vermuten, da die Situierung vor der Landnahme beibehalten wird. Für die beiden deuteronomistischen Rahmungen konnte im letzten Kapitel aufgezeigt werden, dass die Blickrichtung auf den Bundesbruch und den damit verbundenen Bundesschluss, sowie die als zukünftig dargestellte Landnahme auf eine Diasporasituation der Verfasserkreise deutet. Für die nachexilischen Verfasser ist besonders die Aufstellung neuer Regeln, die an den Landbesitz gebunden werden, kennzeichnend.[640] Und so wie die Verfasser des exilischen Deuteronomiums „ganz Israel" in eine Perspektive außerhalb des Landes versetzten, gestalten die nachexilischen Verfasser auch das Einwandern in das Land und die Auseinandersetzung mit den dort lebenden Völkern als Episode für „ganz Israel". Zu Israel gehören durch diese perspektivische Fiktion diejenigen, die diese Erfahrungen teilen, wie die Analysen der Texte im Folgenden zeigen werden.

---

637 Vgl. zum historischen Setting Israels in persischer Zeit besonders Gerstenberger, Israel. Zur sozialen und religiösen Situation der Rückkehrer aus dem Exil, mit denen hier die nachexilischen Erweiterungen verbunden werden, vgl. die Ausführungen zu Dtn 7 unten 214–224.

638 Vgl. dazu oben 149–151.

639 Diese beiden fiktionalen Gestaltungen werden in der Auslegung von Dtn 7 breiter ausgeführt und begründet (216 f.).

640 Vgl. dazu besonders unten 224–232.

Die Texte, die in persischer Zeit das Deuteronomium ergänzten und zugleich seine Entstehungsgeschichte abschlossen, weisen entscheidende neue theologische Dimensionen auf.[641] Von nun an blickt das Deuteronomium auf Jhwh als alleinigen Herrscher der Welt (bes. Dtn 4,35 – 39), der Macht über alle Völker und Territorien hat. Diese globale Perspektive zeigt sich auch durch neue Rollen, welche die anderen Völker nun einnehmen (vgl. die folgenden Ausführungen zu Dtn 4,6 – 8; 9,1 – 6; 29,21 – 28). Zugleich entstehen Texte, die eine harte Linie der Abgrenzung ausbilden. Die Warnung vor Fremden, die Israel von seinem Gott abbringen könnten, wird zentral (vgl. besonders Dtn 7; 18,9 – 14; 20,15 – 18). Dieses breite Spektrum verweist darauf, dass die (frühe) nachexilische Zeit eine entscheidende Phase der kollektiven Identitätskonstruktion und -modifikation Israels darstellte.[642]

Den verschiedenen Perspektiven auf die Fremden wird im Folgenden genauer nachgegangen, wobei nach ihrem sozialgeschichtlichen Kontext und besonders ihren Funktionen bei der Identitätskonstruktion der israelitischen Gruppen in nachexilischer Zeit gefragt wird. Die für die Darstellung der Fremden entscheidenden Texte der nachexilischen Zeit werden in vier große thematische Blöcke unterteilt. Texte, die verschiedene Aspekte des Fremden betonen, werden dabei weitmöglichst als Block behandelt.[643] In einem ersten Schritt (Kapitel 4.2) steht noch einmal die Rolle des גר im Fokus, um so die Darstellung des גר im Deuteronomium aus Kapitel 2.2.1 um die nachexilische, veränderte Perspektive zu ergänzen.

In einem zweiten Schritt werden die Texte der scharfen Abgrenzung von den Fremden im Land genauer in den Blick genommen (Kapitel 4.3). Eine entschei-

---

641 Die literarische Einordnung der einzelnen Texte erfolgt jeweils an Ort und Stelle, wobei sich Breite und Begründungstiefe für die jeweiligen redaktionsgeschichtlichen Entscheidungen nach der gegenwärtigen Diskussionslage richten. So wird dort, wo die hier vorgeschlagene Datierung eher einer Minderheitenposition zugerechnet werden kann (so etwa in Bezug auf das Königsgesetz), oder wo die zur Zeit vertretenen Datierungen eine große Bandbreite aufweisen (dies gilt insbesondere für Dtn 7), den literarkritischen und redaktionsgeschichtlichen Analysen der größte Raum gegeben.

642 Vgl. dazu auch Markl, Gottes Volk, 291 – 295, der die persische Zeit als prägende Phase der Identitätsneubildung Israels charakterisiert und diese Formationsleistung eng mit dem Deuteronomium verbindet. Zu diesem Schluss kommt er nicht über die Analyse der Fremdendarstellungen, wie sie hier im Mittelpunkt steht, sondern über die genaue Betrachtung der Darstellungen des Volkes Israels selbst und der Kommunikationszusammenhänge des Deuteronomiums. Da Markl eine synchrone Zugangsweise gewählt hat und die Endformation des Deuteronomiums in die persische Zeit verordnet, ergänzen sich beide Studien gerade im Hinblick auf ihre Ergebnisse zum Deuteronomium in der nachexilischen Zeit.

643 Dies gilt etwa für Dtn 4 und Dtn 32, zwei junge Texte, die verschiedene Traditionen aufgreifen und miteinander verbinden.

dende Rolle spielen in diesem Kontext Dtn 7, das Königs- (Dtn 17,14 – 20) und Prophetengesetz (Dtn 18,9 – 14) sowie die Erweiterung im deuteronomischen Kriegsgesetz (Dtn 20,15 – 18). Bei der Analyse ist die Frage leitend, wer jeweils als fremd konstruiert wird.

In einem dritten Schritt werden die Texte untersucht, in denen Israel anderen Völkern gegenüber gestellt wird (Kapitel 4.4). Besonders eine genauere Betrachtung von Dtn 4 wird über die positive Rolle der Völker bei der Gemeinschaftsbildung Israels Aufschluss geben.

In einem letzten Schritt werden mit den sog. antiquarischen Notizen in Dtn 2,10 – 12.20 – 23; 3,9.11 die jüngsten Erweiterungen des Deuteronomiums betrachtet. Aus diesen glossarischen Textergänzungen wird besonders gut die globale Perspektive ersichtlich, die Israel in Bezug auf seine Stellung in der Völkerwelt und den Einflussbereich Jhwhs entwickelt hat. Die Veränderungen, die die behandelten Texte der persischen Zeit in Bezug auf die Fremden- und Identitätskonstruktion zeigen, werden sodann abschließend zusammengefasst.

4.2 Der Fremdling in den Rahmungen des Deuteronomiums

Mit Blick auf das deuteronomische Gesetz und bei besonderer Berücksichtigung der Darstellungen in der vorexilischen Zeit konnte in Kapitel 2.2.1 der גר als Fremdling bestimmt werden, der selbst nicht als handelndes Subjekt erscheint, sondern dem handelnden ‚Du' als Fürsorgeobjekt gegenübersteht. Dabei treten religiöse und kulturelle Aspekte des einzelnen Fremden – wie sein Geschlecht und seine genaue Herkunft – in den Hintergrund. An den religiösen Feierlichkeiten darf der גר teilnehmen und profitiert dabei von den kulinarischen Höhepunkten des Festes. Dieses Bild kann nun durch die Perspektiven der nachexilisch entstandenen Texte zum גר erweitert werden. Dabei wird basierend auf einer Analyse von Dtn 10,12 – 22 und Dtn 31,9 – 13 eine Gesamtdarstellung der Rolle der Fremdlinge in den rahmenden Mosereden erfolgen.

4.2.1 Dtn 10,12 – 22: Die Liebe zum Fremdling

Die positivste Bezugnahme auf eine Gruppe von Fremden stellt die Aufforderung an Israel in Dtn 10,19 dar, den Fremdling zu lieben (אהב). Dies ist eine radikale Steigerung der schon seit vorexilischer Zeit bestehenden und im Deuteronomium niemals revidierten Aufforderung, ihn nicht zu unterdrücken und ihn zu schützen (vgl. Dtn 24,14 – 22*).

Der literarisch einheitliche Text Dtn 10,12–22 lautet:[644]

[12]Und nun, Israel, was fordert Jhwh, dein Gott, von dir, als nur Jhwh, deinen Gott, zu fürchten, auf allen seinen Wegen zu laufen, ihn zu lieben und Jhwh, deinem Gott, mit deinem ganzen Herzen und deiner ganzen Seele zu dienen, [13]indem du die Gebote Jhwhs bewahrst und seine Rechtsvorschriften, die ich dir heute geboten habe, damit es dir gut geht? [14]Siehe, Jhwh, deinem Gott, gehört der Himmel und die Himmel der Himmel, die Erde und alles, was auf ihr ist. [15]Nur an deine Väter hat Jhwh sich in Liebe gebunden, und erwählte ihre Nachkommen nach ihnen, euch, aus allen Völkern, wie an diesem Tag. [16]Beschneidet die Vorhaut eurer Herzen, verhärtet euren Nacken nicht mehr, [17]denn Jhwh, euer Gott, er ist der Gott der Götter und Herr der Herren, der große, mächtige und furchtbare Gott, der Personen nicht ansieht und Bestechung nicht annimmt, [18]der Waise und Witwe Recht verschafft und den Fremdling liebt, sodass er ihm Brot und Kleidung gibt. [19]Liebt auch ihr den Fremdling, denn Fremdlinge ward ihr im Land Ägypten. [20]Jhwh, deinen Gott, sollst du fürchten, du sollst ihm dienen, an ihm kleben und in seinem Namen schwören. [21]Er ist dein Lob und er ist dein Gott, der an dir diese großen und furchterregenden Taten getan hat, die deine Augen gesehen haben. [22]Zu 70 Seelen zogen deine Vorfahren nach Ägypten hinab und nun hat Jhwh, dein Gott, dich zu einer so großen Menge gemacht wie die Sterne des Himmels.[645]

---

644 Rose, ZBK 5,2, 346–348, und Ramírez Kidd, Alterity, 79–84.93 f., wollen V. 19 als sekundär ausscheiden. Dabei geht Ramírez Kidd noch weiter, indem er auch V. 19a als Hinzufügung ansieht, die selbst noch einmal durch V. 19b ergänzt wurde. So kann er auch vermuten, dass der גר-Begriff in V. 19, der sich auf einen Nichtisraeliten bezieht, nicht mit dem sozialen גר-Begriff im Kontext der *personae miserae* übereinstimmt (vgl. a.a.O., 82 mit Anm. 81). Doch reichen die Hinweise nicht aus, auch V. 19a von seinem Kontext zu trennen. Eine Unterscheidung im גר-Begriff ist zudem nicht nötig, da der dtn Terminus stets die Elemente der Fremdheit und Bedürftigkeit vereint. Vgl. dazu die Überlegungen zum גר in Kapitel 2.2.1 (39–61). Explizit und überzeugend gegen die Annahme, dass V. 19 sekundär ist, spricht sich Veijola, ATD 8,1, 257 mit Anm. 792.794, aus, der neben dem logischen Aufbau der Argumentation auf die gesonderte Erwähnung der Fremden auf der einen und Witwen und Waisen auf der anderen Seite in V. 18 verweist, die die nur auf den Fremdling bezogene Begründung in V. 19 bereits vorbereitet. Veijola selbst sieht in V. 12f. einen älteren Bestand, den er DtrB zuordnet und nur in 10,14–11,1 eine spätere nachexilische Ergänzung. Vgl. a.a.O., 255–258. Die engen Verknüpfungen mit nachexilischen hymnischen Texten wie Ps 136 und 146 sowie mit priester(schrift)lichen Texten führen ihn überzeugend zu einer nachexilischen Datierung des Textes. Die Verbindungen zu vielfältigen nachexilischen theologischen Strömungen führt auch Otto, HThKAT, 1027 f., bei einer überzeugenden Argumentation für die nachexilische Verortung der Passage an.
645 Die Zusage aus Gen 15,5; 22,17; 26,4, dass Israel zahlreich wie die Sterne des Himmels werden wird, wird in Dtn 1,10 und 10,22 jeweils als eingetroffen beschrieben. (Hinzu kommt die umgekehrte Aussage in Dtn 28,62, wo die kommende Dezimierung die Mehrungsverheißung konterkariert.) Durch Dtn 10,22 wird somit in pentateuchischer Perspektive ein Schema der Verheißung und Erfüllung erzeugt. Die drei Genesisbelege für die Mehrung wie die Sterne sind jedoch selbst deuteronomistische Texte, wie Blum, Komposition, 362–372, nachweist. Das Sterne-Motiv ist das jüngste Motiv in den Erzelterngeschichten, das sich mit der Mehrung auseinandersetzt. Ihm gehen sowohl die klassischen P-Stücke als auch die meist mit dem Staub-Motiv formulierenden Ergänzungen der vorpriesterlichen Vätergeschichte voraus (Gen 12,1–3;

Eine emotionale aktive Zuwendung zum Fremdling ist hier gefordert, die sich dann jedoch auch auf materieller und sozialer Ebene zeigen soll. So sorgt Jhwh direkt für die Nahrung und Kleidung des Fremdlings. Fremdenliebe ist – wie auch Nächstenliebe –[646] nach alttestamentlicher Darstellung keine reine Gefühlsforderung, sondern beinhaltet die Versorgung und den Schutz des Gegenübers.[647]

Das Thema der Liebe ergibt sich nicht direkt aus der Darstellung der entrechteten Situation des Fremdlings, sondern aus der Verbindung Gottes zu Israel und zum Fremdling.[648] Israel soll den Fremdling lieben, so wie und weil Jhwh ihn liebt. Zugleich wird die Liebe Jhwhs zu Israel und besonders zu den Vätern betont, die Jhwhs Forderung nach einer Zuwendung Israels zum Fremdling vorausgeht. Wird im Deuteronomium und gerade im unmittelbaren Kontext der zweiten Einleitungsrede ansonsten die Liebe Gottes zu Israel und seinen Vorvätern geschildert und die Liebe Israels zu Gott gefordert (vgl. nur Dtn 4,37; 6,5; 10,12.15; 7,8.13), so

---

13,14–17; 26,2f.; 28,13f.). Die Formulierungen im Deuteronomium erweisen sich dabei durch ein zusätzliches לרב in der Mehrungsverheißung als eigenständige Formulierungen. Vgl. auch a.a.O., 364. Der Kontext der ältesten Stelle im Deuteronomium und damit der älteste Beleg des Motivs überhaupt in Dtn 1,10 ist ursprünglich ein anderer. So beschwert sich Mose in 1,10.12 über die Größe des Volkes, die er nicht allein bewältigen kann, sodass ihm von da an Männer bei seinen juristischen Entscheidungen helfen. Durch die Aufnahme der Formulierung in der Genesis und damit die Einfügung der Perspektive der Verheißung wurde dies in einem pentateuchischen Horizont jedoch zu einem theologischen Problem, das sich in dem einhellig als sekundärer Einschub identifizierten V. 11 niederschlägt, in dem nun auch der Bezug zu den Vätern explizit wird (*11Jhwh, der Gott eurer Väter, füge zu euch tausendmal so viele wie ihr hinzu und er segne euch, wie er zu euch gesagt hat.*). Durch diese Einfügung wird die Verheißung der Mehrung auch an dieser Stelle in ein positives Licht gerückt. Dtn 10,22 verrät dieselbe pentateuchische und damit nachexilische Perspektive. Vgl. dazu auch Anm. 644.

646 In Lev 19,18 und 34 werden beide Dimensionen der aktiven Liebe zum Nächsten und zum Fremdling verbunden.

647 So z.B. auf Grund der Betonung der praktischen Hilfe dem גר gegenüber auch Zehnder, Umgang, 365f. Ramírez Kidd, Alterity, 82, greift zu kurz, wenn er die Aufforderung zur Liebe zum Fremdling von seiner Versorgung mit Nahrung und Kleidung trennt und sie auf seine Akzeptanz in der Gesellschaft reduziert.

648 Eine so direkte positive Beziehung Jhwhs zu den Fremden oder anderen Völkern findet sich evtl. noch im Moselied in Dtn 33,3. Jedoch ist hier die Aussage der Liebe Jhwhs zu den Völkern (pl.) sowohl textkritisch als auch inhaltlich umstritten. Der MT hat den Ausdruck אף חבב עמים doch bietet schon die Septuaginta καὶ ἐφείσατο τοῦ λαοῦ αὐτοῦ und schränkt so auf Jhwhs eigenes Volk ein. Die aktive Zuwendung Jhwhs zu den Fremdlingen, Witwen und Waisen verbindet Deut 10,12–22 mit Ps 146. Zur genaueren Aufschlüsselung der Parallelen zwischen beiden Texten vgl. Ramírez Kidd, Alterity, 78–81, und Achenbach, Israel, 382. Auf den hymnischen Charakter von Dtn 10,14–11,1 – nach seiner Rekonstruktion ein Nachtrag in den von DtrB geschaffenen Kontext – verweist auch Veijola, ATD 8,1, 255, und unterstreicht die terminologische und gedankliche Nähe zu den nachexilischen Hymnen Ps 136 und 146. Bultmann, Fremde, 124f., führt zudem Ps 24 als hymnische Parallele an.

wird hier ein drittes Glied zwischen dieses emotionale Abhängigkeitsverhältnis geschaltet.[649] Weil Jhwh den Fremdling liebt, soll auch Israel ihn lieben. Die Liebe zum Fremdling wird hier zur *imitatio dei*.[650]

Zwar folgt die Aufforderung Gottes, den Fremdling zu lieben, aus der Feststellung seiner eigenen Liebe zu Israel und dem Fremdling, doch wird dadurch zugleich eine Reziprozität vollends entfaltet, die sich mit der Fremdlingsdarstellung in Grundzügen schon auf der vorexilischen Textebene fand. Hier nun und nur hier ist die Erinnerung an die eigene Fremdlingschaft in Ägypten *direkt* an die Aufforderung der Liebe zum Fremdling gekoppelt. Nicht weil man Sklave (עבד) in Ägypten war, soll man nun den גר versorgen, sondern auf Grund des eigenen Weilens als גר in Ägypten.[651] Dabei führt der Text nicht aus, ob Israel als Fremdling geliebt wurde oder ob umgekehrt die Zuwendung zum Fremdling gerade aus der selbst erfahrenen Verachtung dieses schützenswerten Zustands folgt. Aus dem selbst erfahrenen Schutz kann die Aufforderung einer Wiederholung dieser positiven Erfahrung an den nun Schutz*bedürftigen* folgen. Sind es jedoch Erfahrungen von Unrecht, die Israel mit dem eigenen Fremdlingsein in Ägypten verbinden, so kann aus der Erinnerung der Abbruch folgen, der der negativen Erfahrung entgegengesetzt wird, sodass aus der selbsterfahrenen Unterdrückung eine Fürsorge für die nun Gefährdeten folgt. Darum ist hier in gleichem Maße wie bei der Einordnung des גר-Ägypten-Motivs in Dtn 23,8 Vorsicht geboten, wenn von einem positiven Bezug auf die Zeit der Fremdlingschaft in Ägypten gesprochen wird. So deutet Veijola die Erinnerung an die Zeit als גר als Hinweis auf das „dort erlittene Schicksal als Fremde"[652] und damit als Erinnerung an die eigene Unrechtserfahrung, während Rose gerade umgekehrt auf die Gewährung des Gastrechts für die Israeliten in Ägypten verweist.[653] Dtn 10,19 qualifiziert die Erfahrungen nicht, die Israel als גר in Ägypten gemacht hat. Allein die Tatsache, dass der eigene Fremdlingsstatus in Israels kollektives Gedächtnis geschrieben ist, reicht zur Forderung nach dem Schutz der in und mit Israel lebenden Fremdlinge. Diese bewusste Analogie wird dadurch unterstrichen, dass nur dem Gebot der Fremdlingsliebe die Erinnerung an die eigene Fremdlingschaft in Ägypten beigeordnet wird,[654] wohingegen Gottes Sorge um die Schwachen neben der

---

649 Vgl. dazu Veijola, ATD 8,1, 257.
650 So auch Zehnder, Umgang, 367.
651 Vgl. zum עבד-Ägypten-Motiv den Abschnitt 2.2.1.3 (56 – 61).
652 Veijola, ATD 8,1, 257.
653 Vgl. Rose, ZBK 5,2, 347. Für eine offenere Interpretation des גר-Ägypten-Motivs als Zeitraum eigener Erfahrung, ohne damit eine Wertung zu verbinden, wie dies auch hier vorgeschlagen wird, spricht sich Bultmann, Fremde, 126, aus.
654 Vgl. dazu auch Ex 22,20.

Fremdlingsliebe auch den Schutz der Witwen und Waisen umfasst. So schließt die Erinnerung an die Sklavenzeit in Ägypten im Deuteronomium, also das עבד-Ägypten-Motiv, eher die Aufforderung des Schutzes der gesamten Trias der *personae miserae* ab (vgl. Dtn 24,19 – 22).[655]

Die Darstellung Gottes als Herr aller Himmel und der ganzen Welt trägt stark universalistische Züge.[656] Hier ist sie unmittelbar mit der genuin partikularistischen Vorstellung der Erwählung Israels verbunden.[657] Gerade weil Jhwh die Macht über alle Menschen hat, ist seine Zuwendung zu Israel hervorzuheben. Damit wächst Israel jedoch eine besondere Rolle in der Völkerwelt zu. Israel hat sich als *imitatio dei* dem Fremdling zuzuwenden. In der argumentativen Verbindung der Macht Jhwhs über die ganze Welt, der Erwählung Israels und der Liebe zum Fremdling in Dtn 10 wird der Zusammenhang von Partikularismus und Universalismus greifbar: Denn die Liebe Gottes zum Fremdling geht nicht in einem reinen Universalismus auf, sie ist grundlegend mit Elementen eines Partikularismus verbunden. So folgt die Aufforderung an Israel, den Fremdling zu lieben, weil und wie auch Gott es tut, aus der Erwählung Israels wegen Jhwhs Liebe zu den Vorvätern und damit aus der Trennung Israels von den Völkern. In dieser Sonderstellung Israels ist nach Dtn 10,12 – 22 der Auftrag zur fürsorgenden Zuwendung zum גר und damit dem speziellen hilfsbedürftigen Fremden inbegriffen. Dies beinhaltet zwar nicht die liebende Zuwendung Israels zu allen anderen Fremden und ganzen Völkern, doch der konkrete גר in Israel, der hilfsbedürftige Fremde, ist in Stellvertretung und Imitation Gottes mit Nahrung und Kleidung zu versorgen. Die Macht Gottes über alle Völker und Menschen und damit auch seine Zuwendung zur ganzen Welt enthebt Israel nicht von seiner Verantwortung für andere Menschen, sondern erzeugt diese Verantwortung als Gottes auserwählte Stellvertreter auf Erden gerade erst.

4.2.2 Dtn 31,12: Der גר als Mitglied des Volkes

Bereits im exilischen Deuteronomium in Dtn 29,1 – 14 wird die *Anwesenheit* des גר beim Bundesschluss Jhwhs mit Israel vorausgesetzt. Der in nachexilische Zeit zu

---

655 Vgl. dazu den Abschnitt zum גר in vorexilischer Zeit in Kapitel 2.2.1 (39 – 61).
656 Vgl. dazu auch Dtn 26,19. Dort wird Jhwh als der Schöpfer *aller* Völker dargestellt, doch betont auch Dtn 26 die partikulare Geschichte Jhwhs mit seinem Volk Israel.
657 Auf die Erwählung Israels geht das Kapitel 5.1 (294 – 299) ein.

datierende Vers Dtn 31,12 nimmt diesen Gedanken auf und verstärkt dabei die Rolle des Fremdlings deutlich.[658] So heißt es in Dtn 31,9–13:

> [9]Und Mose schrieb dieses Gesetz und gab es den Priestern, den Söhnen Levis, die die Bundeslade Jhwhs trugen, und allen Ältesten Israels. [10]Und Mose gebot ihnen: Am Ende von sieben Jahren, zur Zeit des Erlassjahrs, am Laubhüttenfest, [11]wenn ganz Israel kommt, um vor dem Angesicht Jhwhs, deines Gottes, an dem Ort, den er erwählen wird, zu erscheinen, dann lies dieses Gesetz laut vor ganz Israel. [12]Versammle das Volk, die Männer und die Frauen, die Kinder und deinen Fremdling, der in deinen Toren ist, damit sie hören und damit sie lernen und Jhwh, euren Gott, fürchten und darauf achten, alle Worte dieses Gesetzes auszuführen. [13]Und ihre Kinder, die sie nicht kennen, sollen zuhören und lernen, damit sie Jhwh, euren Gott, fürchten alle Tage, die ihr auf dem Erdboden lebt, zu dem ihr den Jordan überqueren werdet, um ihn in Besitz zu nehmen.

Die Beschreibung der nach Dtn 31,9–13 einzuberufenden Versammlung (קהל) Israels alle sieben Jahre im Kontext des Laubhüttenfestes, deren Ablauf in Jos 8,34 f. geschildert ist, nimmt mehrere Aspekte der Bundesschlussszene des Moabbundes in Dtn 29,1–14 auf.[659] Beiden Texten ist etwa die detaillierte Aufzählung derer gemein, die bei dem Bundesschluss bzw. der Verlesung des verschriftlichten Gesetzes anwesend sein sollen. Dabei betonen beide Texte die Gesamtheit und Vollständigkeit Israels, wie sie sich in der Nennung der einzelnen Gruppen zeigt. Das Stichwort כל ist in dem kurzen Abschnitt Dtn 31,9–13 gleich fünfmal erwähnt (vgl. dazu auch Dtn 29,1.9), wobei es dreimal die versammelten Menschen meint. Zweimal wird direkt von ganz Israel (כל ישראל) geredet. Nicht einzelne Vertreter, sondern jeder und explizit auch jede Einzelne sollen also regelmäßig der Lesung des Gesetzes beiwohnen, um es zu lernen und es ausführen zu können. Somit steht auch die Verantwortung für das Halten der Gebote in der Verantwortung der Einzelnen.

Wie schon in Dtn 29,10 ist auch in Dtn 31,12 der גר bei der Versammlung explizit mitgenannt, wie es durch die Aufforderung, ihn bei den Festen mitzunehmen (Dtn

---

658 Neben diesem Bezug weisen auch die deutlichen Parallelen zum nachexilischen Text Dtn 4,10, die eine gemeinsame Verfasserschaft vermuten lassen, auf eine junge nachexilische Abfassung, wie es zumeist gesehen wird. Vgl. exemplarisch Rose, ZBK 5,2, 561, der diesen Text seiner jüngsten Schicht IV zuordnet, die auch in Dtn 4 am Werk war, und Otto, Deuteronomium 2000, 180–185, der zudem auf die hier zu Grunde liegende und besonders in Dtn 4 entwickelte Verschriftungstheorie der Gesetze des Pentateuchs und auf die Rolle der Ältesten und Priester hinweist. Anders Dion, Israël, 230, der in den in Bezug auf den גר so überraschend integrativen Zügen von Dtn 29,10 und 31,12 eine Redaktion zur Zeit Josias am Werke sieht, die in der Zeit der Krise die Gemeinschaft durch die Mobilisation und Vereinigung aller in ihr vorhandenen Kräfte habe stärken wollen. Doch setzt Dtn 31 die exilischen Bearbeitungen bereits voraus.
659 Vgl. dazu die Ausführungen in Kapitel 3.2.2.2 (174–178).

16,11.14), schon im vorexilischen Deuteronomium vorbereitet wurde. Doch wird seine Rolle in Dtn 31,9 – 13 genauer bestimmt und erweitert. So ist er in Dtn 29,1– 14 beim Bundesschluss zusätzlich zum israelitischen Volk dabei, der Bund selbst wird jedoch mit dem angesprochenen ‚Du' und den kommenden Generationen geschlossen. In Dtn 31,12 ist der גר hingegen nicht dem Volk gegenübergestellt oder beigeordnet, sondern eindeutig als Teil des Volkes (עם) begriffen. Er ist in der explikativen Auflistung gemeinsam mit den israelitischen Männern, Frauen und Kindern genannt.[660]

Der גר – wie die Kinder und auch die Erwachsenen – hört bei der siebenjährlichen Versammlung das Gesetz, soll es lernen und dann befolgen. Hier geht Dtn 31,9 – 13 eindeutig über die Forderungen von Dtn 29,1– 14 hinaus. So wächst er durch diese Einübung in die Gemeinschaft auf Grundlage des Gesetzes hinein. Dies ist die einzige aktive Aufgabe des גר im gesamten Bestand des Deuteronomiums. In der Befolgung des Gesetzes verlässt er die Rolle des passiven Handlungsobjekts und kann, genau wie der Rest des Volkes, zum Akteur der göttlichen Gebote werden.

Dies beinhaltet jedoch nicht unbedingt eine Verschiebung im גר-Begriff selbst. Der גר ist nicht notwendigerweise nur noch als Proselyt zu verstehen.[661] Er bleibt der schutzbedürftige Fremdling, der bei Israel lebt. Doch als dieser Fremde kann er in den Bund aufgenommen werden. Anders als in den priesterlichen Gesetzen angelegt geschieht diese Aufnahme nicht durch eine Beschneidung (vgl. Ex 12,48), sondern über das Erlernen des Gesetzes. Die integrative Funktion des Bundes und der Gesetze, die sich in Dtn 29,1– 14 für die kommenden Generationen festmachen ließ, ist hier auch auf den Fremdling bezogen. Durch die Einübung des Gesetzes wird er ein Teil des Gottesvolks.

4.2.3 Der גר in den Darstellungen der exilischen und nachexilischen Zeit

Nach der Durchsicht der einzelnen Belege für den Umgang mit den Fremdlingen in nachexilischer Zeit und in Aufnahme der Beobachtungen zu in exilischer Zeit

---

660 Zehnder, Umgang, 368 f., zeigt zwar auf, dass nicht zwangsläufig von einer Integration des גר auszugehen ist und seine Anwesenheit auch dadurch erklärt werden könne, dass er die Israeliten an ihre Verpflichtungen ihm gegenüber im Bund erinnern solle. Er selbst plädiert jedoch ebenfalls dafür, die Bestimmungen so zu verstehen, dass hier von einer stillschweigenden Aufnahme in den Bund auszugehen sei, die den גר zu einem in Maßen eigenständigen „Glied der israelitischen Volksgemeinschaft" mache.
661 Vgl. zur Problematik des Proselytenbegriffs Anm. 603. Zum גר als Proselyt vgl. schon Bertholet, Stellung, 176 – 178.

entstandenen Texten zum גר, die wie Dtn 29,1–14 besonders in der Zusammenschau mit den nachexilischen Erweiterungen Kontur gewinnen, können einige
grundsätzliche Linien gezogen werden.

Im Vergleich mit der vorexilischen Darstellung des גר kann zunächst festgehalten werden, dass keinerlei Veränderung in der Einschätzung einer möglichen
religiösen Gefahr durch den גר zu beobachten ist. Auch in nachexilischer Zeit
erfolgt keine Warnung, dass der גר zu einem fremden Kult verführen könnte. Dies
ist insofern bemerkenswert, als ja gerade der Kontakt zu den nahen Fremden als
Gefahrenquelle der Apostasie gewertet wird, weshalb vor ihm kontinuierlich gewarnt wird. Wie die folgenden Analysen zeigen werden, strahlen nicht die Völker
eine Gefahr aus, die weit von Israel entfernt sind, sondern die im Land Befindlichen, mit denen der direkte Kontakt erfolgt, werden als potentielle Verführer zu
anderen Kulten als dem Jhwh-Kult stilisiert (besonders greifbar wird dies in der
nachexilischen Ergänzung zum Kriegsgesetz in Dtn 20,15–18).[662] Der גר jedoch, der
direkt im eigenen Haus lebt, kann von Anfang an zu den Festen mitgenommen
werden und diese Zulassung wird niemals revidiert, seine Integration in die Gemeinschaft sogar verstärkt.

Der גר wird im gesamten Deuteronomium als jemand beschrieben, der dem
angesprochenen ‚Du/Ihr' und damit den israelitischen Vollbürgern zugeordnet ist
und deren Schutz benötigt. Dies wird in den deuteronomischen Redewendungen
von ‚deinem Fremdling', den Fremden ‚in deinen Toren' oder ‚in deiner Mitte'
deutlich. Auch in exilischer und nachexilischer Zeit wird diese Zuordnung prinzipiell beibehalten (vgl. etwa Dtn 5,14; 29,10). Dies verwundert, da eine reale Zuordnung eines Schutzbefohlenen zu den Israeliten, die sich selbst im Exil befinden, nicht nahe liegend erscheint.[663] In Dtn 29,10 und 31,12 ist jedes Mal von
‚deinem' Fremdling (in Dtn 29,10 von deinem Fremdling, der ‚inmitten deines
Lagers ist') die Rede. Auch die Schutzbedürftigkeit des גר wird durchgehend
weiterbetont.

In der exilischen und vor allem der nachexilischen Zeit verändert sich die
Beschreibung der Integrationsmechanismen des גר in die israelitische Gesell-

---

662 Vgl. dazu die Erörterung zum Kriegsgesetz in Kapitel 4.3.2.2 (236–239).
663 Doch ist in Dtn 1,16, der Notiz, dass schon bei der Wanderung Fremdlinge bei dem Volk
Israel waren, der Fremdling einem Israeliten zugeordnet. Durch den veränderten sprachlichen
Kontext, als Bestandteil der narrativen Moserede und nicht des Gesetzestextes, heißt es ‚sein'
und nicht ‚dein' Fremdling. In der Parallele der Richterbelehrung in Dtn 16,18f. wird der
Fremdling nicht erwähnt. Otto, Deuteronomiumstudien I, 130–136, zeigt, dass es sich in Dtn
1,9–18 um eine postdtr Einfügung handelt. Vgl. dazu auch Achenbach, gêr, 34. Dies könnte dann
als Reaktion auf die Traditionen im Pentateuch gedeutet werden, die die Nichtisraeliten seit dem
Weg aus Ägypten den Israeliten beiordnen, wie die sehr unterschiedlichen Texte Ex 12,38; Num
10,29–32; 11,4 gedeutet werden können.

schaft. So ist der Fremdling in der staatlichen Zeit dadurch integriert, dass er sich real und lokal in der Mitte des Volkes und damit in der Mitte des Landes aufhält. Damit war er im Schutzraum des Volkes und somit zu versorgen. Eine gesunde Gesellschaft zeichnet sich durch die Reinheit der eigenen Mitte, wie es sich in der vorexilischen ברית-Gesetzgebung zeigt,[664] aus und durch die Fürsorge denen gegenüber, die sich in dieser Mitte befinden, und damit in erster Linie den *personae miserae*. Durch die starke Betonung des Gesetzes als Grundpfeiler israelitischer Identität wird der גר in exilischer und nachexilischer Zeit durch seine Anwesenheit bei der Verlesung des Gesetzes und in nachexilischer Zeit sogar durch das aktive Erlernen des Gesetzes integriert, wie Dtn 31,9–13 aufzeigt.

Für das vorexilische deuteronomische Gesetz konnte der גר als jemand bestimmt werden, der keine aktiven Handlungen durchführt, sondern dem angesprochenen ‚Du/Ihr' und damit dem potentiellen Handlungssubjekt als Objekt gegenübergestellt wird. Das Verhalten dem גר gegenüber wurde im deuteronomischen Gesetz geregelt, nicht das Verhalten des גר selbst. Hier zeichnet sich in nachexilischer Zeit ein leichter Wandel ab. So ist er in Dtn 31,12f. als aktives Mitglied des עם, parallel zu den Männern, Frauen und Kindern, aufgeführt und hat somit die Aufgabe, das Gesetz zu hören, es zu lernen und zu halten.

Der גר war von Beginn des deuteronomischen Schrifttums an dem angesprochenen ‚Du/Ihr' gegenübergestellt. Im Laufe der deuteronomistischen Weiterentwicklung wurde dabei sukzessive eine Ebene der Spiegelung eingezogen und verstärkt. War schon in vorexilischer Zeit, durch den Hinweis auf das eigene Sklavendasein in Ägypten (עבד-Ägypten-Motiv), das angesprochene ‚Du' dazu bewogen worden, dem ebenfalls machtlosen גר sowie den Witwen und Waisen zu helfen, wird in Dtn 10,19 der Aufforderung zur Liebe des גר direkt der Hinweis auf das eigene גר-Sein in Ägypten beigegeben. Durch die kollektive Erinnerung an den Aufenthalt in Ägypten wird so zur gegenwärtigen Fürsorge für den גר aufgerufen.

4.3 Das Fremde im eigenen Land

Eine tiefgreifende Veränderung im Laufe der Entstehung des Deuteronomiums ist der Beginn der literarischen Auseinandersetzung mit den kanaanäischen Völkern im Verheißungsland. Diese werden zumeist einfach als diese Völker (הגוים האלה) bezeichnet (Dtn 7,17; 12,30; 18,14; 20,15). Ihnen gegenüber finden sich die radikalsten Mechanismen der Abgrenzung im Deuteronomium, ja, nicht zuletzt ihretwegen macht das Buch in seiner Endgestalt einen so gewaltsamen Eindruck.

---

664 Vgl. dazu Kapitel 2.5 (124–144) zur ברית-Gesetzgebung und der Mitte des Volkes.

Die ausführlichsten Anweisungen zum Umgang mit diesen Fremden gibt Dtn 7, ein Text, in dem zugleich eine diesbezügliche Entwicklung zu erkennen ist. So eröffnet eine Analyse dieses Textes die Erörterungen zu den Fremden im eigenen Land (Kapitel 4.3.1). Da die Nennung dieser Völker im deuteronomischen Gesetz mit Ausnahme von Dtn 20,15 – 18 mit der Fiktion der Landnahme verbunden ist, soll dieser Zuschreibung und damit den sogenannten historisierenden Gebotseinleitungen die weitere Aufmerksamkeit gelten (Kapitel 4.3.2). Die sich hieraus ergebende Untersuchung der im Prophetengesetz (Dtn 18,9 – 22) enthaltenen Warnung vor den Kulten dieser Fremden (V. 9 – 14) und der Aufforderung zur Vernichtung dieser Völker im Rahmen des Kriegsgesetzes (Dtn 20,15 – 18) zeigt die Fokussierung dieser Redaktion im Detail. Das Königsgesetz (Dtn 17,14 – 20) mit dem in ihm enthaltenen Gebot, keinen ausländischen Mann zum König zu machen, wird in einem zweiten Schritt (Kapitel 4.3.3) genauer untersucht und auf seine Verbindung zu der im ersten Schritt dargestellten Redaktion hin beleuchtet.

4.3.1 Dtn 7: Die Fremden im eigenen Land

Dtn 7 fordert in radikaler Weise die Abgrenzung von den kanaanäischen Völkern im Land bis hin zu ihrer Vernichtung. Lothar Perlitt charakterisiert das Kapitel treffend als einen Text, der von religiöser Intoleranz, Jahweeifer und Segensgewissheit lebt.[665] Da die zurzeit diskutierten Vorschläge zur Redaktionsgeschichte des Textes sehr disparat sind, ist der Literarkritik und Redaktionsgeschichte auch in dieser Studie ein größerer Stellenwert einzuräumen.[666] Einige Punkte können

---

665 Vgl. Perlitt, Bundestheologie, 62, wobei auch er von einem sukzessiven Wachstum von Dtn 7 ausgeht, durch das sich diese Zusammenstellung von Themen und Ausrichtungen gebildet hat.
666 Achenbach, Israel, 212, führt nach einem Referat der vertretenen Forschungspositionen zu Dtn 7 aus, dass „die Beurteilungen der Entstehungsgeschichte in ihren Ergebnissen in kaum überbietbarer Weise auseinandergehen". An dieser Lage hat sich auch zwanzig Jahre danach wenig geändert. Die für die Datierung und literarische Schichtung immer wieder herangezogenen parallelen Texte in Ex 23; 34 und Jos 23 bleiben bei der hier vorgeschlagenen redaktionsgeschichtlichen Rekonstruktion größtenteils unberücksichtigt, da sich in Bezug auf diese Stellen ebenfalls ein sehr disparates Forschungsbild ergibt, das vor einer zu schnellen in-Bezug-Setzung warnt. Der Blick bleibt auf das Deuteronomium fokussiert. Wegen der expliziten Parallelformulierungen gehe ich von einer literarischen Abhängigkeit aus und nicht wie Lohfink, Hauptgebot, 172 – 180, von einer gemeinsamen Tradition, bei ihm dem Gilgalbundestext. Doch in welche Richtung lief die Abhängigkeit? Findet man wie Halbe, Privilegrecht, 260f., in Ex 34 privilegrechtliche Bestimmungen, die zum alttestamentlichen Urgestein gehören, so ist Dtn 7 immer der Rezeptionstext. Gehört der Text mit Blum, Studien, 67 – 70.365 – 376 (siehe dazu auch

festgehalten werden, über die in der bisherigen Forschung in größerem Maße Einigkeit besteht und denen auch hier zugestimmt wird: So ist Dtn 7 kein literarisch einheitlicher Text.[667] Dabei ist schon die älteste Textstufe eine sekundäre Einfügung in Dtn 6 – 11 und setzt in Dtn 7,1 deutlich neu ein.[668] Schließlich lässt sich festhalten, dass bereits die Grundschrift von Dtn 7 – so unterschiedlich auch ihr Umfang angegeben wird – ein deuteronomistischer Text ist.[669]

Albertz, Heilsmittlerschaft, 454 Anm. 45), zur Mal'ak-Redaktion oder wird allgemein der deuteronomistische Charakter der beiden Exodustexte betont, so nehmen sie Dtn 7 auf. Geht man von einer wechselseitigen Beeinflussung von Ex 23; 34 und Dtn 7 aus, wie bei Otto und Achenbach, wird das Bild noch komplizierter (vgl. das Schaubild bei Achenbach, Warfare, 22 f.). Otto, Deuteronomiumstudien II, 200 f., geht etwa von einem gemeinsamen Text aus, der der Moabredaktion in Dtn 7 bereits vorlag und den dann die postdtr Redaktoren in Ex 23; 34 ebenfalls integrierten, um dann Dtn 7,5.14 zu verfassen. Veijola, ATD 8,1, 201, sieht Ex 23,20 – 33 und 34,10 – 26 als Vorlage für die bundestheologische Redaktion DtrB in Dtn 7,4 f.12 – 16.20.22 – 24. Die engen Verknüpfungen zwischen Dtn 7 und Ex 34 legen nahe, dass es sich bei beiden um deuteronomistische Texte handelt, deren einzelne sich gegenseitig beeinflussende Entstehungsphasen wohl kaum noch sauber voneinander zu trennen sind.

Für die Thematik der Identitätskonstruktion relevant ist die Aufnahme der These von Halbe durch Schwarz. Er, Identität, 41 – 62, stellt in seiner auf das Jubiläenbuch ausgerichteten Studie „Identität durch Abgrenzung" die Entwicklung des Bündnisverbots dar und betont die wichtigen Auswirkungen von Krisenzeiten auf die Identitätsbildung: „An mehreren grundlegenden Einschnitten der israelitischen Geschichte, an denen die Identität Israels jeweils zutiefst gefährdet und in Frage gestellt war, erweist sich der Typ der Identitätswahrung durch strikte Abgrenzung auf dem Hintergrund des Bundeskonzepts als Mittel, diese Krise zu bewältigen." (a.a.O., 149). Die beobachteten Krisenerfahrungen bei Schwarz weichen jedoch stark von den in dieser Studie analysierten ab, da er den Beginn des Vertragsverbots in die Zeit des Landausbaus verlegt, die privilegrechtliche Tradition weit in die vorstaatliche Zeit reichen sieht und Dtn 7 als Reaktion auf den Nordreichsuntergang 722 v. Chr. als deutlich jüngste Stufe charakterisiert. Vgl. zu diesen Krisenerfahrungen und ihren literarischen Niederschlägen besonders die Zusammenfassung a.a.O., 60 – 62.

667 Die deutlichen literarischen Spannungen werden im Folgenden aufgezeigt. Dagegen geht Weinfeld, AncB 5, 380, explizit von der literarischen Einheitlichkeit des Kapitels aus, wobei er Ex 23,20 – 33 als Vorlage ansieht.

668 So u. a. in Zustimmung zu Otto, Deuteronomiumstudien II, 190 f., der sich an diesem Punkt gegen die Rekonstruktion durch Achenbach ausspricht. In der älteren Arbeit Achenbachs (Israel, 249.256) wird Dtn 7,1 – 2.3a.6.12b-16aα als Grundschicht bestimmt, die stilistisch und sachlich mit der Grundschicht in Dtn 6,4 f.10 – 13 verbunden ist und bereits auf dtr Darstellungen reagiert. In V. 17 sieht er einen Neueinsatz und nicht die Fortführung der Grundschicht (a.a.O., 236 f.).

669 Die Datierung wird im Folgenden genauer begründet. Anders urteilt z. B. Albertz, Religionsgeschichte, 321–337, der Dtn 7 der spät-vorexilischen Reformbewegung zuweist. Von den neueren deutschen Kommentaren datiert nur Rose, ZBK 5,2, 330 – 341, die Grundschrift (Dtn 7,1 – 9*) in die Josiazeit und sieht hier die Auseinandersetzung mit den israelitischen Flüchtlingen gespiegelt.

4.3.1.1 Die Genese von Dtn 7[670]

¹Wenn Jhwh, dein Gott, dich in das Land bringt, wohin du kommst, um es in Besitz zu nehmen, dann wird er zahlreiche Völker vor dir vertreiben, die Hetiter und die Girgaschiter und die Amoriter und die Kanaaniter und die Perisiter und die Hiwwiter und die Jebusiter, sieben Völker, zahlreicher und stärker als du. ²Wenn Jhwh, dein Gott, sie dir preisgibt, dass du sie vernichtest, dann vollstrecke vollständig den Bann an ihnen; du sollst keinen Bund mit ihnen schließen und dich nicht ihrer erbarmen.

³Du sollst dich nicht mit ihnen verschwägern, deine Tochter sollst du nicht seinem Sohn geben und seine Tochter sollst du nicht für deinen Sohn nehmen.

⁴Denn er könnte dein Kind von mir abbringen, sodass sie anderen Göttern dienen, dann entbrennt das Wutschnauben Jhwhs gegen euch und er wird dich schnell ausrotten. ⁵Sondern so verfahrt an ihnen: Reißt ihre Altäre ab und zermalmt ihre Mazzeben und zerstört ihre Ascheren und verbrennt ihre Kultbilder mit Feuer.

⁶Ja / Denn, ein heiliges Volk bist du für Jhwh, deinen Gott, dich hat Jhwh, dein Gott, erwählt, dass du ihm ein Eigentumsvolk seist aus allen Völkern, die es auf der Erde gibt.

⁷Nicht weil ihr zahlreicher wäret als alle Völker, hat Jhwh sich euch zugeneigt und euch erwählt, denn ihr seid das kleinste aller Völker, ⁸sondern aufgrund der Liebe Jhwhs zu euch und aufgrund seiner Bewahrung des Schwurs, den er euren Vätern geschworen hat, hat Jhwh euch mit starker Hand herausgeführt und euch aus dem Haus der Sklaven freigekauft, aus der Hand Pharaos, des Königs von Ägypten. ⁹Und du sollst erkennen, dass Jhwh, dein Gott, Gott ist, der treue Gott, der den Bund und die Freundlichkeit denen gegenüber bewahrt, die ihn lieben und denen gegenüber, die seine Gebote bewahren bis in die 1000. Generation. ¹⁰Aber er vergilt es denen gegenüber, die ihn hassen, indem er ihn vernichtet, *er zögert nicht dem gegenüber, der ihn hasst, er vergilt es ihm.* ¹¹Hüte das Gebot und die Rechtsvorschriften und die Rechtssätze, die ich dir heute auszuführen gebiete.

¹²Und wenn ihr diese Rechtssätze hört und sie bewahrt und sie ausführt, dann wird Jhwh, dein Gott, dir gegenüber den Bund und die Freundlichkeit bewahren, die er deinen Vätern zugeschworen hat. ¹³Und er wird dich lieben und dich segnen und dich zahlreich machen, er wird die Frucht deines Leibes und die Frucht deines Erdbodens, deines Getreides und deines Mosts und deines frischen Öls, den Wurf deiner Rinder und die Jungtiere deines Kleinviehs auf dem Erdboden, den er deinen Vätern zugeschworen hat, dir zu geben, segnen. ¹⁴Du wirst mehr gesegnet sein als alle Völker,[671] bei dir und bei deinen Tieren wird kein Unfruchtbarer

---

670 Das Druckbild, das bereits die Ergebnisse zur Entstehungsgeschichte vorwegnimmt, dient einer besseren Übersicht. Dass es graphisch von den anderen Textdarstellungen dieser Studie abweicht, liegt in dem Interesse begründet, die verschiedenen Ergänzungen der Grundschicht detailliert und voneinander getrennt zu untersuchen.
671 Die Formel kann zugleich separativ verstanden werden („Gesegnet bist du aus allen Völkern"), sodass der Segen Israel von den anderen Völkern abtrennt, wie es auch in der Linie von Dtn 26,19 läge.

und keine Unfruchtbare sein. [15]Und Jhwh wird von dir alle Krankheiten und alle schlimmen Seuchen Ägyptens, die dir bekannt sind, abhalten, er wird sie nicht auf dich legen und sie all denen geben, die dich hassen. [16]Und du wirst alle Völker verschlingen, die Jhwh, dein Gott, dir gibt;

> dein Auge soll ihretwegen nicht betrübt sein und du sollst ihren Göttern nicht dienen, denn das ist ein Fallstrick für dich.

[17]Wenn du in deinem Herzen sprichst: Diese Völker sind zahlreich im Vergleich zu mir, wie kann ich sie in Besitz nehmen? [18]Dann fürchte dich nicht vor ihnen, erinnere dich genau an das, was Jhwh, dein Gott, an Pharao und ganz Ägypten getan hat. [19]An die großen Prüfungen, die deine Augen gesehen haben, und an die Zeichen und Wahrzeichen und an die starke Hand und den ausgestreckten Arm, mit der dich Jhwh, dein Gott, herausgeführt hat, so wird Jhwh, dein Gott, an allen Völkern tun, vor denen du dich fürchtest.

> [20]Und auch die Hornisse wird Jhwh, dein Gott, zu ihnen schicken, bis die, die übrig bleiben und sich vor dir verstecken, vernichtet sind.

[21]Erschrick nicht vor ihnen, denn Jhwh, dein Gott, ist in deiner Mitte, ein großer und furchterregender Gott ist er.

> [22]Und Jhwh, dein Gott, wird diese Völker Stück für Stück von dir vertreiben, du kannst sie nicht schnell vernichten, weil sich sonst die Lebewesen des Feldes gegen Dich / dir zum Schaden vermehren würden.

[23]Jhwh, dein Gott, wird sie vor dir preisgeben und sie bis zu ihrer Vernichtung in große Bestürzung versetzen. [24]Und ihre Könige wird er in deine Hand geben, sodass du ihren Namen unter der Sonne auslöschst, nicht einer wird dir widerstehen, bis du sie ausrottest.

> [25]Die Kultbilder verbrenne mit Feuer, begehre nicht Silber oder Gold von ihnen, sodass du es dir nimmst, damit du nicht darüber stürzt, denn es ist ein Gräuel Jhwhs, deines Gottes. [26]Und bring kein Gräuel in dein Haus, sodass du wie es dem Bann verfielest, verabscheue es ganz und gar, halte es für ein Gräuel, denn es ist unter dem Bann.

Bereits in den ersten sechs Versen des Kapitels gibt es deutliche Kohärenzstörungen, die auf ein literarisches Wachstum hinweisen. Das Verschwägerungsverbot in V. 3 steht im Widerspruch zum radikalen Banngebot in V. 2.[672] Soll ein Bann vollzogen werden, so ist zwar die Nennung des Bündnisverbots in V. 2b als damit ausgeschlossene Alternative sinnvoll, ein Mischehenverbot ist jedoch nicht

---

672 Eine Trennung nach V. 3a, wie sie Achenbach, Israel, 216 f., vorschlägt, steht vor dem Problem, dass die Elemente der Verschwägerung und des Austausches von Sohn und Tochter eng miteinander verbunden sind.

konsequent, da dies das Nebeneinander im Land voraussetzt.[673] Der Sinn von Dtn 7,1 f. besteht in Steuernagels Worten aber gerade darin, „daß Israel das kananitische Wesen mit Stumpf und Stiel ausrotten sollte".[674]
Da V. 3 aber V. 1 f. als Satzgefüge voraussetzt, erweist sich V. 3 als spätere Hinzufügung.[675] Dabei handelt es sich um eine einschränkende Handhabbarmachung der Distanzierung, die ein separiertes Nebeneinander ermöglicht.[676]

---

673 Schäfer-Lichtenberger, JHWH, 202–205, sieht hingegen die Bedeutung des Wortes חרם durch den Kontext gegeben, und geht damit für Dtn 7,1–5 davon aus, dass der חרם gerade nicht die Vernichtung der Völker meine, sondern die soziale Distanz zu ihnen, sodass kein Widerspruch zu V. 3 bestünde. Doch deckt sich dies nicht mit dem sonstigen dtr Banngebrauch, der die Vernichtung einschließt (vgl. Dtn 2,34; 3,6; 13,16–18; 20,17). Zwar ist einzuräumen, dass sich der Banngebrauch über mehrere Jahrhunderte langsam abschwächt, sodass das Bannen letztlich als Ausdruck für den Synagogenausschluss benutzt werden kann – in dieser Tendenz der Abschwächung stehen auch die Einfügungen von V. 3 und dann V. 4 f. –, doch trifft dies nicht auf V. 1 f. zu. Auch MacDonald, Deuteronomy, 108–122, versucht eine sehr friedliche Deutung des Banns, in dem er ihn rein metaphorisch deutet. Die Metapher würde dann im Verbot der Mischehe und der Zerstörung von Kultgegenständen realisiert. So würde zwar der Widerspruch aufgelöst zwischen der geforderten Ausrottung und den Verboten, die ein Nebeneinander voraussetzen, doch bleibt auf der Ebene der textinternen Logik ein Widerspruch bestehen, da der Text keinerlei Hinweise auf einen Ebenenwechsel in der Aussage gibt. So bliebe es offen, welcher Teil metaphorisch zu verstehen und welcher als reales Gebot auszuführen sei. Vgl. dazu kritisch Lohr, Chosen, 167–172, und Crüsemann, Gewaltimagination, 346 f. Letzterer historisiert das Geschehen und geht davon aus, dass der Bann nicht real vollzogen werden sollte und deshalb an längst vergangene Völker gebunden wurde. Die kanaanäischen Völker stünden also nicht als Chiffre für aktuelle Konfliktpartner, und die Gewalt würde auf die Vergangenheit beschränkt. Dazu passe dann, dass Josia, der sich sonst so gesetzestreu in Bezug auf die im Deuteronomium formulierten Gesetze verhält, keine kanaanäischen Menschen tötet (a.a.O., 348 f.). „Damals, nur damals war solches geboten, damals war solches Morden dran und nötig, damals und nur damals zu einem einmaligen, nicht wiederholbaren Zeitpunkt und in einer einmaligen, nicht wiederholbaren Konstellation." (a.a.O., 356). Gegen diese von Crüsemann vorgeschlagene Unterscheidung ist jedoch vorzubringen, dass das Deuteronomium an jeder Stelle davon lebt, dass Anweisungen, die in vergangener Zeit und Situation gegeben wurden, für die Jetztzeit der Rezipierenden zu gelten haben. Nur durch diesen Transfer gelangt das Deuteronomium in der Mosefiktion Bedeutung. Warum sollte gerade das hier gegebene Banngebot nicht mehr zu gelten haben?
674 Steuernagel, HK 1.3,1, 78.
675 So auch Hölscher, Komposition, 171 Anm. 4, der die Einfügung von V. 3 als Abschwächung des Ausrottungsverbots in der Nehemiazeit charakterisiert. Er argumentiert für eine Grundschrift in V. 1 f. (ohne Völkerliste).6.9.11.12b-16a.17–19.21.23–24 und hält V. 3.4 f. für sekundär. So nun auch Achenbach, Warfare, 22. Nielsen, HAT 1,6, 94 f., hingegen weist ebenfalls auf den Widerspruch zwischen V. 1 f. und 3 hin, beurteilt das Phänomen jedoch entgegengesetzt, indem er V. 3 für dtn hält (und die Abgrenzung von und Auseinandersetzung mit den Kanaanäern mit den prophetisch-levitischen Kreisen des Nordreiches im 8. Jh. verbindet) und V. 1b-2 für eine dtr

Im Übergang zu V. 4f. gibt es erneut einen sprachlichen und inhaltlichen Bruch.[677] Entgegen der Moserede in V. 1–3 ist nun Jhwh als Sprecher vorgestellt. Das zu verhindernde Abweichen wird als eine Abkehr „von mir" (מאחרי) in der 1. Person sg. formuliert. Von Rad bezeichnet dies als „stilistische Entgleisung",[678] doch legt sich eine literarkritische Lösung näher. In V. 4f. ist ein auffälliger Wechsel zwischen singularischen und pluralischen Formulierungen zu bemerken, der sich von den durchgehend singularisch formulierten vorhergehenden Versen abhebt. Auch der Anschluss in der 3. sg., also wenn „er" dein Kind abweichen lässt, ist unglücklich. Die hier vorgestellte Person kann nur indirekt aus V. 3 erschlossen werden.

Zu V. 6 wechselt die Formulierung wieder in den Singular. Hier findet sich die ursprünglich positive Begründung des Gebots in V. 1f., die durch die beiden Einschübe mit der Negativbegründung in V. 4 von V. 2 getrennt wurde.[679]

Einfügung hält, die V. 3 eigentlich überflüssig mache. Ebenso dtr/nachdtr sind nach Nielsen die V. 4f.7–26.

676 In den Parallelen in Ex 23,20–33 und 34 gibt es zwar das Mischehen- oder Bündnisverbot, das Banngebot jedoch nicht.

677 Vgl. ausführlich Rose, ZBK 5,2, 337f. Auch Seitz, Studien, 75f., macht die spätere Ergänzung von V. 4f. stark, wobei er neben den üblichen formalen Argumenten zusätzlich auch inhaltlich auf den besseren Anschluss von V. 6 an V. 3 verweist. Perlitt, Bundestheologie, 56, votiert dafür, die V. 4b.5 als sekundär zum Kontext zu betrachten.

678 So auch Perlitt, Bundestheologie, 56 Anm. 2, im Anschluss an von Rad, Deuteronomium-Studien, 8. Von Rad, Deuteronomium-Studien, 8 Anm. 1, selbst hat in seiner Argumentation nicht die Literarkritik von Dtn 7, sondern das gesamte dtn Gesetz im Blick, das nach seiner Analyse gar nicht Gottesrede sein will, sondern von Anfang an und bewusst Moserede. In diesem Zusammenhang verweist er darum auf Ausnahmen von der Moserede wie in Dtn 7,4: „Die wenigen, schon von Klostermann (Pentateuch NF. 186ff.) bemerkten Ausnahmen 7,4; 11,13–15; 17,3; 28,20; 29,4f., in denen Jahwe und nicht Mose redet, sind stilistische Entgleisungen oder sonst wie zu beurteilen und fallen dem Ganzen gegenüber überhaupt nicht ins Gewicht." Zur Mosefiktion siehe unten 224–226.

679 So neben anderen auch Veijola, Achenbach und Rose. Veijola, ATD 8,1, zusammengefasst 195f., sieht die im Kreise vom exilischen DtrN entstandene Grundschrift in Dtn 7,1a.2–3.6, die dann in einem ersten Schritt durch V. 1b.17–19.21 ergänzt wurde. In frühnachexilischer Zeit ergänzte dann DtrB die Verse 4–5.12–16.20.22–24. Hierfür ist nach Veijola (a.a.O., 196 Anm. 441; 201) auch der unregelmäßige Numeruswechsel typisch. Wobei dieser Numeruswechsel ebenfalls in der auch bei Veijola unterschiedenen späteren Einfügung von V. 7–11 zum Tragen kommt. Als letzte Ergänzungen kamen dann nach Veijola die V. 7–11 und unabhängig davon V. 25f. hinzu. Achenbach, Israel, 249.256, bestimmte als Grundtext in 7,1–2.3a.6.12b-16aα. Diese Beurteilung hat sich jedoch in Bezug auf V. 1–5 geändert. Nun rechnet er, Warfare, 21–23, nur noch V. 1–2a der Grundschicht zu. Otto, Deuteronomiumstudien II, 190–201, rechnet zur Grundschrift, die der dtr Moabredaktion zuordnet, V. 1–3a.17–24 und gibt als Zielpunkt des Mischehenverbots in Dtn 7,2 Jos 23* an. (A.a.O., 196, lies „Faden der dtr Moabredaktion" statt Horebredaktion). Die Verse 3b-16.25f. weist er postdtr Fortschreibungen zu, wobei er die postdtr Zusätze in V. 7–16 der

Der Neueinsatz in V. 7 und zudem die Differenz zur Grundschicht lässt sich neben der Thematik, auf die in der Auslegung genauer eingegangen wird,[680] am erneuten Wechsel in den Plural erkennen. Zwar zeichnet sich der ganze Abschnitt durch einen Wechsel zwischen der Anrede ‚Du' und ‚Ihr' aus, der für spätere deuteronomistische Schichten typisch ist und den Wechsel zwischen den verschiedenen für sie älteren Schichten und damit dem Text, den sie bearbeiten, nachahmt, doch ist der Wechsel von V. 6 zu V. 7 markant, da hier die Opposition Du – Völker direkt in die Opposition Ihr – Völker gewandelt wird.[681] Die Passage endet in V. 11.

V. 12 ist durch einen Neueinsatz (והיה) markiert und leitet die nächste Passage ein.[682] Innerhalb der Passage V. 7–11 ist der V. 10b noch einmal sekundär. Die

---

Pentateuchredaktion zuordnet. Rose, ZBK 5,2, 331, rechnet zur Grundschicht 7,1–2*.3.6*.9* und verortet sie in josianische Zeit (Schicht II). Dabei ist auch ihm die Stichwortverbindung von V. 6 zu Dtn 14,2.21 wichtig, Verse, die bei ihm ebenfalls zu Schicht II gehören. Realhistorisch verbindet er die vielen Völker mit der Ansiedelung der heterogenen Bevölkerung im zusammengebrochenen Nordreich durch die Assyrer und betont dabei den zeitgeschichtlichen Hintergrund, auf dem man solch fremdenkritische Texte lesen müsse (a.a.O., 332). Eine solch frühe Ansetzung von Dtn 7, die ebenfalls die Auseinandersetzung mit den Assyrern betont, findet sich auch bei Perlitt, Bundestheologie, 55. Durch den Bundesbegriff in Dtn 7 verweist er als plausibelste zeitliche Verortung auf die Jahrzehnte nach Hiskia (a.a.O., 63). Dass man die fremdenkritischen Texte vor ihrem zeitgeschichtlichen Hintergrund lesen muss, ist zu unterstreichen, die literarhistorischen Verortungen von Rose und Perlitt sind jedoch zu früh angesetzt.

680 Steuernagel, HK 1.3,1, 79, unterscheidet zudem überzeugend die beiden Formen der Erwählung in V. 6 und V. 8: „Während die Erwählung v 6 nach ihrer Israel verpflichtenden Seite in Betracht kam, betrachtet sie der Ergänzer als Israel zuteil gewordene unverdiente Auszeichnung."

681 Eine viel diskutierte These zum Aufbau dieses Mittelteils findet sich ursprünglich bei Lohfink, Hauptgebot, 181–183. Er stellt einen Chiasmus im Aufbau von Dtn 7,6–14 heraus, der sich in die beiden Teile 6–11 und 12–14 gliedert. Grundsätzlich geht er, a.a.O., 185f., als Minimaltheorie von einer Grundschicht mit Gilgalmaterial in Dtn 7,1–5*.13–16*.20*.22–24* aus, die dann bearbeitet und durch die V. 6–12.17–19.21 und eventuell unabhängig davon 25f. ergänzt wurde. Er vermutet jedoch selbst, dass die Entstehung eigentlich wesentlich komplizierter verlaufen ist. Der gefundene Chiasmus ist kein Beweis für die Einheitlichkeit des Abschnitts, denn schon bei ihm selbst erstrecken sich die chiastischen Elemente über seine Gilgal- und Dekalogtexte. Nach Lohfink sind jedoch die Dekalogtexte sprachlich auf die bereits vorliegenden Gilgaltexte hin komponiert worden. Festgehalten werden kann, dass es Verknüpfungen zwischen den beiden Passagen gibt, die aber vermutlich, wie Lohfink herausgearbeitet hat, bei der Formierung der jüngeren entstanden sind. Dies zeigt sich z.B. beim Stichwort „hassen", das sich aber auf zwei verschiedene Subjekte bezieht, und bei der Kombination aus ברית und חסד in den V. 9 und 12.

682 Vgl. Leuenberger, Segen, 312. Anders z.B. Seitz, Studien, 76. Dieser sieht V. 7–16 als eine zweigliedrige Einheit, die zu 1–6* und 17ff.* sekundär ist, wobei er auf die chiastische Struktur innerhalb von 7–16 verweist, die Lohfink herausgearbeitet hat. Doch siehe dazu oben Anm. 681.

individualisierte und zeitnahe Anwendung der Vernichtungsandrohung in V. 10a erscheint als Dublette.[683] Ein Unterschied zwischen V. 7–11 und V. 12–16 ist z. B. im Liebesmotiv zu erkennen, denn nach V. 8 liebt Jhwh sein Volk, nach V. 13 wird er es zukünftig lieben. Dtn 7,7–11 setzt den Dekalog bereits voraus und legt ihn aus[684] und hat, z. B. im Liebesmotiv, große Ähnlichkeiten zu Dtn 4,36–40, wie auch Veijola darlegt,[685] sodass dieser von einem gemeinsamen nachexilischen Verfasser ausgeht. Dtn 4,37 und auch 10,16 f. sind jedoch wohl eher zur Wirkungsgeschichte von Dtn 7,7–11 zu rechnen und stehen nicht auf derselben redaktionellen Stufe, da es doch deutliche Abweichungen in den Texten gibt.[686]

Die in V. 12, dem Beginn des nächsten Abschnitts, genannten משפטים beziehen sich in der nun vorliegenden Form auf V. 11 und die dort genannten Gebote, Rechtsvorschriften und Rechtssätze. Doch lässt sich der Verweis ebenso gut auf das Banngebot und das Bundesverbot in V. 1 f. beziehen.[687] Der Abschnitt 12–16aα ist literarisch einheitlich.[688] In V. 12 wird eine Differenz zu älteren Schichten von

---

683 Vgl. Achenbach, Israel, 227. So auch Veijola, ATD 8,1, 208.
684 Vgl. Achenbach, Israel, 225–227, und Weinfeld, AncB 5, 382.
685 Vgl. Veijola, ATD 8,1, 206, zur Datierung insgesamt vgl. a.a.O., 206–208.
686 So auch Achenbach, Israel, 226. Etwa das Liebesmotiv ist zwar in allen drei Texten enthalten, doch werden in Dtn 4,37 wie auch in 10,15 die Vorfahren geliebt und in 7,8 ist es das ‚Ihr‘, das geliebt wird. Dtn 10,15–22 ist sicherlich eine Weiterführung von Dtn 7,8, die den Liebesgedanken extrem ausweitet und die Folgen bis zur Fremdlingsliebe aufzeigt, das Volk aber als besonders zahlreich ansieht. Vgl. zu dieser Textpassage oben Kapitel 4.2.1 (192–196). Zudem wird die Kleinheit Israels in den Texten unterschiedlich formuliert, die Ausführungsbefehle in Dtn 7,11 und 4,40 weichen leicht voneinander ab – Dtn 7,11 bietet ein im Vergleich zu den beiden anderen Stellen zusätzliches לעשותם – und das monotheistische Bekenntnis, auf das es nach Veijola in beiden Abschnitten hinausläuft, ist zwar explizit in Dtn 4,39 enthalten (*39Und heute sollst du erkennen und in dein Herz bringen, dass Jhwh Gott im Himmel oben ist, und auf der Erde unten und sonst keiner*), in Dtn 7,9 ist die monotheistische Deutung jedoch eher eine Überstrapazierung des Artikels bei האלהים. In Veijolas – und am Rande bemerkt auch Luthers – Übersetzung wirkt die Parallele stärker, da beide ein „allein" einfügen. Veijola, ATD 8,1, 207 Anm. 507, selbst erklärt die Übersetzung mit „allein", die kein direktes Pendant im hebräischen Text hat, als Wiedergabe des hebräischen Artikels.
687 So ist der jüngere Segensteil in V. 7–11 durch V. 11 in den Kontext eingebunden worden. So, wie der Abschnitt in V. 7 durch das Stichwort der Erwählung (בחר) mit dem älteren V. 6 verbunden ist, wird durch die Nennung der משפטים in V. 11 zusätzlich zu dem in V. 7–11 sonst genannten Stichwort מצוה (in Dtn 7 nur in V. 9 und 11) die Verknüpfung zu V. 12 hergestellt.
688 Vgl. auch Leuenberger, Segen, 314 f. Er, a.a.O., 313, versteht Dtn 7,12–16 als „eine kombinierte Rezeption von Dtn 28(*) und Ex 23,20–33, den beiden Epilogen zum Deuteronomium und zum Bundesbuch mit Segen und Fluch bzw. Verheißungen und Mahnungen; hinzu kommen einige Bezüge zum Parallelstück von Ex 23,20ff in Ex 34,10ff sowie kontextuelle Vernetzungen." Hier findet sich auch eine Übersicht über die Verschränkungen. Dabei gehört V. 12–16 noch zu

Dtn 5 – 11 deutlich, auf die besonders Perlitt hingewiesen hat. Es zeigt sich hier in V. 12 ein ganz anderer Bundesbegriff, denn hier steht der Bund als eine „Chiffre [...] für die Verheißung"[689] und ist nicht auf die Gesetzesgabe am Horeb oder einen anderen Bundesschluss bezogen, wie es sonst für die deuteronomistische Bundestheologie grundlegend ist.[690] Diese Beobachtung unterstützt, dass der Abschnitt V. 12 – 16 jünger ist als die oben mit Otto der Horebredaktion zugeordneten Texte aus Dtn 5 – 11.[691]

Der Versteil 7,16aβ.b ist noch einmal auf einer späteren redaktionellen Stufe anzusiedeln.[692] Die hier genannten Gebote wirken in einem Abschnitt des Segens deplatziert. Zudem sind nur in diesem Vers die anderen Götter genannt, das Stichwort מוקֵשׁ (Falle, Fallstrick) bildet eine Parallel zu V. 25, der sich ebenfalls als sekundär erweisen lässt (s.u.).[693] Hier scheint sich wieder eine Perspektive des längerfristigen Nebeneinanders zu zeigen, wie es schon für das Mischehenverbot und V. 4 f. gezeigt werden konnte.[694]

In V. 17 – 24* findet sich die alte Weiterführung der Grundschicht in V. 1 f.6.[695] V. 17 schließt mit der Erwähnung der הגוים האלה unmittelbar an V. 1 f. an. Das Kapitel setzt beim Bannvollzug an und unterstreicht die göttliche Macht, auch größere

---

der von ihm als Grundtext angesehenen Passage (V. 1 – 3(.6)⁽*⁾.12 – 16⁽*⁾.17 – 24⁽*⁾), die er „(spät-/) nachjoschijanisch-vorexilisch" datiert (a.a.O., 315 f.).

689 Perlitt, Bundestheologie, 61.

690 Vgl. Perlitt, Bundestheologie, 55 – 77, bes. 61 – 63, Achenbach, Israel, 233 f., und in kritischer Weiterführung Otto, Deuteronomiumstudien II, 196 f.

691 Zu Dtn 5 – 11 vgl. das Kapitel 3.2.1.1 (161 – 164).

692 So auch bei Achenbach, Israel, 236, mit Berufung auf Steuernagel, HK 1.3,1, 79 f. Er betont den sachlichen Anschluss an V. 2bβ, die Verbindung mit den V. 5.25 und den gedanklichen Abschluss der Segensthematik in V. 16aα. Steuernagel führt an, dass V. 16aβb sowie 25 f. als Ermahnung nicht in den verheißenden Zusammenhang passt. So, mit Vorsicht, auch Leuenberger, Segen, 315.

693 Zu beachten ist hier die Verbindung zu Jos 23 und Ri 2,1 – 5. Im Josuabuch wird das Motiv der übrig gebliebenen Völker Stück für Stück aufgebaut. Vgl. auch Schäfer-Lichtenberger, JHWH, 214 – 216.

694 Es ist unsicher, ob V. 16aα ursprünglich zu V. 12 – 15 hinzugehörte und der Bruch vor 16aβ zu verorten ist, oder ob der ganze Vers sekundär ist. Da das Verschlingen (אכל) der Völker jedoch eine vollständige Vernichtung anzeigt, ist es vermutlich von 16aβ.b zu trennen. Das sprachliche Bild des Verschlingens gehört nicht zu den typischen Ausdrücken der Vernichtung anderer Völker, ist jedoch auch in Ps 53,5 zu finden. Der Ausdruck ist vermutlich nah verbunden mit dem Bild des verschlingenden Feuers, durch das Jhwh Menschen und Länder vernichten kann (vgl. nur Dtn 5,25; 9,3). In Num 13,32 findet sich – ebenfalls in dieser Linie – die Vorstellung, dass das Land selbst die Menschen auf ihm verschlingen kann.

695 So neben anderen auch Otto, Deuteronomiumstudien II, 196 – 199. Die Verbindung zu Dtn 7,1 f.6 zeigt sich auch durch die in den Versen 17 – 24 aufgenommenen Stichworte (הגוים(האל (V. 1 // 22) und נשל (V. 1 // 22).

Völker zu vertreiben. Doch bilden die V. 20.22 zwei Einschübe, in denen ein längeres Miteinander vorausgesetzt wird – die Völker können nicht so schnell vertrieben werden, ein Motiv, das konträr zu Dtn 9,3 steht und auch in Jos 23, vermutlich in seiner deuteronomistischen Bearbeitung, grundlegend ist.[696] Man spürt die Verfasser der Einschübe geradezu um überzeugende Gründe für den eroberischen Misserfolg ringen.[697] Die V. 17–24 gehen insgesamt davon aus, dass man das Gebiet der Anderen in Besitz nehmen und sie vertreiben wird, bzw. dass sie verschwinden – dies kann schneller oder langsamer gehen. Dahingegen zeichnet V. 3, die V. 4–5.16aβ.b und auch die V. 25 f., wie noch zu zeigen ist, ein Bild des gemeinsamen Wohnens, das in Abgrenzung voneinander geschehen soll, also ein langfristiges Nebeneinander der Gruppen im Land.

Mit V. 25 beginnt der letzte kurze Abschnitt von Dtn 7. Thematisch und sprachlich lehnen sich die beiden Verse an die Achangeschichte in Jos 7 an, wobei, wie Veijola herausarbeitet, hier eine Angleichung an Thema und Terminologie von Dtn 7 erkannt werden kann, sodass es sich bei Jos 7 um die ältere Vorlage handelt.[698] Der Abschnitt 7,25 f. ist inhaltlich und terminologisch mit den Versen 4 f. und 16aβ.b verbunden.[699]

---

696 Die Ausscheidung dieser Verse aus der Grundschicht steht jedoch auf nicht ganz gesichertem Boden. Sie entspricht beispielsweise der literarkritischen Trennung Veijolas, ATD 8,1, 204 f., doch argumentiert dieser stark über die außerdeuteronomischen Parallelen, harte Brüche im Text kann auch er nicht aufzeigen. Auch Hölscher, Komposition, 173 f., hält die V. 20.22 für sekundär zum Kontext V. 17–24. McConville, AOTC 5, 161, betont die Andersartigkeit der Verse: „Verse 22 comes as a surprise in a context in which the defeat of the Canaanites is portrayed as quick and complete, providing a rationale for the actual continuance of the non-Israelite population after the people's entry." Da er jedoch generell mit literarkritischen Optionen vorsichtig ist, deutet er es als Zeichen des Realismus aber als keines für einen literarischen Einschub. Für die Ausscheidung von V. 20 aus dem Grundtext spricht noch eine sprachliche Beobachtung. Wenn im Deuteronomium das Wort ערץ vorkommt, so wird es stets mit ירא verbunden (Dtn 1,29; 20,3; 31,6). In Dtn 7,17–24 findet sich der Aufruf, sich nicht zu fürchten, in V. 18 f. und das Nichterschrecken dann erst in V. 21 (vgl. dazu Nelson, OTL, 103). Dies spricht dafür, dass V. 20 sekundär zwischen V. 18 f. und 21 eingeschoben und dadurch der ursprüngliche Zusammenhang unterbrochen wurde. Einen anderen Weg wählt Oswald, Staatstheorie, 131, indem er das Nebeneinander der vollständigen Vertreibung und des Übrigbleibens der anderen im Land sowohl in Dtn 7 als auch in Jos 23 nicht als „Zeichen literarischer Uneinheitlichkeit, sondern Ausdruck der Diskrepanz zwischen dem Ideal, das die Landnahme-Erzählung vorgibt, und der Realität, mit der das DtrG umgeht" wertet.

697 Strukturell erinnert dies an die innerneutestamentliche Diskussion um die Parusieverzögerung. Dtn 7,20 verweist dabei sogar auf das ökologische Gleichgewicht, um die weitere Existenz der doch zu vernichtenden Völker im Land zu erklären.

698 Vgl. Veijola, ATD 8,1, 205 mit Anm. 498.

699 Mit der Verbindung zu einem dieser Abschnitte oder beiden in Dtn 7 rechnen auch von Rad, Seitz und Schäfer-Lichtenberger. Von Rad, ATD 8, 49, weist V. 5 und 25 dem gleichen Interpolator

Aus dem Gesagten lässt sich ein Modell zur Entstehung von Dtn 7 entwickeln: So konnte als Grundschicht V. 1 f.6.17–19.21.23 f. bestimmt werden. Die meisten aktuellen Ausleger, wie Veijola und Otto, datieren die Grundschicht in die späte exilische Zeit. Otto rechnet die Verse der exilischen Moabredaktion zu, die besonders in Dtn 1–3 Textanteile hat. Bei Veijola gehört Dtn 1–3 fast durchgängig zu DtrH und damit in die Vorgeschichte der in Dtn 7 beginnenden Redaktionsgruppe um DtrN.[700] Die Differenzen zu Dtn 1–3 sind stark zu machen. Zum einen ist hierbei auf die verschiedenen Darstellungen zur Größe des Volkes zu verweisen. Dieses Motiv ist in Dtn 1–3 nicht verankert.[701] Auch begrifflich weicht Dtn 7 mit dem Stichwort עצום, das sich sonst nur in auch bei Otto als postdeuteronomistisch, also nachexilisch, bewerteten Texten findet, von Dtn 1,28 ab. In diesen sprachstatistischen Bereich[702] gehört auch das Stichwort גוי und noch genauer הגוים האלה, das in Dtn 1–3 und zudem in allen deuteronomischen Texten niemals vorkommt – entsprechende Sachverhalte werden mit עם formuliert –, ab Dtn 7 aber zur zentralen Bezeichnung des Gegenübers wird.[703] Blickt man auf den Umgang mit dem Bann, so fällt zusätzlich ein Unterschied in der Textgattung auf. Während der Vollzug des Banns in Dtn 2,34 und 3,6 *erzählt* wird, um zu belegen, warum die ostjordanischen Gebiete nun vollständig Israel gehören, ist Dtn 7 ein paränetischer Gebotstext für eine kommende Zeit, in dem der Vollzug des Banns *gefordert* wird.[704] Führen diese Überlegungen dazu, die Grundschicht von Dtn 7 von jenen exilischen Erweiterungen in Dtn 1–3 abzuheben und sie nach ihnen zu datieren, so kann die Frage nach der Zuordnung der hier genannten Völker zu realen Opponenten zusätzliche Hinweise auf eine frühnachexilische Datierung geben.[705]

---

zu. Ebenso urteilt Seitz, Studien, 77, der hinzufügt, dass auch V. 16b vom selben dtr Redaktor stammen könnte. Schäfer-Lichtenberger, JHWH, 216, vermutet einen literarischen Zusammenhang zumindest für V. 5b.

700 Vgl. zu Otto und Veijola oben 158 Anm. 547.

701 Das Motiv erscheint ausschließlich bei den Enakitern in 1,28. Die antiquarischen Notizen sind von späterer Hand. Vgl. dazu die genaueren Erörterungen in Kapitel 4.5 (282–285).

702 Einen weiteren kleinen Hinweis auf eine nachexilische Datierung der Grundschrift gibt V. 19. Hier erscheint mit מסה Machtprüfung ein Ausdruck für das Ägyptengeschehen, der sonst im ganzen Alten Testament nur in Dtn 4,34 und 29,2 und damit in zwei ebenfalls nachexilisch zu datierenden Texten vorkommt. Das Exodusgeschehen bleibt in Dtn 7 zudem viel abstrakter als sonst in der zweiten Einleitungsrede.

703 Vgl. dazu genauer unten Kapitel 4.3.2 (227–232).

704 Dass gerade dieser Text so florierend fortgeschrieben wurde, kann damit erklärt werden, dass eben diese Zukunftsperspektive dazu einlädt.

705 Vgl. zu einer nachexilischen Datierung von Dtn 7 Römer, Deuteronomistic History, 59 Anm. 31; 130.150.170 f. Allerdings behandelt er Dtn 7 als literarisch einheitlichen Text. Die Parallelen sieht er aber schon in 7,1, also im ältesten Teil. Hölscher, Komposition, 176, argumentiert für die Datierung des Textes direkt mit der hier gezeigten Stellung zu den Fremden. So spricht er

Hierauf ist im nächsten Abschnitt bei der Klärung der Frage, wer in den verschiedenen Schichten mit den Fremden gemeint ist, noch einmal einzugehen. Die Einfügung des Mischehenverbots in V. 3 gehört in den Diskurs zur Perserzeit, wie er in Esra/Neh deutlicher wird.[706] Beachtenswert bei Dtn 7 ist, dass es sich beim Mischehenverbot um eine Einschränkung und Abmilderung des Banngebots handelt. Die gewünschte Abgrenzung wird so nicht mehr durch die Forderung der Auslöschung des Anderen erreicht, sondern die Distanzierung von ihm wird durch das Heiratsverbot ausgedrückt. Das Mischehenverbot ist also keine Verschärfung, sondern eine Erleichterung im Miteinander. Durch die Einfügung der langfristigen Perspektive des separierten Nebeneinanders in V. 3 wird das Banngebot nachträglich an die Landnahme gebunden und so auch auf diese für die Rezipienten des Textes bereits vergangene Zeit beschränkt.[707] Zumindest thematisch sind hiermit auch die Einschübe in V. 20.22 verbunden.

Die V. 12–16 lassen sich nur relativ verorten, da sie die Grundschicht voraussetzen und wegen des Anschlusses in V. 16 vor der kultkritischen Schicht in V. 4f.16aβ.b.25f. entstanden sein müssen. Eine genauere Datierung ist wegen des doch eher zeitlosen Segens schwer möglich.

Die vorletzte Redaktionsstufe V. 4f.16aβ.b.25f. ist die Textebene, zu der u.a. auch Dtn 13,13–18 und der Einschub ins Kriegsgesetz in Dtn 20,15–18 gehören, sowie die mit einer historisierenden Gebotseinleitung verbundenen Texte Dtn 12,2–7; 12,29–31 und das Prophetengesetz in Dtn 18,9–22.[708] Diesen Texten ist gemein, dass sie harte Kultkritik an jenen (kanaanäischen) Völkern betreiben und

---

sich für eine exilische Abfassung von Dtn 7* aus: „Ins Exil verweist vor allem der unversöhnliche Fremdenhaß, der sich in dem Befehl ausspricht, die Bewohner des Landes zu bannen, d.h. mit Stumpf und Stiel auszurotten (7 _1-2_ vgl. 7 _16a 17-19 21 23-24_ 9 _3_). Solch ein Befehl wäre vor dem Exil ganz gegenstandslos, da es längst keine Kanaaniter mehr gab. Ausländerhaß aber spielt zur Zeit Josias oder überhaupt in der Königszeit in dieser grundsätzlichen Weise keine Rolle. Der Fremdenhaß der Juden ist erst eine Frucht der Zerstörung; er begegnet sofort in den Anfangszeiten der Jerusalemer Gemeinde, bei Sacharja, Nehemia." Die Ergebnisse der hier angestellten Studie können diesen Eindruck Hölschers bestätigen, doch führt dies nur zum Ausschluss vorexilischer Datierungen. Wie deutlich wird, sprechen derartige Abgrenzungstendenzen eher für eine nachexilische als eine exilische Verortung des Textes.

706 Nelson, OTL, 99, legt eine stark nationale und staatliche Deutung von Dtn 7 vor, was mit seiner Datierung in staatlicher Zeit zusammenhängt, weshalb er im Mischehenverbot auch die politischen Machthaber angesprochen sieht, deren Heiratspolitik als Außenpolitik hier kritisiert werde.

707 Vgl. dazu Schäfer-Lichtenberger, JHWH, 202–205.

708 Für die Analyse von Dtn 13 siehe Kapitel 2.4.2 (108–115). Otto, Deuteronomiumstudien II, 192f., ordnet Dtn 13,13–18 und Dtn 20,15–18 der auch die Grundschicht von Dtn 7 formulierenden Moabredaktion zu. Doch sind beide Einschübe eher mit der nachexilischen Überarbeitung von Dtn 7 in Dtn 7,4f.16aβ.b.25f. zu verbinden. Vgl. dazu unten Kapitel 4.3.1 (227–232).

dabei die Mechanismen des Banns und auch des Jhwh-Krieges auf das eigene Volk übertragen, das sich zu jenen Gräuel hinziehen lässt.[709] In diesem Zuge wird zugleich das תועבה-Konzept modifiziert.

Die letzte Stufe der Textentwicklung lässt sich in V. 7–11 erkennen. Hier wird bereits der Übergang zu Dtn 4 und damit einem der jüngsten Texte des Deuteronomiums geschaffen. Die Gegner Gottes, die, die ihn hassen, sind hier bereits von den Fremden getrennt und stammen eher aus dem *eigenen* Volk.[710] Die hier geforderte Grenzziehung zum wahren Israel vollzieht sich innerhalb der religiös bestimmten Gruppe des eigenen Volkes.

4.3.1.2 Kollektive Identität und Fremdendarstellung in Dtn 7

Die Redaktionsgeschichte von Dtn 7 lässt sich am besten verstehen, wenn genauer gefragt wird, wer die Fremden sind, von denen man sich zu distanzieren hat, und welche Art der Distanzierung in den verschiedenen Schichten gefordert wird. Dtn 7 durchziehen diese Abgrenzungstendenzen. Sie können explizit ausgedrückt sein wie in den fremdkultkritischen Passagen (vgl. besonders V. 4 f.25 f.), als separierende Tendenzen, wie es sich im Segen in V. 12–16 zeigt, oder implizit in der Erwählung des heiligen Volkes, die V. 6 betont und dann auch die V. 7–11 ausführen. Hier wird die Abgrenzung als Kehrseite der Erwählung deutlich.[711]

Dtn 7 lässt sich dabei als beispielhafter Diskurstext um die Konstruktion und Wahrung der kollektiven Identität Israels lesen. Allen Schichten ist gemein, dass Israel als Kontrastgesellschaft[712] zu anderen Gruppen dargestellt wird. Im Laufe des Textwachstums ändert sich zum einen der geforderte Umgang mit den Gruppen, die in Kontrast zu Israel gestellt werden. Doch ändern sich zum anderen auch die Grenzziehungen selbst, die die Konstruktion des wahren Israels und des davon abzugrenzenden Anderen bestimmen.

---

709 Schmitt, Krieg, 63, betont mit Blick auf Dtn 13,13–19 diese Übertragung der Kriegskonzepte nach außen auf das eigene Volk, den „Feind im Innern". „Dtn 13,13–19 ist, wie auch in Dtn 7,7ff und 7,25 f. greifbar, ein Beispiel für die schriftgelehrten Fortschreibungen innerhalb der dtr Traditionslinie, die Elemente des ‚sakralen Krieges' für die Gesetzesparänese bzw. im Sinne einer ‚schwarzen Pädagogik' aufgreifen."

710 In dieser Linie auch Schäfer-Lichtenberger, JHWH, 209 f.: „Es sollte nicht überlesen werden, daß der mit Ausrottung Bedrohte ein Angehöriger des ʿm qādōš ist, nicht ein Angehöriger der Fremdvölker."

711 Vgl. zur Vorstellung der Erwählung Israels Kapitel 5.1 (294–299).

712 So der prägnante von Gerhard und Norbert Lohfink geprägte und von Georg Braulik aufgenommene Begriff. Vgl. Braulik, NEB 15, 63. Auch Nelson, OTL, 94, betont diese Charakterisierung Israels, indem er seine Auslegungen zu Dtn 7 mit „Israel as a countercultural society" überschreibt.

Die in Dtn 7 geforderte Abgrenzung bezieht sich auf der literarischen Ebene auf die kanaanäische Vorbevölkerung.[713] Zur Bewahrung von Israels Identität, die zunehmend religiös bestimmt wird, gilt es, sich von diesen sieben Völkern abzugrenzen.[714] Mit der Zusammenstellung der sieben Völker wird eine möglichst vollständige Liste der Vorbesitzer des von Israel zu erobernden Landes, wie sie in älteren Texten belegt sind, gegeben.[715]

Es bleibt jedoch die Frage, wer mit diesen sieben Völkern auf der zeitgeschichtlichen Ebene der Verfasser von Dtn 7 gemeint ist.[716] Zehnder deutet das deuteronomische Mischehenverbot als nur auf die Kanaanäer bezogen, und fügt hinzu, dass die religiöse Gefahr von Nicht-Kanaanäern als geringer eingestuft wird.[717] Diesem ist auf der Textebene zuzustimmen.[718] Es stellt sich jedoch die

---

713 Hilfreich ist hier die Unterscheidung bei Sparks, Ethnicity, 257–261, in „objective others" und „rhetorical others".

714 Vgl. auch Achenbach, Israel, 288, und Veijola, ATD 8,1, 195.

715 Dass die in Dtn 7,1 genannten Völker unter die Oberkategorie „Kanaanäer" subsumiert werden können, wird mit Blick auf den entsprechenden Abschnitt in der Völkerliste in Gen 10,15–18 deutlich. Hier erscheinen fünf der sechs Völker aus Dtn 7 in Verbindung mit dem Oberbegriff Kanaaniter, wobei die Hetiter durch Het repräsentiert werden. Es fehlen nur die Perisiter, die aber ansonsten zum Standardrepertoire der Listen gehören und Teil der Völker sind, die im Verheißungsland siedeln oder siedelten. Vgl. dazu Achenbach, Israel, 244–249. Ein Überblick über das Vorkommen der Völker im Alten Testament findet sich als Tabelle X bei Achenbach, Israel, 244, wobei Jos 24,1 in 24,11 zu ändern ist. Zu der Benennung der Kanaanäer in der Vätergeschichte vgl. Wöhrle, Fremdlinge, 215–222. Die vollständige Liste der sieben Völker erscheint in Dtn 7; Jos 3,10 und 24,11. In Bezug auf Jos 24,11 ist bemerkenswert, dass die Liste im Erzählkontext nicht aufgenommen ist. Der Erzähltext spricht nur von den Amoritern. Dies spricht wohl für eine spätere Einfügung der Liste in den Kontext, sodass eine Angleichung an Dtn 7 erreicht wurde. Die zweite im Deuteronomium befindliche Liste in Dtn 20,17 nennt nur sechs der Völker, es fehlen die Girgaschiter.

716 Van Seters, Terms, 78, spricht hier von den „Amorites or their contemporary ideological counterpart". Nelson, OTL, 98, bezieht die Abgrenzungstendenzen auf die Assyrer. Doch geht es ja gerade nicht um die umliegenden oder sogar weiter weg wohnenden Völker, sondern die Völker im eigenen Verheißungsland. Hinzu kommt, dass eine derart frühe zeitliche Verortung in die vorexilische Zeit unter assyrischer Herrschaft zwar zu Nelsons Entstehungshypothese des Deuteronomiums passt, zu den literarhistorischen Analysen dieser Arbeit jedoch nicht.

717 Vgl. Zehnder, Umgang, 387.

718 Auch im priesterlichen Konzept der Erzelterngeschichten (explizit in Gen 27,46–28,9) wird, wie Wöhrle, Land, 202–204, herausarbeitet, nicht eine Mischehe jeder Art verboten, sondern nur eine mit den Töchtern des Landes (Kanaan). Das Mischehenverbot bezieht sich auch in Dtn 7,3 nur auf die Frauen der kanaanäischen Völker, die in V. 2 genannt werden, und nicht auf alle fremden Frauen, wie es in der Konzeption von Esra/Neh der Fall ist.

Frage, wer in der Erzählzeit mit der Nennung dieser längst vergangenen Völker gemeint ist, für wen also die Chiffre der kanaanäischen Völker benutzt wird.[719]

Die fremden Völker, von denen es sich zu distanzieren gilt, wohnen in dem Land, das Israel nun in Besitz nehmen möchte, wie gleich der erste Vers betont. Es geht also nicht um die Auseinandersetzung mit umliegenden Völkern wie in Dtn 6,14, sondern um die Bewohner des eigenen Verheißungslandes, in das man einwandert. Sie sind zahlreicher als es Israel ist (vgl. V. 1.17) doch Jhwh ist bei den Einwanderern. Die Linien der Abgrenzung werden also schon in der Grundschicht von Dtn 7 zwischen dem einwandernden Volk und jenen gezogen, die bei dieser Einwanderung in Israel leben.

Die geforderte Distanzierung wird dabei in den auf die Grundschicht folgenden Schichten immer expliziter begründet. Eine zu erwartende Verschwägerung ist in jedem Fall zu verhindern (V. 3). Das Mischehenverbot ist nur religiös motiviert, so etwas wie der Muttersprachenverlust in Neh 13 ist dem Deuteronomium fremd.[720] Dies kann als kleiner Hinweis darauf gewertet werden, dass zwischen beiden Gruppen keine sprachliche Differenz besteht. Die Bewohner des Landes sind es, die als Fallstrick für Israel wirken (V. 16b), das sich zu den von ihnen praktizierten Kultpraktiken verleiten lassen könnten. Sie haben Mazzeben

---

719 Uehlinger, Canaanites I; II, verweist auf die verschiedenen Ebenen, auf denen im Alten Testament von den kanaanäischen Völkern die Rede ist. Er zeichnet die Forschungsgeschichte anhand von Hauptlinien nach (Canaanites I, 554 – 562) und analysiert dann sowohl das literarische Bild der kanaanäischen Völker in den verschiedenen Passagen des Alten Testaments (*story*) als auch das aus den archäologischen Funden zu rekonstruierende (*history*), bevor er beides zusammenführt. Dabei betont er die große Differenz zwischen dem biblischen Bild, das die Kanaanäer und ihre Bräuche als Antistereotyp schlechthin gebraucht, und dem, was man aus den archäologischen Quellen erkennen kann. „All along the story, they serve as antistereotypes for shaping the identity of what is described as nascent Israel." (Canaanites II, 173). „Israel's identity is shaped by the negation and repression of anything ‚Canaanite'" (a.a.O., 174). Dabei ist oftmals die Trennung zwischen kanaanäisch und israelitisch kaum zu ziehen. Vielmehr bezeichnet die biblische Chiffre ‚kanaanäisch' Bräuche, die in Israel zum religiösen Repertoire gehörten, die nun aber manche Gruppen abzuschaffen suchten.

Crüsemann, Gewaltimagination, 344, nennt neben anderen drei wichtige Grundlinien für das Verhältnis zwischen Israel und Kanaan, wie es sich in den Texten zeigt: 1) Die Vorstellung, dass Israel erst von außen in sein jetziges Stammland eingewandert sei; 2) „die Tatsache, dass die kanaanäische Religion Gegenbild und dauernde Bedrohung der eigenen religiösen Identität darstellt, was so für keine der anderen Religionen gilt, mit denen Israel zu tun hatte und denen es meist mit erstaunlicher Gelassenheit begegnete" und 3) die Erkenntnis, dass die meisten Praktiken, die Kanaan vorgeworfen werden, zum normalen religiösen Vollzug zumindest größerer Gruppen in der Königszeit gehören, sodass es sich letztlich um Projektionen auf die Kanaanäer und einen internen Religionskonflikt handelt.

720 Vgl. zu den Begründungslinien auch Conczorowski / Frevel, Schwiegertöchter, 61 f., und Conczorowski, Ezra, bes. 98 f.

und Ascheren und Kultbilder, die das einwandernde Israel auf keinen Fall selbst in den Kult übernehmen sollte (V. 4 f.25 f.).

Fragt man nun nach der Situation, in der die Betonung einer solchen Linie der Abgrenzung von Völkern im Land sinnvoll zu verorten ist, so legt sich die Zeit nahe, in der Israel *wieder* in das eigene Land einwandert, und damit die Zeit der Repatriierung nach dem babylonischen Exil.[721] Dabei sind aus historischer Perspektive gegenüber dem literarischen Bild zwei wichtige Relativierungen oder Korrekturen zu unterstreichen. Zum einen ist es längst nicht so, dass die Möglichkeit der Rückkehr in das ehemalige eigene Land, von allen Judäern im babylonischen Exil ergriffen wurde. Gerade die in Babylonien erworbene wirtschaftliche Selbstständigkeit führte dazu, dass viele in der neuen Heimat blieben.[722] So wie die Deuteronomisten im Exil ihre Gruppe als „ganz Israel" darstellten, so geschieht es auch bei der Illustration der Rückkehr und damit der Einwanderung in das Land.[723] Zum anderen ist die Darstellung alttestamentlicher Texte wie Jer

---

721 Wegen der im Deuteronomium durchgehaltenen Szenerie vor der Landnahme, kann auf diese Situation nur durch die Auswertung der relativen Chronologie der Genese des Deuteronomiums, wie im Vorherigen gezeigt, und durch die Verortung der Perspektive der Texte geschlossen werden. Die Zuordnung zu den Rückkehrer ist damit nicht gänzlich beweisbar, die Anwendung dieser aus den Hinweisen entwickelten Hypothese auf die Interpeation der Texte, wird im Folgenden jedoch ihre Passung plausibilisieren. Eine Verknüpfung zwischen Dtn 7 – im Ganzen oder in Teilen – und dem Konflikt zwischen Rückkehrern und Daheimgebliebenen ist nicht vollständig neu, sondern wird bereits etwa von Schmitt, Krieg, 74 f., und Römer, Deuteronomistic History, 170, vertreten. Dieser führt den Zusammenhang mit Blick auf Dtn 7; 9,1–6; 12,2–7 zumindest ein wenig aus: „The ideology of separation from autochthonous people reflects the struggle between the Golah community and those who had remained in the land." Anders votiert Rüterswörden, Bild, 329, der von Neh 13 ausgehend im Blick auf Dtn 7,3 schreibt: „Allerdings zielt dort das Connubiumsverbot nicht auf die Scheidung von Ehen zwischen den Angehörigen der Gola und den Völkern des Landes." Zum Konflikt zwischen Heimkehrern und Daheimgebliebenen vgl. auch Kessler, Sozialgeschichte, 138–172, bes. 143–148. Textlich stützt sich Kessler dabei auf Esra/Neh; Sach 5,1–4 und das Jobeljahrgesetz in Lev 25.
722 Vgl. dazu Berlejung, Geschichte, 152, und Frevel, Grundriss, 811 f. So erklärt schon Donner, Geschichte, 444: „Gewiß hielt sich die Rückkehrbegeisterung bei vielen, die sich eingelebt hatten, in Grenzen".
723 In dieser Richtung auch Berlejung, Geschichte, 169, die ausführt, dass „‚Exil und Rückkehr' nur als zentrale Themen einer Minorität anzusehen sind." Darum ist die Frage nach der Größe der historischen Rückkehrerwellen (vgl. dazu etwa Becking, We All, 6–13) von der Frage der literarischen Darstellung im deuteronomistischen Deuteronomium zu trennen. Archäologisch lassen sich bedeutende Rückkehrerwellen nicht stichhaltig belegen. Die nachexilischen Verfasser beschreiben sich selbst als ganz Israel ohne dass damit gesagt wäre, dass historisch mit einer überaus beachtlichen Menge an Rückkehrern zu rechnen wäre. Ähnliches geschieht auch in den Esra-Nehemiabüchern, wenn die Judäer vereinheitlichend als „Söhne der Gola" bezeichnet werden. Vgl. dazu Rothenbusch, Tora, 326–330 und zur Historizität der Rückkehrer-

32,43, die ein Bild des Landes, in das die Rückkehrer wiederkommen, als leer und unbewohnt zeichnen,[724] nicht deckungsgleich mit der Situation im Land.[725]

Die (religiösen) Differenzen zwischen den Daheimgebliebenen und den Rückkehrern werden in Ez 33,23 – 27 deutlich mit diesen beiden Parteien verbunden.[726] So beschreibt diese spätexilische Passage[727] den selbstformulierten Anspruch der im Land Wohnenden auf das Land, die sich dabei auf Abraham und ihre eigene personelle Stärke berufen, und die Negierung eben dieses Anspruchs durch Jhwh, der ihnen den Besitz des Landes wegen ihrer Gräueltaten (תועבה in Ez 33,26 wie in Dtn 7,25 f.) und des Götzendienstes abspricht. Dabei wird ihnen nicht nur der Anspruch auf das Land genommen, sondern ihre vollständige Vernichtung wird angedroht. Im auffälligen Gegensatz dazu wird in Dtn 7 gerade nicht mit der eigenen personellen Übermacht argumentiert, sondern pointiert entgegengesetzt mit der eigenen Kleinheit (vgl. V. 6 f.17 f.). Zwischen Ez 33,23 – 27 und Dtn 7 ist keine literarische Abhängigkeit zu vermuten, jedoch beziehen sich beide Texte auf das gleiche Konfliktpotential, das sich in verschiedenen (den Gruppen evtl. lediglich zugeschriebenen) Kultpraktiken manifestiert.

In der gegenwärtigen Forschung besteht ein großes Interesse an den Spiegelungen dieser Konflikte in biblischen Texten wie den priester(schrift)lichen Passagen der Erzelterngeschichten, dem bereits genannten Text Ez 33,23 – 27 und Esra 9 f./Neh 13.[728] Sara Japhet betrachtet besonders die Prinzipien der Identi-

---

wellen a.a.O., 325 f. Das Thema der Rückkehr ist auch in den Texten, die sich explizit mit den Rückkehrern auseinandersetzen, wie sie vor allem bei Esra und Nehemia vorliegen, weniger historisch, sondern stark theologisch aufgeladen. So führt Gerstenberger, Israel, 16, aus: „Eine eigentliche Berichterstattung über die ersten Rückkehrer nach der Befreiung durch die Perser liegt also praktisch nicht vor. Vielmehr ist das Lehrthema ‚Heimkehr aus Babylonien' in verschiedene Berichte verdichtet worden, die symbolträchtig und theologisch schwer befrachtet trotz der konkreten Zeit-, Orts- und Personenangaben uns keine genauen geschichtlichen Auskünfte geben können."

724 Vgl. dazu Wöhrle, Fremdlinge, 192. Genereller zum Problem des „empty land" vgl. etwa Ben Zvi / Levin, Concept. Zur Verknüpfung zwischen der Fiktion des „empty land" und der Massenrückkehr aus dem Exil vgl. Becking, We All, 7 f.

725 Vgl. auch Weippert, Palästina, 692.

726 Vgl. Römer, Models, 41 – 43.

727 Zur Datierung Wöhrle, Fremdlinge, 174 Anm. 10 mit weiterführender Literatur.

728 Japhet, People, 112: „According to Ezr.-Neh. only one Israelite community exists in the land of Israel: that of returned exiles!" Dabei werden sie aber nicht den Daheimgebliebenen gegenübergestellt, sondern diese werden in das Konzept des Exils inkludiert. So benennt Japhet, People, 114, das Ziel der Liste in Neh 2,70 damit „to consider all the people of Judah, whether or not they went into exile, as returnees." Denen gegenüber stehen die ausländischen Menschen (sowohl als נכרים als auch als עמיה ארצות bezeichnet), zu denen die radikale Trennung stattfindet. Hierzu gehören dann die, die von Asarhaddon im Land angesiedelt wurden und die sich religiös

tätskonstruktion Israels nach den Büchern Esra und Nehemia. Dabei stellt sie – als Ergebnis ihrer Textstudien – die Rückkehrenden aus dem Exil als das wahre Israel allen gegenüber, die sich im Land befinden.[729] Rüterswörden weist auf die daraus folgende Konsequenz hin: Durch die Identitätskonstruktion einer Einzelgruppe als vermeintlich Ganzes wird Menschen die Zugehörigkeit zum Volk abgesprochen, die sich selbst als Israel bezeichnen würden. Sie erscheinen hier als Bevölkerung des Landes, die von Israel getrennt ist.[730] Im Konzept von P in der Genesis argumentieren die Rückwanderer, wie Wöhrle gezeigt hat, mit dem Bezug auf die Erzeltern, die wie Abraham selbst aus Mesopotamien in ein Land mit einer fremden Bewohnerschaft eingewandert sind.[731] Im Deuteronomium wird hingegen stärker mit dem Ereignis des gemeinsamen Exodus aus Ägypten und der Landnahme argumentiert und damit das Bild des gemeinsam einwandernden Volkes

---

zu Israel rechnen (vgl. Esra 4,2). „Ezr.-Neh. does not recognize the existence of two groups of Israelites but only one – the exile. Others, who may live in the land of Israel and may claim this title, are mere foreigners – ‚peoples of the lands‘." (116).

Das von Christian Frevel geleitete DFG-Projekt „Die Konstruktionen von Gruppenidentität durch religiös begründete Heiratsverbote. Literarhistorische, rechtshistorische und sozialgeschichtliche Aspekte der sog. ‚Mischehenfrage‘ in der persischen Provinz Yehûd" (2007–2011) betont den Zusammenhang von Identitätsbildung und Mischehenproblematik. In Bezug auf die in Neh 13 dargestellte Argumentation, Mischehen würden zum Verlust der Hebräischkenntnisse der Kinder führen, erläutern Conczorowski / Frevel, Schwiegertöchter, 62: „Dabei ist fraglich, ob die Sprache der ‚Jehudim‘ wirklich so verschieden war, dass dies eine reale Bedrohung dargestellt hat, oder ob hier *Alterität* (Andersheit) eher konstruiert wird." In Bezug auf Neh 13 wird also der Zusammenhang deutlich, der auch für die Identitätskonstruktion im Deuteronomium im Allgemeinen und Dtn 7 im Besonderen leitend ist. Identität bildet sich durch die Konstruktion distinkter Gruppen als die Anderen.

729 Vgl. Japhet, People, 112–115. Die Frage, wer zum wahren Israel gehört, ist in der nachexilischen Zeit nicht so einfach zu beantworten und Gegenstand eines Konflikts zwischen verschiedenen ehemals judäischen Gruppen. So unterscheidet Japhet, People, 104–106, insgesamt sieben verschiedene Gruppen, die alle zu Israel im weiteren Sinne gerechnet werden können. Drei Gruppen befinden sich im Land (die Rückkehrer aus dem Exil, die Daheimgebliebenen und die Bewohner Samarias und Galiläas) und drei Gruppen in den verschiedenen Diasporagemeinden in Babylonien, Ägypten, Ammon. Hinzu kommen als siebte Gruppe die „verschwundenen" zehn Stämme des ehemaligen Nordreiches. Um diese Diversität zu unterstreichen zeigt Japhet die sehr verschiedenen Zuschreibungen des wahren Israels auf, die man in Ez 11 und 33, in Jer 24, bei Hag und Sach und bei Esra und Nehemia findet.

730 Vgl. Rüterswörden, Bild, 333. Rüterswörden deutet diese harte Abgrenzungshaltung der Rückkehrer wohl zutreffend durch ihre Erfahrungen in der Fremde, in der sie ihre Identität bewahren mussten: „Für die Angehörigen der Gola richtet sich das Augenmerk gerade auf diese Gruppe, denn es ist kaum vorstellbar, dass Familien, die in der Zeit des Exils der Gefahr der Assimilation bewusst widerstanden hatten, ausgerechnet nach der Rückkehr in das Gelobte Land sich durch Heirat an fremde Familien banden."

731 Vgl. Wöhrle, Fremdlinge, bes. 176–180.

statt der einzelnen Patriarchen gewählt.[732] Dies entspricht der Tendenz der deuteronomistischen Bearbeitungen des Deuteronomiums ab der exilischen Zeit, schon auf der Darstellungsebene das Volk als Ganzes zu betonen.[733]

Ein weiterer Punkt ist im Vergleich zum priesterlichen Konzept zu unterstreichen: Im Gegensatz zu Dtn 7 und Ez 33,23–27 wird in P nicht die Ausrottung der Landesbevölkerung gefordert, sondern nur die Trennung von ihr in Form des Mischehenverbots,[734] das sich ausschließlich auf die als Kanaanäer bezeichneten Bewohner des Landes bezieht, die die Rückkehrer vorfinden. Dtn 7,1 f. fordert zwar im Vollzug der Landnahme die Ausrottung, dies wird jedoch durch die Eintragung der Mischehenperspektive gemildert, wobei auch hier nur die kanaanäischen Völker genannt sind.[735] In der Forderung, die „kanaanäischen Völker" vollständig zu vernichten, indem der Bann an ihnen vollzogen wird, ist eine Grundhaltung der absoluten Grenzziehung ausgedrückt.[736] Dass es tatsächlich zu geplanten gewaltsamen Auseinandersetzungen mit den Daheimgebliebenen gekommen wäre, ist hingegen eher unwahrscheinlich.[737]

Auch in den geschichtlich orientierten Untersuchungen wird der Konflikt zwischen den Rückkehrern aus dem Exil, die ihr Land eben gerade nicht leer

---

732 Vgl. dazu den Abschnitt zur Volkwerdung Israels nach dem Deuteronomium in Kapitel 5.2 (299–310) im Allgemeinen und der Rolle der Erinnerung an den Exodus im Besonderen in Kapitel 5.2.1 (301–303). Der Unterschied zwischen beiden Texten ist auch durch die unterschiedliche literarische Fiktion zu erklären. Ab dem Buch Exodus, bezieht sich die priester (schrift)liche Argumentation auch auf den Auszug aus Ägypten als gemeinschaftsstiftende Erfahrung.

733 Vgl. dazu oben besonders Kapitel 3.2.1.2 (166–170) und 3.4 (186–189).

734 Vgl. Wöhrle, Land, 202–204. „Merely the contact and especially the intermixture with the people of the land are prohibited. By separation, not by expulsion or even by destruction, the autonomy of the group which immigrated into the land shall be maintained." (204). Vgl. auch Ders., Fremdlinge, 217–221, zu den Mischehen bes. 218 f.

735 Hier besteht also ein Unterschied zu Neh 13, wo die Aussonderung des Mischvolks über die Aufnahme des dtn Gemeindegesetzes begründet wird, wobei nur die Ausgrenzung der Moabiter und Ammoniter zitiert wird. Dies wird sodann pauschalisiert und führt zur Trennung von allen Mischehen. Zu Dtn 7 gibt es deutlichere Parallelen: So erinnert Neh 13,25 an Dtn 7,3 und im Rahmen der Problematisierung von Ehen israelitischer Männer mit nichtisraelitischen Frauen in Esra 10 wird Dtn 7,2 f. ausgelegt.

736 Römer, Deuteronomistic History, 170, betont den „ideological, non-realistic character" dieser Forderung nach Abgrenzung.

737 Die Diskussion, ob es sich bei den Aufforderungen in Dtn 7 um real durchzusetzende Gebote handelt, durchzieht die Auslegungsgeschichte, wobei die Frage, wer mit den genannten Völkern gemeint ist, davon unabhängig bleibt. In weiten Teilen kann dies dadurch erklärt werden, dass eine solch harte Forderung der Ausrottung ganzer Völker als religiös problematisch empfunden und somit relativiert wird. Tigay, Deuteronomy, 470–472, zeigt den Zusammenhang für die jüdische Tradition auf.

vorfinden, und den Daheimgebliebenen betont. Staubli unterstreicht die Verstärkung des Antikanaanismus in den Texten der frühen nachexilischen Zeit und beschreibt „Antikanaanismus als legitimatorisches Programm der Rückkehrer aus der babylonischen Gola".[738] Und er fährt fort: „Sicher ist, dass nur ein kleiner Teil der israelitischen Bevölkerung, die städtische Oberschicht, deportiert worden war und dass es schon vor dem Exil eine Kluft zwischen städtischer Elite mit JHWH-monotheistischen Vorstellungen und einer ländlichen Bevölkerung mit einer traditionelleren und volkstümlicheren religiösen Praxis, zu der die breit bezeugte Aschera-Frömmigkeit gehörte, gegeben hat. Es wäre daher naiv anzunehmen, dass die Repatriierung reibungslos ablief."[739] Auch Albertz diagnostiziert eine brisante Situation zwischen den Heimkehrern und den im Land Lebenden, die sich sowohl in religiöser als auch politischer Hinsicht voneinander unterschieden. Gerade auf Grund der durch die Rückkehrer angefochtenen Besitzverhältnisse in dem wirtschaftlich nicht florierenden Landstrich, war die Aufnahme dieser durch die im Land Gebliebenen wohl nicht besonders herzlich.[740] Gesellschaftliche, wirtschaftliche und religiöse Motivationen für die Abgrenzung voneinander gingen dabei Hand in Hand.

Archäologisch lässt sich der Konflikt um den rechten Kult in persischer Zeit in Jehud sinnvoll verorten, auch wenn sich kein zwingender Beweis für innerisraelitische Auseinandersetzungen finden lässt, da es nicht zu rekonstruieren ist, welche Israeliten welche Kultgegenstände besaßen und benutzten. So wurden in Jehud und Umgebung (in der ja auch die Daheimgebliebenen gesiedelt haben) sowohl Terrakottafigurinen als auch Reiterfigurinen (wie in Ramat Rahel in Stratum IV) und Räucherkisten[741] (wie in Lachish aber auch innerhalb Jehuds)

---

738 Staubli, Antikanaanismus, 364–366, hier 364. „Die antikanaanäische Theorie der Tora hat ihren Sitz im Leben bei den aus der babylonischen Gola zurückkehrenden Rigoristen, die damit ihr Vorgehen bei der Realisierung eines theokratischen Stadtstaates in Jerusalem legitimieren." (a.a.O., 371). Die Betonung eines Anti-Kanaanismus als Legitimationskonzept der Rückwanderer betont auch Uehlinger, Canaanites II, 191. Zur Identitätskonstruktion bemerkt er, a.a.O., 195: „We now may conclude that the fictitious historiographical concept of ‚the Canaanite(s)‘ and other ‚pre-Israelite‘ peoples was one of the most important pieces serving this clear-cut self-definition of post-exilic ‚Israel‘".

739 Staubli, Antikanaanismus, 365.

740 Vgl. Albertz, Exilszeit, 108. Zu diesem Konflikt auch Sasse, Geschichte, 49–52.

741 Zwickel, Räucherkult, bes. 340, zeigt auf, dass in nachexilischer Zeit die Räucherkästchen sehr beliebt und schließlich auch im Tempelkult übernommen wurden. Zu den Räucherkästen und ihren profanen und kultischen Funktionen vgl. auch Weippert, Palästina, 716 f. Stern betont die Entwicklung im phönizischen Bereich, die an die alten kanaanitischen Kulte anknüpft. Er unterstreicht dabei die vielen Funde von Figurinen in persischer Zeit. Allerdings gibt es aus seiner Sicht keinerlei Tonfigurinen in Juda, die ansonsten in Galiläa, der Küstenregion, Idumäa und der Shephelah zahlreich gefunden wurden (Archaeology, 490). Vgl. zum historischen

gefunden.[742] Viele der vorexilischen kultischen Bräuche lassen sich also auch in nachexilischer Zeit noch nachweisen.[743] Dieser Befund lässt mit Vorsicht darauf schließen, dass die Zurückkommenden eine kultische Praxis vorfanden, die ihren eigenen neu gebildeten religiösen Idealen nicht entsprach und die es als fremd zu bekämpfen galt.[744] Da die Deuteronomisten gerade die Durchsetzung der monotheistischen Theologie bei allen Israelitinnen und Israeliten und damit in jeder Familie forderten, war auch auf der Ebene der gelebten Frömmigkeit eine solche Abweichung für sie nicht hinnehmbar.[745] Die Abweichungen können zum einen damit erklärt werden, dass im Laufe der exilischen Zeit Nichtisraeliten im israelitischen Gebiet angesiedelt wurden. Zum anderen ist zu betonen, dass sich Konzeptionen wie ein strenger Monotheismus erst in exilischer Zeit in den Gruppen der Exilierten bildeten. Die gemeinsame religiöse Entwicklung in Israel in staatlicher Zeit wurde durch die örtliche Trennung aufgespalten. Die im Exil entstandenen Texte bezogen sich auf ganz Israel, die Deuteronomisten illustrierten ihre Gruppe nicht als Segment Israels, sondern schrieben neue Grundlinien für das ganze Volk, in denen sie jedoch ihre partikularen Erfahrungen der

---

Überblick a.a.O., 353–360, und zur geographischen Situation 366–372. Grabbe, History, 252–254, kommt in einem Unterkapitel über „Popular Religion" auf die Thematik zu sprechen. Auch er verweist auf die Abwesenheit von Kultobjekten (auch in Gräbern) im perserzeitlichen Juda und Samaria, verweist aber auf die Vielzahl von Räucheraltären, die gefunden wurden. So macht er es wahrscheinlich, dass auch in der Perserzeit Kultpraktiken (und Göttinnen wie die Himmelskönigin) im Bereich der persönlichen Frömmigkeit eine Rolle spielten. Auch Gerstenberger, Israel, 99–101, verweist auf die vom offiziellen Kult zu unterscheidenden Praktiken in der persönlichen Frömmigkeit. Als nachexilische Belege führt er hierbei z.B. den dtr Kampf gegen Orakelpraktiken (Dtn 18,9–13) und die Polemik in Jes 65,2–5 an, die zwar sicherlich in ihrer Drastik übertreibt, aber doch Hinweise auf ausgeübten privaten Kult gibt.
742 Aufschlussreich sind perserzeitliche Funde aus Tel Halif, unter denen auch bildliche Darstellungen von Gottheiten zu finden sind (http://www.cobb.msstate.edu/dig/lahav/).
743 Vgl. dazu auch Römer, Deuteronomistic History, 170 f., der betont, dass sich die Forderungen der deuteronomistischen Reform auch in persischer Zeit bei der Landbevölkerung in Juda und in der ägyptischen Diaspora nicht durchgesetzt hatten.
744 Vgl. auch die Darstellungen bei Schmitt, Continuity, und Zwickel, Räucherkult, und kritisch dazu Stern, Material Culture, der gerade das Fehlen solcher Figurinen unterstreicht. Schmitt, Bildersturm, 188–191, stellt die gefundenen Figurinen für Jehud zusammen, und unterstreicht, dass es auch perserzeitlich eine Anknüpfung an die vorexilische Kultpraxis, gerade der EZ II, gab, und lehnt somit die These eines nachexilischen Bildersturms ab.
745 So betont auch Crüsemann, Glaube, 123, der in einer kanonischen Lektüre die Verknüpfungen zwischen Monotheismus und kollektiver Identitätsbildung Israels aufzeigt wie sie auch in der Darstellung der Texte selbst erst ab exilischer Zeit tragend werden, dass im Deuteronomium die kollektive Identität von der individuellen Identität aller getragen wird.

Exilierung verabsolutierten.[746] Nur durch die Erfahrung der Verstreuung unter die Völker konnte die Basis für einen neuen und nun endgültig gelingenden Bund mit Jhwh gelegt werden. Traf man nach der Rückkehr nun wieder auf andere Teilgruppen, die diese Erfahrung und damit auch die Änderung in der Theologie nicht mitgemacht hatten, so mussten diese aus der Gemeinschaft Israel exkludiert werden, um an den neuen Grundpfeilern der Identitätskonstruktion festhalten zu können.[747] Hier zeigt sich eindrücklich, wie die Mechanismen der Identitätskonstruktion und der Fremdendarstellung Hand in Hand gehen.

Die sich aus dem Gesagten ergebenden Linien sollen nun abschließend herauskristallisiert werden:

In der ältesten Schicht von Dtn 7 wird der radikale Eroberungserfolg des israelitischen Volkes und die Übermächtigkeit Jhwhs betont (Dtn 7,1 f.6.17–24*). Sprachlich und motivisch lehnt man sich dabei an die in exilischer Zeit verfassten Beschreibungen der Landnahme aus Dtn 1–3 an.

Das in Dtn 7 genannte ‚Du' lässt sich als Beschreibung für die wieder ins Land kommenden Rückkehrer aus dem babylonischen Exil verstehen. Das hier verwendete ‚Du' oder ‚Ihr' meint dabei auf der Textebene das ganze israelitische Volk, wie es dem deuteronomischen Sprachgebrauch entspricht. Die im Hintergrund stehenden Verfasser beschreiben dabei jedoch die in ihrer Einzelgruppe maßgeblichen Konzeptionen als Grundlage der israelitischen Gemeinschaft. Zugleich stellen sie dem ‚Du' die Gruppen gegenüber, die sie im Land finden, indem sie die Chiffre der kanaanäischen Vorbevölkerung wählen. Damit exkludieren sie jedoch Menschen, die sich ebenfalls zu Israel zählen, durch Konstruktion als Fremde aus der kollektiven Identität. Im Deuteronomium ist nicht erkennbar, wie sich das Volk

---

746 Deutlich wird die Selbstdefinition einer Teilgruppe als das Ganze in Ez 11,14–17. Hier wird den Daheimgebliebenen, die nur als Bewohner Jerusalems bezeichnet werden, explizit das ganze Haus Israel (כל־בית ישראל) gegenübergestellt, das die Rückkehrer bezeichnet. Für eine Charakterisierung der in Zeph 3,11–13; Ez 11,14–17; 33,23–27 und Jes 41,8 f. gespiegelten Reflexe auf den Konflikt zwischen Rückkehrern und den Daheimgebliebenen um die Zugehörigkeit zum wahren Israel vgl. Wöhrle, Fremdlinge, 169–176.
747 Auch Berlejung, Geschichte, 170 f., stellt überzeugend dar, wie die in Jehud weiterpraktizierten Bräuche der vorexilischen Zeit den Rückkehrern nun „pagan und archaisch vorkommen" (171) mussten und illustriert das in diesen Grunddifferenzen liegende Konfliktpotential, das sich in Machtkämpfen niederschlug. Im Laufe der Jahre wurde die Erfahrung des Exils, wie zuvor die des Exodus, Teil der kollektiven Erinnerung des ganzen Volkes. Durch diese Aufhebung der Gruppengrenzen in der Rückschau wurde weitergehenden Konflikten der Boden entzogen.

Israel selbst definiert, sondern wie partikulare deuteronomistische Kreise den Entwurf des Identitätsmusters der für sie idealen Gesamtgruppe illustrieren.[748]

In der Folgezeit wird diese Linie der Abgrenzung weiter ausgebaut, wobei sich das Bild verschiebt. Die Anderen, die zuvor noch radikal zu vernichten waren, bleiben im Land. Und so richtet man sich auf eine Verzögerung dieser radikal-distinktiven Vorgänge ein (V. 20.22). Zunehmend wird jedoch deutlich, dass sich das ‚Du' auf ein dauerhaftes Nebeneinander mit den anderen einzustellen hat. Doch nun wird das Problem der Identitätssicherung brennend. Eine zu enge Verquickung mit den Anderen würde Israels Besonderheit – kulturell und religiös – verschwinden lassen. Und so verlegt man sich auf das Einschwören auf die radikale Abgrenzung von den Anderen. Besonders betont wird dabei die Ablehnung einer Verschwägerung mit den Angehörigen derer, die man im Land vorfindet (V. 3). Ein so enger Kontakt, wie er durch eine familiäre Bindung stattfinden würde, war in der deuteronomischen Theologie schon immer eine der Hauptquellen für eine religiöse Apostasie. Die zeigen Texte wie Dtn 13,7–12*, die explizit vor der Verführung im engsten Familienkreis warnen.

Zunehmend kommen die Anderen nun auch in kultischer Perspektive in den Blick. Dtn 7,4f.16aβ.b.25f. warnt in eindringlichen Worten vor der Übernahme der religiösen Praktiken von den im Land lebenden Völkern. Hier zeigt sich eine parallele Perspektive zu der im Prophetengesetz (Dtn 18,9–22).[749]

Schließlich findet man sich damit ab, dass man mit den anderen zusammen leben wird. Die Linien der Abgrenzung werden wieder verstärkt auf die eigene Gruppe bezogen (V. 7–11). Nun ist das Apostasieproblem erneut ein innerisraelitisches bzw. innerreligiöses. Im Mittelpunkt steht das eigene Volk als Gruppe. Nicht mehr gegen Fremde oder vermeintlich Fremde grenzt man sich nun ab, sondern betont die Notwendigkeit, dass die zum Eigenen Gehörenden die Gebote halten. Dies wird besonders an der auf den Einzelnen ausgerichteten Ergänzung in V. 10b deutlich. Jeder einzelne Israelit, der sich von Jhwh abwendet, ihn also hasst, wird dessen Vergeltung zu spüren bekommen. Anders als das kollektive ‚Du' zeugt dieser Vers wirklich von einer individualistischen Perspektive. Man findet also letztlich zurück zu einer gruppeninternen Innenperspektive, wie sie auch im alten deuteronomischen Gesetz vorliegt.[750]

---

748 Vgl. dazu die Ausführungen zur kollektiven Identitätskonstruktion Seite 9–17 und für die Rolle von partikularen Kräften bei der kollektiven Identitätskonstruktion Eisenstadt / Giesen, Construction, 76f.

749 Vgl. zum Prophetengesetz Kapitel 4.3.2.1 (232–236).

750 Diese gruppeninterne Perspektive hängt wohl auch mit der Rolle des Deuteronomiums für die gesamte Gemeinschaft zusammen. So wird das Deuteronomium in persischer Zeit zunehmend mit allgemeiner Geltung versehen. Diese „Geltung" sieht man, mit Donner, Geschichte,

Die Auslegung von Dtn 7 macht deutlich, dass die Konstruktion des Eigenen und des Fremden zwei Seiten derselben Medaille sind. Das Halten des deuteronomischen Gesetzes und dabei insbesondere das Gebot der Alleinverehrung Jhwhs und der Abwendung von kultischen Praktiken, die zuvor in Israel zur Religionsausübung gehörten, wird zusammen mit der Perspektive der Einwanderung als Gruppe zur Grundlage der israelitischen Gemeinschaft gemacht.[751] Wer diese Grundpfeiler nicht anerkennt, wird zugleich zum Fremden stilisiert und damit aus der Gemeinschaft exkludiert. Das wahre Israel ist das aus dem Exil zurückkehrende, das sich nun an die Gesetze hält.

4.3.2 Neue Regeln für das alte Land: Die historisierenden Gebotseinleitungen

In der heute vorliegenden Gestalt besteht das Deuteronomium aus verschachtelten Moseregeln, in denen neben Geschichtserzählungen und Gebotsermahnungen Gottes Gebote an sein Volk Israel eingeflochten sind. Der Dekalog als besonderes Gesetzescorpus wird als direktes Gotteswort vom Volk vernommen, während das deuteronomische Gesetz in Dtn 12 – 26 dem Volk durch Mose mitgeteilt wird. Damit ist das deuteronomische Gesetz Gottes Wort durch Moses Mund. Wann diese Fiktion der Moserede jedoch entstanden ist und in welcher Autorität das ursprüngliche deuteronomische Gesetz stand, ist bis heute die „Gretchenfrage der Deuteronomium-Exegese".[752]

Grundsätzlich gibt es zwei Möglichkeiten, diese Frage zu beantworten. Entweder gab es nie ein ‚mosefreies' Deuteronomium und es handelte sich immer um einen bereits historisierten Gesetzestext, der mit Mose als Sprecher verbunden war. Für diese Position spricht, dass auch im vorexilischen Bestand des deuteronomischen Gesetzes, also vor einer möglichen Umstilisierung zur Moserede, bereits von Jhwh in der dritten Person gesprochen wird.[753] Zudem wird so das

---

450, etwa daran, dass nicht wieder andere Heiligtümer aufgebaut werden – das Heiligtum auf dem Garizim spielt insofern eine andere Rolle als es von den Samaritanern auch als das eine Heiligtum, dessen Zentralrolle die Gesetze des Deuteronomium fordern, angesehen wird – und sie ist zusätzlich dadurch erklärbar, dass das Deuteronomium Teil des Pentateuch wird.

751 Zur Betonung der Einwanderung in das Land und der Volkwerdung außerhalb des Landes vgl. die Ausführungen in Kapitel 5.

752 So in der Formulierung von Hossfeld, Dekalog, 54. Zur Frage nach der Mosefiktion und einem forschungsgeschichtlichen Überblick vgl. den ganzen Abschnitt III (Die Mose-Fiktion, a.a.O., 51–54), in dem Hossfeld dafür plädiert, dass es sich mit dem Ur-Dtn um eine Jhwh-Rede handelte, die später im Kontext der Einfügung des Dekalogs zur Moserede stilisiert wurde.

753 Von Rad, Deuteronomium-Studien, 8 Anm. 1, der dafür plädiert, dass das Gesetz schon immer als Moserede verstanden sein wollte, geht noch weiter und hält die Passagen, in denen

Problem vermieden, dass eine spätere Modifikation eines Gotteswortes in ein Mosewort eine Depotenzierung des Gesetzes wäre.[754] Hiergegen kann jedoch eingewendet werden, dass auch durch Mose das Gesetz selbst ein göttliches Gesetz bleibt. Wenn beispielsweise in Klgl 1,10 Jhwh selbst sagt, er habe geboten, dass Fremde sein Haus nicht betreten dürfen, und damit auf Dtn 23,2–9* angespielt wird, ein Gesetz, in dem Jhwh in der 3. Person vorkommt, so wird deutlich, dass kein breiter Hiatus zwischen Gottes direktem Gebot und dem durch Mose vermittelten besteht. Die dennoch bestehende kommunikative Differenz zwischen den beiden Fiktionen, ist daran erkennbar, dass der Dekalog als direktes Gotteswort vom dtn Gesetz als vermitteltes Gotteswort abgehoben ist. Und dennoch besteht kein Zweifel daran, dass die von Mose verkündeten Gebote Gottes Wort sind. Dies wird auch daran sichtbar, dass auch in nachexilischer Zeit, in der das Deuteronomium unstrittigerweise durch die Mosefiktion geprägt war, Passagen aus der Perspektive Jhwhs eingefügt wurden, die diesen als Sprecher voraussetzen (vgl. Dtn 7,4; 11,13–15).

Die gängigere, auch in dieser Arbeit unterstützte, literarhistorische Hypothese besteht darin, dass ein ursprüngliches mosefreies Gesetz und damit eine Gesetzesverkündigung von Jhwh selbst oder durch einen nicht konkretisierten Sprecher, erst in exilischer Zeit durch die rahmenden Mosereden zu einem von Mose verkündeten Wort wurde und dass diese Historisierung durch die exilischen und nachexilischen Redaktionen sekundär auch in das deuteronomische Gesetz eingetragen wurde.[755] Die Stilisierung als Moserede ist eng mit der Horebredaktion

---

deutlich Jhwh selbst als Sprecher vorgestellt ist (Dtn 7,4; 11,13–15; 17,3; 28,20; 29,4f.) für „stilistische Entgleisungen", die nicht ins Gewicht fallen.

754 Zur Möglichkeit eines mosefreien Deuteronomiums, bzw. einem Deuteronomium ohne Historisierung vgl. kritisch Reuter, Kultzentralisation, 213–226, und Dies., Konzepte.

755 Reuter, Konzepte, 75, beschreibt diese Position als nahezu bestehenden Forschungskonsens in der neueren Literatur zum Deuteronomium, obwohl sie selbst diese spätere Stilisierung als Moserede anzweifelt. Für ein Ur-Dtn, das als Jhwh-Gesetz noch nicht mit Mose verbunden war, sprechen sich Lohfink, Deuteronomium, und Braulik, Buch, 174, aus. Die Charakterisierung des vorexilischen Gesetzes als Gotteswort, das durch Dtn 6,4f. eingeleitet wurde, wird durch Otto, Perspektiven, 331, stark gemacht. Ders., Deuteronomium 2000, 117, führt aus: „Dem vorexilisch-dtn Deuteronomium, das durch 6,4f. eingeleitet wurde, war eine mosaische Offenbarungsvermittlung und damit auch die Verortung am Horeb noch fremd." Die Perspektive außerhalb des Landes werde erst im Exil entwickelt und das dtn Gesetz so neu kontextualisiert. „Wie das Bundesbuch galt das spätvorexilische Deuteronomium als unmittelbarer Ausdruck des Gotteswillens und war also noch nicht mit der Mosegestalt und ihrer Funktion der Offenbarungsmittlerschaft verbunden." (Otto, Deuteronomiumsstudien I, 105). Dass, wie neben anderen Steymans, Deuteronomium 28, 378, erwähnt, in der Auffindungslegende des dtn Gesetzes in 2 Kön 22,8 das Schriftstück als ספר התורה und nicht als Mosetext bezeichnet wird und somit nicht eng mit Mose verbunden gewesen sei, ist insofern nicht zu stark zu betonen, als auch die dtr

verbunden, deren exilische Perspektive in Anschluss an Otto bereits aufgezeigt werden konnte.[756] Das vorexilische deuteronomische Gesetz als Gottesgesetz ist somit in seiner Gestalt parallel zu den anderen Gesetzen des Pentateuchs. Im Kontext der Frage nach der ursprünglichen Stilisierung des deuteronomischen Gesetzes und damit den Prozessen der Historisierung des Gebotstextes spielen die Ortserwählungsformeln, Landgabe- bzw. Gebietserweiterungssätze[757] sowie die z.T. mit Landgabesätzen kombinierten sogenannten historisierenden Gebotseinleitungen[758] eine wichtige Rolle (vgl. Dtn 12,20.29; 17,14; 18,9; 19,1.8; 26,1). Durch sie werden die deuteronomischen Gesetze mit einem historischen Setting verbunden. Unter den vorgenannten Formeln finden sich nur in den letztgenannten Gebotseinleitungen prägnante Bezüge zu den Fremden im Deuteronomium. Zudem sind diese Passagen eng mit Texten der Abgrenzung von Fremden (wie Dtn 7) verbunden. Darum sollen die historisierenden Gebotseinleitungen im

---

Überformung von 2 Kön 22 f. die Mosefiktion nicht ergänzte, obwohl das dtn Gesetz durch die Mosefiktion erweitert worden war. Auch Braulik, NEB 15, 12, geht wegen der Bemerkung, Jhwh hätte selbst geredet, in 2 Kön 22,19 davon aus, dass das Deuteronomium ursprünglich Gottesrede war und dann durch die Einbettung in die Landnahmeperspektive zur Moserede umstilisiert wurde.

756 Vgl. dazu die Kapitel 3.1.2 (156–160) und 3.2.1 (161–170).

757 Vgl. Dtn 12,1; 15,4.7; 16,20; 17,14; 18,9; 19,1 f.8.10.14; 21,1; 24,4; 25,19; 26,1–3.9 und zur Gebietserweiterung 12,20 und 19,8. Diese Texte weisen untereinander deutliche Unterschiede auf, die auf verschiedene Redaktionsstufen hinweisen. Vgl. Perlitt, Motive, bes. 53–57, der sowohl dtn als auch dtr Texte unter den Landgabesätzen identifiziert, und Nielsen, der Dtn 15,4; 25,19; 26,1 für dtr, aber 16,20; 19,10.14; 24,4 für dtn hält (vgl. HAT 1,6, zu den Stellen). Im Rahmen des Gesetzes tritt mit Ausnahme von Dtn 12,1 und 19,8 die Partizipialformulierung אֲשֶׁר יהוה נֹתֵן לְךָ auf. Gehäuft findet sich eine Kombination mit dem Stichwort נחלה (Dtn 15,4; 19,10.14; 24,4; 25,19; 26,1) und dem Verb ירשׁ (Dtn 15,4; 19,14; 25,19). Das Motiv der Landgabe ist nicht unmittelbar mit der Mosefiktion verbunden. Anders Gertz, Gerichtsorganisation, 159, der zu Dtn 21,1 schreibt: „Wie alle Landgabesätze im dt Gesetz setzt die Erweiterung in V.1a die dtr Fiktion einer Gesetzesverkündigung des Mose vor der Landnahme voraus." Einige Passagen können jedoch im Kontext des Vererbens (ירשׁ) verstanden werden. Vgl. dazu die Verdeutschung von Buber / Rosenzweig als „ererben" etwa in Dtn 16,20; 19,14; 21,2. Etwa in Dtn 16,20 ist eine Interpretation von ירשׁ als „in Besitz nehmen" schwierig, da direkt davor das Wohnen im Land bereits vorausgesetzt ist. Zu ירשׁ mit der Betonung der ursprünglichen Bedeutung „erben" Schmid, Art. ירשׁ, bes. 780. Eine Interpretation im Kontext der Vererbung würde auch den Widerspruch von Dtn 19,14 zum Kontext aufheben, in dem ein generationenübergreifender Landbesitz vorausgesetzt wird. Im Gegensatz dazu plädieren Perlitt, Motive, 56, Gertz, Gerichtsorganisation, 120, und Seitz, Studien, 71, wegen des vermeintlichen Widerspruchs für den sekundären Charakter des Verses.

758 Die historisierenden Gebotseinleitungen finden sich in Dtn 6,10; 7,1; 8,7; 11,29; 12,20.29; 17,14; 18,9; 19,1.8 und 26,1. Zum Corpus der historisierenden Gebotseinleitungen im Deuteronomium und den anderen Büchern des Pentateuchs vgl. Seitz, Studien, 95–101, und Foresti, Storia, 56–61.

Folgenden genauer untersucht werden. Sie verknüpfen einzelne Gebote direkt mit der Situation der Einwanderung in das Land, in dem Israel auf andere Völker trifft. Im Rahmen dieser Einleitungen wird die Verführung zum Fremdkult durch den Kontakt mit den Bräuchen der anderen Völker zum bestimmenden Thema.

Im Gegensatz zur einfachen Landgabeformel („das Land, das Jhwh dir gibt" [נתן]), benutzen die historisierenden Gebotseinleitungen Verben der Bewegung (bes. בוא). Es wird die bewusste Einwanderung in das Land geschildert, das es zu erobern (ירש) gilt. Dabei sind diese Einleitungen zum Teil sekundär vor die Gesetze geschaltet worden (vgl. Dtn 19,1), während an anderen Stellen (wie im Königsgesetz in Dtn 17,14) die Einleitung untrennbar mit dem Gesetz verbunden ist.[759]

Durch die historisierende Einleitung der Gebote wird ihre Gültigkeit an den Landbesitz gebunden. Diese Konditionierung der Gebote durch die Prämisse des Landbesitzes kann ab der exilischen Zeit plausibel gemacht werden, in der eine neue Existenz im eigenen Land nach dem Exil im Blick ist.[760] Die Gebotseinleitungen unterscheiden sich jedoch literarisch voneinander, sodass nicht von einem gemeinsamen Verfasser aller Einleitungen auszugehen ist. Doch gibt es einige, im Folgenden näher zu beleuchtende Passagen im Deuteronomium, die besonders starke Parallelitäten untereinander aufweisen, sodass eine gemeinsame Redaktion vermutet werden kann.

Eine Zusammenstellung dieser Passagen zeigt zudem die thematische Verknüpfung mit Völkern, die in diesem Land, dem Verheißungsland, wohnen. Diese Völker werden als הגוים האלה bezeichnet.[761]

---

759 Vgl. zur Funktion der Bindung mancher Gebote an den Landbesitz Schäfer-Lichtenberger, Verfassungsentwurf, 113.

760 Vgl. Otto, Programmschrift, 99, und Schäfer-Lichtenberger, Verfassungsentwurf, 112. Schäfer-Lichtenberger, Josua, 57, verweist zudem auf die Verteilung der historisierenden Gebotseinleitungen im Pentateuch: „Ihr gehäuftes Vorkommen in den Rahmenpartien des Dtn sowie der Umstand, daß über 50 % der historisierenden Gebotseinleitungen in den Büchern Ex bis Num vorkommen, charakterisieren sie nicht gerade als ‚strukturbildende Elemente des Ur-Dtn‘." Damit setzt sie sich kritisch mit Seitz, Studien, 110, auseinander. Vgl. zum Ganzen auch Schäfer-Lichtenberger, Josua, 52–106, bes. 56–69, die auf Grundlage einer literarischen und genauen sprachlichen Untersuchung der 25 Gesetze des Pentateuchs mit historisierender Gebotseinleitung Binnendifferenzierungen in zwei literarische (Jhwh-Rede und Moserede) und zwei sprachliche Grundformen (in drei Variationen) vornimmt.

761 Das Stichwort גוי kommt abgesehen von diesen Formulierung innerhalb des deuteronomischen Gesetzes nur in Dtn 15,6 in einem Zitat des exilischen Textes Dtn 28,12 vor. Die beiden Belege sind von der geprägten Formulierung הגוים האלה zu unterscheiden. Erst ab der exilischen Zeit wird überhaupt das Wort גוי im Deuteronomium verwendet. Auch in der ersten Einleitungsrede, in der der Schwerpunkt ja gerade auf dem Kontakt mit anderen Völkern liegt, findet sich kein Beleg. Im Erzählablauf wird zuerst in Dtn 4 und dann Dtn 7 der Begriff גוי verwendet, beide Texte sind jedoch nachexilischen Ursprungs.

Die entscheidenden Passagen der zur Diskussion stehenden Texte lauten im Einzelnen:

Dtn 12,29 – 31:

[29]Wenn Jhwh, dein Gott, die Völker (הגוים), zu denen du kommst, ausrottet, um sie vor dir zu vertreiben, und du vertreibst sie und wohnst in ihrem Land, [30]dann hüte dich, dich von ihnen verführen zu lassen, ihnen nachzueifern, nachdem sie vor dir vertilgt sind, und nach ihren Göttern zu fragen, indem du sagst: Wie dienten diese Völker (הגוים האלה) ihren Göttern? Auch ich will es so machen. [31]Mach es nicht so für Jhwh, deinen Gott. Alle Gräuel (כל־תועבת) für Jhwh, die er hasst, taten sie für ihre Götter, ja sie verbrannten auch ihre Söhne und ihre Töchter im Feuer für ihre Götter.

Dtn 17,14:[762]

[14]Wenn du in das Land kommst, das Jhwh, dein Gott, dir gibt, und du es in Besitz nimmst und in ihm wohnst und du sprichst: Ich möchte über mich einen König setzen, wie alle Völker (ככל־הגוים), die mich umgeben.

Dtn 18,9.12.14:

[9]Wenn du in das Land kommst, das Jhwh, dein Gott, dir gibt, dann lerne nicht gemäß der Gräuel (כתועבת) dieser Völker (הגוים ההם) zu handeln [...] [12]Denn jeder, der diese Dinge tut, ist ein Gräuel für Jhwh (תועבת יהוה) und wegen dieser Gräuel (התועבת) vertreibt Jhwh, dein Gott, sie vor dir. [...] [14]Denn diese Völker (הגוים האלה), die du in Besitz nehmen wirst, hören auf Zeichendeuter und Wahrsager, aber du, dir hat Jhwh, dein Gott, so etwas nicht gegeben.

Dtn 19,1:

[1]Wenn Jhwh, dein Gott, die Völker (הגוים) ausrotten wird, deren Land Jhwh, dein Gott, dir gibt, und du sie in Besitz nimmst und in ihren Städten und ihren Häusern lebst,

---

Wegen der weitgehenden Bedeutungsgleichheit der Begriffe גוי und עם, die beide sowohl für das eigene Volk als auch die anderen Völker benutzt werden können, wird in dieser Arbeit für beide Begriffe meist die Übersetzung „Volk" gewählt. Der größte Unterschied zwischen beiden Begriffen besteht darin, dass nur עם mit einem Possessivpronomen verbunden werden kann. Der Begriff „Nation", der meist für die Übersetzung von גוי benutzt wird, birgt zu viele neuzeitliche Implikationen, und wird deshalb in dieser Arbeit vermieden.

762 Zur besonderen Rolle des Königsgesetzes unter den Gesetzen mit historisierender Gebotseinleitung und der literarhistorischen Verortung vgl. unten Kapitel 4.3.3 (240 – 247).

Dtn 20,15 – 18:[763]

> [15]So sollst du mit allen Städten verfahren, die sehr weit von dir entfernt liegen, die nicht zu den Städten dieser Völker (הגוים האלה) hier gehören. [16]Aber von den Städten dieser Völker (העמים האלה),[764] die Jhwh, dein Gott, dir zum Erbteil gibt, sollst du nichts leben lassen von allem, was atmet. [17]Sondern du sollst vollständig den Bann an ihnen vollziehen, an den Hetitern, Amoritern, Kanaanitern, Perisitern, Hiwwitern und den Jebusitern, so wie Jhwh, dein Gott, es dir geboten hat. [18]Damit sie euch nicht beibringen alle ihre Gräuel (תועבתם) zu tun, die sie für ihre Götter tun, und ihr euch an Jhwh, eurem Gott, versündigt.

Schematisch dargestellt, sind die Verknüpfungen zwischen diesen Texten augenfällig:

Beleg	הגוים האלה	hist. Geb.	כרת	בוא	ישׁב	ירשׁ	נתן	למד	תועבה
12,29 – 31	+	+	+	+	+	+			+
17,14	הגוים	+		+	+	+	+		
18,9.14[765]	+	+		+		+	+	+	+
19,1	הגוים	+	+		+	+	+		
20,15 – 18	+					+	+	+	

Diese Belege innerhalb des Gesetzes sind über das prägnante Stichwort הגוים האלה eng mit Dtn 7 und 9,1 – 6 verbunden.[766]

Da sich in Bezug auf Dtn 7 herausgestellt hat, dass das Kapitel eine mehrstufige Wachstumsgeschichte durchlaufen hat, sind die Verknüpfungen zu den hier besprochenen Texten mit historisierender Gebotseinleitung genauer und

---

763 Die Einfügung in das Kriegsgesetz in Dtn 20,15 – 18 ist zwar mit keiner historisierenden Gebotseinleitung versehen, jedoch so eng mit Dtn 7 und 18,9 (Stichworte גוים, למד לעשׂות) verbunden, dass sie hier hinzugenommen ist. Vgl. dazu unten Kapitel 4.3.2.2 (236 – 239).
764 Die Benutzung des abweichenden Stichworts עם statt גוי in V. 16 sorgt für eine bessere Integration dieses sekundären Zusatzes in das schon bestehende Kriegsgesetz. Vgl. dazu genauer die Ausführungen in Kapitel 4.3.2.2 (237).
765 Die Verse Dtn 17,14 (Königsgesetz) und 18,9.14 (Prophetengesetz) verweisen über das Stichwort גוים aufeinander und sind eng verbunden. Vgl. Gertz, Gerichtsorganisation, 28 – 32.
766 Weitere Belege für den Begriff הגוים האלה finden sich ausschließlich in dtr Texten des DtrG (übernommen in Chr) und Jer (Dtn 7,17; 9,4 f.; 11,23; 12,30; 18,14; 20,15; 31,3; Jos 23,3.7.12 f.; Ri 2,23; 2 Kön 17,41; 2 Chr 32,14; Jer 25,9.11; 28,14).

schrittweise zu betrachten. So finden sich durch das Stichwort הגוים האלה direkte Bezüge auf die V. 1 und 17 (und 22),[767] und damit auf die Grundschicht des Kapitels. Ein genauerer Blick zeigt, dass neben diesen Bezügen jedoch auch deutliche Überschneidungen mit jener Redaktion bestehen, die für die V. 4f.16aβ.b.25f. verantwortlich ist. Besonders deutlich ist dies in Bezug auf den תועבה-Begriff aus V. 25f. Die Verse weisen an, die Kultbilder dieser Völker zu vernichten und sie oder ihre wertvollen Bestandteile nicht an sich zu nehmen, um nicht durch den Kontakt mit jenen Gräuel selbst dem Bann zu verfallen. Die Vorstellung der Übernahme jener Gräuel durch die Völker prägt ebenso Dtn 12,29–31; 18,9–14 und 20,15–18.[768] Die Wahrscheinlichkeit einer Verbindung wird zudem durch die sprachliche Parallele in der nachexilischen Ergänzung Dtn 13,13–18 erhöht, die sich bereits als nah verwandt mit Dtn 20,15–18 und Dtn 7,25f. herausgestellt hat.[769]

Noch ein weiterer Text ist dieser Gruppe zuzuordnen. So ist der Abschnitt Dtn 12,2–7 terminologisch ebenfalls eng mit der Bearbeitungsschicht in Dtn 7,4f.16aβ.b.25f. verbunden.[770]

[2]Vernichtet vollständig alle Orte, an denen die Völker (הגוים), die ihr vertreibt, ihren Göttern dienen, auf den hohen Bergen und auf den Hügeln und unter jedem grünen Baum. [3]Und reißt ihre Altäre ein und zerbrecht ihre Mazzeben und ihre Ascheren verbrennt mit Feuer und die Kultbilder ihrer Götter zerschlagt und tilgt ihren Namen von jener Stätte aus. [4]Macht es nicht so für Jhwh, euren Gott, [5]sondern den Ort aufsuchen, den Jhwh, euer Gott, erwählen wird aus all euren Stämmen, um dort seinen Namen hinzusetzen, damit er dort wohne, und dahin kommen. [6]Und dorthin sollt ihr eure Brandopfer und eure Schlachtopfer, eure Zehnten und das Hebeopfer eurer Hände und eure Gelübde und eure freiwilligen Opfer und die Erstgeburten eurer Rinder und eures Kleinviehs bringen. [7]Und ihr sollt dort vor Jhwh, eurem Gott, essen und euch an allem freuen, was eure Hand erworben hat, ihr und euer Haus, womit Jhwh, dein Gott, dich gesegnet hat.

---

767 V. 22 ist jedoch ein späterer Nachtrag in Dtn 7, der den Eroberungserfolg bereits einschränkt. Vgl. dazu die Erläuterungen zur Redaktionsgeschichte von Dtn 7 in Kapitel 4.3.1 (201–213). In V. 22 wird der Sprachgebrauch aus V. 17 nachgeahmt.

768 Dieser pauschale תועבה-Begriff findet sich ausschließlich in jenen Passagen, die anderen Belege im deuteronomischen Gesetz beziehen sich auf kultische Einzelvorschriften.

769 Zur Verbindung von Dtn 7,2; 13,13ff. und 20,15–18 vgl. auch Noort, Kapitulationsangebot, 216–218.

770 Die literarische Uneinheitlichkeit von Dtn 12 ist seit jeher aufgefallen und zeigt sich besonders prägnant in dem viermaligen Aufruf zur Zentralisation, der jeweils mit einer unterschiedlichen Akzentuierung versehen wird (V. 2–7; 8–12; 13–14.17–19; 27–28). Nach Rose, ZBK 5,1, 18–20, gehören V. 2–7.29–31 mit der Rahmung in Dtn 12,1 und 13,1 zur Schicht IV und damit zur jüngsten Ergänzung des Zentralisationsgesetzes, Veijola, ATD 8,1, 274–277, weist den Abschnitt seiner jüngsten Redaktion DtrB zu und auch Nielsen, HAT 1,6, 134f., schreibt V. 2–7 einer dtr Redaktion zu.

Die Verse Dtn 7,5 und 12,3 überschneiden sich bei der Nennung der zu vernichtenden Kultgegenstände terminologisch prägnant. Das Stichwort פסיל ist im Deuteronomium nur in diesen beiden Versen und dem zur selben Redaktionsstufe gehörenden Vers Dtn 7,25 belegt. Durch seinen Kontext in 11,23 – 12,1 ist der Abschnitt zudem mit einer historisierenden Gebotseinleitung verbunden. Die prägnanten Stichworte בוא, ירש, נתן, ישׁב stehen im unmittelbaren Zusammenhang.

Ein genauerer Blick auf die Intention der Grundschicht in Dtn 7 (Dtn 7,1f.6.17–24*) und die Veränderung durch die Erweiterung in V. 4f.16aβ.b.25f. ist in die Überlegungen einzubeziehen. So wird in der Grundschicht ausschließlich auf die Übermacht der zu besiegenden Völker verwiesen und ihre Vernichtung trotz der eigenen Schwäche in Aussicht gestellt. Es handelt sich weniger um die Historisierung von Geboten, als um einen angekündigten Eroberungsbericht. Das Element der kultischen Kritik, das für die hier besprochenen Texte mit historisierender Gebotseinleitung zentral ist, wird erst durch die Ergänzung von V. 4f.16aβ.b.25f. Bestandteil von Dtn 7. Auch die Vorstellung eines Nebeneinanders im Land, das zur Übernahme der als Gräuel bezeichneten Kulte führen kann, wird erst durch die Ergänzung Teil der Fiktion.

Diese Beobachtungen führen zu dem Ergebnis, dass in der Grundschicht von Dtn 7 die Bezeichnung der kanaanäischen Völker als „diese Völker" durch das Zusammenspiel aus der Völkerliste in V. 1 und dem Rückbezug in V. 17 geprägt wurde. Die Abschnitte Dtn 12,2 – 7; 18,9 – 14; 20,15 – 18 sind jedoch erst jener Redaktion zuzuordnen, die die Ergänzungen in Dtn 7,4f.16aβ.b.25f. sowie in Dtn 13,13 – 18 einfügte. Damit nehmen sie den Sprachgebrauch von Dtn 7,1f.6.17 – 24* mitsamt der Rede über die kanaanäischen Völker bereits auf. Diese Ergänzung in Dtn 7 konnte oben bereits in nachexilische Zeit datiert werden und so ist diese Verortung auch für die anderen hier besprochenen Texte zu übernehmen.[771] Dies bestätigt zudem die Untersuchung der anderen Einzelpassagen: Die Passagen in Dtn 12 gehören, wie gerade gezeigt, zu den jüngsten Ergänzungen dieses Eröffnungskapitels des deuteronomischen Gesetzes, Dtn 20,15 – 18 ist ein literarischer Einschub in das Kriegsgesetz.[772] Auch das Königsgesetz und das Prophetengesetz

---

771 Der ebenfalls mit dem Stichwort הגוים האלה argumentierende Text Dtn 9,1 – 6 ist auf einer späteren Redaktionsstufe anzusiedeln, die mit Dtn 7,7 – 11 und 4,36 – 40 in Verbindung steht. Vgl. dazu die Ausführungen zu Dtn 9,1 – 6 unten in Kapitel 4.4.1 (248 – 253). In diesem Text sind mit הגוים האלה die riesenhaften Enakiter verbunden, die kein kanaanäisches Volk waren und bereits in der ersten Einleitungsrede vorkamen. Insofern zeigt sich hier eine späte Verschiebung in der Fiktion der Völkerzuordnung. Konkrete Völker sind hier nicht mehr im Blick, einzig an der Zurückweisung der Überschätzung der eigenen Gerechtigkeit ist dem Text gelegen.
772 Vgl. dazu unten den Abschnitt 4.3.2.2 (236 – 239) zur Ergänzung des Kriegsgesetzes.

wurden immer wieder als Ergänzungen in den Ämtergesetzen (Dtn 16,18 – 18,22) plausibel gemacht.[773]

Allen Texten gemein ist die geforderte harte Abgrenzung von den als הגוים האלה bezeichneten Völkern. Die Abgrenzung richtet sich dabei nicht gegen Völker, die Israel umgeben, sondern gegen die Völker, die man in seinem eigenen Land findet. Dtn 20,15 – 18 und Dtn 7 lassen unmittelbar erkennen, dass es sich bei diesen Völkern um die handelt, die mit Kanaan verbunden sind und die im Land wohnen. Und so leitet auch Seitz unter Hinzunahme von Lev 19,23; 23,10 aus Dtn 7; 12,29 – 31; 18,9 – 12 und eingeschränkt 26,1 – 11 einen Zusammenhang mit dem Kommen ins Kulturland und der Auseinandersetzung mit dem kanaanäischen Fruchtbarkeitskult ab. Die „historisierende Gebotseinleitung" „findet sich [...] gerade da, wo entweder vor heidnischer Überfremdung Israels gewarnt wird oder wo Israel ursprünglich kanaanäische Bräuche übernimmt".[774] Die Warnung vor der Übernahme der Gräueltaten jener anderen verbindet die Texte. Diese als nichtisraelitisch und damit fremd dargestellten Menschen bieten nach der Darstellung der Texte die größte Gefahr für Israel, sich selbst gegenüber Jhwh zu versündigen.

Wie bereits in Bezug auf Dtn 7 gezeigt wurde, lassen sich die Konflikte mit den kanaanäischen Völkern als Chiffre deuten und in der Erzählzeit am besten durch den Konflikt zwischen den Rückkehrern und den im Land vormals Verbliebenen und nun bei der Rückkehr Vorgefundenen erklären. So sind es die, die im Land wohnen, von denen es sich abzugrenzen gilt. An zwei für die Fremdensicht besonders grundlegenden Texten dieser hier zu untersuchenden Redaktion – dem Prophetengesetz (Dtn 18,9 – 22) und dem Einschub in das Kriegsgesetz (Dtn 20,15 – 18) – kann diese These geprüft und die Verbindung mit dem Konflikt zwischen Rückkehrern und Daheimgebliebenen veranschaulicht werden.

4.3.2.1 Dtn 18,9 – 14: Die verbotenen Praktiken im Prophetengesetz

Für die im vorherigen Abschnitt herausgearbeitete Redaktion ist es typisch, das Verbot von Kultpraktiken mit der Bemerkung zu versehen, dass die anderen Völker Gräuel tun, die Israel nicht von ihnen lernen soll (Dtn 7,25 f.; 12,31; 20,18). Die

---

773 Vgl. dazu die Ausführungen zum Königsgesetz (Kapitel 4.3.3; 240 – 247) und zum Prophetengesetz (Kapitel 4.3.2.1; 232 – 236).
774 Seitz, Studien, 100. Er bezieht die abzuwehrenden kanaanäischen Kulte auf Fruchtbarkeitsriten. Dies scheint jedoch religionsgeschichtlichen Prämissen zu unterliegen, die heute so nicht mehr aufrecht gehalten werden können.

detaillierteste Darstellung dieser verbotenen Kultpraktiken findet sich im Prophetengesetz in Dtn 18,9 – 14, das in Gänze zu betrachten ist:[775]

> [9]Wenn du in das Land kommst, das Jhwh, dein Gott, dir gibt, dann lerne nicht gemäß der Gräuel dieser Völker (כתועבת הגוים ההם) zu handeln. [10]Unter dir soll keiner gefunden werden, der seinen Sohn oder seine Tochter durchs Feuer gehen lässt, kein Wahrsager, Zeichendeuter, Beschwörer oder Zauberer, [11]kein Bannsprecher oder Totengeistbeschwörer oder Wahrsager oder einen, der die Toten befragt. [12]Denn jeder, der diese Dinge tut, ist ein Gräuel für Jhwh (תועבת יהוה) und wegen dieser Gräuel (ובגלל התועבת) vertreibt Jhwh, dein Gott, sie vor dir. [13]Vollständig sollst du bei Jhwh, deinem Gott, sein. [14]Denn diese Völker (הגוים האלה), die du in Besitz nehmen wirst, hören auf Zeichendeuter und Wahrsager, aber du, dir hat Jhwh, dein Gott, so etwas nicht gegeben.

Durch die historisierende Gebotseinleitung in V. 9 und die Nennung „dieser Völker" (הגוים האלה) in V. 14, erweist sich das Prophetengesetz als Teil jener nachexilischen Redaktionsschicht, die sich um die kultische Reinheit Israels bemüht, indem vor den Völkern im eigenen Land gewarnt wird.[776] Dass es sich um

---

775 Die unmittelbare Fortsetzung, die Mose als einzigartigen Propheten darstellt und damit die positive Beschreibung eines idealen Propheten anschließt, kann von der hier gebotenen Beschreibung illegitimer Kulte getrennt werden, da es nur in diesen um den Umgang mit dem (vermeintlich) Fremden geht. Eine implizite literarkritische Aussage ist bei dieser Textabgrenzung nicht enthalten, so sind beide Teile durch das Motiv des Hörens (שמע אל) durch V. 14 und 15 deutlich miteinander verbunden und das Idealbild Israel so vom falschen Verhalten der Völker abgehoben. Vgl. dazu auch Nihan, Moses, 25 – 27. Die Fortsetzung in V. 15 – 22 setzt sich bereits kommentierend mit der in exilischer Zeit entstandenen Erzählung um die Toragabe am Horeb in Dtn 5 auseinander.

776 Vgl. die Erörterungen zu den historisierenden Gebotseinleitungen in Kapitel 4.3.2 (224 – 232). Es gibt keinen Hinweis im Text, die historisierende Gebotseinleitung vom Rest des Gesetzes abzutrennen. Vgl. auch Gertz, Gerichtsorganisation, 28 – 32, in Bezug auf das Propheten- und Königsgesetz. Dies ist besonders Rose, ZBK 5,1, 94 – 106, entgegenzuhalten, der die einzelnen Verse von Dtn 18,9 – 22 allen vier Hauptredaktionen zuweist, die er insgesamt im Deuteronomium am Werke sieht, wobei er die Nennung der Völker und die Historisierung seiner Schicht III zuordnet. Zumindest die Zuordnung zu einer dtr Verfasserschaft – sei sie nun exilisch oder nachexilisch zu verorten – ist in der Forschung breit vertreten. Vgl. exemplarisch die Zuordnung von Otto, Deuteronomium 2000, 123 f., zu DtrD (Horebredaktion). Zum dtr Charakter des Abschnitts vgl. auch die Zusammenstellung prägnanter Kernausdrücke wie ירש, תועבה und den Vergleich der Darstellung des Molekopfers mit 2 Kön 16,3 und 21,6 bei Schmidt, Canaanite Magic, bes. 242 – 248.

Nihan, Moses, 31 f., weist das Prophetengesetz (Dtn 18,9 – 22) einer Redaktion in der frühen persischen Zeit zu, die die älteren prophetischen und königlichen Funktionen so beschränkt und zuschneidet, dass eine theokratisch bestimmte Gesellschaft entsteht. Diese Verortung deckt sich mit der hier gegebenen frühnachexilischen Datierung. Vgl. dazu auch die Ausführungen zum ebenfalls nachexilischen Königsgesetz, das den König dem mosaischen Gesetz unterordnet, in Kapitel 4.3.3 (240 – 247).

eine Auseinandersetzung mit kanaanäisch-israelitischen Praktiken und nicht mit Befragungstechniken, die man im Exil in Babylonien vorfand, handelt, zeigt die Zusammenstellung der Techniken. Diese nekromantischen Orakel sind typisch für den kanaanäisch-israelitischen Raum; für eine Abwehr babylonischer Riten wäre vor allem die Nennung der Leberschau zu erwarten.[777]

Deutlich ist aber zugleich auch, dass die Techniken Israel selbst zumindest in vorexilischer Zeit vertraut waren und dort als Hilfen für das Volk auch nicht der Kritik der Propheten ausgesetzt waren (vgl. nur die Nennung des קסם in Jes 3,2 und Mi 3,6 – 11).[778] Zwar wurden manche der Praktiken vormals von anderen Gruppen übernommen, doch waren sie bereits in der späten Königszeit längst zum Bestandteil israelitischer Kultur geworden. Sie gehören also keineswegs genuin (nur) zu Völkern, mit denen Israel in Kontakt kommt.

Für die Abwehr der Techniken wird jedoch die Zuschreibung zum Fremden betont. Was mit dem Stichwort ‚kanaanäisch' belegt wird, steht – in der Formulierung von Schmitt – zumeist als „Chiffre für nun unerwünschte Elemente der Jahwereligion".[779] Die Verbindung zu den kanaanäischen Völkern erzeugt das Bild, dass solche Bräuche Israel von Anfang an fremd waren und bleiben soll-

---

777 So Schmitt, Magie, 341. Ihn führt diese Argumentation jedoch zu einer vorexilischen Datierung des Prophetengesetzes.

778 In diesen Texten wird zwar angesagt, dass diese Wahrsager keinen Erfolg haben werden, doch wird dies nicht durch die Illegitimität der Technik begründet, sondern ist Bestandteil einer allgemeinen Unheilsankündigung, die alle Bereiche der Gesellschaft betrifft (vgl. v. a. die Aufzählungen der Führer Israels in Jes 2,1–3). Kritik an den divinatorischen Techniken findet sich erst ab der exilischen Zeit.

779 Schmitt, Krieg, 51. Zum Phänomen, dass immer wieder die Bräuche als kanaanäisch identifiziert werden, die eigentlich der israelitischen Religion entstammen, die aber innerhalb des Alten Testaments in einem innerreligiösen Parteienstreit abzuschaffen versucht werden, vgl. Uehlinger, Canaanites, explizit I, 566 („What biblical exegetes and historians of religion have long interpreted in terms of ‚Canaanite' religious beliefs and practices is today more and more understood as part of traditional *Israelite* and *Judahite* religion."); II, 190f. Albertz, Religionsgeschichte, 269–275, zeigt den Mechanismus, vormals eigene Kulte als kanaanäisch zu brandmarken, deutlich in der Kultkritik Hoseas auf, der besonders die Chiffre des Baalskultes als Pauschalisierung nutzt. Vgl. zu diesem Mechanismus auch den Aufsatz von Staubli, Antikanaanismus, der die Rolle Kanaans als literarische Negativfolie für das ideale Israel darstellt und die Wirkungsgeschichte des biblischen Antikanaanismus bis in die Gegenwart nachzeichnet. „Was die Bibel als Unsitten anderer Völker darstellt, ist nichts anderes als Israels Tradition, die von reformerischen Kreisen kritisiert und in teilweise gewalttätig-revolutionären Akten (vgl. 2Kön 18,4; 23,1–25) vernichtet wurde." Finsterbusch, Deuteronomium, 85f., beschreibt die auf kanaanäische Bräuche bezogenen Texte als Chiffre für alles, was Israel potentiell gefährlich sein kann, und unterstreicht so die identitätssichernde Funktion der Passagen.

ten.[780] Erneut zeigt sich an dieser Stelle der Zusammenhang aus Fremdheitszuschreibung und den Grenzarbeiten am eigenen religiösen Feld.

In eindringlichen Worten wird die ausschließliche Bindung an Jhwh gefordert.
Diese Bindung ist nicht mit der Befragungs- und Orakelpraxis verbindbar, die es
im Alten Orient gab. Neben dem Verbot, Kinder durchs Feuer gehen zu lassen,[781]
stehen (nekro-)mantische Techniken im Fokus der Verbotsliste.[782]

Israel hingegen soll diese instrumentellen Techniken nicht anwenden. Israels
wahre Propheten, die von Gott eingesetzt werden, geben dem Volk den Willen
Gottes direkt kund und bedürfen deshalb keiner anderen Offenbarungsautoritä-
ten.[783] Dies liegt zudem in der Argumentationslinie des Deuteronomiums, dass
Jhwhs Willen nicht durch Wolkenschau oder Totenbefragung bestimmt werden
muss, da er in den von ihm selbst gegebenen Geboten Israel alles mitgeteilt hat,
was es für ein gelingendes Leben braucht. Somit ist der ideale Prophet Mose (V. 15 –
22) als Toralehrer dargestellt.[784] Israel wird aufgefordert, diese Gebote zu lernen
(vgl. zum Stichwort למד Dtn 5,1; 6,1; 11,18 f.) und nicht die Orakelpraktiken der
anderen (למד in Dtn 18,9). Diese direkte Verbindung Gottes zu seinem Volk, die
Israel von den anderen unterscheidet (vgl. Dtn 4,6 – 8), würde durch die ‚Hilfs-
konstruktionen' der anderen Völker zerstört. Israel soll ganz und gar bei seinem
Gott Jhwh sein (V. 13).

---

780 Vgl. auch Schmidt, Canaanite Magic, 259: „By ‚Canaanizing' rival ritual complexes from the
indigenous culture, by projecting them back into hoary antiquity, and by having Moses, the
prophet par excellence, condemn them as foreign abominations, the biblical rhetoric of self-
identity marginalized competing ideologies."
781 Vgl. auch Dtn 12,31 und die eindeutige Zuschreibung der Praktik zur Verehrung anderer
Götter.
782 Für genauere Ausführungen, welche Menschengruppen und Praktiken unter dieser Aufzählung zu verstehen sind, vgl. Römer, Verbot, bes. 316 – 322, und Schmitt, Magie, 339 – 345. Die
dtn-dtr Polemiken gegen Nekromantie zeigen, dass eine solche Technik in nachexilischer Zeit
zumindest bekannt war. Die Rekonstruktion einer solchen Praxis ist jedoch schwierig, da es zu
wenig Hinweise in außerbiblischen Ritualtexten gibt. Insofern ist fraglich, ob Nekromantie
überhaupt praktiziert wurde.
783 Vgl. dazu auch Schmitt, Magie, 341 f.
784 Vgl. auch Nihan, Moses, 33, der zum Zusammenhang aus verschriftlichter Tora und neuer
Prophetie ausführt: „what this conception means is that the Mosaic *tôrah* is in a sense the model
and the norm for every future prophecy; later prophets may bring new revelations, but they may
not explicitly deviate from the deuteronomic revelation." Dabei deutet er die Qualifizierung
nicht auf das Auftreten neuer Propheten des Typs „mosaic prophecy" in der frühen nachexilischen Zeit, sondern auf die rückwirkende Beurteilung der schriftlichen Prophetie. Somit werden
die Propheten zu wahren Propheten stilisiert, die sich in dtr Tradition befinden, und damit das
dtn Gesetz zur Grundlage der sich neu strukturierenden Gemeinschaft gemacht. Hier sind neben
Jeremia auch die dtr überarbeiteten Bücher des Vierprophetenbuches zu nennen. (vgl. a.a.O.,
35 f.).

Die anderen Völker werden wegen dieser Gräuel vertrieben (V. 12). Dabei ist Israel den anderen durch die direkte Gottesbeziehung überlegen, doch wie auch bei der Kritik der Verehrung von Abbildern und Gestirnen in Dtn 4,15 – 19, bezieht sich das Verbot lediglich auf Israel.

Es werden also Techniken gebrandmarkt, die in Israel gängig waren, der deuteronomistischen Theologie jedoch entgegen standen. Dabei wird festgehalten, dass Israel solche Bräuche abzulehnen hat und Gottes Wille durch Mose und das durch ihn gelehrte Gesetz erkennen kann.

Die These, dass im Prophetengesetz Elemente gebrandmarkt werden, die zur Jhwh-Religion gehörten und nun abzulehnen sind, kann mit konkreteren Gruppen verbunden werden. Dtn 18,9 verbindet diese Praktiken explizit mit den Völkern, die man im Land vorfindet, wenn man in es einwandert. Auf der Erzählebene ist damit die kanaanäische Vorbevölkerung bezeichnet, in nachexilischer Zeit ist die Linie zwischen denen, die in das Land kommen, und denen, die dort bereits gelebt haben, leicht mit den aus dem Exil Zurückkommenden und den zuvor im Land Verbliebenen zu ziehen. Die räumliche Trennung und die theologische Arbeit im Exil hat letztlich zu einer Trennung zwischen den israelitischen Gruppen geführt, die in nachexilischer Zeit wieder aufeinander treffen.

Versteht man diesen Konflikt zwischen Rückkehrern und Daheimgebliebenen als Folie des Prophetengesetzes, so zeigt sich ein radikaler Exklusionsvorgang. Zu Israel gehören nur die, die sich der mantischen Praktiken enthalten und sich allein auf das prophetische Wort verlassen. Die Grenze um Israel wird so durch ein kultpraktisches Unterscheidungsmerkmal gezogen. Wer weiterhin der alten Orakelpraxis, die in Israel geläufig und verbreitet war, von der sich die Deuteronomisten im Exil jedoch getrennt haben, folgt, wird zum Fremden.

4.3.2.2 Dtn 20,15 – 18: Die Überarbeitung des Kriegsgesetzes

Die Abgrenzung von den kanaanäischen Völkern im Land wird im Kriegsgesetz aufgegriffen. Hierbei handelt es sich um keine Beschreibung eines Einwanderungsszenarios, sondern um die Festlegung der Grundlinien eines kriegerischen Konflikts mit jenen Gruppen. In der vorliegenden Endfassung des Kriegsgesetzes in Dtn 20 erfolgt dabei eine Binnendifferenzierung des geforderten Umgangs mit besiegten Städten. Während sehr weit entfernt liegenden Städten Frieden anzubieten ist, bei einer wegen der Verweigerung der Kapitulation doch erfolgenden Einnahme Frauen und Kinder zu verschonen sind und Beute gemacht werden darf, wird in V. 15 – 18 der radikale Umgang mit „den Städten dieser Völker" (הגוים האלה) gefordert:

¹⁵So sollst du mit allen Städten verfahren, die sehr weit von dir entfernt liegen, die nicht zu den Städten dieser Völker (הגוים האלה) hier gehören. ¹⁶Aber von den Städten dieser Völker (העמים האלה), die Jhwh, dein Gott, dir zum Erbteil gibt, sollst du nichts leben lassen von allem, was atmet. ¹⁷Sondern du sollst vollständig den Bann an ihnen vollziehen, an den Hetitern, Amoritern, Kanaanitern, Perisitern, Hiwwitern und den Jebusitern, so wie Jhwh, dein Gott, es dir geboten hat. ¹⁸Damit sie euch nicht beibringen, alle ihre Gräuel zu tun, die sie für ihre Götter tun, und ihr euch an Jhwh, eurem Gott, versündigt.

Einiges weist darauf hin, dass diese Verse kein ursprünglicher Bestandteil des Kriegsgesetzes waren, sondern später ergänzt wurden.[785] So kommt die Bemerkung, dass alles zuvor Beschriebene nur bei weit entfernt liegenden Städten auszuführen ist, in V. 15 und damit nach der ausführlichen Beschreibung der Prozedur (V. 10–14) zu spät im Erzählablauf. Während zudem zuvor der Krieg gegen einzelne Städte im Blick des Gesetzes war, wird in V. 15–18 zwar auch das Stichwort Städte (עיר) genannt, aufgezählt wird dann jedoch eine Reihe von konkreten Völkern. Die Liste der in Dtn 20,15–18 genannten kanaanäischen Völker, die in dem zu erobernden Land wohnen, ist dabei parallel zur Nennung derselben in Dtn 7,1(.17).[786]

Eine Besonderheit in der Benennung der Kriegsgegner ist darüber hinaus bemerkenswert. So werden sie in V. 15 als הגוים האלה bezeichnet, während im folgenden V. 16 von העמים האלה die Rede ist. Deutlich ist dabei, dass beide Begriffe synonym verwendet werden und sie die gleichen Opponenten bezeichnen. V. 16 dient dabei als Scharnier zwischen der Ergänzung in V. 15–18 und dem die Verse umrahmenden älteren Gesetz, denn עם ist mit seiner siebenmaligen Wiederholung eines der Themenworte im unmittelbaren Kontext (in den Versen Dtn 20,1.2.5.8.9[2-mal].11, wobei damit sowohl das fremde Volk als auch und deutlich häufiger das eigene bezeichnet ist). Der Ausdruck העמים האלה ist im Deuteronomium singulär.[787] Die Kombination eines Volksbegriffs mit dem determinierten Demonstrativum

---

785 Gleiches gilt für die im Plural formulierte Einführung des Priesters in Dtn 20,2–4. Vgl. Seitz, Studien, 155–159, und im Überblick Nielsen, HAT 1,6, 198f. Zum dtr Charakter von V. 15–18 vgl. neben anderen Rüterswörden, NSK.AT 4, 132f., Nelson, OTL, 247, Noort, Kapitulationsangebot, 218f. und Nielsen, HAT 1,6, 198f. samt des hier gebotenen Forschungsüberblicks. Durch die Stichworte פי־חרב und חרם ist der Einschub zudem mit der ebenfalls nachträglichen Ergänzung Dtn 13,13–18 verbunden.

786 Allerdings besteht die in Dtn 20,17 genannte Liste nur aus sechs Völkern. In Dtn 7,1 werden zusätzlich die Girgaschiter zu den Völkern im Lande gezählt. Zu den Völkern vgl. den Aufsatz Houtman, Bewohner.

787 Die Bezeichnung עם / עמים ist hingegen mit 107 Belegen im Deuteronomium (21-mal im dtn Gesetz und dazu noch 3-mal in Dtn 26,15.18f.) durchaus gängig. Der singularische Ausdruck העם הזה kommt zwar im Rahmen 6-mal vor (Dtn 3,28; 5,28; 9,13.27; 31,7.16), bezeichnet dort aber immer das eigene Volk Israel und kein fremdes Volk.

האלה ist hingegen ein typischer Ausdruck in Verbindung mit הגוים (8 Belege im Deuteronomium, dazu kommt die etwas abgewandelte Nennung in der späteren Ergänzung Dtn 7,22 הגוים האל).[788] Die Bezeichnung konnte im Rahmen der Betrachtung der historisierenden Gebotseinleitungen schon als typisches Merkmal der nachexilischen Redaktion erkannt werden, die sich mit der Einwanderung in das Land und den vorfindlichen Völkern auseinandersetzt und eine strikte und kompromisslose Abgrenzung von diesen fordert.[789]

Die Differenzierung der Kriegsgegner, die durch V. 15–18 in das Kriegsgesetz eingezogen wird, ist in diesem Zusammenhang aufschlussreich. So stellt sie den weit entfernten Städten die Städte dieser Völker gegenüber, die in dem Land liegen, das Jhwh Israel gibt.[790] Es sind also nicht die Völker im Blick, die näher an Israel liegen oder Israel umgeben,[791] also die unmittelbaren Nachbarn im Gegensatz zu den weiter entfernten Ländern; dem Stichwort „fern" wird nicht „nah" gegenübergestellt. Es sind die Völker *im* Land, zu denen die harte Abgrenzung gezogen wird. Von ihnen sind alle Menschen zu töten und von ihnen darf nicht einmal Beute genommen werden, wie es für die weit entfernteren Städte ausdrücklich erlaubt, ja sogar unterstützt wird. Die Forderung des Banns schließt die Möglichkeit der Beute aus.[792] Ein Kontakt mit ihnen und ihren Gütern führt zum Kontakt mit den Gräueln, die Israel von seinem Gott entfernen. Hinter den For-

---

788 Zu Dtn 7,22 vgl. Seite 210.

789 Aus diesem Grund ist die Einfügung in das Kriegsgesetz im Rahmen der Texte mit historisierenden Gebotseinleitungen zu untersuchen, auch wenn der Text selbst keine dergestaltige Einleitung aufweist.

790 Nicht ganz eindeutig ist dabei, an welchem Punkt die Differenzierung des vorgeschriebenen Umgangs einsetzt. Braulik, NEB 28, 147 f., geht davon aus, dass sowohl den Städten außerhalb des Landes als auch denen im Land zuerst ein Friedensangebot zu unterbreiten ist und die Differenzierung erst bei der Einnahme erfolgt. Während aus den weiter entfernten Städten nur die Männer zu töten sind, so ist an denen im Land vollständig der Bann zu vollziehen und alles Lebendige zu töten. Nimmt man jedoch die anderen Texte, die den Umgang mit הגוים האלה vorschreiben (bes. Dtn 7,1 f.17), hinzu, so wird deutlich, dass in diesen keine Friedensangebote in den Blick genommen werden. Diese Völker sind vollständig aus Israels Kernland zu vertreiben. Eine Kapitulation dieser Völker ist keine Option. Darauf, dass dies auch dem im Josuabuch praktizierten Vorgehen entspricht, in dem Jericho und Ai keine Kapitulation angeboten wird, verweist Noort, Kapitulationsangebot, 199. Die Differenzierung im Kriegsgesetz, die der Einschub V. 15–18 einführt, ist folglich auch auf den gesamten Umgang mit den verschiedenen Feinden zu beziehen.

791 Darum ist auch Vorsicht geboten, in Bezug auf Dtn 20,15–18 von den *nahen* Völkern zu sprechen (vgl. Nelson, OTL, 251), oder von denen, die Israel *umgeben*, wie es Hagedorn, Moses, 193 f. tut. Die Völker, die Israel umgeben, sind in Dtn 6,14; 12,10; 13,8; 17,14; 25,19 im Blick. Hier geht es hingegen um die Völker *im* verheißenen Land, das Israel in Besitz nehmen wird.

792 Vgl. die parallele Bannkonzeption in Dtn 7, die die Zerstörung des (kultischen) Besitzes miteinschließt.

derungen steht also letztlich keine kriegsrechtliche Überlegung, sondern die Betonung der Reinheit der Kultpraxis Israels, auf die kein fremder Einfluss geduldet wird.[793]

Diese distinktive Tendenz lässt sich in nachexilischer Zeit gut mit der Perspektive der Rückkehrer aus dem Exil verbinden, die sich gegen die Daheimgebliebenen als wahres Israel abgrenzen wollen,[794] wie mit Blick auf die historisierenden Gebotseinleitungen und Dtn 7 gezeigt werden konnte.[795] Das Israel existentiell gefährdende Gegenüber stellen nicht die wirklich Fremden aus den anderen Ländern dar, sondern die Fremden im eigenen Land, die vormals zum Bereich des Eigenen gehört haben.[796] Damit ist Roses Beschreibung der Quintessenz von V. 15 – 18 „alles Übel kommt von den Fremden"[797] zwar zuzustimmen, jedoch ist hinzuzufügen, dass nicht die wirklich Fremden und weit entfernt Wohnenden als Quelle des Übels in den Blick kommen, sondern nur die, die eigentlich gar nicht fremd sind, sondern sich selbst zu Israel rechnen würden. Diese radikale Abgrenzungslinie, die die Vernichtung der anderen und ihrer Kulte in der wiederzugewinnenden eigenen Heimat fordert, stilisiert eine Gruppe Israels zum einzig wahren Jhwh-Volk.

---

793 Vgl. auch Nelson, OTL, 251, der in Bezug auf das Banngebot von „reasons of religious purity" anstatt „military logic" spricht. Dabei betont er, dass es dem Text nicht an der Beschreibung eines historischen Vorgangs gelegen ist, sondern an der Vermeidung aktueller Gefahr des Abfalls von Jhwh (vgl. Dtn 13,13 – 18).

794 Damit handelt es sich in Dtn 20,15 – 18 um eine aktive Forderung der Abgrenzung. Rüterswörden, NSK.AT 4, 133, erkennt in dem Abschnitt hingegen die Perspektive des Opfers und nicht des Aggressors, indem er die Vertreibung der Vorvölker mit der Israels durch die Babylonier parallelisiert. Damit wäre in der eingefügten Passage stärker eine Begründung der eigenen Exilierung als eine Aufforderung zum Bann gegen andere gemeint. Bei dieser Deutung wird jedoch zu wenig die reale Dimension der Abgrenzung gegen die in der Erzählzeit mit הגוים האלה bezeichneten Menschengruppen berücksichtigt. Dass Rüterswörden auch bei der Eintragung des Banngebots durch die „Perspektive von Kriegsopfern" einen Akt der „Pazifizierung" des Gesetzes sieht, verharmlost das Kriegsgesetz und mit ihm die weiteren Aufforderungen, הגוים האלה zu vernichten oder sich zumindest von ihnen zu distanzieren, in zu großem Maße.

795 Vgl. dazu die vorhergehenden Abschnitte 4.3.1 (201 – 224) und 4.3.2 (224 – 236). Gerade die Untersuchung der übereinstimmenden Perspektive all dieser Einzeltexte, die zudem aus anderen Gründen in die nachexilische Zeit datiert werden, erhärtet die in dieser Studie vertretene Hypothese einer Zuschreibung zu den aus dem babylonischen Exil zurückkehrenden Deuteronomisten, auch wenn diese Annahme, wegen der fehlenden außerbiblischen Belege für diese Rückkehrer, Hypothese bleiben muss.

796 So auch Assmann, Monotheismus, 40, zu Dtn 20,15 – 18: „Denn die Städte Kanaans sind keine Fremdstädte, sie sind die eigenen Städte, die sich noch nicht der neuen Bewegung angeschlossen haben." Diese neue Bewegung sieht er im radikalen Monotheismus.

797 Rose, ZBK 5,1, 251.

4.3.3 Dtn 17,14–20: Das Königsgesetz

Ein Text, der der eben besprochenen Gruppe nahe steht, ist das Königsgesetz. In ihm wird das höchste Amt der israelitischen Gemeinschaft an das deuteronomische Gesetz selbst gebunden. Zudem wird jedem Ausländer der Zugang zum Königsamt verwehrt. Das literarisch einheitliche Gesetz lautet:[798]

> [14]Wenn du in das Land kommst, das Jhwh, dein Gott, dir gibt, und du es in Besitz nimmst und in ihm wohnst und du sprichst: Ich möchte über mich einen König setzen, wie alle Völker, die mich umgeben, [15]dann setze (ruhig) über dich einen König, den Jhwh, dein Gott, aus der Mitte deiner Brüder auserwählen (בחר) wird. Setze über dich einen König. Doch du kannst über dich keinen ausländischen Mann (איש נכרי) einsetzen, der nicht einer deiner Brüder ist. [16]Er soll bei sich keine Menge an Pferden anhäufen und das Volk nicht nach Ägypten zurückführen, um die Menge der Pferde zu erhöhen, denn Jhwh hat euch gesagt: Kehrt nicht erneut auf diesem Weg zurück. [17]Und er soll für sich nicht die Menge an Frauen erhöhen, damit sein Herz sich nicht abwende. Auch Silber und Gold soll er nicht zu sehr bei sich anhäufen. [18]Und es soll so sein: Wenn er auf dem Thron seines Königreichs sitzt, dann soll er eine Zweitschrift dieses Gesetzes in ein Buch schreiben, vor den levitischen Priestern. [19]Und sie soll bei ihm sein und er soll alle Tage seines Lebens in ihr lesen, damit er lernt, Jhwh, seinen Gott, zu fürchten und darauf zu achten, alle Worte dieses Gesetzes und dieser Rechtsvorschriften auszuführen. [20]Damit sein Herz sich nicht über seine Brüder erhebt und er nicht von dem Gebot nach rechts oder links abweicht, auf dass er die Tage seiner Königsherrschaft verlängere, er und seine Söhne, in der Mitte Israels.

Die Grundlinien des Königtums werden im Rahmen der Ämtergesetze (Dtn 16,18 – 18,22) festgelegt. Gleich zu Beginn zeigt sich jedoch ein Unterschied zu den anderen in Israel zu besetzenden Ämtern. Einen König kann es geben, wenn Israel sein Land in Besitz genommen haben wird, jedoch nur, wenn das Volk selbst den Wunsch nach einem König äußert. Der König ist anders als die Richter also kein notwendiger Bestandteil einer gelingenden Gesellschaft.[799] Wenn das Volk, angeregt von der Situation der Völker um es herum, den Wunsch nach einem König äußert, so kann dieser erfüllt werden. Der Thronaspirant muss dabei zusätzlich von Jhwh erwählt sein. Negativ und positiv werden sodann die Aufgaben eines Königs festgelegt. Er muss den Verlockungen des Reichtums (an Pferden, Frauen und Geld) widerstehen. Die dadurch abzuwendende Gefahr ist die Rückführung nach Ägypten und damit die Aufhebung des Exodusgeschehens und die Abkehr von Jhwh selbst. Positiv wird seine Funktion im Studium und in der Ausführung der Worte des Gesetzes gesehen. Mit diesem Gesetz ist das deuteronomische Gesetz selbst gemeint. Der König ist also seinerseits an das Gesetz gebunden und hat

---

798 Vgl. Achenbach, Königsgesetz, 216–219.
799 Vgl. auch Albertz, Terminus, 278.

keine es überschreitende Macht. Zudem ist er – vergleicht man die diesbezügli-chen Aussagen des Königsgesetzes mit den gängigen Funktionen des Königs im Alten Testament und im ganzen Alten Orient – der Kernaufgaben eines Königs beraubt. So ist er weder an kultischen Ausführungen oder der Kriegsführung beteiligt noch an der Rechtsprechung.[800] Alle drei Bereiche werden im deutero-nomischen Gesetz ohne Beteiligung des Königs geregelt.

Diese Beobachtungen werfen die Frage auf, in welcher Zeit ein solches Gesetz geschrieben werden konnte. Ist es in vorexilischer Zeit und damit einer Zeit mit eigenem König denkbar,[801] eine solche königliche Funktionsbeschreibung zu formulieren und dabei das Königsamt selbst vom Wunsch des Volkes abhängig zu machen?[802]

---

800 Vgl. besonders Levinson, Kingship, 520 – 523.

801 Für eine vorexilische Datierung des Königsgesetzes sei auf Rüterswörden, NSK.AT 4, 120, Albertz, Terminus, und van Houten, Alien, 74, verwiesen. Besonders ausgeführt ist der Vorschlag einer vorexilischen Verortung der Ämtergesetze bei Rüterswörden, Gemeinschaft. Er beschreibt die Ämtergesetze als vorexilischen kontrafaktischen Verfassungsentwurf, der in nur geringem Maße exilisch bearbeitet wurde, was mit einer Veränderung Israels von der politischen Ge-meinschaft zur Gemeinde einherging. In einem Exkurs (a.a.O., 54 – 58) „Zum Alter der histori-sierenden Gebotseinleitungen" datiert er die einzelnen Belegstellen im Deuteronomium, um die These Lohfinks des dtr Charakters aller Einleitungen zu entkräften, die, wegen der Untrenn-barkeit von Dtn 17,15 vom vorangehenden V. 14, seine These eines vorexilischen Ämtergesetzes mit Königs- und Prophetengesetz in Zweifel ziehen würde. Dabei sieht er ein differenziertes Bild, wobei „deuteronomistische Redaktoren auf eine Form zurückgegriffen haben, die ihnen schon in ihrer Vorlage vorgegeben war" (58). Es ist jedoch darauf zu verweisen, dass der spezielle Typus, der das Landnahmesetting mit dem Kontakt mit עם verbindet, einer Formulierung zu-zuordnen ist, die sich ansonsten nur in nachexilischen Texten findet. Dass es andere Gebots-einleitungen im Deuteronomium gibt, die von diesen redaktionsgeschichtlich zu trennen sind, ist dabei nicht in Frage gestellt. Zur Kritik an einer vorexilischen Verortung des Königsgesetz vgl. besonders Bultmann, Fremde, 145 f., und Schäfer-Lichtenberger, Verfassungsentwurf, 109 f. Hölscher, Komposition, 199 f., betont den utopischen Charakter gerade des Königsgesetzes und versteht es „als die ideale Forderung eines Theoretikers jüngerer Zeit".

802 Auch das vorexilische dtn Gesetz weist dem König keine Funktionen zu. Ob man aus der Zuschreibung der anderen Ämter auf eine Depotenzierung des Königs schließen kann, hängt von der Datierung der Ämtergesetze im Ganzen ab. Wird Lohfink, Sicherung, 149 – 151, in der Kate-gorisierung der Ämtergesetze (Dtn 16,18 – 18,22) als dtr Ergänzung zugestimmt, so entfällt dieses Argument. Nach Otto gibt es jedoch einen dtn Kern der sich aus der Kultzentralisation erge-benden Ämterordnung in Dtn 16,18 f.*; 17,2 – 7*.8 – 13*; 18,1 – 8* (Bestimmungen zur Ortsgericht-barkeit, dem Zentralgericht, den Richtern und Propheten), der dann exilisch überarbeitet wurde. In diesem Zuge sei dann auch das Königs- und Prophetengesetz vom Dekalogredaktor (DtrD) eingefügt worden. Vgl. Otto, Gerichtsordnung, bes. 150, und Ders., Ethik, 193 – 197: „Der Deute-ronomist entwirft in der Exilszeit eine utopische Ämterverfassung für das Neue Israel, indem er die dtn Gerichtsordnung zur Grundlage nimmt, sie erweitert und das Königs- sowie Prophe-tengesetz einfügt." (197). So entsteht durch die Überarbeitung der dtn Ämtergesetze und die

Die Datierung des Königsgesetzes[803] wird immer wieder durch die Suche nach Anknüpfungspunkten für einzelne Aussagen des Gesetzes versucht. So wird besonders nach Situationen gesucht, in denen die Ablehnung eines ausländischen Herrschers, wie es in V. 15 festgelegt wird, plausibel ist. Die Bandbreite der Rückschlüsse, die daraus gezogen werden, zeigt jedoch, dass diese Ablehnung zu unspezifisch ist, um die Datierungsmöglichkeiten zu begrenzen.[804]

Ein zweiter Weg zu einer Verortung des Königsgesetzes führt über die Betrachtung der Genese des Deuteronomiums und der internen literarischen Bezüge. Gleich die Einleitung des Gesetzes führt bei einer so gearteten Betrachtung dazu, eine vorexilische Datierung des Gesetzes auszuschließen. Die historisierende Gebotseinleitung in V. 14 ist nicht vom restlichen Gesetz zu trennen.[805] Wurde oben

---

Einfügung von Königs- und Prophetengesetz ein „Verfassungsentwurf der Ämter des Neuen Israel nach dem Exil" (Ders., Gerichtsordnung, 152). Es bleibt jedoch ein kategorialer Unterschied zwischen der Nichtnennung des Königs – die als implizite Depotenzierung gedeutet werden kann, jedoch ebenso damit, dass sein Machtbereich gar nicht thematisiert wird – und der expliziten Begrenzung seiner Funktionen. Der einzig weitere Bezug auf den König im Deuteronomium findet sich in den Israel angedrohten Flüchen in Dtn 28,36.

803 Für einen Forschungsüberblick zur Datierung und Literarkritik sei auch auf García López, Roi, bes. 277–282, verwiesen.

804 So ist die Ablehnung eines Ausländers als König prinzipiell mindestens aus zwei Gründen erklärbar: 1) aus der schlechten Erfahrung unter fremder Herrschaft, wie es Albertz, Terminus, 279 Anm. 38, für das 8./7. Jh. vermutet, und 2) aus der Angst vor Reformgruppen in den eigenen Reihen, die sich einen solchen König vorstellen können, wie es Hagedorn, Moses, 141, vermutet, der im Königsgesetz eine Reaktion auf die hinter der Kyrosdarstellung in Jes 45,1–4 stehenden Gruppen vermutet. Römer, Deuteronomistic History, 139, sieht in dem Verbot eines ausländischen Königs die Reflexion auf den phönizischen Einfluss im Nordreich, der letztlich nach der Darstellung des DtrG zum Untergang Samarias führte. Vgl. zur Vorsicht gegenüber einer genauen historischen Verortung des Gesetzes aufgrund des Ausschlusses eines ausländischen Königs auch Zehnder, Umgang, 372.

Ein weiterer Anknüpfungspunkt ist die verbotene Vermehrung von königlichem Pferdebesitz, die die Gefahr der Rückführung des Volkes nach Ägypten birgt. Albertz bezieht dies, in Aufnahme einer Notiz im Aristeasbrief §13, nach der es jüdische Hilfstruppen in der ägyptischen Armee gab, und die er mit dem ägyptischen König Psammetich II verbindet, auf die Zeit Zedekias. Dabei ist nach ihm der die Pferde erwähnende Vers ein Zusatz zum dtn Königsgesetz, sodass dieser Einschub als *terminus ante quem* benutzt werden könne. Das in dieser Arbeit plausibel gemachte literarische Wachstum des Deuteronomiums schließt jedoch eine vorexilische Datierung des Gesetzes aus. Vgl. dazu im Folgenden. Die Frage nach einem realgeschichtlichen Anknüpfungspunkt, aufgrund dessen das Königsgesetz verfasst wurde, ist zu unterstützen, jedoch bleibt fraglich, ob die entsprechende Situation überliefert bzw. für uns noch rekonstruierbar ist.

805 Eine Trennung zwischen V. 14 und einem dann als älter angenommenen V. 15* vertritt z. B. Merendino, Gesetz, 179–181. Doch weist Lohfink, Kerygmata, 91, auf die historisierende Gebotseinleitung hin, die die narrative Einbettung des Gesetzes durch die Rahmenreden bereits

die Historisierung des deuteronomischen Gesetzes als Entwicklung in und ab der exilischen Zeit plausibel gemacht, so gilt dies nun als Folge auch für das Königsgesetz.[806]

Hier ergibt sich jedoch eine Besonderheit. Die Nähe zu den nachexilischen historisierenden Gebotseinleitungen, die sich mit diesen Völkern (הגוים האלה) auseinandersetzen, ist unverkennbar.[807] Dies führte auch Gertz dazu, ein Verweissystem zwischen dem Prophetengesetz und der Einleitung des Königsgesetzes zu erkennen.[808] Ein genauerer Blick zeigt jedoch einen entscheidenden Unterschied auf: Bei allen anderen Gesetzen dieses Typus werden die Völker als Völker *innerhalb* des Verheißungslandes dargestellt. Zudem wird vor ihren Kulten und vor allem deren Übernahme durch die Israeliten gewarnt. In beiden Hinsichten unterscheidet sich davon das Königsgesetz. So sind in V. 14 mit הגוים nicht die Völker im Land gemeint, sondern die, die Israel umgeben (הגוים אשר סביבתי). Zudem wird ihr Verhalten nicht kritisiert und eine Übernahme der Angewohnheiten dieser Völker, vor denen die anderen Gesetze so explizit warnen, wird nicht nur nicht

---

voraussetzt, und auch Foresti, Storia, 105 f., Bultmann, Fremde, 146 f., betonen die Unabtrennbarkeit der Einleitung vom Gesetz. Achenbach, Königsgesetz, 227, formuliert im Anschluss an Lohfink zum untrennbaren Zusammenhang der V. 14 und 15: „Die Apodosis des eigentümlichen, historisierenden Gebotssatzes in Dtn 17,15 ist sachlich eng mit der diese Historisierung leitenden Protasis verbunden; darum kann das sogenannte ‚Königsgesetz' nicht von der Einleitung getrennt im literarischen Kontext verankert werden." Vgl. dazu auch Otto, Ethik, 195, und Schäfer-Lichtenberger, Josua, 72, Achenbach, Königsgesetz, 221 f. mit Anm. 22, Ders., Israel, 127–132. So heißt es dort (a.a.O., 132) zusammenfassend: „So bleibt festzustellen, daß die historisierende Gebotseinleitung ihren literarischen Ursprungsort in Dtn. 6 ff., und d. h. in der dtn. Rahmung des Dt. hat, von wo aus sie zunächst in das Korpus eingedrungen ist. Eine vor-dtn. Ausprägung der fiktiven Redeform ist nicht nachweisbar." Achenbach geht also von einer dtn Abfassung von Dtn 6,10 aus, wobei die Belege im dtn Gesetz dennoch erst dtr sind. Es bleibt zu fragen, ob dieser Mehrschritt in der Hypothese nötig ist. Vgl. dazu die Einwände bei Albertz, Terminus, 273 f. mit Anm. 16. Otto, Deuteronomiumstudien II, 185–187, geht in Bezug auf Dtn 6,10–18 von einer postdtr Erweiterung aus.

806 Vgl. zu den historisierenden Gebotseinleitungen das Kapitel 4.3.2 (224–236).

807 Speziell zu den Parallelen zwischen Dtn 7 und dem Königsgesetz vgl. auch die Textbeobachtungen von García López, Roi, 289 f., seine literarhistorische Einordnung muss dabei nicht übernommen werden.

808 Nach Gertz, Gerichtsorganisation, 28–32, sind Dtn 17,14–20 und 18,9–22 (sowie 26,1–11) dtr Ergänzungen zu einem dtn Ämtergesetz, da die Textkerne nicht von den historisierenden Gebotseinleitungen zu trennen sind, die den narrativen Kontext des Deuteronomistischen Geschichtswerks und die Moabperspektive voraussetzen und somit nicht von den Rahmenteilen zu trennen sind. Er lenkt die Aufmerksamkeit auf die Verweiskette über das Stichwort גוים von Dtn 18,14 über 18,9 (als dem Prophetengesetz) auf das Königsgesetz in 17,14. Es ist jedoch zu beachten, dass die Stichworte הגוים האלה in Dtn 17,14 und 18,14 bei einem genauen Blick verschiedene Völkergruppen bezeichnen, wie im Folgenden dargelegt wird.

negativ konnotiert. Die Einsetzung eines Königs, wie die Völker ihn haben, wird vielmehr als legitime Möglichkeit betrachtet.[809] Eine Zuordnung zu der Redaktion, die in früher nachexilischer Zeit die Abgrenzung von den im Land lebenden Völkern – und damit denen, die die Heimkehrer in Israel vorfinden – fordert, erscheint mir deshalb nicht wahrscheinlich. Die strukturelle Parallelität und die Stichwortbezüge zum Prophetengesetz legen es jedoch nahe, dass bei der Einfügung des Königsgesetzes die Auseinandersetzung mit den Völkern bereits Teil des entstehenden Deuteronomiums war.[810]

Diese Vermutung führt zu einer nachexilischen Datierung des Königsgesetzes und damit zu der Frage, warum in persischer Zeit das Königsamt wieder zur Diskussion stand. Sind also wirklich Hoffnungen auf einen neuen israelitischen König in persischer Zeit im Königsgesetz reflektiert?[811] Oder handelt es sich hierbei um die Auseinandersetzung mit ausländischen Herrschern im Allgemeinen?

Bultmann, der das Verbot eines nichtisraelitischen Königs als Produkt des 6. oder frühen 5. Jh. erkennt, deutet das Gesetz so, dass generell die Anerkennung eines ausländischen Herrschers abgelehnt wird.[812] In dieser Linie ginge es also nicht um die Neubesetzung des Throns, sondern um ganz neue Strukturen, die durch das Gesetz abgewehrt werden würden. Bultmann betont dabei, dass gerade im 5. Jh. die Gefahr der Verschmelzung mit den umliegenden Nachbarn greifbar ist (so wie bei Esra/Neh), die hier abgewertet werden soll. „Problematisch ist dabei

---

809 Die Abwesenheit kultischer Kritik an den Völkern setzt sich auch in Bezug auf das weitere Königsgesetz fort. Zehnder, Umgang, 371f., verbindet den Gedanken, dass kein Nichtisraelit König werden soll, mit der „Abwehr nicht-jahwistischer religiöser Elemente". Doch wird der Fremdkult interessanterweise weder in Bezug auf den ausländischen König noch auf die Israel umgebenden Völker thematisiert. Die Gefahr der Abkehr von Jhwh ist durch zu viele Besitztümer gegeben.

810 García López, Roi, 283 mit Anm. 42, verweist zudem darauf, dass das Stichwort הגוים verbunden mit dem Zusatz אשר סביבתי nur in exilischer und postexilischer Literatur vorkommt. Dies führt ihn jedoch dazu, in V. 14bβ einen späteren Nachtrag zum Gesetz zu sehen. Einen weiteren Hinweis auf eine nachexilische Datierung des Königsgesetzes besteht in der Parallele zum ebenfalls nachexilischen Text Dtn 8,11–17. Hier wird in gleicher Weise vor der Abwendung von Jhwh durch die Gefahr des zu großen Wohlstands gewarnt. Dabei ist auch in Dtn 8 die Argumentationsfigur mit dem Exodusgeschehen verknüpft. Im Gegensatz zum Königsgesetz ist hier jedoch das ganze Volk im Blick. Zu den sprachlichen Parallelen vgl. García López, Roi, 287–291, zur nachexilischen Abfassungszeit von Dtn 8,1–20 (und 9,1–8) vgl. Otto, Deuteronomiumstudien II, 202–210.

811 So nach der Deutung von Hagedorn, Moses, 141.

812 Vgl. Bultmann, Fremde, 155f. Zu unterstreichen ist, dass die Festlegung, der König dürfe kein Nichtisraelit sein, zugleich eine Öffnung darstellt. So ist nicht von einem Nachkommen Davids die Rede und damit der Restitution eines davidischen Königtums, einer Hoffnung, die mit Serubbabel verbunden war (Hag 2,23).

nicht so sehr der Fremde *in* Israel als vielmehr Israel unter den Fremden, d. h. die Fremden um ein politisch nach außen unabgeschlossenes Israel herum."[813] Doch ist einzuwenden, dass sich das Gesetz auf die Einsetzung eines Königs in Israel bezieht und nicht auf die Anerkennung eines anderen Königs.

Eine andere Herangehensweise ist näherliegend. So ist schon lange aufgefallen, dass es deutliche Anknüpfungspunkte zwischen dem Königsgesetz und den Königstexten des Deuteronomistischen Geschichtswerks gibt.[814] Besonders in der Reflexion über die Notwendigkeit eines Königs sind Parallelen zu 1 Sam 8 – 12 zu erkennen.[815] Schon der Wunsch des Volkes nach der Einsetzung eines Königs, wie ihn die umliegenden Völker haben, findet sich analog in 1 Sam 8,5.

Gerade die Exegeten, die eine vorexilische und damit nichtdeuteronomistische Datierung des Königsgesetzes wahrscheinlich machen wollen, verweisen jedoch zu Recht darauf, dass es trotz der Parallelen deutliche Differenzen zu den Darstellungen des Richterbuches und der Samuel- und Königebücher gibt.[816] So erinnert die Nennung des Reichtums, der vielen Pferde und der vielen Frauen an

---

813 Bultmann, Fremde, 157.

814 Und so werden auch bei der Suche nach ausländischen Männern auf dem israelitischen Königsthron die Darstellungen des DtrG zu Hilfe genommen. Daube weist jedoch zu Recht auf das Problem hin, dass die zumeist vorgeschlagenen Personen, auf die die Stelle bezogen wird, keine Nichtisraeliten sind, sondern sich nur zu sehr anderen Völkern zuwenden. Dies gilt für den König Hosea (2 Kön 16 f.), aber auch für Jojakim. So plädiert er für die Annahme, der Halb-Kanaanäer Abimelech, als erster König Israels, sei gemeint. Vgl. die kurze Notiz Daube, One. Die lange Reihe israelitischer Könige, die von assyrischen Großkönigen bestimmt waren, zeigt Nicholson, Foreigner, auf, der somit im Königsgesetz die Verarbeitung der neuassyrischen Herrschaft über Israel und Juda erkennt. Eine Ausnahme in der Linie der Erklärungen durch eine ausländische Fremdbestimmung bildet die Interpretation auf Kyros von Hagedorn, Moses, 141. Eine ähnliche Argumentationsfigur findet sich bei Achenbach, gêr, 44, der hier einen Kontrast zu Jes 25,1 – 7 und damit einen von Jhwh erwählten Achämeniden sieht.

815 Vgl. dazu die Ausführungen bei Achenbach, Königsgesetz. Zur Ausrichtung auf das DtrG vgl. auch Lohfink, Sicherung, zur Datierung bes. 313 f., und Otto, Gerichtsordnung, 143, mit weiterer Literatur.

816 Vgl. Albertz, Terminus, 276 – 278. Vgl. auch die Ausführungen bei Knoppers, Deuteronomist. Er spricht in Bezug auf das Königsbild und besonders auf die königlichen Funktionen in der Gemeinschaft von einer „considerable distance between the worldview of Deuteronomy and the worldview of the Deuteronomist" (a.a.O., 336). Hier ist jedoch eine starke Vereinheitlichung der dtr Bearbeitungen im Deuteronomistischen Geschichtswerk zur Grundlage gemacht. Und auch Levinson, Kingship, 526, beschreibt die Darstellung der Könige und besonders Josias im DtrG als Aufhebung der Position im Deuteronomium: „With Josiah made the royal enforcer of Torah as the law of the land, the Deuteronomistic Historian, several generations after Deuteronomy, returns to the monarch the active connection to cultus and law that had been, so briefly and idealistically, denied him."

die Darstellung Salomos, der jedoch in der Darstellung des Deuteronomistischen Geschichtswerks positiv konnotiert ist.[817]

Der deutlichste Unterschied besteht jedoch in den Funktionen, die auch die positiv bewerteten Könige in der Darstellung der Königebücher ausführen. Salomo wird für seine kluge juristische Entscheidungsfähigkeit gewürdigt, er vollzieht Opfer, die Könige führen ihr Volk in den Krieg, sie sind an Opfern beteiligt und sprechen Recht. Schon bei der Auffindungslegende des Gesetzes unter Josia sind Unterschiede in den ausgeübten Funktionen des Königs erkennbar. So ist sein Ausrufen des Passas eigentlich nicht mit den königlichen Aufgaben im Königsgesetz kombinierbar. Ein Blick auf den eben angeführten Paralleltext 1 Sam 8,5b macht diese Differenz ebenfalls deutlich. Der Wunsch der Einsetzung eines Königs über das Volk, den es selbst an Samuel richtet, ist unmittelbar mit der Beschreibung seiner Aufgaben verbunden. So soll er richten (עתה שימה־לנו מלך **לשפטנו** ככל־הגוים) und hat damit die politische Führung inne.[818]

Führen diese Unterschiede dazu, das Königsgesetz einer deuteronomistischen Bearbeitung abzusprechen, so sollte daraus im zweiten Schritt nicht auf eine frühere deuteronomisch-vorexilische Herkunft geschlossen werden, sondern auf eine spätere nachexilische Abfassungszeit. Denn warum hätte ein deuteronomisches Königsgesetz so wenig Einfluss auf die Königsdarstellungen im Deuteronomistischen Geschichtswerk hinterlassen?[819]

Vielmehr lässt sich das Gesetz als schriftgelehrte Reflexion über die bereits bestehenden Königstexte des Deuteronomistischen Geschichtswerks plausibel machen.[820] Indem sogar der König dem deuteronomischen Gesetzbuch selbst

---

817 Dabei ist einzuräumen, dass sich in 1 Kön 9–11 durchaus kritische Passagen in Bezug auf die Frauen Salomos finden. Dies ist besonders in 1 Kön 11,1ff. der Fall. Hier ist zu überlegen, ob die Korrektur bereits auf das Königsgesetz zurückgreifen konnte. Seitz, Studien, 234, der Dtn 17,17 vorexilisch datiert, bemerkt die Parallele in dieser Kritik, weist diesem Motiv jedoch eine längere Vorgeschichte zu und verweist auf Parallelen in Jes 2,7–9 und Mi 5,9–14.

818 Rüterswörden, NSK.AT 4, 120f., versucht positive Aufgaben aus der Einschränkung in V. 16f. zu erkennen, und beschreibt das Bild einer repräsentativen Monarchie, in der dem König hauptsächlich Vermittlungsaufgaben im Kontakt mit anderen Völkern zustehen.

819 Knoppers, Deuteronomist, leitet aus diesem Umstand ab, dass die Verknüpfung zwischen dem Dtn und dem DtrG wohl doch nicht so eng war wie zumeist vermutet und der Deuteronomist des DtrG hier deutlich eigene Wege gegangen ist. Aber ist es nicht einfacher anzunehmen, dass die Deuteronomisten des DtrG das Königsgesetz noch nicht kannten? Zu den wenigen Rückbezügen, die es auf Dtn 17,18–20 im DtrG gibt und die alle in ihrem Kontext nachgetragen sind, vgl. Achenbach, Königsgesetz, 232.

820 So auch Achenbach, Königsgesetz, 231. Er beschreibt das Königsgesetz als ein Resümee der dtr Darstellung der Königszeit. In dieser Perspektive wird auch deutlich, warum es sich beim Königsgesetz „nicht um die handlungsleitende Vorschrift eines Verfassungsentwurfs" (Bult-

unterstellt wird, wird das Gesetz so zum Schlüssel jeglicher Gemeinschaftsordnung gemacht. Das Königsgesetz lässt also nach einer kritischen Durchsicht des Deuteronomistischen Geschichtswerks nur noch einen König zu, der der eigenen Gesetzgebung unterstellt ist. Nur so kann Israels Gemeinordnung bestehen und so können die von Jhwh gegebenen Gebote vollständig ausgeführt werden. Das einzige Königsgesetz in der Tora unterstellt also den König dieser Gesetzgebung selbst. Hiermit wird implizit dem König eine Mitschuld an der Katastrophe des Exils gegeben. Nur das Gesetz bewahrt Israel davor, erneut nach Ägypten zurückgebracht zu werden, wodurch das grundlegende Befreiungsereignis negiert werden würde.

Ein ausländischer nichtisraelitischer Mann, der nicht aus der Mitte des deuteronomischen Brüdervolkes stammt (V. 15 f.)[821] und damit keinen Bezug zur israelitischen Gottesbeziehung hat, kann ein solches Amt nicht ausführen. Nur wer seine Identität aus dem Gesetz selbst generiert, kann der Gemeinschaft als Oberhaupt vorstehen. Ein Gedanke in Bezug auf den in Kapitel 3.1.1.1 ausgeführten Blick auf das deuteronomistische Konzept als frühe Spielart eines Verfassungspatriotismus legt sich hier nahe. Wenn sogar ein möglicher König letztlich dem Gesetz und der Verfassung selbst untergeordnet ist und nur noch in ihrer Ausführung seine Funktion innehat, so ist das vormals identitätsstiftende Königtum endgültig dem „Verfassungspatriotismus" des Volkes unterstellt. Nicht mehr über die Zugehörigkeit zu einem König(tum), sondern durch die Unterstellung des Königs unter die Gemeinordnung wird israelitische Identität gesichert.

Als Repräsentant des Volkes spiegelt sich im König zugleich die Erwählung des Volkes. So wie Israel aus den anderen Völkern von Jhwh erwählt wurde, muss auch der König als spezifische Einzelperson direkt von Jhwh erwählt werden, wie V. 15 festlegt. Da die deuteronomistische Erwählungsvorstellung die Abgrenzung von den anderen Völkern betont, ist es nicht denkbar, dass ein ausländischer Mann als Erwählter Jhwhs über dem Volk steht.[822]

---

mann, Fremde, 150) handelt, sondern um eine grundlegende Reflexion über die „legitime, aber in der Geschichte gescheiterte" (a.a.O., 153) Monarchie.

821 An dieser Stelle ist wiederum deutlich, dass im Deuteronomium mit der Relationierung בקרב eine soziale Verbindung und keine reine lokale Angabe bezeichnet wird. So reicht es nicht, dass ein Mensch unter den Israeliten wohnt, er muss aus ihrer Mitte stammen also ein Teil der Brüdergemeinschaft sein, wie V. 15b fortsetzt. Vgl. dazu auch die Ausführungen zur Mitte im Deuteronomium in Kapitel 2.5.1.4 (141–144).

822 Vgl. zur Erwählung Israels das Kapitel 5.1 (294–299).

4.4 Die Völker als Gegenüber Israels

Neben den Völkern, die Israel im Land vorfindet und von denen es sich kategorisch abzugrenzen gilt, wird Israel in den in nachexilischer Zeit entstandenen Texten auch zu Völkern in Verbindung gesetzt, zu denen eine grundsätzliche Distanz besteht. Die Fremdheitszuschreibung ist in diesem Kontext kein Exklusionsvorgang zur Identitätskonstruktion. Doch spielen auch diese Völker in der Argumentationsstruktur des nachexilischen Deuteronomiums eine entscheidende Rolle bei der Klärung der Grundlagen der israelitischen Gemeinschaft, indem sie gerade in dieser Distanz zu Israel wahrgenommen werden.

4.4.1 Dtn 9,1–6: Die Freveltaten der anderen Völker

In der Passage Dtn 9,1–6 wird aus der Perspektive kurz vor der Landnahme erläutert, warum Jhwh Israel das Land gibt. In diesem Kontext spielen die Verfehlungen der anderen Völker eine entscheidende Rolle. Die Funktion für diese Negativdarstellung der Fremden für die Identitätskonstruktion Israels ist dabei beachtenswert.

> [1]Höre Israel, du überquerst heute den Jordan, um hineinzukommen und größere und stärkere Völker, als du es bist, in Besitz zu nehmen, große Städte, bis in den Himmel befestigt, [2]ein großes und hochgewachsenes Volk, die Enakiter, die du kennst und von denen du gehört hast: Wer kann vor den Enakitern bestehen? [3]Du sollst heute erkennen, dass es Jhwh, dein Gott, ist, der vor dir her als verzehrendes Feuer durchzieht. Er selbst wird sie ausrotten und er wird sie vor dir demütigen und du wirst sie vertreiben und sie schnell umbringen, so wie Jhwh es zu dir gesagt hat. [4]Sprich nicht in deinem Herzen, wenn Jhwh, dein Gott, sie vor dir ausgestoßen hat: Wegen meiner Gerechtigkeit hat mich Jhwh hergeführt, um dieses Land in Besitz zu nehmen, denn wegen der Freveltaten dieser Völker vertreibt Jhwh sie vor dir. [5]Nicht wegen deiner Gerechtigkeit und der Aufrichtigkeit deines Herzens kommst du hinein, um das Land in Besitz zu nehmen, sondern wegen der Freveltaten dieser Völker vertreibt Jhwh, dein Gott, sie vor dir *und um das Wort aufzurichten, das Jhwh deinen Vätern Abraham, Isaak und Jakob zugeschworen hat.*[823] [6]Erkenne, dass dir Jhwh, dein Gott, dieses gute Land nicht wegen deiner Gerechtigkeit gibt, um es in Besitz zu nehmen, da du ein halsstarriges / hartnäckiges Volk bist.

---

[823] Die Patriarchentrias in V. 5 ist ein Nachtrag zum ansonsten literarisch einheitlichen Abschnitt, wie es Römer, Israels Väter, 161–167, und Ders., Deuteronomy, 130, überzeugend darlegt. Die kriegerische Einnahme des Landes korrespondiert deutlich besser mit den Zusagen an die Vätergeneration in Dtn 1–3 als den Patriarchenzusagen der Genesis.

Dtn 9,1– 6 lässt sich als Nachtrag in den jetzigen Kontext erweisen. So schließt, als erste Beobachtung, Dtn 9,7 ff. lückenlos an 8,20 an.[824] Der dazwischenliegende Abschnitt V. 1– 6 lehnt sich an Dtn 1–3 an, weicht jedoch auch von diesem Textbereich terminologisch und sachlich ab. So kommt beispielsweise das in Dtn 9,4 benutzte Verb הדף nur in Dtn 6,19 und nicht bei den inhaltlichen Parallelen in Dtn 1–3 vor. Das Stichwort הגוים האלה wird ebenfalls in Dtn 1–3 nicht verwendet, ist aber typisch für Dtn 7, den Einschub in das Kriegsgesetz in Dtn 20,15 –18 und die historisierenden Gebotseinleitungen im Allgemeinen.[825] In Dtn 9,1– 6 wird für die Völker sowohl die Bezeichnung עם als auch גוי benutzt und zwar in exakt der Weise, in der es die Traditionen verwenden, die jeweils aufgenommen werden, wie der folgende Exkurs 2 nachweist.[826] Es handelt sich hierbei um die Rezeption der Größendarstellung der anderen Völker, die sich nur in den nachexilischen Texten Dtn 4,38; 7,1; 11,23[827] findet.[828] Die Bezeichnung der Freveltaten der Völker als רשעה wird, neben der Benutzung im juristischen Kontext in Dtn 25,2, ausschließlich in Dtn 9,4 f. verwendet. Sprachlich und theologisch ist der Abschnitt zudem, wie Veijola aufzeigt, mit den ebenfalls nachexilischen Texten 4,36 – 40; 7,7–11 und 8,2– 6 verwandt.[829]

Exkurs 2: Die Größe der anderen Völker

Das Motiv, dass andere Völker größer sind als Israel, das Dtn 9,1– 6 aufnimmt, wird mehrfach im Deuteronomium verwendet (Dtn 1,28; 2,10.21; 4,38; 7,1.7.17; 9,1 f.; 11,23).[830] Sprachlich sind die Texte in zwei Gruppen zu unterteilen: Die erste Gruppe, die sich ausschließlich in Dtn 1–3 findet, ist die der Beschreibung der Riesenvölker in Dtn 1,28 (hier sind es die Enakiter, von denen die Kundschafter berichten) und 2,10.21. Die Völker werden als עם bezeichnet. So formuliert Dtn 1,28 mit den Begriffen רם und גדול und die davon abhängigen sogenannten antiquarischen Notizen, die den

---

824 So auch Veijola, ATD 8,1, 233 f. Einen Hinweis auf die späte Abfassungszeit des Einschubs sieht Veijola auch in der hier vorgelegten Kombination verschiedenster Formelemente. So kombiniert der Abschnitt Elemente der Kriegsansprache (V. 1–3), des Monologs (V. 4– 6) und in V. 7 angehängt der Beweisführung. Für eine Datierung in persische Zeit spricht sich auch Römer, Deuteronomistic History, 170 f., aus.

825 Vgl. dazu das vorhergehende Kapitel 4.3 (227– 232).

826 Siehe unten 249 – 252.

827 Zu den Ähnlichkeiten zwischen Dtn 11,22– 25 und 9,1– 6 vgl. auch Braulik, Völkervernichtung, 21 f. mit Anm. 70. Auch er kommt zu dem Schluss, dass Dtn 9,1– 6 bereits auf 11,22– 25 reagiere.

828 Auch Rose, ZBK 5,2, 466, ordnet die V. 1 f. wegen der Nennung der גוים und ihrer Größe und Stärke wie die auch hier diskutierten Paralleltexte seiner jüngsten Schicht IV zu.

829 Vgl. Veijola, ATD 8,1, 233– 236.

830 Auf einem anderen Blatt steht der einzige vorexilische Beleg in Dtn 20,1. Hier wird im Gegensatz zu den anderen Belegen mit einem schlichten רב formuliert.

Enakiterbezug wieder aufnehmen, führen den Sprachgebrauch fort und ergänzen um ein רב in der Mitte des Ausdrucks.

Dtn 1,28:

> Wohin sollen wir hinaufziehen? Unsere Brüder haben unser Herz verzagt gemacht, indem sie sagten: Ein Volk, größer (גדול) und höher gewachsen (ורם) als wir, große (גדלת) und bis in den Himmel befestigte Städte und auch Enakiter haben wir dort gesehen.

Dtn 2,10:

> Die Emiter haben früher darin gewohnt, ein großes (גדול) und zahlreiches (ורב) und hochgewachsenes (ורם) Volk wie die Enakiter.

Dtn 2,21:

> Sie sind ein großes (גדול), zahlreiches (ורב) und hochgewachsenes (ורם) Volk wie die Enakiter und Jhwh rottete sie vor ihnen aus und sie nahmen es in Besitz und sie wohnten dort anstatt ihrer.

Die beiden letztgenannten Texte sind Teil der sog. antiquarischen Notizen, die die Größe der Völker als Mittel der Illustration von Gottes Handeln, der so große und machtvolle, ja riesenhafte Gestalten besiegen konnte, nutzen.[831] Nicht Israel ist hier im Blick, sondern Jhwh. In Dtn 1,28 sind hingegen Angst und Unglaube durch den Hinweis der Israeliten auf die immense Größe der Gegner ausgedrückt.[832] Die Funktion von Dtn 1,28 ist damit stärker analog zu der nun zu beschreibenden zweiten Gruppe, die sich in Dtn 5 – 11 findet.[833]

In dieser Textgruppe[834] wird die Größe der anderen direkt mit Israels Kleinheit verglichen. Als Folge wird die Angst Israels beschrieben. Diese Belege unterscheiden sich von den zuvor genannten durch die Bezeichnung der Völker als גוים und bei der Größenbeschreibung durch die Verwendung des Adjektivs עצום.[835]

---

831 Vgl. dazu das Kapitel 4.5 (282–293) zu den antiquarischen Notizen.

832 Lohfink, Darstellungskunst, 111. Perlitt, BK V, 107, spricht von der „Funktion einer ‚Drohgebärde'", die die Enakiter in Dtn 1 erfüllen.

833 Allerdings zielt Dtn 1,28, wie V. 30 deutlich macht, letztlich auch auf die Größe und Macht Jhwhs, der den anderen Völkern trotz ihrer Größe (kriegerisch) überlegen ist.

834 Literaturgeschichtlich und vor allem funktionell noch einmal auf einem anderen Blatt steht die Ankündigung Gottes in Dtn 9,14, das Volk Israel zu vernichten und dann aber aus Mose ein größeres und stärkeres (עצום ורב) Volk zu machen. Die LXX ergänzt hier noch ein μέγα und gleicht es so zusätzlich an 9,1 an, sodass wie in 26,5 die vollständige Trias erscheint. Diese Angleichung ist jedoch kein Hinweis auf ein ursprüngliches גדול im hebräischen Text.

835 Im Pentateuch und DtrG wird das Adjektiv zusätzlich in Gen 18,18; Ex 1,9; Num 14,12; 22,6; 32,1 und Jos 23,9 verwendet. Dazu kommen die Belege für עצם als Verb, was jedoch im Dtn nicht vorkommt, anders in Ex 1,7 wo es für das Großwerden des Volkes genutzt wird. In Dtn 8,17 und 32,48 kommen zwei zugehörige Substantive עצם vor, die jedoch in ganz anderem Kontext stehen.

Dtn 4,38:

[37]Und weil er deine Väter geliebt hat, erwählte er ihre Nachkommen nach ihnen und führte dich selbst mit seiner großen Kraft aus Ägypten, [38]um Völker, die größer (גדלים) und stärker (ועצמים) sind als du, vor dir zu vertreiben, um dich herzubringen und dir ihr Land als Erbbesitz zu geben, wie es heute ist.

Dtn 7,1.17:

[1]Wenn Jhwh, dein Gott, dich in das Land bringt, wohin du kommst, um es in Besitz zu nehmen, dann wird er zahlreiche (רבים) Völker vor dir vertreiben, die Hetiter und die Girgaschiter und die Amoriter und die Kanaaniter und die Perisiter und die Hiwwiter und die Jebusiter, sieben Völker, zahlreicher (רבים) und stärker (ועצמים) als du. [17]Wenn du in deinem Herzen sprichst: Diese Völker sind zahlreich (רבים) im Vergleich zu mir, wie kann ich sie in Besitz nehmen?

Dtn 11,23:

Dann wird Jhwh alle diese Völker vor euch her vertreiben und ihr werdet größere (גדלים) und stärkere (ועצמים) Völker, als ihr es seid, in Besitz nehmen.

Alle Belege dieses Größenmotivs finden sich im Bereich der zweiten Einleitungsrede oder im späten Zusatz Dtn 4 und dabei in Texten, die generell als sehr späte deuteronomistische bzw. nachdeuteronomistische, jedenfalls als nachexilische Texte verstanden werden.[836] Die Funktion der Größenangabe ist immer dieselbe: Die Kleinheit Israels führt nicht zu kriegerischem Misserfolg, da Jhwh als mächtiger Gott Israel unterstützt. Pragmatisch vertröstet dies das durch das Exil stark dezimierte Volk, das sich nun im eigenen Land gegen andere behaupten will und muss;[837] theologisch unterstützt es die Darlegung der überwältigenden Macht Jhwhs.

Dtn 9,1 f. nimmt die in Dtn 1,28 belegte Formulierung des Größenmotivs und zudem die soeben dargestellte sprachliche Variante aus Dtn 4,38; 7,1.17 und 11,23 auf. Dies bezieht sich sowohl auf die Bezeichnung der Völker als גוים und bei der Enakitern als עם, die exakt dem oben dargestellten Sprachgebrauch entsprechen, als auch auf die benutzten spezifischen Adjektive der

---

Sprachlich gehört zu dieser Gruppe auch die Mehrungsverheißung in Dtn 26,5. Siehe dazu unten 301–303.

836 Zu Dtn 4 und 7 vgl. die Kapitel 4.4.4.1 (248–253) und 4.3 (201–224). Lohfink, Art. עצם, 322f., rechnet Dtn 7,1; 9,1; 11,23 zu einer Schicht, die sich bereits mit DtrN auseinandersetzt. Dazu gehören dann auch Dtn 7,1.17.22; 8,20; 9,4 f.; 11,23. Das ist fast deckungsgleich mit der Zuordnung Veijolas, der jedoch 7,1* zu DtrN selbst rechnet, wobei die Völkerliste mit der עצום-Nennung auch bei ihm wie V. 17 zu einem auf DtrN reagierenden Ergänzer gehört und er 7,22 zu DtrB rechnet.

837 In der spiegelbildlichen Parallele Ez 33,25 wird als Argument der im Land Gebliebenen für ihren Landbesitz gerade ihre große Menge genannt. Abraham war nur eine Person, sie aber sind viele, sodass ihnen das Land noch mehr gehört. Im Gegensatz dazu wird in Dtn 7 gerade die geringe Gruppengröße in die Erwählung einbezogen und so das Argument der Größe nivelliert. Dies deutet zwar auf keine literarische Abhängigkeit der beiden Passagen voneinander hin, zeigt jedoch die verschiedenen Umgangsmöglichkeiten mit der gleichen nachexilischen Situation.

Größendefinition. Beide sonst nur einzeln vorkommenden Formulierungsvarianten bindet Dtn 9,1 f. zusammen und erweist sich so als jüngster Text:

> ¹Höre Israel, du überquerst heute den Jordan, um hineinzukommen und größere (גדלים) und stärkere (ועצמים) Völker, als du es bist, in Besitz zu nehmen, große (גדלת) Städte, bis in den Himmel befestigt. ²Ein großes (גדול) und hochgewachsenes (ורם) Volk, die Enakiter, die du kennst und von denen du gehört hast. Wer kann vor den Enakitern bestehen?

Den *terminus ad quem* für Dtn 9,1–6 bietet die Einfügung der antiquarischen Notizen in Dtn 2,10 f.21, denn Dtn 9,1–6 lehnt sich im Sprachgebrauch ausschließlich an den älteren Vorläufer in Dtn 1,28 an. Die Bezeichnung der Enakiter als [ים] ⁸³⁸ענק בני entspricht der in Dtn 1,28, aber nicht der in Dtn 2,10 f.21 als ענקים. Und auch das in den antiquarischen Notizen im Vergleich zu Dtn 1,28 zusätzlich eingefügte Adjektiv רב ist in Dtn 9,2 nicht vorhanden.⁸³⁹

Mit Dtn 9,1–6 handelt es sich um eine nachexilische Ergänzung, die zugleich Dtn 5–11 und 1–3 näher aneinander anbindet und die dort getroffenen Aussagen über das Volk Israel revidiert. So korrigiert der Abschnitt die theologischen Aussagen, Israel hätte das Land aufgrund der eigenen Gesetzesobservanz erhalten und es sich somit verdient, wie es unter anderem in Dtn 6,17 f.; 8,1, aber auch schon in Dtn 1–3* dargestellt wird.⁸⁴⁰ In der Erzählung der ersten Einleitungsrede wird der vor der Einwanderung stehenden zweiten Generation der Israeliten zugesagt, dass sie immer dann zum Eroberungserfolg kämen, wenn sie sich an die Gebote ihres Gottes hielten. Im Gegensatz dazu hatte die erste Generation durch ihre Widerspenstigkeit und ihren anhaltenden Ungehorsam Gott gegenüber die Heilsgabe des Landes verspielt.⁸⁴¹ In Bezug auf Dtn 1–3 konnte gezeigt werden, dass das Verhalten der Völker, auf deren Gebiete das Volk Israel bei der Einwanderung traf, nicht im Mittelpunkt stand. Ihre kultischen und moralischen Konstitutionen lieferten keine Begründung für die Eroberungen. Dass sich in nachexilischer Zeit durchaus mit den Verfehlungen der Anderen argumentieren lässt, zeigen Texte wie Dtn 7,4 und 20,18. So auch in Dtn 9,1–6: Die Ausrottung der anderen Völker, die wie

---

838 Der Wechsel der Bezeichnungen der Enakiter als ענקים בני und ענק בני in Dtn 9,2 kann dadurch erklärt werden, dass mit der Frage „Wer kann vor den Enakitern bestehen?" eine geprägte Formulierung oder ein Sprichwort aufgenommen ist, das den Israeliten bekannt ist. Zu den sog. antiquarischen Notizen, die die jüngsten Ergänzungen des deuteronomischen Gesetzes darstellen, vgl. das Kapitel 4.5 (282–289).
839 Veijola, ATD 8,1, 224 f.234, vermutet hingegen, dass es sich bei V. 2 um eine Glosse handelt, die den Abschnitt nachträglich an Dtn 1,28 angleichen soll, doch ist kein literarischer Eingriff in den Text erkennbar.
840 Auch Otto verweist auf die Aufnahme und Überarbeitung der älteren Kundschaftergeschichten (in Dtn 1 und auch Teilen des Tetrateuchs) und ordnet Dtn 9,1–6 der Pentateuchredaktion zu. Vgl. dazu Otto, Deuteronomiumstudien II, 128–130, und Otto, Deuteronomium 2000, 86–93, bes. Anm. 342.
841 Vgl. dazu das Kapitel 3.2.2.1 (170–174) zu Dtn 1–3.

in Dtn 1–3 als besonders groß dargestellt werden, wird nicht durch Israels Rechtschaffenheit oder Kriegsgeschick begründet, sondern allein durch die Freveltaten der anderen Völker (V. 5 f.). Aufgrund ihrer Verfehlungen wird Jhwh sie vertreiben.

Doch liegt auch die Intention von Dtn 9,1–6 nicht in der Darstellung der anderen Völker und ihrer Missetaten.[842] Der Blick richtet sich eigentlich auf Israel und dessen gewünschtes Verhalten. Die Völker werden kritisiert, um einer Überheblichkeit Israels vorzubeugen, das in der gelungenen Landnahme einen Beweis seiner eigenen Güte, Untadeligkeit und Gerechtigkeit sehen mag. Israel, also das eigene Volk, bleibt halsstarrig und war immer provokativ Gott gegenüber (V. 6). Die Negativdarstellung der Fremden hat in Dtn 9,1–6 also die Funktion einer zu selbstbewussten und positiven Selbstdarstellung Israels einen Riegel vorzuschieben.

4.4.2 Dtn 32,1–43: Das Moselied

Nachdem im Erzählablauf des Deuteronomiums der Bundesschluss und damit die Aufrichtung des Gesetzes, wie es sich in Dtn 12–26 findet, bereits geschildert ist, wird das Buch vor dem Tod des Mose mit zwei literarisch eigentümlichen Texten abgeschlossen, deren Stellung im Deuteronomium seit jeher umstritten ist. Neben dem Mosesegen in Dtn 33 ist dies besonders das sogenannte Moselied in Dtn 32,1–43. In poetischer Form rekapituliert Mose die Geschichte Jhwhs mit seinem Volk vom (mythologischen) Anbeginn an und blickt bis in die Zukunft. Die ist eine Geschichte von der Untreue des Volkes Israel und der bleibenden Gerechtigkeit Jhwhs, die von Himmel und Erde bezeugt werden kann.

Für die Frage nach Fremdheitsdarstellungen bietet das Moselied einige Besonderheiten, die es näher anzuschauen lohnt. So spricht das Lied (V. 12) etwa von fremden / ausländischen Göttern (אל נכר)[843] und trägt dabei zugleich deutliche

---

842 Auf einen Zusammenhang der Darstellungen von Dtn 7,17; 8,17 und 9,4 verweist Nelson, OTL, 97. Doch hat die in Dtn 8,17 dargestellte Machtlosigkeit Israels eine andere Funktion. Zwar wird auch hier dargestellt, dass Israel nicht aufgrund seiner Stärke das Land einnehmen konnte, doch führt dies nicht zur Kritik an Israel, sondern zu einer Unterstreichung der Stärke Jhwhs, der mit einem so schwachen Volk so große Erfolge haben konnte. Vermutlich ist Dtn 9,1–6 jedoch genau an dieser Stelle eingefügt worden, weil Dtn 8,17–20 eine gute Überleitung bot, die durch den Einschub jedoch korrigiert wurde.

843 Hiermit sind die Götter der anderen Länder gemeint. Vgl. dazu auch Dtn 31,16. Insgesamt kommt diese Einordnung von Göttern als territorial fremd 12-mal im AT vor: Gen 35,2.4; Dtn 31,16; 32,12; Jos 24,20.23; Ri 10,16; 1 Sam 7,3; Jer 5,19; Mal 2,11; Dan 11,39; Ps 81,10; 2 Chr 33,15. Vgl. dazu auch Lang, Art. נכר, 461 f.

monotheistische Züge. Zudem reagiert Jhwh auf seine Kränkung durch Israel, indem er es spiegelbildlich durch ein anderes Volk kränkt (V. 20 f.). Die Rolle der Völker als Statisten in Jhwhs Geschichte mit seinem Volk wird deutlich.

Wegen der schwierigen Datierung des Textes – die Vorschläge erstrecken sich von der Zeit des Mose selbst bis zum 3. Jahrhundert –[844] soll kurz erläutert werden, warum eine nachexilische Datierung des Moseliedes und damit eine Zuordnung zur nachexilischen Sicht auf die Fremden nahe liegt. Robert Bach konnte 1952 von einer Einmütigkeit über eine relativ späte Datierung berichten, die in exilische oder nachexilische Zeit verweist, auch wenn die im Lied aufgenommenen Traditionen selbst viel älter sein können.[845] Diese Unterscheidung zwischen dem Alter der Traditionen und dem Zeitpunkt der Integration in das entstehende Deuteronomium wird auch in neuerer Zeit beibehalten[846] und ist auch für die hier vorgelegte Studie zentral. Im Blick auf Dtn 32 gilt Analoges zum vorexilischen Deuteronomium, bei dessen Analyse nicht nach dem Alter der Traditionen und Vorstufen gefragt wurde, sondern nach deren Vorfinden im Deuteronomium. Auch wenn das Lied ältere Vorläufer haben mag und evtl. sogar einen gänzlich undeuteronomischen Ursprung,[847] so wird es hier als Bestandteil des Deuterono-

---

844 Neben der Datierung des Liedes selbst ist besonders umstritten, in welchem Zusammenhang es zu seiner Einleitung in Dtn 31,14 – 30 steht. Einen Überblick über die Forschungsgeschichte zum Moselied findet sich bei Otto, Moses Abschiedslied, 641 – 650, der die extremen Datierungsabweichungen von der vorstaatlichen Zeit bis zum 3. Jh. aufzeigt. Entscheidend wurde dabei, mit wem das törichte Volk der Gegner identifiziert wurde – ob etwa mit den Samaritanern, den Assyrern oder den Babyloniern. Dagegen wurden in der Folgezeit eher sprachliche und motivische Besonderheiten des Textes zur Datierung herangezogen, die auf der Verwandtschaft z. B. mit Deuterojesaja und Ezechiel auf der einen Seite und der weisheitlichen Literatur auf der anderen fußen. Otto selbst betont die Verknüpfungen zum prosaischen Rahmen als Schlüssel zur Datierung. Der Rahmen des Moseliedes, der in die Erzählung des Pentateuchredaktors sekundär eingefügt wurde, kann somit frühestens ins vierte Jahrhundert datiert werden (die Pentateuchredaktion als *terminus a quo*) und die Übersetzung der LXX bietet in der Mitte des 3. Jh. den *terminus ad quem*. Vgl. Otto, Moses Abschiedslied, 650 – 657, dieser literarhistorische Schluss findet sich a.a.O., 654. Analog argumentiert auch Rose, ZBK 5,2, bes. 566, für eine Zuordnung zu seiner jüngsten Redaktionsschicht IV.
845 Vgl. Bach, Erwählung, 26 f.
846 Durch diese doppelte Sichtweise kann auch die Auffälligkeit erklärt werden, dass es in diesem Lied neben den Hinweisen auf eine nachexilische Abfassung des Textes ebenfalls Hinweise auf deutlich ältere vorexilische Elemente gibt, ohne dass eine klare literarische Scheidung gelingen mag.
847 Von Rad, ATD 8, 139, geht sogar so weit zu sagen, dass das Moselied „ganz unabhängig vom Dt entstanden" sei, obwohl es, wie er im Folgenden ausführt, in einigen Motiven in Abhängigkeit zu dtr Traditionen stehe. Und auch in neuerer Zeit wurde die Auftrennung in eine Vorgeschichte des Moseliedes und einer Zeit, ab der der Text Teil des Deuteronomiums geworden war, vorgenommen. Dies wird besonders ausführlich bei Sanders, Provenance, zusam-

miums wahrgenommen und somit ist nach dem Zeitpunkt des Einbaus zu fragen. Hierbei fallen die vielen theologischen und sprachlichen Bezüge auf, die zwischen Dtn 32 und Texten der Propheten Jeremia, Ezechiel und Deuterojesaja und der weisheitlichen Literatur bestehen.[848] Und so bezeichnet Otto das Lied auch treffend als „Flickenteppich aus Anspielungen und Rezeptionen aus Tora, Prophetie und Schriften".[849]

Das Nebeneinander von altem Stoff und nachexilischer Theologie zeigt sich auch im Umgang mit den anderen Göttern und damit mit dem sich entwickelnden Monotheismus. So werden die anderen Götter als nichtige Götzen dargestellt, zugleich wird jedoch über eben diese anderen Götter berichtet. So hatte Jhwh nach V. 12 keine Hilfe von einem anderen, ausländischen Gott, als er Israel leitete. Zudem erscheinen in der Verteilung der Landesgrenzen und göttlichen Zuständigkeitsbereiche andere Götter (V. 8 f.). Dieser Text hat von jeher Spekulationen über polytheistische Ausprägungen in Israel hervorgerufen.[850] Betrachtet man jedoch die klar monotheistische Aussage in V. 39, die wie ein deuterojesajanischer Text klingt (vgl. nur Jes 43,11; 44,6; 45,5 u.ö.), so ist eine Datierung von der exilischen Zeit an möglich, eine nachexilische Datierung jedoch noch näher liegend:

> [39]Seht nun, dass ich, ich es bin und kein Gott neben mir ist, ich töte und mache lebendig, ich zerschlage und ich heile und es gibt keinen, der aus meiner Hand rettet.

Die monotheistische Tendenz ist hier explizit, wird aber in den V. 12.17.21.37 vorbereitet.[851]

---

menfassend bes. 352, favorisiert. Dabei wird dann das Lied von seinem narrativen Rahmen vollständig getrennt.

848 Vgl. von Rad, ATD 8, 143. Auch Steuernagel, HK 1.3,1, 164 f., datiert spätexilisch, wie auch Bertholet, KHC 5, 95.

849 Otto, Moses Abschiedslied, 657. Auf den folgenden Seiten weist Otto sehr detailliert die Verknüpfungen zur Prophetie und Weisheitsliteratur auf, so dass für Belege dieser Parallelen auf den Abschnitt verwiesen werden kann. Dabei habe Dtn 32 die Funktion, als Brücke zwischen Tora, Prophetie und Schriften (bes. Prov und Ps 18; 74; 90 – 92) zu dienen.

850 Vgl. den Überblick bei Otto, Moses Abschiedslied, 648 – 650, und Rose, ZBK 5,2, 568, hier auch zu den Schwierigkeiten der Textüberlieferung.

851 Damit ist die alleinige Ausscheidung von V. 39 zur Rettung einer vorexilischen Datierung des Moseliedes nicht möglich, wie es Sanders, Provenance, 75, erwägt, der in seiner Studie für eine vorexilische, evtl. sogar vormonarchische Abfassung des Moseliedes argumentiert. Allerdings definiert er „monotheistisch" auch sehr breit, was ihm Parallelen in der vorexilischen Zeit ermöglicht. „In this book I use the designation ‚monotheism' with regard to a religion which condemns the *veneration* of gods beside its own unique god, in the case of Israel the god YHWH" (ebd.). Vgl. zu Sanders und seiner Datierung die Kritik bei Otto, Moses Abschiedslied, 648 mit Anm. 56.

Die Darstellung der anderen Götter im Moselied ist in ihrer Uneinheitlichkeit aufschlussreich. Neben der monotheistischen Aussage in V. 39 wird immer wieder der Umgang Israels mit anderen Göttern als Jhwh vorausgesetzt. Andere Götter sind Israel zwar fremd und sollen es auch bleiben (V. 16, vgl. auch Jer 2,25; 3,13),[852] und sie gehören nicht wie Jhwh von Beginn an mit Israel zusammen, doch können sie von den Israeliten gewählt werden. Ihre Nichtigkeit im Gegenüber zu Jhwh muss also noch erwiesen werden und besteht gerade darin, dass Israel sie erst spät kennenlernte. Im Rahmen des langen Geschichtsrückblicks, der das Verhältnis Israels und Jhwhs durch die Zeit in Erinnerung ruft, wird besonders deutlich, welcher Makel an diesen neuen Göttern haftet. Sie haben keine Geschichte mit Israel, denn die Väter kannten diese Götter noch nicht. Hier besteht eine deutliche Parallele zu den Nachträgen in Dtn 13,3.7: Der Vorwurf, das angesprochene ‚Du‘ und auch die Generation der Väter würde diese Götter nicht kennen, unterstreicht deren Minderwertigkeit Jhwh gegenüber.

Israels Zuwendung zu diesen Göttern wird dabei als bewusste Provokation Jhwhs dargestellt.

> [16]Sie reizten ihn zu Eifersucht, durch Gräuel provozierten sie ihn. [17]Sie opferten Dämonen, die kein Gott sind, Göttern, die sie nicht kannten, neuen, die aus der Mitte / Nähe kamen, die ihre Vorfahren nicht verehrt hatten.

Uneindeutig ist die Näherbestimmung der neuen Götter in V. 17. Sie werden spezifiziert als חדשים מקרב באו. Dabei kann die Präposition קרוב sowohl temporal („kürzlich") als auch lokal („aus der Nähe") verstanden werden. Wegen der Beiordnung zu חדשים wird zumeist übersetzt „Neue, die vor kurzem kamen".[853] Doch liegt wohl ein lokales Verständnis der Präposition näher, wie es der gängigen Bedeutung des wichtigen Wortfelds קרב im Deuteronomium entspricht.[854] Israel hat in dem Land, in das es gekommen ist, neue Götter kennengelernt, ein Szenario, das dem in Dtn 31,16 geschilderten nahe kommt. Damit wird erneut deutlich, dass

---

852 Der Text spricht nur von Fremden (זרים). Dass es sich hierbei jedoch um Götter handelt, zeigt der Kontext.

853 KBL³, 1063, plädiert aus diesem Grunde nach der Aufzeichnung beider Möglichkeiten für eine temporale Interpretation.

854 So auch Otto, Moses Abschiedslied, 664, und Rose, ZBK 5,2, 569. Rose nimmt die Verwandtschaft zu קרב als Mitte / Inneres auch im Deutschen auf und übersetzt mit „Landesinnere". Das Konzept der Mitte Israels wird auch in dieser Studie stark gemacht, doch bleibt die Frage, wessen Mitte gemeint ist, und damit, zu wem die Verführer in ein direktes Verhältnis gebracht werden. Der Konzeption des Deuteronomiums entsprechend ist vermutlich eher an die Mitte der Israeliten zu denken und nicht an die Mitte des Landes. Vgl. zur Konzeption der Mitte auch das Kapitel 2.5.1.4 (141–144).

die Gefahr der Apostasie zumeist ein Problem ist, mit dem Israel in seinem Land konfrontiert ist. Sei es durch die Verführung von eigenen Brüdern oder durch den Kontakt mit der Vorbevölkerung, wer auch immer mit dieser Chiffre gemeint ist.[855] Nicht von den fremden Ländern und durch die weit entfernten Fremden geht eine Gefahr für Israels Glauben und Gottesbeziehung aus, sondern aus der unmittelbaren Nähe.[856]

Das Element der provokativen Kränkung Jhwhs durch Israels Zuwendung zu anderen Göttern wird in V. 20 f. noch deutlicher.

> [20]Und er sprach: Ich will mein Angesicht vor ihnen verbergen, will sehen, was ihr Ende ist, denn eine Generation der Verkehrtheit sind sie, Kinder, in denen keine Treue ist. [21]Sie haben mich durch einen Nicht-Gott (לֹא־אֵל) gereizt, mich durch ihre Nichtigkeiten gekränkt, so will ich auch sie durch ein Nicht-Volk (לֹא־עָם) reizen, durch ein törichtes Volk (בְּגוֹי נָבָל) kränken.

Jhwh zahlt es seinem Volk mit gleicher Münze heim. So wie er durch diesen Nicht-Gott (לֹא־אֵל) gereizt wurde, so wird er Israel durch ein Nicht-Volk (לֹא־עָם) kränken. Auch im hier verwendeten Verb כעס (kränken, erzürnen) ist eine stark emotionale Dimension enthalten.

Wer mit diesem Nicht-Volk gemeint war[857] und ob überhaupt ein konkretes Volk im Blick der Verfasser war, ist nicht (mehr) zu beantworten. Wichtiger für die hier vorgelegte Untersuchung ist vielmehr die Parallelität von Aktionen und Reaktionen auf der menschlichen und göttlichen Ebene. Als Nicht-Volk werden die Gegner bezeichnet, weil die Opponenten Jhwhs nicht wie er Götter sind. Gott setzt dann die Fremden, die Nichtisraeliten, ein, wenn auch die Israeliten sich nicht auf ihn als ihren Gott verlassen. Auch hier wird also deutlich, dass der eigentliche Konflikt zwischen Jhwh und seinem Volk besteht. Der Einsatz der anderen Völker, die Jhwh geschichtsmächtig lenkt, ist die Folge des Abfalls seines Volkes von ihm.

---

855 Zur Identifizierung der Vorbewohner mit den Daheimgebliebenen, die Israel bei seiner Rückkehr in das Land vorfindet, vgl. die Ausführungen zu Dtn 7 in Kapitel 4.3 besonders Seite 213–221. Ob auch an dieser Stelle an den Konflikt zwischen Rückkehrern und Daheimgebliebenen gedacht werden kann, muss jedoch wegen der zu geringen Bezüge offen bleiben.
856 Eine Ausnahme davon bildet der ebenfalls nachexilische Text Dtn 29,15–20. Hier ist Ägypten sowie die anschließende Wanderung durch die Völker als der Ort geschildert, an dem man Götzen kennengelernt hat. Und die Warnung folgt, dass kein Israelit sich von Jhwh abwenden und den Göttern jener Völker (hier הַגּוֹיִם הָהֵם) nachfolgen soll. Die negativen Begriffe גִּלּוּל und שִׁקּוּץ, die die ägyptischen Götter hier kennzeichnen, haben eine Perspektive der Kritik, doch bezieht sich diese nicht auf Ägypten. Die zu verhindernde Gefahr ist die Verehrung durch die Israelitinnen und Israeliten und damit der Abfall von Jhwh (vgl. auch Dtn 29,16 ff.; 31,18 ff.). So betont auch Braulik, Völkervernichtung, 29, dass hier gegen die Scheusale polemisiert wird und nicht gegen die Menschen selbst, sodass auch nicht zu ihrer Vernichtung aufgerufen wird.
857 Vgl. dazu Nielsen, HAT 1,6, 290 f.

Jhwhs Bindung an Israel bleibt dabei bestehen, da seine Unterstützung anderer Völker allein die „Erziehung" Israels zum Ziel hat. Damit ist der Einsatz der Völker als Werkzeuge Gottes nicht nur als Strafaktion zu verstehen, sondern als bewusste Spiegelung von Israels Verhalten, das zu einem Lernerfolg des Volkes führen soll. Israel ist, so betont das Moselied in Gänze, exklusiv an Jhwh gebunden. Andere Götter werden dort in die Rhetorik aufgenommen, wo ihre Nennung diese Exklusivität unterstreichen kann. So wird auf sie bei der Verteilung der Länder verwiesen, um zu unterstreichen, dass Jhwh sich nur an dieses eine Volk band. Die Wahrung dieser alleinigen Bindung ist nun auch von Israel zu fordern. Fallen sie von Jhwh ab und wenden sich anderen Göttern zu, die sie neu kennenlernen und die keine Geschichte an das Volk bindet, und die eigentlich nichtig sind, so wendet auch er sich anderen Völkern zu. Die Völker werden als Mittel göttlicher Pädagogik gebraucht, wenn Israel sich von seinem Gott Jhwh abwendet.

Ein letzter Abschnitt des Moseliedes (Dtn 32,26 f.) ist für die Darstellung der Fremden im Deuteronomium aufschlussreich. Die Verse betonen die Beurteilung der göttlichen Handlungen an Israel durch die Völker von außen. Das Motiv des Blicks von außen findet sich, wie der folgende Abschnitt zeigt, mehrfach im Deuteronomium, sodass sich eine Darstellung als thematischer Block anbietet.

4.4.3 Der Blick der Völker (Dtn 29,21–28; 32,26 f.)

Im Moselied in Dtn 32,26 f.[858] argumentiert Jhwh, warum er sein Volk nicht vernichtet, obwohl es durch seine Untreue die Vernichtung verdient hätte.

> [26]Ich könnte sagen: Ich will sie zu Staub machen, ihre Erinnerung unter den Menschen zur Ruhe bringen!, [27]wenn ich die Kränkung des Feindes nicht fürchtete, dass ihre Gegner es falsch darstellten, dass sie sagten: Unsere Hand war erhaben! und nicht: Jhwh hat all dies gemacht!

Israel wird also seinen Feinden nicht preisgegeben, weil diese ihren kriegerischen Erfolg als eigenes Verdienst ansehen würden und nicht, wie es die richtige Aussage wäre, als Tat Jhwhs. Die Argumentationsfigur, dass die anderen Völker eine Tat

---

[858] Die folgenden Verse sind in ihrer Beziehung unklar. Gerade welches Volk in V. 29 gemeint ist, ist kaum zu erkennen. Vermutlich hat ein späterer Ergänzer hier die Perspektiven verschoben. Vgl. dazu Nielsen, HAT 1,6, 291 f., und die Wiedergabe der Diskussion a.a.O., 285. Er deutet die V. 29–35 als judäischen Einschub in das ältere Moselied. Bertholet, KHC 5, 99, projiziert das Unverständnis der heutigen Ausleger auf den Ergänzer selbst. So sieht er V. 28 f. auf die anderen Völker bezogen, was der spätere Ergänzer von V. 30 f. jedoch nicht verstanden habe, sodass er die Gelegenheit nutzte, „Israel im Folgenden wieder eine Lektion zu erteilen."

Jhwhs falsch bewerten könnten, findet sich auch im ebenfalls nachexilisch zu datierenden Vers Dtn 9,28.[859] Als Fürbitter für sein Volk führt hier Mose Jhwh vor Augen, wie eine Vernichtung des Volkes aus der Perspektive der Fremden – hier der Ägypter – wirken könnte, und bringt ihn so dazu, sein Volk nicht der Vernichtung preiszugeben:

> [28]Damit das Land, aus dem du uns herausgeführt hast, nicht sagt: Weil Jhwh sie nicht in das Land, das er ihnen zugesagt hatte, bringen konnte, und weil er sie hasste, hat er sie hinausgeführt, um sie in der Wüste zu töten.

In dieser Argumentation, die sich parallel auch in Ex 32,12 findet, würden sich zwar die Feinde nicht der Auslöschung Israels rühmen, doch ist die Funktion der Gegner parallel. Weil sie von außen das Handeln Gottes an seinem Volk beurteilen, muss Jhwh auf den äußeren Eindruck seiner Handlung bedacht sein. Nicht wegen Israels Güte oder Gerechtigkeit lässt Jhwh sein Volk überleben, sondern zur Rettung seines eigenen (guten) Rufs in der Völkerwelt. Die Völker sollen erkennen, dass Jhwh gerecht und mächtig ist, deshalb muss er an Israel festhalten.

Die Beurteilung von Jhwhs Handeln durch die Völker steht auch in Dtn 29,21–28 im Mittelpunkt. Nachdem in V. 1–14 der Bundesschluss vollzogen und in den folgenden Versen die Warnung vor den auf der Wanderung kennengelernten Götzen erfolgt ist, werden in V. 21–28 die Folgen der möglichen Apostasie Israels noch einmal aus dieser bemerkenswerten Perspektive in den Blick genommen:[860]

> [21]Die kommende Generation, eure Kinder, die nach euch aufstehen werden, und der Ausländer (נכרי), der aus fernem Lande kommen wird, werden, wenn sie die Plagen jenes Landes und seine Krankheiten sehen, mit denen Jhwh es geschlagen hat, sagen: [22]Schwefel und Salz, eine Brandstätte ist sein ganzes Land, es wird nicht besät und es lässt nichts sprossen und kein Kraut kommt in ihm empor, wie bei der Zerstörung von Sodom und Gomorra, von Adma und Zebojim, die Jhwh in seinem Zorn und Grimm zerstörte. [23]Und alle Völker werden sagen: Warum hat Jhwh so etwas diesem Land getan? Warum diese große Zornesglut? [24]Und man wird sagen: Weil sie den Bund Jhwhs, des Gottes ihrer Väter, verlassen haben, den er mit ihnen

---

859 Vgl. dazu auch Krüger, Law, 44. Im Gegensatz zu diesen beiden parallelen Passagen betont Krüger, dass das Urteil derjenigen Völker in Dtn 29,23–28 zutreffender ist, die das Unheil an Israel auf deren Bundesbruch zurückführen. An dieser Stelle werden den Völkern also gewisse Kenntnisse der israelitischen Geschichte und Tora zugesprochen. Diese Wertung kommt in Dtn 4,5–8 zu ihrem Höhepunkt, da hier die Völker das Gesetz von außen positiv bewerten. Vgl. dazu die folgenden Ausführungen zu Dtn 29,21–28 und zu Dtn 4 in Kapitel 4.4.4 (268–274).
860 Zur nachexilischen Datierung des Abschnitts vgl. Rose, ZBK 5,2, 551–557, und Otto, Deuteronomium 2000, 151f., der Dtn 29,21–27 als Teil einer mehrschichtigen dtr Fortschreibung ansieht, die aber Moab- und Horebredaktion bereits voraussetzt. Braulik, NEB 28, 215, spricht sich hingegen für eine exilische Datierung aus. Die Nähe zur Argumentation in Dtn 4 legt jedoch eine nachexilische Abfassung näher.

geschlossen hat, als er sie aus dem Land Ägypten herausführte. [25]Und weil sie gingen und anderen Göttern dienten und sie anbeteten, Götter, die sie nicht kannten und die er ihnen nicht zugeteilt hatte. [26]Und Jhwhs Wutschnauben entbrannte gegen dieses Land, sodass er über es den ganzen Fluch, der in diesem Buch aufgeschrieben ist, brachte. [27]Und Jhwh riss sie aus ihrem Erdboden in Zorn und Grimm und großem Groll aus und warf sie in ein anderes Land, wie an diesem Tag. [28]Das Verborgene ist bei Jhwh, unserem Gott, aber das Offenbare ist für alle Zeit für uns und unsere Kinder, damit wir alle Worte dieses Gesetzes ausführen.

Drei verschiedene Redebeiträge werden in den Versen geschildert, bevor in V. 28 eine israelitische Stimme – Jhwh wird als ‚unser Gott‘ bezeichnet – mit einem abschließenden Lobpreis Jhwhs endet.[861]

Die erste prognostizierte Reaktion (V. 21 f.) weist auf die völlige Verwüstung des israelitischen Landes hin und zieht den Vergleich zur Zerstörung von Sodom und Gomorra durch Jhwh. Die Sprecher setzen sich aus zwei in der Zusammenstellung auf den ersten Blick überraschenden Gruppen zusammen. Zum einen ist es die kommende Generation Israels, die Kinder, die an der Strafzerstörung keine eigene Schuld tragen. Zum anderen ist es der aus dem Ausland kommende Mensch (נכרי). Dies ist der einzige Beleg des Stichworts נכרי in den ganzen rahmenden Mosereden des Deuteronomiums (sonst in Dtn 14,21; 15,3; 17,15 und 23,21).[862] Was beide Gruppen verbindet, ist ihre Perspektive von außen auf das Geschehen. Zu ihnen besteht eine temporale oder nationale Distanz, sodass sie nicht Teil der schuldtragenden israelitischen Generation sind.[863] Somit beinhaltet ihre Außenperspektive einen prüfenden und unparteiischen Blick.[864]

Diese Perspektivierung wird auch in der zweiten Aussage beibehalten. Nun sind es in V. 23 alle Völker (כל־הגוים), die sich mit einer Frage zu Wort melden. Gefragt wird nach dem Grund für Jhwhs zorniges Handeln seinem eigenen Volk gegenüber. Die Antwort erfolgt in V. 24 und besteht aus der Erinnerung an den Bundesbruch Israels (vgl. auch Jer 22,9) und seinem abtrünnigen Verhalten dem Gott gegenüber, der ihnen doch die Freiheit geschenkt hat. Dass Jhwh sein Volk strafte, wird mit den ‚in diesem Buch‘ aufgeschriebenen Fluchandrohungen begründet. Unklar ist jedoch, wer diese Antwort gibt. V. 24 nennt kein Subjekt, der Vers beginnt einfach mit ואמרו und so wird er meist so verstanden, dass die Verse

---

861 Braulik, Völkervernichtung, 30 f., zeigt auf, dass schon der Aufbau des Abschnitts die Völker und ihren Blick in den Mittelpunkt rückt.

862 Zum נכרי und seiner Konnotation im Deuteronomium vgl. den Abschnitt 2.2.2 (62–69).

863 Vgl. auch Zehnder, Umgang, 373. Anders Bultmann, Fremde, 141, der den נכרי parallel zu den genannten Söhnen versteht und somit als Teil der künftigen Generationen, sodass der נכרי zum Glied der Religionsgemeinschaft werden könnte.

864 Schon von Rad, ATD 8, 129, spricht an dieser Stelle über die Perspektivierung von einem „Spiegel der von der Katastrophe aufgeschreckten umliegenden Völker".

als Antwort an die Völker zu verstehen sind.[865] Für diese Annahme, dass den Völkern diese Antwort erst gegeben werden muss, lassen sich inhaltliche Gründe anführen. So wäre eine gute Kenntnis der Geschichte Israels mit seinem Gott Jhwh ebenso vorausgesetzt wie ein Wissen um den Inhalt ‚dieses Buches‘, also dem deuteronomischen Gesetzbuch, das soeben von Mose verschriftlicht wurde. Dennoch liegt es meines Erachtens näher, die Völker selbst die Antwort auf ihre Frage geben zu lassen. So schließt die Redeanleitung ואמרו in V. 24 direkt an die Redeeinleitung ואמרו כל־הגוים in V. 23 und damit die Nennung des letzten Subjekts an. Die Annahme eines Subjektwechsels müsste folglich begründet werden. Zudem setzt die in V. 24 – 27 gegebene Antwort zwar eine große Kenntnis voraus, doch ebenso eine Perspektive von außen. So wird von Israel in der 3. Person gesprochen und Jhwh als Gott ‚ihrer Väter‘ bezeichnet. Dies spricht auch dagegen, die erste genannte Personengruppe, die neben den ausländischen Menschen auch die eigenen Kinder umfasst, als Antwortgeber zu verstehen. Erst in dem den ganzen Abschnitt abschließenden V. 28, der den Wechsel der verschiedenen berichteten Aussagen verlässt, wird Jhwh wieder als ‚unser Gott‘ bezeichnet. Die Völker können als neutrale Beobachter den Abfall Israels von seinem Gott und die Strafaktion Gottes beurteilen. Die dadurch erzeugte Objektivität der Darstellung unterstreicht die Schwere von Israels Schuld. Sogar die unbeteiligten Fremden bringen menschliche Aktion und göttliche Reaktion in einen logischen Zusammenhang, der zudem dem Israel gegebenen Gesetz entspricht.

Dtn 29,21 – 28 und 32,26 f. sind nicht die einzigen Texte in den deuteronomistischen Rahmungen, in denen der Blick der Völker von außen auf Israel thematisiert wird.[866] Das Motiv der Beschreibung aus der Außenperspektive der Völker entwickelte sich in exilischer Zeit, wie in Dtn 28,10 erkennbar ist.[867] In der Fürbitte des Mose an Jhwh in Dtn 9,28 findet sich analog zu Jhwhs eigener Aussage im Moselied in Dtn 32,26 f. die Argumentationsfigur, dass die Völker ein Vernichtungshandeln Gottes an seinem Volk falsch interpretieren würden. Im ersten Fall würden sie ihren militärischen Erfolg über Israel nicht als Jhwhs Zerstörung seines eigenen Volkes deuten, sondern auf ihre eigene Stärke zurückführen und im zweiten Fall würden sie Jhwhs Vernichtung als Misslingen des Exodus und Hass auf Israel interpretieren. In beiden Fällen hält also letztlich die Deutung der Fremden Jhwh von seinem zerstörerischen Handeln an seinem Volk ab. Doch im Gegensatz zu Dtn 29,21 – 28 sind hier zu erwartende Fehldeutungen der Völker die

---

865 Vgl. etwa Braulik, Völkervernichtung, 31.

866 Auf die Funktion der Außenperspektive in der Beurteilung durch die Völker, die zur „Formierung moralischer Identität" Israels anregen soll, verweist auch Markl, Gottes Volk, 85 – 87, hier 85.

867 Vgl. dazu oben Kapitel 3.2.1.2 (166 – 170).

Ursache für Jhwhs Ablassen von seinem Vernichtungsplan. Das Bild der Völker in Dtn 29,21–28 sowie in Dtn 4,6–8, wie der kommende Abschnitt zeigen wird, ist ein anderes.[868] Hier sind die Völker aufmerksame und verständige Beobachter von außen, die aus der Betrachtung Israels die richtigen Schlüsse ziehen. Die Beurteilung Israels erfolgt auf Völkerebene. In Dtn 29,21–28 verstehen die Völker Israels Schicksal auf Grundlage ihres Gesetzes, in Dtn 4,6–8 erkennen sie, wie weise und gerecht dieses Gesetz ist.[869] In der Fürbitte und dem Lied des Mose kommen die Völker also stärker in ihrer Alienität in den Blick, während Dtn 29 und 4 die Alterität der Völker betonen und dieses in ihrer positiven Implikation aufnehmen. Es handelt sich also weniger um Konstruktionen des Eigenen durch die Darstellung des Fremden, sondern die Darlegung des Eigenen erscheint in der Darstellung, welche die Fremden wissend und einsichtig von ihm geben.

4.4.4 Dtn 4,1–40: Ein Volk aus der Mitte eines Volkes und die Weisheit der Völker

In Dtn 4,1–40[870] spielen die fremden Völker in verschiedener Weise eine wichtige Rolle als Hintergrund für Jhwhs Forderungen an sein Volk. So sehen sie Israel als weise und verständig an (V. 6–8), wie im vorherigen Kapitel schon angedeutet wurde, sie haben ihre Götter durch Jhwh zugeteilt bekommen (V. 19) und aus der Mitte eines anderen Volkes (Ägypten) hat Jhwh Israel erwählt (V. 34).

Um diese Aussagen in das richtige Verhältnis zueinander bringen zu können, wird zunächst nach der literarischen Einheit von Dtn 4,1–40 gefragt, wobei dem Verhältnis zu verschiedenen Texten des Pentateuchs und des ganzen Alten Testaments besondere Aufmerksamkeit gilt (Kapitel 4.4.4.1). Danach erst kann die Darstellung der Völker und ihre Rolle bei der Identitätskonstruktion Israels genauer untersucht werden (Kapitel 4.4.4.2).

---

868 Vgl. zu Dtn 4 den folgenden Abschnitt 4.4.4.2 (268–274).
869 Ein weiteres Argument dieser universalistischen Perspektive, die sich in den nachexilischen Texten des Deuteronomiums entwickelt, findet sich in V. 27. Hier wird geschildert, dass Israel Göttern folgt, die es nicht kennt und die Jhwh ihm nicht zugeteilt hat. Die Zuteilung der Götter zu den Völkern, die in der Umkehrung an Dtn 31,8 f. erinnert, setzt die Superiorität Jhwhs über die ganze Welt voraus.
870 Nach hinten ist der Abschnitt deutlich durch die folgende Notiz über die Asylstädte in 4,41–43 abgegrenzt. In V. 45 findet sich sodann die Einleitung zur zweiten Moserede, die Dtn 5–11* umfasst. Beide Textpartien sind entstehungsgeschichtlich und im Erzählablauf des Deuteronomiums unabhängig von V. 1–40 zu betrachten.

4.4.4.1 Dtn 4,1 – 40 als harmonisierender Rezeptionstext

Dtn 4,1– 40 ist wie kaum ein Text durch so vielfältige Stichwortverknüpfungen und thematische Bezüge mit (fast) allen Partien des Alten Testaments verbunden. So finden sich weisheitliche Bezüge neben Anspielungen auf Propheten wie Jeremia und Jesaja, Verweise auf Textbereiche der Genesis neben Verknüpfungen zu den Samuel- und Königebüchern. Und innerhalb des Deuteronomiums gibt es kaum Textbereiche, die nicht mit Dtn 4 verbunden sind.[871] Dabei sind es – wie zu zeigen ist – die Verfasser von Dtn 4, die sich produktiv mit den anderen Traditionen auseinandersetzen.

Ein kurzer Überblick über die wichtigsten Bezüge zeigt die immense Breite der Verknüpfungen:[872]

A) Bezüge im Deuteronomium

Innerhalb des Deuteronomiums bestehen besonders enge Bezüge zu Dtn 5 – 11 und zu 29 f. So handelt es sich in Dtn 4 um eine Auslegung des Bilder- und Fremdgötterverbots, die Parallelen zu Dtn 5 beginnen bereits im Höraufruf in 4,1 und 5,1.[873] Explizit wird der Bezug auf das Horebgeschehen z. B. in der Nennung des Dekalogs in Dtn 4,13.[874] Deutliche Parallelen im Vokabular bestehen zudem zu Dtn 6, bes. V. 10 – 19, wobei es sich bei Dtn 4 um eine korrigierende Aufnahme handelt.[875] Auch zu den verschiedenen Schichten

---

871 Dabei ist Dtn 4,1– 40 deutlich von den beiden vorderen Einleitungsreden getrennt. Zu den Differenzen in sprachlicher, gattungsmäßiger und inhaltlicher Hinsicht zwischen Dtn 1– 3* und 4* vgl. Perlitt, BK V, 27.

872 Zur genaueren Auflistung der Parallelen und den in ihnen sichtbaren Abweichungen vgl. die Kommentare zur Stelle und zusätzlich die Monographie Knapp, Deuteronomium 4.

873 Vgl. dazu auch Rose, ZBK 5,2, 491. Anders deutet die sprachlichen Überschenidungen Köckert, Kultbild, 384– 389, bes. 384, der Dtn 4 als den Text ansieht, der das Bilderverbot entwickelt und begründet, und dementsprechend als Hintergrund für das Verbot im Dekalog in Dtn 5 wertet. Beide Texte zum Bilderverbot weist er demselben nach-deuteronomistischen Verfasser zu (a.a.O., 387 Anm. 58).

874 Otto, Deuteronomiumstudien II, 117 f.145, zeigt, dass es eine Überarbeitung in Dtn 5 gibt, die dann an Dtn 4 angleicht (5,22), hier wird über Dtn 4 an die Sinaiperikope erinnert. Dies deutet auf die Intention von Dtn 4, das Sinaigeschehen und das Horebgeschehen, wie es in Dtn 5 geschildert wird, zu verbinden. Vgl. dazu unten 264 Anm. 881.

875 Diese Übereinstimmungen brachten Mayes, NCC, 175 f., dazu, Dtn 6,10 – 19 auf denselben Verfasser zurückzuführen. Doch gibt es deutliche Abweichung in der Aussageintention. So kommen im Gegensatz zu Dtn 4 in V. 14 explizit andere Götter vor, Ägypten wird als Haus der Sklaverei (V. 12) bezeichnet und nicht als Schmelzofen, es gibt Feinde, die Israel umgeben (V. 14), wobei diese Feinde noch verstoßen werden sollen (V. 19), ein Gedanke, der in Dtn 4,38 schon als Rückblick erscheint.

von Dtn 7 bestehen Verknüpfungen.[876] Ebenso wird auf die Horebszenerie in Dtn 9 f. Bezug genommen. Die literarische Verbindung zu Dtn 30 wird unten genauer untersucht.[877] Zusätzlich zu diesen allgemein anerkannten, wenn auch in ihrer Bedeutung unterschiedlich beurteilten Bezügen weist Georg Braulik noch darauf hin, dass Dtn 4,6 bereits Dtn 1,9 – 18 voraussetzt, da es hier einen exklusiven Stichwortbezug (בין und חכם) zur Rede von den weisen und verständigen Männern in Dtn 1,13 gibt.[878]

B) Bezüge im Deuteronomistischen Geschichtswerk
   Verknüpfungen mit dem Textbereich des Deuteronomistischen Geschichts-werks bestehen deutlich zum Tempelweihgebet in 1 Kön 8. Dieser Bezug wird unten zusammen mit der Untersuchung der Verbindungen zu Dtn 30 genauer betrachtet. Zudem fallen Stichwortbezüge zu 2 Sam 7 auf.[879]

C) Bezüge im Pentateuch
   Dtn 4,16 – 19 ist eng mit dem priester(schrift)lichen Schöpfungstext Gen 1,20 – 27 verbunden. Dies zeigt sich in der Nennung und Ansiedlung der Tiere und Gestirne in Verbindung mit dem Stichwort ברא.[880] Dtn 4 hat die Tendenz, das Sinaigeschehen (Ex 19 f.) und Dtn 5 zu verbinden.[881] Die Erinnerung an Bet

---

876 Vgl. z. B. Dtn 7,7 – 11 und Dtn 4,36 – 40 aber auch die korrigierende Aufnahme von Dtn 7,7 in Dtn 4,6. Für einen genaueren Blick auf diese Abhängigkeit sei auf die Erörterungen zu Dtn 7 in Kapitel 4.3 (207 f.) und zur Größe des Volkes in Exkurs 2 (249 – 252) verwiesen.

877 Siehe unten den Exkurs 3 auf den Seiten 268 – 271.

878 Vgl. Braulik, Weisheit, 54 – 56.

879 Hier ist jedoch die Richtung der literarischen Abhängigkeit fraglich. So gibt es gerade durch die für die Samuelbücher sonst ungewöhnliche Wortwahl einige Hinweise, dass 2 Sam 7,18 – 29 bereits Dtn 4 und 1 Kön 8 verarbeitet. Zu nennen ist etwa der Ausdruck אדני יהוה, der in diesem Abschnitt siebenmal gebraucht wird, ansonsten aber in den Samuelbüchern ungebräuchlich ist. Benutzt wird die Anrede jedoch in 1 Kön 8,53 und Dtn 9,26. Auch die Selbstbezeichnung Davids als Knecht (עבד) erinnert an Salomo in 1 Kön 8,52 und Moses in 1 Kön 8,53. Zudem wird der Terminus תורה nur hier in den Samuelbüchern benutzt. Darüber hinaus ist 2 Sam 7,18 – 29 mit Dtn 9,26 – 29 über die Stichworte פלל, אדני יהוה, נחלה und עם, פדה, עבד und die Motive, dass das Land etwas sagt, und die Fremden in die Außenperspektive rücken verbunden.

880 Vgl. dazu etwa Lohr, Chosen, 152 f., und McConville, AOTC 5, 107 f. Zur Verbindung von Dtn 4,3 – 40 mit der Priesterschrift vgl. auch Otto, HThKAT, 534 f.

881 Vgl. Veijola, ATD 8,1, 100.104, und besonders Krüger, Interpretation. Eine These, die hier nur kurz skizziert werden kann, sei hinzugefügt: Der Notiz, der Berg brenne in Feuer (וההר בער באש), in Dtn 4,11 kommt eine besondere Verknüpfungsrolle zu. Die beiden direkten Parallelen in Dtn 5,23 und 9,15 lassen sich als sekundäre Einfügungen in den Kontext erweisen. Außerhalb des Dtn kommt die Formulierung בער באש ausschließlich in der Beschreibung des brennenden Dorn-buschs in Ex 3,3 vor. An jeder Stelle handelt es sich also um ein Sprechen und Erscheinen Gottes in der Mitte (מתוך, Ex 3,2; Dtn 4,12; 5,22) des brennenden Ortes und eine Redesituation Gottes mit Mose. Damit ergibt sich also eine Verschränkung der Mosegeschichten. In Ex 3 wird angekün-digt, dass am Ende am Berg, als Horeb bezeichnet, das Volk Gott dienen und sich somit Moses

Peor hat zudem, gerade in den Unterschieden zu Dtn 3,29, Ähnlichkeiten mit der Schilderung in Num 25,1–5.[882]

D) Bezüge zu den Propheten

Aus den verschiedenen Bezügen zum Jeremiabuch sind die Verbindungen von Dtn 4,20 und Jer 11,4 (Ägypten als Eisen-Schmelzofen) und von Dtn 4,29 und Jer 29,13 f. am auffälligsten.[883] Mit DtJes verbindet Dtn 4 besonders die Götzenthematik (V. 28; vgl. Jes 40,19 f.; 46,6 f.) und die Betonung der Einzigkeit Jhwhs (V. 35.38; vgl. Jes 43,10 f.; 44,6; 45,5).[884]

E) Bezüge zur Weisheit

Eine weisheitliche Prägung der Sprache ist besonders in Dtn 4,6–8 zu erkennen,[885] indem auch die Wortfelder בינה und חכמה verwendet werden. Eine

---

Sendung als richtig herausstellen wird. In Dtn 4 f. ist man am Berg angekommen und bekommt hier die Tora wieder in einer Flammenerscheinung. Die Mose-Erzählung des Pentateuchs wird so gerahmt und die Horeb-Epiphanie mit der Übergabe der Tora zum Zielpunkt gesetzt. Diese Verbindung wurde – soweit ich sehe – bisher noch nicht so erkannt. Perlitt, BK V, 321 f., nennt zwar kurz, dass die Formulierung in Dtn 4; 5 und 9 das gleiche meint wie in Ex 3,2, zieht aber aus der Parallele keine Schlüsse. Ähnliches gilt für Jacob, Exodus, 46, der sich um das Nichtverbrennen des Dornbuschs in Ex 3,3 kümmert und nur feststellt, dass auch der Berg in Dtn 4; 5 und 9 nicht verbrennt. Otto, Veijola und Krüger identifizieren in Dtn 4 generell die Tendenz, Dtn 5 mit Ex 19 und dem Sinaigeschehen zu verbinden. Gerade für Otto wird hier eine Tendenz des Pentateuchredaktors deutlich, der die Texte des entstehenden Pentateuchs in Einklang zu bringen sucht. Nach Otto, Pentateuchredaktion, 302–311, ist in Ex 3 f. ebenfalls der Pentateuchredaktor am Werk, der die priesterlichen Traditionen aus Ex 6 und 7 f. aufnimmt und so zusammenbindet, dass die Perspektive zum Sinai (Ex 19 f.) und zugleich zum Horeb (Dtn 5) geöffnet wird. Auch für Römer, Exodus 3–4, ist in Ex 3 f. (bes. 4,1–17 und die Patriarchenerwähnungen) ein Redaktor am Werk. All diese Überlegungen zusammen führen zu der These, dass der Verfasser von Dtn 4 die Tradition aus Ex 3,2 f. bewusst wörtlich aufgenommen hat, um einen Bogen zu konstruieren und sie sodann an den entsprechenden Stellen in Dtn 5,23 und 9,15 eingefügt hat, die er nach seinem eigenen Anliegen nur zusammenfassend darstellt. Eine Verbindung zwischen der Toragabe, dem brennenden Berg und dem Dornbusch findet sich interessanterweise in künstlerischen Darstellungen schon des Mittelalters häufiger. Vgl. dazu Hermann, Art. Dornstrauch. III. Kunst, 195–197.

882 Vgl. dazu Rose, ZBK 5,2, 492 f.

883 Zu den Verknüpfungen zwischen Dtn 4 und dem Jeremiabuch vgl. auch Fischer, Einfluss, 248–254. Dieser beurteilt jedoch die literarische Abhängigkeit anders und kommt zu dem Schluss, dass den Verfassern des Jeremiabuches bereits die Endfassung des Deuteronomiums vorgelegen habe.

884 Vgl. Veijola, ATD 8,1, 114–118, Taschner, Mosereden, 143, und Rüterswörden, NSK.AT 4, 44.

885 Vgl. dazu und zu den Unterschieden zur weisheitlichen Konzeption (etwa im Vergleich zu Ps 119 und Prov 1–9) besonders Krüger, Law, 45–47, aber auch Rose, ZBK 5,2, 493, und Otto, HThKAT, 548–551.

weitere Verbindung besteht in V. 10 f. im Hinweis auf die Jhwh-Furcht als Lernziel (vgl. Hi 28,28; Ps 111,10; Prov 14,2 u. ö.).[886]

Die schon immer aufgefallene Vielfalt von Motiven und rezipierten Texten in Dtn 4,1–40 kann auf zwei Wegen erklärt werden. Entweder erkennt man in Dtn 4 eine disparate Mischung von unterschiedlichen Texten, die sukzessiv entstanden ist bzw. von einem Redaktor zusammengebunden wurde. So sieht Perlitt in Dtn 4 eine „Brockensammlung", die in spät- oder nachdeuteronomistischer Zeit zusammengestellt wurde.[887] Besonders die älteren Exegeten neigen dazu, vielfache Bearbeitungen in Dtn 4,1–40 zu erkennen. So sind es etwa bei Mittmann[888] vier Bearbeitungsschichten. Dies liegt u. a. daran, dass ihnen das Kriterium des Numeruswechsels noch als hartes literarkritisches Kriterium galt.[889] Und auch in neuerer Zeit werden literarkritische Lösungen für das Nebeneinander verschiedener Traditionen herangezogen. Dietrich Knapp hat sich in einer genauen Studie von Dtn 4 und 29 f. für ein dreistufiges Modell ausgesprochen, nach dem in beiden Textbereichen die gleichen Entwicklungsstufen zu erkennen sind,[890] und auch Veijola spricht sich für ein mehrstufiges Wachstum aus, das er besonders auf die beiden Redaktoren DtrN und DtrB zurückführt.[891]

---

886 Vgl. Veijola, ATD 8,1, 100.111, mit den Hinweisen auf Unterschiede in der Spezifizierung des Konzepts in der deuteronomistischen und weisheitlichen Tradition. Die Beziehung zur Weisheit sieht Veijola dabei für alle drei Schichten DtrN, DtrB und die Ergänzung in V. 5–8 gegeben.

887 So Perlitt, BK V, 368. Von der sukzessiven Verbindung verschiedener Bruchstücke zu einem Kapitel geht auch Merendino, Gesetz, 57–60, aus.

888 Vgl. Mittmann, Deuteronomium 1₁-6₃, 115–128.

889 Otto, Tora, unterstreicht dagegen die rhetorische Funktion des Numeruswechsels, der mit einem Perspektivwechsel zwischen der Vergangenheit und der Zukunft einhergehe. Zu den Funktionen des Numeruswechsels in Dtn 4,1–40 vgl. auch Braulik, Mittel, bes. 146–150. Grundsätzlich ist hier Kratz, Komposition, 121, zuzustimmen, dass der Numeruswechsel zwar ein tragfähiges Kriterium ist, dass die 2. Sg. als primär gegenüber der 2. Pl. ausweist, dass jedoch nicht jede 2. Sg. primär ist, da „der singularische Grundbestand […] sowohl durch pluralische als auch durch singularische Zusätze ergänzt" wurde. Gerade für die späten Texte ist dann von einem bewussten Umgang mit dem Numeruswechsel auszugehen.

890 Vgl. Knapp, Deuteronomium 4. Hierbei unterscheidet er den Aufruf zum Gesetzesgehorsam in Dtn 4,1–4.9–14 und 29,1–14*, die Warnung vor Missachtung des ersten Gebots in 4,15–16a*.19–28 und 29,15–27* und den Ruf zur Umkehr in 4,29–35 und 30,1–10. Die Unterschiede zwischen Dtn 4 und 29 f. im Einzelnen werden von Knapp durch die Stellung im Deuteronomium erklärt.

891 So weist Veijola, ATD 8,1, 97 f., die Grundschicht (V. 1a.10 – 12a.13 f.22) DtrN zu. Die erste Bearbeitung sei dann durch DtrB erfolgt (V. 1b.3 f.9.12b.15.16a*.19 f.23aba.24 – 29.31). Danach erfolgte die Ergänzung von V. 5 – 8*. Zudem erkennt er einzelne kleinere Ergänzungen und trennt die beiden Anhänge V. 32 – 35 und 36 – 40 vom Vorherigen ab. Zu Veijolas Schichtung von Dtn 4 vgl. auch die Kritik bei Otto, Perspektiven, 323 f.

Demgegenüber haben sich jedoch die Stimmen gemehrt, nach denen Dtn 4,1–40 (bzw. V. 3/4–40) als literarisch einheitlicher Text wahrgenommen werden muss, der bewusst verschiedene theologische Positionen aufnimmt und zusammenkomponiert. Damit haben die Verfasser ein Werk geschaffen, das nicht nur Kernpunkte des Deuteronomiums verstärkt, sondern zudem eine Integration des Buches in den Pentateuch und das gesamte entstehende Alte Testament schafft. So haben in detailreichen Studien zur Argumentation und zum Aufbau von Dtn 4,1–40 sowohl Braulik[892] als auch Otto zeigen können, dass nicht nur der Numeruswechsel, sondern auch die Verknüpfung der Themen einem durchdachten Aufbau folgt.[893] Auch Lohfink spricht sich für die literarische Einheitlichkeit des Textes aus und kommt sogar zu dem angesichts der Forschungslage überraschenden Schluss: „In Wirklichkeit sind wenige Kapitel des Deuteronomiums so aus einem Guß wie dieser Text."[894] Otto entscheidet sich, wegen der durchgehenden Bezüge zu anderen Texten, für eine postdeuteronomistische Verortung von Dtn 4,3/4–40 und für eine Zuschreibung zur Pentateuchredaktion im Besonderen.[895] Sekundär vorgeschaltet dient der Text, darin besteht Einigkeit, als akzentuierende Einleitung von Dtn 5–11.[896]

Die Annahme der literarischen Einheitlichkeit des Textes führt, wegen der Aufnahme der verschiedenen Texttraditionen unmittelbar zu einer nachexilischen Datierung von Dtn 4 oder zumindest zu einer zeitlichen Verortung an das Ende der

---

892 Vgl. die Argumentation bei Braulik, Mittel, und Ders., Weisheit, 54–60. Dabei verortet er Dtn 4,1–40 in die späte exilische Zeit.
893 Für die Einheitlichkeit sprechen sich neben Braulik und Otto auch Rose, ZBK 5,2, 491, Mayes, Deuteronomy 4, 23–52, und Schmid, Erzväter, 164f. Anm. 660, aus. Köckert, Kultbild, 385f., betont den inneren Zusammenhang für V. 9–31 (mit 16–18 als Ergänzung), der durch das „Gefälle der Argumentation" (386) und den „Gebrauch der Bildterminologie als Leitwort" (ebd.) gestaltet wird.
894 Lohfink, Verkündigung, 170. Der Gegensatz wird besonders deutlich, wenn man ihm Veijolas Bemerkung (ATD 8,1, 97) gegenüberstellt: „Von dem methodischen Ansatz her, dem dieser Kommentar verpflichtet ist, erscheint es unmöglich, einen so heterogenen und wiederholungsreichen Text wie 4,1–40 als eine ursprüngliche literarische Einheit zu fassen." Von der Sprache und Argumentation fasziniert bezeichnet Lohfink, Verkündigung, 170, Dtn 4,1–40 als „Glanzstück deuteronomischer Stilkunst" und fügt hinzu: „Wir dürfen annehmen, daß der Israelit der Exilszeit, der diesen Text las, das kompositorische Spiel erkannte und bei seinem Nachvollzug ästhetischen Genuß empfand." (a.a.O., 174).
895 Vgl. zum Zweiten Otto, Perspektiven, 323.336f., und Ders., HThKAT, 532–538, mit einer intensiven Auseinandersetzung mit den für Dtn 4 vorgeschlagenen Stufentheorien.
896 Rose, ZBK 5,1, 503, spricht von einem zusammenfassenden Vorspann, der den Ausschließlichkeitsanspruch Jhwhs und das Bilderverbot ins Zentrum des ganzen Gesetzes rückt. Damit dient Dtn 4 als Brille für das Kommende. Nach Spieckermann, Liebe, 202, ist es das Vorzeichen der „vorauseilenden Liebe" Gottes, das Dtn 4 einbringt.

Redaktionsgeschichte des Deuteronomiums.[897] Inhaltlich gestärkt wird dies durch die Perspektive auf das Exil, das in Dtn 4 als vergangen angesehen wird. Die Rückkehr ist bereits erfolgt (vgl. besonders V. 27–30).

4.4.4.2 Die Darstellung der Völker in Dtn 4,1–40

Die Erkenntnis, dass die Verfasser von Dtn 4,1–40 sich fortlaufend mit anderen Traditionen auseinandersetzen, ist nun auch für die genauere Betrachtung der Texte wichtig, die sich mit der Fremdenthematik auseinandersetzen.

Dabei sind vier Dimensionen besonders wichtig: Zunächst ist danach zu fragen, warum die Völker Aussagen über das deuteronomische Gesetz treffen. Sodann ist auf die Zuteilung von Anbetungsobjekten an die Völker einzugehen. Neben diesen beiden Überlegungen zu den fremden Völkern spielt auch die Fremde als Ort eine entscheidende Rolle. So ist sie zum einen der Ort der Entstehung des wahren Israels und zum anderen der Ort der Verbannung.

1. Die Betrachtung des israelitischen Gesetzes durch die Völker
Die Rolle als Betrachter, die die Völker in Dtn 4 spielen, ist nur verständlich, wenn man sich vor Augen führt, dass Dtn 4 verschiedene israelitische theologische Positionen aufnimmt und zu harmonisieren sucht. Dies ist besonders in Bezug auf Dtn 30 und das Tempelweihgebet Salomos in 1 Kön 8 der Fall.

Exkurs 3: Die modifizierte Aufnahme von 1 Kön 8,22–53 und Dtn 30 in Dtn 4,1– 40

Besondere Beachtung für eine Bestimmung der Intention von Dtn 4,1–40 verdienen die Bezüge zu 1 Kön 8,22–53[898] und Dtn 30.[899] Stichwortverknüpfungen bestehen zu beiden Texten, wobei zudem beide auch Dependenzen voneinander vermuten lassen, was die in der nachfolgenden Tabelle aufgeführten gemeinsamen Begriffe und Motive nahe legen:

---

897 Dies entspricht der Zuordnung Ottos zur Pentateuchredaktion (s. o.) und der Roses, ZBK 5,1, 491, zu seiner jüngsten Redaktionsschicht IV. Auch Krüger, Law, 48–52, macht deutlich, warum das Völkerbild, das sich gerade in Dtn 4,6–8 zeigt, am besten in persische Zeit passt (vgl. auch seine Darstellung der Beurteilung der Sitten und Gebräuche verschiedener Völker bei Herodot). Veijola, ATD 8,1, 112, verortet zumindest Dtn 4,5–8 in die nachexilische Zeit: „Die intensive Beschäftigung mit der eigenen Identität deutet auf eine Situation hin, in der Israel schon seit längerer Zeit unter Fremdvölkern lebt und sich darum bemüht, eine Lösung für das Problem seiner Existenz als Jahwes Volk zu finden."
898 Zur Textabgrenzung vgl. Römer, Cult Centralization, 175–178. Hier zeigt er auf, dass 1 Kön 8 in den Blöcken 14–21.22–53.54–61.62–64 entstanden sei und diese Schichten mit denen in Dtn 12 korreliert werden können.

	Dtn 30	1 Kön 8
שמע	Leitwort (V. 2.8.10.12 f. 17.20)	V. 29 f. 36.39.43.52
Umkehrmotiv	Das Volk kehrt um (aber Gott kehrt auch um V. 3)	V. 33 – 35.47 f.
לבב	V. 1	V. 47
Mit ganzem Herzen bekehren	V. 2	V. 48
רחם	V. 3	V. 51

Trotz dieser Gemeinsamkeiten unterscheidet sich die in den beiden Texten vertretene theologische Argumentation jedoch deutlich voneinander.[900] Während 1 Kön 8,46 lakonisch feststellt, dass jeder Mensch sündigt, hat nach Dtn 30,15 der Mensch selbst aktiv die Wahl zwischen dem Guten und dem Bösen.[901] Während in 1 Kön 8,45.49 Gott im Himmel das Recht schafft, sind die Gebote nach Dtn 30,11–14 gerade nicht im Himmel, sondern für den Menschen erreichbar.[902] Beide Texte sprechen von der Umkehr des Volkes und situieren diese in das fremde Land, in das es die Feinde geführt haben. 1 Kön 8,50 spricht dabei vom Erbarmen der Völker, das Jhwh geben soll, und situiert dieses Erbarmen im Land der Feinde, in dem Israel wohnt. In dieser Diasporaperspektive ist also eine Rückkehr nicht im Blick ist. Hingegen kündigt Dtn 30 Gottes Erbarmen an (V. 3), wobei der Fluch auf die Feinde verlagert wird, und spricht von der Rückkehr in das eigene Land.

---

899 Dtn 30 ist kein literarisch einheitlicher Text, die Bezüge zu Dtn 4 bestehen jedoch auch auf der jüngsten Redaktionsebene, sodass Dtn 30 aus dem Blickwinkel von Dtn 4 als Einheit betrachtet werden kann.
900 McConville, 1 Kings 8:46–53, 369, sieht 1 Kön 8,46–53 als kritische Aufnahme von Dtn 29 f., wobei der Verfasser durch die ähnliche Diktion zugleich zwei Dinge intendiert: „to express a measure of identity with a tradition and to criticize it." Weinfeld, AncB 5, 217, hält 1 Kön 8,44–53 für den jüngsten Text. Braulik, Spuren, 49 Anm. 40, verweist auch auf die gemeinsamen Bezüge, sieht dagegen aber Dtn 30 als jüngsten und von Dtn 4 und 1 Kön 8 abhängigen Text. Aurelius, Zukunft, 130, erklärt die Unterschiede in 1 Kön 8,46–51 und Dtn 30 durch die verschiedenen Funktionen in ihrem Kontext und hält beide für spätdtr, aber 1 Kön 8 für etwas jünger. Dabei reagiere 1 Kön 8,46 ff. auf die Nachricht von der Begnadigung Jojachins (2 Kön 25,27–30, bei ihm DtrH) und setze die Hoffnung nicht auf eine Rehabilitierung des Königtums, sondern habe die Tendenz „nachexilischer Literatur, die Verheißungen an David und die Dynastie auf das Volk auszudehnen." Zudem nimmt er beide Texte als Vorlage für die Josiabewertung in 2 Kön 23,25–27, was einen möglichen *terminus ad quem* darstellt, vgl. a.a.O., 123 f.
901 Dtn 30,19 fordert explizit auf, aktiv das Leben zu wählen. Vgl. dazu Ehrenreich, Leben, bes. 250–260.
902 Die in Dtn 30,12 bezeichnete Verortung der Tora mit der Formel לא בשמים wurde zu einem Zentralmotiv jüdischer Hermeneutik, in der die Auslegungshoheit der Tora bei den Menschen und damit nicht bei Gott betont wird. Dabei ist bBM59b die Grundstelle dieser rabbinischen Auslegung.

Durch die Stichworte שמע (Dtn 4,1.6.10.12.28.30,32f.36 und 1 Kön 8,45.49.52 und öfter im Kontext), כור הברזל (Dtn 4,20 und 1 Kön 8,51; sonst nur in Jer 11,4 s.u.), קהל (Dtn 4,10 und 1 Kön 8 im Kontext bes. V. 1 f.14.22),[903] נחלה (Dtn 4,20 f.38 und 1 Kön 8,51.53), רחם (Dtn 4,31 [אל רחום] und 1 Kön 8,50), dem Rufen zu Jhwh (Dtn 4,7 und 1 Kön 8,52) und der Suche mit ganzem Herzen (Dtn 4,29 und 1 Kön 8,48) sind Dtn 4 und 1 Kön 8,44–53 eng miteinander verbunden. Dabei werden besonders das Rufen Gottes und seine Nähe zu den Menschen betont.[904]

Die Verknüpfungen zu Dtn 30 sind noch enger.[905] Schon dadurch, dass nur in diesen beiden Texten des Deuteronomiums explizit auf eine nachexilische Zeit, eine Zeit nach der Verbannung unter die Völker und auch der Rückkehr in das vormals eigene Land geblickt wird, weisen die beiden Abschnitte die gleiche Grundperspektive auf.[906] Die Themen der Umkehr (Dtn 4,30 und 30,1–3.8–10) und Gottes Erbarmen (Dtn 4,31 und 30,3)[907] verbinden beide Texte ebenso wie das Motiv des Sehens des Volkes (ראה; Dtn 30,15) und die Erwähnung des Endes des Himmels (Dtn 4,32 und 30,4). Die Tora, deren Nähe in Dtn 30,12 betont wird, ist in Dtn 4,8 Israel vorgelegt. Die

---

903 Rost, Vorstufen, 14 f., sieht über den Begriff קהל ישראל eine Verknüpfung zwischen Deuteronomium und 1 Kön 8, der dann in 8,65 noch durch קהל גדול ergänzt wird.

904 Die Aufnahme der Motive aus 1 Kön 8,44–53 in Dtn 4 löste noch eine Rückwirkung aus. So ist in dem zu 1 Kön 8,11–53 sekundären Abschnitt V. 54–61 deutlich zu erkennen, dass Motive aus Dtn 4 aufgenommen wurden. Zwar handelt es sich um gängige Begriffe, die Häufung der Parallelen ist jedoch auffällig. Hier sind die Mosegestalt und der Kanon (Dtn 4,2; 1 Kön 8,56) zu nennen, wie auch die Stichworte מצוה und חק (Dtn 4,5f.8 u.ö.; 1 Kön 8,61), כיום הזה (Dtn 4,20.38; 1 Kön 8,61) und das Stichwort קהל (Dtn 4,10; 1 Kön 8,55), das sich jedoch auch aus dem Kontext von 1 Kön 8 ergibt. In 1 Kön 8,60 ist das Motiv der Betrachtung der Völker noch ein Stück weiter ausgebaut. So soll nicht wie in Dtn 4 Israel die Einzigkeit Gottes erkennen, sondern die Völker. Zur Textabgrenzung vgl. Römer, Cult Centralization, 175–178. Ob dieser Segensteil eine spätere Ergänzung im Tempelweihgebet ist, die auf Dtn 4 reagiert, oder ob der Verfasser von Dtn 4,1–40 selbst seinen Rezeptionstext fortschrieb, ist hier offen zu lassen. Die Einzigartigkeitsformulierung von 1 Kön 8,60 entspricht der von Dtn 4,35, während die ältere Formulierung in 1 Kön 8,23a Ähnlichkeiten mit Dtn 4,39 aufweist und eventuell deren Vorlage war. Braulik, Spuren, 48, hält es für wahrscheinlich, „daß derjenige, der Dtn 4,39 in Anlehnung u. a. an 1 Kön 8,23a gestaltete und der auch die Parallele Dtn 4,35 geschrieben hatte, die Formulierung von Dtn 4,35 nun auch als Pendant zu 1 Kön 8,23a in 1 Kön 8,60 einfügte." Er rechnet mit der gleichen Verfasserschaft bei Dtn 4,1–40 und 1 Kön 8,52–53.59–60. Ein Problem bei dieser Gleichsetzung ist z. B. die Aussonderung aus allen Völkern in V. 53, die dem Gedanken von Dtn 4 nicht entspricht. In 1 Kön 8,55ff. wird jetzt, in Verbindung mit Dtn 4, eine Verbindung zu Gott durch das Rufen und die Gesetze eingefügt, die vom Tempel unabhängig ist. „Jene theologische Korrektur mußte aber auch in 1 Kön 8, dem Zentraltext dtr Tempeltheologie, verankert werden, und deshalb wurden dort die VV 52–53.59–60 eingeschoben." (a.a.O., 52).

905 Lohfink, Verkündigung, 191, führt dies zur Annahme, Dtn 4 und Dtn 30 seien demselben Verfasser zuzuschreiben.

906 Vgl. zu dieser Perspektivgebung durch Dtn 4,1–40 und 30,1–10 in der Epocheneinteilung des Deuteronomiums die synchron ausgerichtete vergleichende Analyse bei Taschner, Mosereden, 138–153.

907 Die Verbindung durch das Umkehrmotiv wird dadurch stärker, dass im Deuteronomium nur in diesen beiden Passagen vom Umkehren (שוב) des Volkes zu Jhwh gesprochen wird. Vgl. Braulik, NEB 15, 45. Vgl. zum Umkehrmotiv auch Ehrenreich, Leben, 110–114.

Möglichkeit des Lebens, wenn Israel an Jhwh festhält (an ihm klebt, דבק) in Dtn 30,19 f. wird in Dtn 4,4 aufgenommen und historisiert: Weil die Angesprochenen an Jhwh festgehalten haben, leben sie heute. Zwar schildert Dtn 4 wieder die steinernen Tafeln, auf denen das Gesetz steht, doch wird die Aufnahme des Gesetzes in Mund und Herz (Dtn 30,14) insofern aufgenommen, als zum Verschrifteten die mündliche Lehre kommt (Dtn 4,13 f.). Dtn 30 und Dtn 4 warnen vor der grundlegenden Gefahr der Fremdgötterverehrung. Doch während in Dtn 30,17 f. die Verehrung anderer Götter durch Gott mit dem Tod bestraft wird, wird die Verehrung in Dtn 4,27 f. angesagt, wobei in dieser Situation die Umkehr möglich ist (V. 29).[908]

Deutlich ist also, dass Dtn 4 beide deuteronomistischen Texte kennt und bewusst aufnimmt und einen Ausgleich der theologischen Perspektiven sucht.

In Dtn 4,6 – 8 stellen die Völker fest, dass Israel ein wahrhaft großes, weises und verständiges Volk ist. Dies wird von einer israelitischen Stimme auf zwei Grundpfeiler zurückgeführt, die auffällig an die beiden voneinander differierenden theologischen Positionen aus Dtn 30 und 1 Kön 8 erinnern.[909] So wird das Rufen zu Jhwh und damit seine Nähe zum Volk (V. 7)[910] mit den gerechten Rechtssätzen parallelisiert, die bei den Menschen sind (V. 8).

---

908 In Dtn 4,27 wie auch in 28,62 wird die Dezimierung Israels in der Fremde angekündigt. Dieses Motiv, das konträr zur wiederholten Verheißung der Mehrung Israels steht, findet sich damit ausschließlich in nachexilischen Texten und nie in vorexilischer oder exilischer Zeit. Nur retrospektiv wird also mit der Verminderung des Volkes Israel gedroht. Dass es sich dabei um eine bewusste Negierung der Mehrungsverheißungen handelt, zeigt die explizite Aufnahme und Verkehrung der Zusage, Israel würde zahlreich wie die Sterne in Dtn 28,62.
909 Braulik, Weisheit, 65 ff., betont, dass Weisheit und die Nähe des Gottes Qualitätsmerkmale waren, die im Alten Orient anerkannt waren, wie es in der akkadischen Namensgebung oder dem Konzept des persönlichen Gottes erkannt werden kann (a.a.O., 81 f.). צדיק als untypische Bewertung des Gesetzes ist durch den außerbiblischen Hintergrund (altorientalische Gesetzgebung, Lob des Königs durch die Gerechtigkeit seiner Gesetze, besonders im Kodex Hammurapi) zu erklären (a.a.O., 83). Das Problem ist jedoch, dass gerade die Gerechtigkeitskonzepte an den König gebunden sind, was der Intention von Dtn 4 widerspricht, in der es gerade nicht um die Hervorhebung einer (monarchischen) Einzelfigur geht. Knapp, Deuteronomium 4, 66 f., sieht zudem gerade im Identitätsthema einen Unterschied zwischen Dtn 4,5 – 8 und seinem Kontext: „Damit geht es um Israels Identität. Der Text will auf die Frage antworten, was denn eigentlich Israel von den anderen Völkern unterscheide [...] Der Text Dtn 4,5 – 8 als ganzer ist also ein Lob auf die Thora. Es ist somit klar ersichtlich, daß hier andere Fragen abgehandelt werden als im Kontext 4,1 – 4.9 – 14." Aber Israels Identität ist das verbindende Thema des *ganzen* Kapitels Dtn 4. So ist Lohfink, Verkündigung, 177, recht zu geben, wenn er schreibt: „Auch dieses sich durchziehende Interesse an der Bestimmung des Verhältnisses Israels zu anderen Völkern ist ein Element der Einheit von 4,1 – 10."
910 Lohfink, Bearbeitung, 109, sieht in Dtn 4,7 die Vorbereitung der weiteren Stellen im Deuteronomium, bei denen es um das Rufen zu Gott geht (Dtn 15,9; 24,15), und sieht das Motiv als aus dem Bundesbuch stammend (Ex 2,22.26). Damit würde man jedoch entweder eine sehr frühe Datierung für Dtn 4 oder eine sehr späte für die entsprechenden dtn Armengesetze annehmen müssen.

⁶Hütet sie und führt sie aus, denn es ist eure Weisheit und eure Verständigkeit in den Augen der Völker, die all diese Rechtsvorschriften hören, dass sie sagen werden: Dieses große Volk ist ein wahrhaft weises und verständiges Volk. ⁷Denn wer ist ein großes Volk, dessen Götter ihm so nahe sind wie Jhwh, unser Gott, bei all unserem Rufen zu ihm?! ⁸Und wer ist ein großes Volk, das gerechte Rechtsvorschriften und Rechtssätze hat, so wie diese Tora, die ich heute vor euch lege?![911]

Im Vergleich mit dem Tempelweihgebet in 1 Kön 8 und Dtn 30 ist ersichtlich, dass durch Dtn 4,6 – 8 innerisraelitische Konflikte um das Verhältnis von aktuellem Gebet (und der Rolle des Tempels) und dem verschrifteten Gesetz als Grundlage der israelitischen Gottesbeziehung geschlichtet werden sollen. In beidem ist Israel einzigartig und von den anderen Völkern zu trennen, wie die rhetorischen Fragen zeigen, und für beides bestaunen es die Völker. Die Rolle der Völker ist entscheidend. Sie werden erkennen, dass Israel weise und verständig ist, weil den Israeliten ihr Gott Jhwh nahe ist und weil sie ein so gerechtes Gesetz haben und es ausführen.[912] Damit sind die Fremden in ihrer Rolle als Außenstehende zu objektiven Beurteilern geworden. Diese Funktion der anderen Völker ist erstaunlich, da auf ihre Beurteilung Wert gelegt wird.[913] Dieses Motiv des Blicks der Völker auf Israel ist bereits in Dtn 28,10 grundgelegt.[914] Im Gegensatz zu den Fehlurteilen in Dtn 9,28 und 32,26 f. erkennen diese hier zu Recht die hervorragende Stellung Israels auf Grundlage ihres Gesetzes an.[915] Damit besteht eine Parallele zum

---

911 Zur Übersetzung von עם und גוי mit „Volk" vgl. oben 227 f. Anm. 761.

912 Dagegen klingt aus der Deutung Brauliks, Weisheit, 56, doch etwas zu viel Bescheidenheit in der israelitischen Selbstsicht. Er führt die hier beschriebene Weisheit gegen die Erfahrungen in Babylon an, die die Exulanten dort machen, sodass sie von der Bildung der Babylonier beeindruckt sind. Nachdem in Israel alles zerstört ist, hätten die Israeliten nur noch ihre Sozialordnung, die ein Gefühl der Überlegenheit schaffen konnte. Zu betonen ist jedoch, dass im Konzept der Weisheit in Israel die praktische Tätigkeit und Umsetzung miteinbegriffen ist. Hier steht also keine soziale Dimension einer rein kognitiven gegenüber. Zur Frage, ob das Gesetz weise ist oder seine Ausführung vgl. Krüger, Law, 38 – 41.

913 Dass an all diesen Stellen, wie in Dtn 4,6 – 8, die Völker Israel loben, lässt zwei Rückschlüsse zu, wie Krüger, Law, 43 f., sie aus Dtn 4 zieht: Zum ersten, dass Israel ein Interesse daran hat, dass die anderen Völker es loben, und zum zweiten, dass so ein positives Licht auf die Völker fällt.

914 Vgl. dazu oben in Kapitel 3.2.1.2 (bes. 168).

915 Vgl. dazu die Bemerkungen in Kapitel 4.4.3 (258 – 262) zum Motiv des beurteilenden Blicks der Völker. Rose, ZBK 5,2, 493, greift bei der Beurteilung der Rolle der Völker zu kurz, wenn er als Grund dafür, dass diese Aussage den Völkern in den Mund gelegt wird, nur angibt: „Damit der Stolz nicht zu platt als ‚Eigenlob' ausgedrückt ist".

Ein Vergleich mit verschiedenen Texten der Weisheitsliteratur, mit Aufzeichnung der Parallelen und Differenzen, die Krüger, Law, 45 – 47, vornimmt, zeigt die deutlichen Unterschiede bei der Einschätzung, inwieweit die Völker Weisheit haben oder erkennen können. So wird etwa in

ebenfalls kundigen Blick der Völker in Dtn 29,21–28.[916] Dort sind es die Völker, die durch Kenntnis der Tora Gottes Geschichtshandeln an seinem Volk richtig deuten. In Dtn 4,6–8 ist es gerade die Einschätzung dieser Betrachter, durch die Israels Stellung begründet wird. Dies ist ein Gedanke, der im Rahmen der Völkerwallfahrt zum Zion ausschlaggebend ist (vgl. Jes 2; Mi 4), doch anders als in dieser Tradition wird in Dtn 4,6–8 keine Zuwendung der Völker zu Israel beschrieben. Sie sehen und erkennen die Weisheit an, dies hat jedoch keine Folgen für die anderen Völker, sondern ausschließlich für Israel selbst.[917]

Somit ist Israel zum großen Volk (גוי גדול) geworden. Die Kategorie „Größe" und damit das Stichwort עם / גוי גדול wurden umgedeutet und stehen nun für Bedeutend-Sein.[918] Dies sieht man daran, dass das Stichwort גדול nicht mit עצום oder רם oder רב näher bestimmt wird, also mit Termini, die auf eine zahlenmäßige Größe hinweisen, sondern mit als עם־חכם ונבון. Nicht durch reale zahlenmäßige Überlegenheit, sondern durch die Aufwertung durch das eigene Gesetz und die Nähe Jhwhs zu seinem Volk erweist sich Israel als groß. Die Weisheit besteht nicht in den Gesetzestexten selbst, sondern in dem ganzen Lernverfahren und den lebenspraktischen Entscheidungen, die Israel auf Grundlage dieser Lehren fällt.[919] Die im Deuteronomium immer wieder zitierten Mehrungsverheißungen, dass Israel zu einem großen Volk werden würde, sind so letztlich erfüllt und zugleich umgedeutet: Wirklich groß ist, wer von den anderen als groß angesehen wird und wer einen nahen Gott und gerechte Gesetze hat und sie auch lernt und ausführt. Damit hat die Beurteilung durch die Völker die Form eines performativen Aktes. Erst ihr Blick von außen macht letztlich Israel wirklich groß.[920] Damit sind die

---

Bar 3,9–4,4 und Ps 147,20 die Weisheit durch das mosaische Gesetz möglich, das den Nichtisraeliten verschlossen bleibt.

916 Vgl. dazu die genaueren Ausführungen zum Blick der Völker in Kapitel 4.4.3 (258–262).

917 In dieser Hinsicht sind zugleich Übereinstimmungen und Divergenzen zur Rolle Jitros in Ex 18 zu erkennen. Auch dort können die Israeliten erst, als sie ihm von den wunderbaren Taten Jhwhs bei ihrer Herausführung aus Ägypten berichten und er zum Lob dieses Gottes ansetzt, begreifen, was Jhwh Gutes an ihnen getan hat. Die Figur des Jitro als außenstehender Betrachter hat also auch hier eine entscheidende Funktion in der israelitischen Selbsterkenntnis und Identitätskonstruktion. Vgl. dazu auch Albertz, Exodus, 298.305–308. Im Gegensatz zu Dtn 4 führt das Lob Jhwhs Jitro jedoch dazu, ihn selbst als größten Gott anzuerkennen und ihm ein Opfermahl zu bereiten.

918 Anders deutet dies Rose, ZBK 5,2, 493f., der hier den Hinweis auf das Wachsen zu einer beeindruckenden Anzahl gemeint sieht.

919 Vgl. besonders zum Lernprozess Hardmeier, Weisheit, 234.

920 Die Funktion des Fremden als objektives Gegenüber ist auch in der soziologischen Analyse Simmels angelegt. So schreibt er, Exkurs, 510: „Ein anderer Ausdruck für diese Konstellation liegt in der Objektivität des Fremden. Weil er nicht von der Wurzel her für die singulären

verschiedenen Größenangaben Israels im Deuteronomium letztlich ausgeglichen. Israel ist zwar nicht zahlreich wie die Sterne geworden (Dtn 10,22, vgl. auch 26,5), es sind durch die Exilierung nur noch wenige übrig (Dtn 4,27). Israel ist damit ein kleines Volk (vgl. Dtn 7,7) und nicht so groß wie die anderen (Dtn 4,38; 9,1; 11,23), aber es ist in anderer Hinsicht ein wirklich großes Volk. Der Mechanismus der in Dtn 4 vertretenen kollektiven Identitätskonstruktion nutzt die Beurteilung der Fremden, um eine innerisraelitische Einigung festzuhalten. Im Gegenüber zu den Völkern definiert sich Israel als Volk mit einem gerechten Gesetz und einem ihm nahe stehenden Gott.

Auch in der Konzeption der Weisheit ist eine Besonderheit zu erkennen. Während im Alten Testament ansonsten eher Einzelpersonen als weise bezeichnet werden,[921] ist es in Dtn 4 das ganze Volk. Durch die Weisheit im Gesetz wird dieses Prädikat zu einem, das das ganze Volk verbindet.[922] Dass gerade nichtisraelitische Betrachter dieses Urteil fällen,[923] ist keine Neuheit in Dtn 4. Diese Konstellation findet sich sogar, bei einer Durchsicht der alttestamentlichen Texte, erstaunlich oft. So ist es in 1 Kön 5,11.21 der Nichtisraelit Hiram, der Salomos Weisheit erkennt, in Gen 41,33.39 ist es der Nichtisraelit Pharao, der Josephs Weisheit lobt, in Dan 1,20 ist es – in etwas anderer sprachlicher Formulierung – der Nichtisraelit Nebukadnezar, der Daniel für weise hält, und für die Weisheit, die in Jes 11,2 dem erwarteten Herrscher zugesprochen ist, wird in Jes 11,10 ebenfalls der Blick der Völker und damit der Nichtisraeliten zum Kriterium gemacht. Die Fremden leisten hier, wie in Dtn 4 einen entscheidenden Beitrag zur Selbsterkenntnis Israels.

Bestandteile oder die einseitigen Tendenzen der Gruppe festgelegt ist, steht er allen diesen mit der besonderen Attitüde des ‚Objektiven' gegenüber, die nicht etwa einen bloßen Abstand und Unbeteiligtheit bedeutet, sondern ein besonderes Gebilde aus Ferne und Nähe, Gleichgültigkeit und Engagiertheit ist."

921 Vgl. u. a. Bezalel in Ex 31,3 und die ausgesuchten Männer in Dtn 1,13 und v. a. die Spruchweisheit, die sich als Belehrung an den Einzelnen richtet. Hinzu kommen die im Folgenden genannten nichtisraelitischen Einzelpersonen.

922 Vgl. Veijola, ATD 8,1, 111 f. Explizit unweise (formuliert mit חכם und נבון) ist das Volk dagegen in Jer 4,23 und v. a. Dtn 32,6.29.

923 Crüsemann, Tora, 425, lässt Dtn 4,6 – 8 zum Schlusssatz seiner Studie werden, da er dies als Zusammenfassung einer nichtjüdischen Hermeneutik der Tora ansieht. Wir Christen als die Völker können somit zu Israel hinzukommen, indem wir erst einmal von außen die Weisheit bestaunen. Vgl. dazu auch Ders., Grundlage, 26 – 29.

2. Die Zuteilung von Anbetungsobjekten an die Völker
Dtn 4,15 – 19:

[15]Hütet euch sehr,[924] weil ihr keine Gestalt gesehen habt, an dem Tag als Jhwh, euer Gott, am Horeb mitten aus dem Feuer zu euch sprach, [16]damit ihr euch nicht versündigt, sodass ihr euch ein Götzenbild macht, irgendeine Statue in Gestalt eines männlichen oder weiblichen Abbildes: [17]Ein Abbild von einem Tier, das auf dem Land ist, ein Abbild eines geflügelten Vogels, der im Himmel fliegt, [18]ein Abbild vom Gewürm im Erdboden, ein Abbild eines Fisches, der im Wasser unter der Erde ist. [19]Damit du nicht deine Augen zum Himmel erhebst und die Sonne und den Mond und die Sterne, das ganze Himmelsheer, siehst und dich verleiten lässt und niederfällst und ihnen dienst, die Jhwh, dein Gott, allen Völkern unter dem ganzen Himmel zugeteilt hat.

Die Anweisung in Dtn 4,15 – 19, wovon man sich kein Abbild machen, geschweige denn es anbeten soll, erinnert unmittelbar an den priesterlichen Schöpfungsbericht in Gen 1,1 – 2,4.[925] Alle Gestalten, mit denen die verschiedenen von Gott erschaffenen (ברא) Daseinsbereiche im Rahmen der Schöpfung ausgestattet wurden, werden hier aufgegriffen. Sogar die Besonderheit der Erschaffung als männlich und weiblich, wie es in Gen 1,27 über die Menschen ausgesagt wird, findet, verallgemeinert auf alle Geschöpfe, Aufnahme in Dtn 4,16.

Neben den genannten menschlichen und tierischen Wesen sind es auch die Gestirne, die Gott erschaffen hat. Gerade eine Verehrung dieser Himmelskörper wird den Israeliten verboten. Neben verschiedenen tiergestaltigen Gottheiten beziehungsweise Symbol- und Standtieren aus Israels Umwelt, werden somit besonders die in der Umwelt prägenden Astralgottheiten zu Geschöpfen Jhwhs gemacht. Doch nicht nur ihre Erschaffung durch Jhwh wird betont, sondern zugleich ihre Zuteilung an alle Völker der Erde (V. 19) als Akt der Vorsehung Jhwhs.[926] Durch die Betonung des ganzen Himmels (תחת כל־השמים) als Ort der Völker unterstreicht Dtn 4 die universale Perspektive und Bedeutung dieser Aussagen. Damit werden zum einen die Kulte der anderen Völker in Israels Weltbild integriert und somit für diese Menschen zugelassen, ja sogar schöpfungstheologisch begründet und somit ins Recht gesetzt. Die Völker lehnen sich nicht gegen Jhwh auf, wenn sie die Gestirne verehren, er hat sie ihnen gegeben.

---

924 Etwas paraphrasierend kann das zu hütende Objekt (לנפשתיכם) mit „eure Identität" wiedergegeben werden. Hier geht es um das Selbst, um das, was Israel als Gruppe ausmacht. Eine Zuwendung zu diesen Abbildern würde den Selbst- und damit Identitätsverlust bedeuten.
925 Vgl. auch Otto, HThKAT, 564 – 566.
926 Hierbei ist auf die Differenzierung zwischen Israel und den Völkern zu achten, wie Aurelius, Götter, 168, zu Recht betont. Die Anbetung der Gestirne ist nicht per se lächerlich, aber sie ist nicht Israels Weg.

Doch wird zum anderen durch diese Form der Kosmologie die Superiorität des Gottes Israels betont, denn alle anderen Verehrungsobjekte sind seine Geschöpfe, und nur als solche Götter (אלהים) der anderen Länder, wie sie in Dtn 4,28 genannt werden.[927] Hier wird ihre Fertigung aus Holz und Stein in den Blick genommen und sie werden so disqualifiziert, wobei ihr artifizieller Charakter dadurch gesteigert wird, dass sie nicht durch Gott hergestellt wurden, wie ihre Vorbilder, sondern als leblose Geschöpfe durch die Menschen selbst. Die Verteilung von Göttern auf die verschiedenen Länder, wie im Moselied in Dtn 32,8 f. beschrieben, wird in Dtn 4 in stärker monotheistische Bahnen integriert.[928] Israel und Jhwh werden von diesen materiellen Dimensionen deutlich abgehoben. So betont Dtn 4,15, dass Israel gerade keine Gestalt gesehen hat und verbietet so die Erzeugung und Verehrung von Kultbildern.

Somit verbindet Dtn 4 eine universale Perspektive, denn nur Jhwh als einzig wahrer nicht in Gestalt zu begreifender Gott konnte dieses System an Verehrungsobjekten schaffen, mit einem Partikularismus. Nur Israel verehrt den Schöpfer aller Dinge direkt. So gelten für Israel, das sich dadurch von allen Völkern der Erde abhebt, auch besondere Vorschriften. Sie dürfen die Geschöpfe Jhwhs nicht verehren, da Israel dadurch die exklusive Gottesbeziehung in Gefahr bringt. Durch diese Konstellation kommen eine Kritik an bildlicher Verehrung, Monotheismus und ein bedingtes Maß an religiöser Toleranz zu einem Gesamtbild zusammen. Der Gott Israels ist der einzige wahre Gott, die anderen werden mit natürlichen Objekten verbunden, die von ihm erschaffen wurden. Die Völker können ihre Verehrungspraxis weiter fortsetzen, sie ist für diese gottgewollt. Doch Israel, als das erwählte Volk Jhwhs, hat unter den Völkern durch die Gottesbeziehung eine Sonderstellung. Diese herausragende Stellung wird sogar von den Völkern anerkannt, wie Dtn 4,6 – 8 darstellt.

3. Die Fremde als Ort der Entstehung des wahren Israel
Gleich zwei Abschnitte von Dtn 4 thematisieren Israels Volkwerdung und damit den Beginn der Bindung an Jhwh. Beiden Abschnitten ist gemein, dass sie diese

---

927 Köckert, Kultbild, 384 – 389, bezieht das Verbot des Kultbilds für die Israeliten auf ein Abbild Jhwhs (und damit implizit etwa auf das Stierbild Jerobeams). Er betont m. E. zurecht, dass ein Unterschied in Dtn 4 zu erkennen ist, zwischen der Verfehlung Israels ein Kultbild gemacht zu haben und der Folge, dass sie in der Ferne – als Strafe – Kultbildern *anderer* Götter dienen müssen. Dtn 4 setzt sich im Kern mit dem Kultbildverbot auseinander und erst in zweiter Linie mit anderen Göttern.
928 So handelt es sich in Dtn 4,35.39 um monotheistische Aussagen. Vgl. dazu auch Otto, HThKAT, 583 – 588. Anders MacDonald, Deuteronomy, 78 – 96, der sich für eine monolatrische Interpretation ausspricht.

Volkwerdung in Ägypten ansiedeln. Sowohl in V. 20 als auch in V. 34 nimmt sich (לקח) Jhwh Israel aus Ägypten.[929]

Dtn 4,20:

> [20]Euch aber nahm Jhwh und führte euch aus dem Eisenschmelzofen, aus Ägypten (מכור הברזל ממצרים), damit ihr ihm das Erbvolk seid, wie am heutigen Tag.

Dtn 4,33 – 35:

> [33]Hörte ein Volk die Stimme eines Gottes, der aus der Mitte des Feuers sprach, so wie du es gehört hast, und überlebte? [34]Oder versuchte ein Gott hinzugehen und für sich ein Volk aus der Mitte eines Volkes zu nehmen durch Prüfungen, Zeichen, Wunderzeichen und Krieg, mit starker Hand und ausgestrecktem Arm, durch große Schreckenstaten, wie all das, was Jhwh, euer Gott, an euch getan hat in Ägypten vor deinen Augen? [35]Du hast es zu sehen bekommen, damit du erkennst, dass Jhwh Gott ist und kein Gott außer ihm ist.

Nach Dtn 4,20 hat Jhwh die Angeredeten aus dem Eisenschmelzofen (כור הברזל) Ägypten genommen, damit sie sein Erbvolk (עם נחלה) werden. In Dtn 4,34 nimmt er es mit großen Anstrengungen aus der Mitte *eines* Volkes;[930] der Kontext zeigt, dass auch hier Ägypten gemeint ist.[931]

Durch die Formulierung des Nehmens wird weder vorausgesetzt, dass das Volk bereits in Ägypten bestand, noch direkt ausgesagt, dass es erst durch diesen Vorgang zum Volk wurde.[932] In dieser Richtung wichtig und zugleich schwierig zu deuten ist die unübliche Formulierung, das angesprochene ‚Ihr' sei aus dem oder vom Eisenschmelzofen Ägypten genommen worden. In der Regel wird Ägypten im

---

929 Zu diesem und anderen Volkwerdungskonzepten im Deuteronomium vgl. Kapitel 5.2 (299 – 310).

930 Wenn im Deuteronomium Relationen mit בקרב beschrieben werden (und nicht mit בתוך), deutet dies in der Regel darauf hin, dass zwischen dem, der oder das die Mitte bildet, und dem, der oder das in der Mitte ist, eine Verknüpfung besteht. Vgl. dazu oben zum Konzept der Mitte im Deuteronomium in Kapitel 2.5.1.4 (141–144). So wird vermutlich auch hier neben der Lokalisierung die Verknüpfung zwischen Ägypten und dem kommenden Erbvolk Jhwhs anklingen.

931 Knapp, Deuteronomium 4, 74, paraphrasiert V. 20 durch das Nehmen aus den עמים im Plural, in Anlehnung an V. 19, in dem noch mehrere Völker im Blick sind. Doch kommt in V. 20 nur Ägypten vor und in V. 34 geht es explizit nur um *ein* גוי, aus dem Israel kommt. Im Gegensatz zum Motiv der Erwählung aus allen Völkern (vgl. Dtn 7,6) ist hier das Nehmen Israels aus dem einen Volk Ägypten angesprochen.

932 In anderen Konzeptionen ist Israel bereits עם יהוה und wird deshalb aus Ägypten geführt (Ex 3,7; 5,1; 7,26 u. ö.). Vgl. Lohfink, Beobachtungen, bes. 300 – 305. „Während bei J und E Jahwe Israel aus Ägypten herausführt, weil Israel sein עם ist, nimmt Jahwe Israel nach Ex 6,7 P^g in der Herausführung aus Ägypten bzw. durch sie zu seinem Volk an." (a.a.O., 304).

Deuteronomium, wenn es genauer charakterisiert wird, als Sklavenhaus bezeichnet (בית עבדים, so in Dtn 5,6; 6,12; 7,8; 8,14; 13,6.11, hinzu kommen noch die ausgeführten Beschreibungen, dass Israel Sklave in Ägypten war). Zwei direkte Parallelen zum Bild Ägyptens als Eisenschmelzofen gibt es im Alten Testament.[933] Die erste wurde bereits oben bei der Verhältnisbestimmung zu 1 Kön 8 genannt. So heißt es in 1 Kön 8,51:

> [51]Denn dein Volk und dein Erbbesitz sind sie, die du aus Ägypten mitten aus dem Eisenschmelzofen (מתוך כור הברזל) geführt hast.

Der zweite Beleg in Jer 11,3 f., der vermutlich eine Aufnahme von Dtn 4,20 darstellt, lautet analog:

> [3]Und sprich zu ihnen: So spricht Jhwh, der Gott Israels: Verflucht sei der Mensch, der nicht auf die Worte dieses Bundes hört, [4]den ich euren Vorfahren an dem Tag geboten habe, als ich euch herausführte aus dem Land Ägypten, aus dem Eisenschmelzofen (מכור הברזל), und sprach: Hört auf meine Stimme und handelt nach allem, was ich euch gebiete. Dann werdet ihr mir zum Volk und ich werde für euch zum Gott.

In all diesen Belegen geht es um die Prüfung, Läuterung und Reinigung von Eisen und anderen Metallen in den Schmelzöfen. Jes 48,10 spricht mit Blick auf den Vorgang der Exilierung von einer Läuterung im Ofen des Elends (בחרתיך בכור עני).[934] Die Dimensionen der auch im Deutschen sprachlich parallelen metallurgischen und moralischen Läuterungen fallen in diesem Bild zusammen. In jedem Fall geht es um einen Veredlungsprozess.

Die Deutungsvorschläge für die Nennung des Eisenschmelzofens in Dtn 4 sind jedoch zahlreich, können aber auf zwei Grundmuster reduziert werden:

Gerade im englischsprachigen Raum wird besonders der Reinigungsprozess im Schmelzofen betont.[935] Auch Rose deutet das Bild in dieser Richtung, indem er

---

933 Ähnliche Phänomene werden in Prov 17,3; 27,21 und Jes 48,10 ausgedrückt, wobei hier von Öfen (כור) für Gold und Silber gesprochen wird. Im Ezechielbuch wird in einem Unheilswort das Zusammenwerfen von Metallen und die Bildung der unreinen Schlacke im „Schmelztiegel des göttlichen Zorns" (Greenberg, Ezechiel, 91) beschrieben. Somit ist nur der erste Prozess der Herstellung von reinen Metallen im Blick, die, wie in den Bildern in Prov und Jes vorausgesetzt, letztendlich in diesem Prozess gewonnen werden. Zur genaueren Untersuchung des in Ez 22,18 – 20 benutzten Bildes vgl. die ausführlichen Erläuterungen von Greenberg, a.a.O., 91–93. Ohne terminologische Überschneidung aber in der Sache parallel ist auch Mal 2,3.
934 Zum Bild Jhwhs als Schmelzer vgl. die Ausführungen zu Jes 48,10 bei Berges, Jesaja, 527 f.
935 Vgl. Mayes, NCC, 154, und Christensen, WBC, 89.

vom „Gesichtspunkt des Läuterungsprozesses"[936] spricht, der hier in das Bild der Sklavenarbeit eingebracht wird.

Häufiger findet sich die Gleichsetzung mit dem Sklavenhaus, da der Eisenofen und die damit verbundene Hitze mit schwerer Arbeit parallelisiert werden.[937] Vieweger weist zudem darauf hin, dass Eisenherstellung in Palästina Sklavenarbeit war.[938]

Die Deutung der moralischen Läuterung hat ihre Schwierigkeiten, da die Vorfahren Israels vor ihrer Einwanderung nach Ägypten nicht als sündiges Volk dargestellt werden. Als Chiffre für den Aufenthalt im Exil könnte das Bild benutzt werden, doch bleibt die Bildebene problematisch. Eine Gleichsetzung mit der Bezeichnung Ägyptens als Sklavenhaus muss erklären, warum Ägypten selbst der Eisenschmelzofen ist und Israel nicht von den Eisenschmelzöfen *in* Ägypten weggenommen wurde.

Weiterführend ist der Hinweis von Braulik, dass alle drei deuteronomistischen Belegstellen des Ausdrucks (also Dtn 4,20; 1 Kön 8,51 und Jer 11,4) auf den Beginn des Verhältnisses von Jhwh mit seinem Volk Israel Bezug nehmen.[939] So kann der Schmelzofen Ägypten als Ort der Vermischung von Nationen und Kulten charakterisieren (analog zu Ez 22,18 ff.). Dies wäre ein Konzept, das der modernen Bezeichnung New Yorks als *melting pot* nahe käme. Damit wird Israel – parallel zu den metallurgischen Läuterungsverfahren im Schmelzofen – durch die Herausnahme aus der Schmelze zum reinen Volk und damit erst zu Jhwhs Volk gemacht. Das Herausnehmen aus dem Eisenschmelzofen ist also ein Volkwerdungskonzept. Dabei wird Israel nicht erlöst (פדה, vgl. z. B. Dtn 9,26 aber auch der mit Dtn 4 verwandte deuteronomistische Text 2 Sam 7,23).[940] Es wird genommen und damit, wie es in 1 Kön 8,53 weiter heißt, von den Völkern geschieden (בדל). Herausnahme

---

936 Rose, ZBK 5,2, 497.
937 So neben anderen bei Steuernagel, HK 1.3,1, 67, und Lohfink, Verkündigung, 184. Vgl. auch Sir 38,28, wo die große Hitze und Mühe am Schmelzofen betont wird, die der Schmied bei seiner Arbeit aushalten muss. Weinfeld, AncB 5, 207 verweist zudem auf parallele Bemerkungen in ägyptischen Texten über die harte Arbeit des Schmieds.
938 Vgl. Vieweger, Eisenschmelzofen.
939 Vgl. Braulik, NEB 15, 43. Der Prozess, den er dabei in Bezug auf die verschiedenen Benennungen Israels aufzeigt, ist jedoch schon insofern etwas unsicher, da z. B. in Dtn 4,6–8 von Israel als גוי gesprochen wird. So führt er aus, dass Israel in Ägypten in der qualvollen Existenz eines גוי war und dann von Gott zum עם gemacht wurde, wobei es נחלה, also unveräußerlicher Erbbesitz, ist (vgl. 9,26.29).
940 Lohfink, Beobachtungen, 304, nivelliert diesen Unterschied, indem er ausführt: „Dtn 4,20 und 2Sam 7,23 sagen, Jahwe habe Israel aus Ägypten geführt, um es zu seinem Volk zu machen. Hierhin gehört auch der Sache nach 1Kön 8,53, wo nicht עם, sondern נחלה steht."

und Abtrennung stehen im Mittelpunkt der Verhältnisbestimmung von Israel und den Völkern.

Diese Deutung hat unmittelbare Auswirkungen auf die Interpretation des babylonischen Exils, dessen Verarbeitung im Hintergrund von Dtn 4 steht. Denn wenn die Veredelung durch den Schmelzofen, die das Reine und Wahre entstehen lässt, die vorherige Vermischung voraussetzt, so ändert dies die Assoziationen, die mit dem Aufenthalt unter einem anderen Volk verbunden werden. Nimmt man Ägypten hier als Parallele zu Babylonien, aus dessen Schmelzofen die ehemals Exilierten kamen, so wird der dortige Aufenthalt letztendlich zu einem Veredelungsprozess Israels und dabei folglich nur derer, die auch im Exil waren, stilisiert. In und aus der Kultvermischung der Diaspora kann es so zur neuen Volkwerdung kommen. Dass hiermit die Erfahrung des Exils und damit in der Fremde zu einem Grundpfeiler israelitischer Identitätskonstruktion gemacht wird, entspricht der Perspektive der Rückwanderer, die sich schon in Bezug auf die historisierenden Gebotseinleitungen und Dtn 7 als wegweisend herausgestellt hat.[941] In Dtn 4 scheint jedoch keine diesbezügliche Konfliktsituation mehr aktuell vorzuliegen. Vielmehr wird dem ganzen Volk das Exil in das kollektive Gedächtnis geschrieben, wie es analog bereits mit der Erinnerung an den Exodus aus Ägypten geschehen ist.

4. Die Fremde als Ort der Verbannung

Jhwh wird sein Volk Israel in die Verbannung schicken, weil es seinen Bund gebrochen hat. So beschreibt Dtn 4,28 – 31:

> [28]Und dort werdet ihr Göttern dienen, Machwerk von Menschenhänden, Holz und Stein, die nicht sehen, nicht hören, nicht essen und nicht riechen. [29]Und von dort aus werdet ihr Jhwh, deinen Gott, suchen und du wirst ihn finden, wenn du ihn von deinem ganzen Herzen und deiner ganzen Seele suchst. [30]Wenn du in Not bist und alle diese Dinge dich in späteren Tagen getroffen haben werden, dann wirst du zu Jhwh, deinem Gott, umkehren und auf seine Stimme hören. [31]Denn ein barmherziger Gott ist Jhwh, dein Gott. Er wird dich nicht verlassen und dich nicht verderben und er wird den Bund deiner Väter nicht vergessen, den er ihnen zugeschworen hat.

Israel wird zu den fremden Völkern weggeführt an einen Ort, an dem nicht Jhwh verehrt wird, sondern andere Götter (אלהים; pl.). Bei genauerem Hinsehen sind sie aber keine Götter, sondern von Menschen selbst gestaltete Werke aus Holz und Stein. Israel selbst soll solche Götzen jedoch nicht verehren, das Bilderverbot und die exklusive Verbindung mit Jhwh bilden die Stützpfeiler von Dtn 4. Unter den

---

941 Vgl. dazu die Ausführungen zum geforderten Umgang mit (vermeintlich) Fremden im Land in Kapitel 4.3.

Völkern ist die größte Gefahr der Bruch des Fremdgötter- und Bilderverbots, denn dort wird es Götzendienst geben.[942] Dabei wird der Grund zur Übernahme der fremden (Götzen-)Kulte nicht genannt. Es ist wohl eher unwahrscheinlich, dass Israel in der Fremde dazu gezwungen wird, die Götzen zu verehren, wie es Veijola vermutet.[943] Wahrscheinlicher ist doch, dass die Verlockung der anderen Kulte zu groß ist, wie es dem Argumentationsduktus des Deuteronomiums entspricht (vgl. die Verführung zum Abfall von Jhwh in Dtn 13).[944]

Die Völker, bei denen man nach Dtn 4 in Verbannung lebt, werden selbst nicht kritisiert und anders als in Dtn 30,7 wird ihnen auch kein Fluch, keine Rache angesagt. Israel soll sie wieder verlassen – hier geht es nicht um die Stärkung einer Diasporaperspektive wie in 1 Kön 8,22–53 –, doch nur Israels Bekehrung, nicht die Bestrafung der Völker wird erhofft.

In der Fremde und damit unter den Völkern, wird Israel sich nach Dtn 4 bekehren und zurück in das eigene Land kommen. Hier besteht der entscheidende Unterschied zu Dtn 30. Der Götzendienst führt nicht zum Tod. Nach ihm wird die Bekehrung zu Jhwh stattfinden (Dtn 4,28 f.). Er hat stattgefunden, aber nach der Bekehrung der Herzen zu Jhwh wird Israel leben. Damit wird Israels Aufenthalt unter den Völkern zwar nicht positiv gewertet, doch im Rückblick der nachexilischen Zeit wird die Zeit unter den Völkern in die von Höhen und Tiefen gekennzeichnete Heilsgeschichte Israels integriert.

Die in vier Etappen untersuchte Darstellung der Völker in Dtn 4 und die damit verbundenen Aspekte der Identitätskonstruktion Israels können nun zusammengefasst werden. In Dtn 4 zeigt sich die Tendenz, verschiedene theologische Traditionen und Motive Israels in ein Gesamtbild zusammenzuführen. Damit wirkt Dtn 4 kanonbildend. Am deutlichsten wird dies in Dtn 4,6–8. Hier sind es die Völker, die die Größe Israels anerkennen. Als Gründe hierfür werden sowohl das weise Gesetz als auch der Israel so nahe stehende Gott angeführt. Durch beides erweisen sie sich als einzigartig in der Völkerwelt. Damit werden zwei in israelitischer Theologie vertretene Grundlinien verbunden, wie sie sich in Dtn 30 und dem Tempelweihgebet in 1 Kön 8 niedergeschlagen haben. Die Völker tragen in ihrer Stellung als Außen-Stehende maßgeblich zur Identitätskonstruktion Israels

---

942 Nach Lohfink, Verkündigung, 185, ist das Verehren der anderen Götter Jhwhs Strafe für das Abfallen im Land. Hiermit soll also Gleiches mit Gleichem vergolten werden. Doch dies ist nicht unbedingt die Intention des Textes, der mit der Gefahr der Fremdgötter- bzw. Götzenverehrung im Ausland kämpft.
943 So bei Veijola, ATD 8,1, 108. Dies wird jedoch zum Problem und Thema im Daniel- und Estherbuch.
944 In dieser Weise Rose, ZBK 5,2, 499.

bei. Ihre Anerkennung Israels als großes Volk kann als performativer Akt gedeutet werden.

Die Aufnahme theologischer Perspektiven und die Positionierung zu den anderen Völkern zeigen sich auch in den Aussagen zur Schöpfung und Weltordnung in Dtn 4. Hier ist es Jhwh, der gerade die Gestirne als Verehrungsobjekte der anderen Völker erschaffen und ihnen zugeteilt hat. Damit wird ihr Kult dem israelitischen zwar untergeordnet, jedoch zugleich als schöpfungstheologisch gewollt in das Weltbild integriert. Jhwhs universale Macht wird so herausgestellt. Israel als besonderem Volk, das direkt mit dem Schöpfer aller Dinge verbunden ist, erwächst daraus die Aufgabe, nur diesen zu verehren. Eine Zuwendung zu anderen Göttern, die als Geschöpfe Jhwhs kategorisiert werden, würde die exklusive Gottesbeziehung zerstören.

Der Aufenthalt in der Fremde stellt eine Gefahr für Israel dar. Denn hier findet ein zu enger Kontakt mit anderen Kulten statt. Ihre Verehrungsobjekte hat Jhwh zwar den Völkern gegeben, sie sind jedoch Israels Gottesbeziehung zum einen unterlegen und eine Verehrung würde diese zum anderen sogar automatisch zerstören, wenn man sie sich aneignete. Wer zu Israel gehören will, muss an der Einzigkeit Jhwhs festhalten.

Die Vermischung mit den in der Fremde Lebenden, die zur Auflösung spezifischer israelitischer Identität führen könnte, ist jedoch gerade nicht der Endpunkt der Heilsgeschichte. Durch die Bekehrung Israels in der Fremde zu Jhwh und gerade aus der Vermischung, nimmt dieser sein Volk erneut an, sodass eine verbesserte Beziehung zwischen Israel und Jhwh beginnt. Von nun an wird Jhwh sein Volk nicht mehr verlassen.[945] Damit wird auch die schreckliche Erfahrung des Exils in die Heilsgeschichte Israels integriert.

4.5 Israel als Teil der Völkerwelt: Die „antiquarischen Notizen" (Dtn 2,10 – 12.20 – 23; 3,9.11)

Zum Abschluss des Kapitels zu den nachexilischen Erweiterungen des Deuteronomiums geht der Blick auf die jüngsten Ergänzungen des Buches. Die sogenannten antiquarischen Notizen in Dtn 2,10 – 12.20 – 23 und 3,9.11 sind insofern für die Thematik der Fremdendarstellung und Identitätskonstruktion aufschlussreich, als sich an ihnen einige Beobachtungen zur religiösen Polemik gegen

---

945 Nach V. 40, dem abschließenden Vers, wird Jhwh, solange Israel die Gebote wahrt, das Volk für alle Zeiten (כל־הימים) im Land leben lassen. Vgl. zu dieser Formulierung auch Rose, ZBK 5,2, 503.

Fremde festmachen lassen. Dabei sind nicht nur die Texte selbst hervorzuheben, sondern zudem die sich an ihnen festmachenden Auslegungen.

Die Passagen können zusammenhängend im gesamten Umfang zitiert werden, sodass die Argumentationsgrundlage vollständig offen liegt, da sie aufgrund ihrer glossarischen Natur auch ohne ihren Kontext der ersten Einleitungsrede verständlich sind. Jeweils ausgelöst von der Nennung einzelner geographischer Begriffe erfolgen folgende drei erklärende Zusätze:

Dtn 2,10 – 12:

[10]Die Emiter haben früher darin gewohnt, ein großes und zahlreiches und hochgewachsenes Volk wie die Enakiter. [11]Auch sie wurden für Riesen (Rephaiter) gehalten wie die Enakiter, die Moabiter nennen sie Emiter. [12]Und in Seir siedelten früher die Horiter und die Nachkommen Esaus nahmen sie in Besitz und rotteten sie aus und wohnten an ihrer statt dort, so wie es Israel mit seinem Landbesitz getan hat, den Jhwh ihnen gegeben hatte.

Dtn 2,20 – 23:

[20]Für ein Riesenland wird auch es gehalten. Riesen wohnten früher in ihm, die Ammoniter nennen sie Samsummiter. [21]Sie sind ein großes, zahlreiches und hochgewachsenes Volk wie die Enakiter, und Jhwh rottete sie vor ihnen aus und sie nahmen es in Besitz, und sie wohnten dort anstatt ihrer. [22]Genau so, wie er es getan hat für die Nachkommen Esaus, die in Seir wohnen, wo er die Horiter vor ihnen ausgerottet hat und sie es in Besitz nahmen und sie an ihrer statt dort wohnten, bis zu diesem Tag. [23]Und die Kaphtoriter, die aus Kaphtor wegzogen, rotteten die Awwiter aus, die in den Siedlungen bis Gaza wohnten und siedelten dort an ihrer Stelle.

Dtn 3,9.11:

[9]Die Sidonier nennen den Hermon Sirjon und die Amoriter nennen ihn Senir.

[11]Ja, nur Og, der König von Baschan, blieb übrig vom Rest der Riesen. Siehe, seine Ruhestätte,[946] eine Ruhestätte aus Eisen, ist sie nicht in Rabba bei den Ammonitern, neun Ellen ist ihre Länge und vier Ellen ihre Breite im Ellenmaß eines Menschen!?

Über die Abgrenzung und relative Datierung der Verse besteht in der Forschung weitgehend Einigkeit. Alle drei Bemerkungen sind strukturell eng miteinander verwandt. Von der ersten zur zweiten Notiz findet zwar eine Theologisierung statt, da nach 2,10 – 12 die Edomiter selber die Vorbevölkerung vernichtet haben, nach

---

946 Ob mit ערש ein Bett oder ein Sarg gemeint ist, wird in der Forschung immer wieder diskutiert. Johannes Taschner löst das Problem in seiner Übersetzung in der ‚Bibel in gerechter Sprache' elegant, indem er mit „Ruhestätte" übersetzt. Diese Variante wurde aus den gleichen Gründen auch hier gewählt.

2,20 – 23 aber Jhwh für die Edomiter agiert hat, doch kann dies durch das an vielen Stellen im Deuteronomium und gerade in Dtn 1– 3 vorkommende Zusammenspiel aus göttlichem Akteur und menschlichen Akteuren bei den Eroberungen erklärt werden. Alle drei Bemerkungen unterbrechen die jeweiligen Mose- bzw. Gottesreden. Gerade in Blick auf Dtn 2,10 – 12 ist die spätere Einfügung in einen bestehenden Erzählzusammenhang offensichtlich. So schließt Dtn 2,13 lückenlos an V. 9 an. Alle Notizen haben einen glossarischen Charakter und setzen die neutrale Perspektive eines Beobachters voraus, die dem Setting von Dtn 1– 3 nicht entspricht. Sie erweisen sich so als späte Einfügungen in den bereits bestehenden Kontext.[947]

Deutlich ist, dass die kurzen Passagen das ganze Geschehen der Landnahme von Israel ein Stück wegrücken und auf der Völkerebene situieren. Sie geben die geographischen Begriffe in verschiedenen Landessprachen wieder – das klingt so

---

[947] Vgl. schon Steuernagel, HK 1.3,1, 57. Seither kann die Heraustrennung der Verse (mit kleinen Abweichungen) als Konsens angesehen werden. Vgl. z. B. auch Nielsen, HAT 1,6, 36 f., der die antiquarischen Notizen für nachdtr Einträge hält. Perlitt hält Dtn 1,10 – 12.20 – 23 ebenfalls für antiquarische Notizen, die in einem sehr späten Stadium hinzugefügt wurden. Dabei sieht er die Notiz in V. 23 als Ausdruck eines „Bildungstriebs" an (Perlitt, BK V, 145 f.174 – 189, hier 146) und fasst ihre Funktion als „Vorzeit-Spekulationen" (178) zusammen. Gleiches gilt für 3,9.11 (frühperserzeitliche Glosse). Die Ergänzungen in Dtn 1 und 3 führt Perlitt auf den gleichen Ergänzer zurück (a.a.O., 239). Mittmann, Deuteronomium 1₁-6₃, 67, unterteilt die antiquarische Notiz in Dtn 2,10 – 12 literarkritisch noch weiter. Einen guten Forschungsüberblick gibt Heckl, Moses Vermächtnis, 262– 265.305 f. Hier diskutiert Heckl auch die Folgen, die eine Ausscheidung von Dtn 3,11 für V. 10 hätte, was ihn dazu bringt, V. 11 als Anschluss an V. 10 zu interpretieren und damit V. 9 – 11 als sekundäre literarisch einheitliche Ergänzung anzusehen (305 f.). Einen etwas anderen Weg geht Otto, Deuteronomiumsstudien I, 175 – 181.194 – 196. Er hält die antiquarischen Notizen für ein Produkt der nachexilischen nachdtr Hexateuchredaktion und ordnet sie, im Gegensatz zu den meisten anderen Exegeten, die für die Notizen einen Verfasser annehmen, der nur sie ergänzt hat, einer breiteren Redaktionsschicht zu. Den deutlichen Stilwechsel zum Kontext erklärt Otto dadurch, dass die Verfasser der Hexateuchredaktion hier als „Buchautoren" sprächen, um den großen Abstand zwischen der Erzählzeit und der erzählten Zeit zum Ausdruck zu bringen. Vgl. zu Ottos Perspektive auf die antiquarischen Notizen auch Ders., HThKAT, 432– 437. Die Unterschiede legen es jedoch näher, hier verschiedene Hände am Werk zu sehen. Da die Notizen den Kontext bereits voraussetzen und auch in dem perserzeitlich zu datierenden Abschnitt Dtn 9,1– 6, der die anderen Motive zur Größe Israels zusammenführt, sprachlich nicht aufgenommen werden, und auf Grund ihrer glossarischen Natur legt sich eine späte nachexilische Datierung an das Ende der Redaktionsgeschichte des Deuteronomiums nahe. Aufgrund der relativen Chronologie der ersten Einleitungsrede ist deshalb auch eine Datierung ins 7. Jh. v.Chr., wie Lindquist, King, 692, sie zumindest für die Notiz von Ogs Bett in Dtn 3,11 vorschlägt, nicht schlüssig. Insofern wird auch der von ihr vorgeschlagenen Deutung auf eine hier reflektierte Auseinandersetzung mit den Assyrern oder Babyloniern der Boden entzogen, die in zumindest fortgeschrittener persischer Zeit zunehmend unplausibel wird.

weltmännisch wie der berühmte Beginn von Caesars Gallischem Krieg – und sie kümmern sich um die Vorbevölkerung Ammons und Moabs. Primär hat Israel mit den hier erwähnten Völkern der Vorzeit nichts zu tun. Interessanterweise gibt es innerhalb dieser Passagen auch an keiner Stelle die sonst so gängige Apposition zu Jhwh ‚unser Gott‘ oder ‚dein Gott‘.[948] Der Gott Israels hat auch dessen Nachbarn in Vorzeiten ihr Land gegeben und es von riesenhaften Vorbewohnern befreit. Seine Wirkmächtigkeit bezieht sich folglich auf einen großen Einflussbereich. Dabei werden die Landesgötter der Nachbarn gar nicht erwähnt. Es handelt sich nicht um eine religiöse Auseinandersetzung mit den Göttern der Umwelt, wie sie sich beispielsweise in der monotheistischen Perspektive der Götzenkritik Deuterojesajas findet. Die alleinige Wirkmächtigkeit des Gottes Israels in der Geschichte wird bereits vorausgesetzt. Durch die Erwähnung der Vorgeschichte der anderen Nachbarvölker wird Israel dabei mit ihnen parallelisiert und in eine globale Perspektive gerückt.[949]

Exkurs 4: Der Charakter der Vorbevölkerung

Die kurzen Passagen geben keinen Grund an, warum Israels Nachbarn in der Vorzeit ihr Land bekommen haben und damit deren Vorbewohner ausgelöscht wurden. Doch machen sich gerade an dieser Leerstelle breite Interpretationen in der gegenwärtigen Forschung fest. Liest man Teile der Sekundärliteratur, so wird, um den Untertitel von Houtmans Veröffentlichung aufzunehmen, „Sinn und Absicht der Beschreibung ihrer Identität und ihres Charakters" betont. Zunächst zeigt Houtman auf, dass es sich nicht um Geschichtsschreibung handelt: „Die Information über die ursprünglichen Bewohner des Israel zugesagten Landes und die ursprünglichen Bewohner der von Israels Nachbarn bewohnten Gebiete macht einen gelehrten Eindruck, ist aber, wie es den Anschein hat, ohne historischen Wert im Hinblick auf die Geschichte des vorisraelitischen Palästina."[950] Hübner beschreibt sie als „Zeugnisse des Halb- und Unwissens"[951] und Perlitt hält fest: „Da sie keine Geschichte(n) zu erzählen haben, ‚erklären‘ sie unablässig Unbekanntes mit Un-

---

948 Dies ist insofern auffällig und bedeutend, da es im Deuteronomium insgesamt 212-mal den Ausdruck ‚Jhwh, dein Gott‘ gibt, dazu noch 40-mal den Ausdruck im Plural, sodass etwa 80 % der Belegstellen des Ausdrucks im Deuteronomium zu finden sind.

949 Veijola, ATD 8,1, 53, gibt die Funktion der antiquarischen Notizen so auch treffend an: „Sie vertiefen und erweitern die internationale Perspektive, die in den Edom- und Moab-Erweiterungen bereits implizit vorhanden war, indem sie Israel in das Konzert der Völker eintreten lassen, die ähnlich wie Israel ihre eigene Geschichte und ihr eigenes, von Jahwe zugewiesenes Territorium bewohnen. Damit tritt Jahwe als Weltgott und Israel als Volk unter den Völkern auf." Dabei hält er, a.a.O., 66 f., Dtn 2,23 für sekundär zu den anderen Notizen. Ein ganz anderes Bild zeichnen Texte wie Ri 11,24, in denen Jhwh und Kamosch jeweils für ihre eigenen Völker Siedlungsgebiete bereitstellen bzw. erobern.

950 Houtman, Bewohner, 62.

951 Hübner, Og, 90.

bekanntem: ein ,gelehrtes' Spiel mit Wörtern ohne jede Anschauung."[952] Bis zu diesem Punkt deckt sich dies mit der auch in dieser Studie vorgenommenen Einschätzung zum historischen Aussagewert der Passagen, wobei aus heutiger Sicht schwierig zu beurteilen ist, was den damaligen Hörern und Lesern bekannt gewesen sein mag.

Entscheidend für Houtman und im Anschluss daran – und noch pointierter – für Zehnder ist jedoch der *verwerfliche Charakter*, der den Völkern anhaftet, und damit die Begründung für ihre Ausrottung. Zehnder bezeichnet sie als „gräuliche Monster, die so verwerflich sind, dass sie nichts anderes als die Ausrottung verdienen."[953] Dieses Bild pauschalisiert er dann für die Kanaanäer als solche.[954] Im Blick auf Dtn 1,28 und 9,1 fügt er hinzu: „Die Befestigung bis zum Himmel erinnert an den Turmbau zu Babel und unterstreicht die Gottlosigkeit der Kanaanäer." In Bezug auf Dtn 9 ist Zehnder zuzustimmen, denn diese Passage geht deutlich von der Sündhaftigkeit der Vorbewohner aus, wie bereits festgestellt wurde.[955] Doch hebt sich Dtn 9 theologisch und terminologisch von Dtn 1–3 im Allgemeinen und auch von den antiquarischen Notizen im Besonderen deutlich ab.[956] Die Funktion der Betonung der Frevelhaftigkeit der Völker liegt in Dtn 9,1–6 darin, Israels eigene Arroganz zu unterbinden, die nach diesem Kommentator ihre eigene Gerechtigkeit zu hoch hängen. Abgestraft wird die Position, man könne aus dem Landbesitz die eigene Untadeligkeit ablesen.

Doch ist dies nicht auf Dtn 1–3 und besonders nicht auf die antiquarischen Notizen zu übertragen, in denen Israel selbst nicht einmal erwähnt wird, wenn es um die Vertreibung der Vorbevölkerung geht. Zudem gibt es keinerlei Hinweis auf die Taten der Riesen. Houtman sieht in seiner Deutung jedoch eine Verbindung zu Gen 6,1–4 und parallelisiert die Refaim mit den Göttersöhnen und sieht darin einen Grund für ihre Vertreibung:[957] „Derartige Figuren werden nur in einem ,vorsintflutliche[n]' Klima ungezügelter Gottlosigkeit toleriert. Ihre bloße Gegenwart legitimiert bereits die Liquidierung der Landesbewohner",[958] sodass „ihre Art und ihr Charakter ihre Liquidierung rechtfertige".[959] Diese Aussage ist nicht nur wegen ihrer Formulierung problematisch, die eine *Rechtfertigung* für das Auslöschen von Menschen für möglich hält. Zudem – und das ist zu unterstreichen – ist eine so interpretatorisch folgenreiche Schlussfolgerung nicht genügend durch die Texte selbst gestützt.

---

952 Perlitt, BK V, 178.

953 Zehnder, Umgang, 393f. Vgl. Houtman, Bewohner, 55.

954 Vgl. Zehnder, Umgang, 393f.

955 Vgl. dazu die Ausführungen zu Dtn 9,1–6 in Kapitel 4.4.1 (248–253). Auch Rüterswörden, NSK.AT 4, 36, verweist auf die Schuld der Völker und damit die völkerrechtlich einwandfreie Übernahme der Gebiete in Dtn 1–3, wobei er jedoch Dtn 12,31 als Beleg hinzuzieht.

956 Terminologische Unterschiede zu Dtn 1–3 bestehen z. B. in Dtn 9,4. Das Verb הדף kommt nur in Dtn 6,19 und nicht bei den Parallelen in Dtn 1–3 vor. Das Stichwort הגוים האלה ist ebenfalls in Dtn 1–3 nicht vorhanden und typisch für Dtn 7 und die davon abhängigen Passagen (in den historisierenden Gebotseinleitungen und dem Einschub ins Kriegsgesetz). Das Stichwort רשעה ist neben dem juridischen Kontext in Dtn 25,2 ausschließlich in Dtn 9,4f. belegt. Auch die Bezeichnung der Enakiter entspricht zwar der in Dtn 1,28, aber nicht der in Dtn 2. Vgl. dazu den Abschnitt 4.4.1 (248–253) zu Dtn 9,1–6.

957 Die Verbindung bezieht sich auf die Bezeichnung der Enakiter als רפאים in Dtn 2,11 (wie Og in 3,11) und als נפילים in Num 13,33, eine Bezeichnung, die auch in Gen 6,4 benutzt wird.

958 Houtman, Bewohner, 57f.

959 Houtman, Bewohner, 59.

Ähnliches gilt auch bezüglich der Auseinandersetzung um die Ruhestätte Ogs, des letzten Königs der Refaim. In Dtn 3,11 heißt es, wie bereits zitiert:

> [11]Ja, nur Og, der König von Baschan, blieb übrig vom Rest der Riesen. Siehe, seine Ruhestätte, eine Ruhestätte aus Eisen, ist sie nicht in Rabba bei den Ammonitern, neun Ellen ist ihre Länge und vier Ellen ihre Breite im Ellenmaß eines Menschen?!

Weitere Informationen gibt die Notiz nicht. Bei der Ruhestätte handelt es sich, fragt man nach realen Anknüpfungspunkten, wohl um einen Dolmen aus eisenhaltigem Basaltstein, ein Überbleibsel megalithischer Kultur[960] oder, wenn man Parallelen in Ugarit stark macht, ein Ort der Ahnenverehrung, an den sich Legenden anlehnen.[961] Die Funktion der Nennung des riesengroßen Bettes oder Sarges liegt wiederum in der Illustration und der Unterstreichung des Erstaunens der israelitischen Verfasser über die Größe des legendären Königs und damit über die Macht Gottes, die ihn und sein Volk besiegte.[962] Ulrich Hübner[963] jedoch verbindet das eiserne[964] Bett mit der Kultprostitution und dem gleichgroßen Bett Marduks im Bett-Haus am Etemenanki in Babylon (dem Zikkurat-Tempel, der bis in den Himmel ragt).[965] Da zudem Og als Refaim vom Totengeist zum König degradiert[966] worden sei, komme es zu einer „religionspolemischen Degradierung und

---

960 Vgl. z. B. Veijola, ATD 8,1, 80 f., der auch die Diskussion referiert.

961 Die genaue Identifikation bleibt unklar. Da es jedoch vor allem darum geht, dass es ein sehr großes Bett (oder ein sehr großer Sarg) war und somit auch ein sehr großer König, an dem sich Jhwhs Macht erwiesen hat, kann die genaue Beschaffenheit des Bettes oder Sarges für diesen Zweck offen bleiben. Millard, King, bes. 485–489, votiert für ein Bett, das mit Eisenbeschlägen besetzt war.

962 So auch Veijola, ATD 8,1, 79.

963 Vgl. Hübner, Og.

964 Die Deutung einer eisenhaltigen Gesteinsschicht weist Hübner, Og, 87, entschieden zurück, da ברזל „(verarbeitetes) Erz oder Metall" meine. Dies wird jedoch m. E. überzeugend von Veijola, ATD 8,1, 80, mit dem Hinweis auf Dtn 8,9 und Hi 28,2 widerlegt.

965 Lindquist, King, bes. 484–488, sieht ebenfalls eine Anspielung auf das Bett Marduks. In der Anspielung an die ugaritischen *rpʾu* als göttlich-königliche Wesen sieht sie jedoch gerade eine Aufwertung des Königs Og (vgl. a.a.O., 491, mit weiterer Literatur), sodass der kriegerische Erfolg Jhwhs zusätzlich unterstützt wird. Dabei verweist sie auf die Praxis, königliche Betten als Beutegut von Eroberungen mitzunehmen, wobei sie unterstreicht, dass Betten Luxusware sind (484) und dass auch das Eisen durch seine Stärke positiv konnotiert ist (487 f.; vgl. auch Millard, King, 487 f.). Den Einwand, dass das Bett sich ja gerade nicht in israelitischem Besitz befindet, sondern in Rabba steht, versucht sie dadurch zu entkräften, dass dadurch Jhwhs Macht noch weiter unterstrichen werde, da er das Bett dort für Jahrhunderte fest verortet habe (Lindquist, King, 486 f.). Sie sieht hier weniger eine kultische Auseinandersetzung als eine politische: „Just as Deuteronomy's imitation of Esarhaddon's vassal treaty in its covenant formula can be understood as an act of political subversion, implying that the citizens of Judah refuse to submit to Assyrian rulers but rather swear to heed the authority of Yhwh alone, so too this allusion to a well-known symbol of Assyrian subjugation may have been an attempt to assert Judah's political autonomy." (486).

966 Der Terminus „Degradierung" sollte hierbei mit Vorsicht verwendet werden. In Ugarit sind die Refaim die Totengeister der verstorbenen Könige. Beide Begriffe können hier sogar synonym

Profanisierung Ogs". Hübner schließt: „Zusammenfassend läßt sich sagen, daß das Bett Ogs aller Wahrscheinlichkeit nach nichts anderes ist als die in eine rhetorische Suggestivfrage gekleidete spätisraelitische Rückprojektion neobabylonischen Tempelinventars in die vorammonitische Zeit und zugleich eine versteckte antibabylonische und antiammonitische Religionspolemik gegen ein angebliches kultprostitutionelles Treiben Ogs und seiner ammonitischen Erben."[967] Die Argumentationskette ist jedoch nicht zwingend, da die Maße des Betts Marduks in den babylonischen Texten variieren[968] und es zudem nicht eisern ist, eine direkte Assoziation also weniger plausibel wird.[969] Ob mit der Ruhestätte ein Bett oder nicht eher ein Sarg, wie es die meisten Ausleger annehmen, gemeint ist, ist umstritten und die historische Realität von Kultprostitution steht noch einmal auf einem anderen Blatt.[970] Problematisch ist hier wie bei der ganzen Diskussion um die

---

benutzt werden. Vgl. zur engen Verknüpfung mit dem Königtum nur KTU 1.15 und 20 – 22 sowie 1.108.

967 Hübner, Og, 92. Diese religionspolemische Deutung bezeichnet Lindquist, King, 486 Anm. 26, als „far-fetched", auch wenn sie der Parallelisierung mit Marduks Bett, auf der Hübners Argumentation fußt, folgt und sie weiter ausbaut, wie oben in Anm. 965 dargestellt.

968 Vgl. Veijola, ATD 8,1, 78 – 81. Dies wird jedoch von Lindquist, King, 480 Anm. 12, kritisch hinterfragt.

969 Vgl. Veijola, ATD 8,1, 78 – 81.

970 Die Frage, ob es in Israel und auch in seiner Umwelt das Phänomen der Kultprostitution gab, wird heute weit weniger eindeutig positiv beantwortet als in den ersten zwei Dritteln des 20. Jh. Vgl. dazu Wacker, Kultprostitution, die sich forschungsgeschichtlich dem Umgang mit Tempelprostitution widmet und die Belegstellen der Qedeschen im Alten Testament genauer untersucht, sowie Stark, Kultprostitution. Diese Studie setzt sich umfassend mit dem Motiv der Kultprostitution in Israel und auch im Vergleich zur israelitischen Umwelt auseinander und kommt zu dem Ergebnis, dass für Israel keine kultische Prostitution nachzuweisen sei. Die Verbindung zwischen קדשׁה und זנה z. B. in Gen 38 führt sie auf eine spätere polemische Diffamierung der Qedeschen zurück, die den sexuellen Aspekt überbetont. Vieles hängt bei der Frage nach Kultprostitution an den Übersetzungen und Beurteilungen der mesopotamischen Parallelen (und Herodots Frauendarstellung in Hdt. 1,199). Innerbiblisch sind besonders die Figuren der männlichen und weiblichen Qedeschen umstritten, die früher als Tempel-/ Kultprostituierte gedeutet wurden. Es wird immer mehr zu einem Deutungskonsens, dass sie Aufgaben im Bereich des Kultes und Heiligtums hatten, die aber nicht zwangsläufig mit sexuellem Dienst verbunden waren. Albertz, Religionsgeschichte, 134 f. mit Anm. 117 und 271, warnt vor einer Verbindung mit dem Brauch der Heiligen Hochzeit und definiert die Qedeschen als „Frauen, die sich zu untergeordneten Diensten dem Tempel geweiht hatten und von denen u. a. sexuelle Dienste zugunsten des Heiligtums verlangt wurden, die aber keine kultische Funktion hatten." (271 Anm. 113). Zudem kann, wenn von sexuellen Verbindungen ausgegangen wird, dies nicht mit einem rituellen / heiligen Akt vorschnell gleichgesetzt werden, diente die Prostitution doch auch der Sicherung des materiellen Einkommens. Der Zusammenhang zwischen Qedeschen und Prostituierten legt sich durch die Verbindung mit bzw. die parallele Bezeichnung als זנה nahe (vgl. Gen 38; zu den in dieser Auslegung enthaltenen Implikationen vgl. Ebach, Genesis 37– 50, 138 f.). Für den Zusammenhang mit der attestierten Religionspolemik gegenüber den vorammonitischen Vorfahren in den antiquarischen Notizen ist zwar nicht nur nach der Realhistorie zu fragen, sondern auch nach der Geschichte der unterstellten Vorurteile, doch wird der

riesenartigen Vorbewohner die Tendenz, mit Hilfe zahlreicher Nebenannahmen kultkritische Tendenzen in die Texte hineinzulesen. Dies überfrachtet die Texte und setzt eine religionspolemische Abwehr voraus, die sich sonst in Dtn 1–3 nicht findet. In den antiquarischen Notizen ist keine (religiöse) Schuldhaftigkeit der Völker zu erkennen, auf die ihre Ausrottung rückzuführen wäre.

Bei der Darstellung der Völker in den antiquarischen Notizen sind, so lässt sich festhalten, positive wie negative Ergebnisse aufschlussreich. So konnte gezeigt werden, dass diese kurzen glossarischen Texte, die in fortgeschrittener nachexilischer Zeit Teil des Deuteronomiums wurden, die Darstellung der riesenhaften Völker nutzen, um die Wirkmächtigkeit Jhwhs aufzuzeigen. Es ist Jhwh, der nicht nur die Geschichte Israels, sondern auch die der anderen Völker lenkt. Die Heilsgeschichte der Welt ist nicht nur mit der Geschichte Israels verbunden. Der Gedanke der universalen Lenkung der Welt macht sich in den antiquarischen Notizen an der Vorgeschichte von Israels Nachbarn fest. Durch die Fokussierung auf diese und ihre Vorbevölkerung und damit die Abrückung von Israel zeigt sich hier eine Perspektive, die Israel als Teil der Völkerwelt darstellt. Konflikte mit den zeitgenössischen Nachbarn sind nicht im Blick. Auch sie haben ein Recht auf ihr Gebiet, das ihnen von Jhwh zugeteilt worden ist. Ihr Besitz wird damit aus der israelitischen Perspektive gerade ins Recht gesetzt.

Zugleich ist festzuhalten, was die Texte nicht berichten: Sie begründen Jhwhs Handeln nicht durch die Beschaffenheit der Völker, denen die verschiedenen Gebiete zuvor gehörten. Sie haben nicht durch ihren Charakter oder ihre Taten ihren Gebietsverlust oder gar ihre Vernichtung ausgelöst. Wichtig ist nur, dass Jhwhs Handeln an ihnen seine eigene Stärke untermalt. Der Gott Israels, der hier der Gott der ganzen Welt ist, kann sogar riesenhafte Völker besiegen, wenn er in der Weltgeschichte anderes vorgesehen hatte.

4.6 Die Entwicklung der Fremden- und Selbstsicht in nachexilischer Zeit: Abgrenzung und Weltoffenheit

Schon die Fülle der in diesem Kapitel besprochenen Passagen des Deuteronomiums, die in persischer Zeit entstanden sind und sich mit den Komplexen Fremdheit und Eigendarstellung des Volkes auseinandersetzen, zeigt, dass gerade in nachexilischer Zeit eine entscheidende Umbruchphase der israelitischen Identitätskonstruktion zu erkennen ist. Wieder im vormals eigenen Land versu-

---

Deutung Hübners durch die verstärkt kritische Forschung bzgl. der Tempelprostitution zunehmend die Argumentationsgrundlage entzogen.

chen die deuteronomistischen Verfasser(kreise) ihre in der Exilszeit entwickelten theologischen Grundlinien zu bewahren und an die neuen Umstände anzupassen. Dabei konnte gezeigt werden, dass die Annahme einer Verbindung der in den Texten dargestellten Konfliktsituation mit den kanaanäischen Völkern und damit den Fremden im eigenen Land und der Perspektive der Rückkehrer auf die Daheimgebliebenen als ein entscheidender Schlüssel zum Verständnis der nachexilischen deuteronomistischen Grenzziehung um die als Israel definierte Gruppe plausibel gemacht werden kann.

Zwei grundlegende Hauptlinien lassen sich für die so unterschiedlichen nachexilischen Passagen nachzeichnen, die an die Entwicklungen während der Zeit im babylonischen Exil anschließen:

Auf der einen Seite wird das mit Dtn 5 – 11* und dem Dekalog im Speziellen verbundene Motiv der Apostasiegefahr aufgegriffen, das vor den anderen Göttern, anderen Völkern und der Übernahme ihrer Kulte durch die Israeliten warnt. In nachexilischer Zeit wird diese abgrenzende Tendenz, die die Kultreinheit zum Ziel hat, vermehrt auf die Völker bezogen, die im Verheißungsland selbst leben. Durch die in den Texten geforderte Abkehr von den kanaanäischen Völkern, die zumeist kurz als הגוים האלה bezeichnet werden, wird Stellung zu einem frühnachexilischen Konflikt genommen. Denn diese Völker im Land stehen für jene, die die aus dem Exil zurückkehrenden Israelitinnen und Israeliten im vormals eigenen Land vorfinden. Dies sind Menschen, die während der Zeit des babylonischen Exils in Israel geblieben waren oder inzwischen dort angesiedelt wurden. Indem diese nun aus der Perspektive der Rückkehrer mit der kanaanäischen Vorbevölkerung gleichgesetzt werden, wird eine Gruppe als fremd konstruiert, die sich selbst als Israel bezeichnen würde. Dieser Konflikt wurde letztlich durch die Neukonstruktionsprozesse israelitischer Identität durch die deuteronomistischen Theologen im Exil erzeugt. Die Betonung, dass Israel außerhalb des eigenen Landes zum Volk Jhwhs wurde und am Horeb – und damit wiederum in der Fremde – das grundlegende Gesetz bekam, unterstützt die Perspektive der Rückkehrer, die sich als wahres Israel begreifen.[971] Somit gilt es, sich von den anderen, den Völkern im Land, radikal abzugrenzen, um die Übernahme ihrer als Gräueltaten stilisierten Bräuche zu vermeiden. Fiele Israel in diese religiösen Bahnen zurück, so würde die theologische Entwicklung im Exil negiert. Anhand des sukzessiven Wachstums von Dtn 7 konnte der in Israel schwelende Konflikt aufgezeichnet werden. Durch die Einfügung der Texte, die eine kultische Gefahr durch diese im Land

---

971 Die Funktion der außerhalb Israel situierten Gründungserzählungen wird im folgenden Kapitel 5 noch einmal genauer in den Blick genommen.

lebenden Fremden betonen (Dtn 7,4 f.16aβ.b.25 f; 12,2 – 7; 12,29 – 31; 13,13 – 18; 18,9 – 22; 20,15 – 18), bekam das entstehende Deuteronomium seine radikalste Prägung. Dreierlei ist dabei bemerkenswert. Zum einen handelt es sich um eine bestimmte Gruppe Fremder und keine generelle fremdenfeindliche Perspektive. Zum zweiten konnte gezeigt werden, dass es sich bei diesen vermeintlich Fremden ebenfalls um Israeliten handelte, die als fremd konstruiert wurden. Darum wurden auch ihre Kulte, die zum israelitisch-kanaanäischen Allgemeingut gehörten, als fremd und zu verachten dargestellt (vgl. im Besonderen das Prophetengesetz in Dtn 18,9 – 22). Zum dritten ist diesen distinktiven Texten gemein, dass sie letztlich vor der Gefahr für das eigene Volk warnen. Eine Veränderung der theologisch-kultischen Grundpositionen und besonders eine Abkehr von den Grundlagen des deuteronomischen Gesetzes würde die neu konstituierte Gottesbeziehung aufs Spiel setzen. So werden Propheten und auch ein möglicher König dem Gesetz selbst unterstellt.

Auch sprachlich lässt sich die Fokussierung auf das Eigene deutlich machen. Konzeptionen wie der Bann (חרם) werden nicht in ihrer Notwendigkeit der Vollstreckung gegenüber Nichtisraeliten unterstrichen, sondern gegenüber jenen, die innerhalb der als Israel angesprochenen Gruppe abweichen (vgl. bes. Dtn 13,13 – 18; 7,25 f.). Am Ende der Entwicklung dieses Motivs steht zum einen das Königsgesetz (Dtn 17,14 – 20), das bereits von den harten Abgrenzungslinien, wie sie zuvor beschrieben wurden, abweicht, indem die Übernahme der Königstradition der Israel umgebenden Völker erlaubt wird. Dabei wird der König selbst jedoch zum Studium der Tora erwählt und zugleich dieser unterstellt. Zum anderen schließt sich ein Völkerverständnis wie in dem singulären Text Dtn 9,1 – 6 an, der die alten Traditionen der Eroberung der Völker durch Israel aufnimmt, diesen Erfolg jedoch im Gegensatz zum übrigen Deuteronomium von Israels eigener Gerechtigkeit löst und auf die Missetaten der Völker bezieht. Hier sind die Völker instrumentalisiert, um einer Selbstüberschätzung Israels vorzubeugen.

Neben diesen Tendenzen der Abgrenzung vom Fremden gibt es auf der anderen Seite die offenere Linie, die die Völker in der Vergleichs- und Beobachtungsperspektive situiert. Diese Perspektivierung entsteht in exilischer Zeit in Dtn 1 – 3* und im weiteren Zuge der mit Otto als Moabredaktion bezeichneten Texte. Hier erfüllen die Fremden eine starke Funktion als Spiegel und Folie für Israel. Israel selbst wird die Verantwortung für die eigene Geschichte übertragen. Nur durch Gehorsam Jhwh gegenüber kann die Landnahme und das Bleiben im Land gelingen. Wenn Israel stolpert, so liegt es am eigenen Versagen und nicht, wie in der Darstellung von Dtn 7,16b.25 f., an den anderen Völkern, die zum Fallstrick für Israel geworden sind. Die Situierung Israels als Teil der Völkerwelt wird in nachexilischer Zeit deutlich verstärkt. Die Fremden erscheinen hier als Beurteiler der Situation und Geschichte Israels. Dabei können sie Fehlurteile abgeben wie in

Dtn 9,28 und 32,26 f. befürchtet, jedoch auch richtig liegen, wie in Dtn 29,21–28 herausgestellt wird. In dieser Passage haben die Völker, die in ihrer Außenperspektive mit den noch kommenden Nachfahren Israels gleichgesetzt werden, erstaunliche Kenntnisse der (Religions-)Geschichte Israels. Aus diesem Blickwinkel können sie objektiv die Geschehnisse in Israel deuten. Im literarisch einheitlichen spätnachexilischen Text Dtn 4 ist diese Perspektive vollends entwickelt. Indem die Völker die Größe Israels in Form seiner engen Gottesbeziehung und ihres weisen Gesetzes anerkennen, wird Israel zum großen Volk (vgl. Dtn 4,6–8). Durch den performativen Sprechakt der Völker wird letztlich die heilsvolle Mehrungsverheißung in neuer Dimension erfüllt. Hier erfolgt also nicht nur eine Darstellung der eigenen Identitätsgrundmuster auf der Folie des Fremden, das Eigene wird sogar direkt durch den Blick des Fremden konstituiert. Dies impliziert die Wertschätzung der anderen Völker.

Ein weiterer Aspekt in Dtn 4 ist zu unterstreichen. Indem Jhwh als einziger Herr der Welt angesehen wird und die anderen Götter oder vergöttlichten Objekte der Völker letztlich nur seine Geschöpfe sind (vgl. besonders Dtn 4,15–20), wird die Vorstellung der Erwählung Israels aus den Völkern prägnant (vgl. auch Dtn 7,7–11). Mit Texten wie Dtn 4 und 10,12–22 ist zudem eine literarhistorische Entwicklungsstufe erreicht, die sich nicht nur durch harmonisierende Tendenzen den Fremden gegenüber auszeichnet, sondern auch durch eine ebensolche Tendenz in Bezug auf den entstandenen und sich weiter entwickelnden Pentateuch. So beschreibt Dtn 10,22 die Verheißung, dass Israel zu einem Volk werden wird, das so zahlreich wie die Sterne ist (vgl. Gen 15,5; 22,17; 26,4), als erfüllt. Dtn 4 nimmt Motive des priester(schrift)lichen Schöpfungsberichts auf und integriert sie so in die deuteronomistische Theologie. Zudem wird ein Ausgleich zwischen den Horeb- und Sinaitraditionen geschaffen. Darüber hinaus bemühen sich die Verfasser von Dtn 4, weitere bestehende theologische Konflikte zu lösen. So wird die Auseinandersetzung um die Rolle des Gesetzes und des Gebets aufgenommen, die sich im Verhältnis von Dtn 30 und dem Tempelweihgebet in 1 Kön 8 zeigt, und durch die Wertung der Völker, dass beide Aspekte Israels das Volk zu einem wahrlich großen Volk machen, gelöst.

Den redaktionsgeschichtlichen Endpunkt dieser Entwicklung in Richtung einer Universalisierung des göttlichen Einflussbereiches bilden die glossarischen antiquarischen Notizen in Dtn 2,10–12.20–23; 3,9.11. In ihnen ist das gesamte Weltgeschehen vollends von Jhwh allein abhängig. In diesen Passagen, in denen Israel selbst nicht einmal genannt wird und Israels Nachbarn und deren Vorbevölkerung in den Blick rücken, verteilt Jhwh alle Territorien und damit auch jene außerhalb des Verheißungslandes.

Schaut man nach diesem Überblick noch einmal auf die beiden begrifflich eingeführten Gruppen von Fremden, so fällt auf, dass sich seit vorexilischer Zeit wenig Grundlegendes geändert hat. Der נכרי bleibt ein außerhalb Israels stehender Mensch, der vom israelitischen Sozialsystem ausgeschlossen, jedoch nicht negativ konnotiert ist (vgl. Dtn 17,15). Auch die soziale Gesetzgebung dem גר gegenüber wird nicht verändert. Der גר bleibt ein schützenswertes Objekt, das Israel zugeordnet ist. Er ist – als *imitatio dei* – zu lieben und zu versorgen (Dtn 10,12–22). Eine vorsichtige Entwicklung hin zu einer Stellung als Proselyt ist in Dtn 31,12 angedeutet. Durch die Miteinbeziehung in den Bund und durch die Annahme des Gesetzes kann der גר in das israelitische Volk integriert werden. So hat er, wie die anderen, als aktive Aufgabe die Erlernung und Erfüllung des Gesetzes.

5 Israel als Jhwhs Volk – Ein Geschehen in der Fremde

Israel ist Jhwhs Volk – Jhwh ist Israels Gott. Diese Kernaussage des Deuteronomiums erscheint auf den ersten Blick losgelöst von Auseinandersetzungen mit Fremden zu sein. Doch ist die Erwählung Israels durch Jhwh eng mit dem und den Fremden verbunden. So ist die Annahme Israels als Volk zugleich eine Trennung Israels von den Völkern, wie der nächste Abschnitt (Kapitel 5.1) verdeutlichen wird. Darüber hinaus ist auch der Ort der Volkwerdung Israels zu betonen. In Ägypten und am Horeb oder in den Gefilden Moabs und damit außerhalb des Verheißungslandes in der Fremde wird Israel nach dem Deuteronomium zu Jhwhs Volk. Die Funktion der Verortung der Ursprungserzählung in die Fremde wird darum noch einmal separat betrachtet (Kapitel 5.2).[972]

5.1 Die Trennung Israels von den Völkern und die Liebe Jhwhs

Im Deuteronomium erhält Israel als Volk Jhwhs drei Attribute: Es ist sein Erbvolk (עם נחלה), ein heiliges Volk (עם קדוש) und Jhwhs Eigentumsvolk (עם סגלה).[973] Die Bezeichnung Israels als עם נחלה erfolgt in Dtn 4,20, die Vorstellung, Israel sei das Erbteil Jhwhs, ist jedoch über das Deuteronomium hinaus verbreitet (Dtn 9,26.29; 32,9; vgl. 1 Kön 8,51; Ps 33,12; 78,71; Jes 19,25; Joel 4,2 u.ö.). Die beiden anderen Ausdrücke zeugen von einem spezifischen Sprachgebrauch des Deuteronomiums. So wird Israel nur in Dtn 7,6; 14,2.21; 26,19; 28,9 als heiliges Volk (עם קדוש) bezeichnet.[974] Die Nennung Israels als Eigentumsvolk Jhwhs (עם סגלה) findet sich nur in Dtn 7,6; 14,2; 26,18.[975] Beide Bezeichnungen kommen also in den drei nachexilisch zu datierenden Texten (Dtn 7,6; 14,2; 26,18 f.) in enger Verknüpfung miteinander vor.[976]

---

972 In dieser Hinsicht ist Bartelmus, Begegnung, 21, zuzustimmen, wenn er prägnant festhält: „Topographie und Theologie stehen in einem engeren Zusammenhang, als man bei oberflächlicher Betrachtung beider Phänomene annehmen möchte, das zeigt auch und gerade eine aufmerksame Lektüre des AT."

973 Zur umstrittenen Bedeutung des Begriffs vgl. Wildberger, Jahwes Eigentumsvolk, 74–76.

974 Dan 8,24 spricht darüber hinaus von einem Volk der Heiligen (עם קדושים). Die Qualifizierung Israels als heilig ist deutlich weiter verbreitet; vgl. nur Lev 20,26; 21,6.

975 Vgl. jedoch die ähnlichen Bezeichnungen als סגלה und als גוי קדוש in Ex 19,4–6.

976 Dabei ist Dtn 7,6 der älteste Text. Er ist in früher nachexilischer Zeit geschrieben und Teil der Grundschicht in Dtn 7. Vgl. dazu Kapitel 4.3.1 (bes. 206). Dieser Vers wird, fast wörtlich, in der späten Rahmung der Speisegebote in Dtn 14,2 zitiert. Vgl. dazu Veijola, ATD 8,1, 300 f. Ebenso

Dtn 7,6:

> [6]Ja / Denn, ein heiliges Volk (עם קדוש) bist du für Jhwh, deinen Gott, dich hat Jhwh, dein Gott, erwählt (בחר), dass du ihm ein Eigentumsvolk (לעם סגלה) seist aus allen Völkern, die es auf der Erde gibt.

Dtn 14,2:

> Denn ein heiliges Volk (עם קדוש) bist du für Jhwh, deinen Gott, und dich hat Jhwh aus allen Völkern, die auf der Erde sind, erwählt (בחר), ihm ein Eigentumsvolk (לעם סגלה) zu sein.

Dtn 26,18 f.:

> [18]Und Jhwh hat dich heute sagen lassen, dass du ihm ein Eigentumsvolk (לעם סגלה) sein willst, so wie er es dir gesagt hat, und alle seine Gebote beachten willst. [19]Und dass er dich als höchstes über alle Völker stellt, die er gemacht hat, zum Ruhm, zum Namen und zur Schönheit, und dass du ein heiliges Volk (עם קדוש) für Jhwh deinen Gott wirst, wie er gesagt hat.

Die Qualifizierung als heilig beinhaltet immer einen Aspekt der Trennung. Bezieht man dies auf die Rede vom heiligen Volk, so wird eine Trennung von den anderen Völkern deutlich, die nicht heilig sind.[977] Der Aspekt des Unterschieds zu den Völkern ist in der Bezeichnung Eigentumsvolk עם סגלה noch deutlicher. So ist Israel nicht einfach Jhwhs Eigentum, es wird dazu durch die Abspaltung von und im Gegenüber zu den anderen Völkern. In Dtn 7,6 und 14,2 wird dieser Akt der Separation greifbar, indem direkt die Formulierung „aus allen Völkern" (מכל העמים) angeschlossen wird.[978] Gerade im Vergleich mit den anderen Völkern wird Israels Stellung deutlich.

---

greift Dtn 26,18 f. auf Dtn 7,6 zurück und sieht den Vers, geleitet von Dtn 5, als Jhwh-Rede an, was für eine unterschiedliche Hand und die spätere Abfassung von Dtn 26,18 f. spricht (vgl. Achenbach, Israel, 220). Inhaltlich unterscheiden sich beide Passagen dadurch, dass Dtn 26,18 f. eine Ankündigung ist, während Dtn 7 präsentisch gedacht ist und der Erwählungsakt bereits vorausgeht.

977 Vgl. zum Begriff עם קדוש im Deuteronomium als einem speziellen Ausdruck, der mit Abtrennung und Erwählung verbunden ist, auch MacDonald, Deuteronomy, 153–158.

978 Nur Israel ist Jhwhs Erbvolk und nicht die anderen. Die Präposition מן hat hier eine privative Nuance, wie Wildberger, Jahwes Eigentumsvolk, 76 f., aufzeigt. Er, a.a.O., 77, bezieht die Rede von den anderen Völkern, von denen Israel nun abgesetzt wird, in Ex 19,5 und Dtn 7,6 nur auf die westjordanischen Gebiete und nicht auf alle Völker, wobei er dies allein durch seine frühe Datierung der Texte begründet, denn „so weit hinaus blickt Altisrael noch nicht." Im Gegensatz dazu wird im Folgenden jedoch gezeigt, dass die Tradition der Erwählung des Volkes nur in einer universalistischen Perspektive Bedeutung erlangen kann.

Die besondere Verbindung Jhwhs mit Israel im Kontrast zu den Völkern wird noch deutlicher, wenn die Belegstellen hinzugenommen werden, die von einer Erwählung des Volkes durch Jhwh (Stichwort בחר) sprechen.[979] In Dtn 7,6 und 14,2 sind beide Begrifflichkeiten verbunden, nur von der Erwählung sprechen die ebenfalls nachexilisch zu datierenden Verse Dtn 4,37 und 10,15.[980] So setzt eine Erwählung eine Umwelt voraus, von der sich das Erwählte durch die Erwählung unterscheidet.[981] Eine Erwählung Israels als Volk ist somit nur verständlich, wenn Israel zugleich als Teil der Völkerwelt angesehen wird.[982] Dass die deuteronomistische Rede von der Erwählung eines Volkes die universalistische Dimension des göttlichen Einflussbereiches bereits voraussetzt, konnte besonders Rolf Rendtorff eindrücklich zeigen.[983] So legt er dar, dass die Vorstellung Jhwhs als

---

979 Innerhalb des Deuteronomiums ist im Erwählungskonzept eine Entwicklung erkennbar. So findet sich bereits und gehäuft in den vorexilisch verfassten Textpartien die Formel der Ortserwählung (so etwa in Dtn 14,23 – 25; 16,2.6 f.11). Vgl. zur Ortserwählungsformel Seebaß, Art. בחר, 599 – 601. Es ist die Grundlage der Kultzentralisation auf Jerusalem, die sich hier zeigt. In den nachexilischen Partien des Deuteronomiums wird diese Ortserwählungs-Formel zwar weiterhin benutzt (wie in Dtn 31,11), zudem wird nun aber die Erwählung des Volkes betont (Dtn 4,37; 7,6; 10,15; 14,2.21). In dieser Richtung auch Achenbach, Israel, 298. Achenbach, a.a.O., 301, sieht eine Entwicklung im Erwählungskonzept des Deuteronomiums, das in Dtn 1–3 noch fehlt, mit 7,6 startet und in 14,2.21b als von 7,6 abhängige Glosse hinzugefügt, durch 7,7–8a kommentiert und schließlich in 4,37 f. und 10,14 f. mit universalistischer Tendenz aufgenommen wird. Zur Erwählung insgesamt siehe a.a.O., 298–306.

980 Vgl. zur Datierung die Kapitel 4.4.4.1 (263–268) und 4.2.1 (192–196).

981 Kessler, Gebot, 66, wendet sich in einer kurzen Auslegung von Dtn 7,6–12 gegen eine zu starke Betonung der Erwählung, die eine Verwerfung des nicht Erwählten impliziert. Er betont das Auswählen nach einem Kriterium und für einen bestimmten Zweck. „Wenn ich mich für die Pizza entscheide – sie ‚erwähle' – habe ich dann die Spaghetti ‚verworfen'?" In Bezug auf die anderen Völker ist nicht von Verwerfung die Rede, doch ist die Erwählung eine strikte Abgrenzung. Eben nicht die anderen Völker, sondern Israel steht in enger Verbindung zu Jhwh, woraus sowohl Unterstützung als auch Verpflichtung folgt.

982 Diesen Aspekt unterstreicht besonders Seebaß, Art. בחר, 603: „Der Horizont der Volkserwählung ist die Völkerwelt, in bezug auf die als Gesamtheit das ‚Individuum' Israel erwählt worden ist. בחר als Terminus der Volkserwählung steht unter dem Zeichen des Universalismus." Das Bild, das Seebaß in Bezug auf Israel und die Völkerwelt nach den dtr Texten zeichnet, vermischt jedoch in problematischer Weise verschiedene sachliche Ebenen. So zieht er (a.a.O., 604) aus Dtn 7, einem Text, der die bewusste Auslöschung bestimmter Völker fordert, eine positive Funktion Israels für die Völker: „Dann aber bedeutet בחר, daß Israel in seinem Kampf mit dem kanaanäischen Geist das in bezug auf alle Völker erwählte Volk ist, insofern alle Religionen den Kampf durchzustehen haben, den Israel paradigmatisch und in letzter Unerbittlichkeit führt."

983 Vgl. dazu Rendtorff, Erwählung. Er legt dar, dass die Vorstellung der Erwählung zwar bereits älter ist, das genuin dtn Programm aber in der Kombination der Aussagen zur Weltherrschaft Jhwhs und der Erwählung des einzelnen Volkes liegt. „Insofern ist der Satz von der

(Schöpfer-)Gott der ganzen Welt nicht die Rede von Jhwh als Gott Israels ablöst, sondern durch den unbegrenzten Machtbereich Jhwhs die Erwählung Israels als freie Wahl hervorhebt. Nur als ein Gott, der auch Macht über andere Völker hat, kann Jhwh Israel aus ihnen erwählen.[984] Diese universale Dimension ist genuiner Bestandteil der Rede von der Erwählung des ganzen Volkes.[985] Die Erwählung des ganzen Volkes ist ein entscheidender Grundpfeiler des Deuteronomiums.[986]

Verbunden mit dem Erwählungsmotiv ist in diesen nachexilischen Texten das Liebesmotiv. Dabei geben die entsprechenden Texte unterschiedliche Angaben darüber, wann die Erwählung stattgefunden hat und damit verbunden, wer geliebt und wer erwählt wurde.

Dtn 7,7 f. knüpft direkt an die Rede des heiligen Volkes und Eigentumvolkes in Dtn 7,6 an. Das Motiv der Erwählung wird dabei mit der Liebe Jhwhs verbunden, wobei beide auf das angesprochene ‚Du' bezogen sind:

> [7]Nicht weil ihr zahlreicher wäret als alle Völker hat Jhwh sich euch zugeneigt und euch er-wählt (ויבחר בכם), denn ihr seid das kleinste aller Völker, [8]sondern aufgrund der Liebe (כי מאהבת) Jhwhs zu euch und aufgrund seiner Bewahrung des Schwurs, den er euren Vätern

---

Erwählung Israels ‚konservativ', indem er alte Traditionen bewahren hilft. Zugleich ist er aber eine der entscheidenden Neuerungen der deuteronomischen Theologie und eine der bedeutendsten Leistungen ihres theologischen Denkens." (a.a.O., 83) Denn um auswählen zu können, muss Jhwh bereits mehrere Völker in seinem Machtbereich haben, was sich über die Weltschöpfungsaussagen erklären lässt. Den engen Zusammenhang zwischen Schöpfungsuniversalismus und Erwählungspartikularismus zeigt Rendtorff an Dtn 10,14 ff. und Dtn 4,32 ff. auf. Vorläufer finden sich bereits in Dtn 7 (besonders a.a.O., 79 f.82 f.). Der erste explizite literarische Niederschlag der Erwählungsformel und des Verbes בחר auf das Volk bezogen, findet sich jedoch erst in der dtr Literatur.

984 In dieser Linie auch von Rad, Theologie, 180, zum „[l]ocus classicus der dt Erwählungslehre in Dt. 7$_{6-8}$".

985 Neben der Betonung der Erwählung des Volkes wird an einigen wenigen Stellen die Erwählung einer Einzelperson erwähnt. Diese bezieht sich besonders auf den König (Dtn 17,15) sowie auf die Priester und Leviten (Dtn 18,5; 21,5). Doch wird gerade der König in der Ausführung des Gesetzes dem Gesetz selbst unterstellt und zudem seine Einsetzung vom Wunsch des ganzen Volkes abhängig gemacht. Seine Erwählung wird also nicht der des Volkes gegenübergestellt, er ist als Repräsentant des erwählten Volkes spezifisch erwählt. Hierin unterscheidet sich das Deuteronomium deutlich von der davidischen Erwählungsbetonung des Deuteronomistischen Geschichtswerks (vgl. 2 Sam 6,21). Vgl. auch Achenbach, Israel, 305 f. Zur modifizierten Übertragung der Erwählungsvorstellung vom Davididen auf das Volk vgl. Clements, Deuteronomy, 305–307, und den aufbereiteten Forschungseinblick bei Lohfink, Privilegrecht, 184–198.

986 In dieser Terminologie findet sich die Erwählung des ganzen Volkes Israel im Pentateuch nur im Deuteronomium. Hinzu kommt 1 Kön 3,8; Ps 33,2 als נחלה erwählt; Ps 135,4, Jes 14,1 und 44,1: Israel und Jakob wird erwählt; Jes 41,8; 44,2: Jakob; Ez 20,5: Israel.

geschworen hat, hat Jhwh euch mit fester Hand herausgeführt und euch aus dem Haus der Sklaven freigekauft, aus der Hand Pharaos, des Königs von Ägypten.

In Dtn 10,15 ist hingegen das Objekt der Liebe von dem der Erwählung unterschieden:

[15]Nur an deinen Vätern hatte Jhwh Lust sie zu lieben (לאהבה), und erwählte (ויבחר) ihre Nachkommen nach ihnen, euch, aus allen Völkern, wie an diesem Tag.

Als letzter Text sei Dtn 4,37 angefügt. Hier erscheint das Verhältnis als Dreischritt. So werden die Vorfahren geliebt, deren Nachkommen erwählt und dann das angesprochene ‚Du‘ aus Ägypten befreit:[987]

Und weil er deine Väter geliebt hat (אהב), erwählte er (ויבחר) ihre[988] Nachkommen nach ihnen und führte dich selbst (ויוצאך) mit seiner großen Kraft aus Ägypten.

Dabei ist beachtenswert, dass in Dtn 4,37 und 10,15 mit dem Stichwort Väter, nicht die Vätergeneration des Exodus gemeint ist, sondern, wie der Kontext zeigt, die Erzväter selbst. Besonders deutlich ist dies in Dtn 4,37, da hier das angesprochene ‚Du‘ mit der Exodusgeneration gleichgesetzt wird. Beide Texte weisen einen starken pentateuchischen Horizont auf.[989] Doch ist das Motiv der Liebe zu den Erzvätern selbst nicht aus den Texten der Genesis (oder anderen Texten des Pentateuchs) bekannt.[990] An keiner Stelle wird dort gesagt, Gott liebe einen der Erzväter. Damit wird die Aussage, Jhwh liebe die Erzväter, durch die Identifizierung der deuteronomischen Vätergeneration in Dtn 7,7–11 mit der Trias der Erzväter kreiert.[991]

---

987 Vgl. zum Zusammenhang zwischen Liebe, Erwählung und Erlösung, wie er sich plakativ in Dtn 7,6–8 und 10,15 zeigt, auch Bergey, L'élection, 54 f.

988 Im Hebräischen steht hier der Singular בזרע, doch kann sachlich kein anderes Bezugswort als der Plural „deine Väter" gemeint sein.

989 Vgl. dazu oben Kapitel 4.4.4 (201–224) zu Dtn 4.

990 Veijola, ATD 8,1, 117 f., erklärt dies durch die Aufnahme der Liebestheologie aus dem Hoseabuch, zu dem das Deuteronomium auch weitere Verknüpfungen aufweist. Außerhalb des Pentateuchs wird in 2 Chr 20,7 und Jes 41,8 gesagt, dass Jhwh Abraham geliebt habe und in Mal 1,2 Jakob. Auch das Stichwort der Erwählung der Erzväter findet sich in der Genesis nicht. Nur in Neh 9,7 wird erwähnt, dass Abraham von Gott erwählt wurde.

991 Dies lässt vermuten, dass Dtn 7,7–11 der älteste der drei Texte ist, der sich in der Rede von der Erwählung noch direkt auf die Vätergeneration und damit in der Darstellung des deuteronomischen Rahmens auf das ‚Ich' richtet. Zur Datierung der einzelnen literarischen Stufen in Dtn 7 siehe unter Kapitel 4.3.1 (204–213).

In der Erwählung unterscheidet sich Israel von den anderen Völkern. Dabei ist Erwählung nicht als Freibrief zu verstehen, sondern ist konkret mit einer Aufgabe verbunden. Israel ist als Volk Jhwhs zum Gebotsgehorsam erwählt. Die Liebe, die Jhwh seinem Volk gegenüber zeigt, dient letztlich wieder der Verknüpfung mit den Fremden, so wie Israel in Dtn 10,12–22 als Akt der *imitatio dei* auch den Fremden lieben soll.[992]

5.2 Israel wird zu Jhwhs Volk

Konstruktionen kollektiver Identitäten erfolgen oftmals durch die Betonung eines gemeinsamen Gründungserlebnisses der Gruppe. Versucht man durch eine Durchsicht des Alten Testaments die Frage zu beantworten, wann und wo die Ursprünge des Volkes Israel liegen, so stößt man nicht auf eine, sondern auf vielfältige Antworten.[993] Dabei gibt es nicht nur konkurrierende Modelle, entscheidender sind die Unterschiede in der Wahl des Beginns der Erzählung. Beginnt die Geschichte Israels mit den Erzeltern, wie im priester(schrift)lichen Konzept? Oder beginnt sie mit der Herausführung aus Ägypten, wie es das im Folgenden genauer darzustellende deuteronomistische Konzept betont? Oder beginnt die Geschichte in der Wüste, wie es das Hoseabuch darstellt? Oder, um eine weitere Möglichkeit zu nennen, beginnt man mit der Diversität der Stämme, die sich letztlich zu einer Gemeinschaft zusammenschließen, wie es in Ri 4 zugrunde gelegt ist?[994] Diese Liste lässt sich noch fortsetzen.

Allen Gründungslegenden ist gemein, dass sie etwas über die Situation derer aussagen, die sie erzählend in Anspruch nehmen. Wenn in der priesterlichen Konzeption der Vätergeschichte die Einwanderung schon des Stammvaters Abraham aus Mesopotamien betont wird, so stärkt dies die Position derer, die aus

---

992 Vgl. dazu die Ausführungen in Kapitel 4.2.1 (192–196).

993 Die realgeschichtliche Rekonstruktion der frühen Volksgeschichte Israels steht auf einem anderen Blatt und ist neben der kritischen Durchsicht des Alten Testaments zudem und verstärkt auf die außerisraelitischen Inschriften angewiesen. Im Folgenden steht jedoch die literarische Fiktion der Herkunft Israels im Mittelpunkt. Diese Gründungslegenden sind unmittelbar mit der Identitätskonstruktion der israelitischen Verfasser verbunden.

994 Das Konzept des Stammesverbands tritt im Deuteronomium stark zurück. Betont wird hier die brüderliche Solidargemeinschaft, die sich als ganz Israel bezeichnet. An einzelnen Stellen lässt sich jedoch aus Bemerkungen auf das Vorhandensein mehrerer Stämme in Israel schließen, ohne dass ihre Entstehung oder ihr Zusammenhalt thematisiert würden (vgl. Dtn 1,13.15.23; 3,13; 5,23; 10,8; 12,5.14; 16,18; 18,1.5; 29,7.9.17.20; 31,28; 33,5). Gerade wenn es um die Repräsentation des Volkes geht, werden die Oberhäupter der Einzelstämme versammelt.

Babylonien nach Israel zurückgehen.[995] Wird hingegen in Ez 33 die Herkunft von Abraham als Besitzer des Landes betont, so dient das gerade denen, die im Land sind, dazu, ihre Besitzansprüche zu unterstreichen.[996] Ein Blick auf die vorgestellte Herkunft gibt somit Aufschluss über die Identitätskonstruktion Israels durch die Verfasser- und Adressatenkreise des Textes.

Ein fokussierterer Blick zeigt, dass nicht nur im Pentateuch verschiedene Ursprungslegenden zusammengefasst sind, sondern auch schon im Deuteronomium selbst.[997] Die beiden wichtigsten Konzepte[998] sollen nun im Einzelnen dargestellt werden, wobei stärker nach einer Systematik der Herkunftsaussagen als nach einer genauen Zuordnung zu Einzelredaktionen gefragt wird,[999] sodass hier vorexilische und vor allem exilische und nachexilische Texte gemeinsam in den Blick genommen werden.

---

995 Vgl. dazu die Ausführungen bei Wöhrle, Fremdlinge, bes. 176–180.

996 Für genauere Ausführungen zu diesem Konflikt vgl. die Darstellung oben in Kapitel 4.3 besonders Seite 213–224.

997 Vgl. de Pury, Cycle, in der Zusammenfassung 95 f.

998 Neben der Betonung des Exodusgeschehens, der Volkwerdung am Horeb und dem Motiv der Erwählung aus den Völkern gibt es im Deuteronomium weitere Gründungsmythen, die einen begrenzteren Einfluss auf die Gesamtgestalt der dtr Theologie hatten. Zwei Traditionen finden sich nur im Moselied (vgl. zu Dtn 32,1–43 Kapitel 4.4.2; 253–258).

1) Die Fundtradition: Einzigartig im Deuteronomium ist die Vorstellung in Dtn 32,9 f., Jhwh hätte Israel in der Wüste gefunden: (*⁹Denn der Anteil Jhwhs ist sein Volk, Jakob sein abgesteckter Erbbesitz. ¹⁰Er fand ihn im Land der Wüste und in der Einöde, im Geheul der Wildnis. Er umgab ihn und hatte Acht auf ihn und beschützte ihn wie seinen Augapfel.*) Dieses Motiv ist vermutlich aus dem Hoseabuch entlehnt (vgl. Hos 9,10). Im Gegensatz zum Moselied wird hier jedoch der hohe Wert des Fundes betont. Bach, Erwählung, 25–49, findet hinter den literarischen Niederschlägen in Hos 2,5; 9,10; 10,11; 13,5; Dtn 32,10; Ez 16,1–14 die gleiche Tradition, die ein Auffinden Israels in der Wüste zum Inhalt hat und von den negativen Murrgeschichten in der Wüste, die den Pentateuch prägen, zu unterscheiden ist. Er, a.a.O., 27 f., verweist zudem auf die in Dtn 32,8 f. vorgebrachte Ätiologie der Verteilung der Völker in der Götterversammlung, die unverbunden neben der Auffindungslegende in V. 10 steht und wohl auf eine andere Tradition zurückgeht. Hier handelt es sich jedoch weniger um eine Volkwerdungslegende, da Israel dabei bereits ein Volk ist.

2) Jhwh als Vater / Mutter Israels in Dtn 32,18: (*¹⁸Du hast den Fels, der dich gezeugt / geboren hat, vergessen, den Gott, der dich geboren hat, hast du vergessen.*) Vgl. etwa Jes 45,10 f. In Dtn 32,18 fallen die sprachlichen Elemente der Volkwerdung und der Menschenschöpfung in eins. Jhwh wird dabei – gleichgesetzt mit dem Bild des Felsens – zum ‚biologischen' Vater und zur Mutter Israels gemacht. Wird das Element der Menschenschöpfung hervorgehoben, so betont dies die unmittelbare Verbindung zwischen Jhwh und dem Menschen, hier dem ganzen Volk Israel.

999 Vollständig voneinander trennen lassen sich diese beiden Pole jedoch nicht.

5.2.1 Ägypten und der Exodus

Die Geschichte, die das deuteronomistische Deuteronomium über das Volk Israel erzählt, beginnt in Ägypten. Dabei ist der Exodus das Befreiungsdatum, auf das rekurriert wird (Dtn 1,27; 5,6; 6,21–24; 13,6 u.v.m.). Durch die Erinnerung an die Befreiung wird das soziale Miteinander, das im deuteronomischen Gesetz gefordert wird, begründet. Dieser Zug ist schon dem vorexilischen Deuteronomium inhärent (Dtn 15,15; 24,18.22 u. ö.).[1000]

Drei junge Texte weisen dabei über den Tenor der Gesamterzählung hinaus und betonen Ägypten als Ort der Volkswerdung. In Dtn 4,20 und damit verbunden 4,33–35 wird explizit erwähnt, dass Jhwh Israel in Ägypten als Volk für sich genommen hat. Nach V. 20 hat er das ‚Du' aus dem Eisenschmelzofen Ägypten genommen, um es zu seinem Volk zu machen.[1001] In Dtn 10,22 und 26,5 wird ebenfalls das Werden zu einem (großen) Volk in Ägypten betont. Während Dtn 10,22 bereits eine Angleichung an die Erzählungen der Väterzeit in der Genesis darstellt, indem hier die Verheißung, dass Israel zahlreich wie die Sterne wird, als erfüllt beschrieben wird, setzt sich Dtn 26,5 gerade von einer Betonung der Erzväter ab.[1002]

Das sogenannte kleine geschichtliche Credo in Dtn 26,5 beginnt mit einem Rückblick auf den Beginn:

> [5]Ein verlorener Aramäer war mein Vater und er zog nach Ägypten herab und wohnte dort als Fremdling mit wenig Männern. Und dort wurde er zum großen, starken und zahlreichen Volk.

Die Einwanderung einer Person, die als Vater bezeichnet wird, nach Ägypten geht der dortigen Volkwerdung voraus. Vergleicht man dies jedoch mit der Ankunft des Erzvaters Jakobs, der Israel genannt wird, in Ägypten nach der Darstellung der Genesis, so fallen ausschlaggebende Unterschiede auf: Der Einwanderer ist hier eine Einzelperson, sie ist machtlos und namenlos und sie wird als Aramäer bezeichnet.

1000 Zum עבד-Ägypten-Motiv siehe Kapitel 2.2.1.3 (58–60).

1001 Vgl. dazu die Ausführungen zu Dtn 4 in Kapitel 4.4.4, besonders Seite 277–280.

1002 Wie Römer, Israels Väter, detailreich begründen konnte, ist die Nennung der Patriarchen im Deuteronomium an jeder Stelle ein nachdtr Nachtrag, der durch die Gestalten der Erzväter einen Rahmen um den entstehenden Pentateuch legt. Dabei zeigt er – prägnant in Ders., Deuteronomy, 121–132 – auf, dass die dtr Passagen des Deuteronomiums, die die Väter nennen, ursprünglich nicht die Erzväter Abraham, Isaak und Jakob meinen, sondern die Exodusgeneration bzw. eine unspezifische Vätergeneration. Das führt ihn zu dem Schluss, „that Deuteronomy's search for origins ends in Egypt" (122). Damit beginnt auch Israels Geschichte selbst in Ägypten.

Albert de Pury und in Anschluss an ihn auch Thomas Römer und Jan C. Gertz konnten plausibel machen, dass es sich hier um eine bewusste Abgrenzung von der Ursprungslegende Israels verbunden mit den Patriarchen der Genesis handelt.[1003] De Pury schlussfolgert: „Le Deutéronomiste ne veut décidément rien savoir des Patriarches, ni même de Jacob! Il me semble que son attitude résulte d'un refus. Pour lui, l'histoire d'Israël commence en Egypte, et il n'y a pas d'Israël, même embryonnaire, avant la naissance et l'élection du peuple par Yhwh en Egypte."[1004] Und so unterstreicht auch Gertz, dass das sogenannte kleine geschichtliche Credo als Gegentext zur priesterlichen Verknüpfung der Heilsperioden der Erzeltern- und der Exoduszeit die Volkwerdung in Ägypten und damit den Ursprung Israels betone.[1005] Auch die Verortung des Auftretens Jhwhs in der Heilsgeschichte nach Dtn 26 ist aufschlussreich. Erst in Ägypten wird von Jhwh geredet.[1006] Damit ist also – im Gegensatz zum Konzept des Mitziehens Jhwhs nach Ägypten und dann wieder aus Ägypten heraus (vgl. Gen 46,1–5), wie es die Bücher Gen und Ex darstellen – sein Auftreten erst in Ägypten unterstrichen.

Dies wird dadurch verstärkt, dass der Erzvater explizit als Aramäer und damit Nichtisraelit bezeichnet ist. So folgert Römer dementsprechend: „Erst in Ägypten beginnt für die Deuteronomisten die Geschichte *Israels*. Der dorthin hinabziehende אב, besonders wenn er in der volkstümlichen Tradition ‚Israel' genannt wird (Gen 32,29), ist noch ein *Aramäer!* Es sieht so aus, als ob es für die dtr Konzeption vor Ägypten kein Israel geben *dürfe*."[1007] Dass die Herleitung Israels von einem Aramäer[1008] als Problem empfunden wurde, zeigt sich in der Textgeschichte von

---

1003 Römer unterscheidet hier zwischen einer exodischen und einer autochthonen Ursprungskonzeption Israels und stellt die These auf, dass die Deuteronomisten die Patriarchengestalten zwar kannten, sie aber nicht kennen wollten. Vgl. zu Römers Deutung von Dtn 26,5 Ders., Israels Väter, 60–70, und Ders., Nachwort, 119–123. Für Römer ist Dtn 26,1–11 der dtr Abschluss des dtn Gesetzes (vgl. Ders., Israels Väter, 70).
1004 Pury, Cycle, 83. Vgl. auch Römer, Deuteronomy, 131: „Egypt is the beginning of the history of *Israel*; the ancestor who descended there is still an *Aramean*." Zur Differenz zwischen den Gründungserzählungen, die sich auf die Erzeltern berufen, und denen, die sich auf den Exodus berufen, vgl. auch Ez 33, wo Abraham als autochthone Figur sinnstiftend ist, und die zugehörigen Ausführungen bei Römer, Models, 41–43, sowie oben zum Konflikt zwischen den Rückkehrern aus dem Exil und den Daheimgebliebenen Kapitel 4.3 besonders Seite 219.
1005 Vgl. Gertz, Stellung, 43–45.
1006 So Römer, Israels Väter, 64.
1007 Römer, Nachwort, 121. Zur Diskussion, ob mit diesem Vater Israel eine einzelne Person oder der mit diesem identifizierte Jakob oder aber Abraham gemeint sei, vgl. Seebaß, Erzvater, 9–11.
1008 In den Vätergeschichten wird immer wieder die verwandtschaftliche Nähe zu den Aramäern betont. Sie gelten als bevorzugte Heiratspartner (vgl. Gen 28,5). Trotzdem bleibt es

Dtn 26,5. So bieten sowohl die Septuaginta als auch die Vulgata Lesarten, die den hier genannten Vorfahren von der Gestalt des Aramäers bzw. dem Land Syrien / Aram trennen und somit die Aussage ihrer Brisanz berauben.

LXX

Συρίαν ἀπέβαλεν ὁ πατήρ μου – mein Vater gab Syrien auf[1009]

Vulgata

Syrus persequebatur patrem meum – ein Syrer *verfolgte* meinen Vater[1010]

Für die Konzeption des Deuteronomiums scheint es nicht anstößig zu sein, die Herkunft auf einen Ausländer zu beziehen. Wichtig ist jedoch, dass aus diesem Israel entstand, er also nicht schon Israel war.

In der Ägypten/Exodus-Konzeption als Ursprungslegende Israels liegen in Bezug auf den Umgang mit Fremden zwei Implikationen. Zum einen wird die Fremde als Ort der Entstehung dargestellt. Nicht in Israel selbst entwickelte sich langsam das Volk Israel, sondern als Volk wanderte es in das Land ein. Der Aufenthalt in der Fremde wird somit ein Stück weit aufgewertet oder zumindest zu einem bedeutenden und notwendigen Schritt in der Heilsgeschichte Israels erklärt. Zum anderen wird im Exodusmotiv zugleich die Trennung vom Fremden deutlich. Die Volkswerdung geschieht durch die Abtrennung von den anderen Völkern (Dtn 4,20.33–35). Durch die Befreiung aus Ägypten wird Israel als abgetrenntes Volk zum Gottesvolk.

Exkurs 5: Das Land Ägypten

Das Land Ägypten kommt im Deuteronomium nicht nur als Ort der Sklaverei, der Fremdlingschaft und, wie soeben dargestellt, der Volkwerdung in den Blick.[1011] Zwei weitere Aspekte werden anhand der Rede von Ägypten dargestellt: Zum einen wird das Land selbst und seine geographischen Bedingungen dem Land Israel und den dortigen Verhältnissen gegenübergestellt. Zum

---

eigentümlich, dass die Figur des Jakob hier so direkt mit den Aramäern verbunden und sogar als solcher bezeichnet wird.

1009 So in der Übersetzung der LXX deutsch. Durch das lokale Verständnis wird der Vater aktiv räumlich von Syrien getrennt. Mit der Distanzierung aus Syrien beginnt die Geschichte, dies ist als distinktiver Akt in der Identitätsbildung zu verstehen.

1010 In dieser Richtung, jedoch zusätzlich in einer eigentümlichen Pluralformulierung, übersetzte auch Martin Luther. So lautet seine Übersetzung von 1545: „Die Syrer wollten meinen Vater umbringen". Schon 1912 wurde dies in der Textrevision geändert und an den Masoretischen Text angeglichen.

1011 Zur Diversität der Ägyptenbilder vgl. insgesamt Kessler, Ägyptenbilder.

anderen wird Ägypten als Quelle von Krankheiten dargestellt, von denen Israel, angekündigt in einer Segenszusage, befreit werden wird.

1. Das Land Ägypten als Gegenbild (Dtn 11,10 – 12)

Nicht nur fremde Menschen werden im Deuteronomium dargestellt, sondern auch fremde Länder. Und auch bei diesen Fremddarstellungen liegt der Fokus vielmehr auf der Wahrnehmung des eigenen Landes Israels als der des fremden. Besonders prägnant wird dies in der Kontrastierung des noch zu erobernden eigenen Landes gegenüber Ägypten in Dtn 11. In die dringende Mahnung, auf die Gebote zu achten, die Israel nun von seinem Gott bekommen wird, sind folgende Verse (V. 10 – 12) integriert:

> [10]Denn das Land, in das du kommst, um es in Besitz zu nehmen, ist nicht wie das Land Ägypten, aus dem ihr ausgezogen seid, wo **du deinen** Samen gesät hast und es mit **deinem** Fuß gewässert hast wie einen Gemüsegarten, [11]sondern das Land, in das ihr hinüberzieht, um es in Besitz zu nehmen, ist ein Land mit Bergen und Tälern, das vom Regen des Himmels Wasser trinkt, [12]ein Land, um das sich Jhwh, dein Gott, kümmert, und die Augen Jhwh, deines Gottes, sind kontinuierlich auf ihm, vom Anfang des Jahres bis zum Ende des Jahres.

In werbenden Worten wird dem Land, in dem man bisher gelebt hat, das Land gegenübergestellt, in das man kommt. Das bisherige Wohnland ist auf der Textebene das Land Ägypten. Das Land Israel wird hier als Idealbild Ägypten gegenüber gestellt.[1012] Doch erinnert in dieser Beschreibung nichts an die sonstige Stilisierung Ägyptens als Ort der Knechtschaft und Unterdrückung. Das ‚Du‘, das hier angesprochen ist, hat die notwendigen landwirtschaftlichen Tätigkeiten nicht nur selbst durchgeführt, es handelt sich auch um *seinen* Samen (V. 10), der auf das Feld gebracht wird. Hier wird also das Bild eines autarken Menschen gezeichnet, der für seine Ernährung selbst arbeitet und sein Land aktiv mit Fußpumpen bewässert.

Die Betonung des ‚Du‘ samt der zugehörigen Possessivpronomina (רגלך, זרעך) in V. 10 ist aber nicht nur aus diesem Grund aufschlussreich. Zudem wird so ein Kontrast geschaffen zu dem Akteur, der im nun in Besitz zu nehmenden eigenen Land für die Ernährung sorgen wird: Das neue Land ist ausschließlich von Jhwh und seinem Segen abhängig. Durch Gottes segenspendenden Regen kann alles wachsen, ohne dass der Mensch selbst mühsame Arbeit verrichten müsste. Das Possessivpronomen der 2. Person sg. ist im zweiten Teil des Abschnitts (V. 11 f.) folglich auch nur noch zur Bezeichnung Jhwhs als „dein Gott" verwendet. Das Leben Israels hängt hier also direkt von seiner Verbindung zu seinem Gott ab. Dies wird durch die Stellung im Kontext der Forderung des Gebotsgehorsams deutlich, wie sie das Deuteronomium durchzieht.[1013] Wird sich Israel nun an

---

1012 Vgl. auch Veijola, ATD 8,1, 249. Auch von Rad, ATD 8, 60 f., betont die Stilisierung des eigenen Landes. Er spricht dabei von einem „die Wirklichkeit transzendierenden Idealbild des Verheißungslandes" (61). Schwierig zu beurteilen ist, ob sich mit der Stilisierung des eigenen Landes eine Abwertung Ägyptens ausdrückt. So handelt es sich bei der Darstellung der hoch-kulturellen Wassertechnik Ägyptens um eine verzerrende Darstellung, die einen negativen Beigeschmack erzeugt. Anders urteilt Kessler, Ägyptenbilder, 134 f., der keinerlei Abwertung in der Beschreibung Ägyptens sieht. Doch betont auch er, dass die Darstellung des fremden Landes der Kontrastierung und Vorbereitung auf das eigene Land dient.
1013 Die Verbindung aus Gebotsgehorsam und Landbeschreibung betont vor allem Seitz, Studien, 86 f., indem er auf die Verortung von Landbeschreibungen in Vertragsformularen

die Gebote halten, so wird Jhwh ihm den Regen auch nicht vorenthalten. Da Israel nur dann den lebenswichtigen Regen bekommen wird, wenn es die Gebote Jhwhs hält, basiert die Landesbeschreibung auf einer bedingten Segenszusage. Apostasie führt zur Dürre. Durch die Landesbeschreibungen wird also das Verhältnis Israels zu Jhwh reflektiert und als eines der direkten Abhängigkeit definiert.[1014] Die verschiedenen landwirtschaftlichen Grundmuster Israels und Ägyptens dienen hierbei nur als Folie. Eine Aussage über die Güte der ägyptischen Landwirtschaftspraxis im Allgemeinen möchte Dtn 11 nicht treffen.[1015]

In zumindest großen Teilen von Kapitel 11 und auch diesen Versen Dtn 11,10 – 12 handelt es sich um ein Stück nachexilischer Literatur. Dies kann als breiter Forschungskonsens betrachtet werden.[1016] Neben dem durchgehenden Numeruswechsel, der typisch für späte deuteronomistische Texte des Deuteronomiums ist, und der Verwandtschaft mit Dtn 4 und Dtn 29, kann dabei darauf verwiesen werden, dass sich Dtn 11 und besonders die darin enthaltenen Landbeschreibungen mit den exilischen Texten Dtn 6 – 8* bereits auseinandersetzen.[1017] Dadurch ist zu er-

---

hinweist. Dieser Gattung weist er ganz Dtn 11 zu. Zu einer ähnlichen Zuschreibung kommt auch Veijola, ATD 8,1, 244 – 249. Dieser rechnet die Grundschicht von Dtn 10,12 – 11,30 und dabei auch die hier behandelten V. 10 – 12 seiner bundestheologischen Redaktion zu. Hierfür kann er auch auf den hier vorliegenden unregelmäßigen Numerusgebrauch verweisen, der in dieser redaktionsgeschichtlichen Perspektive für DtrB typisch sei.

1014 Nielsen, HAT 1,6, 125, betont darüber hinaus, dass es hier Jhwh ist, der für den Regen zuständig ist, und eben nicht Baal, dem ansonsten im phönizisch-kanaanäischen Raum die Funktion des Regenspenders, oder eben -verweigerers, zukomme. Bei einer nachexilischen Datierung der Verse ist diese Zusatzfunktion, dieser interne Götterkampf, jedoch nicht mehr wahrscheinlich. Jhwh ist bereits der alleinige wirkmächtige Gott für Israel.

1015 Die hier benutzte Argumentationsstruktur korrespondiert einem anderen Topos, der in Bezug auf Ägypten benutzt wird. So wie, nach der Wüstenerzählung in Ex 16,3, das Volk zurück zu den Fleischtöpfen Ägyptens will und somit das Leben dort positiv verzerrt dargestellt wird, um es dem eigenen kläglichen Hungern in der Wüste gegenüberzustellen, wird hier eine negative Darstellung des hohen Kulturguts der ägyptischen Bewässerungstechnik gezeichnet, um gerade den Auszug aus diesem Land zu unterstützen. Beide Darstellungen dienen der Kontrastierung mit der Situation des eigenen Volkes im eigenen Land (bzw. auf dem Weg dorthin).

1016 Dies gilt für Veijolas Zuordnung zu DtrB (ATD 8,1, 244 – 249), für Roses Zuordnung zu seiner jüngsten Redaktionsschicht IV (ZBK 5,2, 522), sowie für Ottos Einordnung der Verse als postdtr (Deuteronomiumstudien II, 212). Für eine nachexilische Verortung kann auf die engen Parallelen zu Dtn 4 und 29 verwiesen werden, wobei es sich bei diesen Texten ebenfalls um nachexilische Ergänzungen des Deuteronomiums handelt. Vgl. zu den Parallelen Otto, Deuteronomiumstudien II, 211 – 213, und Seitz, Studien, 81 – 91.

1017 Die Vorläufer der Landbeschreibung können in Dtn 6,10f. und 8,7 – 9 gefunden werden, worauf auch Veijola, ATD 8,1, 248f., verweist. Nelson, OTL, 138, klassifiziert diese drei Texte als „similar in spirit". Doch ist mit Nielsen – nicht im Widerspruch zu Veijolas Beobachtungen – auch auf die Unterschiede hinzuweisen, die zwischen den Beschreibungen zu erkennen sind und eine zu enge Verknüpfung problematisch erscheinen lassen. Denn Nielsen, HAT 1,6, 125, unterstreicht gerade die Gegensätzlichkeit von Dtn 11,10 – 12 im Vergleich mit 8,7 – 9. Die Pointe der Landbeschreibungen liegt in Dtn 8 in der Betonung des vielen Wassers, das aus der Erde kommt, während Dtn 11 ja *nur* auf den Regen abzielt. Damit ist Dtn 11 in gewisser Hinsicht realistischer als Dtn 8. Das Land ist kein Idealland der natürlichen Wasservorkommen, so wie es

klären, warum Ägypten nicht als Sklavenhaus in den Blick kommt, sondern ein freies Leben in diesem Land vorausgesetzt wird. Ägypten steht hier für die Heimat der in persischer Zeit nicht im Land Israel lebenden Israeliten, die sich ein neues Leben aufgebaut haben. Ihr Leben ist nicht durch Knechtschaft geprägt – weder in Ägypten noch in Babylonien – sie bebauen dort ihre Felder und können gut leben. Es ist also keineswegs selbstverständlich, dass man, sobald es geht, nach Israel zurück möchte. Doch genau dafür wirbt Dtn 11,10 – 12. In Verzerrung der im Vergleich zum notorisch dürren Israel eigentlich fast paradiesischen Zustände der Wasserwirtschaft in Ägypten wird hier die Überlegenheit der israelitischen Wasserversorgung durch ihre alleinige Abhängigkeit von Jhwh betont. Dies ist Verheißung und Appell an Israels Gehorsam Jhwh gegenüber zugleich.

2. Die Seuchen Ägyptens
Die Auseinandersetzung mit Ägypten erfolgt am Rande noch in einer weiteren Dimension, die für Mechanismen der Konstruktion des Fremden jedoch paradigmatisch ist. In Dtn 7,15 heißt es als Segenszuspruch bei Gesetzesobservanz:

> [15]Und Jhwh wird von dir alle Krankheiten und alle schlimmen Seuchen (מדוה) Ägyptens, die dir bekannt sind, abhalten, er wird sie dir nicht auferlegen und sie all denen geben, die dich hassen.[1018]

Die ‚Seuchen Ägyptens' werden in den neueren Auslegungen mit Ausnahme von Veijola auf die Plagen in Ägypten bezogen.[1019] Diese Deutung ist prinzipiell möglich und in Bezug auf den ähnlich formulierenden Text Dtn 28,60 sicherlich zutreffend,[1020] doch spielt in Dtn 7 noch eine andere Deutungsdimension eine Rolle.

Die älteren Kommentare beziehen die Seuchen nicht nur nicht auf die Plagen, sie wissen sogar, welche Seuchen es sind. Steuernagel und Bertholet sehen hier die Seuchen gemeint, die in

---

auch kein Land voll Milch und Honig ist. Aber gerade in der besonderen Wassersituation, der Abhängigkeit vom Regen, liegt der Vorteil Israels, das ausschließlich von Jhwh abhängig ist, der es versorgt.

1018 Zum breiteren Bereich der Krankheitsandrohungen im Deuteronomium vgl. den Abschnitt „Die Gesundheit Israels in der deuteronomistischen Tradition" in Lohfinks Artikel „Ich bin Jahwe, dein Arzt" (Ex 15,26), 49 – 57.

1019 So abgesehen von den Kommentaren zum Deuteronomium (vgl. exemplarisch Rose, ZBK 5,2, 452) auch Schmid, Erzväter, 146, der den Formulierungsreichtum in Bezug auf die Darstellung der Plagen aufzeigt. Kritisch dazu Veijola, ATD 8,1, 204 Anm. 491, der damit argumentiert, dass Israel diese Plagen nicht aus eigener Erfahrung kenne. So sei wie in Ex 23,25b generell an Krankheiten zu denken.

1020 Dtn 28,60 ist die zweite Stelle, an der von den Seuchen (מדוה) Ägyptens gesprochen wird. Im Gegensatz zu Dtn 7 ist hier jedoch der Bezug auf die ägyptischen Plagen durch den Kontext gegeben (V. 59.61). Zudem ist in Dtn 28,27.35 von den ägyptischen Geschwüren (שׁחין) die Rede, ein Begriff, der zwar allgemein Geschwüre bezeichnen kann (Lev 13,18 – 23; 2 Kön 20,7; Hi 2,7; Jes 38,28), jedoch auch explizit für die entsprechende Plage an den Ägyptern gebraucht wird (Ex 9,9 – 11).

Ägypten heimisch sind, nämlich „Elephantiasis, Dysenterie, Augenkrankheiten",[1021] wobei die Elephantiasis auch bei Plinius und Lukrez die Bezeichnung *Aegypti peculiare malum* trägt.[1022]

Die Zuschreibung von Krankheiten und Seuchen zu Fremden ist ein häufiges Phänomen der Kulturgeschichte.[1023] Hahn hat dies am Beispiel von AIDS untersucht. Er fasst zusammen: „Das Fremde ist bedrohlich, und das Bedrohliche wird der Kategorie des Fremden zugeschlagen."[1024] Als noch deutlichere Parallele zu den Seuchen Ägyptens seien die in verschiedenen modernen Sprachen deutlich variierenden Bezeichnungen der Syphilis herangezogen. In Deutschland heißt bzw. hieß sie Franzosenkrankheit, in Frankreich Italienerkrankheit, in Schottland Engländerkrankheit, in Portugal und den Niederlanden Spanierkrankheit, in Russland Polenkrankheit, in Polen Deutschenkrankheit, in Japan Chinesenkrankheit usw.[1025] Dahinter stehen konkrete Erfahrungen mit Infektionsträgern und doch wird die Zuschreibung zur Diskreditierung des Fremden generalisiert.[1026] Durch einen solchen Sprachgebrauch wird schließlich nicht mehr darauf hingewiesen, dass durch bestimmte Rahmenbedingungen durch Gruppen Krankheiten übertragen wurden, sondern jedem Ausländer dieser Gruppen wird eine Nähe zu Krankheit, Unreinheit und Gefahr zugeschrieben.

5.2.2 Volkwerdung am Horeb oder im Gebiet Moabs

Neben der Volkwerdung in Ägypten betonen die verschiedenen deuteronomistischen Ausgaben des Deuteronomiums auch die Volkwerdung bei der Gesetzesgabe am Horeb und durch den moabitischen Bundesschluss. Das Konzept, das sich mit dem Horeb verbindet, zeichnet sich durch die Darstellung Israels als sich figurativ um den Horeb und inhaltlich um das Gesetz anordnende Gemeinschaft am Tag der Versammlung aus, wie es die exilische Horebredaktion zur Grundlage

---

1021 Steuernagel, HK 1.3,1, 80, bei Bertholet, KHC 5, 27. Vgl. auch Driver, ICC, 103.
1022 Plinius (d.Ä.), hist. nat. 26,1.5 und Lucretius, rer. nat. VI, 1114f. Weinfeld, AncB 5, 374, nennt die Möglichkeit dieser Auslegung neben der Beziehung auf die ägyptischen Plagen.
1023 Auch Veijola, ATD 8,1, 204, sieht hier die Verbindung zur Fremdvölkerproblematik, die das Kapitel prägt.
1024 Hahn, Konstruktion, 156.
1025 Der Zusammenhang von Fremdzuschreibung und den verschiedenen Namen der Syphilis wird bei dem portugiesischen Soziologen Boaventura de Sousa Santos, Descobrimentos, aufgezeigt.
1026 In außerbiblischer Literatur gibt es strukturell analog das Motiv, dass Krankheiten von Israel herkommen. Bei Josephus in Contra Apionem wird dies als ein vorgebrachter Grund referiert, warum die Israeliten aus Ägypten gehen müssen. Dass die Juden wegen des Aussatzes / der Pest, den / die sie, weil sie den dortigen Götterkult unterhöhlten, über Ägypten bringen, vertrieben werden, findet sich bei Hekataios von Abdera (vgl. Stern, Greek and Latin Authors, 26), Manetho und dann auch Tacitus, Hist. V,3–5. Der Vorwurf, sie verbreiteten Aussatz und andere Seuchen, zieht sich durch die judenfeindlichen Texte der Antike. Zur genaueren Darstellung der Quellen vgl. Assmann, Moses, 54–72, zum „Judenexkurs" des Hekataios von Abdera vgl. Bloch, Vorstellungen, 29–41.

der Erzählung macht (vgl. Dtn 5,22).[1027] Gründungsmythos und Identitätskonstruktion greifen an dieser Stelle unmittelbar ineinander. Indem das Geben des Gesetzes zum Tag der Werdung eines Volkes gemacht wird und dieses Volk seine Identität auf das Gesetz baut, entsteht jene Symbiose, die den Strukturen eines Verfassungspatriotismus ähnelt.[1028]

Besonders ausgeführt ist das Werden zu einem Volk in den Gefilden Moabs in Dtn 29,9–14 (vgl. zu dieser räumlichen Verortung auch 27,9):[1029]

> [9]Ihr steht heute alle vor Jhwh, eurem Gott, eure Stammeshäupter, eure Ältesten und eure Aufseher, jeder Mensch Israels, [10]eure Kinder, eure Frauen und dein Fremdling, der inmitten deines Lagers ist, von deinem Holzhacker bis zu deinem Wasserschöpfer, [11]damit du in den Bund Jhwh, deines Gottes, eintrittst und in seine eidlichen Verpflichtungen, die Jhwh, dein Gott, heute mit dir schließt, [12]um dich heute für sich zum Volk zu erheben, sodass er dein Gott ist, wie er es dir gesagt hat, *wie er es deinen Vätern Abraham, Isaak und Jakob zugeschworen hat.* [13]Aber nicht mit euch allein schließe ich diesen Bund und diese Verfluchungen, [14]sondern mit dem, der heute hier mit uns vor Jhwh, unserem Gott, steht, und mit dem, der heute nicht mit uns hier ist.

Israel wird zu einem Volk, indem es mit Jhwh den Bund schließt. Und mehr noch, auch in den zukünftigen Generationen, wie V. 13 f. beschreibt, bleibt Israel Jhwhs Volk, wenn es sich an den Bund und die offenbarten Gebote hält. Indem der Bundesschluss immer wieder zu vergegenwärtigen ist, werden die Grundpfeiler der deuteronomistischen Idealgesellschaft gestärkt.

Das im Deuteronomium angesprochene ‚Du/Ihr' wird durch die Verknüpfung des Gesetzes und der Volkwerdung in jeder Zeit mitaufgenommen. Sofern es sich auf das Gesetz gründet, so ist es Gottes Volk. Schon von Rad fasst prägnant zusammen: „sechs in Sünde und fortgesetztem Abfall vertane Jahrhunderte werden durchgestrichen und Israel wird noch einmal an den Horeb gestellt, um Jahwes

---

1027 Vgl. dazu Otto, Deuteronomium 2000, 121 f., der die Rolle dieses Ursprungsmythos als spezifisches Kennzeichen von DtrD (Horebredaktion) unterstreicht. Geiger, Gottesräume, 305–307, stellt die Raumkonzepte, die mit dem Horeb auf der einen und dem Auszug aus Ägypten auf der anderen Seite verbunden sind, klar heraus. Dabei betont sie die notwendig bleibende Vergangenheitsperspektive auf den Sklavenaufenthalt in Ägypten und die immer wieder zu leistende Vergegenwärtigung des Horebgeschehens.

1028 Eine genauere Analyse des Konzepts „Verfassungspatriotismus" und seiner Vergleichbarkeit mit den Modifikationen des dtn Gesetzes im babylonischen Exil findet sich in Kapitel 3.1.1.1 (151–156).

1029 Genauere Ausführungen zu Dtn 29,1–14 in Kapitel 3.2.2.2 (174–178). Die Nennung der drei Erzväter in V. 12b ist eine nachexilische Einfügung, in der Argumentationslinie des Textes ist ursprünglich die Exodus-Vätergeneration im Blick.

Heilswort, das noch nicht hingefallen ist, zu hören. Dieses Heilswort lautet: ‚Heute bist du zum Volke Jahwes, deines Gottes, geworden.‘"[1030]

Im Gegensatz zur Betonung der Volkwerdung in Ägypten wird durch die Konzentration auf den Bundesschluss und auch die Gesetzesgabe die Verantwortung des Volkes stärker betont. Liegt die Funktion der Erinnerung an die Volkwerdung und Befreiung aus Ägypten in der Betonung von Jhwhs Fürsorge und Stärke, unterstreicht die Vergegenwärtigung des Horeb- und Moabgeschehens, dass Israel auf das Gesetz verpflichtet ist und bleibt. Indem im Dekalog und seiner Rahmung die Erinnerung an die Befreiung aus Ägypten und die Gabe der Gesetze eng verknüpft werden (Dtn 5,2f.6), werden beide Konzeptionen verbunden.

5.2.3 Das Geschehen in der Fremde

In den Volkwerdungskonzepten zieht sich durch das Deuteronomium eine Grundlinie, die für die Frage nach dem Einfluss des Fremden auf die Identitätsbildung eine entscheidende Rolle spielt. So wird die Moserede jenseits des Jordans situiert (vgl. nur Dtn 1,5),[1031] die Toragabe findet am Horeb statt, die Bundesschlüsse am Horeb und in Moab, die Zuwendung Jhwhs zu seinem Volk geschieht in Ägypten und die Erwählung der Elterngeneration ist an das Exodusgeschehen gebunden. Alle Konzepte sind folglich nicht in Israel selbst situiert, sondern im Ausland. In der Fremde entsteht Israel und wird zum Volk. Israel ist damit ein Volk, das nicht genuin an den Landbesitz gebunden ist. So wie es im Ausland entstanden ist, so kann es – mit den Gesetzen – auch im Ausland überleben. Das Land als Heilsgabe bleibt Ziel des Gebotsgehorsams, der Status als zu Jhwh gehörendes Volk wird davon jedoch nicht berührt.

Crüsemann bezieht dieses Außenstehen auf die staatliche Macht und bezeichnet den Sinai (bzw. Horeb) als Gesetzesberg in dieser Hinsicht als u-topischen Ort, der „zeitlich und räumlich" außerhalb der staatlichen Macht steht.[1032] Diese Perspektive wurde von Taschner in seiner Analyse der Mosereden breit aufgegriffen. Durch die Situierung jenseits des Jordans rückt Mose in eine Außenperspektive.[1033] Zum einen können so die Israeliten in der Erinnerung an Mose selbst

---

1030 Von Rad, Deuteronomium-Studien, 49.
1031 Mit der Angabe „jenseits des Jordans" für das Ostjordanland verrät dabei zugleich der Verfasser seine eigene Positionierung im Land. In den Mosereden hingegen bezeichnet „jenseits des Jordans" das Westjordanland und damit das Verheißungsland selbst, in das es noch einzuziehen gilt. Vgl. Geiger, Gottesräume, 63–66.
1032 Vgl. Crüsemann, Tora, 75.
1033 Vgl. Taschner, Mosereden, bes. 56–65.

eine kritische Distanz zum Leben im Land aufnehmen und zum anderen wird Mose selbst als Außenstehender, der er nicht nur räumlich, sondern auch gesellschaftlich ist, eine kritische Distanz zum Volk eingeräumt. Doch indem er so außerhalb der Bevölkerungsgruppen steht, kann er gerade als integrierende Figur für ganz Israel gelten. So wie der Sinai / Horeb als Gründungsberg nicht Teil eines Stammesgebiets und somit einseitig vereinnehmbar ist, wird Mose nicht direkt einem der israelitischen Stämme oder Gruppen zugeordnet.

Jan Assmann beschreibt in dieser Hinsicht das „Deuteronomium als Paradigma kultureller Mnemotechnik".[1034] Dabei ist das Besondere an Israel, dass es seine Bindungen, an die es sich zu erinnern gilt – und damit sind die hier beschriebenen Volkswerdungskonzepte gemeint – außerhalb des Landes eingegangen ist. „Damit wird eine Mnemotechnik fundiert, die es möglich macht, sich *außerhalb* Israels an Israel zu erinnern, und das heißt, auf den historischen Ort dieser Ideen bezogen: im babylonischen Exil Jerusalems nicht zu vergessen (Ps. 137.5). Wer es fertigbringt, in Israel an Ägypten, Sinai und die Wüstenwanderung zu denken, der vermag auch in Babylonien an Israel festzuhalten."[1035]

Neben der Volkwerdung kann auch die Bekehrung zu Jhwh nach dem Bundesbruch bei den Völkern und damit im Ausland stattfinden (vgl. Dtn 4; 30). Der Einzug in das eigene Land kann dann den Neubeginn unter verbesserten Vorzeichen bedeuten. Das Sein in der Fremde verbindet den Aspekt des Nichtvereinnehmbaren mit dem des objektiveren Außenblicks, der einen Neuanfang ermöglicht.

Die Betonung der Entstehung des Volkes und der grundlegenden Ereignisse in der Fremde ist eine Aufwertung der israelitischen Gruppen, die selbst die Erfahrung der Fremde gemacht haben. Nicht im Land sind die identitätsstiftenden Grunddaten situiert, sondern außerhalb desselben. Im Exil wirkt dies als sinnstiftender Trost, bei der Rückkehr führt diese Perspektive zur Disqualifikation der im Land Verbliebenen, die die Entwicklung außerhalb des Landes nicht mitmachen konnten. Das neue Eigene hat sich in der Fremde konstituiert.

1034 So die Kapitelüberschrift bei Assmann, Gedächtnis, 212–228.
1035 Assmann, Gedächtnis, 213.

6 Das Eigene im Fremden – Ergebnisse

Der generelle Facettenreichtum des Deuteronomiums findet sich in der Darstellung von nichtisraelitischen Menschen und dem geforderten Umgang mit diesen Fremden wieder. So steht etwa die Aufforderung an Israel, den Fremdling zu lieben und zu versorgen (vgl. Dtn 10,12–22) neben der Anweisung, die kanaanäischen Fremden vollständig auszulöschen (Dtn 7,1 f.). Nicht nur die Beschreibungen *der* Fremden, sondern auch die *des* Fremden weisen eine größere Bandbreite auf. Das Land Ägypten steht etwa sowohl für den Ort der Sklaverei (Dtn 6,12; 15,15 u. ö.) als auch der eigenständigen Bewirtschaftung von Feldern (Dtn 11,10) und zudem für den Ort der Volkwerdung Israels (Dtn 4,20; 10,22; 26,5).

Ausgehend von diesem Nebeneinander wurden die verschiedenen Darstellungsweisen des Fremden genauer untersucht und zugleich wurde nach ihrer Funktion bei der kollektiven Identitätskonstruktion Israels durch die deuteronomischen und deuteronomistischen Verfasser gefragt. Im Zuge der Untersuchung konnte an den Texten die Annahme bestätigt werden, dass die Darstellung des und der Fremden eine tragende Rolle in der Konstruktion des Selbstverständnisses spielte. In der abgrenzenden Darstellung des Fremden spiegelt sich die Konzeption des Selbsts.

Die systematisierende Zusammenfassung der Ergebnisse erfolgt auf drei verschiedenen Zugangs- und Interpretationsebenen, um ein differenzierteres Verständnis der Passagen des Deuteronomiums, die sich mit den und dem Fremden auseinandersetzen, zu ermöglichen. Es handelt sich nicht um drei distinkte Zugangswege zu den Texten, sondern um einen Dreischritt, der in den vorhergehenden Analysen in seiner Kombination zur Geltung kam:

1. Terminologische Differenzierung und unterschiedliche Gruppen
2. Chronologische Differenzierung der Textpassagen
3. Textpragmatische Differenzierung der Funktionen der Darstellung des Fremden.

6.1 Terminologische Differenzierung und unterschiedliche Gruppen

Im Deuteronomium erscheinen verschiedene Gruppen von Menschen, die dem Bereich des Fremden zugerechnet werden können. So gibt es sowohl Passagen, die sich mit bestimmten Typen von Fremden auseinandersetzen, wie dem Fremdling (גר) und dem Ausländer (נכרי), als auch solche, in denen Mitglieder konkreter

Völker (Ägypter, Ammoniter, Moabiter, Edomiter, die kanaanäischen Völker und weitere) im Mittelpunkt stehen.

Der גר und der נכרי sind beides Menschen, die dem im Deuteronomium angeredeten ‚Du' und damit dem Handlungssubjekt der Gesetze gegenüberstehen. Ihre konkrete Zuschreibung weist dabei im Einzelnen deutliche Unterschiede auf:

Der גר (Dtn 1,16; 10,18 f.; 14,29; 16,11; 24,17–21 u. ö.) kommt von außerhalb der Gemeinschaftsstrukturen und ist auf den Schutz und die Unterstützung der israelitischen Solidargemeinschaft angewiesen, in deren Mitte er sich befindet. Dabei treten seine Herkunft, sein Geschlecht und seine kulturelle Prägung in den Hintergrund. Von Bedeutung ist allein seine soziale Bedürftigkeit, die er mit den Witwen und Waisen teilt. So ist er bei den religiösen Feiern – mit Ausnahme des Passafestes – integriert, um an der dortigen Freude und dem guten Essen Anteil zu haben, ohne dass religiöse Differenzen zu Israel oder mögliche Konflikte in den Blick genommen werden.

Der נכרי (Dtn 14,21; 15,3; 17,15; 23,21; 29,21) hingegen ist in ein soziales System eingebunden, das jedoch nicht das israelitische ist. So kommt er als Reisender und vor allem als Händler nach Israel, tritt in wirtschaftlichen Kontakt und verlässt das Land wieder. Er befindet sich in keiner Notlage und ist somit nicht auf die Hilfe Israels angewiesen. Da er der israelitischen Gemeinschaft gegenübersteht, wird er von allen Vergünstigungen ausgeschlossen, die sich die brüderliche Solidargemeinschaft in der deuteronomischen Gesetzgebung untereinander gewährt (Schuldenerlass, Zinsverbot).

Die Konnotation beider Begriffe bleibt während der Entstehungsgeschichte des Deuteronomiums semantisch nahezu konstant. Im Umgang mit dem גר lässt sich jedoch eine gewisse Öffnung erkennen, die sich in anderen Partien des Alten Testaments auch in der Konnotation des Begriffs selbst niedergeschlagen hat. So wird der גר in der vorexilischen Zeit ausschließlich als Handlungs*objekt* Israel gegenübergestellt. In nachexilischer Zeit, in der der גר bei der Lesung und dem Erlernen des Gesetzes unter den Teilnehmenden erwähnt wird (Dtn 31,12), wird ihm eine aktive Rolle in der Religionseinübung zuteil.

Auf der Ebene der Auseinandersetzung mit fremden Völkern sind drei Untergruppen zu unterscheiden: So werden einige Völker konkret genannt. Einige Völker werden zwar genannt, stehen aber eigentlich als Chiffre für andere Gruppen. Zuletzt gibt es eine Auseinandersetzung mit Völkern, auf die jedoch nur implizit geschlossen werden kann.

Zu der ersten Gruppe gehören besonders die Ägypter, Moabiter, Ammoniter und Edomiter. Alle vier Nachbarländer werden im Gemeindegesetz (Dtn 23,4–9) genannt. Dort werden die Möglichkeiten ihrer Integration in den קהל יהוה festgelegt. Während die Moabiter und Ammoniter auf ewig ausgeschlossen sind, gibt es für Ägypter und Edomiter die Möglichkeit der Aufnahme nach drei Generationen.

Die Sicherung der Grenzen der Moabiter, Ammoniter und Edomiter wird in den Eroberungserzählungen in Dtn 1–3 festgelegt. Gerade in der Darstellung der Ägypter und Ägyptens im Deuteronomium wird jedoch deutlich, dass anders als beim גר und נכרי die konkreten Fremden verschieden konnotiert genannt werden. So ist Ägypten zum einen das Sklavenhaus (Dtn 6,12; 15,15 u.ö.). Zum anderen ist es jedoch auch das Land der Fremdlingschaft Israels (Dtn 10,19), sodass die Ägypter gerade wegen Israels Aufenthalt dort in die Gemeinschaft aufzunehmen sind (Dtn 23,8 f.).

Zur zweiten Untergruppe und damit zu den Völkern, die nicht für sich selbst stehen, sondern als Chiffren gebraucht werden, zählt zum einen Amalek (Dtn 25,17–19). Am Verhalten Amaleks wird deutlich gemacht, was Israel auf ewig fremd bleiben soll. Amalek ist also keine realhistorische Konfliktpartei, sondern steht als Metafeind für die absolute moralische Grenzziehung um Israel.

Noch deutlicher wird die Unterscheidung zwischen den in den Texten genannten Völkern und den damit gemeinten Gruppen anhand der kanaanäischen Völker. So gilt ihnen – zumeist einfach bezeichnet als „diese Völker" (הגוים האלה) – die stärkste Kultkritik und ihre Vernichtung wird gefordert (Dtn 7; 18,9–14; 20,15–18). Die Grenzziehung zu den genannten Hetitern, Girgaschitern, Amoritern, Kanaanitern, Perisitern, Hiwwitern und Jebusitern zielt eigentlich auf die Gruppen, die das aus dem Exil kommende Israel im Land vorfindet. Dabei handelt es sich also um Gruppen, die sich selbst als Israel bezeichnen würden. Die aktive Konstruktion des Fremden sorgt hier für die Stärkung der eigenen Gruppenidentität.

Auf die dritte Untergruppe kann nur rückgeschlossen werden. So ist immer wieder aufgefallen und in der exegetischen Literatur breit diskutiert, dass das Deuteronomium sich in seiner Sprache an altorientalische Vertragsliteratur anlehnt. Besonders im Fokus steht die Übernahme der Form und Argumentationsstruktur der Vasalleneide Asarhaddons (VTE) in Dtn 13 und 28. Hierbei handelt es sich um eine implizite Auseinandersetzung mit den Assyrern, die wie die Babylonier und Perser nicht direkt im Deuteronomium thematisiert werden. Diese Nichtnennung ist durch die Situierung des Plots vor der Landnahme zu erklären, doch wäre auch das Reden in Chiffren, wie es für die ‚kanaanäische' Landbevölkerung gezeigt werden konnte, möglich. So ist es in diesem Kontext zudem auffällig, dass die weit entfernten Kriegsgegner im Kriegsgesetz (Dtn 20) als weniger gefährlich eingestuft werden als die im Land selbst. All das lässt darauf schließen, dass hier eine Form des Kulturtransfers stattgefunden hat, die jedoch nicht automatisch mit einer Konzeption der Abgrenzung gleichzusetzen ist. Die aus dem Alten Orient bekannten Ausdrucksformen und Vorstellungen hatten einen großen Einfluss auf die Verfasser des Deuteronomiums, eine bewusste Wendung gegen die Vasallenherren ist jedoch nicht zwangsläufig impliziert.

Als Ort des Exils kommt Babylonien in den Blick, ohne dass es explizit genannt würde. Hierhin wird Israel aufgrund der eigenen Schuld gebracht. Hier droht die Gefahr der Verehrung anderer Götter. Doch bietet das Exil zugleich den Ort der Bekehrung, an dem eine erneute Zuwendung Gottes möglich wird (vgl. Dtn 4).

6.2 Chronologische Differenzierung der Textpassagen

Das deuteronomische Gesetz bildet die vorexilische Grundlage des Deuteronomiums. Alle weiteren Textpassagen setzen neue Akzente, behalten jedoch das ältere Gesetz bei und setzen sich kommentierend mit diesem auseinander. Im Laufe der Entstehung und Fortschreibung des Deuteronomiums entstand so das vielfältige Bild der Fremdendarstellung, wie es in der kanonischen Endgestalt vorliegt. Zu einem besseren Verständnis der Passagen führt die zeitliche Verortung der Einzeltexte. So hat sich die Vorannahme an den Texten bestätigt, dass die gesellschaftliche Situation Israels starken Einfluss auf die Darstellung des Fremden hatte. Dies gilt sowohl für den geschilderten Umgang mit den Fremden als auch für die pointierten Darstellungen des Fremden, die der aktiven Vergangenheitsbewältigung, Gegenwartsdeutung und Zukunftsperspektive der verschiedenen deuteronomischen und deuteronomistischen Verfasser geschuldet sind. In Zeiten der Stabilität als Mehrheitsgesellschaft im eigenen Land, wie die späte Königszeit trotz aller politischer und sozialer Brisanz beschrieben werden kann, wird das Fremde als weit weniger gefährlich stilisiert als in Zeiten der Neuordnung der kollektiven Identität als Minderheit im Exil und in der nachexilischen Zeit. Gerade die harten Linien der Abgrenzung von Fremden konnten als Zeichen eines spezifischen Konflikts zwischen den Rückkehrern und den im Land Lebenden identifiziert werden, wie er in persischer Zeit stattfand. Dabei lässt sich keine einlinige Entwicklung der Fremdensicht nachzeichnen, sondern ein Schwanken zwischen verschiedenen Polen.

Auf der vorexilischen deuteronomischen Ebene spielen die Mechanismen der Inklusion und Exklusion eine entscheidende Rolle. So sind durch das Gesetz Regeln gegeben, die man erfüllen muss, um in die Gemeinschaft aufgenommen zu werden, und es gibt soziale Regeln, bei deren Nichtbeachtung die Exklusion aus der Gemeinschaft erfolgen soll (בערת-Gesetzgebung). Als Schlüssel für die Exklusion und Inklusion dient das Bild der Mitte Israels. Das angesprochene ‚Du' ist für die soziale und kultische Reinhaltung dieser Mitte verantwortlich. So werden die Schwachen in der Mitte (der Mitte Israels bzw. des ‚Du') aufgenommen und versorgt, das Böse ist aus dieser Mitte wegzuschaffen (Dtn 13,6; 17,7.12; 19,19; 21,21; 22,21; 22,22.24; 24,7).

Wer zu Israel gehört und was Israel ist, ist in vorexilischer Zeit primär kein Inhalt von aufzeigbaren Aushandlungsprozessen. Eine Auseinandersetzung mit Fremden findet international nur indirekt in der Kriegsgesetzgebung (Dtn 20*; 21,10 – 14) und reflektiert im Gemeindegesetz (Dtn 23,2 – 9) statt. Hier wird neben dem Ausschluss von Israeliten aus Gründen der Reinheit der Gemeinschaft die mögliche Aufnahme der Moabiter, Ammoniter, Edomiter und Ägypter in den קהל יהוי geregelt. Während erstere ausgeschlossen werden können, ist es den Edomitern und Ägyptern möglich, nach drei Generationen aufgenommen zu werden. Begründet wird dies mit der Verbindung Israels zu beiden Völkern. So ist Edom der Bruder Israels und Israel war als Fremdling in Ägypten. Die beiden für die israelitische Gemeinschaft grundlegenden Beziehungsgeflechte – das symmetrische Verhältnis zum אח und das asymmetrische zum גר – werden hier aufgenommen. Im Hintergrund stehen die außenpolitischen Verhältnisse zur Zeit Jojakims. Edom und Ägypten waren hier die letzten möglichen Koalitionspartner für Israel gegen die anrückenden Babylonier, die durch Ammon und Moab unterstützt wurden.

Zudem regelt das vorexilische Deuteronomium den Umgang mit Fremden, die nach Israel kommen. Der גר wird als Bedürftiger integriert, dem נכרי steht man im Handel gegenüber. Am Umgang mit diesen Fremden zeigen sich die Grundpfeiler der eigenen Gerechtigkeitsvorstellungen, die gegenseitige Fürsorge und die Abgrenzung nach außen.

Auf religiöser Ebene gehen von diesen Fremden keine Gefahren aus. So ist das Problem der Apostasie ein innerisraelitisches, die in Dtn 13,2 – 12* beschriebenen Möglichkeiten des Abfalls von Jhwh und der Verehrung anderer Götter werden von Menschen aus der eigenen Mitte ausgelöst.[1036] Auch bei den direkten Kontakten mit Menschen, die nicht der eigenen Gemeinschaft zugerechnet werden, wird keine Warnung vor fremden Kulten ausgesprochen. Weder im älteren Bestand des Kriegsgesetzes in Dtn 20 – die Einfügung der kultkritischen Passage in Dtn 20,15 – 18 ist erst in persische Zeit zu datieren – oder bei den Regelungen zum Umgang mit Kriegsgefangenen (Dtn 21,10 – 14), noch bei der Miteinbeziehung des גר bei den israelitischen Festen erfolgt eine Warnung vor religiöser Verführung.

Mit Verlust des Landes und dem Beginn der Existenz im Exil verschieben sich grundlegende Linien. Israel befindet sich nun selbst in der Fremde. So ringen die deuteronomistischen Texte um die Sicherung und Bildung israelitischer Identität auf der Basis des Gesetzes. Das deuteronomische Gesetz wird zum Schlüssel der Gemeinschaftsordnung. Ihre Grenzen werden durch die Annahme des Gesetzes

---

1036 Erst durch eine spätere Redaktion werden die *anderen* Götter (אלהים אחרים) zu *fremden* Göttern stilisiert, die Israel und seine Väter nicht kannten.

oder den Verstoß gegen es festgelegt. Im Exil fungiert das Gesetz als ‚portatives Vaterland', die Grundstrukturen eines ‚Verfassungspatriotismus' werden erkennbar. Durch das schon im deuteronomischen Gesetz verankerte Konzept der Mitte, das vom konkreten Landbesitz getrennt werden kann, ist es im Exil möglich, an den deuteronomischen Grundstrukturen der Gemeinschaft festzuhalten. Durch die nun entstehenden, das Gesetz rahmenden Mosereden wird das Volk literarisch außerhalb des Landes situiert, eine Neueroberung und damit ein Neuanfang werden somit hoffnungsvoll in Aussicht gestellt. Das figurierte Israel befindet sich unter der autoritativen Führungsgestalt des Mose vor der Landnahme, die im Exil befindlichen Israelitinnen und Israeliten sehen sich analog dazu unter der autoritativen literarischen Führung des mosaischen Gesetzes vor einer erneuten Landnahme. Deutlich ist dabei, dass die deuteronomistischen Verfasser für ganz Israel formulieren (vgl. Dtn 29,1–14), auch wenn sie selbst nur ein Teil der in mehreren Gruppen verstreuten ehemaligen Bewohner Israels sind. Dass dies bei einer Wiederbegegnung mit anderen Gruppen Israels zum Problem wird, zeigen die nachexilischen Erweiterungen des Deuteronomiums.

In den in exilischer Zeit entstehenden Passagen werden die anderen Völker verstärkt in den Blick genommen. Wurden zuvor besonders innerisraelitische soziale Verhältnisse geregelt, so wird nun Israel auf der Ebene der Völker situiert. Das israelitische ‚Du' wird weniger in der Relation zum im Land lebenden oder auftauchenden Fremden gesehen und definiert, sondern viel stärker vor der Folie anderer Völker. Dies wird etwa an der Veränderung in Dtn 28 deutlich. Stellte der vorexilische Abschnitt in V. 43f. dem wirtschaftlichen Ergehen des ‚Du' den sozialen Aufstieg des גר gegenüber, verknüpft die exilisch verfasste Passage V. 12f. Israel mit den Völkern, mit denen man in wirtschaftlichen Beziehungen steht. Auffällig ist jedoch, dass nicht die Darstellung dieser Völker in den Mittelpunkt rückt, sondern dass sie zur Folie gemacht werden, auf der Israels Gehorsam und damit sein Verhalten Jhwh gegenüber abgelesen werden kann. Folgt Israel dem deuteronomischen Gesetz, so ist eine Erneuerung des Bundes möglich (bes. Dtn 5–11*). Bricht Israel die Gebote, so wird die erneute Einwanderung misslingen. Im Zentrum steht die Zuwendung zu Jhwh als einzigem Gott.

Zudem bildet die Erinnerung an die durchaus als gewaltsam beschriebene Landnahme und damit die Machttaten Jhwhs an den Völkern das Fundament der eigenen Hoffnungen auf Rückkehr in das vormals eigene Land. Nicht wie die Generation der Väter, die sich nicht an Jhwhs Aufforderungen hielten und das Land somit nicht erobern bzw. nicht behalten konnten, soll das Israel im Exil sein, sondern als neue Generation das Land neu in Besitz nehmen (bes. Dtn 1–3*) und dann auch für immer behalten.

Die stärksten Tendenzen der Abgrenzung gegenüber Fremden entstehen in nachexilischer und damit persischer Zeit. Doch bedarf es hier eines genaueren

Blicks: So konnte unter Beachtung der relativen Chronologie und der Perspektive der Texte, die den Blick der in das Land Einwandernden auf die im Land Lebenden verrät, plausibel gemacht werden, dass die hier genannten kanaanäischen Völker, die es zu vernichten oder doch zumindest zu meiden gilt und die als Völker im Land spezifiziert werden, als Platzhalter für die im Land Lebenden verstanden werden können, die die Israelitinnen und Israeliten bei ihrer Heimkehr vorfinden. Die härteste Grenzziehung zum Fremden findet also letztlich im Bereich des Eigenen statt. Menschen, die sich selbst als Israeliten bezeichnen würden, werden in dieser deuteronomistischen Sicht aus der kollektiven Identitätskonstruktion exkludiert. Die religiösen Grundüberzeugungen, die sich in exilischer Zeit ausgebildet haben und die vor allem im Alleinverehrungsanspruch Jhwhs zum Ausdruck kommen, führen zu einer religiösen Grenzziehung um Israel als Gruppe.

In der Folge werden die Mechanismen des Banns und des Jhwh-Krieges auch auf die eigene Gruppe angewendet. Ein Abfall von Jhwh wird zum Hauptmotiv der Exklusion. An die Stelle der sozialen und nationalen Grenzziehung ist eine religiöse getreten. Die Inklusion erfolgt über die Akzeptanz des Gesetzes, ein Weg, der nun auch für die Fremdlinge geöffnet wird (Dtn 31,12).

Neben der starken Abgrenzung kommt es in persischer Zeit zunehmend zu einer positiven und zugleich distanzierten Darstellung der Fremden, die sie in der Position der objektiven Beurteiler von außen wahrnimmt. So ist es der Blick von außen, der die wahrhafte Größe Israels aufgrund der gerechten Gesetzgebung konstituiert (Dtn 4,6 – 8), die Ausländer können wie die Kinder, die an der Katastrophe des Exils keine Schuld tragen, Israels Versagen von außen beurteilen (Dtn 29,21 – 28). Die Völker werden stärker nicht mehr primär in ihrer Alienität, sondern in einer stärker positiv besetzten Alterität wahrgenommen. Den letzten Schritt auf diesem Weg stellen die sogenannten antiquarischen Notizen in Dtn 2,10 – 12.20 – 23 und 3,9.11 dar. Spätestens hier wird Israel und zugleich Jhwh auf der Weltebene des Geschehens situiert.

6.3 Textpragmatische Differenzierung der Funktionen der Darstellung des Fremden

Einen besonderen Schwerpunkt nahm die Untersuchung der Funktionen der verschiedenen Darstellungen des und der Fremden ein. So konnte breit aufgezeigt werden, mit welcher Absicht die deuteronomischen und deuteronomistischen Verfasser unterschiedliche Bilder des Fremden wählen.

Grundsätzlich ist dabei festzuhalten, dass es sich im Deuteronomium an keiner Stelle um einen Dialog oder eine direkte Auseinandersetzung mit den Fremden handelt. Auch wenn das Deuteronomium deutliche Züge altorientalischer Vertragsliteratur aufweist, so ist es kein Dokument internationaler Verträge. Die Vertragspartner sind Jhwh und sein Volk, das sich selbst immer wieder neu bestimmt. Das Buch ist allein auf das Volk Israel selbst ausgerichtet und nicht für die anderen Völker bestimmt. Im Zentrum steht die kollektive israelitische Identitätsbildung nach den Vorstellungen der Deuteronomiker und Deuteronomisten und damit keine neutrale Beschreibung Israels und seiner Nachbarn. Zwar wird auf die aktuellen politischen Beziehungen zu anderen Völkern Bezug genommen, im Fokus steht jedoch die Rolle, die Israel dabei für sich selbst vorsieht.

So konnte etwa gezeigt werden, dass das Gemeindegesetz (Dtn 23,2–9) die mögliche internationale Bündnispolitik unter Jojakim reflektiert, jedoch dabei auf die Akzeptanz jener möglichen Partner (Edomiter und Ägypter) in Israel selbst ausgerichtet ist.

Durch die Darstellung der Fremden wird zum einen eine Grenzziehung um Israel vollzogen. Indem der נכרי dem israelitischen Solidarsystem gegenübergestellt wird, wird festgehalten, bis wohin die Solidarität und damit materiell der wirtschaftliche Schutz der Armen reicht. Zudem werden die israelitischen Grundbesitzer, für die der Schuldenerlass und das Zinsverbot Einbußen bedeuten, getröstet: Von den wirklich Fremden dürfen die Schulden weiterhin eingetrieben werden. Dies beinhaltet keine Form der Diskreditierung der Nichtisraeliten, sie bleiben in ihrer Funktion als wirtschaftliche Partner für Israel bedeutend.

Eine absolute Grenzziehung wird dagegen durch die Aufforderung der Auslöschung und des ewigen Beziehungsabbruchs zu Amalek figuriert (Dtn 25,17–19). Ein so gottloses Verhalten wie es Amalek zugeschrieben wird, soll Israel auf ewig fremd sein. In Bezug auf die anderen Völker, die Israel umgeben, wird hingegen nicht die Auslöschung, sondern die friedliche Koexistenz angestrebt. Jhwh wird Israel Ruhe vor den es umgebenden Völkern geben, doch für Amalek gilt das Gebot der Vernichtung und des Vergessen-Machens (Dtn 25,17–19).

Die Gesetzgebung zum Fremdling erfüllt eine andere Funktion. An ihm wird die Integration der Schwachen greifbar, wie sie das deuteronomische Gesetz fordert. Zudem bietet der Fremdling die Möglichkeit der Spiegelung. So wie es nun dem besitzlosen גר ergeht, so ist es Israel in Ägypten ergangen. Die eigene Erfahrung der Machtlosigkeit, wie sie Israel hier ins kollektive Gedächtnis geschrieben wird, sorgt für eine Stärkung der Sozialgesetzgebung in der Gegenwart.

Vor der Folie der anderen Völker wird Israels eigener Gottesgehorsam ablesbar, wie es in den Texten der exilischen Zeit besonders deutlich wird. Die Völker spielen dabei die Rolle der Statisten in der Geschichtserzählung Israels. In dieser Rolle können sie und auch ihre religiösen Vorstellungswelten und Praktiken zum Fallstrick für Israel werden. Eroberungserfolg und -misserfolg werden nicht durch die Stärken der Völker begründet, sondern durch Israels vorhandene oder mangelnde Gesetzesobservanz. Die Eroberung des Landes wird dabei als durchaus gewaltsam geschildert und Mechanismen des Banns werden gefordert. Doch ist auffällig, dass gerade gegen Sihon und Og eine militärisch erfolgreiche Aktion geschildert wird, und damit gegen jene Völker, die nicht mit den realen zeitgenössischen Nachbarn Israels übereinstimmen. Sie sind folglich ‚geschichtstheologisch vogelfrei', sodass an ihnen die deuteronomistische Lehrerzählung die Grundlinien des von Israel geforderten Verhaltens plakativ aufzeigen kann. Hingegen wird der Besitz der Territorien der zeitgeschichtlich realen Nachbarn in der Geschichtserzählung von Dtn 1–3 bestätigt. Dies gilt bereits für die Ergänzungen in Dtn 1–3, die sich auf Edom, Moab und Ammon beziehen, und wird in den sich daran anschließenden nachexilischen antiquarischen Notizen besonders deutlich.

Kommen die Stärken der anderen Völker in den Blick, so dient dies wiederum der Visualisierung des göttlichen Eingreifens. Dies wird besonders an den verschiedenen Aussagen zu Israels Größe deutlich. Israel wird sowohl als besonders klein als auch als besonders groß dargestellt, es wird zugleich die Mehrung Israels als auch die Dezimierung der Bevölkerung angekündigt. Die Angabe dieser Größen erfolgt nicht absolut, sondern immer in Relation zu den anderen Völkern. Wird Israels Kleinheit im Vergleich mit den Gegnern angegeben, so unterstützt dies die Macht Gottes, der auch die größeren Völker für Israel vertreiben konnte. Zudem wird so der kleinen Gruppe derer, die aus dem Exil heimkehren, vor Augen geführt, dass ihre geringe Anzahl gerade ein Zeichen ihrer besonderen Beziehung zu Jhwh darstellt (Dtn 7,7–11).

Die besondere Größe Israels wird letztendlich durch den Blick der Völker konstituiert (Dtn 4,6–8; vgl. auch 28,1–14; 29,21–28). Sie erkennen Israels wahre Größe durch die enge Gottesbeziehung und die weise Gesetzgebung an. Hier stehen die Fremden nicht für etwas der Gemeinschaft Gefährliches, sondern für eine objektive Beurteilung von außen, die das geschaffene Eigene Israels festigen. In diesem Sinne ist die Aussage der Völker als performativer Sprechakt zu deuten.

Auch im Hinblick auf die Landesdarstellungen kann festgehalten werden, dass sie den Interessen der kollektiven Identitätskonstruktion untergeordnet sind. So wird Ägypten als Sklavenhaus dargestellt, wenn an die Befreiungstat Jhwhs und damit die Stiftung der Gottesbeziehung erinnert wird. Zudem wird die Erinnerung an das Sklavendasein dort beschworen, wo den aktuell Bedürftigen Hilfe zuteilwerden soll. Indem an die vergangene Machtlosigkeit erinnert wird, wird die gegenwärtige Asymmetrie aufgehoben und eine reziproke Beziehung und damit ein Gefühl der gegenseitigen Verantwortung geschaffen.

Die Darstellung des Landes in Dtn 11,10–12 dient einem anderen Zweck. Implizit wird hier deutlich, dass das Land, in dem man in der Ferne lebt, kein Sklavenhaus ist, sondern dass die Israeliten dort durchaus eigenes Land besitzen. Indem jedoch die Vorteile der Landwirtschaft in Israel, deren Erfolg allein an den

Regen und damit, wie es die Segenstexte des Deuteronomiums verbinden, an den Gottesgehorsam gebunden ist, ausgemalt werden, wird den im Exil Verbliebenen der Aufbruch und damit die Rückkehr nach dem so idealisierten Israel erleichtert.

Noch eine dritte Funktion erfüllt das Reden von Ägypten und weiteren Gegenden außerhalb Israels: So wird Israel in Ägypten (Dtn 4,20; 10,22; 26,5), in der Wüste (32,9 f.) oder beim Bundesschluss (27,9 und in Moab 29,12) zum Volk Jhwhs. Alle Volkwerdungskonzepte werden außerhalb Israels verortet. Die Position und Legitimation der Einwanderer, die nun aus dem Exil und damit von außen Kommenden, wird somit verstärkt.

Indem im Deuteronomium Menschen, Praktiken und Phänomene als fremd bezeichnet werden, erfolgt eine Abgrenzung. Dieser Mechanismus des ‚Othering‘ sorgt für einen stärkeren inneren Zusammenhalt. Die Krankheiten Ägyptens zeigen schon dadurch ihre Gefährlichkeit, dass sie dem Bereich des Fremden zugeschrieben werden (Dtn 7,15). Die im Prophetengesetz (Dtn 18,9 – 22) verurteilten (mantischen) Praktiken werden als kanaanäisch dargestellt und sollen somit Israel selbst fremd sein. Da es sich jedoch bei den aufgezählten Praktiken um zumindest vormals in Israel gängige Orakeltechniken handelt, wird deutlich, wie religiöse Neuerungen durch die Zuschreibungen des Alten zum Fremden untermauert werden. Am deutlichsten wird dieser Mechanismus auf der Ebene der Gruppen. Indem die deuteronomistischen Verfasser die im Land Lebenden als wirklichen Quell der Apostasiegefahr aufzeigen und sie mit der kanaanäischen Vorbevölkerung gleichsetzen, weisen sie die Daheimgebliebenen, von denen man sich nun nach getrennter religiöser Entwicklung entfremdet hat, als das Fremde aus, von dem es sich abzugrenzen gilt. Nur die Gruppe der Rückkehrer ist somit das wahre Israel, das von Jhwh in der Fremde erwählt wurde.

In der Fremde hat sich das prekäre Eigene neu konstituiert. Durch die Ausgrenzung von vermeintlich Fremden und Fremdem und durch jeweils neue Fremdendarstellungen konstruieren die deuteronomistischen Verfasser immer wieder neu das ideale Israel.

7 Literaturverzeichnis

Die Abkürzungen folgen Schwertner, S.M., *Internationales Abkürzungsverzeichnis für Theologie und Grenzgebiete*, Berlin / New York, NY [2]1992.

Folgende weitere Abkürzungen wurden verwendet:

BE   Biblische Enzyklopädie

BZAR   Beihefte zur Zeitschrift für Altorientalische und Biblische Rechtsgeschichte

dtn   deuteronomisch

dtr   deuteronomistisch

DtrG   Deuteronomistisches Geschichtswerk

HBS   Herders Biblische Studien

HThKAT   Herders Theologischer Kommentar zum Alten Testament

JAJ.S   Journal of Ancient Judaism Supplements

Ges-K[28]   Gesenius / Kautzsch, Hebräische Grammatik

KBL[3]   Köhler / Baumgartner, Hebräisches und Aramäisches Lexikon zum Alten Testament

NSK.AT   Neuer Stuttgarter Kommentar. Altes Testament

WBC   Word Biblical Commentary

ZAR   Zeitschrift für Altorientalische und Biblische Rechtsgeschichte

Die in der Studie verwendeten Kurztitel der einzelnen benutzten wissenschaftlichen Kommentare zum Buch Deuteronomium entsprechen den Abkürzungen der Kommentarreihen. Die anderen Kurztitel bestehen in der Regel aus dem ersten Substantiv des Titels. Markante Abweichungen davon sind im Verzeichnis in eckigen Klammern angegeben.

Achenbach, R., *Israel zwischen Verheißung und Gebot. Literarkritische Untersuchungen zu Deuteronomium 5 – 11*, EHS.T 422, Frankfurt a.M. 1991.

— Levitische Priester und Leviten im Deuteronomium. Überlegungen zur sog. „Levitisierung" des Priestertums. In: ZAR 5 (1999), 285 – 309.

— *Die Vollendung der Tora. Studien zur Redaktionsgeschichte des Numeribuches im Kontext von Hexateuch und Pentateuch*, BZAR 3, Wiesbaden 2003.

— Das sogenannte Königsgesetz in Deuteronomium 17,14 – 20. In: ZAR 15 (2009), 216 – 233.

— Der Eintritt der Schutzbürger in den Bund (Dtn 29,10 – 12). Distinktion und Integration von Fremden im Deuteronomium. In: Ders. / Arneth, M. (Hg.), „Gerechtigkeit und Recht zu üben" (Gen 18,19). Studien zur altorientalischen und biblischen Rechtsgeschichte, zur Religionsgeschichte Israels und zur Religionssoziologie, FS E. Otto, BZAR 13, Wiesbaden 2009, 240 – 255.

—— *gêr – nåkrî – tôshav – zâr*. Legal and Sacral Distinctions regarding Foreigners in the Pentateuch. In: Ders. u.a. (Hg.), *The Foreigner and the Law. Perspectives from the Hebrew Bible and the Ancient Near East*, BZAR 16, Wiesbaden 2011, 29–51.

—— Zur Systematik der Speisegebote in Leviticus 11 und in Deuteronomium 14. In: *ZAR* 17 (2011), 161–209.

—— The Protection of *Personae miserae* in Ancient Israelite Law and Wisdom and in the Ostracon from Khirbet Qeiyafa. In: *Semitica* 54 (2012), 91–123.

—— Divine Warfare and Yhwh's Wars: Religious Ideologies of War in the Ancient Near East and in the Old Testament. In: Galil, G. u.a. (Hg.), *The Ancient Near East in the 12th-10th Centuries BCE. Culture and History, Proceedings of the International Conference held at the University of Haifa, 2–5 May, 2010*, AOAT 392, Münster 2012, 1–26.

Aharoni, Y., Arad. Its Inscriptions and Temple. In: *BA* 31 (1968), 2–32.

Albertz, R., Hintergrund und Bedeutung des Elterngebots im Dekalog. In: *ZAW* 90 (1978), 348–374.

—— „Ihr seid Fremdlinge in Ägypten gewesen". Fremde im Alten Testament. In: Ders., *Der Mensch als Hüter seiner Welt. Alttestamentliche Bibelarbeiten zu den Themen des konziliaren Prozesses*, Calwer Taschenbibliothek 16, Stuttgart 1990, 61–72.

—— *Religionsgeschichte Israels in alttestamentlicher Zeit, Bd. 1: Von den Anfängen bis zum Ende der Königszeit; Bd. 2: Vom Exil bis zu den Makkabäern*, GAT 8,1–2, Göttingen ²1996–1997.

—— Die sozial- und religionsgeschichtlichen Folgen der Exilszeit. In: *BiKi* 55 (2000), 127–131.

—— *Die Exilszeit. 6. Jahrhundert v. Chr.*, BE 7, Stuttgart 2001.

—— A Possible *terminus ad quem* for the Deuteronomistic Legislation – A Fresh Look at Deut 17:16. In: Gallil, G. u.a. (Hg.), *Homeland and Exile. Biblical and Ancient Near Eastern Studies in Honour of Bustenay Oded*, VT.S 130, Leiden / Boston, MA 2009, 271–296.

—— Die vergessene Heilsmittlerschaft des Mose. Erste Überlegungen zu einem spätexilischen Exodusbuch (Ex 1–34*). In: *EvTh* 69 (2009), 443–459.

—— Das Buch Numeri jenseits der Quellentheorie. Eine Redaktionsgeschichte von Num 20–24 (Teil I+II). In: *ZAW* 123 (2011), 171–183.336–347.

—— From Aliens to Proselytes. Non-Priestly and Priestly Legislation Concerning Strangers. In: Achenbach, R. u.a. (Hg.), *The Foreigner and the Law. Perspectives from the Hebrew Bible and the Ancient Near East*, BZAR 16, Wiesbaden 2011, 53–69.

—— Deuteronomistic History and the Heritage of the Prophets. In: Nissinen, M. (Hg.), *Congress Volume Helsinki 2010*, VT.S 148, Leiden / Boston, MA 2012, 343–367.

—— *Exodus, Bd. 1: Ex 1–18*, ZBK 2,1, Zürich 2012.

—— /Schmitt, R., *Family and Household Religion in Ancient Israel and the Levant*, Winona Lake, IN 2012.

Assmann, J., *Moses der Ägypter. Entzifferung einer Gedächtnisspur*, München / Wien 1998.

—— *Das kulturelle Gedächtnis. Schrift, Erinnerung und politische Identität in frühen Hochkulturen*, München ⁶2007.

—— *Monotheismus und die Sprache der Gewalt*, Wiener Vorlesungen im Rathaus 116, Wien ⁴2007.

Auerbach, E., *Mimesis. Dargestellte Wirklichkeit in der abendländischen Literatur*, Sammlung Dalp 90, Bern ⁶1977.

Aurelius, E., Die fremden Götter im Deuteronomium. In: Oeming, M. / Schmid, K. (Hg.), *Der eine Gott und die Götter. Polytheismus und Monotheismus im antiken Israel*, AThANT 82, Zürich 2003, 145–169.

—— *Zukunft jenseits des Gerichts. Eine redaktionsgeschichtliche Studie zum Enneateuch*, BZAW 319, Berlin / New York, NY 2003.

Bach, R., *Die Erwählung Israels in der Wüste*, Diss. Bonn 1952 (Mikrofiche).

Bächli, O., *Israel und die Völker. Eine Studie zum Deuteronomium*, AThANT 41, Zürich 1962.

Bartelmus, R., Begegnung in der Fremde. Anmerkungen zur theologischen Relevanz der topographischen Verortung der Berufungsvisionen des Mose und des Ezechiel (Ex 3,1–4,17 bzw. Ez 1,1–3,15). In: *BN* 78 (1995), 21–38.

Bartlett, J.R., Art. Ammon und Israel. In: *TRE* 2 (1978), 455–463.

—— *Edom and the Edomites*, JSOT.S 77, Sheffield 1989.

—— Edom in the Nonprophetical Corpus. In: Edelman, D.V. (Hg.), *You Shall Not Abhor an Edomite for He is Your Brother. Edom and Seir in History and Tradition*, ABSt 3, Atlanta, GA 1995, 13–21.

Becking, B., „We All Returned as One!". Critical Notes on the Myth of the Mass Return. In: Lipschits, O. / Oeming, M. (Hg.), *Judah and the Judeans in the Persian Period*, Winona Lake, IN 2006, 3–18.

Ben Zvi, E. / Levin, C. (Hg.), *The Concept of Exile in Ancient Israel and its Historical Contexts*, BZAW 404, Berlin / New York, NY 2010.

Bennett, H.V., *Injustice made legal. Deuteronomic Law and the Plight of Widows, Strangers, and Orphans in Ancient Israel*, Bible in its World, Grand Rapids, MI 2002.

Berges, U., *Klagelieder*, HThKAT, Freiburg u. a. 2002.

—— *Jesaja 40–48*, HThKAT, Freiburg u. a. 2008.

Bergey, R., L'élection dans le Deutéronome. In: *RRef* 49 (2008), 49–64.

Berlejung, A., Geschichte und Religionsgeschichte des antiken Israel. In: Gertz, J.C. (Hg.), *Grundinformation Altest Testament. Eine Einführung in Literatur, Religion und Geschichte des Alten Testaments*, Göttingen 2006, 55–185.

Berquist, J.L., Constructions of Identity in Postcolonial Yehud. In: Lipschits, O. / Oeming, M. (Hg.), *Judah and the Judeans in the Persian Period*, Winona Lake, IN 2006, 53–66.

Bertholet, A., *Die Stellung der Israeliten und der Juden zu den Fremden*, Freiburg u. a. 1896.

—— *Deuteronomium*, KHC 5, Freiburg u. a. 1899.

Beuken, W.A.M., *Jesaja 13–27*, HThKAT, Freiburg u. a. 2007.

Bieberstein, K., Grenzen definieren. Israels Ringen um Identität. In: Kügler, J. (Hg.), *Impuls oder Hindernis? Mit dem Alten Testament in multireligiöser Gesellschaft. Beiträge des Internationalen Bibel-Symposions Bayreuth, 27.–29. September 2002*, Bayreuther Forum TRANSIT, Kulturwissenschaftliche Religionsstudien 1, Münster 2004, 59–72.

Bloch, R.S., *Antike Vorstellungen vom Judentum. Der Judenexkurs des Tacitus im Rahmen der griechisch-römischen Ethnographie*, Hist. 160, Stuttgart 2002.

Blum, E., *Die Komposition der Vätergeschichte*, BWANT 57, Neukirchen-Vluyn 1984.

—— *Studien zur Komposition des Pentateuch*, BZAW 189, Berlin / New York, NY 1990.

Borger, R., *Die Inschriften Asarhaddons Königs von Assyrien*, AfO 9, Osnabrück 1967.

Braulik, G., *Die Mittel deuteronomischer Rhetorik. Erhoben aus Deuteronomium 4,1–40*, AnBib 68, Rom 1978.

—— Die Freude des Festes. Das Kultverständnis des Deuteronomium – die älteste biblische Festtheorie. In: Schulte, R. (Hg.), *Leiturgia Koinonia Diakonia*, FS F. König, Wien 1980, 127–179.

—— Zur deuteronomistischen Konzeption von Freiheit und Frieden. In: Emerton, J.A. (Hg.), *Congress Volume Salamanca 1983*, Leiden 1985, 29–39.

—— *Deuteronomium 1–16,17*, NEB 15, Würzburg 1986.

—— Spuren einer Neubearbeitung des deuteronomistischen Geschichtswerkes in 1 Kön 8,52–53.59–60. In: Ders., *Studien zur Theologie des Deuteronomiums*, SBAB 2, Stuttgart 1988, 39–52.

—— Weisheit, Gottesnähe und Gesetz – Zum Kerygma von Deuteronomium 4,5–8. In: Ders., *Studien zur Theologie des Deuteronomiums*, SBAB 2, Stuttgart 1988, 53–93.

—— *Die deuteronomischen Gesetze und der Dekalog. Studien zum Aufbau von Deuteronomium 12–26*, SBS 145, Stuttgart 1991.

—— *Deuteronomium II: 16,18–34,12*, NEB 28, Würzburg 1992.

—— Die Völkervernichtung und die Rückkehr Israels ins Verheißungsland. Hermeneutische Bemerkungen zum Buch Deuteronomium. In: Vervenne, M. / Lust, J. (Hg.), *Deuteronomy and Deuteronomic Literature*, FS C.H.W. Brekelmans, BEThL 83, Leuven 1997, 3–38.

—— Das Buch Deuteronomium. In: Zenger, E. u. a., *Einleitung in das Alte Testament*, hg. von C. Frevel, KStTh 1,1, Stuttgart [8]2012, 163–188.

Bultmann, C., *Der Fremde im antiken Juda. Eine Untersuchung zum sozialen Typenbegriff 'ger' und seinem Bedeutungswandel in der alttestamentlichen Gesetzgebung*, FRLANT 153, Göttingen 1992.

Christensen, D.L., *Deuteronomy*, 2 Bd., WBC 6 A/B, Nashville, TN 2001–2002.

Clements, R.E., Deuteronomy and the Jerusalem Cult Tradition. In: *VT* 15 (1965), 300–312.

Cogan, M. / Tadmor, H., *II Kings. A new translation with introduction and commentary*, AncB 11, Garden City, NY 1988.

—— The Other Egypt: A Welcome Asylum. In: Fox, M.V. u. a. (Hg.), *Texts, Temples, and Traditions: A Tribute to Menahem Haran*, Winona Lake, IN 1996, 65–70.

Cohen, M., Le 'Ger' biblique et son statut socio-religieux. In: *RHR* 207 (1990), 131–158.

Conczorowski, B. / Frevel, C., Ungeliebte Schwiegertöchter. Mischehen und die Suche nach Identität in der Provinz Jehud. In: *Welt und Umwelt der Bibel* 61 (2003), 60–63.

Conczorowski, B., All the Same as Ezra? Conceptual Differences Between the Texts on Intermarriage in Genesis, Deuteronomy 7 and Ezra. In: Frevel, C. (Hg.), *Mixed Marriages. Intermarriage and Group Identity in the Second Temple Period*, Library of Hebrew Bible / Old Testament Studies 547, New York, NY 2011, 89–108.

Crüsemann, F., Das ‚portative Vaterland'. Struktur und Genese des alttestamentlichen Kanons. In: Assmann, A. / Assmann, J. (Hg.), *Kanon und Zensur. Beiträge zur Archäologie der literarischen Kommunikation II*, München 1987, 63–97.

—— Fremdenliebe und Identitätssicherung. In: *WuD* 19 (1987), 11–24.

—— Gewaltimagination als Teil der Ursprungsgeschichte. Banngebot und Rechtsordnung im Deuteronomium. In: Schweitzer, F. (Hg.), *Religion, Politik und Gewalt. Kongressband des XII. Europäischen Kongresses für Theologie 18.–22. September 2005 in Berlin*, Veröffentlichungen der Wissenschaftlichen Gesellschaft für Theologie 29, Gütersloh 2006, 343–360.

—— „So gerecht wie die ganze Tora" (Dtn 4,8). Die biblische Grundlage christlicher Ethik. In: Ders., *Maßstab: Tora. Israels Weisung für christliche Ethik*, Gütersloh 2003, 20–37. [Grundlage]

—— Der Glaube an den einen Gott und die Entstehung einer kollektiven Identität Israels. In: *KuI* 20 (2005), 120–129.

—— *Die Tora. Theologie und Sozialgeschichte des alttestamentlichen Gesetzes*, Gütersloh [3]2005.

Dahmen, U., *Leviten und Priester im Deuteronomium. Literarkritische und redaktionsgeschichtliche Studien*, BBB 110, Bodenheim 1996.

Daube, D., „One From Among Your Brethren Shall You Set King Over You". In: *JBL* 90 (1971), 480–481.

Di Vito, R., Old Testament anthropology and the construction of personal identity. In: *CBQ* 61 (1999), 217–238.

Dicou, B., *Edom, Israel's Brother and Antagonist. The Role of Edom in Biblical Prophecy and Story*, JSOT.S 169, Sheffield 1994.

Dietrich, C., *Asyl. Vergleichende Untersuchung zu einer Rechtsinstitution im Alten Israel und seiner Umwelt*, BWANT 182, Stuttgart 2008.

Dietzfelbinger, R., Ex 17,8–16 und Dt 25,17–19 beim Wort genommen. In: *Sef.* 55 (1995), 41–60.

Dion, P.-E., „Tu feras disparaître le mal du milieu de toi". In: *RB* 87 (1980), 321–349.

—— Israël et l'étranger dans le Deutéronome. In: Gourgues, M. / Mailhiot, G.-D. (Hg.), *L'altérité – Vivre ensemble différents. Approches pluridisciplinaires. Actes du Colloque pluridisciplinaire tenu à l'occasion du 75ᵉ anniversaire du Collège dominicain de philosophie et de théologie (Ottawa, 4–5–6 octobre 1984)*, Recherches, nouvelle série 7, Montréal / Paris 1986, 211–233.

—— Deuteronomy 13: The Suppression of Alien Religious Propaganda in Israel during the Late Monarchical Era. In: Halpern, B. / Hobson, D.W. (Hg.), *Law and Ideology in Monarchic Israel*, JSOT.S 124, Sheffield 1991, 147–216.

Donner, H., *Geschichte des Volkes Israel und seiner Nachbarn in Grundzügen, Bd. 1: Von den Anfängen bis zur Staatenbildungszeit; Bd. 2: Von der Königszeit bis zu Alexander dem Großen. Mit einem Ausblick auf die Geschichte des Judentums bis Bar Kochba*, GAT 4,1–2, Göttingen ²1995.

Douglas, M., *Reinheit und Gefährdung. Eine Studie zu Vorstellungen von Verunreinigung und Tabu*, Berlin 1985.

Dubiel, H., Art. Identität, Ich-Identität. In: *HWP* 4 (1976), 148–151.

Ebach, J., *Kassandra und Jona. Gegen die Macht des Schicksals*, Frankfurt a.M. 1987.

—— „Schrift" und Gedächtnis. In: Loewy, H. / Moltmann, B. (Hg.), *Erlebnis – Gedächtnis – Sinn. Authentische und konstruierte Erinnerung*, Wissenschaftliche Reihe des Fritz Bauer Instituts 3, Frankfurt a.M. / New York, NY 1996, 101–120.

—— *Genesis 37–50*, HThKAT, Freiburg u.a. 2007.

Ehrenreich, E., *Wähle das Leben! Deuteronomium 30 als hermeneutischer Schlüssel zur Tora*, BZAR 14, Wiesbaden 2010.

Ehrlich, A.B., *Randglossen zur hebräischen Bibel. Textkritisches, Sprachliches und Sachliches, Bd. 2: Leviticus, Numeri, Deuteronomium*, Hildesheim 1968 (Nachdruck der Ausgabe von 1909).

Eisenstadt, S.N. / Giesen, B., The construction of collective identity. In: *Archives européennes de sociologie* 36 (1995), 72–102.

Erikson, E.H., *Identität und Lebenszyklus. Drei Aufsätze*, Frankfurt a.M. ¹³1993.

Espagne, M. / Werner. M. (Hg.), *Transferts: les relations interculturelles dans l'espace Franco-Allemand (XVIIIe et XIXe siècle)*, Travaux et mémoires de la Mission Historique Française en Allemagne, Paris 1988.

Eßbach, W. (Hg.), *wir / ihr / sie. Identität und Alterität in Theorie und Methode*, Identitäten und Alteritäten 2, Würzburg 2000.

Estel, B, Art. Identität. In: *HRWG* 3 (1993), 193–210.

Fabry, H.-J., Deuteronomium 15. Gedanken zur Geschwister-Ethik im Alten Testament. In: *ZAR* 3 (1997), 92–111.

Faller, S. (Hg.), *Studien zu antiken Identitäten*, Identitäten *und* Alteritäten 9, Würzburg 2001.

Finkelstein, I. / Silberman, N.A., *Keine Posaunen vor Jericho. Die archäologische Wahrheit über die Bibel*, München ⁷2013.

Finsterbusch, K., Frauen zwischen Fremdbestimmung und Eigenständigkeit. Genderrelevantes in den Gesetzestexten der Tora. In: Fischer, I. u. a. (Hg.), *Tora, Die Bibel und die Frauen. Eine exegetisch-kulturgeschichtliche Enzyklopädie*, Hebräische Bibel – Altes Testament 1.1, Stuttgart 2010, 375–400.

—— Die Dekalog-Ausrichtung des deuteronomischen Gesetzes. In: Fischer, G. u. a. (Hg.), *Deuteronomium – Tora für eine neue Generation*, BZAR 17, Wiesbaden 2011, 123–146.

—— *Das Deuteronomium. Eine Einführung*, Göttingen 2012.

Fischer, G., Der Einfluss des Deuteronomiums auf das Jeremiabuch. In: Ders. u. a. (Hg.), *Deuteronomium – Tora für eine neue Generation*, BZAR 17, Wiesbaden 2011, 247–269.

Fishbane, M., The Treaty Background of Amos 1 ₁₁ and Related Matters. In: *JBL* 89 (1970), 313–318.

Fitzmyer, J.A., *The Aramaic Inscriptions of Sefire*, BibOr 19/A, Rom ²1995.

Foresti, F., Storia della redazione di Dtn. 16,18–18,22 e le sue connessioni con l'opera storica deuteronomistica. In: *Ter.* 39 (1988), 5–199.

Fortes, M., Strangers. In: Ders. / Patterson, S. (Hg.), *Studies in African Social Anthropology*, London 1975, 229–253.

Fox, M., ṬÔB as Covenant Terminology. In: *BASOR* 209 (1973), 41–42.

Frankel, D., The Deuteronomic Portrayal of Balaam. In: *VT* 46 (1996), 30–42.

Frevel, C., Zerbrochene Zier. Tempel und Tempelzerstörung in den Klageliedern. In: Keel, O. / Zenger, E. (Hg.), *Gottes Stadt und Gottes Garten. Zur Geschichte und Theologie des Jerusalemer Tempels*, QD 191, Freiburg 2002, 99–153.

—— Grundriss der Geschichte Israels. In: Zenger, E. u. a., *Einleitung in das Alte Testament*, hg. von C. Frevel, KStTh 1,1, Stuttgart ⁸2012, 701–854.

Fröhlich, I., *Mamzēr* in Qumran texts – the problem of mixed marriages from Ezra's time. Law, literature and practice. In: *Transeuphratène* 29 (2005), 103–115.

Füssel, M., Lernen – Transfer – Aneignung. Theorien und Begriffe für eine transkulturelle Militärgeschichte. In: Dierk, W. / Kundrus, B. (Hg.), *Waffen Wissen Wandel. Anpassung und Lernen in transkulturellen Erstkonflikten*, Hamburg 2012, 34–49.

Galling, K., Das Gemeindegesetz in Deuteronomium 23. In: Baumgartner, W. u. a. (Hg.), *Festschrift Alfred Bertholet zum 80. Geburtstag*, Tübingen 1950, 176–191.

García-López, F., Le roi d'Israël: Dt 17,14–20. In: Lohfink, N. (Hg.), *Das Deuteronomium. Entstehung, Gestalt und Botschaft*, BEThL 68, Leuven 1985, 277–297.

Garfinkel, Y. / Ganor, S., *Khirbet Qeiyafa, Bd. 1: Excavation Report 2007–2008*, Jerusalem 2009.

Geiger, M., *Gottesräume. Die literarische und theologische Konzeption von Raum im Deuteronomium*, BZAW 183, Stuttgart 2010.

Gerstenberger, E.S., *Israel in der Perserzeit. 5. und 4. Jahrhundert v. Chr.*, BE 8, Stuttgart 2005.

Gertz, J.C., *Die Gerichtsorganisation Israels im deuteronomischen Gesetz*, FRLANT 165, Göttingen 1994.

—— Die Stellung des kleinen geschichtlichen Credos in der Redaktionsgeschichte von Deuteronomium und Pentateuch. In: Kratz, R.G. / Spieckermann, H. (Hg.), *Liebe und Gebot. Studien zum Deuteronomium*, FS L. Perlitt, FRLANT 190, Göttingen 2000, 30–45.

—— Kompositorische Funktion und literarhistorischer Ort von Deuteronomium 1–3. In: Witte, M. u. a. (Hg.), *Die deuteronomistischen Geschichtswerke. Redaktions- und religionsgeschichtliche Perspektiven zur „Deuteronomiums"-Diskussion in Tora und Vorderen Propheten*, Berlin / New York, NY 2006, 103–123.

—— Das Deuteronomium. In: Ders. (Hg.), *Grundinformation Altes Testament. Eine Einführung in Literatur, Religion und Geschichte des Alten Testaments*, Göttingen 2006, 240–253.

Gottlieb, H., *A Study on the Text of Lamentations*, AJut.T 12, Århus 1978.

Grabbe, L.L., *A History of the Jews and Judaism in the Second Temple Period, Bd. 2: The Early Hellenistic Period (335–175 BCE)*, Library of Second Temple Studies 68, London 2008.

Grätz, S., The Adversaries in Ezra/Nehemiah – Fictious or Real? A Case Study in Creating Identity in Late Persian and Hellenistic Times. In: Albertz, R. / Wöhrle, J. (Hg.), *Between Cooperation and Hostility. Multiple Identities in Ancient Judaism and the Interaction with Foreign Powers*, JAJ.S 11, Göttingen 2013, 73–87.

Greenberg, M., *Ezechiel 21–37*, HThKAT, Freiburg 2005.

Gröndahl, F., *Die Personennamen der Texte aus Ugarit*, StP 1, Rom 1967.

Haarmann, V., *JHWH-Verehrer der Völker. Die Hinwendung von Nichtisraeliten zum Gott Israels in alttestamentlichen Überlieferungen*, AThANT 91, Zürich 2008.

Häberle, P., *Verfassungslehre als Kulturwissenschaft*, Schriften zum Öffentlichen Recht 436, Berlin 1982.

Hagedorn, A., *Between Moses and Plato. Individual and Society in Deuteronomy and Ancient Greek Law*, FRLANT 204, Göttingen 2004.

—— *Die Anderen im Spiegel. Israels Auseinandersetzung mit den Völkern in den Büchern Nahum, Zefanja, Obadja und Joel*, BZAW 414, Berlin / Boston, MA 2011.

Hahn, A., Überlegungen zu einer Soziologie des Fremden. In: *Simmel Newsletter* 2,1 (1992), 54–61.

—— Die soziale Konstruktion des Fremden. In: Sprondel, W.M. (Hg.), *Die Objektivität der Ordnungen und ihre kommunikative Konstruktion. Für Thomas Luckmann*, Frankfurt a.M. 1994, 140–163.

—— „Partizipative" Identitäten. In: Münkler, H. (Hg.), *Furcht und Faszination. Facetten der Fremdheit, Studien und Materialien der Interdisziplinären Arbeitsgruppe „Die Herausforderung durch das Fremde" der Berlin-Brandenburgischen Akademie der Wissenschaften*, Berlin 1997, 115–158.

—— Eigenes durch Fremdes. Warum wir anderen unsere Identität verdanken. In: Huber, J. / Heller, M. (Hg.), *Konstruktionen Sichtbarkeiten*, Wien / New York, NY 1999, 61–87.

Halbe, J., *Das Privilegrecht Jahwes Ex 34, 10–26. Gestalt und Wesen, Herkunft und Wirken in vordeuteronomischer Zeit*, FRLANT 114, Göttingen 1975.

Hardmeier, C., Die Weisheit der Tora (Dtn 4,5–8). Respekt und Loyalität gegenüber JHWH allein und die Befolgung seiner Gebote – ein performatives Lehren und Lernen. In: Ders. u. a. (Hg.), *Freiheit und Recht*, FS F. Crüsemann, Gütersloh 2004, 224–254.

Haußer, K., Art. Identität. In: Endruweit, G. / Trommsdorff, G. (Hg.), *Wörterbuch der Soziologie*, Stuttgart [2]2002, 218–220.

Hays, C.B., Echoes of the Ancient Near East? Intertextuality and the Comparative Study of the Old Testament. In: Wagner, J.R. u. a. (Hg.), *The Word Leaps the Gap*. Essays on Scripture and Theology in Honor of Richard B. Hays, Grand Rapids, MI / Cambridge 2008, 20–43.

Hays, R.B., „Who Has Believed Our Message?" Paul's Reading of Isaiah. In: Ders., *The Conversion of the Imagination. Paul as Interpreter of Israel's Scripture*, Grand Rapids, MI 2005, 25–49.

Heckl, R., *Moses Vermächtnis. Kohärenz, literarische Intention und Funktion von Dtn 1–3*, Arbeiten zur Bibel und ihrer Geschichte 9, Leipzig 2004.

Heine, H., Geständnisse (1854). In: Ders., *Sämtliche Schriften*, hg. von K. Briegleb, Bd. 6,1, München ²1985, 443–513.

Hermann, A., Art. Dornstrauch. In: *RAC* 4 (1995), 189–197.

Hesse, F., *Das Verstockungsproblem im Alten Testament*, BZAW 74, Berlin 1955.

Hillers, D.R., A note on some treaty terminology in the Old Testament. In: *BASOR* 176 (1964), 46–47.

Hillmann, K.-H., Art. Fremder. In: Ders., *Wörterbuch der Soziologie*, Stuttgart ⁵2007, 246.

—— Art. Kollektive Identität. In: Ders., *Wörterbuch der Soziologie*, Stuttgart ⁵2007, 431–433.

Hobson, G.T., Punitive Expulsion in the Ancient Near East. In: *ZAR* 17 (2011), 15–32.

Hölscher, G., Komposition und Ursprung des Deuteronomiums. In: *ZAW* 40 (1922), 161–255.

Horbury, W., Extirpation and Excommunication. In: *VT* 35 (1985), 13–38.

Hörnig, E. / Klima, R., Art. Identität. In: Fuchs-Heinritz, W. u. a. (Hg.), *Lexikon zur Soziologie*, Opladen ³1995, 286.

Horst, F., Das Privilegrecht Jahwes. Rechtsgeschichtliche Untersuchungen zum Deuteronomium. In: Ders., *Gottes Recht. Gesammelte Studien zum Recht im Alten Testament*, ThB 12, München 1961, 17–154.

Hossfeld, F.-L., Der Dekalog als Grundgesetz – eine Problemanzeige. In: Kratz, R.G. / Spieckermann, H. (Hg.), *Liebe und Gebot. Studien zum Deuteronomium*, FS L. Perlitt, FRLANT 190, Göttingen 2000, 46–59.

Houten, C. van, *The Alien in Israelite Law*, JSOT.S 107, Sheffield 1991.

Houtman, C., Die ursprünglichen Bewohner des Landes Kanaan im Deuteronomium. Sinn und Absicht der Beschreibung ihrer Identität und ihres Charakters. In: *VT* 52 (2002), 51–65.

Hübner, U., Og von Baschan und sein Bett in Rabbat-Ammon (Deuteronomium 3,11). In: *ZAW* 105 (1993), 86–92.

Humbert, P., Le substantif to'ēbā et le verbe t'b dans l'Ancien Testament. In: *ZAW* 72 (1960), 217–237.

Jacob, B., *Das Buch Exodus*, Stuttgart 1997.

Japhet, S., People and Land in the Restoration Period. In: Strecker, G. (Hg.), *Das Land Israel in biblischer Zeit*, GTA 25, Göttingen 1983, 103–125.

Jenni, E., *Das hebräische Pi'el. Syntaktisch-semasiologische Untersuchung einer Verbalform im Alten Testament*, Zürich 1968.

—— Dtn 19,16: sarā „Falschheit". In: Caquot, A. / Delcor, M. (Hg.), *Mélanges bibliques et orientaux en l'honneur de M. Henri Cazelles*, AOAT 212, Kevelaer / Neukirchen-Vluyn 1981, 201–211.

—— *Die hebräischen Präpositionen, Bd. 3: Die Präposition Lamed*, Stuttgart 2000.

Josephus, F., *Jewish Antiquities, LCL, Josephus IV*, with an English translation by H.S.J. Thackeray, London u. a. 1961.

Kaiser, O., *Der Prophet Jesaja. Kapitel 13–39*, ATD 18, Göttingen 1983.

—— Von Ortsfremden, Ausländern und Proselyten – Vom Umgang mit den Fremden im Alten Testament. In: Ders., *Gott, Mensch und Geschichte. Studien zum Verständnis des Menschen und seiner Geschichte in der klassischen, biblischen und nachbiblischen Literatur*, BZAW 413, Berlin / New York, NY 2010, 41–62.

Kaminsky, J.S., *Corporate Responsibility in the Hebrew Bible*, JSOT.Sup 196, Sheffield 1995.

Kellermann, D., Art. גּור. In: *ThWAT* 1 (1973), 979–991.

Kellermann, U., Erwägungen zum deuteronomischen Gemeindegesetz Dt 23,2–9. In: *BN* 2 (1977), 33–47.

Kellner, D., Populäre Kultur und die Konstruktion postmoderner Identitäten. In: Kuhlmann, A. (Hg.), *Philosophische Ansichten der Kultur der Moderne, Philosophie der Gegenwart*, Frankfurt a.M. 1994, 214 – 237.

Kessler, R., *Die Ägyptenbilder der Hebräischen Bibel. Ein Beitrag zur neueren Monotheismusdebatte*, SBS 197, Stuttgart 2002.

— *Sozialgeschichte des Alten Israel. Eine Einführung*, Darmstadt 2006.

— Ausgewählt, das Gebot zu halten – vom Sinn der „Erwählung (nicht nur) Israels". In: *JK* (2011/12), 65 – 68.

— „Es sollte überhaupt kein Armer unter euch sein" (Dtn 15,4). Alttestamentliche Grundlagen zum Umgang mit Armut und Armen. In: Eurich, J. u. a. (Hg.), *Kirchen aktiv gegen Armut und Ausgrenzung. Theologische Grundlagen und praktische Ansätze für Diakonie und Gemeinde*, Stuttgart 2011, 19 – 35.

Keupp, H. u. a., *Identitätskonstruktionen. Das Patchwork der Identitäten in der Spätmoderne*, Reinbek bei Hamburg ²2002.

Klein, H., Die Aufnahme Fremder in die Gemeinde des Alten und des Neuen Bundes. In: *ThBeitr* 12 (1981), 21 – 35.

Knapp, D., *Deuteronomium 4. Literarische Analyse und theologische Interpretation*, GTA 35, Göttingen 1987.

Knauf, E.A., Supplementa Ismaelitica. In: *BN* 45 (1988), 62 – 81.

— *Die Umwelt des Alten Testaments*, NSK.AT 29, Stuttgart 1994.

Knoppers, G.N., The Deuteronomist and the Deuteronomic Law of the King: A Reexamination of a Relationship. In: *ZAW* 108 (1996), 329 – 346.

— Nehemiah and Sanballat: The Enemy Without or Within? In: Lipschits, O. u. a. (Hg.), *Judah and the Judeans in the Fourth Century B.C.E.*, Winona Lake, IN 2007, 305 – 331.

Knudtzon, J.A., *Die El-Amarna-Tafeln mit Einleitung und Erläuterungen*, VAB, Aalen 1964.

Koch, C., *Vertrag, Treueid und Bund. Studien zur Rezeption des altorientalischen Vertragsrechts im Deuteronomium und zur Ausbildung der Bundestheologie im Alten Testament*, BZAW 383, Berlin / New York, NY 2008.

Köckert, M., Vom Kultbild Jahwes zum Bilderverbot. Oder: Vom Nutzen der Religionsgeschichte für die Theologie. In: *ZThK* 106 (2009), 371 – 406.

König, E., *Das Deuteronomium*, KAT 3, Leipzig 1917.

Kramer, F., Über Zeit, Genealogie und solidarische Beziehung. In: Ders. / Sigrist, C. (Hg.), *Gesellschaften ohne Staat, Bd. 2: Genealogie und Solidarität*, Frankfurt a.M. 1978, 9 – 27.

Krapf, T., Traditionsgeschichtliches zum deuteronomischen Fremdling-Waise-Witwe-Gebot. In: *VT* 34 (1984), 87 – 91.

Kratz, R.G., Der literarische Ort des Deuteronomiums. In: Ders. / Spieckermann, H. (Hg.), *Liebe und Gebot. Studien zum Deuteronomium*, FS L. Perlitt, FRLANT 190, Göttingen 2000, 101 – 120.

— *Die Komposition der erzählenden Bücher des Alten Testaments. Grundwissen der Bibelkritik*, Göttingen 2000.

Kraus, H.-J., *Psalmen, Bd. 1: Psalmen 1 – 59*, BK 15,1, Neukirchen-Vluyn ⁶1989.

Krauter, S., *Bürgerrecht und Kultteilnahme. Politische und kultische Rechte und Pflichten in griechischen Poleis, Rom und antikem Judentum*, BZNW 127, Berlin / New York, NY 2004.

Kreuzer, S., Die Exodustradition im Deuteronomium. In: Veijola, T. (Hg.), *Das Deuteronomium und seine Querbeziehungen*, SFEG 62, Göttingen 1996, 81 – 106.

Krochmalnik, D., Amalek. Gedenken und Vernichtung in der jüdischen Tradition. In: Loewy, H. / Moltmann, B. (Hg.), *Erlebnis – Gedächtnis – Sinn. Authentische und konstruierte*

Erinnerung, Wissenschaftliche Reihe des Fritz Bauer Instituts 3, Frankfurt a.M. / New York, NY 1996, 121–136.

Krüger, T., Zur Interpretation der Sinai/Horeb-Theophanie in Dtn 4,10–14. In: Kratz, R.G. u.a. (Hg.), *Schriftauslegung in der Schrift*, FS O.H. Steck, BZAW 300, Berlin / New York, NY 2000, 85–93.

—— Law and Wisdom according to Deut 4:5–8. In: Schipper, B.U. / Teeter, D.A. (Hg.), *Wisdom and Torah. The Reception of 'Torah' in the Wisdom Literature of the Second Temple Period*, Supplements to the Journal for the Study of Judaism 163, Leiden / Boston, MA 2013, 35–54.

Lang, B., George Orwell im gelobten Land. Das Buch Deuteronomium und der Geist kirchlicher Kontrolle. In: Zeeden, E.W. (Hg.), *Kirche und Visitation. Beiträge zur Erforschung des frühneuzeitlichen Visitationswesens in Europa*, Stuttgart 1984, 1–35.

—— Art. נכר. In: *ThWAT* 5 (1986), 454–462.

—— Die Fremden in der Sicht des Alten Testaments. In: Kampling, R. (Hg.), *Wahrnehmung des Fremden: Christentum und andere Religionen*, SchrDB 12, Berlin 1996, 9–37.

Lau, P.H.W., *Identity and Ethics in the Book of Ruth. A Social Identity Approach*, BZAW 416, Berlin / New York, NY 2011.

Leichty, E. (Hg.), *The Royal Inscriptions of Esarhaddon, King of Assyria (680–669 BC)*, The royal inscriptions of the Neo-Assyrian period 4, Winona Lake, IN 2011.

Leuenberger, M., *Segen und Segenstheologien im alten Israel. Untersuchungen zu ihren religions- und theologiegeschichtlichen Konstellationen und Transformationen*, AThANT 90, Zürich 2008.

Levinson, B.M., „But You Shall Surely Kill Him!". The Text-Critical and Neo-Assyrian Evidence for MT Deuteronomy 13:10. In: Braulik, G. (Hg.), *Bundesdokument und Gesetz. Studien zum Deuteronomium*, HBS 4, Freiburg 1995, 37–63.

—— The Reconceptualization of Kingship in Deuteronomy and the Deuteronomistic History's Transformation of Torah. In: *VT* 51 (2001), 511–534.

—— *„The Right Chorale". Studies in Biblical Law and Interpretation*, FAT 54, Tübingen 2008.

L'Hour, J., Une législation criminelle dans le Deutéronome. In: *Bib.* 44 (1963), 1–28.

Lindquist, M., King Og's Iron Bed. In: *CBQ* 73 (2011), 477–492.

Lipschits, O., *The Fall and Rise of Jerusalem. Judah under Babylonian Rule*, Winona Lake, IN 2005.

Lohfink, N., Darstellungskunst und Theologie in Dtn 1,6–3,29. In: *Bib.* 41 (1960), 105–134.

—— *Das Hauptgebot. Eine Untersuchung literarischer Einleitungsfragen zu Dtn 5–11*, AnBib 20, Rom 1963.

—— Beobachtungen zur Geschichte des Ausdrucks עם יהוה. In: Wolff, H.W. (Hg.), *Probleme biblischer Theologie*, FS G. von Rad, München 1971, 275–305.

—— „Ich bin Jahwe, dein Arzt" (Ex 15,26). Gott, Gesellschaft und menschliche Gesundheit in einer nachexilischen Pentateuchbearbeitung (Ex 15,25b.26). In: Ders. u.a., *„Ich will euer Gott werden". Beispiele biblischen Redens von Gott*, SBS 100, Stuttgart 1981, 11–73.

—— Kerygmata des deuteronomistischen Geschichtswerks. In: Jeremias, J. / Perlitt, L. (Hg.), *Die Botschaft und die Boten*, FS H.W. Wolff, Neukirchen-Vluyn 1981, 87–100.

—— Art. ירשׁ. In: *ThWAT* 3 (1982), 953–985.

—— *Das Privilegrecht Jahwes im Buch Deuteronomium. Vorlesungen über Dtn 12–16 und 26* (an der Hochschule Sankt Georgen im Wintersemester 1982/83), Frankfurt a.M. 1982.

—— Art. עצם. In: *ThWAT* 6 (1989), 310–326.

—— Das Deuteronomium: Jahwegesetz oder Mosegesetz? Die Subjektzuordnung bei Wörtern für „Gesetz" im Dtn und in der dtr Literatur. In: *ThPh* 65 (1990), 387–391.

—— Gibt es eine deuteronomistische Bearbeitung im Bundesbuch? In: Brekelmans, C. / Lust, J. (Hg.), *Pentateuchal and Deuteronomistic Studies. Papers read at the XIIIth IOSOT Congress Leuven 1989*, BEThL 94, Leuven 1990, 91–113.

—— Die Sicherung der Wirksamkeit des Gotteswortes durch das Prinzip der Schriftlichkeit der Tora und durch das Prinzip der Gewaltenteilung nach den Ämtergesetzen des Buches Deuteronomium (Dt 16,18–18,22). In: Ders., *Studien zum Deuteronomium und zur deuteronomistischen Literatur, Bd. 1*, SBAB 8, Stuttgart 1990, 305–323.

—— Verkündigung des Hauptgebots in der jüngsten Schicht des Deuteronomiums (Dt 4,1–40). In: Ders., *Studien zum Deuteronomium und zur deuteronomistischen Literatur, Bd. 1*, SBAB 8, Stuttgart 1990, 167–191.

—— *Die Väter Israels im Deuteronomium*. Mit einer Stellungnahme von Thomas Römer, OBO 111, Fribourg / Göttingen 1991.

Lohr, J.N., *Chosen and Unchosen. Conceptions of Election in the Pentateuch and Jewish-Christian Interpretation*, Siphrut. Literature and Theology of the Hebrew Scriptures 2, Winona Lake, IN 2009.

Luhmann, N., *Die Religion der Gesellschaft*, hg. von A. Kieserling, Frankfurt a.M. 2000.

MacDonald, N., *Deuteronomy and the Meaning of ‚Monotheism'*, FAT II/1, Tübingen 2003.

—— *Not Bread Alone. The Uses of Food in the Old Testament*, Oxford 2008.

Malamat, A., The Last Kings of Judah and the Fall of Jerusalem. An Historical-Chronological Study. In: *IEJ* 18 (1968), 137–156.

Markl, D., *Gottes Volk im Deuteronomium*, BZAR 18, Wiesbaden 2012.

Martin-Achard, R., Art. גור. In: *THAT* 1 (1971), 409–412.

—— Art. נכר. In: *THAT* 2 (1976), 66–68.

Mayes, A.D.H., *Deuteronomy*, NCC, Grand Rapids, MI / London 1991.

—— Deuteronomy 4 and the Literary Criticism of Deuteronomy. In: Christensen, D.L. (Hg.), *A Song of Power and the Power of Song. Essays on the Book of Deuteronomy*, Sources for Biblical and Theological Study 3, Winona Lake, IN 1993, 195–224.

McCarthy, D.J., Ebla, ὅρκια τέμνειν, *ṭb*, *šlm*: Addenda to Treaty and Covenant. In: *Bib.* 60 (1979), 247–253.

McConville, J.G., 1 Kings 8:46–53 and the Deuteronomic Hope. In: Knoppers, G.N. / Ders. (Hg.), *Reconsidering Israel and Judah. Recent Studies on the Deuteronomistic History*, Sources for Biblical and Theological Study 8, Winona Lake, IN 2000, 358–369. (=*VT* 42 (1992), 67–79).

—— *Deuteronomy*, Apollos Old Testament Commentary 5, Leicester / Downers Grove 2002.

Merendino, R.P., *Das Deuteronomische Gesetz. Eine literarkritische, gattungs- und überlieferungsgeschichtliche Untersuchung zu Dt 12–26*, BBB 31, Bonn 1969.

Merklein, H., *Der erste Brief an die Korinther, Bd. 2: Kap. 5,1–11,1*, ÖTK 7,2, Gütersloh 2000.

Meyers, C., The Family in Early Israel. In: Perdue, L.G. u. a. (Hg.), *Families in Ancient Israel, The Family, Religion, and Culture*, Louisville, KY 1997, 1–47.

Millard, A.R., King Og's Bed and Other Ancient Ironmongery. In: Eslinger, L. / Taylor, G. (Hg.), *Ascribe to the Lord. Biblical & Other Studies in Memory of Peter C. Craigie*, JSOT.S 67, Sheffield 1988, 481–492.

Mittmann, S., *Deuteronomium 1,1–6,3. Literarkritisch und traditionsgeschichtlich untersucht*, BZAW 139, Berlin / New York, NY 1975.

Moran, W.L., A Note on the Treaty Terminology of the Sefîre Stelas. In: *JNES* 22 (1963), 173 – 176.

Mowinckel, S., Zu Deuteronomium 23, 2 – 9. In: *AcOr* 1 (1923), 81 – 104.

Müller, H.-P., Art. פתח. In: *ThWAT* 6 (1989), 552 – 562.

Müller, J.-W., *Verfassungspatriotismus*, edition suhrkamp 2612, Berlin 2010.

Na'aman, N., Habiru and Hebrews: The Transfer of a Social Term to the Literary Sphere. In: *JNES* 45 (1986), 271 – 288.

—— Nebuchadrezzar's Campaign in the Year 603 BCE. In: Ders., *Ancient Israel and Its Neighbors. Interaction and Counteraction*, Collected Essays 1, Winona Lake, IN 2005, 399 – 402.

Nelson, R.D., *Deuteronomy. A Commentary*, OTL, Louisville, KY 2002.

Nielsen, E., *Deuteronomium*, HAT 1,6, Tübingen 1995.

Nihan, C., „Moses and the Prophets": Deuteronomy 18 and the Emergence of the Pentateuch as Torah. In: *SEÅ* 75 (2010), 21 – 55.

—— Garizim et Ébal dans le Pentateuque. Quelques remarques en marge de la publication d'un nouveau fragment du Deutéronome. In: *Semitica* 54 (2012), 185 – 210.

Nogalski, J., *Literary Precursors to the Book of the Twelve*, BZAW 217, Berlin / New York, NY 1993.

Noort, E., Das Kapitulationsangebot im Kriegsgesetz Dtn 20:10 ff. und in den Kriegserzählungen. In: García Martínez, F. u. a. (Hg.), *Studies in Deuteronomy*, FS C.J. Labuschagne, VT.S 53, Leiden u. a. 1994, 197 – 222.

Noth M., „Die mit des Gesetzes Werken umgehen, die sind unter dem Fluch". In: Ders., *Gesammelte Studien zum Alten Testament*, ThB 6, München ²1960, 155 – 171.

—— *Die israelitischen Personennamen im Rahmen der gemeinsemitischen Namengebung*, BWANT III/104, Hildesheim 1966 (Nachdruck von Stuttgart 1928).

—— *Überlieferungsgeschichtliche Studien. Die sammelnden und bearbeitenden Geschichtswerke im Alten Testament*, Darmstadt ³1967.

Nougayrol, J., *Le palais royal d'Ugarit IV*. Textes accadiens des archives sud, Mission de Ras Shamra, Bd. 9, Paris 1956.

Novick, T., Amaleq's Victims (הנתשלים) in Dtn 25,18. In: *ZAW* 119 (2007), 611 – 615.

Olyan, S.M., „Anyone Blind or Lame Shall Not Enter the House": On the Interpretation of Second Samuel 5:8b. In: *CBQ* 60 (1998), 218 – 227. (wiederabgedruckt in: Ders., Social Inequality in the World of the Text. The Significance of Ritual and Social Distinctions in the Hebrew Bible, JAJ.S 4, Göttingen 2011, 119 – 127).

—— *Rites and rank. Hierarchy in biblical representations of cult*, Princeton, NJ 2000.

—— The Search for the Elusive Self in Texts of the Hebrew Bible. In: Brakke, D. u. a. (Hg.), *Religion and the Self in Antiquity*, Bloomington, IN 2005, 40 – 50.

—— Stigmatizing Associations: The Alien, Things Alien, and Practices Associated with Aliens in Biblical Classification Schemas. In: Achenbach, R. u. a. (Hg.), *The Foreigner and the Law. Perspectives from the Hebrew Bible and the Ancient Near East*, BZAR 16, Wiesbaden 2011, 17 – 28.

—— „Sie sollen nicht in die Gemeinde des Herrn kommen": Aspekte gesellschaftlicher Inklusion und Exklusion in Dtn 23,4 – 9 und seine frühen Auslegungen. In: Ders., *Social Inequality in the World of the Text. The Significance of Ritual and Social Distinctions in the Hebrew Bible*, JAJ.S 4, Göttingen 2011, 173 – 185.

Osumi, Y., *Die Kompositionsgeschichte des Bundesbuches Exodus 20,22b-23,33*, OBO 105, Fribourg / Göttingen 1991.

Oswald, W., Die Revision des Edombildes in Numeri XX 14 – 21. In: *VT* 50 (2000), 218 – 232.
—— *Nathan der Prophet. Eine Untersuchung zu 2Samuel 7 und 12 und 1Könige 1*, AThANT 94, Zürich 2008.
—— *Staatstheorie im Alten Israel. Der politische Diskurs im Pentateuch und in den Geschichtsbüchern des Alten Testaments*, Stuttgart 2009.
—— Foreign Marriages and Citizenship in Persian Period Judah. In: *Journal of Hebrew Scriptures* 12 (2012, article 6), 1 – 17.
Otto, E., Die Geschichte der Talion im Alten Orient und Israel. In: Daniels, D.R. u. a. (Hg.), *Ernten, was man sät*, FS K. Koch, Neukirchen-Vluyn 1991, 101 – 130.
—— Vom Bundesbuch zum Deuteronomium. Die deuteronomische Redaktion in Dtn 12 – 26*. In: Braulik, G. u. a. (Hg.), *Biblische Theologie und gesellschaftlicher Wandel*, FS N. Lohfink, Freiburg u. a. 1993, 260 – 278.
—— *Theologische Ethik des Alten Testaments*, ThW 3,2, Stuttgart 1994.
—— Von der Gerichtsordnung zum Verfassungsentwurf. Deuteronomische Gestaltung und deuteronomistische Interpretation im „Ämtergesetz" Dtn 16,18 – 18,22. In: Kottsieper, I. u. a. (Hg.), *„Wer ist wie du, HERR, unter den Göttern?" Studien zur Theologie und Religionsgeschichte Israels*, FS O. Kaiser, Göttingen 1994, 142 – 155.
—— Kritik der Pentateuchkomposition. In: *ThR* 60 (1995), 163 – 191.
—— Von der Programmschrift einer Rechtsreform zum Verfassungsentwurf des Neuen Israel. Die Stellung des Deuteronomiums in der Rechtsgeschichte Israels. In: Braulik, G. (Hg.), *Bundesdokument und Gesetz. Studien zum Deuteronomium*, HBS 4, Freiburg 1995, 93 – 104.
—— Deuteronomium 4: Die Pentateuchredaktion im Deuteronomiumsrahmen. In: Veijola, T. (Hg.), *Das Deuteronomium und seine Querbeziehungen*, SESJ 62, Helsinki / Göttingen 1996, 196 – 222.
—— Die nachpriesterschriftliche Pentateuchredaktion im Buch Exodus. In: Vervenne, M. (Hg.), *Studies in the Book of Exodus. Redaction – Reception – Interpretation*, BEThL 126, Leuven 1996, 61 – 111.
—— Soziale Verantwortung und Reinheit des Landes. Zur Redaktion der kasuistischen Rechtssätze in Deuteronomium 19 – 25. In: Ders., *Kontinuum und Proprium. Studien zur Sozial- und Rechtsgeschichte des Alten Orients und des Alten Testaments*, Orientalia Biblica et Christiana 8, Wiesbaden 1996, 123 – 138.
—— *Das Deuteronomium. Politische Theologie und Rechtsreform in Juda und Assyrien*, BZAW 284, Berlin / New York, NY 1999. [Deuteronomium 1999]
—— *Das Deuteronomium im Pentateuch und Hexateuch. Studien zur Literaturgeschichte von Pentateuch und Hexateuch im Lichte des Deuteronomiumrahmens*, FAT 30, Tübingen 2000. [Deuteronomium 2000]
—— Perspektiven der neueren Deuteronomiumsforschung. In: *ZAW* 119 (2007), 319 – 340.
—— Deuteronomiumsstudien I. Die Literaturgeschichte von Deuteronomium 1 – 3*. In: *ZAR* 14 (2008), 86 – 236.
—— Deuteronomiumstudien II. Deuteronomistische und postdeuteronomistische Perspektiven in der Literaturgeschichte von Deuteronomium 5 – 11*. In: *ZAR* 15 (2009), 65 – 215.
—— Moses Abschiedslied in Deuteronomium 32. Ein Zeugnis der Kanonsbildung in der Hebräischen Bibel. In: Ders., *Die Tora. Studien zum Pentateuch. Gesammelte Aufsätze*, BZAR 9, Wiesbaden 2009, 641 – 678.

—— Tora für eine neue Generation in Dtn 4. Die hermeneutische Theologie des Numeruswechsels in Deuteronomium 4,1–40. In: Fischer, G. u. a. (Hg.), *Deuteronomium – Tora für eine neue Generation*, BZAR 17, Wiesbaden 2011, 105–122.

—— *Deuteronomium 1–11, Bd. 1: 1,1–4,43*, HThKAT, Freiburg u. a. 2012.

—— *Deuteronomium 1–11, Bd. 2: 4,44–11,32*, HThKAT, Freiburg u. a. 2012.

Pakkala, J., Der literar- und religionsgeschichtliche Ort von Deuteronomium 13. In: Witte, M. u. a. (Hg.), *Die deuteronomistischen Geschichtswerke. Redaktions- und religionsgeschichtliche Perspektiven zur „Deuteronomismus"-Diskussion in Tora und Vorderen Propheten*, BZAW 365, Berlin / New York, NY 2006, 125–137.

Pardee, D., The structure of RS 1.002. In: Kaye, A.S. (Hg.), *Semitic Studies*, FS W. Leslau, Bd. 2, Wiesbaden 1991, 1181–1196.

Perlitt, L., *Bundestheologie im Alten Testament*, WMANT 36, Neukirchen-Vluyn 1969.

—— Motive und Schichten der Landtheologie im Deuteronomium. In: Strecker, G. (Hg.), *Das Land Israel in biblischer Zeit. Jerusalem-Symposium 1981 der Hebräischen Universität und der Georg-August-Universität*, GTA 25, Göttingen 1983, 46–58.

—— Priesterschrift im Deuteronomium? In: *ZAW Supplement* 100 (1988), 65–88.

—— *Deuteronomium*, BK V,1–6, Neukirchen-Vluyn 1990–2012.

Pietsch, M., *Die Kultreform Josias. Studien zur Religionsgeschichte Israels in der späten Königszeit*, FAT 86, Tübingen 2013.

Plöger, J.G., *Literarkritische, formgeschichtliche und stilkritische Untersuchungen zum Deuteronomium*, BBB 26, Bonn 1967.

Poo, M., *Enemies of Civilization. Attitudes toward Foreigners in Ancient Mesopotamia, Egypt, and China*, SUNY Series in Chinese Philosophy and Culture, New York, NY 2005.

Preuß, H.D., *Deuteronomium*, EdF 164, Darmstadt 1982.

Pury, A. de, Le cycle de Jacob comme légende autonome des origines d'Israël. In: Emerton, J.A. (Hg.), *Congress Volume Leuven 1989*, VT.S 43, Leiden 1991, 78–96.

Rad, G. von, *Deuteronomium-Studien*, FRLANT 58, Göttingen 1947.

—— *Theologie des Alten Testaments, Bd. 1: Die Theologie der geschichtlichen Überlieferungen Israels*, EETh 1, München 1957.

—— *Das fünfte Buch Mose. Deuteronomium*, ATD 8, Göttingen ⁴1983.

Ramírez Kidd, J.E., *Alterity and Identity in Israel. The גר in the Old Testament*, BZAW 283, Berlin / New York, NY 1999.

Rattray, S. / Milgrom, J., Art. קרב. In: *ThWAT* 7 (1993), 161–165.

Rendtorff, R., Die Erwählung Israels als Thema der deuteronomischen Theologie. In: Jeremias, J. / Perlitt, L. (Hg.), *Die Botschaft und die Boten*, FS H.W. Wolff, Neukirchen-Vluyn 1981, 75–86.

Reuter, E., *Kultzentralisation. Entstehung und Theologie von Dtn 12*, BBB 87, Frankfurt a.M. 1993.

—— Konzepte von Autorität. Gestalten und Funktionen der Mosefiktion. In: Fischer, G. u. a. (Hg.), *Deuteronomium – Tora für eine neue Generation*, BZAR 17, Wiesbaden 2011, 69–81.

Reuter, J., *Ordnungen des Anderen. Zum Problem des Eigenen in der Soziologie des Fremden*, Bielefeld 2002.

Robinson, H.W., Hebrew Psychology. In: Peake, A.S. (Hg.), *The People and the Book*, Oxford 1925, 353–382.

—— *Corporate Personality in Ancient Israel*, Philadelphia, PA 1980.

Rofé, A., *Deuteronomy. Issues and Interpretation*, London / New York, NY 2002.

Rogerson, J.W., The Hebrew Conception of Corporate Personality: A Re-Examination. In: *JThS* 21 (1970), 1–16.

Römer, T.C., *Israels Väter. Untersuchungen zur Väterthematik im Deuteronomium und in der deuteronomistischen Tradition*, OBO 99, Fribourg / Göttingen 1990.

—— Nachwort. In: Lohfink, N., *Die Väter Israels im Deuteronomium*, OBO 111, Fribourg / Göttingen 1991, 111–123.

—— Approches exégétiques du Deutéronome. Brève histoire de la recherche sur le Deutéronome depuis Martin Noth. In: *RHPhR* 75 (1995), 153–175.

—— Deuteronomy in Search of Origins. In: Knoppers, G.N. / McConville, J.G. (Hg.), *Reconsidering Israel and Judah. Recent Studies on the Deuteronomistic History*, Sources for Biblical and Theological Study 8, Winona Lake, IN 2000, 112–138.

—— Cult Centralization in Deuteronomy 12: Between Deuteronomistic History and Pentateuch. In: Otto, E. / Achenbach, R. (Hg.), *Das Deuteronomium zwischen Pentateuch und Deuteronomistischem Geschichtswerk*, FRLANT 206, Göttingen 2004, 168–180.

—— Das doppelte Ende des Josuabuches: einige Anmerkungen zur aktuellen Diskussion um „deuteronomistisches Geschichtswerk" und „Hexateuch". In: *ZAW* 118 (2006), 523–548.

—— Exodus 3–4 und die aktuelle Pentateuchdiskussion. In: Roukema, R. (Hg.), *The Interpretation of Exodus. Studies in Honour of Cornelis Houtman*, Leuven 2006, 65–79.

—— *The So-Called Deuteronomistic History. A Sociological, Historical and Literary Introduction*, London / New York, NY 2007.

—— Das Verbot magischer und mantischer Praktiken im Buch Deuteronomium (Dtn 18,9–13). In: Naumann, T. / Hunziker-Rodewald, R. (Hg.), *Diasynchron. Beiträge zur Exegese, Theologie und Rezeption der Hebräischen Bibel*, FS W. Dietrich, Stuttgart 2009, 311–327.

—— Conflicting Models of Identity and the Publication of the Torah in the Persian Period. In: Albertz, R. / Wöhrle, J. (Hg.), *Between Cooperation and Hostility. Multiple Identities in Ancient Judaism and the Interaction with Foreign Powers*, JAJ.S 11, Göttingen 2013, 33–51.

Rose, M., *5. Mose, Bd. 1: 5. Mose 12–25. Einführung und Gesetze*, ZBK 5,1, Zürich 1994.

—— *5. Mose, Bd. 2: 5. Mose 1–11 und 26–34. Rahmenstücke zum Gesetzeskorpus*, ZBK 5,2, Zürich 1994.

Rosner, B.S., *Paul, scripture and ethics. A study of 1 Corinthians 5–7*, AGJU 22, Leiden 1994.

—— ,Drive out the wicked person'. A Biblical Theology of Exclusion. In: *EvQ* 71 (1999), 25–36.

—— Deuteronomy in 1 and 2 Corinthians. In: Moyise, S. u.a. (Hg.), *Deuteronomy in the New Testament: The New Testament and the Scriptures of Israel*, London / New York, NY 2007, 118–135.

Rost, L., *Die Vorstufen von Kirche und Synagoge im Alten Testament. Eine wortgeschichtliche Untersuchung*, BWANT 76, Stuttgart 1938.

Rothenbusch, R., „... abgesondert zur Tora Gottes hin". *Ethnisch-religiöse Identitäten im Esra/Nehemiabuch*, HBS 70, Freiburg 2012.

Rowley, H.H., *Worship in Ancient Israel. Its Forms and Meaning*, London 1967.

Rüterswörden, U., *Die Beamten der israelitischen Königszeit. Eine Studie zu śr und vergleichbaren Begriffen*, BWANT 117, Stuttgart 1985.

—— *Von der politischen Gemeinschaft zur Gemeinde. Studien zu Dt 16,18–18,22*, BBB 65, Bonn 1987.

—— Das Böse in der deuteronomischen Schultheologie. In: Veijola, T. (Hg.), *Das Deuteronomium und seine Querbeziehungen*, SESJ 62, Helsinki / Göttingen 1996, 223–241.

—— Das Bild des Fremden im Alten Orient und im Alten Israel. In: Schweitzer, F. (Hg.), *Religion, Politik und Gewalt. Kongressband des XII. Europäischen Kongresses für Theologie 18.–22. September 2005 in Berlin*, Veröffentlichungen der Wissenschaftlichen Gesellschaft für Theologie 29, Gütersloh 2006, 326–342.

—— *Das Buch Deuteronomium*, NSK.AT 4, Stuttgart 2006.

Sanders, P., *The provenance of Deuteronomy 32*, OTS 37, Leiden 1996.

Sasse, M., *Geschichte Israels in der Zeit des Zweiten Tempels. Historische Ereignisse – Archäologie – Sozialgeschichte – Religions- und Geistesgeschichte*, Neukirchen-Vluyn ²2009.

Schäfer-Lichtenberger, C., Der deuteronomische Verfassungsentwurf. Theologische Vorgaben als Gestaltungsprinzipien sozialer Realität. In: Braulik, G. (Hg.), *Bundesdokument und Gesetz. Studien zum Deuteronomium*, HBS 4, Freiburg u.a. 1995, 105–118.

—— *Josua und Salomo. Eine Studie zu Autorität und Legitimität des Nachfolgers im Alten Testament*, VT.S 58, Leiden u.a. 1995.

—— JHWH, Israel und die Völker aus der Perspektive von Dtn 7. In: *BZ* 40 (1996), 194–218.

—— / Schottroff, L., Art. Fremde / Flüchtlinge. In: *Sozialgeschichtliches Wörterbuch zur Bibel* (2009), 158–162.

Scheer, T.S. (Hg.), *Tempelprostitution im Altertum. Fakten und Fiktionen*, Oikumene. Studien zur antiken Weltgeschichte 6, Berlin 2009.

Scheiber, T., *Lots Enkel: Israels Verhältnis zu Moab und Ammon im Alten Testament*, Norderstedt 2007.

Schmid, H.H., Art. ישׁר. In: *THAT* 1 (1971), 778–781.

Schmid, K., *Erzväter und Exodus. Untersuchungen zur doppelten Begründung der Ursprünge Israels innerhalb der Geschichtsbücher des Alten Testaments*, WMANT 81, Neukirchen-Vluyn 1999.

—— *Literaturgeschichte des Alten Testaments. Eine Einführung*, Darmstadt 2008.

Schmidt, B.B., Canaanite magic vs. Israelite religion. Deuteronomy 18 and the taxonomy of Taboo. In: Mirecki, P. (Hg.), *Magic and ritual in the ancient world*, Religions in the Graeco-Roman world 141, Leiden u.a. 2002, 242–259.

Schmidt, K.L., Israels Stellung zu den Fremdlingen und Beisassen und Israels Wissen um seine Fremdling- und Beisassenschaft. In: *Judaica* 1 (1945), 269–296.

Schmidt, W.H., Das Prophetengesetz Dtn 18,9–22 im Kontext erzählender Literatur. In: Vervenne, M. / Lust, J. (Hg.), *Deuteronomy and Deuteronomic Literature*, FS C.H.W. Brekelmans, BEThL 83, Leuven 1997, 55–69.

—— *Das Buch Jeremia. Kapitel 1–20*, ATD 20, Göttingen 2008.

Schmitt, H.C., Die Geschichte vom Sieg über die Amalekiter Ex 17,8–16 als theologische Lehrerzählung. In: *ZAW* 102 (1990), 335–344.

Schmitt, R., Gab es einen Bildersturm nach dem Exil? Einige Bemerkungen zur Verwendung von Terrakottafigurinen im nachexilischen Israel. In: Albertz, R. / Becking, B. (Hg.), *Yahwism after the Exile. Perspectives on Israelite Religion in the Persian Era. Papers Read at the First Meeting of the European Association for Biblical Studies Utrecht, 6–9 August 2000*, Studies in Theology and Religion 5, Assen 2003, 186–198.

—— *Magie im Alten Testament*, AOAT 313, Münster 2004.

—— *Der „Heilige Krieg" im Pentateuch und im deuteronomistischen Geschichtswerk. Studien zur Forschungs-, Rezeptions- und Religionsgeschichte von Krieg und Bann im Alten Testament*, AOAT 381, Münster 2011.

—— Continuity and Change in Post-Exilic Votive Practices. In: Frevel, C. / Cornelius, I. (Hg.), *Jewish „Material Otherness"? Studies in the Formation of Persian Period Judaism(s)*, OBO XXX, Fribourg / Göttingen 2013, XXX-XXX. (im Druck)

Schrage, E.-M., Von Ketzern und Terroristen? Zum analytischen Nutzen eines interdisziplinären Feindbildbegriffs. In: Fürst, A. u. a. (Hg.), *Von Ketzern und Terroristen. Interdisziplinäre Studien zur Konstruktion und Rezeption von Feindbildern*, Münster 2012, 217–238.

Schreiner, J., Volk Gottes als Gemeinde des Herrn in deuteronomischer Theologie. In: Ders., *Segen für die Völker. Gesammelte Schriften zur Entstehung und Theologie des Alten Testaments*, hg. von E. Zenger, Würzburg 1987, 244–262.

——/Kampling, R., *Der Nächste – der Fremde – der Feind. Perspektiven des Alten und Neuen Testaments*, NEB Themen 3, Würzburg 2000.

Schunck, K.-D., *Nehemia*, BK 23,2, Neukirchen-Vluyn 2009.

Schwarz, E., *Identität durch Abgrenzung. Abgrenzungsprozesse in Israel im 2. vorchristlichen Jahrhundert und ihre traditionsgeschichtlichen Voraussetzungen. Zugleich ein Beitrag zur Erforschung des Jubiläenbuches*, EHS.T 162, Frankfurt a.M. 1982.

Schwienhorst-Schönberger, L., *Das Bundesbuch (Ex 20,22–23,33). Studien zu seiner Entstehung und Theologie*, BZAW 188, Berlin / New York, NY 1990.

Seebaß, H., *Der Erzvater Israel und die Einführung der Jahweverehrung in Kanaan*, BZAW 98, Berlin 1966.

—— Art. בחר II.-III. In: *ThWAT* 1 (1973), 593–608.

Seitz, G., *Redaktionsgeschichtliche Studien zum Deuteronomium*, BWANT 13, Stuttgart 1971.

Simmel, G., Exkurs über den Fremden. In: Ders., *Soziologie. Untersuchungen über die Formen der Vergesellschaftung*, Gesammelte Werke 2, Berlin ⁶1983, 509–512.

Smend, R., Verfassung und Verfassungsrecht. In: Ders., *Staatsrechtliche Abhandlungen und andere Aufsätze*, Berlin ²1968, 119–276.

Sousa Santos, B. de, Descobrimentos e Encobrimentos. In: *Revista crítica de Ciências Sociais* 38 (1993), 5–10.

Sparks, K.L., *Ethnicity and Identity in Ancient Israel. Prolegomena to the Study of Ethnic Sentiments and Their Expression in the Hebrew Bible*, Winona Lake, IN 1998.

Spieckermann, H., Die Stimme des Fremden im Alten Testament. In: *PTh* 83 (1994), 52–67.

—— Mit der Liebe im Wort. Ein Beitrag zur Theologie des Deuteronomiums. In: Kratz, R. / Ders. (Hg.), *Liebe und Gebot. Studien zum Deuteronomium*, FS L. Perlitt, Göttingen 2000, 190–205.

Stamm, J.J., *Die akkadische Namengebung*, Darmstadt 1968.

—— Fremde, Flüchtlinge und ihr Schutz im Alten Testament und seiner Umwelt. In: Mercier, A. (Hg.), *Der Flüchtling in der Weltgeschichte. Ein ungelöstes Problem der Menschheit*, Bern 1974, 31–66.

Stark, C., *„Kultprostitution" im Alten Testament? Die Qedeschen der Hebräischen Bibel und das Motiv der Hurerei*, OBO 221, Fribourg / Göttingen 2006.

Staubli, T., Antikanaanismus. Ein biblisches Reinheitskonzept mit globalen Folgen. In: Burschel, P. / Marx, C. (Hg.), *Reinheit*, Veröffentlichung des Instituts für Historische Anthropologie e.V. 12, Köln u. a. 2010, 349–387.

Stern, E., *Material Culture of the Land of the Bible in the Persian Period 538–332 B.C.*, Warminster 1982.

—— *Archaeology of the Land of the Bible, Bd. 2: The Assyrian, Babylonian, and Persian Periods 732–332 BCE*, The Anchor Bible Reference Library, New York, NY u. a. 2001.

Stern, M., *Greek and Latin Authors on Jews and Judaism, Bd. 1: From Herodotus to Plutarch*, Jerusalem 1976.

Sternberger, D., *Schriften, Bd. 10: Verfassungspatriotismus*, Frankfurt a.M. 1990.

—— Begriff des Vaterlands. In: Ders., *„Ich wünschte ein Bürger zu sein"*. *Neun Versuche über den Staat*, Frankfurt a.M. 1995, 28–50.

Steuernagel, C., *Das Deuteronomium übersetzt und erklärt*, HK 1.3,1, Göttingen ²1923.

Steymans, H.U., *Deuteronomium 28 und die adê zur Thronfolgeregelung Asarhaddons. Segen und Fluch im Alten Orient und in Israel*, OBO 145, Fribourg / Göttingen 1995.

—— DtrB und die adê zur Thronfolgeregelung Asarhaddons. Bundestheologie und Bundesformular im Blick auf Deuteronomium 11. In: Fischer, G. u.a. (Hg.), *Deuteronomium – Tora für eine neue Generation*, BZAR 17, Wiesbaden 2011, 161–192.

Stichweh, R., Der Fremde – Zur Evolution der Weltgesellschaft. In: *Journal for History of Law* 11 (1992), 295–316.

—— Inklusion/Exklusion und die Soziologie des Fremden. In: Bohn, C. / Hahn, A. (Hg.), *Annali di Sociologia / Soziologisches Jahrbuch* 16 (2002/03), 47–56.

Stiegler, S., *Die nachexilische JHWH-Gemeinde in Jerusalem: Ein Beitrag zu einer alttestamentlichen Ekklesiologie*, BEATAJ 34, Frankfurt a.M. 1994.

Tanner, H.A., *Amalek. Der Feind Israels und der Feind Jahwes. Eine Studie zu den Amalektexten im Alten Testament*, TVZ-Dissertationen, Zürich 2005.

Taschner, J., *Die Mosereden im Deuteronomium. Eine kanonorientierte Untersuchung*, FAT 59, Tübingen 2008.

Tigay, J.F., *Deuteronomy. The traditional Hebrew text with the new JPS translation*, The JPS Torah commentary, Philadelphia, PA 1996.

Uehlinger, C., The „Canaanites" and other ‚pre-Israelite' peoples in Story and History. Part I. In: *FZPhTh* 46 (1999), 546–578.

—— The „Canaanites" and other ‚pre-Israelite' peoples in Story and History. Part II. In: *FZPhTh* 47 (2000), 173–198.

Van Seters, J., The Terms ‚Amorite' and ‚Hittite' in the Old Testament. In: *VT* 22 (1972), 64–81.

—— *The Life of Moses. The Yahwist as Historian in Exodus-Numbers*, Louisville, KY 1994.

Veijola, T., Principal Observations on the Basic Story in Deuteronomy 1–3. In: Augustin, M. / Schunck, K.-D. (Hg.), *„Wünschet Jerusalem Frieden"*. *Collected Communications to the XIIth Congress of the International Organization for the Study of the Old Testament, Jerusalem 1986*, BEAT 13, Frankfurt a.M. 1988, 249–259.

—— Deuteronomiumsforschung zwischen Tradition und Innovation (I). In: *ThR* 67 (2002), 273–327.

—— *Das fünfte Buch Mose (Deuteronomium)*, ATD 8,1, Göttingen 2004.

—— „Du sollst daran denken, dass du Sklave gewesen bist im Lande Ägypten" – Zur literarischen Stellung und theologischen Bedeutung einer Kernaussage des Deuteronomiums. In: Witte, M. (Hg.), *Gott und Mensch im Dialog*, FS O. Kaiser, Bd. 1, BZAW 345,1, Berlin 2004, 353–373.

Vieweger, D., „... und führte euch heraus aus dem Eisenschmelzofen, aus Ägypten ...". כור הברזל als Metapher für die Knechtschaft in Ägypten (Dtn 4,20; 1 Kön 8,51 und Jer 11,4). In: Mommer, P. (Hg.), *Gottes Recht als Lebensraum*, FS H.J. Boecker, Neukirchen-Vluyn 1993, 265–276.

Wacker, M.-T., „Kultprostitution" im Alten Israel? Forschungsmythen, Spuren, Thesen. In: Scheer, T.S. (Hg.), *Tempelprostitution im Altertum. Fakten und Fiktionen*, Oikumene. Studien zur antiken Weltgeschichte 6, Berlin 2009, 55–84.

Waldenfels, B., *Grundmotive einer Phänomenologie des Fremden*, Frankfurt a.M. 2006.

Watanabe, K., *Die adê-Vereidigung anlässlich der Thronfolgeregelung Asarhaddons*, BaM Beiheft 3, Berlin 1987.

Weber, M., Die Wirtschaftsethik der Weltreligionen: Das antike Judentum. Schriften und Reden 1911–1920, hg. von E. Otto, *Max Weber Gesamtausgabe Abteilung I: Schriften und Reden*, Bd. 21,1, Tübingen 2005.

Weinfeld, M., *Deuteronomy and the Deuteronomic School*, Oxford 1972.

—— *Deuteronomy 1–11. A New Translation with Introduction and Commentary*, AncB 5, New York, NY 1991.

Weippert, H., *Palästina in vorhellenistischer Zeit*, Handbuch der Archäologie, Vorderasien 2,1, München 1988.

Weippert, M., *Edom. Studien und Materialien zur Geschichte der Edomiter auf Grund schriftlicher und archäologischer Quellen*, Diss. Tübingen 1971.

Weiser, A., *Die Psalmen, Bd. 1: Psalm 1–60*, ATD 14, Göttingen [8]1973.

Welten, P., Zur Frage nach dem Fremden im Alten Testament. In: Ehrlich, E.L. / Klappert, B. (Hg.), *„Wie gut sind deine Zelte, Jaakow…"*, FS R. Mayer, Gerlingen 1986, 130–138.

Welz, F., Identität und Alterität in soziologischer Perspektive. In: Eßbach, W. (Hg.), *wir / ihr / sie. Identität und Alterität in Theorie und Methode*, Identitäten und Alteritäten 2, Würzburg 2000, 89–101.

Werner, M. / Zimmermann, B., Vergleich, Transfer, Verflechtung. Der Ansatz der Histoire croisée und die Herausforderung des Transnationalen. In: *GeGe* 28 (2002), 607–636.

—— Zum theoretischen Rahmen und historischen Ort der Kulturtransferforschung. In: North, M. (Hg.), *Kultureller Austausch. Bilanz und Perspektiven der Frühneuzeitforschung*, Weimar / Wien 2009, 15–23.

Wildberger, H., *Jahwes Eigentumsvolk. Eine Studie zur Traditionsgeschichte und Theologie des Erwählungsgedankens*, AThANT 37, Zürich 1960.

Williams, D.L., The Date of Zephaniah. In: *JBL* 82 (1963), 77–88.

Wiseman, D.J., *Chronicles of Chaldaean Kings (626–556 B.C.) in The British Museum*, London 1956.

—— „Is it peace?" – Covenant and Diplomacy. In: *VT* 32 (1982), 311–326.

—— *Nebuchadrezzar and Babylon*, The Schweich Lectures of the British Academy 1983, Oxford 1985.

Wöhrle, J., *Die frühen Sammlungen des Zwölfprophetenbuches. Entstehung und Komposition*, BZAW 360, Berlin / New York, NY 2006.

—— *Der Abschluss des Zwölfprophetenbuches. Buchübergreifende Redaktionsprozesse in den späten Sammlungen*, BZAW 389, Berlin / New York, NY 2008.

—— The Un-Empty Land. The Concept of Exile and Land in P. In: Ben Zvi, E. / Levin, C. (Hg.), *The Concept of Exile in Ancient Israel and its Historical Contexts*, BZAW 404, Berlin / New York, NY 2010, 189–206.

—— The Integrative Function of the Law of Circumcision. In: Achenbach, R. u. a. (Hg.), *The Foreigner and the Law. Perspectives from the Hebrew Bible and the Ancient Near East*, BZAR 16, Wiesbaden 2011, 71–87.

—— *Fremdlinge im eigenen Land. Zur Entstehung und Intention der priesterlichen Passagen der Vätergeschichte*, FRLANT 246, Göttingen 2012.

Würthwein, E., *Die Bücher der Könige. 1. Kön. 17–2. Kön. 25*, ATD 11,2, Göttingen 1984.

Zehnder, M., Anstösse aus Dtn 23,2–9 zur Frage nach dem Umgang mit Fremden. In: *FZPhTh* 52 (2005), 300–314.

—— *Umgang mit Fremden in Israel und Assyrien. Ein Beitrag zur Anthropologie des „Fremden"* *im Licht Antiker Quellen*, BWANT 168, Stuttgart 2005.

—— Art. Fremder (AT). In: *Das wissenschaftliche Bibellexikon im Internet* (wibilex), 2009.

Zenger, E., *Israel am Sinai. Analysen und Interpretationen zu Exodus 17–34*, Altenberge [2]1985.

Zwickel, W., *Räucherkult und Räuchergeräte. Exegetische und archäologische Studien zum* *Räucheropfer im Alten Testament*, OBO 97, Fribourg / Göttingen 1990.

Stellenregister (in Auswahl)